Where now meets next

联邦快递拓展自身物流网络
助力中国供应链稳定发展

fedex.com/cn

长久物流 CHANGJIU LOGISTICS　股票代码【603569】

CHANGJIU

为汽车行业提供综合物流解决方案的现代物流企业

A Modern Logistics Enterprise Providing Comprehensive Logistics Solutions for the Automotive Industry

🗔 企业简介 COMPANY PROFILE

扬帆起航 START POIN

1992年，长久物流将汽车物流作为事业的启航点，从中国的汽车之都——长春扬帆启航。长久物流，作为国内汽车物流行业早期的践行者，励精图治、一路探索，如今已成长为立足中国、服务全球的汽车产业领域综合物流服务提供商，是国内首批5A级综合物流企业，更是国内首家A股上市的第三方汽车物流企业。

In 1992, ChangJiu Logistics took automobile logistics as its business start point, and started its business in Changchun, the capital of automobiles in China. As the earliest practitioner in the automobile logistics industry in China, ChangJiu Logistics strives for excellence and keeps exploring. Nowadays, ChangJiu Logistics has become a China-based company serving the world in terms of providing comprehensive logistics service in the automobile industry. In addition, it is one of the first 5A level comprehensive logistics enterprises in China and the first third-party automobile logistics enterprise listed on the A-share market in China.

深耕产业 DEEP DELVING IN INDUSTRY

长久物流深耕汽车产业生态圈，凭借不断完善的服务能力与产品体系，持续拓展经营范围和服务网络，为汽车产业链上下游客户提供国内及国际端到端全链条综合物流服务，业务覆盖汽车整车运输及配套物流、国际物流、新能源等领域。

ChangJiu Logistics delves deep into the automobile industry ecosystem, and constantly expands business scope and service network by virtue of continuously-improved service capabilities and product systems. Moreover, the Company offers domestic and international end-to-end comprehensive logistics services to upstream and down-stream customers along the automobile industry chain, with its business covering such fields as vehicle transportation and supporting logistics, international logistics and new energy, etc.

行稳致远 PURSUIT OF EXCELLENCE

长久物流与时代同行，坚持绿色环保理念，践行数字化、合规化治理，提升企业经营管理效益，持续为员工提供实现自我价值的平台、为客户创造更高价值、为股东创造财富，勇于担当社会责任，在实现公司宏伟愿景的征途中不断向前。

Keeping pace with the times, ChangJiu Logistics insists on the idea of green environmental protection, fulfills digital and compliant governance, improves the enterprise management efficiency, and constantly provides employees with a platform to realize their self-worth, creates higher value for customers and wealth for shareholders. What is more, it is bold to shoulder social responsibilities and to unceasingly move forward on the road to achieving a grand vision.

业务领域 BUSINESS SCOPE

长久物流，致力为汽车行业提供综合解决方案
ChangJiu Logistics is dedicated to providing integrated solutions for the automobile industry.

整车事业部、国际事业部、新能源事业部三大业务板块组成了长久物流的"三驾马车"，并驾齐驱，开拓未来。
ChangJiu Logistics is composed of the Vehicle Logistics Division, International Division, and New Energy Division, through which the Company develops and explores the future.

长久物流
CHANGJIU LOGISTICS

整车事业部 Vehicle Logistics Division	国际事业部 International Division	新能源事业部 New Energy Division

公路运输 Highway transportation	多式联运 Multimodal transport	国际铁路 International railway	国际海运 International shipping	危化品运输 Transport of hazardous chemicals	动力电池回收 Recycle of power battery
社会车辆 Social vehicle	仓储服务 Warehouse service	国际公路 International road	国际空运 International air freight	梯次利用 Cascade utilization	储能产品 Energy storage products
		增值服务 Value-added service			

信息技术支撑
Information technology support

数据资产及数据产品
Data assets and data products

客户为先 诚信至上 奋斗为本 开放创新
CUSTOMERS FIRST CREDIBILITY BASED ENDEAVOR-ORIENTED OPEN AND INNOVATION

电话：010-57355999
地址：北京市朝阳区石各庄路99号

网址：www.changjiulogistics.com
官方客服热线：4008185959

微信公众号

ROKIN 荣庆物流

| 荣庆物流核心业务 | 食品冷链 | 医药 | 化工 | 高端普货 |

高品质专业物流解决方案提供商
HIGH-QUALITY & PROFESSIONAL LOGISTICS SOLUTION PROVIDER

全国**55**家分支机构，运输、配送网点**1500**个

仓储面积**110**余万平方米，货物年吞吐量**1100**余万吨

荣庆物流以尖端的物流技术TES为基础

为客户提供高品质专业物流解决方案

www.rokin.cn

四川安吉物流集团有限公司
SICHUAN ANJI LOGISTICS GROUP CO.,LTD.

打造一流物流品牌
做供应链管理专家

四川安吉物流集团有限公司（以下简称"安吉集团"）为四川省宜宾五粮液集团有限公司全资子集团公司，成立于1981年，是一家以现代物流、供应链、汽车销售及后服务为核心的国家5A级综合物流企业，全国供应链创新与应用示范企业，全国商贸物流重点联系企业，拥有子（分）公司12家。2023年，安吉集团实现销售收入280.08亿元，同比增长114%，居2024年度中国物流企业50强第19位。

现代物流板块涵盖生产物流、仓储物流、干线物流、城配物流、国际物流、水路运输、电商物流等多个领域，拥有2000余台/套各型现代化专业物流设备，86万平方米仓库，17个城市中心仓，辅以500余个二级、三级配送点为延伸，构建起了遍及全国、通达全域的仓储服务网络体系。

供应链板块聚焦食品(白酒+饮料+冷链食品)、传统能源(煤炭)、新能源(动力电池+晶硅光伏+储能)、建材、化工、浆纸林竹等相关供应链业务，通过深入产业链上下游，挖掘专业化供应链服务价值，为客户提供一体化供应链解决方案。

汽车销售及后服务板块涵盖汽车销售、租赁、维修、保养、施救、保险等多个方面，包含上汽大众、一汽大众、广汽丰田、起亚、红旗等优势品牌和比亚迪、特斯拉、小鹏、理想等新能源强势品牌，业务范围不断向汽车服务全产业链上下游延伸。

安吉集团始终秉承"打造一流物流品牌，做供应链管理专家"的美好愿景，坚定"做强物流、做优供应链、做大平台"战略方向，打造更加稳健、高效、智能的"1+1+N"供应链体系，加快建设成为国内领先的食品物流服务商和国内先进的综合型供应链集成商。

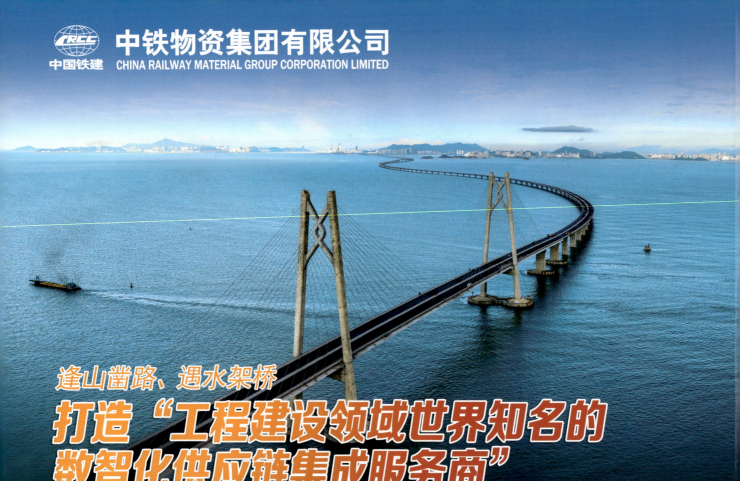

中铁物资集团有限公司
CHINA RAILWAY MATERIAL GROUP CORPORATION LIMITED

逢山凿路、遇水架桥

打造"工程建设领域世界知名的数智化供应链集成服务商"

编织大地经纬 | 成就美好未来

中铁物资集团有限公司（以下简称"集团"）隶属于世界500强、国务院国资委监管的特大型中央企业——中国铁建股份有限公司，前身来自中国人民解放军铁道兵后勤部，经历抗美援朝战争的洗礼，1984年随铁道兵集体改工并入铁道部，1990年更名为中国铁道建筑总公司物资局，2003年建立现代企业制度，定名为中铁物资集团有限公司。

集团是中国铁建"8+N"产业格局中物资物流板块的专业化旗舰企业，致力服务工程建设领域产业链供应链安全高效运行，着力布局集采内供、供应链贸易、现代物流、国际业务、新型业务五大产业，上线运营"铁建云链""铁建商城"平台和"盘古智达"智慧物流平台，构筑集采购、仓储、加工、配送、金融、信息于一体的智慧供应链生态圈。集团注册资本30亿元，经营规模突破500亿元，资产总额达到260亿元，被商务部、工业和信息化部等8部委评为"全国供应链创新与应用示范企业"。

集团总部设在北京，下辖10余家全资子公司，并在全国主要物流节点城市和重点海外市场设置分支机构，形成了完善的区域网络布局，管理运营中国铁建物资集中采购中心及北京、上海、广州、武汉、西安、成都6大区域中心，为中国铁建所属项目提供物资采购服务。

集团先后参建全国50%以上的铁路工程，涵盖成昆、鹰厦、青藏、京九等普速铁路，京沪、京广、兰新、京沈等高速铁路。广泛参与南水北调、西气东输、西电东送、北京奥运会、上海世博会、港珠澳大桥、香港国际机场、白鹤滩水电站等大型基础设施建设，以及各类城轨、高速公路、市政港口的物资供应和工程物流服务。在国际业务领域，开拓非洲、东南亚、美洲等铁路物资市场，为雅万高铁提供钢轨出口一体化供应方案，成为中国标准"走出去"的重要实施者。

集团作为中国物流与采购联合会副会长单位、中国城市轨道交通协会理事单位、国内铁路建设用钢轨及建设项目物资采购代理服务商、国家发展改革委批准的成品油专项供应单位，具备国家道路运输"网络货运+普通货运"双重经营许可。近年来，荣获"国家AAAAA级综合服务型物流企业""银行资信等级AAA级信用企业""企业信用评价AAA级信用企业"等称号，稳居"中国物流企业50强"前10位。

集团秉承"逢山凿路、遇水架桥"的铁道兵精神，肩负"编织大地经纬、成就美好未来"的企业使命，致力与社会各界竭诚合作，朝着"工程建设领域世界知名的数智化供应链集成服务商"战略定位不断迈进。

WWW.CRMG.CRCC.CN　　地址：北京市海淀区西四环中路19号　　电话：010-51881000

湖南现代物流职业技术学院

提升核心竞争力，推动物流职业教育高质量发展

　　党的二十大强调，要统筹职业教育、高等教育、继续教育协同创新，推进职普融通、产教融合、科教融汇，优化职业教育类型定位。我国要构建产教融合的职业教育体系，着力培养造就卓越工程师、大国工匠、高技能人才，提高各类人才素质，建设一流产业技术工人队伍。近年来，湖南现代物流职业技术学院（以下简称"学校"）先后获得湖南省文明校园、湖南省高校先进党校、湖南省楚怡双高校 A 档单位等荣誉，其中，物流管理和智慧物流技术两个教学团队成为国家级职业教育教师教学创新团队，牵头组建的湖南现代物流职业教育集团成为国家示范性职业教育集团，呈现出快速发展和内涵式发展的良好势头。

学校坚持党建引领，深入实施大思政教育

　　学校通过党建引领人才培养，以全国高校样板支部为抓手，实施"培根铸魂"工程，将党建工作与思想政治工作深度融合，积极发挥师生党支部的政治引领作用。通过思政课、课程思政、职业素养教育等多种形式，引导学生树立正确的世界观、人生观和价值观。

弘扬教育家精神，打造"双师型"教学团队

　　学校大力弘扬教育家精神，通过加强师德师风建设，加强"双师型"教师队伍建设，用编外聘用、校企合作、分批派教师到企业顶岗锻炼等方式，提升教师的职业道德和教育教学水平。

产教深度融合，提升教育适应性和实用性

　　围绕产教融合、校企合作，学校从"加强产教融合高端综合体建设，逐步实现实体化运作""做实职教集团和产教融合共同体，服务国家战略和区域经济发展，围绕内陆地区改革开放高地建设、中非经贸深度合作先行区建设""完善流通体制，加快发展物联网，健全一体衔接的流通规则和标准，降低全社会物流成本"等方面深化各项改革措施，积极打造"苏宁物流学院""京东产业学院"等校企合作平台，成立了安吉智能卓越班、晟矽微嵌入式产品开发工程师班、威胜自动化控制现场工程师班、智能机器人技术提升培训班等现场工程师班，推动物流行业的数字化、智能化转型，提升物流行业的生产效率和服务质量，致力培养研究创新型高素质物流人才，为湖南省"三高四新"宏伟蓝图贡献物流职教力量。

地址：湖南省长沙市远大二路

邮编：410131

电话：0731-84085659

秦粤物流 物流全球
打造现代物流行业一流品牌

广东秦粤物流有限公司（以下简称"秦粤物流"），始创于1992年，主营零担快运、整车配货，辐射国内的西北区域、华北区域、华中区域、西南区域等范围，是国家AAAA级综合服务型物流企业，具备ISO 9001:2015资质认证。"诚实、信用、安全、快捷"是秦粤物流的企业宗旨。秦粤物流竭诚为广大客户提供安全、快速、专业的精准物流服务，打造现代物流行业一流品牌。

2019年8月，秦粤物流正式启用全新发货方式。采用网上预约下单方式，解决厂家发货等待时间过长等问题，提高厂家发货效率，同时减少开单差错，加快信息化、智能化和科技化物流转型升级，为客户提供更加便捷的发货和信息查询服务。

董事长 封毅

诚信 ｜ 担当 ｜ 利他 ｜ 创新

联系电话：0760-22389999（20条分线）
地　　址：广东中山市古镇中国灯都灯饰配件城

中国物流年鉴

2024（上册）

CHINA
LOGISTICS
▲ YEARBOOK ▲

2024

CFLP

中国物流与采购联合会编

中国财富出版社有限公司

图书在版编目（CIP）数据

中国物流年鉴. 2024. 上册／中国物流与采购联合会编. --北京：中国财富出版社有限公司，
2024. 11. --ISBN 978-7-5047-8269-4

Ⅰ. F259. 22-54

中国国家版本馆 CIP 数据核字第 2024HE9723 号

| 策划编辑 | 赵雅馨 | 责任编辑 | 赵雅馨 | 版权编辑 | 李　洋 |
| 责任印制 | 尚立业 | 责任校对 | 杨小静 | 责任发行 | 敬　东 |

出版发行	中国财富出版社有限公司		
社　　址	北京市丰台区南四环西路 188 号 5 区 20 楼	邮政编码	100070
电　　话	010－52227588 转 2098（发行部）	010－52227588 转 321（总编室）
	010－52227566（24 小时读者服务）	010－52227588 转 305（质检部）
网　　址	http：//www.cfpress.com.cn	排　　版	宝蕾元
经　　销	新华书店	印　　刷	北京欣欣和一印刷厂
书　　号	ISBN 978－7－5047－8269－4/F·3746		
开　　本	880mm×1230mm　1/16	版　　次	2024 年 11 月第 1 版
印　　张	49.5　彩　插　1.25	印　　次	2024 年 11 月第 1 次印刷
字　　数	1262 千字	定　　价	480.00 元（全 2 册）

《中国物流年鉴》（2024）编委会

编委会主任

何黎明　中国物流与采购联合会会长

编委会副主任

崔忠付　中国物流与采购联合会副会长兼秘书长

任豪祥　中国物流与采购联合会副会长

蔡　进　中国物流与采购联合会副会长

贺登才　中国物流与采购联合会副会长

余　平　中国物流与采购联合会党委副书记

编委会委员（按姓氏笔画排序）

王　辉　中铁物资集团有限公司党委书记、董事长

韦　皓　中国铁路广州局集团有限公司党委书记、董事长

龙　吟　湖南现代物流职业技术学院党委书记

代翔潇　四川安吉物流集团有限公司党委书记、董事长

冯耕中　西安交通大学管理学院院长、党委副书记

许宝燕　联邦快递（中国）有限公司中国区总裁

许帮华　马钢集团物流有限公司副总经理

李勇昭　中国物资储运协会会长

吴　慧　北京物资学院党委书记

何明珂　国际标准化组织创新物流技术委员会（ISO/TC344）主席、北京工商大学商学院教授

汪　鸣　国家发展和改革委员会综合运输研究所所长

张玉庆　荣庆物流供应链有限公司董事长兼总裁

张晓东　北京交通大学交通运输学院物流工程系主任

姜　旭　北京物资学院物流学院院长、教授

姜超峰　中国物资储运协会名誉会长

袁美仪　香港物流协会会长

黄小文　中国国际货运代理协会会长

董礼华　国家统计局贸易外经统计司司长

裴　亮　中国连锁经营协会名誉会长

薄世久　北京长久物流股份有限公司董事长

特别支持单位

![中国铁路广州局集团有限公司 China Railway Guangzhou Group., Ltd.]　中国铁路广州局集团有限公司

　北京长久物流股份有限公司

　荣庆物流供应链有限公司

FedEx®　联邦快递（中国）有限公司

![四川安吉物流集团有限公司 SICHUAN ANJI LOGISTICS GROUP CO.,LTD.]　四川安吉物流集团有限公司

　马钢集团物流有限公司

《中国物流年鉴》（2024）编写人员

主　　　　办	中国物流与采购联合会
承　　　　办	《中国物流与采购》杂志社
主　　　　编	何黎明
副　主　编	崔忠付　任豪祥　蔡　进　贺登才　余　平
编 辑 部 主 任	刘乃杰
副　主　任	庞　彪
编　　　　辑	高　威　崔　冬　朱贝特　王国辉　赵雷刚　董　岩
	杜　林　贾　丽
发　　　　行	高　威
广 告 设 计	唐晓光

编 辑 部 电 话	010-83775835　010-63738995
邮　　　　箱	gwrshk@126.com
发　　　　行	010-63738995
传　　　　真	010-63738995

《中国物流年鉴》（2024）供稿者

（按姓氏笔画排序）

上官士霞　马增荣　王芮　王沛　王萌　王方春　王国文　王国清　王迦尧　王盼盼　王继祥
尤晓岚　田征　代翔潇　冯耕中　兰蕊　刘哲　刘悦　刘然　刘长庆　刘汉才　刘伟华
刘宇航　刘陶然　刘鹏云　闫鸣　闫淑琴　孙熙军　李岩　李鹏　李新波　杨晨　邱靖程
张晓东　金蕾　金爱军　孟圆　赵宏莉　赵洁玉　胡凯　胡功杰　姜旭　秦玉鸣　秦华侨
顾宁军　晏庆华　徐勇　徐金鹏　徐梦馨　高帅　高珉　郭肇明　唐天思　黄艳娇　曹惠蕾
崔丹丹　韩兆轩　谢文卿　谢雨蓉　谢宝贵　樊一江　穆宏志

国家发展改革委、交通运输部、商务部、国家邮政局、国家发展改革委综合运输研究所、黑龙江省发展改革委、安徽省发展改革委、山东省发展改革委、河南省发展改革委、湖南省发展改革委、海南省发展改革委、四川省发展改革委、云南省发展改革委、南京市发展改革委、山西省工业和信息化厅、福建省工业和信息化厅、甘肃省工业和信息化厅、青海省工业和信息化厅、吉林省统计局、河南省统计局、青岛市交通运输局、武汉市交通运输局、福州市商务局、宜宾市商务局、大连海关、中国粮食行业协会、河北省现代物流协会、内蒙古物流协会、安徽省物流协会、山东省物流与交通运输协会、河南省物流与采购联合会、湖南省物流与采购联合会、宁夏现代物流协会、中国国际货运代理协会、陕西省道路运输协会、中国物流信息中心、中物联网络事业部、中物联行业事业部、中物联教育培训部、中物联标准化工作部、中物联评估办、中国物流发展专项基金"宝供物流奖"办公室、中物联汽车物流分会、中物联危化品物流分会、物资节能中心/中物联绿色物流分会、中物联冷链委、中物联托盘委、中汽信息科技（天津）有限公司、上海国际航运研究中心、蜂网投资、北京物资学院、北京交通大学、天津大学、吉林大学、西安交通大学、西安邮电大学、西安电子科技大学、武汉现代物流研究院、《中国物流与采购》杂志社、《物流技术与应用》杂志社、《中国出版传媒商报》社、北京兰格云商科技有限公司、供应链管理专业协会（CSCMP）、中国物流股份有限公司、四川安吉物流集团有限公司

《中国物流年鉴》（2024）
广告提供单位

上册

《中国物流与采购》杂志社　　　　　　四川安吉物流集团有限公司

联邦快递（中国）有限公司　　　　　　中铁物资集团有限公司

北京长久物流股份有限公司　　　　　　湖南现代物流职业技术学院

荣庆物流供应链有限公司　　　　　　　广东秦粤物流有限公司

下册

马钢集团物流有限公司　　　　　　　　中国物流与采购联合会

中国铁路广州局集团有限公司　　　　　《中国储运》杂志社

北京长久物流股份有限公司　　　　　　万联网

编 辑 说 明

一、《中国物流年鉴》（以下简称"《年鉴》"）是中国物流与采购联合会主办、《中国物流与采购》杂志社承办的大型文献性工具书。自 2002 年创办至今，已经连续出版发行二十三年。二十三年来《年鉴》的编纂质量不断提升，赢得了业界广泛好评。《年鉴》以其权威性、可读性和资料性，成为业界人士查询、引用、论证、存档不可或缺的"工具"。

二、2023 年，是三年新冠疫情防控转段后经济恢复发展的一年，各行业坚持以习近平新时代中国特色社会主义思想为指导，坚持稳中求进工作总基调，加快构建新发展格局，着力推动高质量发展。

2023 年，我国物流业运行环境持续改善向好，社会物流总额达 352.4 万亿元，按可比价格计算，同比增长 5.2%。

2023 年，我国物流基础设施网络体系进一步完善，全年完成交通固定资产投资总额 3.9 万亿元，比上年增长 1.5%，约占全社会固定资产投资总额的 7.7%，比上年提高 1 个百分点。其中，铁路投资比上年增长 7.5%，公路投资比上年下降 1.0%，水路投资比上年增长 20.1%，民航投资比上年增长 0.8%。

2023 年，物流政策体系优化为降本增效提供制度保障。社会物流总费用 18.2 万亿元，同比增长 2.3%，与 GDP 的比率为 14.4%，比上年下降 0.3 个百分点。2023 年各相关部委和地方政府出台了多项政策规划，不断提升我国物流业的营商环境。其中，海关总署印发的《推动综合保税区高质量发展综合改革实施方案》，围绕政策供给、功能拓展、手续简化、流程优化、制度健全 5 个方面推出 23 条改革举措；交通运输部印发的《交通运输部关于推进公路数字化转型加快智慧公路建设发展的意见》中提出，到 2035 年，全面实现公路数字化转型，建成安全、便捷、高效、绿色、经济的实体公路和数字孪生公路两个体系。

2023 年，各地方政府的物流业数据统计工作取得成效。各地方政府及相关部门根据自身的地理位置与经济发展情况，在物流总额、总费用、总收入及景气指数等方面深入调研，形成物流业发展报告，为地方与全国的物流业发展研究提供基础数据来源。根据已知数据统计的情况看，吉林省、安徽省、山东省、河南省等省份物流总额增长比例高于上年增长比例，物流市场需求稳步提升。

2023 年，我国物流千亿级规模企业有 5 家，国际竞争力持续增强。一批物流企业被纳入由国资委开展推动的创建世界一流"双示范"名单。绿色低碳物流取得新进展，中国物流与采购联合会绿色物流分会首次发布《中国物流行业 ESG 发展报告》，阐明了我国 ESG 发展现状与需求，并指出当前我国 ESG 发展与国际上的差距，为我国物流企业的绿色可持续发展提供了标准和依据。

2023 年，我国发展面临错综复杂的形势，国际政治经济环境杂乱，国内不利因素增多。我国物流业全体同人顶住压力，克服种种困难，冷链物流、工业品物流、危化品物流、物流技术装备、汽车物流等细分领域实现增长。智能网联汽车准入和上路通行试点启动，无人车、无人仓、无人机等得到广泛商用，正逐步改变着我国物流业的作业方式。

三、2024 版《年鉴》的组稿、编纂工作得到了国家发展改革委、商务部、交通运输部、国家统计局等中央部委和部分省区市政府部门，物流行业社团，相关行业协会，中国物流信息中心、全国物流标准化技术委员会等机构，以及中铁物资集团有限公司、中国铁路广州局集团有限公司、联邦快递（中国）有限公司、北京长久物流股份有限公司、荣庆物流供应链有限公司、湖南现代物流职业技术学院、四川安吉物流集团有限公司、马钢集团物流有限公司、广东秦粤物流有限公司等知名企业的大力支持，对此我们表示衷心感谢。

四、对不符合《年鉴》编辑要求的来稿，编辑部人员进行了认真删改，由于时间原因这部分稿件来不及请作者核校，希予见谅。

五、因编辑部人员水平有限，如有不妥之处，恳请批评指正。

六、2024 版《年鉴》在框架结构和主体内容上继续 2023 版的风格，力求真实地展示行业发展变化的全貌，继续加大数据和图表的内容，继续加强物流业细分领域重点企业的展示，使《年鉴》更具可读性、资料性，成为社会了解行业发展的窗口。

欢迎大家继续对 2025 版《年鉴》的组稿和编辑工作给予支持！

《中国物流年鉴》编辑部
二〇二四年八月三十日

前　　言

2023 年，是全面贯彻落实党的二十大精神的开局之年，也是全面建设社会主义现代化国家开局起步的重要一年。在党中央、国务院的坚强领导下，面对复杂多变的国内外形势，我国物流业迎来了恢复性增长。

一、2023 年我国物流业发展现状

2023 年，广大行业企业、企业家和从业人员顶住诸多压力，克服种种困难，全面实现复工复产，保障经济回升向好。现代物流在强国建设、民族复兴伟业中发挥着越来越重要的作用，中国物流的美好画卷正徐徐展开。

（一）物流需求规模稳定恢复

2023 年，我国社会物流总额达 352.4 万亿元，按可比价格计算，同比增长 5.2%，增速比上年提高 1.8 个百分点。社会物流总费用 18.2 万亿元，同比增长 2.3%，社会物流总费用与 GDP 的比率为 14.4%，比上年下降 0.3 个百分点。我国仍然是全球需求规模最大的物流市场。

航空、铁路、冷链、快递等专业物流领域稳步增长。在上游产业升级、跨境电商回升支撑下，2023 年航空物流收入由降转升，同比增长超过 20%；2023 年全年国家铁路完成货物发送量 39.1 亿吨，全年国家铁路完成运输总收入 9641 亿元，同比增长 39%，利润总额创历史最好水平；2023 年冷链物流市场规模达 5170 亿元，同比增长 5.2%；2023 年快递业务量累计完成 1320.7 亿件，同比增长 19.4%，快递业务收入 12074 亿元，同比增长 14.3%。

2023 年是共建"一带一路"倡议提出的十周年，十年来，中欧班列累计开行近 8 万列，西部陆海新通道、中老铁路释放潜力，中国物流迎来开放新机遇。

重大物流基础设施建设取得积极成就，全国规模以上物流园区超过 2500 个，国家物流枢纽布局达到 125 个，示范物流园区 100 个，国家骨干冷链物流基地 66 个，全国公路通车里程超过 540 万公里，铁路营业里程 15.9 万公里，内河高等级航道里程 1.65 万公里，"通道+枢纽+网络"的物流运行体系初具规模。

2023 年，制造业 PMI 全年均值为 49.9%，逼近荣枯线，较上年均值上升 0.8 个百分点，呈现一定程度的增长趋势。2023 年全年物流业景气指数平均为 51.8%，高于上年全年均值 3.2 个百分点，多数月份处于 51% 以上的较高景气区间，显示行业运行向好。

（二）物流业收入平稳增长，一流企业提升产业竞争力

2023 年，我国物流业总收入达 13.2 万亿元，同比增长 3.9%，物流收入规模延续扩张态势。具有国际竞争力的领军企业快速成长，中国物流 50 强企业中千亿级规模企业首次超过 5 家，全国 A 级物流企业 9600 多家。国资委开展推动创建世界一流"双示范"行动，一批物流企业纳入名单。面对需求不振压力，一流企业夯实价值创造力、网络联通力、产业融合力、创新驱动力、应急响应力，逆势保持稳定增长，有力发挥示范引领作用。

（三）供应链物流引领转型发展

首届中国国际供应链促进博览会在北京开幕，供应链协同发展成为共识。商务部等 8 单位审核公布的全国供应链创新与应用示范企业达 250 家、示范城市 33 个。一批大型制造企业、流通企业以物流资源整合为切入口，用供应链思维统筹开展物流流程优化、组织协同、价值创造，实现物流服务链与产业供应链深度融合，以物流自主可控增强供应链韧性和安全。

（四）营商环境持续优化

物流降成本工作积极推进，大宗商品仓储用地的土地使用税和挂车购置税享受减半征收，交通物流领域金融支持政策延续实施，鲜活农产品运输"绿色通道"政策实现优化。高速公路差异化收费、新能源商品汽车铁路运输获得支持，一批便利通关、便利通行政策得到推广。随着全国物流统一大市场建设推进，各部门形成政策合力，物流制度保障更加完善，营商环境更加优化，激发了企业的活力和信心。

（五）绿色低碳物流成为热点

2023 年，国务院发布《空气质量持续改善行动计划》，提出大力发展绿色运输体系；中国物流与采购联合会正式推出物流行业公共碳排计算器，标志着国际国内碳排放互认工作启动；中国物流与采购联合会绿色物流分会发布《中国物流行业 ESG 发展报告》，正确指导物流行业理解并实践 ESG 理念，推动我国物流业可持续发展。邮政快递车、城市配送车等公共领域车辆全面电动化开展试点，新能源中重型货车特定场景应用启动，绿色包装得到推广。一批物流企业纷纷发布 ESG 报告，彰显社会责任、使命担当。

（六）创新驱动打造新质生产力

数字技术和实体经济深度融合，物流与供应链领域成为重点。全国网络货运企业约 3000 家，赋能中小微物流企业走上"数字高速公路"。大型企业纷纷建设供应链服务平台，拥抱产业物联网。智能网联汽车准入和上路通行试点启动，无人车、无人仓、无人机等得到广泛商用，改变物流作业方式。

（七）行业基础工作稳步推动行业高质量发展

2023 年，《物流标准目录手册》（2023 版）发布，收集、整理了我国已颁布的现行物流国家标准、行业标准目录。在智慧物流、绿色物流、冷链物流、物流园区等重要领域的标准研制进一步加强，这些标准的制定对于推进企业提质增效降本，推动行业高质量发展，提升行业的高效、安全、韧性具有重要意义。

教育培训方面，截至 2023 年年底，全国有 740 多个本科物流类专业点、20 多个职教本科物流

类专业点、1200 多个高职物流类专业点和 500 多个中职物流类专业点。物流师、采购师和供应链管理师职业能力等级认证培训机构较上年新增了 30 家，包括深圳交易集团、同济大学等。培训认证人数同比增长 56.7%。2023 年，物流管理与供应链运营 1+X 项目顺利开展。据统计，全年共有来自全国 31 个省区市的 500 多所院校组织参与，考试人数突破 3.7 万人，其中 73 所院校为首次组织考核。自 2019 年项目启动以来，全国共有 821 所院校参与试点，建有 677 个考核站点，培养了 2000 多名考评员，项目覆盖除台湾省以外所有省区市，累计完成考试人数达 14.6 万人。中国物流与采购联合会 1+X 证书与国际采购与供应管理联盟（以下简称 IFPSM）全球标准认证证书互认工作已完成四次，共有 12000 多人申请 IFPSM 全球标准认证证书。

二、当前我国物流业发展面临的形势

2023 年以来，结构调整叠加有效需求偏弱，社会物流总额增速低于 GDP 增速，显示物流需求仍处于恢复期。根据中国物流与采购联合会会员企业调研显示，反映需求不足的企业占比较多，企业经营普遍承压。行业新动能短期内难以撬动存量大市场，我国现代物流正进入"温和"增长阶段。

我国传统物流"低价格、低效率、低效益"的发展模式已经无法适应实体经济高质量发展的要求。随着物流市场增速放缓，降本压力难以传导，亟须向现代物流发展新模式转变，寻找新时期发展的战略路径。

一是打造现代物流发展新模式要激发物流需求侧变革动力。充分发掘制造企业、流通企业物流改造升级潜力，深度整合资源、切实优化流程、主动对接供给，把降低物流成本转换为增加企业利润，形成工商企业新的"利润源"。

二是打造现代物流发展新模式要再造物流全链条组织方式。引领物流企业从单一环节竞争向综合物流竞争、供应链竞争转变，提供供应链一体化物流解决方案，逐步从低附加值服务向高附加值赋能转变，形成物流企业新的"增长点"。

三是打造现代物流发展新模式要用好物流新质生产力。充分发挥新一代信息技术、人工智能技术等前沿技术在物流领域的应用，大力发展数字经济，重构数字共享、协同共生的智慧物流生态体系，助推物流新产业新模式新业态"弯道超车"。

现代物流发展新模式是追求"高效率、优服务、高质量"的可持续发展。2023 年，我国经济实现恢复发展，现代物流在国民经济中的产业地位持续提升，发展模式稳步转换，制度保障更加完善，进入新的阶段。我们要坚定信心、守正创新，坚守现代物流发展事业，推进中国式现代物流体系建设，稳步实现"物流强国梦"。

《中国物流年鉴》是中国物流与采购联合会主办、《中国物流与采购》杂志社承办的大型文献性工具书。二十多年来，《中国物流年鉴》坚持用数据和事实反映物流业发展变化的轨迹，记录我国物流业发展的历程，赢得了业界好评。面对我国物流业不断发展变化的新形势，《中国物流年鉴》将继续以求真务实、严谨负责的态度做好资料收录工作，宣传行业正能量。同时，真诚地希望业界同人提出宝贵意见，使其越做越精、越做越好。

二〇二四年八月三十日

目　　录

上　册

第一部分　物流政策法规

第二部分　物流统计

第三部分　物流产业

第四部分　行业物流

下　册

第五部分　地区物流

第六部分　物流技术与装备

第七部分　物流教育、信息化、标准化

第八部分　物流业部分经典案例

第九部分　物流综合

物流政策法规

国务院和国务院办公厅发文

国务院办公厅关于推动外贸稳规模优结构的意见

国办发〔2023〕10号

各省、自治区、直辖市人民政府，国务院各部委、各直属机构：

外贸是国民经济的重要组成部分，推动外贸稳规模优结构，对稳增长稳就业、构建新发展格局、推动高质量发展具有重要支撑作用。为全面贯彻落实党的二十大精神，更大力度推动外贸稳规模优结构，确保实现进出口促稳提质目标任务，经国务院同意，现提出以下意见：

一、强化贸易促进拓展市场

（一）优化重点展会供采对接。推动国内线下展会全面恢复。办好中国国际进口博览会、中国进出口商品交易会、中国国际服务贸易交易会、中国国际消费品博览会等重点展会。支持中国进出口商品交易会优化展区设置

和参展企业结构，常态化运营线上平台。各地方和贸促机构、商协会进一步加大对外贸企业参加各类境外展会的支持力度，加强组织协调和服务保障，持续培育境外自办展会、扩大办展规模。

（二）便利跨境商务人员往来。加强对外沟通，提高 APEC 商务旅行卡办理效率，加大工作力度推动其他国家畅通我商务人员申办签证渠道、提高办理效率。继续为境外客商办理来华签证提供便利。研究优化远端检测措施。尽快推进国际客运航班特别是国内重点航空枢纽的国际客运航班稳妥有序恢复，推动中外航空公司复航增班，更好为商务人员往来提供航空运输保障。

（三）加强拓市场服务保障。我驻外使领馆通过完善合作机制、加强信息交流、推介重

点展会等举措，创造更多贸易机会，加大对外贸企业特别是中小微外贸企业开拓市场的支持力度。发挥贸促机构驻外代表处作用，做好信息咨询、企业对接、商事法律等方面服务。发布相关国别贸易指南，想方设法稳住对发达经济体出口，引导企业深入开拓发展中国家市场和东盟等区域市场。支持外贸大省发挥好稳外贸主力军作用。

二、稳定和扩大重点产品进出口规模

（四）培育汽车出口优势。各地方、商协会组织汽车企业与航运企业进行直客对接，引导汽车企业与航运企业签订中长期协议。鼓励中资银行及其境外机构在依法合规、风险可控前提下，创新金融产品和服务，为汽车企业在海外提供金融支持。各地方进一步支持汽车企业建立和完善国际营销服务体系，提升在海外开展品牌宣传、展示销售、售后服务方面的能力。

（五）提升大型成套设备企业的国际合作水平。加大出口信用保险支持力度，更好服务大型成套设备项目。金融机构在加强风险防控基础上，统筹考虑项目具体情况，保障大型成套设备项目合理资金需求。鼓励各地方通过开展招聘服务等方式，保障企业用工需求，加强岗位技能培训，确保履约交付，推动行业长期健康发展。

（六）扩大先进技术设备进口。加快修订鼓励进口技术和产品目录，进一步提高进口贴息政策精准性，引导企业扩大国内短缺的先进技术设备进口。

三、加大财政金融支持力度

（七）用足用好中央财政资金政策。开展第二批外经贸提质增效示范工作。研究设立服务贸易创新发展引导基金二期。

（八）加大进出口信贷支持。商业性金融机构进一步提升中西部地区分支机构在贸易融资、结算等业务方面的服务能力。鼓励银行和保险机构扩大保单融资增信合作，加大对中小微外贸企业的融资增信支持力度。在依法合规、风险可控前提下，鼓励国有大型金融机构加大资源倾斜，积极满足中小微企业外贸融资需求。鼓励政府性融资担保机构为符合条件的小微外贸企业提供融资增信支持。

（九）更好发挥出口信用保险作用。进一步扩大出口信用保险承保规模和覆盖面。加大对跨境电商等新业态新模式的支持力度，加快拓展产业链承保，进一步扩大对中小微外贸企业的承保覆盖面，优化承保和理赔条件。

（十）优化跨境结算服务。鼓励金融机构创新完善外汇衍生品和跨境人民币业务，进一步扩大跨境贸易人民币结算规模，更好满足外贸企业汇率避险和跨境人民币结算需求。支持各地方加强政策宣介、优化公共服务，推动银企精准对接、企业充分享惠。

四、加快对外贸易创新发展

（十一）稳定和提升加工贸易。强化用工、用能、信贷等要素保障，引导加工贸易向中西部、东北地区梯度转移，促进加工贸易持续健康发展和产业链供应链稳定。新认定一批国家加工贸易产业园。办好中国加工贸易产品博览会，支持东中西部产业交流对接。加快推进一批"两头在外"重点保税维修试点项目落地，强化全生命周期服务保障。

（十二）完善边境贸易支持政策。做大沿边省份对外贸易。有力有序推进边民互市贸易进口商品落地加工试点工作。探索建设边民互市贸易进口商品数据监测平台。修订出台边民互市贸易管理办法，优化边民互市贸易多元化发展的政策环境，增加自周边国家进口。

（十三）推进贸易数字化。支持大型外贸企业运用新技术自建数字平台，培育服务中小微外贸企业的第三方综合数字化解决方案供应商。支持粤港澳大湾区全球贸易数字化领航区发展，加快贸易全链条数字化赋能，充分发挥先行示范效应，适时总结发展经验。在粤港澳大湾区、长三角地区，2023—2025年每年遴选5—10个数字化推动贸易高质量发展的典型案例，并推广应用。

（十四）发展绿色贸易。指导商协会等行业组织制订外贸产品绿色低碳标准，支持相关产品进一步开拓国际市场。组织开展重点行业企业培训，增强企业绿色低碳发展意识和能力。

（十五）推动跨境电商健康持续创新发展。支持外贸企业通过跨境电商等新业态新模式拓展销售渠道、培育自主品牌。鼓励各地方结合产业和禀赋优势，创新建设跨境电商综合试验区，积极发展"跨境电商+产业带"模式，带动跨境电商企业对企业出口。加快出台跨境电商知识产权保护指南，引导跨境电商企业防范知识产权风险。建设跨境电商综合试验区线上综合服务平台并发挥好其作用，指导企业用好跨境电商零售出口相关税收政策措施。持续完善跨境电商综合试验区考核评估机制，做好评估结果应用，充分发挥优秀试点示范引领作用。

五、优化外贸发展环境

（十六）妥善应对国外不合理贸易限制措施。加强对地方和外贸企业的培训指导，对受影响的重点实体帮扶纾困。发挥好预警体系和法律服务机制作用，支持各级应对贸易摩擦工作站和预警点提升公共服务能力，帮助企业积极应对不合理贸易限制措施。发挥贸促机构作用，做好风险评估和排查。

（十七）提升贸易便利化水平。深入推进"单一窗口"建设，扩大"联动接卸"、"船边直提"等措施应用范围，提高货物流转效率。稳步实施多元化税收担保，助力企业减负增效。加大对外贸企业的信用培育力度，使更多符合认证标准的外贸企业成为海关"经认证的经营者"（AEO）。进一步便利出口退税办理，推动实现出口退税申报报关单、发票"免填报"，更好服务广大外贸企业。各地方做好供需对接和统筹调度，健全应急运力储备，完善应急预案，保障外贸货物高效畅通运输。提升口岸通关效率、强化疏导分流、补齐通道短板、提升口岸过货能力。

（十八）更好发挥自由贸易协定效能。高质量实施已生效的自由贸易协定，编发重点行业应用指南，深入开展《区域全面经济伙伴关系协定》（RCEP）等专题培训，组织论坛等多种形式的交流活动，加强地方和企业经验分享，提高对企业的公共服务水平，不断提升自由贸易协定的综合利用率。鼓励和指导地方组织面向RCEP等自由贸易伙伴的贸易促进活动。

六、加强组织实施

各地方、各相关部门和单位要以习近平新时代中国特色社会主义思想为指导，全面贯彻党的二十大精神，坚决落实党中央决策部署，高度重视、切实做好推动外贸稳规模优结构工作，全力实现进出口促稳提质目标任务。鼓励各地方因地制宜出台配套支持政策，增强政策协同效应。商务部要会同各相关部门和单位密切跟踪外贸运行情况，分析形势变化，针对不同领域实际问题，不断充实、调整和完善相关政策，加强协作配合和政策指导，实施好稳外贸政策组合拳，帮助企业稳订单拓市场。

国务院办公厅

2023 年 4 月 11 日

（本文有删减）

国务院印发关于在有条件的自由贸易试验区和自由贸易港试点对接国际高标准推进制度型开放若干措施的通知

国发〔2023〕9号

各省、自治区、直辖市人民政府，国务院各部委、各直属机构：

现将《关于在有条件的自由贸易试验区和自由贸易港试点对接国际高标准推进制度型开放的若干措施》印发给你们，请认真贯彻执行。

国务院

2023年6月1日

（此件有删减）

关于在有条件的自由贸易试验区和自由贸易港试点对接国际高标准推进制度型开放的若干措施

推进高水平对外开放，实施自由贸易试验区提升战略，加快建设海南自由贸易港，稳步扩大规则、规制、管理、标准等制度型开放，是贯彻落实习近平新时代中国特色社会主义思想的重大举措，是党的二十大部署的重要任务。为更好服务加快构建新发展格局，着力推动高质量发展，在有条件的自由贸易试验区和自由贸易港聚焦若干重点领域试点对接国际高标准经贸规则，统筹开放和安全，构建与高水平制度型开放相衔接的制度体系和监管模式，现提出如下措施。

一、推动货物贸易创新发展

1. 支持试点地区开展重点行业再制造产品进口试点。相关进口产品不适用我国禁止或限制旧品进口的相关措施，但应符合国家对同等新品的全部适用技术要求（包括但不限于质量特性、安全环保性能等方面）和再制造产品有关规定，并在显著位置标注"再制造产品"字样。试点地区根据自身实际提出试点方案，明确相关进口产品清单及适用的具体标准、要求、合格评定程序和监管措施；有关部门应在收到试点方案后 6 个月内共同研究作出决定。有关部门和地方对再制造产品加强监督、管理和检验，严防以再制造产品的名义进口洋垃圾和旧品。（适用范围：上海、广东、天津、福建、北京自由贸易试验区和海南自由贸易港，以下除标注适用于特定试点地区的措施外，适用范围同上）

2. 对暂时出境修理后复运进入试点地区的航空器、船舶（含相关零部件），无论其是否增值，免征关税。上述航空器指以试点地区为主营运基地的航空企业所运营的航空器，船舶指在试点地区注册登记并具有独立法人资格的船运公司所运营的以试点地区内港口为船籍港的船舶。（适用范围：海南自由贸易港）

3. 对自境外暂时准许进入试点地区进行修理的货物，复运出境的，免征关税；不复运出境转为内销的，照章征收关税。（适用范围：海南自由贸易港实行"一线"放开、"二线"管住进出口管理制度的海关特殊监管区域）

4. 自境外暂时进入试点地区的下列货物，在进境时纳税义务人向海关提供担保后，可以暂不缴纳关税、进口环节增值税和消费税：符合我国法律规定的临时入境人员开展业务、贸易或专业活动所必需的专业设备（包括软件，进行新闻报道或者摄制电影、电视节目使用的仪器、设备及用品等）；用于展览或演示的货物；商业样品、广告影片和录音；用于体育竞赛、表演或训练等所必需的体育用品。上述货物应当自进境之日起 6 个月内复运出境，暂时入境期间不得用于出售或租赁等商业目的。需要延长复运出境期限的，应按规定办理延期手续。

5. 试点地区海关不得仅因原产地证书存在印刷错误、打字错误、非关键性信息遗漏等微小差错或文件之间的细微差异而拒绝给予货物优惠关税待遇。

6. 海关预裁定申请人在预裁定所依据的法律、事实和情况未发生改变的情况下，可向试点地区海关提出预裁定展期申请，试点地区海关应在裁定有效期届满前从速作出决定。

7. 在符合我国海关监管要求且完成必要检疫程序的前提下，试点地区海关对已提交必要海关单据的空运快运货物，正常情况下在抵达后 6 小时内放行。

8. 在符合我国相关法律法规和有关规定且完成必要检疫程序的前提下，试点地区海关对已抵达并提交通关所需全部信息的货物，尽可能在 48 小时内放行。

9. 如货物抵达前（含抵达时）未确定关税、其他进口环节税和规费，但在其他方面符合放行条件，且已向海关提供担保或已按要求履行争议付款程序，试点地区海关应予以放行。

10. 在试点地区，有关部门批准或以其他方式承认境外合格评定机构资质，应适用对境内合格评定机构相同或等效的程序、标准和其他条件；不得将境外合格评定机构在境内取得法人资格或设立代表机构作为承认其出具的认证结果或认证相关检查、检测结果的条件。

11. 对于在试点地区进口信息技术设备产品的，有关部门应允许将供应商符合性声明作为产品符合电磁兼容性标准或技术法规的明确保证。

12. 在试点地区，允许进口标签中包括 chateau（酒庄）、classic（经典的）、clos（葡萄园）、cream（柔滑的）、crusted/crusting（有酒渣的）、fine（精美的）、late bottled vintage（迟装型年份酒）、noble（高贵的）、reserve

（珍藏）、ruby（宝石红）、special reserve（特藏）、solera（索莱拉）、superior（级别较高的）、sur lie（酒泥陈酿）、tawny（陈年黄色波特酒）、vintage（年份）或 vintage character（年份特征）描述词或形容词的葡萄酒。

二、推进服务贸易自由便利

13. 除特定新金融服务外，如允许中资金融机构开展某项新金融服务，则应允许试点地区内的外资金融机构开展同类服务。金融管理部门可依职权确定开展此项新金融服务的机构类型和机构性质，并要求开展此项服务需获得许可。金融管理部门应在合理期限内作出决定，仅可因审慎理由不予许可。

14. 试点地区金融管理部门应按照内外一致原则，在收到境外金融机构、境外金融机构的投资者、跨境金融服务提供者提交的与开展金融服务相关的完整且符合法定形式的申请后，于120天内作出决定，并及时通知申请人。如不能在上述期限内作出决定，金融管理部门应立即通知申请人并争取在合理期限内作出决定。

15. 允许在试点地区注册的企业、在试点地区工作或生活的个人依法跨境购买境外金融服务。境外金融服务的具体种类由金融管理部门另行规定。

16. 鼓励境外专业人员依法为试点地区内的企业和居民提供专业服务，支持试点地区建立健全境外专业人员能力评价评估工作程序。

三、便利商务人员临时入境

17. 允许试点地区内的外商投资企业内部调动专家的随行配偶和家属享有与该专家相同的入境和临时停留期限。

18. 对拟在试点地区筹建分公司或子公司的外国企业相关高级管理人员，其临时入境停留有效期放宽至2年，且允许随行配偶和家属享有与其相同的入境和临时停留期限。

四、促进数字贸易健康发展

19. 对于进口、分销、销售或使用大众市场软件（不包括用于关键信息基础设施的软件）及含有该软件产品的，有关部门及其工作人员不得将转让或获取企业、个人所拥有的相关软件源代码作为条件要求。

20. 支持试点地区完善消费者权益保护制度，禁止对线上商业活动消费者造成损害或潜在损害的诈骗和商业欺诈行为。

五、加大优化营商环境力度

21. 试点地区应允许真实合规的、与外国投资者投资相关的所有转移可自由汇入、汇出且无迟延。此类转移包括：资本出资；利润、股息、利息、资本收益、特许权使用费、管理费、技术指导费和其他费用；全部或部分出售投资所得、全部或部分清算投资所得；根据包括贷款协议在内的合同所支付的款项；依法获得的补偿或赔偿；因争议解决产生的款项。

22. 试点地区的采购人如采用单一来源方式进行政府采购，在公告成交结果时应说明采用该方式的理由。

23. 对于涉及试点地区内经营主体的已公布专利申请和已授予专利，主管部门应按照相关规定公开下列信息：检索和审查结果（包括与相关现有技术的检索有关的细节或信息等）；专利申请人的非保密答复意见；专利申请人和相关第三方提交的专利和非专利文献引文。

24. 试点地区人民法院对经营主体提出的知识产权相关救济请求，在申请人提供了可合理获得的证据并初步证明其权利正在受到侵害或即将受到侵害后，应不预先听取对方当事人的陈述即依照有关司法规则快速采取相关措施。

25. 试点地区有关部门调查涉嫌不正当竞争行为时，应对被调查的经营者给予指导，经营者作出相关承诺并按承诺及时纠正、主动消除或减轻危害后果的，依法从轻、减轻或不予行政处罚。

26. 支持试点地区内企业、商业组织、非政府组织等建立提高环境绩效的自愿性机制（包括自愿审计和报告、实施基于市场的激励措施、自愿分享信息和专门知识、开展政府和社会资本合作等），鼓励其参与制修订自愿性机制环境绩效评估标准。

27. 支持试点地区内企业自愿遵循环境领域的企业社会责任原则。相关原则应与我国赞成或支持的国际标准和指南相一致。

28. 支持试点地区劳动人事争议仲裁机构规范、及时以书面形式向当事人提供仲裁裁决，并依法公开。

六、健全完善风险防控制度

29. 试点地区应建立健全重大风险识别及系统性风险防范制度，商务部会同有关部门加强统筹协调和指导评估，强化对各类风险的分析研判，加强安全风险排查、动态监测和实时预警。

30. 健全安全评估机制，商务部会同有关部门和地方及时跟进试点进展，结合外部环境变化和国际局势走势，对新情况新问题进行分析评估，根据风险程度，分别采取调整、暂缓或终止等处置措施，不断优化试点实施举措。

31. 强化风险防范化解，细化防控举措，构建制度、管理和技术衔接配套的安全防护体系。

32. 落实风险防控责任，有关地方落实主体责任，在推进相关改革的同时，建立健全风险防控配套措施，完善安全生产责任制；有关部门加强指导监督，依职责做好监管。

33. 加强事前事中事后监管，完善监管规则，创新监管方式，加强协同监管，健全权责明确、公平公正、公开透明、简约高效的监管体系，统筹推进市场监管、质量监管、安全监管、金融监管等。

各有关部门和地方要以习近平新时代中国特色社会主义思想为指导，深入贯彻党的二十大精神，坚持党的全面领导，认真组织落实各项制度型开放试点任务。要统筹开放和安全，牢固树立总体国家安全观，强化风险意识，树立底线思维，维护国家核心利益和政治安全，建立健全风险防控制度，提高自身竞争能力、开放监管能力、风险防控能力。要坚持绿色发展，筑牢生态安全屏障，切实维护国家生态环境安全和人民群众身体健康。商务部要发挥统筹协调作用，会同有关部门加强各项试点措施的系统集成，推动部门和地方间高效协同。各有关部门要按照职责分工加强指导服务和监督管理，积极推动解决改革试点中遇到的问题。有关自由贸易试验区、自由贸易港及所在地省级人民政府要承担主体责任，细化分解任务，切实防控风险，加快推进各项试点措施落地实施。对确需制定具体意见、办法、细则、方案的，应在本措施印发之日起一年内完成，确保落地见效。需调整现行法律或行政法规的，按法定程序办理。重大事项及时向党中央、国务院请示报告。

国务院关于做好自由贸易试验区第七批改革试点经验复制推广工作的通知

国函〔2023〕56号

各省、自治区、直辖市人民政府，国务院各部委、各直属机构：

建设自由贸易试验区（以下简称自贸试验区）是党中央、国务院在新时代推进改革开放的重要战略举措，肩负着更好发挥改革开放综合试验平台作用，为全面深化改革和扩大开放探索新途径、积累新经验的重大使命。按照党中央、国务院决策部署，自贸试验区所在地区和有关部门结合各自贸试验区功能定位和特色特点，全力推进制度创新实践，形成了自贸试验区第七批改革试点经验，将在全国范围内复制推广。现就有关事项通知如下：

一、复制推广的主要内容

（一）在全国范围内复制推广的改革事项。

1. 投资贸易便利化领域："工程建设项目审批统一化、标准化、信息化"、"出口货物检验检疫证单'云签发'平台"、"航空货运电子信息化"等3项。

2. 政府管理创新领域："水路运输危险货物'谎报瞒报四步稽查法'"、"海事政务闭环管理"、"国际航行船舶'模块化'检查机制"、"应用电子劳动合同信息便捷办理人力资源社会保障业务"、"医药招采价格调控机制"等5项。

3. 金融开放创新领域："跨境人民币全程电子缴税"、"对外承包工程类优质诚信企业跨境人民币结算业务便利化"、"证券、期货、基金境外金融职业资格认可机制"、"动产质押融资业务模式"、"科创企业票据融资新模式"、"知识产权质押融资模式创新"等6项。

4. 产业高质量发展领域："制造业智能化转型市场化升级新模式"、"健康医疗大数据转化应用"、"专利导航助力产业创新协同联动新模式"、"专利开放许可新模式"、"深化知识产权服务业集聚发展改革"等5项。

5. 知识产权保护领域："知识产权纠纷调解优先机制"、"知识产权类案件'简案快办'"、"专利侵权纠纷'先行裁驳、另行请求'裁决模式"等3项。

（二）在特定区域复制推广的改革事项。

1. 在自贸试验区复制推广"推广知识产权海外侵权责任险"。

2. 在沿海地区复制推广"入海排污口规范化'分级分类管理'新模式"。

二、高度重视复制推广工作

各地区、各部门要以习近平新时代中国特色社会主义思想为指导，深入贯彻党的二十大精神，深刻认识复制推广自贸试验区改革试点经验的重大意义，将复制推广工作作为贯彻新发展理念、推动高质量发展、建设现代化经济体系的重要举措。要把复制推广第七批改革试点经验与巩固落实前六批改革试点经验结合起来，同一领域的改革试点经验要加强系统集成，不同领域的改革试点经验要强化协同耦合，推动各方面制度更加成熟更加定型，把制度优势转化为治理效能，推进治理体系和治理能力现代化，进一步优化营商环境，激发市场活力，建设更高水平开放型经济新体制。

三、切实做好组织实施

各省（自治区、直辖市）人民政府要将自

贸试验区改革试点经验复制推广工作列为本地区重点工作，加强组织领导，加大实施力度，确保复制推广工作顺利推进、取得实效。国务院各有关部门要结合工作职责，主动作为，指导完成复制推广工作。需报国务院批准的事项要按程序报批，需调整有关行政法规、国务院文件和部门规章规定的，要按法定程序办理。各地区、各部门要统筹发展和安全，落实好安全生产责任，强化复制推广全过程风险防控。商务部要牵头组织开展复制推广工作成效评估，协调解决重点和难点问题。重大问题及时报告国务院。

附件：自由贸易试验区第七批改革试点经验复制推广工作任务分工表

国务院

2023 年 6 月 24 日

（此件公开发布）

附件

自由贸易试验区第七批改革试点经验复制推广工作任务分工表

序号	改革事项	主要内容	负责单位	推广范围
1	工程建设项目审批统一化、标准化、信息化	统一省域内工程建设项目审批事项名称、受理条件、申请材料等要素，实现审批事项清单、办事指南、办理流程等标准化。整合建设覆盖省、市、县三级的工程建设项目审批管理系统，与土地、规划等部门业务系统深度融合，部署应用审批标准化成果，通过细化项目编码规则，大力推行电子证照，实现工程建设项目审批"一网通办"和建设过程精准管理，切实提升企业、群众办事便利度。	住房城乡建设部	全国
2	出口货物检验检疫证单"云签发"平台	依托国际贸易"单一窗口"建立出口货物检验检疫证单"云签发"平台，实现出口货物海关检验检疫证书数据电子化。	海关总署	全国

续　表

序号	改革事项	主要内容	负责单位	推广范围
3	航空货运电子信息化	探索建立航空货运电子信息标准体系。搭建电子货运信息服务平台，为航空公司、机场货站、枢纽机场、货代企业、卡车企业等提供跟踪查询、在线监控、在线物流交易等信息服务，实现出港收货—安检—货物鉴定等全流程一站式电子化操作。推进航空货运电子运单应用，实现机场货站与航空公司数据实时互联互通。	中国民航局	全国
4	水路运输危险货物"谎报匿报四步稽查法"	海事部门搭建多途径互联互通渠道，在水路运输危险货物监管中实行"智慧获取、信息核查、开箱查验、调查处理"四步稽查法，精准打击危险货物谎报匿报行为。	交通运输部	全国
5	海事政务闭环管理	推动海事政务服务事项不见面办理，通过实施不见面受理、网上审批、不见面补正、邮寄发证等措施，大幅提高海事政务服务效率。	交通运输部	全国
6	国际航行船舶"模块化"检查机制	遵循"自上而下、从后到前、由外至内"的原则，对国际航行船舶驾驶台、无线电等十个模块进行安全检查，提升检查服务效率与质量，同时利用信息技术形成"无接触"远程模块化检查模式。	交通运输部	全国
7	应用电子劳动合同信息便捷办理人力资源社会保障业务	推行电子劳动合同应用，公布接收电子劳动合同信息的数据格式和标准，方便企业和劳动者向人力资源社会保障部门报送电子劳动合同信息。依托电子劳动合同信息，支持企业和劳动者便捷办理劳动用工备案、就业失业登记、社会保险经办和待遇申领等人力资源社会保障相关业务。	人力资源社会保障部	全国
8	医药招采价格调控机制	依托全国医药价格监测工程，对参与药品和医用耗材招标与采购的企业、医疗机构开展价格监测，督促企业和医疗机构遵守集采、谈判等价格管理结果，引导价格回归合理水平。	国家医保局	全国
9	跨境人民币全程电子缴税	依托财税库银横向联网系统与人民币跨境支付机制，为境外非居民纳税人提供直接使用人民币跨境缴纳税款的便利。	中国人民银行、税务总局	全国

续　表

序号	改革事项	主要内容	负责单位	推广范围
10	对外承包工程类优质诚信企业跨境人民币结算业务便利化	支持银行在业务背景真实的前提下，为优质诚信企业办理与境外分公司、项目部等机构账户之间的跨境人民币资金收付业务，解决对外承包工程企业境内外资金划转难题。	中国人民银行、商务部	全国
11	证券、期货、基金境外金融职业资格认可机制	建立证券、期货、基金"三位一体"的境外金融职业资格认可机制。具有境外相关金融职业资格，所在国家（地区）与中国金融监管部门签署《证券期货监管合作谅解备忘录》的金融人才，无需参加专业知识考试，通过相关法律法规和职业道德规范考试后，即可申请注册从业资格或办理执业登记，开展金融专业服务。	中国证监会	全国
12	动产质押融资业务模式	积极开展应收账款、存货、仓单等权利和动产质押融资业务，推动改善中小微企业信用条件，助力解决其融资难、融资贵问题。	中国人民银行、金融监管总局	全国
13	科创企业票据融资新模式	根据政府管理部门发布的科创类企业名单，建立银行系统支持名单，运用票据再贴现等货币政策工具引导银行给予企业融资支持。引导金融机构在风险可控的条件下加快办理贴现，或通过引入市场化融资担保机构等资源提供担保支持办理贴现。	中国人民银行、金融监管总局	全国
14	知识产权质押融资模式创新	打造以企业知识产权和综合创新能力评价为核心的知识产权质押融资产品，通过搭建平台载体，实现知识产权质押融资产品线上发布、办理及代办质押登记，提高融资效率。广泛开展银企对接活动，拓宽融资渠道。综合运用信贷、保险、证券等多种金融工具，解决创新型中小微企业融资难题。	国家知识产权局、中国人民银行、金融监管总局	全国
15	制造业智能化转型市场化升级新模式	有需求的地区结合当地实际与行业特点编制智能制造技术指南并设置榜单，明确揭榜要求。揭榜企业按照榜单推进智能制造示范工厂和场景建设。专业机构提供检验检测、咨询诊断、评估评价等公共服务。通过政府、企业、专业机构三方联动，解决企业智能化转型过程中"不会转、资源少、管理难"问题。	工业和信息化部	全国

续　表

序号	改革事项	主要内容	负责单位	推广范围
16	健康医疗大数据转化应用	依托健康医疗大数据中心，构建健康医疗大数据"存、管、算、用"标准化一站式转化应用平台，提供数据安全、授权使用和保障隐私计算的环境，建立"实名申请、快速审批、定点调取、分类使用、全程监控、多方监管"的数据安全共享管理规范和转化应用流程，做到"数据不出机房"，在保证数据安全的前提下，为公共卫生、临床科研、产业发展等领域提供数据支撑。	国家卫生健康委	全国
17	专利导航助力产业创新协同联动新模式	围绕产业创新发展需求，系统化组织实施区域规划类、产业规划类、企业经营类专利导航项目，促进创新资源科学高效配置，助力破解关键核心技术"卡脖子"问题，助推产业转型升级。	国家知识产权局	全国
18	专利开放许可新模式	知识产权管理部门征集市场前景好，适合多个主体应用的专利，由高校院所等专利权人自愿明确许可使用费等条件并公开发布，中小微企业等技术需求方支付相应费用即可方便快速达成"一对多"许可。提升谈判效率、降低交易成本、促进技术供需对接。	国家知识产权局	全国
19	深化知识产权服务业集聚发展改革	优化升级知识产权服务业集聚发展区，拓展线下知识产权综合服务内容，建设重点产业知识产权大数据平台，集成知识产权交易、许可、专利导航、质押、保险等功能，实现知识产权服务"最多跑一地"。	国家知识产权局	全国
20	知识产权纠纷调解优先机制	侵犯注册商标专用权违法行为（涉嫌犯罪的案件除外）在立案前达成调解协议并履行完毕的，可以不予立案。立案后达成调解协议并履行完毕，主动消除或者减轻违法行为危害后果的，应当从轻或者减轻处罚；违法行为轻微并及时改正，没有造成第三人合法权益或公共利益受到损害等危害后果的，不予行政处罚。	国家知识产权局、市场监管总局	全国
21	知识产权类案件"简案快办"	强化庭前会议功能，推动案件繁简分流，形成案件审理要素确认表，做到庭前即固定侵权证据、明确案件争点。优化庭审程序，适宜合并庭审的系列案件可以进行合并庭审，围绕争议焦点重点开展法庭调查和法庭辩论。强化当庭宣判，推广要素式判决，实现判决书的标准化与流程化。	最高人民法院	全国

续　表

序号	改革事项	主要内容	负责单位	推广范围
22	专利侵权纠纷"先行裁驳、另行请求"裁决模式	专利行政部门在办理专利侵权纠纷行政裁决案件过程中，若涉案专利权被国务院专利行政部门宣告无效，可以告知请求人撤案，请求人坚持不撤案的，可以先行驳回请求，但在裁决书中写明，若经司法审查专利权维持有效的，请求人有权另行提出裁决请求。	国家知识产权局、最高人民法院	全国
23	推广知识产权海外侵权责任险	推出知识产权海外侵权责任险，支持保险机构搭建起"承保前进行风险评估、承保中提供专业预警服务、出险后积极有效应对"的全链条工作机制，帮助企业以市场化手段解决涉外知识产权纠纷，支持企业"走出去"。	国家知识产权局、金融监管总局	自贸试验区
24	入海排污口规范化"分级分类管理"新模式	搭建入海排污口"分级分类"精细化管理体系，根据入海排污口特性及其对海洋生态环境的影响程度，明确不同类型入海排污口的责任主体及管理要求，实行重点、一般和简化分类管理。	生态环境部	沿海地区

中华人民共和国国务院令

第 764 号

现公布《国务院关于修改和废止部分行政法规的决定》，自公布之日起施行。

总理 李强
2023 年 7 月 20 日

国务院关于修改和废止部分行政法规的决定

为贯彻实施新修订的《中华人民共和国行政处罚法》，推进严格规范公正文明执法，优化法治化营商环境，并落实修改后的《中华人民共和国人口与计划生育法》等法律，国务院对涉及的行政法规进行了清理。经过清理，国务院决定：

一、对 14 部行政法规的部分条款予以修改。

二、废止《产品质量监督试行办法》（1985 年 3 月 7 日国务院批准 1985 年 3 月 15 日国家标准局发布 根据 2011 年 1 月 8 日《国务院关于废止和修改部分行政法规的决定》修订）。

本决定自公布之日起施行。

附件：国务院决定修改的行政法规

附件

国务院决定修改的行政法规

一、将《中华人民共和国国际海运条例》第四条增加一款，作为第二款："国务院交通主管部门和有关的地方人民政府交通主管部门应当对国际海上运输及其辅助性业务的经营者和从业人员实施信用管理，并将相关信用记录纳入全国信用信息共享平台。"

第五条修改为："经营国际客船、国际散装液体危险品船运输业务，应当具备下列条件：

"（一）取得企业法人资格；

"（二）有与经营业务相适应的船舶，其中必须有中国籍船舶；

"（三）投入运营的船舶符合国家规定的海上交通安全技术标准；

"（四）有提单、客票或者多式联运单证；

"（五）有具备国务院交通主管部门规定的从业资格的高级业务管理人员。

"经营国际集装箱船、国际普通货船运输业务，应当取得企业法人资格，并有与经营业务相适应的船舶。"

第六条修改为："经营国际客船、国际散装液体危险品船运输业务，应当向国务院交通主管部门提出申请，并附送符合本条例第五条规定条件的相关材料。国务院交通主管部门应当自受理申请之日起30日内审核完毕，作出许可或者不予许可的决定。予以许可的，向申请人颁发《国际船舶运输经营许可证》；不予许可的，应当书面通知申请人并告知理由。

"国务院交通主管部门审核国际客船、国际散装液体危险品船运输业务申请时，应当考虑国家关于国际海上运输业发展的政策和国际海上运输市场竞争状况。

"申请经营国际客船运输业务，并同时申请经营国际班轮运输业务的，还应当附送本条例第十一条规定的相关材料，由国务院交通主管部门一并审核、登记。

"经营国际集装箱船、国际普通货船运输业务，应当自开业之日起15日内向省、自治区、直辖市人民政府交通主管部门备案，备案信息包括企业名称、注册地、联系方式、船舶情况。"

第七条第一款修改为："经营无船承运业务，应当自开业之日起15日内向省、自治区、直辖市人民政府交通主管部门备案，备案信息包括企业名称、注册地、联系方式。"

删去第八条、第十六条、第二十条、第三十六条、第四十三条。

第九条改为第八条，修改为："国际客船、国际散装液体危险品船运输经营者，不得将依法取得的经营资格提供给他人使用。"

第十条改为第九条，修改为："国际客船、国际散装液体危险品船运输经营者依照本条例的规定取得相应的经营资格后，不再具备本条例规定的条件的，国务院交通主管部门应当立即取消其经营资格。"

第十八条改为第十六条，修改为："国际客船、国际散装液体危险品船运输经营者有下列情形之一的，应当在情形发生之日起15日内，向国务院交通主管部门备案：

"（一）终止经营；

"（二）减少运营船舶；

"（三）变更提单、客票或者多式联运单证；

"（四）在境外设立分支机构或者子公司经营相应业务；

"（五）拥有的船舶在境外注册，悬挂外国旗。

"国际客船、国际散装液体危险品船运输经营者增加运营船舶的，增加的运营船舶必须符合国家规定的安全技术标准，并应当于投入运营前15日内向国务院交通主管部门备案。国务院交通主管部门应当自收到备案材料之日起3日内出具备案证明文件。

"其他中国企业有本条第一款第（四）项、第（五）项所列情形之一的，应当依照本条第一款规定办理备案手续。

"国际集装箱船运输经营者、国际普通货船运输经营者和无船承运业务经营者终止经营的，应当自终止经营之日起15日内向省、自治区、直辖市人民政府交通主管部门备案。"

第二十八条、第四十二条中的"本条例第二十一条"修改为"本条例第十八条"。

第三十五条改为第三十二条，修改为："未取得《国际船舶运输经营许可证》，擅自经营国际客船、国际散装液体危险品船运输业务的，由国务院交通主管部门或者其授权的地方人民政府交通主管部门责令停止经营；有违法

所得的，没收违法所得；违法所得50万元以上的，处违法所得2倍以上5倍以下的罚款；没有违法所得或者违法所得不足50万元的，处20万元以上100万元以下的罚款。

"从事国际集装箱船、国际普通货船运输业务没有与经营国际海上运输业务相适应的船舶的，由省、自治区、直辖市人民政府交通主管部门责令改正；情节严重的，责令停业整顿。"

第三十九条改为第三十五条，修改为："国际客船、国际散装液体危险品船运输经营者将其依法取得的经营资格提供给他人使用的，由国务院交通主管部门或者其授权的地方人民政府交通主管部门责令限期改正；逾期不改正的，撤销其经营资格。"

第四十条改为第三十六条，修改为："未履行本条例规定的备案手续的，由国务院交通主管部门或者省、自治区、直辖市人民政府交通主管部门责令限期补办备案手续；逾期不补办的，处1万元以上5万元以下的罚款，并可以撤销其相应资格。"

第四十五条改为第四十条，将其中的"并处2万元以上10万元以下的罚款"修改为"处2万元以下的罚款；情节严重的，处2万元以上10万元以下的罚款"。

第四十九条改为第四十四条，修改为："外国国际船舶运输经营者未经国务院交通主管部门批准，不得经营中国内地与台湾地区之间的双向直航和经第三地的船舶运输业务。

"外国国际船舶运输经营者未经省、自治区、直辖市人民政府交通主管部门批准，不得经营中国内地与香港特别行政区、澳门特别行政区之间的客船、散装液体危险品船运输业务。外国国际船舶运输经营者经营中国内地与香港特别行政区、澳门特别行政区之间的集装

箱船、普通货船运输业务应当向省、自治区、直辖市人民政府交通主管部门备案。"

二、将《废旧金属收购业治安管理办法》第四条、第六条合并，作为第四条，修改为："收购废旧金属的企业和个体工商户，应当在取得营业执照后 15 日内向所在地县级人民政府公安机关备案。

"备案事项发生变更的，收购废旧金属的企业和个体工商户应当自变更之日起 15 日内（属于工商登记事项的自工商登记变更之日起 15 日内）向县级人民政府公安机关办理变更手续。

"公安机关可以通过网络等方式，便利企业和个体工商户备案。"

删去第十二条、第十六条。

第十三条改为第十一条，修改为："有下列情形之一的，由公安机关给予相应处罚：

"（一）违反本办法第四条第一款规定，未履行备案手续收购生产性废旧金属的，予以警告，责令限期改正，逾期拒不改正的，视情节轻重，处以 500 元以上 2000 元以下的罚款；未履行备案手续收购非生产性废旧金属的，予以警告或者处以 500 元以下的罚款；

"（二）违反本办法第四条第二款规定，未向公安机关办理变更手续的，予以警告或者处以 200 元以下的罚款；

"（三）违反本办法第六条规定，非法设点收购废旧金属的，予以取缔，没收非法收购的物品及非法所得，可以并处 5000 元以上 10000 元以下的罚款；

"（四）违反本办法第七条规定，收购生产性废旧金属时未如实登记的，视情节轻重，处以 2000 元以上 5000 元以下的罚款或者责令停业整顿；

"（五）违反本办法第八条规定，收购禁止收购的金属物品的，视情节轻重，处以 2000 元以上 10000 元以下的罚款或者责令停业整顿。

"有前款所列第（一）、（三）、（四）、（五）项情形之一，构成犯罪的，依法追究刑事责任。"

三、将《中华人民共和国工业产品生产许可证管理条例》第二十四条第三款修改为："国务院工业产品生产许可证主管部门应当将作出的相关产品准予许可的决定及时通报国务院发展改革部门、国务院卫生主管部门等有关部门。"

删去第三十七条第二款。

第五十三条修改为："取得生产许可证的企业未依照本条例规定定期向省、自治区、直辖市工业产品生产许可证主管部门提交报告的，由省、自治区、直辖市工业产品生产许可证主管部门责令限期改正。"

第六十五条修改为："本条例规定的吊销生产许可证的行政处罚由工业产品生产许可证主管部门决定。工业产品生产许可证主管部门应当将作出的相关产品吊销生产许可证的行政处罚决定及时通报发展改革部门、卫生主管部门等有关部门。

"法律、行政法规对行使行政处罚权的机关另有规定的，依照有关法律、行政法规的规定执行。"

四、将《中华人民共和国认证认可条例》第六十六条修改为："列入目录的产品未经认证，擅自出厂、销售、进口或者在其他经营活动中使用的，责令限期改正，处 5 万元以上 20 万元以下的罚款；未经认证的违法产品货值金额不足 1 万元的，处货值金额 2 倍以下的罚款；有违法所得的，没收违法所得。"

五、将《中华人民共和国道路运输条例》

第六十三条修改为："违反本条例的规定，有下列情形之一的，由县级以上地方人民政府交通运输主管部门责令停止经营，并处罚款；构成犯罪的，依法追究刑事责任：

"（一）未取得道路运输经营许可，擅自从事道路普通货物运输经营，违法所得超过1万元的，没收违法所得，处违法所得1倍以上5倍以下的罚款；没有违法所得或者违法所得不足1万元的，处3000元以上1万元以下的罚款，情节严重的，处1万元以上5万元以下的罚款；

"（二）未取得道路运输经营许可，擅自从事道路客运经营，违法所得超过2万元的，没收违法所得，处违法所得2倍以上10倍以下的罚款；没有违法所得或者违法所得不足2万元的，处1万元以上10万元以下的罚款；

"（三）未取得道路运输经营许可，擅自从事道路危险货物运输经营，违法所得超过2万元的，没收违法所得，处违法所得2倍以上10倍以下的罚款；没有违法所得或者违法所得不足2万元的，处3万元以上10万元以下的罚款。"

第六十五条第三款修改为："从事道路货物运输站（场）经营、机动车驾驶员培训业务，未按规定进行备案的，由县级以上地方人民政府交通运输主管部门责令改正；拒不改正的，处5000元以上2万元以下的罚款。"增加两款，作为第四款、第五款："从事机动车维修经营业务，未按规定进行备案的，由县级以上地方人民政府交通运输主管部门责令改正；拒不改正的，处3000元以上1万元以下的罚款。

"备案时提供虚假材料情节严重的，其直接负责的主管人员和其他直接责任人员5年内不得从事原备案的业务。"

删去第六十八条。

第六十九条改为第六十八条，修改为："违反本条例的规定，客运经营者有下列情形之一的，由县级以上地方人民政府交通运输主管部门责令改正，处1000元以上2000元以下的罚款；情节严重的，由原许可机关吊销道路运输经营许可证：

"（一）不按批准的客运站点停靠或者不按规定的线路、公布的班次行驶的；

"（二）在旅客运输途中擅自变更运输车辆或者将旅客移交他人运输的；

"（三）未报告原许可机关，擅自终止客运经营的。

"客运经营者强行招揽旅客，货运经营者强行招揽货物或者没有采取必要措施防止货物脱落、扬撒等的，由县级以上地方人民政府交通运输主管部门责令改正，处1000元以上3000元以下的罚款；情节严重的，由原许可机关吊销道路运输经营许可证。"

第七十一条改为第七十条，将第一款中的"道路运输站（场）经营者"修改为"道路旅客运输站（场）经营者"。增加一款，作为第二款："道路货物运输站（场）经营者有前款违法情形的，由县级以上地方人民政府交通运输主管部门责令改正，处3000元以上3万元以下的罚款。"

第七十五条改为第七十四条，删去第一款中的"或者未标明国籍识别标志"。增加一款，作为第二款："外国国际道路运输经营者未按照规定标明国籍识别标志的，由省、自治区、直辖市人民政府交通运输主管部门责令停止运输，处200元以上2000元以下的罚款。"

六、删去《国内水路运输管理条例》第三十四条第二款。

七、删去《中华人民共和国船员条例》第

四十九条中的"船员适任证书"、第五十三条第一项中的"证书"。

删去第五十一条。

第五十五条改为第五十四条，删去第一项。

八、将《证券公司风险处置条例》第三十八条、第四十三条、第四十四条中的"《证券法》第一百二十九条"修改为"《证券法》第一百二十二条"。

第五十九条修改为："证券公司的董事、监事、高级管理人员等对该证券公司被处置负有主要责任，情节严重的，可以按照规定对其采取证券市场禁入的措施。"

删去第六十条中的"并可以暂停其任职资格、证券从业资格"和"撤销其任职资格、证券从业资格"。

九、将《长江河道采砂管理条例》第十六条修改为："除按照河道采砂许可证规定的期限在可采区作业外，采砂船舶应当集中停放在沿江县级人民政府指定的地点，并由采砂船舶所有者或者使用者负责管护。无正当理由，不得擅自离开指定的地点。"

删去第十七条。

增加一条，作为第十七条："禁止运输、收购、销售未取得河道采砂许可证的单位、个人开采的长江河道砂石。

"长江水利委员会应当会同沿江省、直辖市人民政府水行政主管部门及有关部门、长江航务管理局、长江海事机构等单位建立统一的长江河道采砂管理信息平台，推进实施长江河道砂石开采、运输、收购、销售全过程追溯。"

第十八条修改为："违反本条例规定，未办理河道采砂许可证，擅自在长江采砂的，由县级以上地方人民政府水行政主管部门或者长江水利委员会依据职权，责令停止违法行为，

没收违法开采的砂石和违法所得以及采砂船舶和挖掘机械等作业设备、工具，并处违法开采的砂石货值金额 2 倍以上 20 倍以下的罚款；货值金额不足 10 万元的，并处 20 万元以上 200 万元以下的罚款；构成犯罪的，依法追究刑事责任。"

第十九条修改为："违反本条例规定，采砂单位、个人未按照河道采砂许可证规定的要求采砂的，由县级以上地方人民政府水行政主管部门或者长江水利委员会依据职权，责令停止违法行为，没收违法开采的砂石和违法所得，并处违法开采的砂石货值金额 1 倍以上 2 倍以下的罚款；情节严重或者在禁采区、禁采期采砂的，没收违法开采的砂石和违法所得以及采砂船舶和挖掘机械等作业设备、工具，吊销河道采砂许可证，并处违法开采的砂石货值金额 2 倍以上 20 倍以下的罚款，货值金额不足 10 万元的，并处 20 万元以上 200 万元以下的罚款；构成犯罪的，依法追究刑事责任。"

增加一条，作为第二十条："违反本条例规定，运输、收购、销售未取得河道采砂许可证的单位、个人开采的长江河道砂石的，由县级以上地方人民政府水行政主管部门、长江水利委员会、有关海事管理机构以及县级以上地方人民政府其他有关部门依据职权，责令停止违法行为，没收违法运输、收购、销售的砂石和违法所得，并处 2 万元以上 20 万元以下的罚款；情节严重的，并处 20 万元以上 200 万元以下的罚款；构成犯罪的，依法追究刑事责任。"

第二十条改为第二十一条，修改为："违反本条例规定，采砂船舶未在指定地点集中停放或者无正当理由擅自离开指定地点的，由县级以上地方人民政府水行政主管部门责令停靠在指定地点，处 3 万元以上 10 万元以下的罚款；拒不改正的，予以强行转移至指定地点。"

第二十一条改为第二十二条，修改为："伪造、变造、转让、出租、出借河道采砂许可证，由县级以上地方人民政府水行政主管部门或者长江水利委员会依据职权予以吊销或者收缴，没收违法所得，并处5万元以上50万元以下的罚款；构成犯罪的，依法追究刑事责任。"

删去第二十二条。

第二十四条中的"行政处分"修改为"处分"。

第二十六条修改为："有下列行为之一，对负有责任的主管人员和其他直接责任人员依法给予处分；构成犯罪的，依法追究刑事责任：

"（一）不执行已批准的长江采砂规划、擅自修改长江采砂规划或者违反长江采砂规划组织采砂的；

"（二）不按照规定审批发放河道采砂许可证或者其他批准文件的；

"（三）不履行本条例规定的监督检查职责，造成长江采砂秩序混乱或者造成重大责任事故的。"

十、将《海洋观测预报管理条例》第十条第三款中的"批准"修改为"备案"。

第三十一条修改为："设立、调整海洋观测站（点）未按照规定备案的，由有关海洋主管部门责令限期改正，处2万元以上10万元以下的罚款；不符合海洋观测网规划的，责令限期拆除；逾期不拆除的，依法实施强制拆除，所需费用由违法者承担。"

十一、将《中华人民共和国发票管理办法》第三条增加一款，作为第二款："发票包括纸质发票和电子发票。电子发票与纸质发票具有同等法律效力。国家积极推广使用电子发票。"

第四条增加一款，作为第一款："发票管理工作应当坚持和加强党的领导，为经济社会发展服务。"

第五条修改为："发票的种类、联次、内容、编码规则、数据标准、使用范围等具体管理办法由国务院税务主管部门规定。"

第八条第二款修改为："税务机关应当按照政府采购有关规定确定印制发票的企业。"

第十二条中的"批准"修改为"确定"。

第十四条第一款修改为："各省、自治区、直辖市内的单位和个人使用的发票，除增值税专用发票外，应当在本省、自治区、直辖市内印制；确有必要到外省、自治区、直辖市印制的，应当由省、自治区、直辖市税务机关商印制地省、自治区、直辖市税务机关同意后确定印制发票的企业。"

第十五条修改为："需要领用发票的单位和个人，应当持设立登记证件或者税务登记证件，以及经办人身份证明，向主管税务机关办理发票领用手续。领用纸质发票的，还应当提供按照国务院税务主管部门规定式样制作的发票专用章的印模。主管税务机关根据领用单位和个人的经营范围、规模和风险等级，在5个工作日内确认领用发票的种类、数量以及领用方式。

"单位和个人领用发票时，应当按照税务机关的规定报告发票使用情况，税务机关应当按照规定进行查验。"

删去第十八条、第三十四条。

第二十二条改为第二十一条，第一款修改为："开具发票应当按照规定的时限、顺序、栏目，全部联次一次性如实开具，开具纸质发票应当加盖发票专用章。"

第二十三条改为第二十二条，第三款修改为："单位和个人开发电子发票信息系统自用或者为他人提供电子发票服务的，应当遵守国务院税务主管部门的规定。"

第二十四条改为第二十三条，增加一项，作为第一款第六项："（六）窃取、截留、篡改、出售、泄露发票数据"。

第二十七条改为第二十六条，修改为："开具发票的单位和个人应当建立发票使用登记制度，配合税务机关进行身份验证，并定期向主管税务机关报告发票使用情况。"

第二十九条改为第二十八条，修改为："开具发票的单位和个人应当按照国家有关规定存放和保管发票，不得擅自损毁。已经开具的发票存根联，应当保存 5 年。"

第三十八条改为第三十六条，在第一款中的"伪造发票监制章"后增加"窃取、截留、篡改、出售、泄露发票数据"，删去第一款中的"对印制发票的企业，可以并处吊销发票准印证"。

第三章名称以及第二条、第十七条、第二十五条、第三十条中的"领购"修改为"领用"。

第二十五条中的"发票"修改为"纸质发票"。

删去第二十八条中的"和发票领购簿"。

删去第三十七条第一款中的"第二十二条第二款"。

十二、将《中国公民收养子女登记办法》第一条中的"收养法"修改为"民法典"。

增加一条，作为第三条："收养登记工作应当坚持中国共产党的领导，遵循最有利于被收养人的原则，保障被收养人和收养人的合法权益。"

第五条改为第六条，将第二款中的"计划生育部门"修改为"卫生健康主管部门"，"收养人还应当提交下列证明材料"修改为"收养人应当提交下列证明材料"，"收养人无子女的证明"修改为"收养人生育情况证明"。

第六条改为第七条，将第一款中的"收养法"修改为"民法典"，第四款中的"生父母为送养人的，并应当提交与当地计划生育部门签订的不违反计划生育规定的协议；有特殊困难无力抚养子女的，还应当提交送养人有特殊困难的声明。其中，因丧偶或者一方下落不明由单方送养的，还应当提交配偶死亡或者下落不明的证明"修改为"生父母为送养人，有特殊困难无力抚养子女的，还应当提交送养人有特殊困难的声明；因丧偶或者一方下落不明由单方送养的，还应当提交配偶死亡或者下落不明的证明"。

第七条、第十条分别改为第八条、第十一条，将其中的"收养法"修改为"民法典"。

十三、删去《中华人民共和国母婴保健法实施办法》第二条第二款。

第八条中的"劳动保障、计划生育等部门"修改为"人力资源社会保障等部门"。

十四、将《中华人民共和国烟草专卖法实施条例》第五十一条中的"《烟草专卖法》第三十条"修改为"《烟草专卖法》第二十八条"，第五十二条中的"《烟草专卖法》第三十一条"修改为"《烟草专卖法》第二十九条"，第五十三条中的"《烟草专卖法》第三十二条"修改为"《烟草专卖法》第三十条"，第五十四条中的"《烟草专卖法》第三十三条"修改为"《烟草专卖法》第三十一条"。

此外，对相关行政法规中的条文序号作相应调整。

国务院办公厅转发国家发展改革委关于恢复和扩大消费措施的通知

国办函〔2023〕70号

各省、自治区、直辖市人民政府，国务院各部委、各直属机构：

国家发展改革委《关于恢复和扩大消费的措施》已经国务院同意，现转发给你们，请认真贯彻落实。

国务院办公厅

2023年7月28日

（此件公开发布）

关于恢复和扩大消费的措施

国家发展改革委

为深入实施扩大内需战略，充分发挥消费对经济发展的基础性作用，不断增强高质量发展的持久动力，按照党中央、国务院决策部署，现就恢复和扩大消费提出如下措施。

一、总体要求

以习近平新时代中国特色社会主义思想为指导，深入贯彻党的二十大精神，坚持稳中求进工作总基调，完整、准确、全面贯彻新发展理念，加快构建新发展格局，着力推动高质量发展，把恢复和扩大消费摆在优先位置，优化就业、收入分配和消费全链条良性循环促进机制，增强消费能力，改善消费条件，创新消费场景，充分挖掘超大规模市场优势，畅通经济循环，释放消费潜力，更好满足人民群众对高品质生活的需要。

——坚持有效市场和有为政府更好结合。顺应市场规律和消费趋势，充分发挥市场在资源配置中的决定性作用，更好发挥政府作用，加快建设全国统一大市场，提升服务质量，激发市场活力，释放潜在需求，着力营造推动消费升级的良好生态。

——坚持优化供给和扩大需求更好结合。把实施扩大内需战略同深化供给侧结构性改革有机结合起来，增强供给结构对需求变化的适应性和灵活性，拓展消费新空间，打造消费新场景，丰富消费体验，以高质量供给引领和创造市场新需求。

——坚持提质升级和创新发展更好结合。突出体现大众化、普惠性，加快城乡消费基础设施建设，完善扩大居民消费的长效机制，切实保护消费者权益，营造便利消费、放心消费环境，不断提升消费便利度、舒适度、满意度。

二、稳定大宗消费

（一）优化汽车购买使用管理。各地区不得新增汽车限购措施，已实施限购的地区因地制宜优化汽车限购措施。着力推动全面取消二手车限迁、便利二手车交易登记等已出台政策落地见效。促进汽车更新消费，鼓励以旧换新，不得对非本地生产的汽车实施歧视性政策。加大汽车消费金融支持力度。增加城市停车位供给，改善人员密集场所和景区停车条件，推进车位资源共享利用。

（二）扩大新能源汽车消费。落实构建高质量充电基础设施体系、支持新能源汽车下乡、延续和优化新能源汽车车辆购置税减免等政策。科学布局、适度超前建设充电基础设施体系，加快换电模式推广应用，有效满足居民出行充换电需求。推动居住区内公共充电基础设施优化布局并执行居民电价，研究对充电基础设施用电执行峰谷分时电价政策，推动降低新能源汽车用电成本。

（三）支持刚性和改善性住房需求。做好保交楼、保民生、保稳定工作，完善住房保障基础性制度和支持政策，扩大保障性租赁住房供给，着力解决新市民、青年人等住房困难群体的住房问题。稳步推进老旧小区改造，进一步发挥住宅专项维修资金在老旧小区改造和老旧住宅电梯更新改造中的作用，继续支持城镇老旧小区居民提取住房公积金用于加装电梯等自住住房改造。在超大特大城市积极稳步推进城中村改造。持续推进农房质量安全提升工程，继续实施农村危房改造，支持7度及以上设防地区农房抗震改造，鼓励同步开展农房节能改造和品质提升，改善农村居民居住条件。

（四）提升家装家居和电子产品消费。促进家庭装修消费，鼓励室内全智能装配一体化。推广智能家电、集成家电、功能化家具等产品，提升家居智能化绿色化水平。加快实施家电售后服务提升行动。深入开展家电以旧换新，加强废旧家电回收。利用超高清视频、虚拟现实、柔性显示等新技术，推进供给端技术创新和电子产品升级换代。支持可穿戴设备、智能产品消费，打造电子产品消费应用新场景。

三、扩大服务消费

（五）扩大餐饮服务消费。倡导健康餐饮消费、反对餐饮浪费，支持各地举办美食节，打造特色美食街区，开展餐饮促消费活动。因地制宜优化餐饮场所延长营业时间相关规定。培育"种养殖基地+中央厨房+冷链物流+餐饮门店"模式，挖掘预制菜市场潜力，加快推进预制菜基地建设，充分体现安全、营养、健康的原则，提升餐饮质量和配送标准化水平。推广透明厨房，让消费者吃得放心。

（六）丰富文旅消费。全面落实带薪休假制度，鼓励错峰休假、弹性作息，促进假日消费。加强区域旅游品牌和服务整合，积极举办文化和旅游消费促进活动。健全旅游基础设施，强化智慧景区建设，提高旅游服务质量。

鼓励各地制定实施景区门票减免、淡季免费开放等政策。在保障游客自主选择权的基础上，支持不同区域景区合作推行联票模式，鼓励景区结合实际实施一票多次多日使用制，更好满足游客多样化需求。推动夜间文旅消费规范创新发展，引导博物馆、文化馆、游乐园等延长开放时间，支持有条件的地区建设"24小时生活圈"。打造沉浸式演艺新空间，建设新型文旅消费集聚区。

（七）促进文娱体育会展消费。加快审批等工作进度，持续投放优秀电影作品和文艺演出。优化审批流程，加强安全监管和服务保障，增加戏剧节、音乐节、艺术节、动漫节、演唱会等大型活动供给。鼓励举办各类体育赛事活动，增加受众面广的线下线上体育赛事。大力发展智能体育装备，提升科学健身智慧化水平。实施全民健身场地设施提升行动，加强体育公园建设，补齐全民健身设施短板。遴选确定新一批国家体育消费试点城市。鼓励各地加大对商品展销会、博览会、交易会、购物节、民俗节、品牌展、特色市集等活动的政策支持力度，进一步扩大会展消费。开展"老字号嘉年华"等活动，促进品牌消费。

（八）提升健康服务消费。坚持中西医并重，推动优质医疗资源下沉，共建城市医疗集团和县域医共体等医疗联合体，加强基本医疗卫生服务，提高服务质量和水平，着力增加高质量的中医医疗、养生保健、康复、健康旅游等服务。发展"互联网+医疗健康"，进一步完善互联网诊疗收费政策，逐步将符合条件的"互联网+"医疗服务纳入医保支付范围。开发面向老年人的健康管理、生活照护、康养疗养等服务和产品，支持各类机构举办老年大学、参与老年教育。积极扩大普惠型服务供给，推动公共消费提质增效。

四、促进农村消费

（九）开展绿色产品下乡。有条件的地区可对绿色智能家电下乡、家电以旧换新等予以适当补贴，按照产品能效、水效等予以差异化政策支持。开展绿色建材下乡活动，鼓励有条件的地区对绿色建材消费予以适当补贴或贷款贴息。

（十）完善农村电子商务和快递物流配送体系。大力发展农村直播电商、即时零售，推动电商平台和企业丰富面向农村的产品和服务供给。完善县乡村三级快递物流配送体系，加快提升电商、快递进农村综合水平，支持县级物流配送中心、乡镇物流站点建设改造，整合邮政、快递、供销、电商等资源，推行集约化配送，鼓励农村客运车辆代运邮件快件。建设村级寄递物流综合服务站，在有条件的乡村布设智能快件箱，增加农村零售网点密度，逐步降低物流配送成本。

（十一）推动特色产品进城。深入推进农业生产和农产品"三品一标"，开发具有鲜明地域特点、民族特色、乡土特征的产品产业，大力发展农村电子商务和订单农业，拓宽特色农产品上行通道。引导线上线下各类平台持续加大消费帮扶力度，开设专馆专区专柜促进脱贫地区特色产品顺畅销售，带动农民增收致富、增强消费能力。

（十二）大力发展乡村旅游。推广浙江"千万工程"经验，建设宜居宜业和美乡村。实施文化产业赋能乡村振兴计划，保护传承优秀乡土文化，盘活和挖掘乡村文旅资源，提升乡村文旅设施效能。推动实施乡村民宿服务认证，培育发布一批等级旅游民宿，打造一批品质民宿。支持经营主体开发森林人家、林间步道、健康氧吧、星空露营、汽车旅馆等产品，因地制宜打造一批美丽田园、景观农业、农耕体验、野外探险、户外运动、研学旅行等新业态，拓展乡村生态游、休闲游。

五、拓展新型消费

（十三）壮大数字消费。推进数字消费基础设施建设，丰富第五代移动通信（5G）网络和千兆光网应用场景。加快传统消费数字化转型，促进电子商务、直播经济、在线文娱等数字消费规范发展。支持线上线下商品消费融合发展，提升网上购物节质量水平。发展即时零售、智慧商店等新零售业态。鼓励数字技术企业搭建面向生活服务的数字化平台，推进数字生活智能化，打造数字消费业态、智能化沉浸式服务体验。加强移动支付等安全监管。升级信息消费，促进信息消费体验中心建设改造，提升信息消费示范城市建设水平，高质量举办信息消费系列特色活动，推动新一代信息技术与更多消费领域融合应用。推动平台经济规范健康持续发展，持续推动创新突破，开辟更多新领域新赛道，进一步完善相关领域服务标准。

（十四）推广绿色消费。积极发展绿色低碳消费市场，健全绿色低碳产品生产和推广机制，促进居民耐用消费品绿色更新和品质升级。健全节能低碳和绿色制造标准体系，完善绿色产品认证与标识体系，鼓励先行制定团体标准和企业标准。广泛开展节约型机关、绿色家庭、绿色社区、绿色出行等创建行动，反对奢侈浪费和过度消费，倡导理性消费，加快形成简约适度、绿色低碳的生活方式和消费模式。

六、完善消费设施

（十五）加快培育多层级消费中心。深化国际消费中心城市建设，科学布局、培育发展一批区域消费中心和地方特色消费中心。深入推进海南国际旅游消费中心建设。提升城市商业体系，推动步行街改造提升，发展智慧商圈，打造"一刻钟"便民生活圈，构建分层分类的城市消费载体，提高居民消费便利度。加强社区便民服务，合理布局养老、托育、餐饮、家政、零售、快递、健身、美发、维修、废旧物品回收等便民生活服务业态，推进完整社区建设。

（十六）着力补齐消费基础设施短板。结合推进城市更新，强化存量片区改造与支持消费新场景发展的硬件功能衔接。加强县域商业体系建设，建设改造一批乡镇商贸中心、集贸市场、农村新型便民商店，推动重点商贸街巷改造升级。稳步推动产地销地冷链设施建设，补齐农产品仓储保鲜冷链物流设施短板，推动城乡冷链网络双向融合。

（十七）完善消费基础设施建设支持政策。实施消费促进专项投资政策，支持消费基础设施建设、设备更新改造和关键生产线改造升级，将符合条件的项目纳入地方政府专项债券支持范围。支持符合条件的消费基础设施发行不动产投资信托基金（REITs）。支持各地保障消费基础设施建设合理用地需求。允许企业在符合国土空间规划、不改变用地结构和性质、确保安全的前提下，严格按文明城市规范要求和所在地临时建设、规划管理相关规定，在建设用地上搭建临时简易建筑，拓展消费新场景。

七、优化消费环境

（十八）加强金融对消费领域的支持。引导金融机构按市场化方式，加大对住宿餐饮、文化旅游、体育健康、养老托育、家政服务等的综合金融支持力度。更注重以真实消费行为为基础，加强消费信贷用途和流向监管，推动合理增加消费信贷。在加强征信体系建设的基础上，合理优化小额消费信贷和信用卡利率、还款期限、授信额度。

（十九）持续提升消费服务质量水平。全面开展放心消费行动，完善重点服务消费领域服务标准。依法打击假冒伪劣行为，持续推动创建放心市场、放心商店、放心网店、放心餐饮、放心景区、放心工厂，加快形成退换货、质量追溯、明码标价、监管、评价的放心消费制度闭环，营造放心消费环境。

（二十）完善促进消费长效机制。进一步完善促进消费体制机制。探索建立消费动态大数据监测平台系统，开展消费前瞻指数研究和编制。加快消费信用体系建设。持续深化改革，加快清理制约消费的各种规定和做法，有序破除消费领域的体制机制障碍和隐性壁垒，促进不同地区和行业标准、规则、政策协调统一。

各有关部门要充分发挥现有部门间协作机制作用，强化协同联动，加强督促落实，结合实际细化出台工作方案和配套政策。各地区要压实属地责任，完善工作机制，精心组织实施，因地制宜采取有效举措、探索有效做法，切实推动各项措施落地见效。

国务院办公厅印发《关于加快内外贸一体化发展的若干措施》的通知

国办发〔2023〕42号

各省、自治区、直辖市人民政府，国务院各部委、各直属机构：

《关于加快内外贸一体化发展的若干措施》已经国务院同意，现印发给你们，请认真贯彻执行。

国务院办公厅

2023年12月7日

（本文有删减）

关于加快内外贸一体化发展的若干措施

加快内外贸一体化发展是构建新发展格局、推动高质量发展的内在要求，对促进经济发展、扩大内需、稳定企业具有重要作用。为贯彻落实党中央、国务院决策部署，加快内外贸一体化发展，提出如下措施。

一、促进内外贸规则制度衔接融合

（一）促进内外贸标准衔接。对标国际先进水平，建立完善国际标准跟踪转化工作机制，转化一批先进适用国际标准，不断提高国际标准转化率。加强大宗贸易商品、对外承包工程、智能网联汽车、电子商务、支付结算等重点领域标准外文版编译，加大宣传推广力度，帮助企业降低市场转换的制度成本。完善"一带一路"共建国家标准信息平台，进一步发挥《出口商品技术指南》作用，优化国内国际标准服务。推进国家级服务业标准化试点（商贸流通专项）工作，加强标准创新。

（二）促进内外贸检验认证衔接。完善合格评定服务贸易便利化信息平台功能。鼓励检验检测认证机构提供"一站式"服务。推动与更多国家开展检验检疫电子证书国际合作。深化共建"一带一路"、《区域全面经济伙伴关系协定》（RCEP）等框架下检验检疫、认证认可国际合作。推动内地和港澳地区检测认证规则对接和结果互信互认，推进"湾区认证"。鼓励符合资质要求的检验检测机构参与进出口商品检验采信，扩大第三方检验检测结果采信范围。加强对出口转内销产品强制性产品认证绿色通道的政策宣传。

（三）促进内外贸监管衔接。着力破除各种形式的地方保护和市场分割，加快建设全国统一大市场，促进内外贸资源要素顺畅流动，促进内外资企业公平竞争。探索完善短缺药品供应保障应急机制，建立医疗器械紧急使用有关制度，便利药品、医疗器械等商品在发生自然灾害、公共卫生事件等突发情况下快速进入国内市场。简化用于食品加工的食药物质进口程序。支持监管方式成熟、国内需求旺盛的进口展品在境内销售。

（四）推进内外贸产品同线同标同质。优化同线同标同质（以下称"三同"）产品认定方式，鼓励企业对其产品满足"三同"要求作出自我声明或委托第三方机构进行认证，鼓励各方采信"三同"认证结果，加强"三同"企业和产品信息推介。

二、促进内外贸市场渠道对接

（五）支持外贸企业拓展国内市场。组织开展外贸优品拓内销系列活动，加强市场对接和推广，鼓励开展集中采购，支持优质外贸产品进电商平台、进商场超市、进商圈步行街、进工厂折扣店、进商品交易市场。

（六）支持内贸企业拓展国际市场。加强外贸新业态新模式及相关政策宣传和业务培训，支持内贸企业采用跨境电商、市场采购贸易等方式开拓国际市场。推动高质量实施RCEP等自由贸易协定，拓展企业的国际发展空间。

（七）发挥平台交流对接作用。发挥好中国国际进口博览会、中国进出口商品交易会、中国国际服务贸易交易会等展会作用，培育一批内外贸融合展会，促进国内国际市场供采对接。培育一批内外贸融合商品交易市场，完善国内国际营销网络，强化生产服务、物流集散、品牌培育等功能，促进国内国际市场接轨。推动境外经贸合作区提质升级，鼓励内外贸企业以合作区为平台开展跨国经营。

三、优化内外贸一体化发展环境

（八）加强知识产权保护。加大对外贸企业商标权、专利权的保护力度，以服装鞋帽、家居家装、家用电器等为重点，开展打击侵权假冒专项行动。落实电商平台对网络经营者资格和商品的审查责任，完善投诉举报处理制度，及时纠正制止网络侵权行为。

（九）完善内外贸信用体系。发挥全国信用信息共享平台作用，推动企业信用信息共享应用，帮助企业获得更多信贷支持。鼓励内外贸企业使用信用报告、保险、保理等信用工具，防范市场销售风险。推动电商平台、产业集聚区等开展信用体系建设试点，营造有利于畅通国内国际市场的信用环境。

（十）提升物流便利性。加强与境外港口跨境运输合作，鼓励航运企业基于市场化原则拓展内外贸货物跨境运输业务范围。加快发展沿海和内河港口铁水联运，拓展主要港口国内国际航线和运输服务辐射范围。支持符合条件的企业开展内外贸集装箱同船运输，推行集装箱外贸内支线进出口双向运作模式。加快建设跨境物流基础设施，支持在重点城市建设全球性和区域性国际邮政快递枢纽。

（十一）强化内外贸人才支撑。加强内外贸一体化相关专业建设，发布一批教学标准，打造一批核心课程、优质教材和实践项目。支持开展内外贸实务及技能培训，搭建线上线下融合、内外贸融合的人才交流对接平台。

四、加快重点领域内外贸融合发展

（十二）深化内外贸一体化试点。赋予试点地区更大改革创新自主权，加快对接国际高标准经贸规则，促进内外贸规则制度衔接，复制推广一批创新经验和典型案例。更好发挥自由贸易试验区、国家级新区、国家级经济技术开发区、综合保税区等开放平台示范引领作用，鼓励加大内外贸一体化相关改革创新力度。

（十三）培育内外贸一体化企业。培育一批具有国际竞争力、内外贸并重的领跑企业，增强全球资源整合配置能力，支持供应链核心企业带动上下游企业协同开拓国内国际市场。建设农业国际贸易高质量发展基地，培育壮大内外贸一体化农业企业。支持台资企业拓展大陆市场，支持港澳企业拓展内地市场。对受到国外不合理贸易限制措施影响的企业加大帮扶纾困力度，支持其内外贸一体化经营。

（十四）培育内外贸融合发展产业集群。在重点领域培育壮大一批内外贸融合发展产业集群。推动商业科技创新中心建设，促进互联网、大数据、人工智能和内外贸相关产业深度融合。促进"跨境电商+产业带"模式发展，带动更多传统产业组团出海。引导产业向中西部、东北地区梯度转移，提升中西部等地区内外贸一体化发展水平，支持边境地区特色产业更好衔接国内国际两个市场。

（十五）加快内外贸品牌建设。实施"千企百城"商标品牌价值提升行动，推进全国质量品牌提升示范区建设，支持发展区域品牌，发展绿色、有机、地理标志和名特优新农产品

公共品牌。支持内外贸企业培育自主品牌，鼓励外贸代工企业与国内品牌商合作，支持流通企业、平台企业发展自有品牌，与制造企业开展品牌合作。鼓励发展反向定制（C2M）。培育一批中国特色品牌厂商折扣店。建设新消费品牌孵化基地，增强内外贸领域品牌孵化创新活力。加大中国品牌海外宣传力度，鼓励老字号走向国际市场。培育知识产权优势示范企业，支持企业发挥专利、商标等多种类型知识产权组合效应，提升品牌综合竞争力。

五、加大财政金融支持力度

（十六）落实有关财政支持政策。在符合世贸组织规则前提下，用好用足外经贸发展专项资金等现有中央和地方财政资金渠道，积极支持内外贸一体化发展。允许地方政府发行专项债券支持符合投向领域和项目条件的国家物流枢纽等物流基础设施建设，畅通内外贸商品集散运输。

（十七）更好发挥信用保险作用。加强出口信用保险和国内贸易信用保险协同，按照市场化原则加大内外贸一体化信用保险综合性支持力度，优化承保和理赔条件。鼓励保险机构开展国内贸易信用保险业务，推动保险机构在依法合规前提下，通过共保、再保等形式，提升国内贸易信用保险承保能力。鼓励有条件的地方以市场化方式支持内外贸一体化企业投保国内贸易信用保险。

（十八）加大金融支持力度。充分利用全国一体化融资信用服务平台网络、国家产融合作平台，强化金融机构对内外贸企业的服务能力。在依法合规前提下，鼓励金融机构依托应收账款、存货、仓单、订单、保单等提供金融产品和服务，规范发展供应链金融。推广跨境

融资便利化试点政策。扩大本外币合一银行结算账户体系试点范围。支持更多符合条件的支付机构和银行为跨境电商等新业态提供外汇结算服务。

各地方、各有关部门要以习近平新时代中国特色社会主义思想为指导，全面贯彻党的二十大精神，坚决贯彻落实党中央、国务院决策部署，按照分工积极推进各项政策措施落实，打通阻碍内外贸一体化的关键堵点，助力企业在国内国际两个市场顺畅切换，争取尽早取得实质性突破。各地方人民政府要完善工作机制，优化公共服务，因地制宜出台配套支持政策，大力推动本地区内外贸一体化发展。商务部要会同有关部门密切跟踪分析形势变化，充分发挥相关工作协调机制作用，加强协同配合和督促指导，确保各项政策措施落实到位，及时总结推广各地好经验好做法。

部委发文

国家发展改革委办公厅　国家统计局办公室
关于加强物流统计监测工作的通知

发改办运行〔2023〕87 号

各省、自治区、直辖市发展改革委、统计局，山西省、福建省、甘肃省工信厅，云南省、宁夏回族自治区商务厅，中国物流与采购联合会：

为深入学习贯彻党的二十大精神，落实《"十四五"现代物流发展规划》《"十四五"冷链物流发展规划》相关工作部署，服务构建现代物流体系，现就加强物流统计监测工作通知如下。

一、持续提升社会物流统计调查质量

（一）严格落实统计调查制度。根据部门统计有关规定，国家发展改革委组织对《社会物流统计调查制度》进行了修订，已经国家统计局审核批准。各地区要依据修订后的制度（见附件）组织开展企业调查，进行数据核算，确保全国核算方法的统一性、统计口径的一致性和核算结果的可比性。

（二）提高企业调查工作质量。重点企业调查是社会物流统计工作的基础。各地区要合理确定调查企业范围，建立结构合理、具有代表性的调查企业样本库。完善样本企业动态管理机制，加强对样本企业统计人员的培训指导，保障重点企业调查数据完整、准确、可持续。各地区统计部门根据当地社会物流统计调查需要做好有关企业名录信息共享。

（三）加强数据共建共享。建立健全部门间的数据共享机制，保障社会物流统计核算的

时效性和准确性。各地区相关部门要配合提供统计核算所需数据。中国物流与采购联合会要完善社会物流统计直报系统，建立全国数据与地方数据的共建共享机制。各地区要及时上报物流统计及重点企业调查资料。

（四）确保统计数据真实可靠。各地区要严格执行统计法，严格落实《关于深化统计管理体制改革提高统计数据真实性的意见》，全面防范和严肃惩治物流统计造假。不得自行修改统计机构和统计人员依法搜集、整理的企业统计资料，不得以任何方式要求统计机构、统计人员及其他机构、人员伪造、篡改企业统计资料。统计调查中获得的能够识别或者推断单个企业身份的资料，任何单位和个人不得对外提供、泄露，不得用于统计以外的目的。

二、推动物流统计创新发展

（五）优化完善统计指标体系。中国物流与采购联合会要根据现代物流业发展需要，研究反映现代物流重点领域、关键环节高质量发展的监测指标，为社会物流统计调查制度修订完善打下基础。鼓励各地区根据现代物流发展需要，开展细分行业、细分领域的指标统计。

（六）加强冷链物流统计监测。"十四五"期间，在全国范围组织一次冷链物流行业调查，全面摸清行业底数。鼓励有条件的地区先行先试，在社会物流统计调查制度基础上，开展冷链物流统计试点。依托国家骨干冷链物流基地、产销冷链集配中心、龙头冷链物流企业、冷链物流平台企业等，加强行业日常运行监测和分析研判。中国物流与采购联合会要组织开展冷链物流发展综合性指数研究编制工作。

（七）开展企业物流成本统计调查试点。

国家发展改革委将组织开展企业物流成本统计调查试点，选择若干代表性企业，在现有相关标准制度基础上，研究建立适合我国国情的企业物流成本统计调查制度，更好服务物流高质量发展。

（八）丰富社会化物流监测体系。鼓励各地区积极开展物流景气调查。中国物流与采购联合会要优化物流景气指标，扩充完善企业样本，为各地区开展工作提供业务指导和技术支持。充分发挥物流有关行业组织、研究机构、重点企业积极性，创新编制仓储、大宗物资物流等领域相关指数，服务行业发展需要。各地区统计部门要在相关制度建设和业务规范上加强指导。

三、强化物流统计保障措施

（九）强化工作体系建设。各地区物流统计工作牵头部门要切实发挥牵头组织和综合协调作用，建立健全统计部门指导、行业部门参与、协会等社会力量支撑的跨部门工作机制。加强工作经费保障，积极争取将物流统计纳入政府部门财政预算。尚未开展物流统计工作的省份，要积极借鉴其他地方经验尽快启动。国家发展改革委将会同中国物流与采购联合会建立年度数据评估通报机制。

（十）加强统计监测成果应用宣传。各地区要及时发布社会物流统计数据，强化数据解读和行业分析，提高数据的权威性和时效性。国家发展改革委门户网站物流统计专栏，定期发布全国及转载地方物流统计数据、相关指数、创新经验等。加强物流统计监测成果的数据挖掘和政策建议转化，不断提升物流统计服务决策水平。

（十一）研究落实支持政策。各地区要加

强与调查样本企业的沟通联系，协调帮助解决困难和问题，主动宣传物流业有关支持政策，对符合条件的予以优先考虑。积极将国家物流枢纽、国家骨干冷链物流基地、国家级示范物流园区、多式联运示范工程等项目中的骨干企业纳入样本范围。

（十二）加强物流统计指导培训。中国物流与采购联合会要积极组织物流统计有关部门、协会、样本企业等进行座谈交流，做好日常指导，强化业务培训，对物流统计工作表现突出的单位和个人予以表扬。各地区要结合实际积极组织本地区的交流培训。

附件：社会物流统计调查制度

国家发展改革委办公厅

国家统计局办公室

2023 年 2 月 8 日

国家发展改革委　国家能源局关于加快推进充电基础设施建设　更好支持新能源汽车下乡和乡村振兴的实施意见

发改综合〔2023〕545号

各省、自治区、直辖市人民政府，新疆生产建设兵团，国家电网有限公司、中国南方电网有限责任公司：

我国已建成世界上数量最多、辐射面积最大、服务车辆最全的充电基础设施体系，为新能源汽车快速发展提供了有力保障。但广大农村地区仍存在公共充电基础设施建设不足、居住社区充电设施安装共享难、时段性供需矛盾突出等问题，制约了农村地区新能源汽车消费潜力的释放。适度超前建设充电基础设施，优化新能源汽车购买使用环境，对推动新能源汽车下乡、引导农村地区居民绿色出行、促进乡村全面振兴具有重要意义。为做好相关工作，经国务院同意，制定如下实施意见。

一、创新农村地区充电基础设施建设运营维护模式

（一）加强公共充电基础设施布局建设。支持地方政府结合实际开展县乡公共充电网络规划，并做好与国土空间规划、配电网规划等的衔接，加快实现适宜使用新能源汽车的地区充电站"县县全覆盖"、充电桩"乡乡全覆盖"。合理推进集中式公共充电场站建设，优先在县乡企事业单位、商业建筑、交通枢纽（场站）、公路沿线服务区（站）等场所配置公共充电设施，并向易地搬迁集中安置区、乡村旅游重点村等延伸，结合乡村自驾游发展加快公路沿线、具备条件的加油站等场所充电桩建设。

（二）推进社区充电基础设施建设共享。加快推进农村地区既有居住社区充电设施建设，因地制宜开展充电设施建设条件改造，具备安装条件的居住社区可配建一定比例的公共充电车位。落实新建居住社区充电基础设施配建要求，推动固定车位建设充电设施或预留安装条件以满足直接装表接电需要。落实街道办事处等基层管理机构管理责任，加大对居住社区管理单位的指导和监督，建立"一站式"协调推动和投诉解决机制。居住社区管理单位应积极协助用户安装充电设施，可探索与充电设施运营企业合作的机制。引导社区推广"临近

车位共享""社区分时共享""多车一桩"等共享模式。

（三）加大充电网络建设运营支持力度。鼓励有条件地方出台农村地区公共充电基础设施建设运营专项支持政策。利用地方政府专项债券等工具，支持符合条件的高速公路及普通国省干线公路服务区（站）、公共汽电车场站和汽车客运站等充换电基础设施建设。统筹考虑乡村级充电网络建设和输配电网发展，加大用地保障等支持力度，开展配套电网建设改造，增强农村电网的支撑保障能力。到 2030 年前，对实行两部制电价的集中式充换电设施用电免收需量（容量）电费，放宽电网企业相关配电网建设投资效率约束，全额纳入输配电价回收。

（四）推广智能有序充电等新模式。提升新建充电基础设施智能化水平，将智能有序充电纳入充电基础设施和新能源汽车产品功能范围，鼓励新售新能源汽车随车配建充电桩具备有序充电功能，加快形成行业统一标准。鼓励开展电动汽车与电网双向互动（V2G）、光储充协同控制等关键技术研究，探索在充电桩利用率较低的农村地区，建设提供光伏发电、储能、充电一体化的充电基础设施。落实峰谷分时电价政策，鼓励用户低谷时段充电。

（五）提升充电基础设施运维服务体验。结合农村地区充电设施环境、电网基础条件、运行维护要求等，开展充电设施建设标准制修订和典型设计。完善充电设施运维体系，提升设施可用率和故障处理能力，推动公共充换电网络运营商平台互联互通。鼓励停车场与充电设施运营企业创新技术与管理措施，引导燃油汽车与新能源汽车分区停放，维护良好充电秩序。利用技术手段对充电需求集中的时段和地段进行提前研判，并做好服务保障。

二、支持农村地区购买使用新能源汽车

（六）丰富新能源汽车供应。鼓励新能源汽车企业针对农村地区消费者特点，通过差异化策略优化配置，开发更多经济实用的车型，特别是新能源载货微面、微卡、轻卡等产品。健全新能源二手车评估体系，对新能源二手车加强检查和整修，鼓励企业面向农村地区市场提供优质新能源二手车。

（七）加快公共领域应用推广。加快新能源汽车在县乡党政机关、学校、医院等单位的推广应用，因地制宜提高公务用车中新能源汽车使用比例，发挥引领示范作用。鼓励有条件的地方加大对公交、道路客运、出租汽车、执法、环卫、物流配送等领域新能源汽车应用支持力度。

（八）提供多元化购买支持政策。鼓励有条件的地方对农村户籍居民在户籍所在地县域内购买新能源汽车，给予消费券等支持。鼓励有关汽车企业和有条件的地方对淘汰低速电动车购买新能源汽车提供以旧换新奖励。鼓励地方政府加强政企联动，开展购车赠送充电优惠券等活动。加大农村地区汽车消费信贷支持，鼓励金融机构在依法合规、风险可控的前提下，合理确定首付比例、贷款利率、还款期限。

三、强化农村地区新能源汽车宣传服务管理

（九）加大宣传引导力度。通过新闻报道、专家评论、互联网新媒体等方式积极宣传，支持地方政府和行业机构组织新能源汽车厂家开

展品牌联展、试乘试驾等活动，鼓励新能源汽车企业联合产业链上游电池企业开展农村地区购车三年内免费"电池体检"活动，提升消费者对新能源汽车的接受度。

（十）强化销售服务网络。鼓励新能源汽车企业下沉销售网络，引导车企及第三方服务企业加快建设联合营业网点、建立配套售后服务体系，定期开展维修售后服务下乡活动，提供应急救援等服务，缓解购买使用顾虑。鼓励高职院校面向农村地区培养新能源汽车维保技术人员，提供汽车维保、充电桩维护等相关职业教育，将促进就近就地就业与支持新能源汽车消费有效衔接。

（十一）加强安全监管。健全新能源汽车安全监管体系，因地制宜利用多种手段，提升新能源汽车及电池质量安全水平，严格农村地区充电设施管理，引导充电设施运营企业接入政府充电设施监管平台，严格配套供电、集中充电场所安全条件，确保符合有关法律法规、国家标准或行业标准规定，强化管理人员安全业务培训，定期对存量充电桩进行隐患排查。引导农村居民安装使用独立充电桩，并合理配备漏电保护器及接地设备，提升用电安全水平。

各地区、各有关部门要切实加强组织领导，明确责任分工，积极主动作为，推动相关政策措施尽快落地见效，完善购买使用政策，进一步健全充电基础设施网络，确保"有人建、有人管、能持续"，为新能源汽车在农村地区的推广使用营造良好环境，更好满足群众生产生活需求。

国家发展改革委
国家能源局
2023 年 5 月 14 日

国家发展改革委等部门关于
做好 2023 年降成本重点工作的通知

发改运行〔2023〕645 号

公安部、民政部、司法部、人力资源社会保障部、自然资源部、生态环境部、住房城乡建设部、交通运输部、水利部、农业农村部、商务部、国资委、海关总署、税务总局、市场监管总局、金融监管总局、证监会、统计局、知识产权局、能源局、林草局、民航局、外汇局，中国国家铁路集团有限公司，各省、自治区、直辖市及计划单列市、副省级省会城市、新疆生产建设兵团发展改革委、工信厅（经信委、经信厅、经信局、工信局）、财政厅（局），人民银行上海总部、各分行、营业管理部、各省会（首府）城市中心支行、各副省级城市中心支行：

近年来，各地区、各有关部门按照党中央决策部署，高效统筹疫情防控和经济社会发展，加大对经营主体纾困支持力度，推动降低实体经济企业成本工作取得显著成效。为深入贯彻中央经济工作会议精神，保持政策连续性稳定性针对性，2023 年降低实体经济企业成本工作部际联席会议将重点组织落实好 8 个方面 22 项任务。

一、总体要求

以习近平新时代中国特色社会主义思想为指导，全面贯彻落实党的二十大精神，坚持稳中求进工作总基调，完整、准确、全面贯彻新发展理念，加快构建新发展格局，着力推动高质量发展，更好统筹疫情防控和经济社会发展，大力推进降低实体经济企业成本，支持经营主体纾困发展，助力经济运行整体好转。坚持全面推进与突出重点相结合，坚持制度性安排与阶段性措施相结合，坚持降低显性成本与降低隐性成本相结合，坚持降本减负与转型升级相结合，确保各项降成本举措落地见效，有力有效提振市场信心。

二、增强税费优惠政策的精准性针对性

（一）完善税费优惠政策。2023 年底前，对月销售额 10 万元以下的小规模纳税人免征增值税，对小规模纳税人适用 3% 征收率的应税销售收入减按 1% 征收增值税，对生产、生活性服务业纳税人分别实施 5%、10% 增值税加计抵减。2024 年底前，对小型微利企业年应纳税所得额不超过 100 万元的部分减按 25% 计

入应纳税所得额，按20%的税率缴纳企业所得税；对个体工商户年应纳税所得额不超过100万元的部分，在现行优惠政策基础上减半征收个人所得税。将减半征收物流企业大宗商品仓储设施用地城镇土地使用税政策、减免残疾人就业保障金政策，延续实施至2027年底。

（二）加强重点领域支持。落实税收、首台（套）保险补偿等支持政策，促进传统产业改造升级和战略性新兴产业发展。对科技创新、重点产业链等领域，出台针对性的减税降费政策，将符合条件行业企业研发费用税前加计扣除比例由75%提高至100%的政策作为制度性安排长期实施。

（三）开展涉企收费常态化治理。建立健全涉企收费监管长效机制，及时修订完善相关制度，推动涉企收费治理逐步纳入法治化常态化轨道。聚焦政府部门及下属单位、公用事业、金融等领域收费，持续开展涉企违规收费整治。继续引导行业协会商会主动减免、降低和取消经营困难企业尤其是中小微企业的收费。

三、提升金融对实体经济服务质效

（四）营造良好的货币金融环境。实施好稳健的货币政策，综合运用多种货币政策工具，保持流动性合理充裕，保持广义货币M2和社会融资规模增速同名义经济增速基本匹配。保持人民币汇率在合理均衡水平上的基本稳定。

（五）推动贷款利率稳中有降。持续发挥贷款市场报价利率（LPR）改革效能和存款利率市场化调整机制的重要作用，推动经营主体融资成本稳中有降。

（六）引导金融资源精准滴灌。用好用足普惠小微贷款支持工具，继续增加小微企业的首贷、续贷、信用贷。加快敢贷愿贷能贷会贷长效机制建设，继续开展小微、民营企业信贷政策导向效果评估，引导金融机构加大制造业中长期贷款投放力度，加强对创新型、科技型、专精特新中小企业信贷支持。

（七）持续优化金融服务。健全全国一体化融资信用服务平台网络，深化地方征信平台建设，提升征信机构服务能力，扩展中小微企业信用信息共享覆盖面，提高征信供给质量和效率。推动信用评级机构提升评级质量和服务水平，发挥揭示信用风险、辅助市场定价、提高市场效率等积极作用。持续优化应收账款融资服务平台功能。继续实施小微企业融资担保降费奖补政策，促进中小微企业融资增量扩面，降低融资担保成本。

（八）支持中小微企业降低汇率避险成本。强化政银企协作，加大中小微企业汇率风险管理支持力度。推动银行优化外汇衍生品管理和服务，通过专项授信、数据增信、线上服务和产品创新等方式，降低企业避险保值成本。

四、持续降低制度性交易成本

（九）营造公平竞争市场环境。实施公平竞争审查督查。开展民生领域反垄断执法专项行动，加大滥用行政权力排除、限制竞争反垄断执法力度。进一步完善市场准入制度，稳步扩大市场准入效能评估试点，深入开展违背市场准入负面清单案例归集和通报。加强知识产权保护和运用，实施知识产权公共服务普惠工程。

（十）持续优化政务服务。深化商事制度改革，加大"证照分离"改革推进力度，推进市场准入准营退出便利化，加快建设更加成熟定型的全国统一经营主体登记管理制度，优化各类经营主体发展环境。

（十一）规范招投标和政府采购制度。积极推动招标投标法和政府采购法修订，健全招标投标和政府采购交易规则，进一步规范政府采购行为，着力破除对不同所有制企业、外地企业设置的不合理限制和壁垒。完善招标投标交易担保制度，全面推广保函（保险），规范保证金收取和退还，清理历史沉淀保证金。完善招标投标全流程电子化交易技术标准和数据规范，推进 CA 数字证书跨区域兼容互认，不断拓展全流程电子化招标投标的广度和深度，降低企业交易成本。

五、缓解企业人工成本压力

（十二）继续阶段性降低部分社会保险费率。延续实施阶段性降低失业保险、工伤保险费率政策，实施期限延长至 2024 年底。

（十三）延续实施部分稳岗政策。对不裁员、少裁员的企业，继续实施普惠性失业保险稳岗返还政策。

（十四）加强职业技能培训。开展大规模职业技能培训，共建共享一批公共实训基地。继续实施技能提升补贴政策，参加失业保险 1 年以上的企业职工或领取失业保险金人员取得职业资格证书或职业技能等级证书的，可按标准申请技能提升补贴。

六、降低企业用地原材料成本

（十五）降低企业用地成本。修改完善《工业项目建设用地控制指标》，推广应用节地技术和节地模式。继续推进工业用地"标准地"出让。落实工业用地配置政策，鼓励采用

长期租赁、先租后让、弹性年期供应等方式供应产业用地，切实降低企业前期投入。

（十六）加强重要原材料和初级产品保供稳价。做好能源、重要原材料保供稳价工作，继续对煤炭进口实施零关税政策。夯实国内资源生产保障能力，加强重要能源、矿产资源国内勘探开发和增储上产，完善矿业权出让收益征管政策。加强原材料产需对接，推动产业链上下游衔接联动。加强市场监管，强化预期引导，促进大宗商品市场平稳运行。

七、推进物流提质增效降本

（十七）完善现代物流体系。加强国家物流枢纽、国家骨干冷链物流基地布局建设，提高现代物流规模化、网络化、组织化、集约化发展水平。

（十八）调整优化运输结构。深入实施国家综合货运枢纽补链强链，推动跨运输方式一体化融合。深入实施多式联运示范工程建设，加快研究推进多式联运"一单制"。提升铁水联运发展水平，推动 2023 年港口集装箱铁水联运量同比增长 15% 左右。

（十九）继续执行公路通行费相关政策。深化高速公路差异化收费。严格落实鲜活农产品运输"绿色通道"政策。

八、提高企业资金周转效率

（二十）加大拖欠中小企业账款清理力度。深入落实《保障中小企业款项支付条例》，推动健全防范和化解拖欠中小企业账款长效机制，加强拖欠投诉受理、处理，提升全流程工作效率，对拖欠金额大、拖欠时间久、多次投诉的问题线索重点督促，保护中小企业合法

权益。

九、激励企业内部挖潜

（二十一）引导企业加强全过程成本控制和精细化管理。鼓励企业优化生产制造、供应链管理、市场营销等全过程成本控制，大力发展智能制造、绿色制造，加快工业互联网融合应用，增强柔性生产和市场需求适配能力，促进产销协同、供需匹配。

（二十二）支持企业转型升级降本。加大专精特新"小巨人"企业发展支持力度，继续推进中小企业数字化转型试点。加快科技成果、专利技术等转化运用和产业化。

各有关方面要进一步完善降成本工作协调推进机制，加强会商，密切跟踪重点任务进展情况，扎实推进各项政策落地见效。加强降成本政策宣传，让企业了解并用好各项优惠政策。深入开展企业成本调查研究，充分听取企业意见建议，不断完善相关政策。降低实体经济企业成本工作部际联席会议将继续加强对好经验、好做法的梳理，并做好宣传和推广。

国家发展改革委

工业和信息化部

财政部

人民银行

2023 年 5 月 31 日

关于印发《深入推进快递包装绿色转型行动方案》的通知

发改环资〔2023〕1595 号

各省、自治区、直辖市人民政府：

　　《深入推进快递包装绿色转型行动方案》已经国务院同意，现印发给你们，请认真贯彻执行。

国家发展改革委

国家邮政局

工业和信息化部

财政部

住房城乡建设部

商务部

市场监管总局

最高人民检察院

2023 年 11 月 23 日

附件：

《深入推进快递包装绿色转型行动方案》. pdf

《深入推进快递包装绿色转型行动方案》. ofd

附件

深入推进快递包装绿色转型行动方案

为贯彻落实党中央、国务院决策部署，深入推进快递包装绿色转型，进一步加大工作力度，制定本行动方案。

一、总体要求

以习近平新时代中国特色社会主义思想为指导，深入贯彻党的二十大精神，完整、准确、全面贯彻新发展理念，加快构建新发展格局，着力推动高质量发展，强化快递包装绿色治理，聚焦重点领域和突出问题，有步骤、分阶段综合施策，加大力度扎实推进快递包装减量化，加快培育可循环快递包装新模式，持续推进废旧快递包装回收利用，提升快递包装标准化、循环化、减量化、无害化水平，促进电商、快递行业高质量发展，为发展方式绿色转型提供支撑。

到 2025 年底，快递绿色包装标准体系全面建立，禁止使用有毒有害快递包装要求全面落实，快递行业规范化管理制度有效运行，电商、快递行业经营者快递包装减量化意识显著提升，大型品牌电商企业快递过度包装现象明显改善，在电商行业培育遴选一批电商快递减量化典型，同城快递使用可循环快递包装比例达到 10%，旧纸箱重复利用规模进一步扩大，快递包装基本实现绿色转型。

二、主要行动

（一）快递包装减量化专项指导行动。组织电商、快递行业开展快递包装相关法律法规政策培训。组织大型品牌电商企业、开展自营业务的电商平台企业和寄递企业及时进行快递包装问题自查自改，重点针对包装层数过多、空隙率过大、大箱小用、缠绕胶带过多等问题，采取有效措施提升管理水平，并将自查和改进情况报告行业主管部门。行业主管部门建立主动服务、靠前指导机制，深入重点货仓、大型发货点、电子商务园区、快递物流园区等地调研指导，帮助相关企业及时发现商品寄递环节包装问题，督促相关企业优化商品寄递环节包装规则标准，提高包装与寄递物的匹配度，优先使用简约包装，防止过度包装。

（二）电商平台企业引领行动。指导电商平台企业就其自营业务完善快递包装减量化规则，并制定快递包装减量化目标任务。指导电商平台企业与平台内大型品牌电商企业、快递企业协同发力，在食品、日用品等重点消费品中选择一批销量排名靠前的适当商品，推广电商快递原装直发、产地直采、聚单直发等模式，积极应用满足快递物流配送需求的商品包装，减少商品在寄递环节的二次包装。督促电商平台企业严格执行一次性塑料制品使用、回收报告制度。鼓励电商平台企业在同城配送生鲜等适当品类使用可循环包装。鼓励电商平台企业联合平台内品牌电商企业发出倡议，号召更多电商企业推广原装直发，推动电商领域快递包装绿色转型。编制发布全国电商领域快递包装减量化案例集。

（三）快递包装供应链绿色升级行动。督促指导商品生产者严格按照限制商品过度包装的强制性标准生产商品。督促指导电商企业等商品销售者不销售过度包装商品。支持电商、快递企业建立快递包装产品合格供应商制度，逐步扩大合格供应商包装产品采购和使用比例，推动包装生产企业开展包装减量化设计。快递企业总部要加强对分支机构、加盟企业采购使用包装产品的管理，以包装标准化、循环化、减量化、无害化为导向，建立采购使用包装产品的引导和约束机制。组织开展快递包装绿色产品认证，鼓励包装生产企业积极参与认证，推动增加快递包装绿色产品供给。

（四）可循环快递包装推广行动。深入推进可循环快递包装规模化应用试点，及时总结提炼经验成效。鼓励试点企业与商业机构、便利店、物业服务企业等合作设立可循环快递包装协议回收点，设置可循环快递包装回收设施。鼓励试点企业联合电商企业建立积分奖励、绿色信用、押金制、承诺制等激励约束机制，引导个人消费者自主返还可循环快递包装。鼓励电商平台企业充分发挥作用，在部分种类的订单生成页面为消费者提供可循环快递包装选项。鼓励在同城生鲜配送、连锁商超散货物流等场景中推广应用可循环可折叠式配送包装。各城市人民政府要结合实际规划建设快递共配终端和可循环快递包装回收设施。

（五）快递包装回收利用和处置行动。鼓励快递企业通过免费提供复用纸箱、提供寄递资费优惠等方式促进快递包装回收和重复使用。持续推进生活垃圾分类工作，完善生活垃圾分类投放、分类收集、分类运输、分类处理体系，促进快递包装废弃物及时规范收集处置。深入推进生活垃圾分类网点与再生资源回收网点"两网融合"，进一步提升废纸箱等再生资源回收利用率。

（六）快递包装监管执法行动。加大快递包装治理的监督执法力度，组织开展快递派件包装抽查，深化"双随机、一公开"监管，强化刚性约束。将快递包装相关标准实施情况纳入电商和快递行业管理，加强督促引导和约谈提醒。对违反相关法律法规和强制性标准的行为，依法依规进行查处。建立快递包装违法违规典型案例曝光制度，强化警示效果。督促指导快递企业落实快递包装和操作规范相关管理制度，将快递包装标准化、循环化、减量化、无害化等要求纳入收件服务协议，加强对从业人员培训。畅通公众投诉举报通道，及时查处快递包装违法违规行为线索，依法督促相关企业整改。鼓励有条件的地方开设快递过度包装专门投诉举报渠道。

（七）快递包装绿色转型主题宣传行动。通过报纸、广播电视、新媒体等渠道，加大快递包装法律法规标准政策宣传力度，提升政策公众知晓度，营造良好舆论氛围。指导行业协会充分发挥行业自律作用，通过出台行业自律公约、签署快递包装绿色转型自律承诺书等形式，引导企业强化主体责任。相关行业主管部门每年开展快递包装绿色转型典型经验和工作成效征集，及时总结宣传推广经验成效。在全国生态日、全国节能宣传周、全国低碳日、世界地球日、世界环境日等重要时间节点，加大对快递包装标准化、循环化、减量化、无害化理念宣传力度。鼓励电商平台以购物节为依托开展快递包装绿色转型宣传活动，引导入驻商家推进快递包装减量化，鼓励公众主动参与废旧快递包装回收。

三、保障措施

（八）加强部门协同。国务院各有关部门要各司其职、各负其责、密切配合、通力合作，加大对地方的指导力度，协调解决本行动方案实施中的困难问题，重大情况及时按程序请示报告，2025年底对《关于加快推进快递包装绿色转型的意见》及本行动方案实施情况进行总结评估。中央财政通过现有部门预算资金支持开展覆盖快递包装生产、使用和回收处置全流程的统计分析、执法和监管能力建设。国家发展改革委统筹利用中央预算内投资等渠道加大对可循环快递包装规模化应用试点等的资金支持。国家邮政局、商务部等部门要做好组织部署，分解细化目标任务，确保工作取得实效。检察机关依法对快递包装领域违法违规行为履行公益诉讼法律监督职能。

（九）完善法规标准。推动修订《快递市场管理办法》，推进快递包装标准化、循环化、减量化、无害化。加快出台限制快递过度包装的强制性标准。突出减量化要求，加快制修订快递包装绿色产品、可循环快递包装等重点领域标准。开辟绿色通道，提高标准制修订效率和质量。

（十）压实地方责任。地方各级人民政府要加强对快递包装绿色转型工作的组织领导，完善工作机制，细化任务举措，采取有力措施抓好工作落实。各省级人民政府要督促落实省级主管部门管理责任、市县人民政府属地责任，按年度对本行动方案实施情况进行跟踪评估，及时发现和解决实施中的问题。地方各级人民政府要加大执法人员、装备、经费等方面保障力度。各城市人民政府要加大对快递包装回收设施建设的支持力度。

工业和信息化部等八部门关于组织开展公共领域车辆全面电动化先行区试点工作的通知

工信部联通装函〔2023〕23 号

各省、自治区、直辖市及计划单列市、新疆生产建设兵团工业和信息化、交通运输、发展改革、财政、生态环境、住房城乡建设、能源、邮政主管部门：

为贯彻落实党中央、国务院"碳达峰、碳中和"战略部署，推进《新能源汽车产业发展规划（2021—2035 年）》深入实施，推动提升公共领域车辆电动化水平，加快建设绿色低碳交通运输体系，工业和信息化部、交通运输部会同发展改革委、财政部、生态环境部、住房城乡建设部、能源局、邮政局在全国范围内启动公共领域车辆全面电动化先行区试点工作 [本文所指公共领域车辆包括公务用车、城市公交、出租（包括巡游出租和网络预约出租汽车）、环卫、邮政快递、城市物流配送、机场等领域用车]，试点期为 2023—2025 年。有关事项通知如下：

一、总体要求

按照需求牵引、政策引导、因地制宜、联动融合的原则，在完善公共领域车辆全面电动化支撑体系，促进新能源汽车推广、基础设施建设、新技术新模式应用、政策标准法规完善等方面积极创新、先行先试，探索形成一批可复制可推广的经验和模式，为新能源汽车全面市场化拓展和绿色低碳交通运输体系建设发挥示范带动作用。

二、主要目标

（一）车辆电动化水平大幅提高。试点领域新增及更新车辆中新能源汽车比例显著提高，其中城市公交、出租、环卫、邮政快递、城市物流配送领域力争达到 80%。

（二）充换电服务体系保障有力。建成适度超前、布局均衡、智能高效的充换电基础设施体系，服务保障能力显著提升，新增公共充电桩（标准桩）与公共领域新能源汽车推广数量（标准车）比例力争达到 1∶1，高速公路服务区充电设施车位占比预期不低于小型停车位的 10%，形成一批典型的综合能源服务示范站。

（三）新技术新模式创新应用。建立健

适应新能源汽车创新发展的智能交通系统、绿色能源供给系统、新型信息通信网络体系，实现新能源汽车与电网高效互动，与交通、通信等领域融合发展。智能有序充电、大功率充电、快速换电等新技术应用有效扩大，车网融合等新技术得到充分验证。

三、重点任务

（一）提升车辆电动化水平。科学合理制定新能源汽车推广目标（参考数量标准见附件3），因地制宜开展多元化场景应用，鼓励在短途运输、城建物流以及矿场等特定场景开展新能源重型货车推广应用，加快老旧车辆报废更新为新能源汽车，加快推进公共领域车辆全面电动化。支持换电、融资租赁、"车电分离"等商业模式创新。

（二）促进新技术创新应用。加快智能有序充电、大功率充电、自动充电、快速换电等新型充换电技术应用，加快"光储充放"一体化试点应用。探索新能源汽车参与电力现货市场的实施路径，完善储放绿色电力交易机制，加大智慧出行、智能绿色物流体系建设，促进智能网联、车网融合等新技术应用，加快新能源汽车与能源、交通等领域融合发展。

（三）完善充换电基础设施。优化中心城区公共充电网络建设布局，加强公路沿线、郊区乡镇充换电基础设施建设和城际快充网络建设。充分考虑公交、出租、物流、邮政快递等充电需求，加强停车场站等专用充换电站建设。推动充换电设施纳入市政设施范畴，推进充电运营平台互联互通，鼓励内部充电桩对外开放。鼓励利用现有场地和设施，建设一批集充换电、加油等多位一体的综合能源服务站。建立形成网络完善、规范有序、循环高效的动

力电池回收利用和处理体系。

（四）健全政策和管理制度。完善政策支撑体系，鼓励试点城市加大财政支持力度，因地制宜研究出台运营补贴、通行路权、用电优惠、低/零碳排放区等支持政策，探索建立适应新技术新模式发展的政策体系。建立健全新能源汽车和基础设施安全运行监测体系，提升安全运行水平。探索制定综合能源服务站、二手车流通等相关标准和技术规范。

四、组织实施

（一）试点申报。试点工作以城市为主体自愿申报，有意愿参加试点的城市，编写试点工作方案（见附件1），经省级相关部门审核后推荐上报工业和信息化部、交通运输部。首批试点集中受理申报材料的截止时间为2023年3月31日，此后仍将常态化受理试点申报材料。工业和信息化部、交通运输部会同相关部门，按照"成熟一批、启动一批"的原则，分批研究确定试点城市名单。

（二）组织实施。各省、自治区相关部门要加强试点工作的跟踪问效，及时总结、报送试点工作的有效做法、先进模式和典型案例，于每年3月底前报工业和信息化部、交通运输部。工业和信息化部、交通运输部将会同有关部门联合组建专家组，加强对试点工作的宏观指导和跨部门协调，认真研究试点城市需要中央层面支持的事项，推动解决试点过程中的重大问题，总结推广试点先进经验和典型做法。

（三）保障措施。各试点城市要建立试点工作推进机制，统筹协调资源，按照工作方案扎实推进试点工作。各省、自治区相关部门要加大对试点城市政策支持力度，确保试点工作取得实效。工业和信息化部、交通运输部将会

同有关部门及时公布试点工作进展，研究对试点城市给予相关政策支持，优先推荐其重点项目纳入中央基建投资补助范围，研究将公共领域新能源汽车产生的碳减排量纳入温室气体自愿减排交易机制。

五、工作要求

各地区相关部门要高度重视，结合地方发展规划和实际情况，认真组织本地区工作积极性高、应用场景丰富（或特色鲜明）的城市进行申报，确保试点工作取得实效。

联系方式：

工业和信息化部装备工业一司 陈万吉 010-68205644

交通运输部运输服务司 李超 010-65292794

附件：

1. 公共领域车辆全面电动化先行区试点工作方案编制大纲 . pdf

2. 推广应用新能源汽车车型界定及折算关系 . pdf

3. 试点城市新能源汽车推广数量参考目标 . pdf

工业和信息化部

交通运输部

发展改革委

财政部

生态环境部

住房城乡建设部

国家能源局

国家邮政局

2023 年 1 月 30 日

工业和信息化部　国家金融监督管理总局关于促进网络安全保险规范健康发展的意见

工信部联网安〔2023〕95 号

各省、自治区、直辖市及计划单列市、新疆生产建设兵团工业和信息化主管部门，各银保监局，各相关单位：

网络安全保险是为网络安全风险提供保险保障的新兴险种，日益成为转移、防范网络安全风险的重要工具，在推进网络安全社会化服务体系建设中发挥着重要作用。为深入贯彻《中华人民共和国网络安全法》《中华人民共和国数据安全法》等相关法律法规，加快推动网络安全产业和金融服务融合创新，引导网络安全保险健康有序发展，培育网络安全保险新业态，促进企业加强网络安全风险管理，推动网络安全产业高质量发展，现提出如下意见。

一、建立健全网络安全保险政策标准体系

（一）完善网络安全保险政策制度。加强网络安全产业政策对网络安全保险的支持，推动网络安全技术服务赋能网络安全保险发展，引导关键信息基础设施保护、新兴融合领域网络安全保障等充分运用网络安全保险。加强保险业政策对网络安全保险的支持，指导网络安全保险创新发展，引导开发符合网络安全特点规律的保险产品。推动健全完善财政政策，充分利用地方首台（套）、首版（次）等现有政策，提供保险减税、保险购买补贴等措施。

（二）健全网络安全保险标准规范。支持网络安全产业和保险业加强合作，建立覆盖网络安全保险服务全生命周期的标准体系，统一行业术语规范，明确核保、承保、理赔等主要环节基本流程和通用要求。研究制定承保前重点行业领域网络安全风险量化评估相关标准，规范安全风险评估要求；承保中网络安全监测管理服务相关标准，规范监测预警方法；承保后理赔服务实施要求相关标准，规范网络安全保险售后服务。

二、加强网络安全保险产品服务创新

（三）丰富网络安全保险产品。鼓励保险公司面向不同行业场景的差异化网络安全风险管理需求，开发多元化网络安全保险产品。面

向重点行业企业开发网络安全财产损失险、责任险和综合险等，提升企业网络安全风险应对能力。面向信息技术产品开发产品责任险，面向网络安全产品开发网络安全专门保险，为信息网络技术产品提供保险保障。面向网络安全服务开发职业责任险等产品，转移专业技术人员在安全服务过程中因人为操作可能引发的安全风险。

（四）创新发展网络安全保险服务。鼓励网络安全保险服务机构协同合作，探索构建以网络安全保险为核心的全流程网络安全风险管理解决方案。充分发挥保险机构专业优势，联合网络安全企业、基础电信运营商等加快网络安全保险与网络安全服务融合创新。充分发挥网络安全企业、专业网络安全测评机构技术优势，联合保险公司提升网络安全保险服务能力。

三、强化网络安全技术赋能保险发展

（五）开展网络安全风险量化评估。围绕电信和互联网行业典型事件以及工业互联网、车联网、物联网等新兴场景开展网络安全风险研究。探索建立网络安全风险量化评估模型，加强网络安全风险影响规模预测、经济损失等分析。支持网络安全企业、专业网络安全测评机构等研发网络安全风险量化评估技术，开发轻量化网络安全风险量化评估工具，鼓励保险机构建立网络安全风险理赔数据库，支撑网络安全风险精准定价。

（六）加强网络安全风险监测能力。开展网络安全保险全生命周期风险监测，覆盖事前、事中、事后等重要环节。鼓励安全企业、专业网络安全测评机构等充分发挥网络安

全风险监测技术优势，充分利用安全技术手段，针对网络安全漏洞、恶意网络资源、网络安全事件等开展网络安全威胁实时监测，及时发现网络安全风险隐患，提升网络安全风险监测预警、应急处置等能力。

四、促进网络安全产业需求释放

（七）推广网络安全保险服务应用。面向电信和互联网、能源、金融、医疗卫生等重点行业，以及工业互联网、车联网、物联网等新兴融合领域，围绕网络安全与信息技术产品服务供给侧和需求侧两类主体，充分发挥网络安全产业、网络安全保险相关联盟协会等作用，开展网络安全保险服务试点，形成可复制、可推广的网络安全保险服务模式，促进网络安全保险推广应用。

（八）推动企业网络安全风险应对能力提升。鼓励重点行业企业完善网络安全风险管理机制，推动电信和互联网、制造业、能源、金融、交通、水利、教育等重点行业企业积极利用网络安全保险工具，有效转移、防范网络安全风险，提升网络基础设施、重要信息系统和数据的安全防护能力。支持中小企业通过网络安全保险服务监控风险敞口，建立健全网络安全风险管理体系，不断加强中小企业网络安全防护能力。

五、培育网络安全保险发展生态

（九）培育优质网络安全保险企业。鼓励网络安全企业、保险机构积极参与网络安全保险生态建设，开展网络安全保险优秀案例征集、网络安全保险应用示范等活动，培育一批专业能力突出的保险机构，发展一批技术支撑

能力领先的网络安全企业、专业网络安全测评机构等，建设一批网络安全保险创新联合体，培育网络安全保险发展良性生态。

（十）宣传推广网络安全保险服务。充分发挥相关行业联盟协会、重点企业带动作用，整合资源优势，促进网络安全产业和金融服务要素流动，开展网络安全保险教育培训，引导加强从业人员自律，规范网络安全保险推广应用。用好网络和数据安全产业高峰论坛、网络安全技术应用试点示范等活动，宣传普及网络安全保险，举办网络安全保险主题活动，加强经验总结和交流推广，营造促进网络安全保险规范健康发展的浓厚氛围。

工业和信息化部　国家金融监督管理总局

2023 年 7 月 2 日

工业和信息化部　公安部　住房和城乡建设部
交通运输部关于开展智能网联汽车准入
和上路通行试点工作的通知

工信部联通装〔2023〕217号

各省、自治区、直辖市及新疆生产建设兵团工业和信息化主管部门、公安厅（局）、住房和城乡建设厅（局、委）、交通运输厅（局、委），各省、自治区、直辖市通信管理局，有关汽车生产企业、行业组织和技术服务机构：

为落实《关于加强智能网联汽车生产企业及产品准入管理的意见》，促进智能网联汽车推广应用，提升智能网联汽车产品性能和安全运行水平，根据《中华人民共和国道路交通安全法》《中华人民共和国网络安全法》《中华人民共和国数据安全法》《中华人民共和国安全生产法》《中华人民共和国道路运输条例》《道路机动车辆生产企业及产品准入管理办法》《汽车数据安全管理若干规定（试行）》等有关规定，工业和信息化部、公安部、住房和城乡建设部、交通运输部决定开展智能网联汽车准入和上路通行试点工作。现将有关事项通知如下：

一、总体要求

在智能网联汽车道路测试与示范应用工作基础上，工业和信息化部、公安部、住房和城乡建设部、交通运输部遴选具备量产条件的搭载自动驾驶功能的智能网联汽车产品（以下简称智能网联汽车产品），开展准入试点；对取得准入的智能网联汽车产品，在限定区域内开展上路通行试点，车辆用于运输经营的需满足交通运输主管部门运营资质和运营管理要求。本通知中智能网联汽车搭载的自动驾驶功能是指国家标准《汽车驾驶自动化分级》（GB/T 40429—2021）定义的3级驾驶自动化（有条件自动驾驶）和4级驾驶自动化（高度自动驾驶）功能（以下简称自动驾驶功能）。

二、工作目标

通过开展试点工作，引导智能网联汽车生产企业和使用主体加强能力建设，在保障安全的前提下，促进智能网联汽车产品的功能、性能提升和产业生态的迭代优化，推动智能网联汽车产业高质量发展。基于试点实证积累管理经验，支撑相关法律法规、技术标准制修订，加快健全完善智能网联汽车生产准入管理和道路交通安全管理体系。

三、组织实施

（一）试点申报

汽车生产企业和使用主体组成联合体，参考实施指南（附件1），制定申报方案（模板参考附件2），经车辆拟运行城市（含直辖市下辖区）人民政府同意并加盖公章后，向所在地省级工业和信息化主管部门自愿申报，车辆拟运行城市应具备政策保障、基础设施、安全管理等条件。省级工业和信息化主管部门会同省级公安机关交通管理和网络安全保卫部门、住房和城乡建设部门、交通运输部门、通信管理局，对申报方案进行审核，于2023年12月20日前报送工业和信息化部（纸质版一式三份和电子版光盘一份）。在此次集中申报结束后，省级工业和信息化主管部门可根据智能网联汽车技术与产业发展、试点实施和联合体申报情况，向工业和信息化部补充报送申报方案。

工业和信息化部、公安部、住房和城乡建设部、交通运输部组织专家对申报方案进行初审，择优确定进入试点的联合体。

（二）试点实施

1. 产品准入试点

（1）测试与安全评估

试点汽车生产企业应当细化完善智能网联汽车产品的准入测试与安全评估方案，经工业和信息化部、公安部确认后，在省级主管部门和车辆运行所在城市政府部门监督下，开展产品测试与安全评估工作。工业和信息化部委托技术服务机构对产品测试与安全评估方案、实施、结果等进行评估。试点汽车生产企业应按照监测要求将车辆接入工业和信息化部试点管理系统。

（2）产品准入许可

试点汽车生产企业通过产品测试与安全评估后，方可向工业和信息化部提交产品准入申请。工业和信息化部依据道路机动车辆生产企业和产品准入管理有关规定，经受理、审查和公示后，作出是否准入的决定。决定准入的，工业和信息化部应当按规定将智能网联汽车产品及其准入有效期、实施区域等限制性措施予以公告。

2. 上路通行试点

取得准入的智能网联汽车产品，在限定区域内开展上路通行试点。试点使用主体应当按规定为车辆购买保险，申请办理注册登记，监测车辆运行状态，加强车辆运行安全保障。在车辆注册登记前，申请试点使用主体变更的，应当按照要求补充提交材料。使用车辆从事运输经营的，还应当具备相应业务类别的运营资质并满足运营管理要求。

3. 应急处置

试点实施过程中，对于交通事故、网络和数据安全事件，或者因车辆自动驾驶系统失效等引发的突发事件，试点使用主体、试点汽车生产企业和车辆运行所在城市政府部门应按相关应急预案做好处置工作，并将处置过程和结果及时报告省级主管部门，由省级主管部门报工业和信息化部、公安部、住房和城乡建设部、交通运输部等相关部门。

（三）试点暂停与退出

试点期间，车辆发生道路交通安全违法行为和交通事故涉嫌安全隐患，试点汽车生产企业或使用主体有未履行安全责任和网络安全、数据安全、无线电安全保护义务等情形，应当暂停试点并整改。车辆自动驾驶系统存在严重安全隐患且无法消除，试点汽车生产企业、试点使用主体相关条件发生重大变化无法保障试点实施等情形，应当退出试点。

（四）评估调整

工业和信息化部、公安部、住房和城乡建设部、交通运输部及时对车辆运行情况进行评估，优化调整产品准入许可、通行范围和经营范围，并根据产业和技术发展情况，适时调整完善智能网联汽车准入和上路通行试点实施指南相关内容。

四、保障措施

（一）加强组织领导

工业和信息化部、公安部、住房和城乡建设部、交通运输部加强工作协同和数据共享，保障试点工作有序推进。省级主管部门加强统筹协调，严格做好申报审核，督促指导车辆运行所在城市政府部门、试点汽车生产企业和使用主体落实主体责任。车辆运行所在城市政府部门建立组织机制、落实政策保障，结合当地实际情况，精心筛选和组织具有基础和特色的申报方案，切实履行安全管理责任，加强日常监测管理，妥善应对安全风险和突发事件。

（二）强化责任落实

试点汽车生产企业承担智能网联汽车产品质量和生产一致性主体责任，严禁擅自变更自动驾驶功能，严格履行软件升级管理和备案承诺要求。试点使用主体应当落实道路交通安全、网络安全和数据安全主体责任，建立健全相关安全管理制度措施，保证车辆运行安全。

（三）营造良好环境

车辆运行所在城市政府部门要结合本地实际，从政策、规划、基础设施、安全管理、运营资质等方面，提供支持保障，加快能力提升，鼓励城市智能网联汽车安全监测平台与其他政务信息化管理系统一体化集约化协同化建设。行业组织和机构加强对试点工作的政策宣传和舆论引导，加快提升智能网联汽车检验检测、安全评估等技术服务能力，为试点工作营造良好环境。

（四）做好总结推广

工业和信息化部、公安部、住房和城乡建设部、交通运输部定期组织对试点工作进行实施效果评估，及时总结经验、凝聚各方共识，逐步完善智能网联汽车准入、道路交通安全和交通运输管理政策、法律法规、技术标准等。对经过试点实证的自动驾驶和"车能路云"融合的先进技术和产品、可行方案、创新机制，梳理提炼可复制、可推广的试点成果，支持进一步推广应用。

附件：

1. 智能网联汽车准入和上路通行试点实施指南（试行）．pdf（略）

2. 智能网联汽车准入和上路通行试点申报方案（模板）．pdf（略）

工业和信息化部

公安部

住房和城乡建设部

交通运输部

2023 年 11 月 17 日

工业和信息化部等八部门关于加快传统制造业转型升级的指导意见

工信部联规〔2023〕258 号

各省、自治区、直辖市及计划单列市、新疆生产建设兵团工业和信息化主管部门、发展改革委、教育厅（委、局）、财政厅（局），中国人民银行上海总部、各省、自治区、直辖市及计划单列市分行，国家税务总局各省、自治区、直辖市及计划单列市税务局，国家金融监督管理总局各监管局，中国证监会各派出机构，有关中央企业：

传统制造业是我国制造业的主体，是现代化产业体系的基底。推动传统制造业转型升级，是主动适应和引领新一轮科技革命和产业变革的战略选择，是提高产业链供应链韧性和安全水平的重要举措，是推进新型工业化、加快制造强国建设的必然要求，关系现代化产业体系建设全局。为加快传统制造业转型升级，提出如下意见。

一、发展基础和总体要求

党的十八大以来，在以习近平同志为核心的党中央坚强领导下，我国制造业已形成了世界规模最大、门类最齐全、体系最完整、国际竞争力较强的发展优势，成为科技成果转化的重要载体、吸纳就业的重要渠道、创造税收的重要来源、开展国际贸易的重要领域，为有效应对外部打压、世纪疫情冲击等提供了有力支撑，为促进经济稳定增长作出了重要贡献。石化化工、钢铁、有色、建材、机械、汽车、轻工、纺织等传统制造业增加值占全部制造业的比重近80%，是支撑国民经济发展和满足人民生活需要的重要基础。与此同时，我国传统制造业"大而不强""全而不精"问题仍然突出，低端供给过剩和高端供给不足并存，创新能力不强、产业基础不牢，资源约束趋紧、要素成本上升，巩固提升竞争优势面临较大挑战，需加快推动质量变革、效率变革、动力变革，实现转型升级。

加快传统制造业转型升级要以习近平新时代中国特色社会主义思想为指导，深入贯彻党的二十大精神，落实全国新型工业化推进大会部署，坚持稳中求进工作总基调，完整、准确、全面贯彻新发展理念，加快构建新发展格局，统筹发展和安全，坚持市场主导、政府引导，坚持创新驱动、系统推进，坚持先立后破、有保有压，实施制造业技术改造升级工程，加快设备更新、工艺升级、数字赋能、管理创新，推动传统制造业向高端化、智能化、绿色化、融合化方向转型，提升发展质量和效益，加快实现高质量发展。

到2027年，传统制造业高端化、智能化、绿色化、融合化发展水平明显提升，有效支撑制造业比重保持基本稳定，在全球产业分工中的地位和竞争力进一步巩固增强。工业企业数字化研发设计工具普及率、关键工序数控化率分别超过90%、70%，工业能耗强度和二氧化碳排放强度持续下降，万元工业增加值用水量较2023年下降13%左右，大宗工业固体废物综合利用率超过57%。

二、坚持创新驱动发展，加快迈向价值链中高端

（一）加快先进适用技术推广应用。鼓励以企业为主体，与高校、科研院所共建研发机构，加大研发投入，提高科技成果落地转化率。优化国家制造业创新中心、产业创新中心、国家工程研究中心等制造业领域国家级科技创新平台布局，鼓励面向传统制造业重点领域开展关键共性技术研究和产业化应用示范。完善科技成果信息发布和共享机制，制定先进技术转化应用目录，建设技术集成、熟化和工程化的中试和应用验证平台。

（二）持续优化产业结构。推动传统制造业优势领域锻长板，推进强链延链补链，加强新技术新产品创新迭代，完善产业生态，提升全产业链竞争优势。支持传统制造业深耕细分领域，孵化新技术、开拓新赛道、培育新产业。持续巩固"去产能"成果，依法依规淘汰落后产能，坚决遏制高耗能、高排放、低水平

项目盲目上马。完善高耗能、高排放、低水平项目管理制度，科学细化项目管理目录，避免对传统制造业按行业"一刀切"。

（三）深入实施产业基础再造工程。支持企业聚焦基础零部件、基础元器件、基础材料、基础软件、基础工艺和产业技术基础等薄弱领域，加快攻关突破和产业化应用，强化传统制造业基础支撑体系。深化重点产品和工艺"一条龙"应用，强化需求和场景牵引，促进整机（系统）和基础产品技术互动发展，支持企业运用首台（套）装备、首批次材料、首版次软件实施技术改造，扩大创新产品应用市场。

（四）着力增品种提品质创品牌。聚焦消费升级需求和薄弱环节，大力开发智能家居、绿色建材、工艺美术、老年用品、婴童用品等领域新产品。推动供给和需求良性互动，增加高端产品供给，加快产品迭代升级，分级打造中国消费名品方阵。实施卓越质量工程，推动企业健全完善先进质量管理体系，提高质量管理能力，全面提升产品质量。加快企业品牌、产业品牌、区域品牌建设，持续保护老字号，打造一批具有国际竞争力的"中国制造"高端品牌。推动传统制造业标准提档升级，完善企业技术改造标准，用先进标准体系倒逼质量提升、产品升级。

三、加快数字技术赋能，全面推动智能制造

（五）大力推进企业智改数转网联。立足不同产业特点和差异化需求，加快人工智能、大数据、云计算、5G、物联网等信息技术与制造全过程、全要素深度融合。支持生产设备数字化改造，推广应用新型传感、先进控制等智

能部件，加快推动智能装备和软件更新替代。以场景化方式推动数字化车间和智能工厂建设，探索智能设计、生产、管理、服务模式，树立一批数字化转型的典型标杆。加快推动中小企业数字化转型，推动智改数转网联在中小企业先行先试。完善智能制造、两化融合、工业互联网等标准体系，加快推进数字化转型、智能制造等贯标，提升评估评价公共服务能力，加强工业控制系统和数据安全防护，构建发展良好生态。

（六）促进产业链供应链网络化协同。鼓励龙头企业共享解决方案和工具包，带动产业链上下游整体推进数字化转型，加强供应链数字化管理和产业链资源共享。推动工业互联网与重点产业链"链网协同"发展，充分发挥工业互联网标识解析体系和平台作用，支持构建数据驱动、精准匹配、可信交互的产业链协作模式，开展协同采购、协同制造、协同配送、产品溯源等应用，建设智慧产业链供应链。支持重点行业建设"产业大脑"，汇聚行业数据资源，推广共性应用场景，服务全行业转型升级和治理能力提升。

（七）推动产业园区和集群整体改造升级。推动国家高新区、科技产业园区等升级数字基础设施，搭建公共服务平台，探索共享制造模式，实施整体数字化改造。以国家先进制造业集群为引领，推动产业集群数字化转型，促进资源在线化、产能柔性化和产业链协同化，提升综合竞争力。探索建设区域人工智能数据处理中心，提供海量数据处理、生成式人工智能工具开发等服务，促进人工智能赋能传统制造业。探索平台化、网络化等组织形式，发展跨物理边界虚拟园区和集群，构建虚实结合的产业数字化新生态。

四、强化绿色低碳发展，深入实施节能降碳改造

（八）实施重点领域碳达峰行动。落实工业领域和有色、建材等重点行业碳达峰实施方案，完善工业节能管理制度，推进节能降碳技术改造。开展产能置换政策实施情况评估，完善跨区域产能置换机制，对能效高、碳排放低的技术改造项目，适当给予产能置换比例政策支持。积极发展应用非粮生物基材料等绿色低碳材料。建立健全碳排放核算体系，加快建立产品碳足迹管理体系，开展减污降碳协同创新和碳捕集、封存、综合利用工程试点示范。有序推进重点行业煤炭减量替代，合理引导工业用气增长，提升工业终端用能电气化水平。

（九）完善绿色制造和服务体系。引导企业实施绿色化改造，大力推行绿色设计，开发推广绿色产品，建设绿色工厂、绿色工业园区和绿色供应链。制修订一批低碳、节能、节水、资源综合利用、绿色制造等重点领域标准，促进资源节约和材料合理应用。积极培育绿色服务机构，提供绿色诊断、研发设计、集成应用、运营管理、评价认证、培训等服务。发展节能节水、先进环保、资源综合利用、再制造等绿色环保装备。强化绿色制造标杆引领，带动更多企业绿色化转型。

（十）推动资源高效循环利用。分类制定实施战略性资源产业发展方案，培育创建矿产资源高效开发利用示范基地和示范企业，加强共伴生矿产资源综合利用，提升原生资源利用水平。积极推广资源循环生产模式，大力发展废钢铁、废有色金属、废旧动力电池、废旧家电、废旧纺织品回收处理综合利用产业，推进再生资源高值化循环利用。推动粉煤灰、煤矸

石等工业固废规模化综合利用，在工业固废集中产生区、煤炭主产区、基础原材料产业集聚区探索工业固废综合利用新模式。推进工业废水循环利用，提升工业水资源集约节约水平。

（十一）强化重点行业本质安全。引导企业改造有毒、有害、非常温等生产作业环境，提高工作舒适度，通过技术改造改善安全生产条件。深化"工业互联网+安全生产"，增强安全生产感知、监测、预警、处置和评估能力。加大安全应急装备在重点领域推广应用，在民爆等高危行业领域实施"机械化换人、自动化减人"。支持石化化工老旧装置综合技术改造，培育智慧化工园区，有序推进城镇人口密集区危险化学品生产企业搬迁改造和长江经济带沿江化工企业"搬改关"。

五、推进产业融合互促，加速培育新业态新模式

（十二）促进行业耦合发展。推进石化化工、钢铁、有色、建材、电力等产业耦合发展，推广钢化联产、炼化集成、资源协同利用等模式，推动行业间首尾相连、互为供需和生产装置互联互通，实现能源资源梯级利用和产业循环衔接。大力发展生物制造，增强核心菌种、高性能酶制剂等底层技术创新能力，提升分离纯化等先进技术装备水平，推动生物技术在食品、医药、化工等领域加快融合应用。支持新型功能性纤维在医疗、新能源等领域应用。搭建跨行业交流对接平台，深挖需求痛点，鼓励企业开展技术产品跨行业交叉应用，拓展技术产品价值空间，打造一批典型案例。

（十三）发展服务型制造。促进传统制造业与现代服务业深度融合，培育推广个性化定制、共享制造、全生命周期管理、总集成总承

包等新模式、新场景在传统制造业领域的应用深化。推动工业设计与传统制造业深度融合，促进设计优化和提升，创建一批国家级工业设计中心、工业设计研究院和行业性、专业性创意设计园区，推动仓储物流服务数字化、智能化、精准化发展，增强重大技术装备、新材料等领域检验检测服务能力，培育创新生产性金融服务，提升对传统制造业转型升级支撑水平。

（十四）持续优化产业布局。支持老工业基地转型发展，加快产业结构调整，培育产业发展新动能。根据促进制造业有序转移的指导意见和制造业转移发展指导目录，充分发挥各地资源禀赋、产业基础优势，结合产业链配套需求等有序承接产业转移，提高承接转移承载力，差异化布局生产力。在传统制造业优势领域培育一批主导产业鲜明、市场竞争力强的先进制造业集群、中小企业特色产业集群。支持与共建"一带一路"国家开展国际产能合作，发挥中外中小企业合作区等载体作用，推动技术、装备、标准、服务等协同走出去。

六、加大政策支持力度，营造良好发展环境

（十五）加强组织领导。在国家制造强国建设领导小组领导下，加强战略谋划、统筹协调和重大问题研究，推动重大任务和重大政策加快落地。各地区各部门协同联动，鼓励分行业、分地区制定实施方案，细化工作举措、出台配套政策、抓好推进落实，形成一批优秀案例和典型经验。充分发挥行业协会等中介组织桥梁纽带作用，加强政策宣贯、行业监测、决策支撑和企业服务。

（十六）加大财税支持。加大对制造业技

术改造资金支持力度，以传统制造业为重点支持加快智改数转网联，统筹推动高端化、智能化、绿色化、融合化升级。落实税收优惠政策，支持制造业高质量发展。支持传统制造业企业参与高新技术企业、专精特新中小企业等培育和评定，按规定充分享受财政奖补等优惠政策。落实企业购置用于环保、节能节水、安全生产专用设备所得税抵免政策，引导企业加大软硬件设备投入。

（十七）强化金融服务。充分利用现有相关再贷款，为符合条件的传统制造业转型升级重点项目提供优惠利率资金支持。发挥国家产融合作平台、工业企业技术改造升级导向计划等政策作用，引导银行机构按照市场化、法治化原则加大对传统制造业转型升级的信贷支持，优化相关金融产品和服务。鼓励产业投资基金加大传统制造业股权投资支持力度。发挥多层次资本市场作用，支持符合条件的传统制造业企业通过股票、债券等多种融资方式进行技术改造或加大研发投入，通过并购重组实现转型升级。

（十八）扩大人才供给。优化传统制造业相关中职、高职专科、职业本科专业设置，全面实践中国特色学徒制，鼓励建立校企合作办学、培训、实习实训基地建设等长效机制，扩大高素质技术技能人才培养规模。实施"制造业人才支持计划"，推进新工科建设，布局建设一批未来技术学院、现代产业学院、专业特色学院，建设"国家卓越工程师实践基地"，面向传统制造业领域培养一批数字化转型人才、先进制造技术人才、先进基础工艺人才和具有突出技术创新能力、善于解决复杂工程问题的工程师队伍。

工业和信息化部

国家发展改革委

教育部

财政部

中国人民银行

税务总局

金融监管总局

中国证监会

2023 年 12 月 28 日

中央财办等部门关于推动农村流通高质量发展的指导意见

中财办发〔2023〕7号

各省、自治区、直辖市和新疆生产建设兵团党委财办、农办、商务主管部门、农业农村（农牧）厅（局、委）、发展改革委、财政厅（局）、交通运输厅（局、委）、市场监管局（厅、委）、邮政管理局：

乡村既是巨大的消费市场，又是巨大的要素市场，农村流通是现代流通体系的重要组成部分。为加快建设高效顺畅的农村现代流通体系，推进农村流通设施和业态全面融入现代流通体系，促进农村流通高质量发展，提出如下指导意见。

一、重大意义

农村流通体系连接城乡生产和消费，加快农村流通高质量发展，是构建以国内大循环为主体、国内国际双循环相互促进的新发展格局、建设全国统一大市场的必然要求，是畅通国民经济循环、促进商品和资源要素有序流动的迫切需要，是建设高效顺畅现代流通体系、推动城乡融合发展、扩大国内消费需求的有力举措，是促进农业发展、农村繁荣、农民增收和满足人民群众对美好生活向往的重要支撑，对巩固拓展脱贫攻坚成果、全面推进乡村振兴、加快农业农村现代化具有重大意义。

二、总体要求

（一）工作原则

——坚持因地制宜，精准把握农业农村特点。农村地域辽阔、运营成本高、流通规模效益不均衡，要分类施策、突出重点、多措并举，尽力而为、量力而行、久久为功。产业发达地区重在提质增效、打造品牌，产业发展潜力大的地区重在创造条件、打好基础，产业薄弱地区重在兜底服务、保障基本流通能力。

——坚持问题导向，着力畅通两个"一公里"。围绕工业品下乡"最后一公里"和农产品出村进城"最先一公里"两个突出问题，加快补齐农村流通设施短板，强化节点、打通堵点、补上断点。

——坚持系统观念，加快城乡融合发展。加强顶层设计，统筹推进城乡流通主体融合、渠道融合、要素融合、信息融合，促进资源共享、集约高效。

——坚持守正创新，强化数字赋能。顺应数字经济发展趋势，推动农村流通业态和模式创新，加快农村流通数字化转型、智能化发展，促进生产、流通、消费精准对接、高效交互。

——坚持双轮驱动，提升农村流通效能。充分发挥市场配置资源的决定性作用，鼓励各类流通经营主体按照市场化原则，积极参与农村流通设施建设和运营。更好发挥政府在基础设施建设、公共服务等方面的保障作用。

（二）发展目标

到 2025 年，农村现代流通体系建设取得阶段性成效，基本建成设施完善、集约共享、安全高效、双向顺畅的农村现代商贸网络、物流网络、产地冷链网络，流通企业数字化转型稳步推进，新业态新模式加快发展，农村消费环境明显改善。到 2035 年，建成双向协同、高效顺畅的农村现代流通体系，商贸、物流、交通、农业、供销深度融合，农村流通设施和业态深度融入现代流通体系，城乡市场紧密衔接、商品和资源要素流动更加顺畅，工业品"下行"和农产品"上行"形成良性循环。

三、重点任务

（一）加强农产品仓储保鲜冷链设施建设。统筹规划、分级布局农产品冷链物流设施，着力完善农村冷链仓储、冷链运输、冷链配送网络，积极构建高效顺畅、贯通城乡、安全有序的农产品冷链物流体系。在重点乡镇和中心村，支持农村集体经济组织、家庭农场、农民合作社适度集中建设农产品产地冷藏保鲜设施，促进鲜活农产品降低损耗、错峰销售。在县域重要流通节点，稳步发展农产品产地冷链

集配中心，提升分级分拣、加工包装、仓储保鲜、电商直播、市场集散等综合服务能力。鼓励鲜活农产品大县和特色农产品优势区整县推进农产品冷链物流设施建设，全域谋划布局、成网配套设计、整体系统推进建设。支持流通企业建设农产品骨干冷链物流基地，促进农产品供应链转型升级，强化农产品产销对接。推动冷链物流与现代农业、农产品加工、商贸流通融合发展，推广共建共享、合作联营模式。

（二）加快补齐县乡村物流设施短板。坚持集约高效、多站合一、资源共享，科学谋划县域交通物流设施布局，加快推进县、乡、村三级物流节点建设。鼓励各类流通经营主体加强市场化合作，健全完善县域公共配送中心，实现统一采购、仓储、分拣、运输、配送。因地制宜分类分级补齐乡镇物流场站短板，优化提升现有场站，不断提高运营效能。突出抓好村级物流站点布局建设，逐步实现具备条件行政村寄递物流综合服务站全面覆盖。发挥邮政普遍服务网络在中西部边远地区的基础支撑作用，满足当地基本寄递需求。科学布局建设化肥等重要农资骨干仓储设施，推进重要节点和粮食主产区农资仓储设施建设，完善县乡村三级农资经营服务网络。健全农村粮食物流服务网络。深入推进"四好农村路"高质量发展，提高农村公路"建管养运"水平。加强农村新能源汽车充换电基础设施建设，推动农村交通绿色低碳转型，降低流通成本。

（三）合理优化商贸流通设施布局。实施县域商业建设三年行动，着力构建以县城为中心、乡镇为重点、村为基础、分工合理、布局完善的城乡一体现代商贸流通设施网络。加强县乡商贸中心、超市升级改造，支持邮政快递、供销社、电商平台、连锁商贸企业通过多种方式改造传统农村商贸网点，推动农村商贸

流通设施提档升级，实现具备条件地区县城有综合商贸服务中心、乡镇有商贸中心、村庄有商业服务。改造提升农产品产地市场、传统集贸市场，拓展包装、加工、数字化等服务，增强商品流通和便民、惠民服务功能。打破行政区划界限规划建设农产品批发市场，打造交易规模大、管理规范、辐射面广、公益性强的骨干农产品批发市场网络。引导县城综合商贸服务中心、购物中心、大型商超通过连锁加盟等方式向乡村延伸营销服务，促进城乡商贸流通企业协同化、网络化经营。

（四）推动城乡流通深度融合。统筹城乡商贸流通、交通运输、物流配送、邮政快递设施建设营运，促进城乡商业连锁经营、交通设施互联互通、城乡物流有机衔接，着力构建高效顺畅的城乡流通网络，逐步把农村流通设施融入现代流通体系。推动流通主体深度融合，鼓励邮政快递、供销社、运输、物流、电商、商贸流通企业在县级以下合作经营，创造规模效益。开展信息消费助力乡村振兴，鼓励平台企业等经营主体参与农村流通设施建设。推动流通渠道深度融合，充分利用农村邮政快递、商贸、客运资源，深化邮快合作、快快合作、商快合作和客货邮融合发展，鼓励有条件的地区构建乡村末端物流线路共享系统，大力发展共同配送。加强农超对接、产地销地对接，打通工业品下乡和农产品出村进城双向渠道。实施供销社县域流通服务网络提升行动，增强农资、日用品下乡和农产品出村进城"一网多用、双向流通"综合服务功能。推动流通要素深度融合，整合平台、场地、车辆、人员等资源，有效降低流通成本。在确保安全前提下发展农村客运车辆代运邮件快件，推广农村物流"货运班线"和农村客货邮融合车型。推动流通信息深度融合，鼓励有条件的地方建设县域智慧流通综合平台，推动县域商流、物流、资金流、信息流一体化，促进生产、分配、流通、消费各环节精准对接。

（五）强化农村流通数字赋能。加快推进数字乡村建设，实施农村电商高质量发展工程，推进"数商兴农"和"互联网+"农产品出村进城工程，逐步"让手机成为新农具、让数据成为新农资、让直播成为新农活"。规范发展农村直播电商，打造一批县域电商直播基地、"村播"学院，发展网订店送、即时零售等线下和线上融合新业态。推广农产品电商直采、定制生产等模式，发展农副产品直播电商。综合运用5G、大数据、人工智能等技术改造升级农村流通企业，推动企业数字化转型。定期举办多种形式农村直播电商大赛，提高农村电商创业技能。

（六）培育农村流通龙头企业。引导农村流通企业跨域跨界合作、重组，培育一批辐射面广、带动力强的综合性龙头企业。鼓励平台企业创新商业模式，积极建设面向乡村零售店的共享数字服务系统，助力乡村传统商店升级迭代。发挥县域大型经销商、代理商渠道优势，支持进行市场化整合协作。培育农村新型流通服务企业，为农产品提供包装设计、宣传推广、电商营销等服务，培育优质特色农产品品牌，带动农产品上行。充分发挥供销社系统作用，推进全系统集采集配、联采联销，统筹开展农产品、农资、消费品跨区域流通业务。推动有条件的农资企业向现代农业综合服务商转型。

（七）完善农村流通标准体系。加快农村流通标准制修订，健全基础通用和产业共性技术标准体系，推动农村商贸、交通、物流领域基础设施、装载工具、票证单据、作业规范等相互衔接和应用，推进标准互认和服务互补，促进各运输方式、各物流环节有机衔接。抓紧修订快递服务标准，更好匹配农村快递服务需求。进一步完善农产品生产、采收、分等分级、初加工、包装、标识、储藏保鲜等标准体系，大力发展订单农业，促进农产品生产流通协同发展。完善农村流通企业信用分级分类监管体系。

（八）加强农村流通领域市场监管。探索开展交通、商务、市场监管、邮政管理、税务等综合监管执法，加强部门之间、上下游之间、条块之间的协同监管。依法加强农村快递市场监管，督促快递企业按照法规标准和承诺提供服务，依法整治影响服务质量和市场秩序的突出问题。坚持对各类流通企业一视同仁、平等对待，清理废除妨碍统一市场建设和公平竞争的限制措施，不得给流通企业跨区域经营或迁移设置显性隐性障碍。持续开展产品质量安全监管"护农"行动，强化平台企业商品质量责任，持续整治农村假冒伪劣商品，严守产品质量安全底线。依法打击滥用市场支配地位、低于成本恶意竞争等行为。

四、强化政策支撑

（一）完善财税金融支持政策。各地要用好服务业发展资金支持县域商业体系建设，用好衔接推进乡村振兴补助资金支持农产品产地冷藏保鲜设施建设，并整合地方财政相关补贴和政府专项债券等工具，支持符合条件的农村流通设施建设。各地不得干预连锁企业依法登记和享受总分机构汇总纳税政策，引导流通企业在业务上以盈补亏、在区域上以城补乡，稳妥有序拓展农村流通业务。落实农产品批发市场、农贸市场免征房产税和城镇土地使用税优惠政策。对企业采购农户自产自销农产品增值

税抵扣进一步提供便利化服务。加快推动供销社系统改革，坚持为农服务和政事分开、社企分开，推进各级企业公司制改革。鼓励商业银行等金融机构适当增加农村流通领域信贷投放，积极开发适合农产品流通特点的金融产品，支持金融租赁公司、融资租赁公司依法依规向农村商贸流通、冷链物流项目提供融资融物服务，引导社会资本参与农村现代流通体系建设投资。完善农村电子支付环境。鼓励保险公司为农产品流通领域提供更全面、更充分的保险保障。严格落实整车合法装载运输《鲜活农产品品种目录》内产品车辆免收车辆通行费政策。

（二）强化土地、人才支持。在国土空间规划中统筹考虑农产品批发市场、农贸市场、农产品冷链仓储、县级公共配送中心等设施用地，将农村产地冷藏保鲜设施、商贸流通网点、邮政快递网点建设纳入相应层级国土空间规划。鼓励地方政府多渠道解决农产品批发市场用地问题，支持利用农村闲置房屋、废弃厂房或经营性建设用地等开展流通设施建设。强化扶智扶技，加强农村流通领域人员培训，打造大批精通流通专业知识、善用数字技术的农村流通人才。适应农业现代化和农村流通智慧化发展趋势，加大农民生产、加工等技能培训，大力培养农村电商人才，培育掌握专业化生产、数字化经营技术的"新农人"。

五、做好组织实施

（一）加强组织领导。要把农村现代流通体系建设作为五级书记抓乡村振兴的重要内容，纳入各地经济社会发展规划，在现代流通体系建设中统筹谋划推进。发展改革、财政、交通运输、农业农村、商务、市场监管、邮政

管理、供销社等部门要加强协调配合，完善工作推进机制，形成工作合力。

（二）压实责任。要强化抓农村流通发展的主体责任，结合各地实际科学制定实施方案，细化实化工作重点和政策措施，扎实有序推进农村流通高质量发展，确保各项任务落到实处。充分发挥现有部门间协调机制作用，及时解决农村流通发展中遇到的问题。

（三）加强宣传引导。深入宣传农村流通发展取得的新进展新成效，总结推广各地农村流通高质量发展的有效模式和好经验好做法，大力宣传引领农村流通业态和模式创新的典型案例，强化典型示范引领。加强农村流通领域政策法规标准宣传，提高农村消费者维权意识。

中央财办

中央农办

商务部

农业农村部

国家发展改革委

财政部

交通运输部

市场监管总局

国家邮政局

2023 年 8 月 3 日

关于继续实施物流企业大宗商品仓储设施用地城镇土地使用税优惠政策的公告

财政部　税务总局公告 2023 年第 5 号

为促进物流业健康发展，继续实施物流企业大宗商品仓储设施用地城镇土地使用税优惠政策。现将有关政策公告如下：

一、自 2023 年 1 月 1 日起至 2027 年 12 月 31 日止，对物流企业自有（包括自用和出租）或承租的大宗商品仓储设施用地，减按所属土地等级适用税额标准的 50% 计征城镇土地使用税。

二、本公告所称物流企业，是指至少从事仓储或运输一种经营业务，为工农业生产、流通、进出口和居民生活提供仓储、配送等第三方物流服务，实行独立核算、独立承担民事责任，并在工商部门注册登记为物流、仓储或运输的专业物流企业。

本公告所称大宗商品仓储设施，是指同一仓储设施占地面积在 6000 平方米及以上，且主要储存粮食、棉花、油料、糖料、蔬菜、水果、肉类、水产品、化肥、农药、种子、饲料等农产品和农业生产资料，煤炭、焦炭、矿砂、非金属矿产品、原油、成品油、化工原料、木材、橡胶、纸浆及纸制品、钢材、水泥、有色金属、建材、塑料、纺织原料等矿产品和工业原材料的仓储设施。

本公告所称仓储设施用地，包括仓库库区内的各类仓房（含配送中心）、油罐（池）、货场、晒场（堆场）、罩棚等储存设施和铁路专用线、码头、道路、装卸搬运区域等物流作业配套设施的用地。

三、物流企业的办公、生活区用地及其他非直接用于大宗商品仓储的土地，不属于本公告规定的减税范围，应按规定征收城镇土地使用税。

四、本公告印发之日前已缴纳的应予减征的税款，在纳税人以后应缴税款中抵减或者予以退还。

五、纳税人享受本公告规定的减税政策，应按规定进行减免税申报，并将不动产权属证明、土地用途证明、租赁协议等资料留存备查。

财政部　税务总局
2023 年 3 月 26 日

关于调整铁路和航空运输企业汇总缴纳增值税分支机构名单的通知

财税〔2021〕51 号

各省、自治区、直辖市、计划单列市财政厅（局），国家税务总局各省、自治区、直辖市、计划单列市税务局：

现将调整铁路和航空运输企业汇总缴纳增值税分支机构名单有关内容通知如下：

一、铁路运输企业

（一）对《财政部 国家税务总局关于铁路运输企业汇总缴纳增值税的通知》（财税〔2020〕56 号）附件 1《国铁集团增值税汇总纳税分支机构名单（一）》，增补本通知附件 1 所列的分支机构。

（二）对《财政部 国家税务总局关于铁路运输企业汇总缴纳增值税的通知》（财税〔2020〕56 号）附件 2《国铁集团增值税汇总纳税分支机构名单（二）》，增补、取消、变更本通知附件 2 所列的分支机构。

上述增补、变更的铁路运输企业分支机构，自本通知附件 1、附件 2 列明的汇总纳税时间、变更时间起，按照财税〔2020〕56 号文件的规定缴纳增值税。

上述取消的铁路运输企业分支机构，自本通知附件 2 列明的取消时间起，不再按照财税〔2020〕56 号文件的规定缴纳增值税。

二、航空运输企业

对《财政部 税务总局关于航空运输企业汇总缴纳增值税总分机构名单的通知》（财税〔2020〕30 号）附件《航空运输企业总分机构名单》，增补、变更本通知附件 3 所列的分支机构。

上述增补、变更的航空运输企业分支机构，自本通知附件 3 列明的汇总纳税时间、变更时间起，按照财税〔2020〕30 号文件的规定缴纳增值税。

附件：

1. 国铁集团增值税汇总纳税分支机构名单（一）.pdf

2. 国铁集团增值税汇总纳税分支机构名单（二）.pdf

3. 航空运输企业分支机构名单.pdf

财政部　税务总局
2021 年 9 月 5 日

附件 1

国铁集团增值税汇总纳税分支机构名单（一）

新增的分支机构			
序号	新增分支机构名称	分支机构所在地	汇总纳税时间
1	川藏铁路有限公司	西藏自治区林芝市	2020 年 1 月 10 日
2	川藏铁路四川有限公司	四川省成都市	2020 年 5 月 15 日
3	中铁特货汽车物流有限责任公司	北京市丰台区	2021 年 5 月 1 日
4	中铁特货大件运输有限责任公司	北京市丰台区	2021 年 5 月 1 日

附件 2

国铁集团增值税汇总纳税分支机构名单（二）

新增的分支机构			
序号	新增分支机构名称	分支机构所在地	汇总纳税时间
1	甘肃酒额铁路有限公司	甘肃省酒泉市	2020 年 4 月 21 日
2	京昆高速铁路西昆有限公司	重庆市江北区	2020 年 10 月 20 日
3	福建白马港铁路支线有限责任公司	福建省宁德市	2021 年 1 月 1 日
4	福建罗源湾北岸铁路支线有限责任公司	福建省福州市	2021 年 1 月 1 日
5	福建可门港铁路支线有限责任公司	福建省福州市	2021 年 1 月 1 日
6	福建湄洲湾港口铁路支线有限责任公司	福建省莆田市	2021 年 1 月 1 日
7	福州江阴港铁路支线有限责任公司	福建省福清市	2021 年 1 月 1 日
8	福建湄洲湾南岸铁路支线有限责任公司	福建省泉州市	2021 年 1 月 1 日
9	广东铁路有限公司	广东省广州市	2021 年 2 月 9 日
取消的分支机构			
序号	分支机构名称	分支机构所在地	取消时间
1	湖南城际铁路有限公司	湖南省长沙市	2020 年 8 月 1 日
2	东平铁路有限责任公司	山东省新泰市	2020 年 7 月 1 日
3	枣临铁路有限责任公司	山东省枣庄市	2020 年 7 月 1 日
4	海青铁路有限责任公司	山东省青岛市	2020 年 7 月 1 日
5	青荣城际铁路有限责任公司	山东省烟台市	2020 年 7 月 1 日
6	德龙烟铁路有限责任公司	山东省济南市	2020 年 7 月 1 日
7	沂沭铁路有限责任公司	山东省临沂市	2020 年 7 月 1 日

序号	分支机构名称	分支机构所在地	取消时间
8	青连铁路有限责任公司	山东省青岛市	2020 年 7 月 1 日
9	哈佳铁路客运专线有限责任公司	黑龙江省哈尔滨市	2020 年 12 月 25 日
10	同江铁路有限责任公司	黑龙江省同江市	2020 年 12 月 11 日
11	前抚铁路有限责任公司	黑龙江省同江市	2021 年 1 月 22 日
12	哈齐铁路客运专线有限责任公司	黑龙江省哈尔滨市	2021 年 3 月 22 日
13	福建福平铁路有限责任公司	福建省福州市	2021 年 4 月 1 日

变更名称的分支机构			
序号	原分支机构名称	现分支机构名称	分支机构所在地	变更时间
1	哈牡铁路客运专线有限责任公司	黑龙江铁路发展集团有限公司	黑龙江省哈尔滨市	2020 年 10 月 16 日

附件 3

航空运输企业分支机构名单

新增的分支机构				
序号	总机构名称	总机构所在地	分支机构名称	分支机构所在地	汇总纳税时间
1	中国国际航空股份有限公司	北京市	中国国际航空股份有限公司新疆分公司	新疆维吾尔自治区	2021 年 6 月 1 日
2	中国国际货运航空有限公司	北京市	中国国际货运航空有限公司重庆分公司	重庆市	2021 年 1 月 1 日
3	中国东方航空股份有限公司	上海市	中国东方航空股份有限公司厦门分公司	厦门市	2021 年 11 月 1 日
4	春秋航空股份有限公司	上海市	春秋航空股份有限公司西安分公司	陕西省	2021 年 1 月 6 日
5	深圳航空有限责任公司	深圳市	深圳航空有限责任公司珠海市分公司	广东省	2021 年 6 月 1 日
6	浙江长龙航空有限公司	浙江省	浙江长龙航空有限公司中南分公司	广东省	2020 年 10 月 12 日

变更名称的分支机构					
序号	总机构名称	总机构所在地	原分支机构名称	现分支机构名称	分支机构所在地	变更时间
1	中国国际航空股份有限公司	北京市	中国国际航空股份有限公司华南基地	中国国际航空股份有限公司广东分公司	广东省	2020年9月3日

交通运输部　自然资源部　海关总署　国家铁路局 中国国家铁路集团有限公司关于印发《推进铁水联运 高质量发展行动方案（2023—2025 年）》的通知

交水发〔2023〕11 号

有关省、自治区、直辖市交通运输、自然资源厅（局、委），有关直属海关、直属海事局、铁路监管局，中国国家铁路集团有限公司所属各铁路局集团公司，招商局集团有限公司、中远海运集团有限公司，各有关港口集团：

为深入贯彻党中央、国务院决策部署，加快运输结构调整优化，进一步发挥水路、铁路运输比较优势和综合运输组合效率，推动沿海和内河港口集装箱、大宗货物等铁水联运高质量发展，现将《推进铁水联运高质量发展行动方案（2023—2025 年）》印发给你们，请认真组织实施。

交通运输部　自然资源部

海关总署　国家铁路局

中国国家铁路集团有限公司

2023 年 1 月 31 日

（此件公开发布）

推进铁水联运高质量发展行动方案

（2023—2025 年）

推进铁水联运高质量发展是加快建设交通强国、构建现代综合交通运输体系的重要举措，也是服务构建新发展格局、全面建设社会主义现代化国家的内在要求。近年来，交通运输部会同相关部门、地方人民政府和有关铁路、港航等企业，深入贯彻习近平总书记重要指示精神，认真落实党中央、国务院决策部署，按照《交通强国建设纲要》《国家综合立体交通网规划纲要》《"十四五"现代综合交通运输体系发展规划》和《推进多式联运发展优化调整运输结构工作方案（2021—2025年）》等要求，进一步加快沿海和内河港口集装箱、大宗货物等铁水联运发展，取得了明显成效。为进一步发挥水路、铁路运输比较优势和综合运输组合效率，加快运输结构调整优化，推动交通运输绿色低碳发展，着力推动铁水联运高质量发展，制定本方案。

一、总体要求

以习近平新时代中国特色社会主义思想为指导，深入学习贯彻党的二十大精神，立足新发展阶段，完整、准确、全面贯彻新发展理念，统筹发展和安全，以加快建设交通强国为统领，以推动高质量发展为主题，以深化供给侧结构性改革为主线，以基础设施联通、运输组织优化、信息共享共用、政策标准衔接为抓手，坚持规划引领，强化项目牵引，创新联运机制，降低物流成本，推动融合发展，提升运营效率，加快构建现代综合交通运输体系，更好服务构建新发展格局。

到 2025 年，长江干线主要港口铁路进港全覆盖，沿海主要港口铁路进港率达到 90% 左右。全国主要港口集装箱铁水联运量达到 1400 万标箱，年均增长率超过 15%；京津冀及周边地区、长三角地区、粤港澳大湾区等沿海主要港口利用疏港水路、铁路、封闭式皮带廊道、新能源汽车运输大宗货物的比例达到 80%，铁水联运高质量发展步入快车道。

二、主要任务

（一）强化一体衔接，提升设施联通水平。

1. 加强港口与铁路的规划和建设衔接。统筹考虑港口集装箱、大宗货物铁水联运发展需求，港口新建或改扩建集装箱、大宗干散货作业区时，原则上同步规划建设集疏运铁路。依

托国土空间规划"一张图"实施监督信息系统，与国土空间规划管控要素强化协调衔接。加强港口和铁路的规划衔接，做好联运发展线路、枢纽建设用地预留。统筹考虑主要港口建设条件、运输需求、货源分布等，加强集装箱、大宗货物铁路运输骨干通道与港口集疏运体系规划建设，推动铁路运输网络和水运网络的高效衔接。

2. 加强港口集疏运铁路设施建设。建立港口集疏运铁路建设项目清单管理和更新机制，根据项目前期推进、用海用地要素保障和投资落实等情况，对集疏运铁路建设项目动态更新。重点实施主要港口重要港区集疏运铁路及"最后一公里"畅通工程，配足到发线、调车线、装卸线等铁路设施，实现铁路深入码头堆场。鼓励地方人民政府和港口、航运企业积极参与集疏运铁路项目建设，推进港口集疏运铁路投资建设多元化。

3. 加强港口后方铁路通道与内陆场站能力建设。研究港口后方铁路运输能力问题，加快不满足运输需求的瓶颈路段的新线建设或扩能改造。建好用好铁水联运的铁路场站，完善接卸、堆场、道路等配套设施，推进铁路港站与港区堆场"无缝衔接"。结合国家物流枢纽、国家综合货运枢纽、铁路物流基地等，推动铁水联运铁路场站布局优化调整，实施一批铁路内陆场站建设和扩能改造项目，满足业务办理需求。

（二）强化组织协同，提升联运畅通水平。

4. 优化联运组织方式。鼓励铁路、港口、航运企业联合开展市场营销，加强铁水联运货源开发，大力发展跨境电商、冷藏箱、商品汽车、适箱散货等铁水联运，推动形成"联运枢纽+物流通道+服务网络"的铁水联运发展格局。推动铁水联运全程组织，探索开展联运集

装箱共享共用、联合调拨，减少集装箱拆装箱、换箱转运、空箱调运等，在铁水联运领域率先实现"一箱到底、循环共享"突破。有条件的区域推进铁路重去重回、直达运输等方式，开通点对点短途循环班列，提升运输时效性。

5. 拓展联运辐射范围。根据运输需求、货源分布等，积极拓展主要港口国内国际航线和运输服务辐射范围，支持将海港功能向内陆延伸，促进海陆高效联动，提升海港辐射带动能力；拓展铁路货运市场，加强铁路班列、船舶班期的衔接匹配，增强铁水联运服务能力和水平。统筹布局铁路集装箱、大宗货物办理站点，发展铁路无轨站，拓展内陆货源市场。加快国际集装箱铁水联运发展，进一步推动以主要港口为节点的中欧班列、过境运输班列和西部陆海新通道班列发展。发挥"西煤东运""北煤南运"联运主通道作用，推动联运装备自动化、专业化、绿色化发展，进一步增强煤炭铁水联运服务和保障能力。

6. 充分挖掘联运通道运输潜力。挖掘联运铁路货运潜能，统筹高铁与普速列车、客车与货车运输需求，统筹国家铁路、地方铁路等运输能力，进一步简化铁路箱提还箱手续，提升不同产权铁路直通运输便利化水平。挖掘联运港口潜能，通过码头改扩建、设备自动化改造、增配桥吊、扩容堆场等方式，积极推进既有集装箱码头智能化改造、通用码头专业化改造、老旧码头提升改造工作，提升港口服务保障能力和安全韧性。挖掘联运船舶运输潜能，进一步优化船期安排、船岸衔接，加快船舶运力周转。

7. 推进"散改集"运输。积极推进粮食、化肥、铜精矿、铝矾土、水泥熟料、焦炭等适箱大宗货物"散改集"，加强港口设施设备建设和工艺创新，鼓励港口结合实际配置"大流量"灌箱、卸箱设备，鼓励铁路针对大客户开行"散改集"定制化班列。深入开展港口内贸集装箱超重运输治理，加强港口、航运、铁路企业间联动，禁止超重箱进出港口、装卸车，促进铁水联运安全发展。

（三）强化创新发展，提高联运服务效能。

8. 培育铁水联运龙头企业。鼓励支持铁路、港口、航运、货代等企业加强合作，以平台为支撑、以资本为纽带、以股权合作为方式，通过成立合资公司、组建运营机构、成立区域发展合作联盟、跨产业集群等形式，加强联运物流资源整合，支持发展专业化、数字化、轻资产的多式联运经营主体，培育壮大全程物流经营人，提供全程综合物流解决方案。鼓励具备条件的联运经营人开展业务流程改造，压缩业务冗余环节，提供"一站托运、一次收费、一次认证、一单到底"的"一站式"门到门服务，打造铁水联运龙头企业品牌。

9. 提升口岸通关便利化水平。积极推进便捷通关，鼓励具备条件的地区利用先进技术设备快速完成进出口集装箱货物检查，增强铁水联运客户黏性。研究推广进口货物"船边直提"和出口货物"抵港直装"模式。推动条件成熟的铁水联运港站与港区作业一体化管理，实行快速通关、快速装卸转运，减少"短倒"运输。

10. 推动铁水联运"一单制"。推进铁水联运业务单证电子化和业务线上办理。依托多式联运示范工程建设，开展集装箱铁水联运领域"一单制"，研究在铁水联运领域率先突破"一单制"运单物权问题。鼓励具备条件的联运企业发展"一单制"服务，研究完善"一单制"电子标签赋码及信息汇集、共享、监测等功能，推动单证信息联通和运输全程可监测、可追溯。

（四）强化统筹协调，营造良好发展环境。

11. 完善铁水联运标准规则。研究推动水运和铁路在货物分类、装载要求、运输管理、安全监管、计费规则、危险货物等方面的政策法规标准协调与衔接，加强联运装备技术、作业程序、服务质量、电子数据交换等标准制修订。开展统一水运、铁路运输货物品名划分研究，完善铁水联运作业规则体系，研究含锂电池货物等的铁水联运标准，开展铁路运输双层高箱及其专用车型技术条件的研究。

12. 健全市场价格体系。鼓励港口企业实行铁水联运业务港口作业包干费优惠，铁路、航运企业延长集装箱使用期，研究完善铁路运价调节机制，鼓励港口、航运、铁路企业与客户签订量价互保协议、延长堆场堆存使用期等，研究"一口价"联运收费模式，提升铁水联运价格优势和市场竞争力。规范铁路、港口、船代、船公司、货代等重点领域和环节收费行为，做到清单与实际相符、清单外无收费。实施灵活的铁路价格调整策略和运费结算模式，给予信用较好单位一定的结算期。

13. 强化科技创新驱动。推动5G、北斗导航、大数据、区块链、人工智能、物联网等在铁路水运行业深度应用，探索推进跨区域、跨业务协同和货物全程追踪。推动海关、海事、铁路、港口、航运等信息开放互通，探索实时获取铁路计划、到发时刻、货物装卸、船舶靠离港等信息，实现车、船、箱、货等信息实时获取。支持铁水联运信息系统互联互通，鼓励发展第三方供应链全链路数据互联共享服务。完善铁水联运信息交换接口标准体系，推动铁路、港口等信息系统对接和实时交换，提升港铁协同作业效率和联运服务整体效能。

三、保障措施

14. 建立协同推进机制。交通运输部、国家铁路局、国铁集团等单位联合成立协同推进铁水联运发展工作专班，开展定期会商，制定实施年度工作要点。积极推进铁水联运交通强国建设试点任务，打造一批铁水联运示范工程，尽快形成示范带动效应。地方相应建立协同推进铁水联运发展工作机制，及时协调解决铁水联运发展相关问题。压实铁水联运安全生产企业主体责任和管理部门监管责任，营造良好环境。

15. 加大政策扶持力度。推动做好港口枢纽发展空间预留、用地功能管控、开发时序协调，加大对主要港口、集疏运铁路及配套建设工程的用地用海要素保障和铁路接轨条件支持。加快港口集疏运铁路建设项目手续办理，其中涉及占用永久基本农田或生态保护红线的项目，可按照规定的条件和程序，纳入国家重大项目清单。用好国家综合货运枢纽补链强链车购税政策，加大财政等资金支持力度，支持铁水联运重点项目建设。鼓励港口、航运、铁路等企业按照市场化原则，以股权合作等方式共同建设运营集疏运铁路项目。

16. 发挥地方积极作用。各地交通运输主管部门要争取地方人民政府加大对铁水联运发展的重视和政策支持力度，积极申请预算内资金、专项资金等投入，将铁路集疏运项目建设、集装箱铁水联运发展、大宗货物港口绿色集疏运结构调整等列入年度重点工作，大力推动"公转铁""公转水"，促进运输结构调整。要做好工作谋划、专项研究和统筹安排，加大资金投入，加大项目前期工作力度，全力推动项目落地，制定项目建设计划，倒排工期、压茬推进建设项目，按期完成重点任务。

附件：

1. 沿海集装箱港口集疏运铁路建设项目表（截至 2022 年底）（略）

2. 沿海大宗货物港口集疏运建设项目表（截至 2022 年底）（略）

3. 内河港口集疏运铁路建设项目表（截至 2022 年底）（略）

附件下载：附件 . doc

交通运输部办公厅　财政部办公厅
关于做好 2023 年国家综合货运枢纽
补链强链申报工作的通知

交办规划函〔2023〕363 号

各省、自治区、直辖市及计划单列市交通运输厅（局、委）、财政厅（局），新疆生产建设兵团交通运输局、财政局：

为深入贯彻落实党中央、国务院决策部署，进一步做好国家综合货运枢纽补链强链工作，加快建设高质量国家综合立体交通网，根据《财政部 交通运输部关于支持国家综合货运枢纽补链强链的通知》（财建〔2022〕219 号）、《交通运输部办公厅 财政部办公厅关于做好国家综合货运枢纽补链强链工作的通知》（交办规划〔2022〕34 号）要求，现就 2023 年国家综合货运枢纽补链强链申报工作有关事项通知如下：

一、总体要求。以习近平新时代中国特色社会主义思想为指导，全面贯彻落实党的二十大精神和中央经济工作会议精神，落实政府工作报告部署，完整、准确、全面贯彻新发展理念，服务构建新发展格局，着力推动高质量发展，统筹发展和安全，落实巩固提高一体化国家战略体系和能力的要求，聚焦国家综合立体交通网主骨架关键节点，深入实施国家综合货

运枢纽补链强链，拓展重点区域覆盖面，引导跨区域综合货运枢纽建设协同联动，建设现代化高质量国家综合立体交通网，奋力加快建设交通强国，努力当好中国式现代化的开路先锋。

二、工作重点。推动国家综合货运枢纽补链强链城市扩面提质，与首批支持城市连线成网、互相促进，分布更加平衡合理。聚焦国家综合立体交通网主骨架 6 条主轴和西部陆海走廊、大陆桥走廊、沿边通道及其辐射范围，拓展枢纽辐射空间和跨区域交通资源配置能力，加强对尚未覆盖区域的支持，促进区域协调发展，进一步增强南北互动、东西交融。鼓励产业关联度高、货运物流一体化运行需要明显、通道连接紧密的城市依托国家规划确定的城市群跨省联合申报，注重发挥城市各自比较优势、形成综合货运枢纽体系建设合力。

三、高质量编制实施方案。准确把握城市在国家战略全局、区域发展格局和国家综合立体交通网中的定位，统筹谋划中长期发展，科学确定枢纽的货运总体功能，合理提出年度目

标任务和绩效目标（须包括交办规划〔2022〕34 号附件 5 中按照完成年度目标比例进行赋分的 13 项指标）。制定的实施方案既要符合客观条件，也要体现先进性、示范性和引领性。

四、严格做好项目遴选工作。按照国家综合货运枢纽补链强链技术指引（暂行）要求遴选项目，增强重点项目合规性和对目标任务、绩效目标的支撑性。注重推动中欧班列集结中心、国际航运中心、国际航空货运枢纽、国际邮政快递处理中心融合联动、有效衔接，完善多式联运功能、提升多式联运效率，发挥好示范引领作用。

请相关省级交通运输部门会同财政部门严格按照要求择优推荐城市，对城市编制的实施方案初步审核后形成申报函，于 2023 年 3 月 31 日前报送交通运输部、财政部，包括纸质材料各 3 份和电子版各 1 份（光盘刻录）（计划单列市由市交通运输部门、财政部门向交通运输部、财政部报送实施方案）。

联系方式：交通运输部综合规划司，010-65293473、010 - 65293196；财政部经济建设司，010-61965354。

交通运输部办公厅　财政部办公厅

2023 年 3 月 17 日

交通运输部　国家邮政局关于开展交通强国邮政专项试点工作的通知

交规划函〔2023〕363 号

各省、自治区、直辖市邮政管理局，国家邮政局直属各单位、机关各司室，各有关企业、单位：

为深入贯彻落实党的二十大关于加快建设交通强国的重大战略部署，聚焦推动落实《交通强国建设纲要》《国家综合立体交通网规划纲要》《加快建设交通强国五年行动计划（2023—2027 年）》《加快建设交通强国邮政篇实施方案（2023—2027）》等相关部署，充分发挥试点工作的突破、带动、示范作用，交通运输部、国家邮政局在交通强国建设试点框架下组织开展邮政专项试点工作。根据《交通强国建设试点工作管理办法（试行）》，现就有关事项通知如下：

一、总体要求

（一）指导思想。

以习近平新时代中国特色社会主义思想为指导，深入贯彻党的二十大精神，立足新发展阶段，完整、准确、全面贯彻新发展理念，服务加快构建新发展格局，坚持"点面结合、探索创新，近远结合、滚动实施，因地制宜、分类推进，多方联合、共同实施"的原则，围绕邮政业重点领域、优势领域、急需领域或其关键环节，补短板、锻长板，解难点、破难题，分地区、分主题、分批次开展邮政专项试点工作，科学组织实施试点任务，在试点领域率先实现突破，形成一批先进经验和典型成果，打造"一流设施、一流技术、一流管理、一流服务"，为谱写加快建设交通强国邮政新篇章发挥示范引领作用。

（二）试点目标。

拟通过 1—2 年时间取得阶段性成果，用 3—5 年时间取得相对完善的系统性成果，培育若干具有引领示范作用的试点项目，形成一批可复制、可推广的先进经验和典型成果，出台一批政策规划、标准规范等，进一步完善体制机制，在交通强国建设试点中实现邮政领域的突破。

二、试点任务领域

统筹好交通强国邮政篇重点任务与试点工

作的关系，按照既有任务分工推动重点任务落实，同时以试点工作更好引领邮政快递业高质量发展，以重点任务的有效落实提升试点工作成色。根据当前行业发展需要，初步设定服务、设施、技术、管理4个领域21个方面。随着试点推进，可以调整、增加项目。

（一）服务领域。

1. 提高服务水平。降低邮快件丢损率和用户投诉率。提高按约投递率，提升用户满意度。

2. 促进市场主体健康发展。创新品牌建设与管理，加强诚信企业建设。

3. 完善现代企业制度，提高企业组织化水平，规范企业运行机制。

4. 拓展服务范围，发展冷链快递，提升末端服务。

5. 邮政服务创新。提供适应多层次需求的邮政服务，提升服务便利化、智能化、数字化水平。

6. 资源共享。提升邮政、快递网络使用效率，降低运行成本。

7. 协同发展。深化邮政快递业与电子商务、现代农业、先进制造业、农村客货运输、旅游业等协同发展，补链拓链强链。

（二）设施领域。

8. 枢纽建设。建设依托综合交通运输体系的全球性国际邮政快递枢纽集群、区域性国际邮政快递枢纽、全国性邮政快递枢纽。打造具有全球竞争力的邮政快递核心枢纽。

9. 智能化寄递物流集聚区建设。建设适应农业园区、电商园区、工业园区服务需求的快递物流配套仓储设施。打造"寄递枢纽+关联产业"快递经济区。

10. 城市寄递末端公共服务体系建设。建设标准化快递公共服务网点。

11. 农村寄递物流体系建设。建设县级寄递公共配送中心、村级寄递物流综合服务站，完善共同分拣、共同运输、共同收投模式。加强农村邮政快递与客货运输、供销、电商等领域基础设施和服务网络共享。

12. 构建应急寄递预警机制，建设邮政快递应急保障设施。

（三）技术领域。

13. 智能技术应用。全面推广应用智能分拣、智能仓储、智能安检、智能语音申投诉处理、智能视频监控、通用寄递地址编码。推动无人车、无人机运输投递邮件快件。

14. 信息与隐私保护。加强行业重要数据和个人信息保护，隐私面单和虚拟安全号码等技术推广应用。

15. 绿色低碳发展。建设绿色分拨中心、绿色网点，提升快递包装标准化、循环化、减量化、无害化水平。

16. 标准体系建设。推动邮政业技术标准达标。

（四）管理领域。

17. 数字政府建设。健全完善"互联网+监管"工作机制，加强数字化监管。

18. 县域行业监管。依法强化县级机构赋能，加强支撑体系建设。

19. 市场监管。加强信用管理、协同治理。

20. 安全监管。扎实开展平安寄递建设，加强安全基础保障能力建设，不断提升本质安全水平。

21. 权益保障。维护快递员群体合法权益，保护消费者合法权益。

三、试点申报

（一）试点单位。

试点单位包括试点组织单位和试点实施单

位。试点组织单位为各省（区、市）邮政管理局、大型企业集团总部、国家邮政局机关各司室、直属单位等，负责本地区、本单位、本领域试点工作的组织实施。试点实施单位包括企业、科研单位、高校、社会团体、各地邮政管理部门、国家邮政局直属单位等，负责各项试点任务的具体实施。试点组织单位也可以作为试点实施单位。多个试点单位可以共同申报跨地区的试点任务。

（二）试点申报安排。

1. 填报任务申报表。试点实施单位结合自身优势和特点，根据试点任务领域，科学选择试点任务，提出具体试点内容，编制《邮政专项试点任务申报表》（详见附件2），报送至试点组织单位。试点任务实施周期一般为3—5年。

2. 制定试点实施方案。试点组织单位对试点实施单位提交的试点任务申报表进行真实性、可行性审核，确定本地区/本单位试点任务（原则上不超过3项），编写《××省（区、市）、新疆生产建设兵团/××单位邮政专项试点实施方案》（详见附件1）。对于选择多项"相关联、跨领域、全流程"综合性改革试点任务的，筛选时优先考虑，合并为1项报送。

3. 报送申报材料。试点组织单位向国家邮政局报送试点实施方案，后附试点任务申报表。

（三）试点申报要求。

1. 试点任务应具备较好基础，有一定的创新性、代表性、示范性，通过先行先试能够在部分领域率先实现突破，形成良好带动示范效应。

2. 试点实施方案和试点任务申报表应当思路明确、路径清晰、可操作性强，保障措施具体有力，能够满足试点任务实施要求。

3. 如认为确有超出试点任务领域以外的试点需求（需符合《交通强国建设纲要》《国家综合立体交通网规划纲要》《加快建设交通强国五年行动计划（2023—2027年）》《加快建设交通强国邮政篇实施方案（2023—2027）》等相关部署，可在试点任务申报表或试点实施方案中着重说明试点的必要性。

4. 试点组织单位要从严把关，对于已纳入交通运输部、国家邮政局或其他部门组织开展的试点示范项目，原则上不纳入邮政专项试点。

四、时间进度安排

（一）启动阶段。

国家邮政局加快交通强国邮政篇建设领导小组办公室（以下简称国家邮政局强国办）会同有关单位对报送的实施方案和申报表进行遴选初审，指导试点组织单位修改完善试点申报材料，分批次征求交通运输部加快建设交通强国领导小组办公室（以下简称部强国办）意见，经国家邮政局加快交通强国邮政篇建设领导小组（以下简称国家邮政局强国领导小组）审议，履行相关程序，会签交通运输部后，由国家邮政局印发同意开展专项试点工作的意见，并抄送交通运输部。第一批试点方案应于2023年10月底前完成初审，报国家邮政局。

（二）实施阶段。

国家邮政局强国办加强对试点工作的统筹协调和实施指导，组织开展试点工作的政策支持、跟踪督导、现场核查等工作，牵头总结推广试点成果经验。国家邮政局机关相关司室作为试点指导单位，做好试点任务的跟踪、督导等工作，指导解决试点任务实施中的问题，推动试点任务有序实施。试点组织单位建立试点工作机制，加强组织协调，推动落实相关政策，每年向国家邮政局强国办报送试点工作总结、成果经验等材料。试点实施单位严格落实试点任务，及时报告试点任务实施进展情况，确保试点任务完成进度和质量。第一批试点自同意开展之日起实施，原则上不晚于 2024 年 2 月，实施时间一般不超过 3 年，至多不超过 5 年。

（三）验收阶段。

按照"成熟一个、报送一个"的原则，开展试点验收工作。一般在试点规定完成时间后 6 个月内组织验收。鼓励具备条件的试点提前申请验收。

试点任务完成并达到验收条件的，试点组织单位按照《交通强国邮政专项试点任务验收自评估评分表》（见附件 3）组织试点实施单位开展自评估工作，得分 60 分以上起草《交通强国邮政专项试点任务验收申请报告》（见附件 4），由试点组织单位报送国家邮政局强国办。

国家邮政局强国办对试点任务验收申请报告进行验收初评估。如认为不符合验收条件，商试点组织单位补充完善或推迟验收；如认为符合验收条件，转相关试点指导单位开展验收评估工作。试点指导单位通过材料查验、现场核查、验收会议等方式对试点组织单位提交的验收申请报告进行评估，提出验收意见，并按照《交通强国邮政专项试点任务验收意见表》（见附件 5）评分，得分 90～100 分为优秀，80~89 分为良好，60～79 分为合格，低于 60 分为不合格。试点任务涉及多个指导单位的，各指导单位均应提出验收意见和评分，由牵头指导单位商其他指导单位，综合形成验收意见和验收评分，报国家邮政局强国办。国家邮政局强国办分批次征求部强国办意见，经国家邮政局强国领导小组审议通过后，履行相关程

序，会签交通运输部后，由国家邮政局出具验收意见。验收申请报告评分 80 分及以上的试点单位，纳入试点工作后续表扬激励支持范围。

五、保障措施

（一）加强组织领导。

邮政专项试点工作由国家邮政局强国领导小组统筹指导，国家邮政局强国办要加强组织协调，对试点工作实施进行监督。国家邮政局机关相关司室要履行好试点指导单位职责，做好相关试点任务的指导、督导、验收等工作。试点组织单位要加强对试点工作的组织实施，建立健全激励机制和工作机制。试点实施单位要及时向试点组织单位报告试点任务实施进展情况。国家邮政局发展研究中心承担试点各环节的支撑工作。未尽事宜参照《交通强国建设试点工作管理办法（试行）》办理。

（二）加大支持力度。

国家邮政局加强对试点工作的业务指导和支持，在编制行业规划、制定区域战略落实方案时，对符合条件的试点任务优先纳入，加大资金、政策等支持力度。各级邮政管理部门要加强与财政、发展改革、交通运输、金融、税务、自然资源、生态环境、住房城乡建设等部门的沟通协调，鼓励地方配套支持资金，对试点任务相关领域体制机制创新给予积极支持，引导和推动社会资金等共同投入。

（三）强化表扬激励。

对试点组织单位或主要的试点实施单位，交通运输部可会同国家邮政局授予"交通强国建设试点单位"称号。对取得显著成效的试点任务，可评定为"交通强国建设试点优秀任务（或工程、课题）"等称号。对取得突出成绩的试点单位（地区）、试点指导单位、个人，

可评定为"交通强国建设试点先进单位、先行区（省、市、县）、先进个人"等称号。鼓励试点单位灵活采取激励措施，对作出突出成绩的单位和个人，开展表扬、激励工作。

（四）加强经验推广。

加强邮政专项试点工作的经验总结、宣传推广。坚持高标准开展试点工作，探索出的成功经验和模式，要及时报送国家邮政局。交通运输部会同国家邮政局开展试点先进经验和典型成果的评定、推广等工作。通过召开会议、媒体宣传、学习交流、印发文件等形式进行成果经验的总结和推广。将具有较高推广价值的成果，转化形成规章制度、政策文件、标准规范、技术指南、创新模式等，确保经验推广落到实处、取得实效。

附件：

1. ××省（区、市）、新疆生产建设兵团/××单位交通强国邮政专项试点实施方案（模板）（略）

2. 交通强国邮政专项试点任务申报表（模板）（略）

3. 交通强国邮政专项试点任务验收自评估评分表（略）

4. 交通强国邮政专项试点任务验收申请报告（略）

5. 交通强国邮政专项试点任务验收意见表（略）

交通运输部　国家邮政局

2023 年 7 月 18 日

（此件公开发布）

交通运输部　商务部　海关总署　国家金融监督管理总局　国家铁路局　中国民用航空局　国家邮政局　中国国家铁路集团有限公司关于加快推进多式联运"一单制""一箱制"发展的意见

交运发〔2023〕116 号

各省、自治区、直辖市、新疆生产建设兵团交通运输厅（局、委）、商务主管部门、金融监管总局各监管局，海关总署各直属海关，各地区铁路监督管理局，民航各地区管理局，各省、自治区、直辖市邮政管理局，各铁路局集团公司：

多式联运"一单制""一箱制"是推动多式联运高质量发展的有效途径，是构建现代综合交通运输体系的必然要求。为深入贯彻落实党中央、国务院决策部署，加快推进多式联运"一单制""一箱制"发展，现提出以下意见：

一、总体要求

（一）指导思想。以习近平新时代中国特色社会主义思想为指导，全面贯彻落实党的二十大精神，坚持稳中求进工作总基调，立足新发展阶段，完整、准确、全面贯彻新发展理念，以推动高质量发展为主题，以深化供给侧结构性改革为主线，加快推进多式联运"一单制""一箱制"发展，推动交通运输结构调整优化，提高综合运输服务质量和效率，更好服务构建新发展格局，为奋力加快建设交通强国、努力当好中国式现代化的开路先锋、全面建设社会主义现代化国家提供坚强有力的服务保障。

（二）工作目标。力争通过 3—5 年的努力，多式联运"一单制""一箱制"法规制度体系进一步完善，多式联运信息加快开放共享，多式联运单证服务功能深化拓展，多式联运龙头骨干企业不断发展壮大，托运人一次委托、费用一次结算、货物一次保险、多式联运经营人全程负责的"一单制"服务模式和集装箱运输"不换箱、不开箱、一箱到底"的"一箱制"服务模式加快推广，进一步推动交通物流提质增效升级，更好服务支撑实现"物畅其流"。

二、主要任务

（一）推进国内多式联运信息互联共享

1. 加快推进多式联运数据开放。加快推动铁路、道路、水路等企业，通过股权合作、数据交易、资源置换等市场化机制，开放多式联运数据。推进信息数据标准化，运用数据接口服务、应用程序接口、嵌入式软件开发工具包、区块链等信息技术，开放业务系统数据接口。铁路开放数据包括但不限于多式联运发到站信息、装卸车信息、到达预报信息、到达确报信息等；道路开放数据包括但不限于起讫地点、货物信息、运力信息、车辆轨迹、运输时间等；水路开放数据包括但不限于港口装卸、货物堆存、船舶进出港、货物单证信息等。

2. 支持多式联运信息集成服务发展。支持铁路、道路、水路以及第三方物流等骨干企业，向多式联运信息集成服务商转型。鼓励企业加快推进不同运输方式信息数据集成整合，通过登录一个业务系统、填报一次运单数据，完成相关多式联运业务办理，实现客户一站式下单、业务集成化处理、单证信息自动流转、货物信息全程追溯。

3. 推广应用标准化多式联运电子运单。引导国内公铁联运率先使用标准化运单，逐步推广到国内铁水联运，做好与空运、海运运单的衔接，推动实现陆海空多式联运运单的统一。推广应用集装箱多式联运运单等标准，鼓励具备条件的企业开展基于标准化多式联运运单的业务流程改造，积极拓展应用场景和范围，构建连接生产流通、串联物流贸易的供应链服务平台。

（二）推进国际多式联运单证应用创新

1. 加快国际多式联运提单推广应用。积极推广应用国际多式联运提单，提升一体化物流服务效能。推动承运企业依托电子锁、物联网、大数据、区块链等技术，加强对货物状态的全程监控，切实提升货物运输在途安全监管能力。鼓励多式联运经营人签发海铁联运全程运输提单，引导多式联运经营人自启运地接收

货物后即签发提单，推动国际海运服务功能向内陆延伸。

2. 推动国际多式联运电子提单发展。规范国际多式联运电子提单签发、背书、转让、放货等操作流程，明确提单流转中的责任认定规范等。引导企业完善电子提单信息录入、提单监测、提单交易、提单注销等功能，促进贸易、物流、金融等信息融合。探索扩大区块链技术应用，提高"一单制"数字化效率和安全可信水平。

（三）拓展多式联运"一单制"服务功能

1. 探索赋予多式联运单证物权凭证功能。依托国际铁路联运运单、中国国际货运代理协会多式联运提单等，参照海运提单模式，探索推进以铁路为主的多式联运单证物权化，为国际贸易、金融服务等提供支持。支持铁路企业、货运代理企业、外贸企业、仓储物流企业、银行保险机构等相关市场主体依法订立合同，明确各方权利义务，建立信息验证、全程控货、风险控制的责任机制，在落实控货功能基础上，探索多式联运单证作为提货凭证的唯一性和可流转性。稳步扩大国际多式联运单证在"一带一路"运输贸易中的应用范围。

2. 探索发展多式联运"一单制"金融保险服务。铁路运输单证金融服务试点地区，要支持银行参照海运提单下金融服务模式，将风险可控的铁路运输单证作为结算和融资可接受的单证，为外贸企业提供国际结算、信用证开立、进出口贸易融资、供应链金融等服务。有条件的省市可按照铁路运输单证金融服务试点有关要求，在风险可控的前提下，探索开展基于多式联运单证的金融服务。鼓励优化多式联运"一单制"保险服务，推动有条件的保险机构推出相关多式联运保险，保障提单签发主体的权益，实现"一次保险、全程责任"。

3. 优化多式联运"一单制"通关监管。在国家政务数据共享机制下加强交通运输、商务、海关等部门数据共享，依法依规为企业提供数据开放服务。对在海关注册登记或备案的高级认证多式联运企业，按照相关规定实施便利化措施，优化多式联运进出境货物监管。加强与"一带一路"沿线国家在智慧海关、智能边境、智享联通等方面合作。

（四）健全多式联运"一箱制"服务体系

1. 完善"中途不换箱"合作机制。推动铁路场站设立海运箱还箱点，提供内陆箱管服务，促进集装箱海铁联运发展。加快铁路境外还箱点和回程运输组织体系建设，推动符合国际标准和国家标准的铁路箱下水运输。试点推动建立 35 吨宽体箱为载体的内贸铁水联运体系。鼓励铁路与船公司建立箱使协作机制，推动集装箱循环共用、联合调拨。加快培育集装箱、半挂车、托盘等专业化租赁市场。

2. 优化"全程不开箱"流程管理。健全完善集装箱相关多式联运货物积载等标准，加快集装箱站场智能化建设改造，优化集装箱交接环节掏箱检查等作业流程。推进射频识别、二维码、卫星定位等集装箱全程在线跟踪技术应用，支持具备条件的企业建设集装箱运输数据平台，推动集装箱多式联运全程智能化跟踪管理。

3. 提升"一箱到底"服务能力。结合货源地、主要物流通道分布，加快完善全国集装箱场站布局，健全集装箱中转转运网络。完善提箱、还箱、验箱、洗箱、修箱等服务规则，延伸一体化服务链条，提升集装箱场站运营服务能力，为客户提供"一箱到底"用箱服务。

（五）大力培育多式联运经营人

1. 鼓励骨干企业向多式联运经营人转型。研究多式联运经营人标准，明确多式联运提单签发主体的条件。鼓励和支持具有跨运输方式货运组织能力并具备承担全程责任的企业发展"一单制""一箱制"，支持企业签发多式联运提单。推进铁路、水路、航空和大型道路运输企业等向多式联运经营人转型，探索依托网络货运平台开展多式联运业务，提高全程组织和服务能力。

2. 引导多式联运相关企业加强协同协作。鼓励推动多式联运经营人，铁路运输、道路运输、水路运输企业以及货运代理和金融机构等加强合作，建立健全各方互认互信的多式联运业务组织流程、运输安全管理等制度标准。鼓励建立区块链提单的技术支撑平台，利用区块链技术加强多式联运企业间信息互通、业务协同、资源共享。

（六）完善多式联运标准规则

1. 健全多式联运"一单制"标准。健全多式联运单证格式、服务要求、业务流程、数据交换等方面技术标准，加快修订多式联运运单、电子运单等标准，推动基于区块链技术的多式联运单证标准研究，统筹做好与国际标准的对接，逐步完善多式联运"一单制"标准体系。

2. 推进多式联运服务规则衔接。推动建立与多式联运相适应的规则协调和互认机制，研究制定不同运输方式货类品名、危险货物划分等衔接互认目录清单，建立完善操作规范、支付结算、赔偿责任、赔偿限额等规则体系。推进铁路运输、道路运输和海运的装载要求、操作流程、安全管理等服务规则衔接。

三、保障措施

（一）加强组织领导。各级交通运输、商务、海关、金融监管、铁路、民航、邮政等部门和单位要加强工作协同，完善工作机制，强化风险管控，及时研究解决制约多式联运"一单制""一箱制"发展的制度、政策和技术等问题。具备条件的地区，要将多式联运"一单制""一箱制"作为推进自由贸易试验区贸易投资便利化改革创新重要措施之一，加快推进制度创新、管理创新、模式创新和服务创新，积极推进多式联运"一单制""一箱制"发展。

（二）完善法规制度。积极开展多式联运"一单制""一箱制"相关法律研究工作，逐步探索铁路运输单证、联运单证实现物权凭证功能，通过实践积累经验，为完善国内相关立法提供支撑。开展货物多式联运经营服务管理规则研究，进一步规范多式联运"一单制""一箱制"经营行为。积极推进相关国际规则的修改和制定，推动在国际规则层面解决铁路运输单证物权凭证问题。研究制定货物多式联运量计算方法，研究推进将货物多式联运量等指标纳入交通运输相关统计报表。

（三）强化政策支持。交通运输部将通过国家综合货运枢纽补链强链等政策，持续引导多式联运"一单制""一箱制"发展。鼓励各地方人民政府，通过对签发提单给予单证费补助，对使用多式联运单证融资给予贷款贴息，对多式联运"一单制""一箱制"相关信息系统给予资金支持等方式，促进多式联运"一单制""一箱制"发展。

（四）组织开展试点。交通运输部将多式联运"一单制""一箱制"作为多式联运示范工程创建重点支持方向，支持企业应用标准化多式联运单证，推动国内多式联运电子运单和国际多式联运提单发展。鼓励各地因地制宜组织开展多式联运"一单制""一箱制"试点，对于符合试点要求、创新性强、示范作用突出的项目，交通运输部将按程序纳入交通强国建设试点。

交通运输部

商务部

海关总署

国家金融监督管理总局

国家铁路局

中国民用航空局

国家邮政局

中国国家铁路集团有限公司

2023 年 8 月 21 日

（此件公开发布）

交通运输部关于推进公路数字化转型加快智慧公路建设发展的意见

交公路发〔2023〕131 号

各省、自治区、直辖市、新疆生产建设兵团交通运输厅（局、委）：

为贯彻习近平总书记关于大力发展智慧交通等重要指示精神，落实《交通强国建设纲要》《国家综合立体交通网规划纲要》《数字中国建设整体布局规划》，按照《加快建设交通强国五年行动计划（2023—2027 年）》《交通运输部关于推动交通运输领域新型基础设施建设的指导意见》等有关部署，促进公路数字化转型，加快智慧公路建设发展，提升公路建设与运行管理服务水平，提出以下意见。

一、总体要求

（一）指导思想。

以习近平新时代中国特色社会主义思想为指导，深入贯彻党的二十大精神，以加快建设交通强国为统领，以高质量发展为主线，实施公路数字化专项行动，坚持"统筹谋划、需求导向、协同共享、安全适用"的原则，推动公路建设、管理、养护、运行、服务全流程数字化转型，加快生产经营模式与新业态等联动创新、重安全、保畅通、提效率、优服务、降成本、减排放，助力数字交通建设、产业升级及数字经济发展，为加快建设交通强国、科技强国、数字中国提供服务保障。

（二）发展目标。

到 2027 年，公路数字化转型取得明显进展。构建公路设计、施工、养护、运营等"一套模型、一套数据"，基本实现全生命期数字化。基本建成"部省站三级监测调度"体系，公路运行效能、服务水平和保通保畅能力全面提升，打造公路出行服务新模式，提升公众满意度。公路市场数据资源充分整合，提升公路领域市场服务和治理能力。建立健全适应数字化的公路标准体系，在国家综合交通运输信息平台架构下，完善公路基础数据库，形成公路数字化支撑保障和安全防护体系。

到 2035 年，全面实现公路数字化转型，建成安全、便捷、高效、绿色、经济的实体公路和数字孪生公路两个体系。公路建设、管理、养护、运行、服务数字化技术深度应用，提升质量和效率、降低运行成本。助力公路交通与经济运行及产业链供应链深度融合，公路数字经济及产业生态充分发展，为构建现代化公路基础设施体系、加快建设交通强国提供支撑。

二、提升公路设计施工数字化水平，推动智慧建造

推动公路勘察、设计、施工、验收交付等数字化，实现不同环节间数字化流转，促进基于数字化的勘察设计流程、施工建造方式和工程管理模式变革。

（三）加强公路全生命期数字化统筹。鼓励重大公路项目建设单位加强项目全过程数字化应用论证策划，以计量支付为核心功能，构建可实现设计、施工、项目管理数据传递的一套全生命期模型。鼓励采用设计施工总承包方式促进数据流通。各参建单位加强质量、安全、进度、绿色低碳、档案等数字化协同管理，逐步实现内业工作自动化，以数字化促进工程管理降本增效。规范数字化咨询工作，提高咨询策划水平。

（四）推广公路数字化勘测。积极应用无人机激光雷达测绘、倾斜摄影、高分遥感、北斗定位等信息采集手段，利用BIM+GIS技术实现数据信息集成管理，优化勘察测绘流程，推广"云+端"公路勘察测绘新模式。

（五）推进公路数字化设计。鼓励设计单位建立基于BIM的正向设计流程和协同设计平台，实现三维协同设计、自动生成工程量清单、参数化设计和复杂工程三维模拟分析，通过精细化、智能化设计提高设计效率、降低工程造价。自2024年6月起，新开工国家高速公路项目原则上应提交BIM设计成果，鼓励其他项目应用BIM设计技术。

（六）推动公路智能建造和智慧工地建设。

促进BIM设计成果向施工传递并转化为施工应用系统，通过数字化模拟施工工艺、优化施工组织。鼓励研发公路智能化施工装备，推进各类装备编码和通信协议标准化，依托BIM模型实现装备间数据交换、施工数据采集、自动化控制等，提高加工精度和效率，逐步实现工程信息模型与工程实体同步验收交付。

（七）实施重大工程数字化监管。深化卫星遥感、视频监控、实时监测、环境监控、数字三维呈现等工程应用，注重体系建设，结合重点公路建设管理系统，通过"BIM+项目管理+影像系统"、区块链、人工智能、物联网等应用，提升工程信息采集与监管效率，提高工程质量安全水平。

三、提升公路养护业务数字化水平，推动智慧养护

依托工程建设数字化成果，以业务应用场景提质增效为抓手，结合大中修工程和路况检测等，逐步实现在役公路数字化，切实提升公路养护智能化水平。

（八）提升公路养护管理数字化水平。依托建设期BIM数据、历史数据等，并应用先进测量与快速建模等技术，结合既有养护系统以及养护大中修工程、改扩建工程等，推进公路资产数字化，重点完善地理信息、线形指标、安全设施、服务设施等信息，推广在线巡检、设施监测、防灾应急等场景应用，提升路况检测能力，逐步实现数据信息现场采集、填报，加强基于数字技术的养护评价、预测、决策等算法模型研究应用，优先构建基层路网智慧养护平台。鼓励养护与改造工程应用数字化技术。探索特殊路段限速、限载、限高等重要标志数字化联动预警，为精准实时导航、车路协

同、自动驾驶等提供支撑。

（九）构建农村公路数字化综合监管体系。应用建设期资料和相关数据资源，结合日常巡检和路况检测、数字扫描和快速建模等技术，逐步推进农村公路数字化，完善基础设施数据库、高质量发展评价体系和养护管理数字化系统，构建部省两级农村公路数字化综合监管体系，实现农村公路"一张图"管理。

（十）推进公路养护装备智能化升级。加快桥梁、隧道、交安设施等智能化检测技术装备研发。鼓励精准化、低成本、环保型路网技术状况监测感知与路侧信息发布设施装备研发。研制基于人工智能、物联网的自动化巡查、无人机巡查、长期性能跟踪、养护质量管理等软硬件系统装备，提升路况检测及养护施工自动化智能化水平。

（十一）构建公路安全应急数字管控体系。利用公路数字模型，完善公路基础设施安全监测预警体系。加强自然灾害综合风险公路承灾体数据库动态更新，提升地质灾害易发路段安全预警保障能力。推动应急管理多元数据汇聚融合，构建"公路综合风险一张图"，强化风险辨识和智能感知能力，逐步实现重要通道灾害事故仿真推演、灾情研判、应急预案、辅助决策智能化。推动应急信息共享。

四、提升路网管理服务数字化水平，推动智慧出行

以"可视、可测、可控、可服务"为目标，依托建设、养护等数据资源，完善部省站三级监测调度体系，提升路网智能感知、决策、调度、服务能力。

（十二）打造路网智能感知体系。在充分利用高速公路既有感知设施的基础上，综合利用 ETC 门架系统、通信基站等设施，应用摄像机、雷达、气象检测器、无人机等各类感知手段，建设覆盖基础设施、运行状态、交通环境、载运工具的公路全要素动态感知网络，拓展各类数据应用，加强对车路协同和路网管理的支撑服务。提升重要国省干线视频监测覆盖率和综合感知能力。

（十三）构建智慧路网监测调度体系。探索路网运行大数据、人工智能、机器视觉及区块链、北斗、5G 等技术深度融合应用，建立实时交通流数字模型和重点区域路网信息智能处理系统，为出行规划和路网调度提供精准服务。在优化完善部省站三级监测调度体系的基础上，构建现代公路交通物流保障网络，实现会商调度、快速协同，人享其行、物畅其流，为公众安全出行提供有力支撑。

（十四）推动公路管理服务设施智能化提质升级。推动既有服务设施及充电桩等数字化，建设智慧服务区。强化公路光纤联网数据传输能力，发挥公路通信专网作用。

（十五）打造一体化公路出行服务新模式。汇聚公路沿线服务设施、车流量等动态信息，面向公众提供行前规划、预约出行、预约停车、预约购物、自助缴费以及途中信息获取、事后反馈评价和票款核查等菜单式服务，实现一单到底、无感无障碍出行和公路一站式服务，探索开展储值优惠、积分优惠、阳光救援等创新服务，丰富车路协同应用场景和服务方式。依托重点区域及国家高速公路主通道等，打造数字赋能的公路出行服务新模式。

五、提升公路政务服务数字化水平，推动智慧治理

汇聚完善公路市场主体数据资源，以公路

数字化推动完善公路管理规则与政策体系，助力形成充满活力、统一开放有序的全国公路大市场。

（十六）建立健全市场主体数据库。优化公路从业单位和从业人员信息库，规范信用录入审核机制，推动资质、业绩、信用、人员等信息联动管理，促进数据互联互通共享，不断提升业务协同能力。

（十七）提升"一网通管"监管能力。完善"互联网+监管"模式和部省两级公路市场监管系统，加强对市场主体市场行为的数字化监管，强化招投标及合同履约、转包、违法分包等市场分析、自动研判、智能预警能力，推动招投标及监管数字化。构建农民工实名制系统。加快数字治超、非现场执法站点规划部署及联网。

（十八）提升"一网通办"的政务服务水平。完善"互联网+政务服务"模式，在国家综合交通运输信息平台框架下强化部省两级公路政务服务联动，完善公路相关许可网上办理流程，推进跨省大件运输并联许可"掌上办"。不断改进涉企服务和个人服务，及时发布涉企政策。

（十九）以数字化推动审批监管制度重塑。以公路行业全链条数字化推动公路建设、养护、运行管理以及服务等流程再造、规则重塑、政策机制完善，促进公路审查、审批、监管制度变革，逐步构建适应数字公路的规则与政策体系。

六、提升公路标准数字化水平，推动标准升级

建立健全适应数字化的公路标准体系，搭建公路标准数字化成果共享服务系统，加快既有标准的数字化呈现，提升标准服务信息化水平。

（二十）建立健全公路数字化标准体系。加快数字公路、数据治理等相关标准制修订，完善既有标准的数字化相应内容，及时调整与数字化不相适应的条文，支撑公路全生命期"一模到底"和数字公路"一张图"建设，促进建设、管理、养护、运行、服务等环节数据流通共享，保障公路数字化设施与公路基础设施同步建设、一体运营、一体养护。

（二十一）搭建标准数字化服务系统。推进既有标准的数字化，完善相应数据库，按照专业、要素、业务等维度搭建知识单元体系及典型案例，实现标准数字化呈现、智能化应用，拓展模糊检索、智能推荐、深度问答、定制服务等功能，推进标准体系多元开放共享。

七、提升公路数字化基础支撑水平，筑牢数字底座

夯实智慧公路高质量发展基础，加快构建行业大数据应用和网络数据安全保障体系与生态。

（二十二）建设完善公路基础数据库。依托国家综合交通运输信息平台部省联动建设，整合公路领域各类既有重点业务信息系统，依托建设与养护数字化，逐步完善公路基础数据库，支撑国家综合交通运输信息平台调度指挥、运行监测、政务服务等功能，全面提升公路服务和管理数字化水平。

（二十三）全面推广公路大数据技术应用。强化公路大数据共建共享、深度融合应用，加快构建与完善相关应用模型和专业算法，发挥数据潜能，强化数据分析、信息提炼、智能深度学习、智慧交互等功能，有力支撑公路数字

化转型和产业化升级，壮大公路数字经济。

（二十四）强化公路数字化安全防护体系。按照"谁主管、谁负责"的原则，完善公路数据安全管理制度，强化数据安全分级分类管理、监测预警与应急响应能力，加强商用密码等基础技术应用，构建智慧公路安全防护体系。

八、实施要求

（二十五）加强组织领导。部加强顶层设计，完善政策标准和协同推进机制，加强解读、宣贯、指导。省级交通运输主管部门组织有关单位细化实施方案，推进试点工作，加强对市县和基层单位的指导、支持。根据不同需求场景，分别明确高速公路、普通国省干线、农村公路数字化目标与工作内容，确保区域、路段之间兼容性和服务连贯性。

（二十六）明确任务分工。公路项目建设单位做好统筹策划，依据相关政策及试点安排等，明确智慧公路建设目标及勘察、设计、施工、验收等数字化要求并推动落实。勘察设计单位依据合同开展数字化勘察、设计，加快数字化转型。施工单位充分应用数字化设计成果，推广智慧建造，依据合同应用数字化施工管理系统。鼓励养护运营单位持续完善公路数字模型，推动智慧养护；积极探索数字赋能公路出行服务新模式。

（二十七）做好试点推进。结合交通强国建设试点，依托新改建工程和养护工程，按照"谁建设、谁负责""谁管养、谁负责"的原则，统筹考虑区域、路段等因素，坚持问题导向、注重服务，遴选一批重要通道、重点区域路网、重点工程开展试点工作，优先纳入交通强国建设试点，通过1—2年时间，力争形成一批场景明确、效益显著、经济适用、可复制可推广的试点成果和技术方案。

（二十八）加强实施管理。公路工程项目应当结合智慧公路建设目标，深化设计方案与实施方案论证，软硬件系统与传统机电工程原则上应当融合设计、同步实施，或做好预留预埋，充分发挥系统优势，避免重复建设。要通过招标等方式优选参建单位，控制工程造价。要强化实施质量管理，依据设计指标、参数及相关标准规范等，做好设备和系统的检测、验证，加强验收总结。在役公路智慧化升级、改造工程，参照相关要求加强管理。

（二十九）强化技术支撑。依托部属单位、科研院所和相关行业企业，充实专家技术团队，充分发挥智力支撑作用，加强技术论证服务，协助做好政策宣贯、解读。组织编制相应技术标准，完善标准规范体系。加强试点项目跟踪、指导、评估总结和交流推广。

（三十）完善政策保障。加强政府引导支持，完善配套政策和激励措施，鼓励数字化服务应用，推动以技术革新、降本增效呈现数字化价值，营造公平发展的良好环境。完善数据开放共享机制，加强政策引导，加强智慧公路共建共享，充分发挥企业主体作用，引导社会化技术创新和投融资模式创新。

各地在试点探索中遇到与现行法规政策相冲突的情况与问题应及时报部，部将会同相关部门尽快研究予以解决，或支持各地提出解决方案。

交通运输部

2023 年 9 月 9 日

（本文有删减）

交通运输部　国家发展改革委关于命名中欧班列集装箱多式联运信息集成应用示范工程等19个项目为"国家多式联运示范工程"的通知

交运函〔2023〕494号

各省、自治区、直辖市、新疆生产建设兵团交通运输厅（局、委）、发展改革委、经信委（经信厅、工信厅），有关中央企业：

根据《多式联运示范工程管理办法（暂行）》等规定，经有关省级交通运输、经济运行调节主管部门审核，交通运输部会同国家发展改革委组织专家组开展了多式联运示范工程验收工作。经研究，交通运输部、国家发展改革委决定命名中欧班列集装箱多式联运信息集成应用示范工程等19个项目为"国家多式联运示范工程"。

希望承担"国家多式联运示范工程"的运作企业，加大探索创新力度，在运输组织模式优化、联运信息互联共享、专业技术装备研发、联运服务规则衔接、推广应用"一单制""一箱制"等方面不断取得新突破，更好发挥示范引领作用，为推进我国多式联运高质量发展和交通运输结构调整优化，加快建设交通强国作出新的更大贡献。

附件：国家多式联运示范工程项目名单（略）

交通运输部　国家发展改革委

2023年9月22日

交通运输部办公厅　国家邮政局办公室
关于公布第四批农村物流服务品牌的通知

交办运函〔2023〕1519 号

各省、自治区、直辖市、新疆生产建设兵团交通运输厅（局、委）、邮政管理局：

为贯彻落实党中央、国务院关于全面推进乡村振兴的决策部署，加快完善城乡物流服务体系，促进资源要素有序流动和农村消费升级，2022 年交通运输部会同国家邮政局组织启动了第四批农村物流服务品牌申报工作，全国 23 个省（自治区、直辖市）参与品牌申报。经专家评审、社会公示等流程，最终确定 50 个项目为第四批农村物流服务品牌，现予以公布（见附件 1）。为充分发挥服务品牌引领带动作用，以点带面推动提升农村物流综合服务能力，更好服务支撑乡村振兴战略实施，现将有关事项通知如下：

一、进一步健全完善农村物流发展政策体系

各地交通运输主管部门和邮政管理部门要在地方人民政府的统一领导下，进一步提高政治站位，加强部门协同配合，强化农村物流发展顶层设计、系统谋划和整体推动，充分利用交通运输、邮政、商务、农业、供销等既有资源，打好政策组合拳，加快推动农村现代物流体系建设，围绕健全农村物流服务网络、创新物流运输运营模式、健全完善标准规范、提升物流装备技术水平、培育龙头骨干企业等方面找准发力点和突破口，加大政策创新和改革力度，持续推进农村物流高质量发展。

二、加快推动新产业新业态融合发展

各地交通运输主管部门和邮政管理部门要主动分析研判"互联网+"农产品出村进城工程、电商直采、中央厨房、定制农业等产业发展的新模式、新需求，支持农村物流经营主体加大创新力度，充分利用互联网、物联网等信息技术和大数据平台、物流信息平台等载体，打通工业品下乡和农产品生产流通全过程、各环节，加强供需高效匹配、物流优化组织、服务快捷直达，实现交通物流资源高效集约配置，提升货运物流效率和标

准化、专业化、智能化服务能力，为加快推动农村地区新产业新业态跨界融合、创新发展提供有力支撑。

三、组织开展农村物流服务品牌动态监测

为客观、及时掌握农村物流发展实际情况，更好支撑行业管理和服务工作，交通运输部将牵头组织开展农村物流服务品牌项目的监测分析、效果评估和跟踪研究，建立健全农村物流服务品牌发展成效监测指标（见附件2），重点围绕工作机制及政策保障、物流资源整合利用、网络节点服务能力、运输线路辐射范围、先进技术创新应用、新业态新模式融合发展、专业化服务能力提升、服务标准化规范化水平、龙头骨干企业培育等方面开展动态监测。各地交通运输主管部门和邮政管理部门要对照相关要求，加快组织建立对辖区内已公布的农村物流服务品牌项目（含以往批次）常态化跟踪监测和督导机制，及时总结梳理项目建设成效和面临问题，提出对策措施和相关建议。各省级交通运输主管部门要指导辖区内已公布的品牌项目按时填报发展成效监测指标，汇总后于10月30日前以电子邮件形式报部运输服务司（自2024年起，每年6月30日和12月31日前报送阶段性进展情况）。

四、进一步加强农村物流服务品牌经验推广

各地交通运输主管部门和邮政管理部门要通过召开现场推进会、媒体宣传推广、专题研讨交流等多种形式，加强对农村物流服务品牌项目经验做法梳理总结和复制推广（见附件3），积极探索推动先进经验与本地实际情况融合创新的路径模式，因地制宜、精准发力，针对性解决制约农村物流发展的短板弱项，加快推动完善县、乡、村三级农村物流服务网络体系，不断提升农村物流服务水平。

联系电话：010－65293432，电子邮箱：wuwei@ mot.gov.cn。

交通运输部办公厅
国家邮政局办公室
2023年10月12日

（此件公开发布）

附件下载：

1. 附件1：第四批农村物流服务品牌名单.docx（略）

2. 附件2：农村物流服务品牌成效监测指标.docx（略）

3. 附件3：第四批农村物流服务品牌典型经验.docx（略）

交通运输部办公厅关于印发
《港口服务指南》的通知

交办水函〔2023〕1707 号

各省、自治区、直辖市交通运输厅（局、委）：

　　为引导港口经营人、港口理货业务经营人进一步提升服务质量，推动提高港口装卸转运效率，交通运输部组织编制了《港口服务指南》，现印发给你们，请加强指导、结合实际抓好落实。在执行过程中如有意见建议，请及时反馈。

　　联系人：水运局 雷立，电话：010-65292641，传真：010-65292646。

交通运输部办公厅

2023 年 11 月 13 日

（此件公开发布）

抄送：部海事局，上海组合港管委会办公室，中国港口协会、中国引航协会、中国理货协会，中国船东协会、中国船舶代理及无船承运人协会、中国对外贸易经济合作企业协会。

港口服务指南

　　为引导港口经营人、港口理货业务经营人进一步提升服务质量，提高港口装卸转运效率，依据《中华人民共和国港口法》《港口经营管理规定》《港口收费计费办法》等相关法律法规和政策文件，制定本指南。

一、适用范围

　　（一）为船舶、旅客和货物提供以下港口设施或服务的港口经营人。

　　1. 船舶停泊服务。为船舶提供港口码头、过驳锚地、浮筒等设施。

　　2. 旅客服务。为旅客提供港口候船和上下船舶设施和服务。

　　3. 货物作业服务。提供货物港口装卸（含过驳）及配套储存仓储、港区内驳运服务。

　　4. 拖轮作业服务。为船舶进出港口、靠离港口码头、移泊提供顶推、拖带等服务。

（二）提供货物交接过程中的点数和检查货物表面状况服务的港口理货业务经营人。

鼓励各地结合实际制定为船舶提供岸电、燃物料、生活品供应、水上船员接送及船舶污染物（含油污水、残油、洗舱水、生活污水及垃圾）接收、围油栏供应等服务以及提供港口设施设备和机械租赁维修等服务的相关指南。

二、服务流程

港口经营人、港口理货业务经营人提供港口服务基本流程包括发布信息、签订合同、受理申请、实施作业（提供服务）、结算费用和处理投诉。具体如下：

（一）发布信息。

港口经营人、港口理货业务经营人通过其门户网站、移动互联网应用程序（App）、微信公众号或小程序、电子数据交换（EDI）服务平台或者经营场所公告栏等渠道，对外发布业务和服务相关信息，供客户及时了解、查询和办理业务。

（二）签订合同。

港口经营人、港口理货业务经营人与作业委托人签订港口作业合同、港口理货服务合同（协议），应明确作业服务内容、船货港等信息、货物交付要求、收费标准、费用结算方式、履行期限以及双方的权利、义务等相关内容。鼓励港口经营人、港口理货业务经营人由其法务部门或委托专门机构等方式对合同合法性进行审核，确保合法合规。

（三）受理申请。

港口经营人、港口理货业务经营人通过其线下或线上服务网点，接受客户业务办理申请。鼓励建立网上业务办理平台，实现业务网上"一站式"办理。

（四）实施作业（提供服务）。

港口经营人根据作业委托人业务申请，制定作业计划，按照相关操作规范、作业服务标准、服务承诺等要求，实施船舶靠离泊作业、货物装卸及配套储存作业，实施旅客上下船、行李装卸等服务，实施船舶顶推或拖带作业，完成作业服务确认。港口理货业务经营人根据作业委托人业务申请，制定服务计划，按照操作规范、服务标准、服务承诺等，理清货物数量，检查货物表面状况，完成理货服务确认。

港口经营人、港口理货业务经营人根据实际情况，参照《港口主要业务基本作业服务流程》（见附件），制定符合自身业务类型特点、满足客户要求的作业服务流程。

（五）结算费用。

港口经营人、港口理货业务经营人根据《中华人民共和国价格法》《港口收费计费办法》及相关港口收费政策文件规定，按照其公示收费目录收费标准以及合同约定、作业服务确认单据等进行费用结算。鼓励港口经营人、港口理货业务经营人与银行等金融机构、第三方支付平台合作进行电子结算。

（六）处理投诉。

港口经营人、港口理货业务经营人通过其门户网站、App、微信公众号或小程序、网上业务办理平台以及客服电话、电子邮箱等渠道，接受客户咨询、投诉及建议，及时将处理结果告知客户，并跟进投诉改进情况。

三、服务要求

（一）实行365天、24小时不间断作业和客户服务。

1. 除有特殊规定、遭遇恶劣天气或其他不可抗力情况外，港口经营人、港口理货业务经营人应提供 365 天、24 小时的港口作业服务。

2. 客运码头港口经营人按照客运船舶班期计划，提供客运船舶靠离泊以及旅客候船、上下船服务。按照相关规定提供无障碍服务。

3. 受恶劣天气或其他不可抗力影响导致港口作业服务停止或暂停的，在恶劣天气或其他不可抗力解除后，港口经营人、港口理货业务经营人应尽快恢复港口生产及相关服务。

4. 港口经营人、港口理货业务经营人提供 365 天、24 小时的客户服务。客服服务包括：业务咨询和办理，信息查询，客户投诉及建议处理反馈等。

（二）及时发布业务和服务信息。

1. 港口经营人、港口理货业务经营人通过其门户网站、App、微信公众号或小程序、EDI 服务平台或者经营场所公告栏等渠道，及时对外发布业务和服务信息，供客户查询了解及办理业务。业务和服务信息包括但不限于：作业服务项目、业务流程、收费标准、船舶在港、货物在港等信息。鼓励具备条件的港口经营人公布船舶靠泊计划。

2. 港口经营人按照有关规定及客户需求，在其门户网站、微信公众号或小程序、经营场所公告栏等，或者通过相关政府部门门户网站，定期公示港口生产及服务效率相关数据，涉及企业商业秘密的数据除外。港口生产及服务效率数据包括但不限于：重点物资生产数据，装载集装箱及煤炭、铁矿石、粮食、原油、液化天然气（LNG）等重点物资运输船舶在港时间、在泊时间等。鼓励港口经营人、港口理货业务经营人结合自身业务情况，依据数据安全的有关规定公示涉及港口作业及服务效率的其他相关数据。

3. 因重大突发传染病疫情防控、极端天气、重要活动以及其他不可抗力造成港口作

业、业务和服务调整的，港口经营人、港口理货业务经营人要及时通过其门户网站、App、微信公众号或小程序、EDI 服务平台、客户服务平台、经营场所公告栏等渠道，对外发布作业和服务调整以及预计恢复作业和服务时间等相关信息。

（三）公开并履行服务承诺和作业时限。

1. 港口经营人、港口理货业务经营人按照国家有关要求、行业倡导和客户需求，制定包含作业服务效率、服务质量、信息传输、服务保障等方面的服务承诺和作业时限，通过其门户网站、App、微信公众号或小程序、客户服务平台、经营场所公告栏，或者口岸国际贸易"单一窗口"等，对外公布服务承诺和作业时限，并切实履行，接受客户和社会监督。

2. 港口经营人制定并公布的服务承诺和作业时限包括但不限于：①客户服务。响应时间、举报投诉反馈及时率、到岗准点率、业务线上办理率、信息传输时间、作业规范性、文明服务程度等。②停泊服务。集装箱班轮保班率、班轮直靠率等。③货物作业服务。装卸船效率、装卸车效率、集装箱提送箱时间、落实查验要求的作业时间、闸口等待时间、中转对接率等。④拖轮作业服务。拖轮计划兑现率、拖轮作业准点率等。港口理货业务经营人制定并公布的服务承诺和作业时限包括但不限于：①客户服务。响应时间、举报投诉反馈及时率、到岗准点率、业务线上办理率、信息传输时间等。②理货服务。理货计划受理时间、理货作业时间、理货产品信息发送及时率、理货交付正确率等。

港口经营人、港口理货业务经营人可根据实际情况，制定并公布符合自身业务类型特点、满足客户需求的服务承诺和作业时限。

（四）便捷高效的"一站式"业务办理

服务。

1. 港口经营人、港口理货业务经营人根据需要设立线下业务办理柜台，为客户提供集中办理服务。建立网上业务办理平台，为客户提供网页端、移动端便捷高效的业务办理服务。鼓励港口经营人、港口理货业务经营人不断完善和拓展网上业务办理平台服务功能，提供"一站受理、一次结费、一趟办结"的"一站式"业务办理服务。

2. 港口经营人在网上业务办理平台提供符合自身业务类型特点、满足客户需求的业务和服务功能。网上业务办理平台业务和服务功能包括但不限于：①集装箱业务。进港计划受理，提送箱、查验作业预约，船舶信息预报、船舶进出港 EDI 报文导入，装箱单预录入、箱货信息更改等。②散杂货业务。作业委托、进提货预约，货物运单及货物信息填报，水尺（一种计量方式，指通过对承运船舶装载或卸载前后进行两次水尺测量，确定装载或卸载货物重量，普遍用于大宗散货计量）、衡重（一种计量方式，指汽车、火车驶入衡重通道，通过磅道、轨道衡等称重设施计量货物重量），船代报港等。③拖轮业务。拖轮作业申请，电子签单等。④其他及延伸服务。费用结算，穿梭巴士订舱，散货发运，货主数据对接，智能排队等。

3. 港口经营人建立的网上业务办理平台根据客户要求，能够实现与客户系统数据传送。

（五）便利的无纸化业务服务。

1. 鼓励港口经营人在网上业务办理平台提供包括装卸作业等业务在内的作业电子合同服务，实现相关单据无纸化传递以及作业合同线上签署。

2. 港口经营人要在港口主要业务使用电子单证，实现主要业务全程无纸化办理和作业单证无纸化交接，逐步实现港口业务电子单证全覆盖。国际集装箱业务应全面使用电子单证，包括集装箱设备交接单、集装箱装箱单、进口集装箱提货单、出口集装箱装船单以及船舶进口船图（亦称船舶装载图或配载图，指记录集装箱在船舶上的具体装载位置，同时记录装载的集装箱具体信息及装卸要求等信息）、进出口舱单等。国内集装箱业务要加快推广使用电子单证，鼓励散杂货等其他业务使用电子单证。

（六）安全高效的船舶靠离泊和货物作业服务。

1. 港口经营人要按照依法合规、公平公正原则，制定船舶靠泊计划，并按照海事等管理部门关于船舶安全靠离泊有关规定，提供船舶靠离泊服务。鼓励积极采取措施提高船舶直靠比例，减少船舶待泊时间。

2. 港口经营人根据集装箱班轮航线班期情况，积极对接班轮公司，合理确定开港时间，保障集装箱进港、装船等运转正常。鼓励在网络平台及时对外公布开港、船舶等信息，以便客户合理安排提箱、装货等计划，并做好与班轮公司衔接，确保货物准班出运。

3. 港口经营人、港口理货业务经营人按照相关安全作业规程、操作规程或技术要求等国家标准、行业标准、团体标准以及其企业标准，根据作业合同、服务合同（协议）约定以及作业委托人的合理要求，科学配置机械设备和操作人员，合理制定作业计划，严格按照作业工艺标准、质量标准、操作规程等要求，高效实施货物装卸船等作业服务，确保作业安全及服务质量。

4. 港口经营人做好货物路港交接，合理配置作业机械和操作人员，高效做好铁路、公路、水路到港货物装卸车、装卸船作业。按照国际海事组织以及交通运输部等有关规定和要求，加强进出港集装箱、装卸车超重治理。

5. 港口经营人要不断提升码头自动化、装备智能化水平，完善基础设施，改进装卸工艺，优化作业流程，提升货物作业效率。鼓励制定作业服务质量管理办法，建立规范化、标准化、精细化的质量管理体系。

6. 鼓励港口理货业务经营人提供智能理货服务，积极采用智能识别技术，自动采集信息，精准获取识别结果。

（七）提升港内堆场货物转运效率。

1. 港口经营人加强货物流向梳理分析，合理调配作业流程，优先实施直取作业，优化堆场布局、加快工程项目建设，提升港内堆场货物周转效率。

2. 港口经营人要以促进港内堆场货物加快转运，提高港内堆场周转效率为导向，合理设定免费堆存期，鼓励实施阶梯式库场使用费标准，对及时提离港口的货物给予库场使用费优惠。不采取港内堆场免堆期明显长于周边堆场、库场使用费标准明显低于周边堆场、与货方签订显失公平的长期免堆或低价堆存合同等方式，使货物长期占用港口公共中转仓储资源，影响港内堆场货物周转效率。

3. 在出现港内堆场货物堆存紧张、大宗货物积压等情况或预警时，港口经营人要加强与货主、船公司、车队、铁路、驳船等相关方协调，积极引导、督促客户尽快将货物提离港口，保证港口集疏运畅通。根据各港区码头作业及堆存能力，协调将部分条件合适的船舶临时调整到其他港区作业，减少船舶待时和库场堆存压力。可对定期出库量大于入库量的货物，优先安排相关承运船舶靠泊和货物接卸。要充分利用铁水、水水联运以及内陆货场等堆场资源，对空箱等货物进行疏导。会同货主企业积极协调港外堆场资源，对港内堆场货物进行临时疏导。加强与铁路、公路等部门的协调，衔接安排好货物集疏港。

（八）推进运输组织优化和业务模式创新。

1. 港口经营人要加强与海关等口岸单位沟通协作，根据客户申请，提供进口货物"船边直提"、出口货物"抵港直装"作业服务。协调口岸单位制定进口货物"船边直提"、出口货物"抵港直装"的作业服务流程，在网上业务办理平台开通"船边直提"、"抵港直装"业务办理和预约服务功能，优先受理"船边直提"、"抵港直装"申请并优先安排作业。推动区域通关一体化、"先期机检，码头直提"查验等模式创新和深化，提高通关作业效率，降低物流成本。

2. 港口经营人要加强与铁路等部门合作，鼓励通过资本合作等方式加强合作，大力扩展铁水联运业务。建立日常联络机制，协调保障铁路计划，稳定开行铁水联运线路。加快推进进港铁路建设，有效提升铁路通过能力与铁路港站装卸作业能力。推进联合营销，合作开发市场，提升适箱大宗货物"散改集"比例。充分利用码头、专用线场站及短驳车队等资源，为客户提供优质的铁水联运换装服务。鼓励港口经营人与铁路信息系统等对接和实时交互，整合码头、联运公司、铁路中心站、铁路车务段等业务信息，努力为客户提供铁路集装箱在途跟踪、数据查询等基础的铁水联运信息化服务以及铁水联运"一单制"服务。

3. 具备条件的港口经营人要依托水路运输网络条件，大力拓展江海联运业务，与船公司等各方协同打造全程水路运输服务。

4. 港口经营人要强化所属码头间或区域相邻港口经营人码头间的互联互通，协调有关方面不断创新作业模式，简化客户办理流程，促进资源共享，提升作业效率。

（九）优先保障重点货物运输。

1. 港口经营人要加强与口岸部门、生产企业、运输企业、船闸运营单位等协作，对运输医疗防控物资、民生物资和粮食、能源、化肥等重要生产生活物资以及应急物资、国防运输物资的船舶，实施优先靠泊、优先作业、优先提供堆场、优先集疏运。对特别紧急货物提供直装直取服务，确保重点货物及时疏运。特殊时期按规定建立或参与重点物资运输协调联动机制，落实重点物资运输车辆通行证制度。

2. 港口经营人要在迎峰度夏、采暖季等重点时段，开通煤炭保供"绿色通道"，积极协调并配合铁路部门确保煤炭列车集港通道畅通，优先安排煤炭港口作业计划，优先保证煤炭场地。应充分利用和调动码头泊位能力，优先安排电煤运输船舶靠泊作业。加大煤炭进港组织力度，积极对接上游煤矿企业和铁路部门，协调煤炭货源进港，促进港口电煤库存稳定。鼓励协调大型重点煤炭供需企业、船公司等有关方面，推行煤炭准班轮业务，固定装卸港、航线、船期、装载量，保证重要区域的煤炭供应。

3. 港口经营人应依法依规制定危险货物事故应急预案、重大生产安全事故的旅客紧急疏散和救援预案以及预防自然灾害预案，完善疫情等突发情况应急预案，保障重点物资运输畅通。要加强区域联动，主动对接客户，精准掌握客户需求和物流状态，鼓励为客户提供定制化、一站式物流服务解决方案。

（十）规范港口经营和收费行为。

1. 港口经营人、港口理货业务经营人应严格遵守《中华人民共和国港口法》《中华人民共和国价格法》以及《港口经营管理规定》等有关法规，按照《港口收费计费办法》等港口收费相关政策文件规定，对所提供的港口设施和作业服务实施港口经营服务性收费，确保依法合规。

2. 港口经营人、港口理货业务经营人应制定港口经营服务性收费目录清单，通过其门户网站、借助口岸国际贸易"单一窗口"等渠道，以及在其经营场所采取公示栏、公示牌、价目表（册）或电子显示屏、电子触摸屏等方式，对收费项目、对应服务内容和收费标准进行对外公示，确保港口收费公开、透明、清晰，方便客户查询了解以及社会监督。收费公示内容应包括收费主体、收费项目名称、服务内容、收费标准（包括计费单位、价格）以及收费依据，区分不同货类、不同作业环节或类别，并明确执行时间。港口经营人、港口理货业务经营人需要对港口经营服务性收费进行调整的，应至少提前1个月将收费调整相关内容对外公示。

3. 港口经营人、港口理货业务经营人对实行政府定价的港口经营服务性收费项目，应严格按照政府定价收费标准收费。对实行政府指导价的港口经营服务性收费项目，应以政府指导价收费标准为上限，在不超过上限收费标准范围内自主定价并收费。对实行市场调节价的港口经营服务性收费项目，根据市场供需、竞争状况、生产经营成本、服务内容等因素，合理确定收费标准并收费。

4. 港口经营人、港口理货业务经营人应按《港口收费计费办法》相关政策规定的港口经营服务性收费项目范围进行收费，不得另行设立收费项目。不得采取滥用市场支配或优势地位等任何形式对客户强制收费，不得在没有提供港口设施或作业服务情况下对客户收费。

5. 提供拖轮作业服务的港口经营人应在其门户网站或者网上业务办理平台、经营场所显著位置，对外公示相关省级交通运输主管部门或交通运输部长江航务管理局依据《港口收费计费办法》审核的使用拖轮艘数配备标准，并按配备标准及其他有关规定提供拖轮作业服务。

6. 港口经营人、港口理货业务经营人要积极落实国家鼓励港口经营性业务实行多家经营、公平竞争的政策，不得利用优势地位排除竞争对手、限制或妨碍公平竞争，不得以任何形式参与地区保护。配合有关部门公开港口具备提供拖轮作业服务、具备服务资质的拖轮、理货公司信息，保障客户自主选择拖轮、理货服务权利。

（十一）建立便捷有效的客户服务机制。

1. 港口经营人、港口理货业务经营人根据客户需求，实现与客户系统的数据对接，为客户提供集装箱提空出场、还重进闸、装船等整个流程各时间节点的实时状态查询服务，方便客户对物流全链条有效管理，压缩作业过程中无效等待时间。

2. 港口经营人、港口理货业务经营人要通过其门户网站、App、微信公众号或小程序、网上业务办理平台、经营场所公告栏等渠道，公开问题反馈和投诉方式、流程等信息，为客户提供电话、邮箱、网站等问题反馈和投诉渠道，及时反馈和处理客户在港口相关业务和服务方面的咨询、投诉及建议。

3. 港口经营人、港口理货业务经营人要积极实施"首问负责、限时办理"制度，在接到客户问题反馈和投诉后，应在 24 小时内给予有效响应，研究提出解决方案，及时处理并将结果告知客户，同时跟进投诉改进情况。

4. 港口经营人、港口理货业务经营人应加强对投诉处理相关信息的汇总分析，鼓励采取线上满意度问卷调查、委托第三方进行满意度调查等方式，及时了解客户对服务质量满意程度情况，鼓励在网络平台公示有效投诉处理满意率。鼓励建立客户服务考核机制，及时查找管理不足和漏洞，制定改进措施，不断提高客户服务质量。

附件下载：

1. 港口主要业务基本作业服务流程 . docx（略）

交通运输部办公厅关于印发《自动驾驶汽车运输安全服务指南（试行）》的通知

交办运〔2023〕66号

各省、自治区、直辖市、新疆生产建设兵团交通运输厅（局、委）：

为引导自动驾驶技术发展，规范自动驾驶汽车在运输服务领域应用，依据《中华人民共和国安全生产法》《中华人民共和国道路交通安全法》《中华人民共和国道路运输条例》等法律法规，以及道路运输、城市客运管理有关规定，我部组织编制了《自动驾驶汽车运输安全服务指南（试行）》，现印发给你们，请结合实际认真贯彻落实。

交通运输部办公厅

2023年11月21日

（此件公开发布）

自动驾驶汽车运输安全服务指南（试行）

为引导自动驾驶技术发展，规范自动驾驶汽车在运输服务领域应用，依据《中华人民共和国安全生产法》《中华人民共和国道路交通安全法》《中华人民共和国道路运输条例》等法律法规，以及道路运输、城市客运管理有关规定，制定本指南。

一、适用范围

使用自动驾驶汽车在城市道路、公路等用于社会机动车通行的各类道路上，从事城市公共汽电车客运、出租汽车客运、道路旅客运输经营、道路货物运输经营活动的，适用本指南。

本指南所称自动驾驶汽车是指按照国家有关标准，在设计运行条件下具备执行全部动态驾驶任务能力、由工业和信息化部门将其纳入产品准入范围的汽车，包括国家标准《汽车驾驶自动化分级》（GB/T 40429—2021）明确的有条件自动驾驶汽车、高度自动驾驶汽车和完全自动驾驶汽车。

二、基本原则

使用自动驾驶汽车从事城市公共汽电车客运、出租汽车客运、道路旅客运输经营、道路货物运输经营（以下统称自动驾驶运输经营）应坚持依法依规、诚实守信、安全至上、创新驱动的原则。自动驾驶汽车运输管理应坚持安全第一、守正创新、包容开放、有序推进的原则。

三、应用场景

为保障运输安全，自动驾驶汽车开展道路运输服务应在指定区域内进行，并依法通过道路交通安全评估。使用自动驾驶汽车从事城市公共汽电车客运经营活动的，可在物理封闭、相对封闭或路况简单的固定线路、交通安全可控场景下进行；使用自动驾驶汽车从事出租汽车客运经营活动的，可在交通状况良好、交通安全可控场景下进行；审慎使用自动驾驶汽车从事道路旅客运输经营活动；可使用自动驾驶汽车在点对点干线公路运输或交通安全可控的城市道路等场景下从事道路货物运输经营活动；禁止使用自动驾驶汽车从事道路危险货物运输经营活动。

四、自动驾驶运输经营者

使用自动驾驶汽车从事城市公共汽电车客运、出租汽车客运、道路旅客运输、道路货物运输的经营者（以下统称自动驾驶运输经营者）应依法办理市场主体登记，经营范围应登记相应经营业务类别；出租汽车客运（网约车）、道路旅客运输应依法投保承运人责任保险。从事城市公共汽电车运营的，应符合国家及运营地城市人民政府有关运营要求。从事出租汽车客运、道路旅客运输经营、道路货物运输经营的，应具备相应业务类别的经营许可资质。城市客运企业、道路运输企业可与汽车生产企业组成联合体开展自动驾驶运输经营。自动驾驶运输经营者应当依法办理相关手续，地方交通运输主管部门应为自动驾驶运输经营者从事自动驾驶汽车运输经营服务提供办理渠道。

五、运输车辆

从事道路运输经营的自动驾驶汽车应符合国家相关标准及技术规范等要求，依法办理机动车注册登记，取得机动车号牌和机动车行驶证。从事城市公共汽电车客运的自动驾驶汽车应符合国家及运营地城市人民政府有关运营要求。从事出租汽车客运、道路旅客运输经营、道路货物运输经营的自动驾驶汽车还应符合交通运输行业有关经营性机动车运营安全技术标准要求，依法取得运营地交通运输主管部门配发的《网络预约出租汽车运输证》或《道路运输证》。自动驾驶汽车需变更自动驾驶功能、进行车辆软件系统升级的，应按照工业和信息化部门规定执行，确保车辆运行安全。

从事道路运输经营的自动驾驶汽车应按照《中华人民共和国道路交通安全法》《中华人民共和国道路运输条例》《机动车交通事故责任强制保险条例》以及《工业和信息化部 公安部 交通运输部关于印发智能网联汽车道路测试与示范应用管理规范（试行）的通知》（工信部联通装〔2021〕97号）有关要求，提供交通事故责任强制险凭证以及交通事故责任保险凭证或事故赔偿保函。

六、人员配备

从事城市公共汽电车客运、道路旅客运输经营的自动驾驶汽车应随车配备 1 名驾驶员或运行安全保障人员（以下统称"安全员"）。从事道路货物运输经营的自动驾驶汽车原则上随车配备安全员。从事出租汽车客运的有条件自动驾驶汽车、高度自动驾驶汽车应随车配备 1 名安全员；从事出租汽车客运的完全自动驾驶汽车，在确保安全的前提下，经设区市人民政府同意，在指定的区域运营时可使用远程安全员，远程安全员人车比不得低于 1：3。安全员应当接受自动驾驶汽车技术和所从事相关运输业务培训，熟练掌握道路交通安全法律法规的规定、不同级别自动驾驶系统操作技能，熟知自动驾驶汽车运行线路情况，具备紧急状态下接管车辆等应急处置能力。自动驾驶汽车的自动驾驶功能变更或更新升级后，自动驾驶运输经营者要及时加强对安全员在岗培训，确保其及时掌握新功能、新技术、新要求。安全员应符合交通运输领域从业人员管理相关规定和要求，取得相应业务类别的从业资格。

七、安全保障

（一）安全生产制度。

自动驾驶运输经营者应履行安全生产主体责任，建立实施运营安全管理制度，包括但不限于全员安全生产责任制度、车辆技术管理制度、安全评估制度、安全隐患排查治理制度、动态监控管理制度、网络安全管理制度、从业人员安全管理制度、关键岗位安全生产操作规程、安全生产和应急处置教育培训计划等。

（二）运输安全保障。

自动驾驶运输经营者应建立健全运输安全保障体系，在正式运营前要制定自动驾驶汽车运输安全保障方案，明确自动驾驶汽车的设计运行条件、人员配备情况、运营安全风险清单、分级管控措施、突发情况应对措施等。自动驾驶运输经营者应与汽车生产企业、安全员等签署协议，明确各方权利责任义务，并组织对运输安全保障方案进行专业性论证和安全风险评估。运输安全保障方案和安全风险评估报告应告知运营地交通运输主管部门、公安交警部门和应急管理部门。自动驾驶运输经营者要确保运输安全；存在重大隐患无法保障运输安全的，应及时依法暂停自动驾驶运输经营。

（三）运行状态信息管理。

自动驾驶运输经营者应确保车辆技术状况良好，按照车辆使用说明书使用运行。从事道路运输经营的自动驾驶汽车应具备车辆运行状态信息记录、存储和传输功能，向自动驾驶运输经营者和运营地有关主管部门实时传输关键运行状态信息。在车辆发生事故或自动驾驶功能失效时，应自动记录和存储事发前至少 90 秒的运行状态信息。运行状态信息包括但不限于以下 10 项内容：车辆标识（车架号或车辆号牌信息等）；车辆控制模式；车辆位置；车辆速度、加速度、行驶方向等运动状态；环境感知及响应状态；车辆灯光和信号实时状态；车辆外部 360 度视频监控情况；反映驾驶人和人机交互状态的车内视频及语音监控情况；车辆接收的远程控制指令（如有）和车辆故障情况（如有）。

（四）车辆动态监控。

车辆符合《道路运输车辆动态监督管理办法》及国家有关规定的，要加强自动驾驶汽车动态监控，对车辆运行区域、运行线路、运行状况进行监控管理，及时提醒纠正和处理违法违规行为。运营地交通运输主管部门要督促自动驾驶运输经营者加强对运输车辆及安全员的动态管理。

（五）安全告知。

自动驾驶汽车应在车身以醒目图案、文字或颜色标识，明确向其他交通参与者告知其自动驾驶身份。使用自动驾驶汽车从事城市公共汽电车客运、出租汽车客运、道路旅客运输的经营者，应通过播放视频或张贴标识等方式，向乘客告知车辆自动驾驶功能、安全乘车知识、安全设施使用方法、紧急逃生方法等事项。

（六）应急处置。

自动驾驶运输经营者应制定自动驾驶汽车运营突发事件应急预案，明确突发事件类型和级别、处置方法、应急响应程序、职责分工和保障措施等，并定期组织开展应急演练。自动驾驶汽车在运营过程中发生车辆故障或安全事故时，自动驾驶运输经营者应按应急预案要求启动应急响应，做好应急处置；发生人员伤亡安全生产事故的，应按照国家有关规定及时向事发地交通运输主管部门报告。

八、监督管理

（一）日常监督。

交通运输主管部门要会同有关部门，加强对自动驾驶汽车运输经营活动的监督管理，按照"双随机、一公开"要求开展监督检查，依法定职权督促自动驾驶汽车生产企业和自动驾驶运输经营者严格按照国家有关法律法规开展道路运输经营活动，保障运输安全。地方交通运输主管部门可结合本地实际，制定高于本指南的安全要求和措施。

（二）隐患整改。

使用自动驾驶汽车从事道路运输经营活动存在重大安全隐患的，运营地交通运输主管部门要会同有关部门依法定职权责令自动驾驶汽车生产企业和自动驾驶运输经营者迅速整改。无法保障运输安全的，要依据《中华人民共和国安全生产法》《中华人民共和国道路交通安全法》《中华人民共和国道路运输条例》等法律法规依法进行处理。

（三）信息反馈。

在运营中如发现自动驾驶汽车存在技术缺陷、隐患和问题的，自动驾驶运输经营者应依法向有关主管部门反馈，有关主管部门督促汽车生产企业迅速排查整改，及时消除安全隐患，确保生产安全。运营地交通运输主管部门应定期监测汇总本地自动驾驶运营服务情况，掌握行业安全和运营服务情况。省级交通运输主管部门应每年年底前向部报告辖区内自动驾驶汽车运输经营情况。

抄送：部科学研究院、公路科学研究院，中央纪委国家监委驻交通运输部纪检监察组。

交通运输部　中国人民银行　国家金融监督管理总局 中国证券监督管理委员会　国家外汇管理局关于 加快推进现代航运服务业高质量发展的指导意见

交水发〔2023〕173 号

各省、自治区、直辖市、新疆生产建设兵团交通运输厅（局、委），中国人民银行上海总部，各省、自治区、直辖市及计划单列市分行，国家金融监督管理总局各监管局，中国证监会各派出机构，国家外汇管理局各分局：

为深入贯彻落实党的二十大关于加快建设交通强国、海洋强国的决策部署，促进现代航运服务业高质量发展，提出以下指导意见。

一、总体要求

（一）指导思想。

以习近平新时代中国特色社会主义思想为指导，深入贯彻党的二十大精神，立足新发展阶段，完整、准确、全面贯彻新发展理念，坚持以推进现代航运服务业高质量发展为主题，以深化现代航运服务业供给侧结构性改革为主线，以航运交易、信息咨询、航运金融保险、海事仲裁、航运人才、技术服务等为重点，着力补短板、强弱项、优环境、增功能，全面提升现代航运服务业发展水平和国际影响力，更好服务构建新发展格局，服务加快建设交通强国、海洋强国。

（二）基本原则。

市场主导，政府引导。顺应产业转型升级新趋势，充分发挥市场在资源配置中的决定性作用，更好发挥政府作用，在公平竞争中提升服务业竞争力。加快完善政策制度法规标准，营造良好的市场化、法治化、国际化发展环境。

要素集聚，差异发展。立足国内，提高现代航运服务业发展的系统性、整体性和协同性，引导航运中心进一步发挥集聚效应，深入挖掘优势资源，培育优先级，形成多元化、差异化的产业竞争格局。

扩大开放，深化合作。推动现代航运服务业在更大范围、更宽领域、更深层次扩大开放，深度参与国际分工合作，鼓励相关机构在全球范围内配置资源、开拓市场、加强协同，全面提升我国现代航运服务业的国际影响力。

（三）总体目标。

到 2035 年，形成功能完善、服务优质、开放融合、智慧低碳的现代航运服务体系，国际航运中心和现代航运服务集聚区功能显著提升，上海国际航运中心服务能力位居世界前列，现代航运服务业实现高质量发展。

二、主要任务

（四）提升航运交易及信息服务能力。做大做强我国船舶交易市场，支持上海市稳妥有序推进上海航运交易所体制改革。鼓励船舶交易机构创新船舶交易模式，吸引国内外船舶进场交易。鼓励企业、高校、研究机构等开展航运服务业发展战略、国际规则制度等重大领域课题研究，大力发展航运信息服务，提升航运信息服务能级，形成一批具有国际影响力的航运智库和咨询服务机构。支持有条件的航运交易机构编制不同类型的航运指数，高标准建设海南国际航运交易中心，打造具有国际影响力的航运指数供应商，形成体系完整、种类齐全、使用广泛的航运指数系列，引导航运市场有序发展。

（五）增强航运金融服务效能。依托自由贸易港和自由贸易试验区提升离岸航运融资和资金结算能力。推广天津等自由贸易试验区融资租赁快速通办服务模式，优化船舶融资租赁营商环境。积极发展多种航运融资方式，大力支持绿色智能船舶产业链发展。加大上海期货交易所运价指数期货培育力度。鼓励探索开发船用绿色燃料相关大宗商品衍生产品，逐步完善航运期货品种体系，服务航运企业风险管理需求，做好航运衍生品的风险防控。

（六）强化航运保险服务保障。引导我国主要保险机构、再保险机构积极拓展航运保险业务，创新提供新能源船舶险、船舶建造险等产品。鼓励我国保险机构逐步、适当提高自留风险额度，不断提升其承保能力和信誉担保的国际认可度。支持航运保险机构加强全球服务网络建设，鼓励与我国相关机构开展海外网络协同合作，不断提升海外理赔、防损等服务能力。支持境外航运保险机构在境内设立机构提供保险服务。支持发展国际航运再保险业务，集聚国内外再保险机构，提升航运再保险服务能级。进一步规范中国船东互助保险组织管理，支持其深度融入国际航运保险市场体系。

（七）提升海事法律服务能力。建立和完善中国特色海事法律制度体系。依托大连海事大学、上海海事大学等建设国际海事法律教育中心。支持境外仲裁机构在境内设立业务机构，开展涉外海事仲裁业务，在自由贸易试验区和海南自由贸易港涉外领域探索开展符合中国国情的临时仲裁，为我国成为国际海事商事争端解决优选地创造条件。

（八）强化航运人才保障。优化船员教育培训体系及考试制度，加强 LNG 等新能源、新业态船员培养。优化和加强海员外派机构管理，加强船员管理和权益保护，健全船员劳动争议解决机制。落实航运企业培养船员主体责任，引导航运企业自有船员比例稳步提高。支持引进邮轮运输等航运高技能人才，增加急需紧缺人才供给。充分发挥香港、上海国际航运中心现代航运服务业人才优势，促进航运服务业融合协调发展。

（九）提高航运技术服务能力。推进绿色智能船舶、产品和系统研发设计，加快数字化系统推广应用，强化船舶建造维修等技术服务能力，提升绿色智能船舶和产品的检验、认证服务能力。加强船舶检验机构管理，促进船舶检验服务水平和服务质量全面提升。加快在上海设立船舶能效管理中心，强化船舶能耗数据等管理。组织开展绿色智慧航运技术标准制定和推广应用。强化国家水上装备安全与可靠性技术创新能力建设。加强船用新能源技术研究与决策咨询支撑。研究推进航运碳交易市场发展。

（十）完善航运中心服务功能。依托航运服务功能集聚区，按功能定位集聚航运要素。巩固提升香港国际航运中心地位，加快建设世界一流的上海国际航运中心，建设天津、大连、厦门区域性国际航运中心和武汉、重庆等长江区域航运中心，积极开展政策先行先试。

（十一）提升航运基础服务能力。加强大数据、人工智能、区块链等新一代信息技术应用，全面推进船舶经纪、船舶管理、船舶代理、客货运代理、助导航服务等航运服务业务转型升级。加强航运贸易数字化平台应用推广，强化数据共享和业务协同，进一步提升航运贸易便利化水平。加强营商环境和文化建设，创新商业模式，优化产品供给，提升服务效率和质量。

三、保障措施

（十二）加强组织领导。各地交通运输主管部门，中国人民银行各分行，国家金融监督管理总局各监管局，中国证监会各派出机构，国家外汇管理局各分局等部门要加强沟通协调，依职责加强对本地区现代航运服务业发展的指导，结合地方实际研究出台支持政策措施，强化制度保障。

（十三）强化法制保障。推进《中华人民共和国海商法》《中华人民共和国海事诉讼特别程序法》《中华人民共和国国际海运条例》等法律法规修订，完善我国航运法律体系，为现代航运服务业发展提供法制保障。推动现代航运服务业信用体系建设，维护行业公平竞争秩序。

（十四）深化交流合作。鼓励各类航运服务机构加强国际交流合作，秉持互利共赢原则，积极拓展航运服务市场。充分利用双边、多边国际合作机制，积极参与国际航运服务业相关标准、规则的制修订，增强国际话语权和影响力。

（十五）加强宣传引导。充分发挥媒体的舆论导向作用，大力宣传现代航运服务业发展取得的成效。借助全球可持续交通高峰论坛、中国航海日论坛、北外滩国际航运论坛等平台，加大我国航运服务品牌宣传与推广。

交通运输部
中国人民银行
国家金融监督管理总局
中国证券监督管理委员会
国家外汇管理局
2023 年 12 月 8 日

（此件公开发布）

交通运输部　国家税务总局关于延长《网络平台道路货物运输经营管理暂行办法》有效期的公告

交运规〔2023〕7 号

各省、自治区、直辖市、新疆生产建设兵团交通运输厅（局、委），国家税务总局各省、自治区、直辖市和计划单列市税务局：

为深入贯彻落实党中央、国务院关于促进平台经济规范健康发展的决策部署，交通运输部、国家税务总局研究决定，延长《网络平台道路货物运输经营管理暂行办法》（交运规〔2019〕12 号）有效期至 2025 年 12 月 31 日。

现予以公告。

交通运输部　国家税务总局

2023 年 12 月 20 日

（此件公开发布）

农业农村部办公厅关于继续做好农产品产地冷藏保鲜设施建设工作的通知

农办市〔2023〕6号

各省、自治区、直辖市农业农村（农牧）厅（局、委）、乡村振兴局，新疆生产建设兵团农业农村局、乡村振兴局：

为贯彻落实中央一号文件精神和《全国现代设施农业建设规划（2023—2030年）》有关部署，加快补齐产地冷链物流设施短板，现就继续支持农产品产地冷藏保鲜设施建设有关事宜通知如下。

一、总体要求

以习近平新时代中国特色社会主义思想为指导，按照"补短板、塑网络、强链条"工作思路，聚焦鲜活农产品主产区、特色农产品优势区，强化支持政策衔接，完善设施节点布局，推动冷链物流服务网络向乡村下沉，提升产业链供应链韧性和稳定性，为全面推进乡村振兴、加快建设农业强国提供有力支撑。

二、重点任务

（一）完善产地冷藏保鲜设施网络。围绕重点镇和中心村，支持相关主体根据产业发展实际需要，合理建设通风贮藏库、机械冷库、气调贮藏库、预冷及配套设施设备等产地冷藏保鲜设施和商品化处理设施设备，不断提升设施综合利用效率，满足田头贮藏保鲜和产后处理需要；支持农村集体经济组织建设公共型冷藏保鲜设施，对有需求的脱贫村优先实施，壮大新型农村集体经济。

（二）推动冷链物流服务网络向乡村下沉。鼓励引导邮政快递、供销合作社、电子商务、商贸流通等主体利用既有流通网络优势，提升完善冷链物流设施功能和服务能力，优化田头集货、干支衔接运输和农村快递配送，向农村延伸冷链物流服务网络，打造农产品上行和生鲜消费品下行的双向冷链物流新通道。推动开展符合实际的冷藏保鲜设施数字化、智能化建设，提升产地冷链物流信息化水平。

（三）培育一批农产品产地流通主体。要充分利用高素质农民培育、农村实用人才带头人培训等相关政策，重点针对冷藏保鲜设施运营主体，采取课堂教学、现场教学、线上教学等多种形式，培育一批具有组织供应、产后处理、冷链流通等能力的产地供应商。推进实施农业品牌发展战略，利用冷链设施网络和销售渠道优势，通过组织化、集约化、标准化冷链流通，增强农产品集散能力、品控能力、商品化处理能力，打造一批区域公用品牌、企业品牌和产品品牌。

（四）创新一批农产品冷链物流运营模式。依托产地冷链物流设施网络，鼓励运营主体与冷链物流企业加强合作，共建共享、合作联营、成网配套，集中解决用地用电、设施配套、高效运营等问题；加强产地到销地直达冷链物流服务能力建设，提升供应链组织能力，推广产地直供直销流通模式，促进解决脱贫地区农产品"卖难"问题；开展净菜、预制菜加工，为餐饮企业、学校等终端大客户提供直供直配服务。

三、组织保障

（一）完善工作机制。各地可将符合规定的农产品产地冷藏保鲜设施建设作为中央财政衔接推进乡村振兴补助资金支持内容，统筹其他符合规定的资金予以支持，并建立健全有效的利益联结机制。省级农业农村部门、乡村振兴部门要加强部门协同配合，指导县级落实主体责任，制定农产品产地冷藏保鲜设施建设实施方案，明确建设思路、年度目标、具体政策、资金使用、保障措施、进度安排等内容。县级实施方案经同级党委农村工作领导小组审批同意后，报省级农业农村部门、乡村振兴部门备案。

（二）做好入库储备。省级农业农村部门、乡村振兴部门要督促指导县级部门按照巩固拓展脱贫攻坚成果和乡村振兴项目库管理要求，做好农产品产地冷藏保鲜设施建设项目谋划储备工作。县级农业农村部门、乡村振兴部门要根据产业发展情况，摸清本辖区农产品产地冷藏保鲜设施需

求底数，组织做好项目申报、评审和报批，按程序纳入巩固拓展脱贫攻坚成果和乡村振兴项目库，经同级党委农村工作领导小组审定后报省级农业农村部门、乡村振兴部门备案。

（三）规范项目实施。省级农业农村部门、乡村振兴部门要认真总结农产品产地冷藏保鲜设施建设项目实施以来形成的经验做法，按照有关项目管理和技术管理规范要求，优化项目组织实施，提升建设质量与效率，确保安全生产。各地要及时上报建设进度，重大事项及时向本级人民政府和上级农业农村部门、乡村振兴部门报告。

（四）及时验收兑付。省级农业农村部门、乡村振兴部门要制定本省份统一的项目验收规范，明确验收内容、验收标准、验收程序等。项目完成后，县级农业农村部门、乡村振兴部门应会同相关部门及时开展现场验收，有条件的地方可以委托第三方评估机构参与验收。省级、地市级农业农村部门、乡村振兴部门要按规定对本地区当年竣工验收项目进行抽查。

（五）加强绩效管理。县级农业农村部门、乡村振兴部门承担项目绩效主体责任，要强化绩效目标管理，事前应明确绩效目标，未明确的不得安排预算，事中做好绩效监控，事后做好绩效评价；要指导做好后续管护运营，明确产权主体和运营主体权利义务，引导主体不断提高设施综合使用效率，防止闲置或废弃。省级农业农村部门、乡村振兴部门要加强跟踪督促，及时发现和纠正项目规划、论证、实施及运营管理方面的问题，坚决查处虚报冒领、骗取套取、挤占挪用项目资金等违法违规行为。

农业农村部办公厅
2023 年 7 月 11 日

附件：农办市［2023］6 号 .zip（略）

商务部等 13 部门办公厅（室）关于印发《全面推进城市一刻钟便民生活圈建设三年行动计划（2023—2025）》的通知

商办流通函〔2023〕401 号

各省、自治区、直辖市及计划单列市、新疆生产建设兵团商务、发展改革、民政、财政、人力资源社会保障、自然资源、住房城乡建设、文化和旅游、卫生健康、市场监管、体育、邮政管理部门，各银保监局：

为深入贯彻党的二十大和中央经济工作会议精神，落实《国务院办公厅关于印发"十四五"城乡社区服务体系建设规划的通知》（国办发〔2021〕56 号）、《商务部等 12 部门关于推进城市一刻钟便民生活圈建设的意见》（商流通函〔2021〕176 号）等文件要求，全面推进城市一刻钟便民生活圈建设，商务部等 13 部门研究制定了《全面推进城市一刻钟便民生活圈建设三年行动计划（2023—2025）》。现印发给你们，请结合实际认真贯彻落实。

> 商务部办公厅　国家发展改革委办公厅
> 民政部办公厅　财政部办公厅
> 人力资源社会保障部办公厅　自然资源部办公厅
> 住房城乡建设部办公厅　文化和旅游部办公厅
> 国家卫生健康委办公厅　市场监管总局办公厅
> 金融监管总局办公厅　体育总局办公厅
> 国家邮政局办公室
> 2023 年 7 月 11 日

全面推进城市一刻钟便民生活圈建设三年行动计划（2023—2025）

为深入贯彻党的二十大和中央经济工作会议精神，落实《国务院办公厅关于印发"十四五"城乡社区服务体系建设规划的通知》（国办发〔2021〕56 号）、《商务部等 12 部门关于推进城市一刻钟便民生活圈建设的意见》（商流通函〔2021〕176 号，以下简称《意见》）等文件要求，全面推进城市一刻钟便民生活圈建设，制定本行动计划。

一、总体思路

以习近平新时代中国特色社会主义思想为指导，践行以人民为中心的发展思想，坚持"问需于民、问计于民""缺什么、补什么""因城施策、一圈一策"的原则，按照"试点带动、典型引路、全面推开"的路径，聚焦补齐基本保障类业态、发展品质提升类业态，优化社区商业网点布局，改善社区消费条件，创新社区消费场景，提升居民生活品质，将一刻钟便民生活圈打造成保障和改善民生、恢复和扩大消费的重要载体。

二、工作目标

按照《意见》等文件明确的"十四五"时期每年选取试点、打造"百城千圈"的总体目标，到2025年，在全国有条件的地级以上城市全面推开，推动多种类型的一刻钟便民生活圈建设，形成一批布局合理、业态齐全，功能完善、服务优质，智慧高效、快捷便利，规范有序、商居和谐的便民生活圈，服务便利化、标准化、智慧化、品质化水平进一步提升，对恢复和扩大消费的支撑作用更加明显，居民综合满意度达到90%以上。

三、实施重点

（一）系统谋划设计，优化社区商业布局。

坚持问需于民与顶层设计相结合，创新工作方式，将一刻钟便民生活圈纳入街道社区的居民议事协商机制，摸清"有什么、缺什么"，研究"补什么、如何补"。相关城市要结合人口分布、消费习惯等，科学编制一刻钟便民生活圈建设总体方案及各生活圈子方案（以下称"1+N"方案），因地制宜、一圈一策，把居民的需求清单转化为项目清单。推广社区规划师制度，支持设计师进社区，加强专业化指导，合理布局商业网点，促进商业设施与公共设施联动，商业文化与消费习惯协调。

（二）改善消费条件，丰富居民消费业态。

在居民"家门口"（步行5~10分钟范围内），优先配齐购物、餐饮、家政、快递、维修等基本保障类业态，引进智能零售终端，让消费更便捷。在居民"家周边"（步行15分钟范围内），因地制宜发展文化、娱乐、休闲、社交、康养、健身等品质提升类业态，让消费更舒心。

发展"一店一早"。支持特色化、多元化的各类市场主体发展，推动品牌连锁便利店（社区超市）进社区，搭载代扣代缴、代收代发、打印复印等便民服务，提高便利化程度。以早餐店、小吃店、"便利店+早餐服务""互联网+早餐服务"等为主体，构建多层次早餐供应体系，增加网点密度，丰富早餐品种，保障居民"吃得好"。

补齐"一菜一修"。支持菜市场（菜店）标准化、智慧化改造，拓展服务业态，提升环境、卫生和质量，促进放心消费、惠民消费。规范有序发展集修鞋、配钥匙等"小修小补"于一体的社区工坊，明码标价，提供平价维修服务。

服务"一老一小"。鼓励按照适老化标准建设改造社区养老服务设施，支持养老机构利用配套设施提供社区养老服务。探索发展社区食堂，建立老年人助餐服务网络。鼓励建立社区护理站，为行动不便的失能、残疾、高龄、长期患病老年人提供上门医疗护理服务。鼓励家政、护理人员进社区，拓展生活照料、健康管理、康复护理、精神慰藉等居家养老服务。各类消费场所应保留现金、银行卡等传统支付方式和面对面人工服务，引导设立老年人、母婴专柜和体验店。鼓励社区商业中心等场所建设母婴设施并悬挂引导标识，发展嵌入式、标准化的托育机构和托育点，提供全日托、半日托、临时托、计时托等平价服务。

（三）创新消费场景，增强多元消费体验。

改造传统商业载体。引导邻近居民区的传统商场向社区商业中心转型，拓展特色餐饮、生活零售、文化休闲、儿童娱乐、运动健身、社区食堂等服务功能。

发展新型商业模式。支持发展线上线下融合的即时零售模式（平台下单+就近门店配送，就近门店下单+即时配送），赋能实体门店，拓展服务半径。支持净菜进社区、进超市，发展"中央厨房+冷链+餐饮"模式，提升预制菜产品质量品质。

激发服务消费活力。鼓励健身房、游泳馆、多功能运动场、保健理疗店等进社区，促进健康消费。鼓励社区规范开展邻里节、美食节、团购节、家电家居及家政便民服务等促消费活动，繁荣社区商业。

促进融合协同发展。推动一刻钟便民生活圈与养老托育圈、文化休闲圈、健康健身圈、金融服务圈、快递服务圈等圈圈相融，营造多元化、多层次的消费场景。

（四）推动技术赋能，提升智慧便捷水平。

推广先进技术。鼓励利用物联网、云计算、大数据、人工智能等技术，推动商品、门店、会员及供应链数字化，提升服务质量和管理效率，降低综合成本。发展智慧商店、共享书店、智能快件箱等业态，提供现场交互、无接触交易、智能结算、自助售卖等服务，提升数字化体验。

搭建供需对接平台。构建一刻钟便民生活圈智慧服务平台，整合商户资源，实现线上线下互动。利用大数据开展监测分析，精准补建网点，拓展服务功能，挖掘消费潜力。推广一刻钟便民生活圈网点动态地图、"小修小补"便民地图，引导更多点位"进图"，让居民"找得到"。

（五）促进就业创业，提高社区居民收入。

为居民在社区就业提供便利，打造宜居宜业环境。支持自由职业者灵活就业、远程办公、兼职就业，从事即时零售、餐饮服务、线上培训等平台衍生业务。支持高校毕业生创业就业，从事创意经济、个性化定制化文化业态等特色经营，创新网红店、特色店、精品店。优先为残疾人等就业困难人员推荐低门槛、有保障的爱心岗位，服务社区居民。尊重退休人员意愿，发挥其在文化艺术、专业技术等领域专长，鼓励量力而行参与志愿服务活动，为有再就业需求的退休人员提供服务。

四、保障措施

（一）加强组织领导。

一刻钟便民生活圈建设事关百姓冷暖、民生福祉，既是提升城市功能品质、恢复和扩大消费的有力举措，也是践行商务为民、解决群众"急难愁盼"的民生工程。各地要高度重视，加强组织，统筹协调推进。鼓励实行市长（区长）负责制，科学建立工作体系、政策体系、评价体系，调动各方力量，探索形成长效机制。

（二）强化政策保障。

加强部门协调，将一刻钟便民生活圈建设与城乡社区服务体系建设、城市更新、城镇老旧小区改造、15分钟社区生活圈规划建设、完整社区建设试点、"国球进社区""国球进公园"活动等工作相衔接，同谋划、同选取、同推进，加强政策集成，形成工作合力。

释放各类经营用房资源，加快出租转让、改造开发，支持引入专业化运营商，统一招商、运营、管理。充分利用周边空置或过剩的旧厂房、仓库，以及闲置土地和违法建筑拆后空地等，通过调整或兼容土地用途，改建一批贴近居民生活、综合服务型的社区商业中心、邻里中心等便民服务设施。鼓励社区文化活动中心、图书馆、娱乐健身等场所适当延长开放时间，提高设施使用率。支持把闲置核酸检测亭改为便民服务点，规范提供生活服务。

将超市、便利店、菜市场等纳入保障民生、应急保供体系，将智能快件箱、快递末端综合服务场所等纳入公共服务基础设施，有条件的地方可对微利、公益性业态给予房租减免、资金补贴等支持。对于符合条件的企业，按照市场化、法治化原则做好金融服务。支持大型物业公司向民生领域延伸，拓展"物业+生活服务"。鼓励探索社区基金模式，规范运营管理，引导社会资本参与。按相关规定落实创业补贴、创业担保贷款等支持政策。

（三）优化营商环境。

优化企业开办服务，推广电子证照应用。除法律法规明确规定外，不得要求企业必须在某地登记注册，不得为企业跨区域经营或迁移设置障碍，不得以是否在当地设立法人主体为条件对企业差别对待。培育一批"名特优新"个体工商户，适当给予政策和资源支持，鼓励其做大做强，发挥引领示范作用。

探索党建引领、商协会管理、共享共治等社区治理模式，促进共建共管。在符合安全生产要求、城市管理规定且不影响周边居民生活的前提下，科学布局移动商业服务设施，规范"小修小补"等业态经营行为，提升治理精细化水平。

五、有关要求

（一）统筹推动贯彻落实。各省级部门要加强统筹，按照"到 2025 年在全国有条件的地级以上城市全面推开"的要求，进一步细化实施方案，按照《三年行动实施步骤安排》（附件 1）抓好落实。已经作出部署的，要进一步对标对表、调整完善。尚未部署启动的，要抓紧制定实施方案。相关方案于 2023 年 9 月底前报商务部（流通发展司，下同）备案。

（二）扎实做好全国试点。第一、二批试点城市所在省份，要按照《意见》要求，做好试点城市的培育、评估工作，评估结果及时报商务部复核。按照《商务部办公厅等 10 部门关于开展第二批城市一刻钟便民生活圈试点申报工作的通知》（商办流通函〔2022〕100 号）确定的原则、条件、流程、内容等，继续开展第三批试点城市申报。各省、自治区推荐原则上不超过 5 个城市，直辖市、新疆生产建设兵团推荐原则上不超过 3 个区或师，计划单列市可直接申报。请各省级部门于 2023 年 7 月 15 日前，将申报材料（一式 2 份，含电子版）报商务部。

（三）发挥典型带动作用。各试点城市要结合实际，兼顾统一性和灵活性，对照《一刻钟便民生活圈业态"有没有"分型表（试行）》（附件 2）、《一刻钟便民生活圈服务"好不好"评价表（试行）》（附件 3）、《一刻钟便民生活圈满意度调查表》（附件 4），细化业态配置要求，按照"基础型、提升型、品质型"开展分级分类建设和评价。要发挥市场主体作用，调动各方力量参与，培育形成一批重点企业。请各省级部门于每年 11 月底前，将便民生活圈分级分类验收评价情况和便民生活圈典型社区案例（每个试点城市不超过 2 个）、重点企业案例（每个试点城市不超过 5 家）报商务部。

附件：

1. 三年行动实施步骤安排（略）

2. 一刻钟便民生活圈业态"有没有"分型表（试行）（略）

3. 一刻钟便民生活圈服务"好不好"评价表（试行）（略）

4. 一刻钟便民生活圈满意度调查表（略）

商务部等 9 部门办公厅（室）关于印发《县域商业三年行动计划（2023—2025 年）》的通知

各省、自治区、直辖市及新疆生产建设兵团商务、发展改革、工业和信息化、财政、自然资源、农业农村、文化和旅游、邮政管理部门，各供销合作社：

为全面贯彻落实党的二十大和中央农村工作会议精神，落实《中共中央 国务院关于做好 2023 年全面推进乡村振兴重点工作的意见》（中发〔2023〕1 号）有关部署，充分发挥乡村作为消费市场和要素市场的重要作用，进一步提升县域商业体系建设成效，促进城乡融合发展，助力乡村振兴，商务部等 9 部门研究制定了《县域商业三年行动计划（2023—2025 年）》。现印发给你们，请结合实际，认真贯彻落实。

商务部办公厅　国家发展改革委办公厅
工业和信息化部办公厅　财政部办公厅
自然资源部办公厅　农业农村部办公厅
文化和旅游部办公厅　国家邮政局办公室
中华全国供销合作总社办公厅
2023 年 7 月 27 日

县域商业三年行动计划

（2023—2025 年）

为全面贯彻落实党的二十大和中央农村工作会议精神，落实《中共中央 国务院关于做好 2023 年全面推进乡村振兴重点工作的意见》（中发〔2023〕1 号）有关部署，按照《商务部等 17 部门关于加强县域商业体系建设 促进农村消费的意见》（商流通发〔2021〕99 号，以下简称《意见》）、《财政部办公厅 商务部办公厅 国家乡村振兴局综合司关于支持实施县域商业建设行动的通知》（财办建〔2022〕18 号，以下简称《通知》）、《商务部等 15 部门办公厅（室）关于印发〈县域商业建设指南〉的通知》（商办流通函〔2021〕322 号，以下简称《指南》），进一步深化政策措施，提升县域商业体系建设工作成效，制定本行动计划。

一、总体思路

以习近平新时代中国特色社会主义思想为指导，立足新发展阶段，完整、准确、全面贯彻新发展理念，学习运用"千万工程"经验做法，坚持市场化原则、更好发挥政府引导作用，按照"一年梳理经验、两年复制推广、三年总结提升"思路，以供应链、物流配送、商品和服务下沉以及农产品上行为主线，以数字化、连锁化、标准化为方向，进一步推动资源要素向农村市场倾斜，加快补齐农村商业设施短板，健全县乡村物流配送体系，引导商贸流通企业转型升级，推动县域商业高质量发展。

二、工作目标

建立县域统筹，以县城为中心、乡镇为重点、村为基础的农村商业体系。到 2025 年，在全国打造 500 个左右的县域商业"领跑县"，建设改造一批县级物流配送中心、乡镇商贸中心（大中型超市、集贸市场）和农村新型便民商店。90%的县达到"基本型"及以上商业功能，具备条件的地区基本实现村村通快递。工业品下乡、农产品进城双向流通渠道进一步畅通，农民增收和消费提质实现良性循环，更好满足乡村产业振兴和农村居民生产生活需求。

三、重点任务

（一）完善县域商业网络设施和业态。

1. 增强县城商业辐射能力。结合国土空间规划编制实施，优化商业用地结构和功能布局。鼓励县城购物中心、大型商超向乡镇延伸

服务，布局前置仓、物流仓储等设施，完善家电、家具家装等商品营销、回收和维修网络。构建商业服务完善的社区生活圈，加强对乡村商业发展的带动，促进一体化发展。

2. 提高乡镇商业集聚效应。升级改造乡镇商贸中心、大中型超市、集贸市场等，完善冷藏、加工、配送等设施，拓展餐饮、休闲、娱乐等消费新业态新场景，打造乡镇商业集聚区。以人口聚集的乡镇为重点，推进乡镇集贸市场标准化改造，完善设施设备，传承地域特色和传统习俗，提高市场综合治理水平，更好地满足农村居民日常购物、社交等需求。

3. 提升村级商业便民服务水平。加强邮政、供销、电商、快递、益农信息社等资源协作，推动村级站点设施共建、服务共享，丰富日用消费品、农资、邮政、快递等服务，实现"一点多能、一网多用"，提高农村商业网点便民服务水平和可持续运营能力。发挥大型连锁企业资金和渠道优势，推进农村便民商店标准化改造，拓展多元化零售业务。

（二）发展农村物流共同配送。

1. 加强农村物流基础设施建设。建设改造县级物流配送中心和乡镇快递物流站点，根据实际需要，配备自动分拣线、立体货架、新能源配送车、智能取件终端等设施设备，提高物流配送效率，增强服务能力。

2. 加强农村物流资源整合。鼓励邮政、供销、快递、商贸流通等主体市场化合作，整合各类物流资源，在电商快递基础上，叠加日用消费品、农资下乡和农产品进城等双向配送服务，实现风险共担、利益共享，降低物流成本。总结共同配送成熟模式，将其作为重点支持方向，加快在中西部偏远地区推广落地。

3. 积极发展即时零售。鼓励电商平台、大型商贸流通企业在具备条件的县城，依托自建

物流、第三方物流体系，对接本地零散的商超、便利店，精准匹配周边消费订单需求，为居民提供高效便捷的到家服务。

（三）推动县域流通企业转型升级。

1. 支持中小企业数字化转型。针对农村中小流通企业数字化转型成本高、周期长等问题，依托已有平台资源，提升区域数字化服务水平，为企业提供成本低、实用性强的数字化转型解决方案，推动数字应用从销售前端向采购、库存、配送等全过程延伸，加快线上线下融合。

2. 加强企业供应链建设。以数字化、连锁化改造和跨界融合为手段，支持邮政、供销、传统商贸流通企业从传统商品批发、零售向上下游一体的供应链管理服务平台转变，增强对县域商业发展的引领带动作用。鼓励大型流通企业下沉供应链，推广新型交易模式，为农村便民商店、个体商户提供集中采购、销售分析、店面设计、库存管理等服务，增强农村实体店铺的经营水平和抗风险能力。

3. 培育县域龙头流通企业。鼓励有实力、有信誉的农村商贸流通企业综合运用大数据、云计算、人工智能等现代信息技术，促进业务流程和组织结构优化重组，创新商业模式，提高经营质量和效益。加大土地等政策扶持力度，落实好现行税收优惠政策，培育一批辐射面广、带动力强的县域龙头流通企业。

4. 发挥农村商业带头人作用。充分发挥县域大型经销商、代理商等渠道优势，支持进行市场化整合协作，加强物流分拨中心、前置仓等设施建设改造，为区域内商贸流通企业、便民商店、农民合作社等提供统一采购、统一仓储、统一配送等服务，建立适合县域发展水平的消费品、农资流通网络。

（四）丰富农村消费市场。

1. 加大优质商品投放力度。发挥电商平台大数据优势，依法依规开展消费数据分析应用，引导生产厂商为农村市场生产投放更多适销对路的商品。继续支持新能源汽车、绿色智能家电、绿色建材和家具家装下乡，加快农村充换电设施建设，完善售后回收服务网络，促进农村大宗商品消费更新换代。鼓励组成县域零售商采购联盟，集中向生产厂家、品牌供应商采购商品，解决中小企业进货渠道混乱、议价能力弱等问题，提高商品品质，降低采购成本。

2. 加快发展农村生活服务。结合乡镇商业设施改造，引导餐饮、亲子、娱乐、维修等服务业态聚集，促进家政服务向县域下沉。鼓励文化和旅游资源丰富的农村地区，依托乡村旅游重点村镇、乡村旅游集聚区和休闲露营地，打造乡村旅游、休闲农业、农家乐、自驾游等精品线路，吸引市民下乡消费。继续实施乡村休闲旅游精品工程，推介一批中国美丽休闲乡村，建设一批全国休闲农业重点县。加强中国重要农业文化遗产保护传承，推进优秀农耕文化社会宣传，指导遗产地在有效保护的基础上，促进品牌打造、农文旅融合发展。

（五）推动农村电商高质量发展。

1. 大力发展农村直播电商。深化电子商务进农村综合示范，利用县级电子商务公共服务中心的场地和设备等资源，打造一批县域电商直播基地、"村播学院"。整合各类资源，增强电商技能实训、品牌培育、包装设计、宣传推广、电商代运营等服务能力。鼓励有条件的县级电子商务公共服务中心拓展O2O体验店、云展会、网货中心、跨境电商等衍生增值服务，推动县域电商形成抱团合力，实现可持续发展。

2. 培育"土特产"电商品牌。深化"数

商兴农"，发展农特产品网络品牌。鼓励电商平台、直播团队充分挖掘农村"土特产"资源，为农业生产企业、农民合作社等提供产品设计、视频拍摄、文案策划、品牌推广等服务。培育一批"小而美"的农村电商特色品牌，变"流量"为"销量"，拓宽农产品上行渠道。

3. 鼓励农村电商创业就业。加强与全国及本地直播平台的合作，"以工代训""以赛代训"，面向返乡大学生、农民工、退役军人等开展直播带头人技能培训，提升直播带货技能，激发农村直播电商创业就业热潮。举办多种形式的农村直播电商大赛，组织地方直播团队等参加，促进相互学习交流，提升农村直播电商营销水平。

（六）提升优质农产品供给水平。

1. 提高农产品供给质量。发挥流通对生产的先导性作用，加强农商互联，推动农业生产围绕市场需求，优化品种结构和产业布局，提升规模化、标准化和信息化水平。加快建设优势特色产业集群，抓好特色农产品优势区。创建和认定一批农业产业强镇、国家现代农业产业园、国家农产品质量安全县等，统筹推进农业生产和农产品"三品一标"，培育优质农产品生产基地，全面推行食用农产品承诺达标合格证，加强县级农产品质量安全检测机构能力建设，扩大绿色、有机、地理标志和名特优新农产品规模。

2. 增强农产品商品化处理能力。支持商贸、电商、农产品流通等企业向生产环节延伸产业链，建设产地集配中心等流通基础设施。配备农产品分级、加工、仓储、包装、冷链等商品化处理设施设备，增强农产品错峰上市和商品化处理能力，把增值收益更多留在农村、留给农民。

3. 加快打造农业品牌。实施农业品牌精品培育计划，打造精品区域公用品牌，带动培育核心授权企业和产品品牌。支持脱贫地区打造一批质量过硬、特色鲜明、带动力强的区域公用品牌，增强脱贫地区产业内生发展动力。发挥电商平台、商超等线上线下营销网络优势，加强特色优质农产品宣传推广，扩大区域公用品牌的知名度和美誉度。

（七）加强农产品流通体系建设。

1. 完善全国农产品流通骨干网络。依托农产品主产地、主销地、集散地，在全国统筹确定一批农产品流通骨干节点城市、农产品市场和重点企业。加强农产品批发市场和农贸市场等各类零售终端升级改造，进一步提升农产品流通效率。加强农产品流通保供体系建设，提高宏观调控和民生保障能力。

2. 提高农产品冷链流通效率。加强跨区域农产品批发市场、干支线冷链物流、农产品仓储保鲜设施和产地冷链集配中心建设，提高农产品冷链流通效率，进一步降低流通损耗。支持标准果蔬周转箱（筐）等物流载具在冷链物流的全程应用，鼓励积极应用新能源城市配送冷藏车，促进农产品冷链各环节有序衔接和信息互联互通。鼓励第三方冷链物流企业发展，推广冷链云仓、共同配送、零担物流等模式，提高冷链资源综合利用率。

3. 强化农产品产销对接。引导流通企业与农业生产主体建立长期稳定合作关系，完善利益联结机制。继续举办全国农产品产销对接助力乡村振兴、"数商兴农"进地方等活动，邀请相关主体参加中国农产品交易会、茶博会、中国农民丰收节等展会节庆活动。深入实施"互联网+"农产品出村进城工程，完善适应农产品网络销售的运营服务体系。广泛开展专题促销、集中采购等活动，建立健全农产品产销对接长效机制。

四、保障措施

（一）加强统筹协调。各地要把县域商业三年行动作为全面推进乡村振兴的重要任务，建立省级统筹、市县抓落实的工作推进机制，抓好部署推进。省级主管部门结合实际，对照县域商业三年行动实施步骤（见附件），制定本省县域商业三年行动计划或实施方案，进一步细化明确目标任务、重点举措和监督考核机制，推动工作落地。充分发挥多部门工作协调机制作用，加强政策协同，共同研究解决重大问题。

（二）规范资金管理。严格对照《服务业发展资金管理办法》（财建〔2023〕9号）及《通知》要求，建立健全省市县三级日常监督机制，规范资金支出方向。各地应引入审计、监理咨询等第三方机构，加强资金决策、拨付、使用等环节审核，确保手续完整、账实相符。明确资产权属和管护责任，依法依规整合、处置和盘活资产，形成管护运营长效机制。

（三）做好政策衔接。加强县域商业建设行动与电子商务进农村综合示范、农产品供应链体系建设以及发展改革、农业农村、供销等单位相关资金的衔接，发挥各自优势，避免重复建设。用好县级电子商务公共服务中心、物流配送中心等现有设施设备，引入邮政、供销、快递和有实力的商贸流通企业，拓展公益性和增值性服务，实现市场化可持续运营。巩固电子商务进农村综合示范专项整改成果，建立健全资金管理、项目建设、日常监督、考核评估机制，形成闭环管理。

（四）强化大数据应用。加强部门间、部门与地方县域商业数据资源共享，充分依托已有信息化设施，提高政府管理水平和治理效能。推广县域商业大数据应用，整合农村商业网点、消费、客流、物流等数据信息，根据地方和企业需求，拓展县域商业动态监测、市场分析、产业培育、产销对接等功能，为县域商业三年行动提供支撑。

五、组织实施

（一）加强调研摸底。全面落实党中央关于大兴调查研究的部署，带着问题深入基层一线，对照县域商业体系建设目标和群众需求，找准差距和不足，厘清工作底数。参照《指南》"基本型、增强型、提升型"功能要求，因地制宜，明确纳入县域商业体系建设的县（县级市、区、旗，以下称县）范围、发展现状、建设目标、年度细化任务等。摸底和目标任务确认工作应于2023年8月底前完成，作为后续绩效评价、验收等的重要依据，原则上不再调整。

（二）压实主体责任。省级主管部门建立季调度、半年汇总、年度通报制度，加强工作调度，强化奖惩激励，对于工作推进不力以及审计、绩效评价、日常检查等发现重大问题的市县，视情给予通报、收回资金等处理措施；对于做得好的地方，加大支持力度。商务部会同有关部门通过省级党委和政府推进乡村振兴战略实绩考核、绩效评价、日常检查等方式，加强指导跟踪问效，形成上下联动抓落实的格局。

（三）组织评估验收。省级主管部门制定县域商业体系建设达标验收办法，组织对上年度完成建设目标的县进行评估验收，并出具书面评估意见。对达到"提升型"标准的县以及部分具备条件的"增强型"县，每年11月底前通过地方推荐，纳入全国县域商业"领跑县"。建立退出机制，通过抽查"回头看"，对工作出现滑坡、达不到领跑标准或在相关领域出现重大安全生产事故的县，按程序调整退出。

（四）做好宣传推广。尊重基层首创精神，从基层实践中汲取智慧，充分调动地方、企业、群众积极性，鼓励探索创新，及时总结推广好经验好做法。发挥主流媒体引导作用，宣传县域商业"领跑县"典型案例，增强典型示范作用，提高县域商业三年行动的社会认知度。省级主管部门按时更新县域商业信息系统数据，按季度报送资金使用清单，每年11月底前报送年度任务完成情况和工作总结。

附件：县域商业三年行动实施步骤

附件

县域商业三年行动实施步骤

一、部署启动阶段（2023 年 7 月—12 月）

印发通知，启动县域商业三年行动，加强动员部署和政策解读。经地方推荐产生第一批全国县域商业"领跑县"，发布相关典型案例集。省级主管部门结合实际制定县域商业三年行动计划或实施方案，明确目标任务、重点举措和验收考核办法，指导市县抓好落实；开展绩效评价，对上年度完成"基本型、增强型、提升型"建设目标的县进行验收。

二、全面推广阶段（2024 年 1 月—12 月）

经地方推荐产生第二批全国县域商业"领跑县"，发布相关典型案例集。有关部门通过全国会、专家下乡、线上培训等方式，加强宣传推广和经验交流。省级主管部门跟进，培育一批地方典型，加强经验复制推广，形成适合自身特点的县域商业、农村直播电商发展路径；开展绩效评价，组织对上年度完成建设目标的县进行验收。

三、总结评估阶段（2025 年 1 月—10 月）

经地方推荐产生第三批全国县域商业"领跑县"，发布相关典型案例集。有关部门组织抽查检查，对照目标任务查漏补缺，全面总结评估县域商业三年行动工作成果。省级主管部门对照《意见》《通知》和县域商业三年行动要求，对各市县开展评估验收。加强前期发现问题整改工作"回头看"，及时发现和化解资金风险，建立项目和资产常态化运营管护机制，巩固提升政策成效，持续促进农民增收和农村消费。

商务部等 12 部门关于加快生活服务数字化赋能的指导意见

商服贸发〔2023〕302 号

各省、自治区、直辖市人民政府，新疆生产建设兵团，中央网信办，国务院各部委、各直属机构：

生活性服务业是促消费、惠民生、稳就业的重要领域。为促进数字经济和实体经济融合，通过数字化赋能推动生活性服务业高质量发展，助力形成强大国内市场，经国务院同意，现提出以下意见。

一、总体要求

（一）指导思想

以习近平新时代中国特色社会主义思想为指导，全面贯彻落实党的二十大精神，立足新发展阶段，完整、准确、全面贯彻新发展理念，服务构建新发展格局，以推动高质量发展为主题，将实施扩大内需战略同深化供给侧结构性改革有机结合，以数字化驱动生活性服务业向高品质和多样化升级，增强消费对经济发展的基础性作用，助力数字中国建设，更好满足人民群众日益增长的美好生活需要。

（二）基本原则

——坚持创新驱动，提升供给质量。深入实施创新驱动发展战略，支持生活服务数字化新技术、新业态、新模式发展，着力优化供给结构，改善供给质量，通过高质量供给创造新需求，实现更高水平供需平衡。

——坚持深化改革，完善体制机制。顺应新型消费发展规律，持续深化生活性服务业领域改革，完善跨部门协调机制，着力破除制约生活服务数字化转型发展的体制机制障碍，最大限度激发市场活力。

——坚持聚焦民生，提升便利水平。坚持以人民为中心的发展思想，加快生活服务数字化转型，着力提升便利化、智能化水平，推进标准化、品牌化建设，增进民生福祉，使现代化建设成果更多更公平惠及全体人民。

——坚持开放共享，实现协同发展。在保障数据安全、信息安全前提下，营造开放包容的发展环境，持续优化资源配置，培育壮大经营主体，推动线上线下消费和不同消费业态协同发展。

（三）工作目标

到 2025 年，初步建成"数字+生活服务"生态体系，形成一批成熟的数字化应用成果，新业态新模式蓬勃发展，生活服务数字化、网络化、智能化水平进一步提升。

到 2030 年，生活服务数字化基础设施深度融入居民生活，数字化应用场景更加丰富，基本实现生活服务数字化，形成智能精准、公平普惠、成熟完备的生活服务体系。

二、丰富生活服务数字化应用场景

（四）提升商贸服务业数字化水平。引导餐饮、零售、住宿、家政、洗染、家电维修、人像摄影等传统生活服务企业开展数字化、智能化升级改造，利用信息技术手段，提升市场分析和客户获取能力，针对性优化经营方式，为客户提供更快响应和更好服务。鼓励对商场、超市、连锁店、农贸市场（菜市场）和其他生活服务场所进行数字化改造，为客户提供沉浸式互动体验，利用大数据统计热点区域、高峰时点，为企业优化运营提供决策参考。（商务部、工业和信息化部和各地方人民政府按职责分工负责）

（五）加强交通运输领域大数据应用。构建综合交通大数据中心体系，推动各地区、各相关业务平台共建共用、智能协同和迭代完善，增强交通运行动态掌控和突发事件应急指挥能力。推动交通基础设施数字化、智能化转型升级，加快建设智能铁路、智慧公路、智慧港口、智慧航道、智慧民航，进一步提升基础设施安全保障能力和运行效率。推进数字出行与生活场景有机衔接，运用数字化技术为旅客提供移动支付购票、无纸化检票乘车等一体化出行服务。（交通运输部、国家铁路局、中国民航局、工业和信息化部、文化和旅游部、中国人民银行和各地方人民政府按职责分工负责）

（六）加快文旅领域数字化转型升级。丰富数字化文化和旅游体验产品，发展虚拟展示、智慧导览、线上演播、数字艺术等新业态新模式，推动文化、旅游与餐饮、住宿、零售等业态融合发展，培育壮大相关品牌。推动文化和旅游场所数字化改造提升，加强市场监测和大数据应用，及时发布气象预警、道路通行、游客接待量等实时信息。提升体育公共服务数字化水平，构建公共体育场馆智慧化运营体系。（文化和旅游部、体育总局、自然资源部、交通运输部、中国气象局和各地方人民政府按职责分工负责）

（七）加大教育数字化融合发展力度。加快推进教育新型基础设施建设，提升学校网络质量，提供高速、便捷、绿色、安全的网络服务。纵深推进国家教育数字化战略行动，深化国家智慧教育平台应用，立足"教、学、管、评、研、训"等教育教学环节，构建线上线下深度融合的教育新模式。加快职业技能培训数字化，拓展虚拟远程培训等智能化网络培训形式，丰富线上培训资源，促进优质培训资源共享。拓展数字资源获取渠道，鼓励各地区各行业向社会开放优质的数字教育资源和线上学习服务，提升全民数字素养与技能。（教育部、人力资源社会保障部和各地方人民政府按职责分工负责）

（八）推进医疗健康领域数字化应用。加快开发普及数字医疗应用，提升"互联网+医疗健康"服务水平，优化互联网医院、远程医疗、在线健康咨询和健康管理等服务。持续深化医保码（医保电子凭证）、医保电子票据、医保电子处方、医保移动支付等应用。推进医疗健康大数据建设和信息互通共享，完善电子健康档案、电子处方等数据库。优化诊疗流程，推动新一代信息技术与医疗服务深度融合，为患者提供覆盖诊前、诊中、诊后的全流程、个性化、智能化服务。利用数字化技术为医用机器人、智能急救车、智能巡诊车、智能医疗设备等产品研发赋能，更好满足人民群众医疗服务需求。（工业和信息化部、国家卫生健康委、国家医保局和各地方人民政府按职责分工负责）

三、补齐生活服务数字化发展短板

（九）加强生活服务数字化基础设施建设。围绕生产、采购、运输、仓储、批发、零售、配送各个环节，优化生活服务数字化供应链体系，降低渠道成本。加强生活服务和物流、仓储、配送等基础设施规划与建设，完善城乡一体化仓储配送体系，支持立体库、分拣机器人、无人车、无人机、提货柜等智能物流设施铺设和布局。以社会保障卡为载体建立居民服务"一卡通"服务管理模式。积极推动生活性服务业电子支付快速发展，探索数字人民币试点应用。完善农村物流节点设施体系和农村电商服务体系。加快健全空间基准服务基础设施，优化卫星导航定位基准站网布局，推进北斗产业化规模化应用，为生活服务提供北斗高精度实时位置服务。（国家发展改革委、工业和信息化部、人力资源社会保障部、自然资源部、交通运输部、商务部、中国人民银行、国家邮政局和各地方人民政府按职责分工负责）

（十）打造数字生活服务社区和街区。推动完整社区建设，完善一刻钟便民生活圈服务功能，优化提升送餐、送货、送菜、送药等便民综合服务能力，加强智能充电桩、物流车、智能取餐柜、智能快件（信包）箱、自动生鲜售货终端等智能设备推广运用，为社区居民提供更加安全、舒适、便利的数字化智慧化生活环境。鼓励有条件的地方积极建设餐饮等生活服务数字化特色街区，打造一批精品街道、创意园区、城市客厅等活力街区。（国家发展改革委、住房城乡建设部、商务部和各地方人民政府按职责分工负责）

（十一）建立生活服务数字化标准体系。推动相关部门、地方政府、行业协会、第三方机构、生活服务企业加强沟通和研究，建立健全生活服务数字化相关标准体系，加快标准制修订。围绕商贸、交通、文化、旅游、教育、健康等领域，推进研制一批能用、管用、好用的数字化转型标准。鼓励第三方平台建立生活服务评价系统。（教育部、交通运输部、商务部、文化和旅游部、国家卫生健康委、市场监管总局和各地方人民政府按职责分工负责）

（十二）完善数字化适老助残应用和服务。推动手机、智能电视、智能康复辅助器具等适老化改造和信息无障碍建设，开发适合老年人、残疾人使用的智能化终端产品。完善与老年人、残疾人生活密切相关的医疗、社保、民政、生活缴费等高频服务事项的移动应用改造。组织引导家政、康复辅助器具等生活服务企业进社区，改造或建设线上线下一体化的社区便民生活服务中心，为居家老年人、残疾人提供生活用品代购、药品配送、餐饮外卖、家政服务预约和康复辅助器具租赁等服务。（国家发展改革委、工业和信息化部、民政部、人力资源社会保障部、商务部、国家卫生健康委和各地方人民政府按职责分工负责）

四、激发生活服务数字化发展动能

（十三）培育生活服务数字化平台。探索建设一批线下或线上生活服务数字化赋能中心，为生活服务企业数字化转型升级制定一揽子解决方案，提供流量、商品、服务、支付、咨询、培训、运营托管等数字化场景支持，帮助企业建立数字化运营视角和框架，更好提供数字化服务。发挥生活服务平台赋能作用，为传统生活服务企业数字化转型提供支持，增强平台连接能力、感知能力、数据处理能力、智能计算能力、即时响应能力与运作能力，使其成为生活服务数字化的重要基础设施。推进智慧城市时空大数据平台和地理信息公共服务平台建设，培育跨领域、跨行业的数字化服务基础平台。（工业和信息化部、自然资源部、商务部和各地方人民政府按职责分工负责）

（十四）培育生活服务数字化品牌。支持各地在商贸、交通、文化、旅游、教育和健康领域培育若干特色鲜明的生活服务数字化品牌，多形式多渠道加强优质生活服务数字化品牌推介，引导其提升到店到家、线上线下双场景服务质量。支持形成一批数字化水平领先的生活服务骨干企业，发挥示范引领作用。（教育部、交通运输部、商务部、文化和旅游部、国家卫生健康委和各地方人民政府按职责分工负责）

（十五）开展线上线下融合促消费活动。利用数字化手段组织全国网上年货节、双品网购节、数字生活服务消费季、中华美食荟、全国消费促进月、国际消费季、信息消费示范城市行、消费品"三品"全国行等线上线下促消费活动，打造消费热点，激发消费潜力。支持实体消费场所建设数字化消费新场景，推广线上排队、智能停车、智能导流、非接触式服务等应用，提升消费体验。支持在商场、社区商业设施等实体消费场所推行数字化消费积分运用，鼓励不同业态之间积分通兑，进一步促进消费。（商务部、工业和信息化部和各地方人民政府按职责分工负责）

五、夯实生活服务数字化发展基础

（十六）加强数字化技术运用。加强前瞻性基础研究，增加源头技术供给，支持北斗定位导航、5G、云计算、大数据、区块链、人工智能、虚拟现实、物联网等技术在生活服务行业落地应用，形成低成本数字化解决方案供给能力，降低企业数字化转型升级壁垒。支持生活性服务业数字技术创新应用研发，引导科技企业、平台企业、流通连锁企业等组成创新联合体，充分发挥市场和数据优势，推进关键软硬件技术攻关。推动地理信息数据与生活服务要素的耦合协同，更好支撑智慧社区、智慧出行、智慧旅游等生活服务应用场景。（科技部、工业和信息化部、自然资源部和各地方人民政府按职责分工负责）

（十七）强化数字化金融支撑。鼓励金融机构在依法合规、风险可控的前提下，运用数字化技术优化信贷流程和信用评价模型，加大供应链金融支持力度，改进产品服务，提高金融服务可获得性。丰富消费金融服务场景，提供多层次、多样化消费金融服务，着力提升服务水平。加大金融服务适老助残应用功能建设，积极发展非接触式金融服务，提升金融服务的便利性。推动普惠小微贷款持续增量扩面，鼓励银行业金融机构为生活性服务业中小微企业数字化转型提供信贷支持，使资金更多流向中小微企业、个体工商户。支持符合条件的数字化平台、骨干企业上市、挂牌和发行债券。充分利用现有相关投资基金，进一步吸引社会资本，创新支持方式，加快推动生活服务企业数字化发展。（中国人民银行、金融监管总局、中国证监会和各地方人民政府按职责分工负责）

（十八）培养数字化专业人才。鼓励普通高等学校、职业院校开设数字生活服务相关专业。引导企业、平台建设生活服务数字化用工和培训基地，依托职业院校、各类线上线下培训机构，深化产教融合，建立针对性强、低成本、可触达的培训体系。针对生活服务数字化相关新职业新业态，多形式、多渠道加强专业人才培养。加强灵活就业和新就业形态劳动者权益保障，优化灵活就业人员就业和社保线上服务。（教育部、人力资源社会保障部和各地方人民政府按职责分工负责）

（十九）提升数字化管理水平。探索适应新业态特点、有利于公平竞争的监管办法，提升数字化监管水平，充分利用线上监管和投诉平台、国家企业信用信息公示系统等信息化平台，提高数字化管理效能。加强政府相关部门、电商平台和大数据服务机构协作，强化数据资源使用，开发生活服务动态地图，实时掌握各业态供给和消费情况。引导第三方机构研究开发生活服务数字化消费指数，探索发布生活服务数字化发展报告。探索建立生活服务领域信用信息体系，归集相关企业信用信息，推进信用风险分类管理。充分发挥标准引领作用，引导生活服务企业贯彻数据管理国家标准，稳步提升数据管理水平。（中央网信办、国家发展改革委、工业和信息化部、公安部、商务部、市场监管总局、国家统计局、国家数据局和各地方人民政府按职责分工负责）

（二十）增强数据安全保护与融合应用能力。严格落实《中华人民共和国数据安全法》、《中华人民共和国个人信息保护法》等相关法规要求，落实数据分类分级保护制度，推进网络身份认证公共服务建设，保护个人信息权益，规范个人信息处理活动。在国家网络安全等级保护制度的基础上，落实数据安全保护措施，健全完善全生命周期安全保护体系。加强数据安全监督管理、检测评估、通报预警和应急处置等工作，严厉打击危害数据安全违法犯罪活动，有效防范网络和数据安全风险。促进生活性服务业与其他产业深度融合，推进数据资源共享，构建生活服务数字化发展生态体系。（中央网信办、公安部、国家数据局等部门和各地方人民政府按职责分工负责）

六、强化支持保障措施

（二十一）加强组织协调。商务部、国家发展改革委、工业和信息化部牵头，会同相关部门建立生活服务数字化发展工作联络机制，切实加强组织领导、综合协调和政策保障，建立资源共享、信息互通、运转有序的跨部门工作机制，协调推进生活服务数字化相关工作，及时解决政策落实过程中的难点、堵点问题。鼓励各地区依法合规通过现有资金渠道，并积极吸引社会投资，对符合条件的生活服务数字化重点项目、赋能中心建设、企业数字化转型等给予支持。

（二十二）做好宣传推广。商务部组织各相关部门、各地区定期开展经验交流，及时总结有效举措、典型做法和可复制可推广的经验，编写生活服务数字化赋能典型案例集。对于可在各地借鉴推广的实践案例，要适时面向全国推广，形成全社会推动生活服务数字化发展的良好氛围。

商务部　国家发展改革委
教育部　工业和信息化部
人力资源社会保障部　住房城乡建设部
交通运输部　文化和旅游部　国家卫生健康委
中国人民银行　金融监管总局 国家数据局
2023 年 12 月 15 日

关于开展 2023 年全国商贸物流重点
联系企业组织申报工作的通知

各省、自治区、直辖市及计划单列市、新疆生产建设兵团商务主管部门：

按照《商贸物流企业重点联系制度（试行）》（以下简称《制度》，附件1），为进一步规范和加强全国商贸物流重点联系企业（以下简称重点联系企业）的申报、确定和动态管理等工作，现就开展 2023 年重点联系企业组织申报工作通知如下：

一、启动组织申报。请各省级商务主管部门结合工作实际适时启动组织申报工作，公布本地区重点联系企业申报渠道。符合《制度》规定的申报条件、有意愿申报的企业于 4 月 30 日前向注册地省级商务主管部门提出申请。有意愿申报的中央企业于 4 月 30 日前直接向商务部提出申请。企业在全国多地设有分公司或分支机构的，原则上由企业总部进行申报，避免重复申报。

二、提交申报材料。申报企业应认真填写《制度》中的《商贸物流重点联系企业申报基本情况》（以下简称《基本情况》），真实、准确提供企业的基本信息、业务规模、仓储能力、运输能力和标准载具应用水平等情况，并提供营业执照、财务报表、审计报告等相关证明文件。

三、推荐重点企业。请各省级商务主管部门对企业申报材料进行严格审核，向商务部推荐申报材料真实准确、符合申报条件的企业，于 5 月 15 日前通过邮寄和电子邮件方式向商务部报送 2023 年重点联系企业推荐名单（附件2）和推荐企业的《基本情况》。

四、确定重点企业。商务部将会同有关行业协会对中央企业申报材料进行审核并对各地推荐企业名单进行复核，经公示程序后确定 2023 年重点联系企业名单。

联系人：李正 周轶

电话：010-85093788（传真）85093757

邮箱：lizheng@ mofcom. gov. cn

zhouyilt@ mofcom. gov. cn

地址：北京市东长安街 2 号商务部流通业发展司

邮编：100731

附件：

1. 商贸物流企业重点联系制度（试行）. docx

2. 2023 年全国商贸物流重点联系企业推荐名单 . wps（略）

商务部流通业发展司

2023 年 4 月 13 日

附件1

商贸物流企业重点联系制度（试行）

第一章 总则

第一条 为贯彻落实党中央、国务院关于畅通国民经济循环和建设现代流通体系的决策部署，加快培育商贸物流骨干企业，推动商贸物流高质量发展，制定商贸物流企业重点联系制度（以下简称联系制度）。

第二条 联系制度按照"政府引导、企业自愿、分类分级、动态管理"原则，确定一批类型覆盖广、服务水平高、在全国或区域范围具有较强代表性的商贸物流重点联系企业（以下简称重点联系企业），建立健全通畅、稳定、高效的政企联系沟通机制。

第二章 申报条件

第三条 重点联系企业主要包括以下类型：

（一）具有自营物流的批发、零售、住宿、餐饮、进出口、电子商务（含跨境电商）等商贸流通企业（以下简称商贸企业）。

（二）主要开展供应链服务、综合物流、干线运输、仓储配送、快运快递、即时配送、物流设施设备、物流信息平台等业务的第三方商贸物流企业（以下简称物流企业）。

第四条 申报重点联系企业应符合以下基本条件：

（一）商贸企业年主营业务收入5亿元以上，物流企业年主营业务收入1亿元以上。

（二）具有全国性或跨区域的服务网络，在行业内有较强代表性和影响力。

（三）组织结构完善，管理制度健全，依法依规经营，严格履行安全生产、疫情防控等主体责任。

（四）积极完善物流服务网络，推进物流标准化、智慧化、绿色化发展，推动物流降本增效。

（五）有意愿与商务主管部门加强联系沟通，能够按要求及时报送企业经营情况，反映行业发展的突出问题。

第五条 企业在全国多地设有分公司或分支机构的，原则上由企业总部申报重点联系企业。

第六条 确定重点联系企业应充分考虑类型全面性和区域差异性，对代表性企业数量较少的类型、中西部等物流基础相对薄弱的地方，可适当放宽申报条件。

第七条 积极应用新技术新模式的创新型企业，在物流标准化智慧化绿色化方面具有较强示范引领作用的企业，在抗疫救灾、应急保供等重大任务中作出重要贡献的企业，可适当放宽申报条件。

第三章 确认程序

第八条 符合条件的企业按照自愿原则，

于每年 4 月 30 日前向注册地省级商务主管部门提出申请，填写《商贸物流重点联系企业申报基本情况》（附 1），提供营业执照、财务报表等有关证明材料。中央企业申报重点联系企业的，于每年 4 月 30 日前向商务部提出申请。

第九条　各省级商务主管部门可自行或会同当地物流行业协会，对企业申报材料进行审核，于每年 5 月 15 日前，向商务部报送推荐企业名单。

第十条　商务部会同中国物流与采购联合会，对中央企业申报材料进行审核并对各地推荐的企业名单进行复核，经商务部网站公示无异议后，确定本年度重点联系企业名单。

第十一条　鼓励各省级商务主管部门建立健全本地区商贸物流企业重点联系制度，确定并公布本地区重点联系企业名单。

第四章　主要任务

第十二条　商务部及各省级商务主管部门应畅通与重点联系企业沟通渠道，形式包括但不限于问卷调查、座谈、调研、培训等，及时了解行业发展的突出问题，研究出台政策措施，复制推广典型经验模式，促进行业健康、稳定发展。

第十三条　商务部鼓励重点联系企业参加商贸物流高质量发展专项行动、县域商业体系建设、农产品供应链体系建设、一刻钟便民生活圈试点、商品市场优化升级、供应链创新与应用示范创建等工作，充分发挥示范引领作用。

第十四条　重点联系企业应积极参加商务主管部门组织开展的问卷调查、座谈、调研、培训等活动，分别于每年 7 月 31 日前和次年 1 月 31 日前向注册地省级商务主管部门书面报告企业半年和全年物流发展情况（提纲模板见附 2）。省级商务主管部门汇总后报商务部。

第十五条　有关商务主管部门、行业协会应妥善保管获得的企业信息和数据，不得泄露企业商业秘密。

第五章　动态管理

第十六条　重点联系企业被合并或注销、报送材料中存在虚假信息、发生重大违法违规事项或重大安全责任事故、严重失信被纳入联合惩戒名单、与商务主管部门联系沟通及报送信息不积极的，应及时调出重点联系企业名单。

第十七条　重点联系企业有上述情形或者其他不适合继续重点联系的情形，由省级商务主管部门报请商务部同意，或者由商务部研究决定，调出重点联系企业名单。

第十八条　被调出重点联系企业名单的企业，两年内不得重新申报。

第六章　附则

第十九条　本制度由商务部负责解释。

第二十条　本制度自发布之日起试行，后续将根据实施情况进行修改完善，形成正式制度。

附：

1. 商贸物流重点联系企业申报基本情况

2. 商贸物流重点联系企业物流发展情况报告（提纲模板）

附1

商贸物流重点联系企业申报基本情况

一、基本信息

包括企业名称、注册地址、联系人及联系方式、企业类型、主营业务、服务网络覆盖范围、主要流通商品品类等情况。

二、业务规模

包括资产总计、主营业务收入、物流总费用/总成本、物流从业人员人数、物流配送节点数量、末端配送网点数量等情况。

三、仓储能力

包括仓储设施（平面仓库、立体仓库、高标准仓库、绿色仓库、海外仓等）数量和面积、冷冻冷藏库数量和容积等情况。

四、运输能力

包括货运配送车辆（含新能源货车、冷藏车等）数量和运力、航空运力吨位数、海运运力标箱数等情况。

五、标准载具应用水平

包括标准托盘数量（自有托盘数量、租赁

托盘数量）、标准物流周转箱（筐）数量（自有物流周转箱（筐）数量、租赁物流周转箱（筐）数量）等内容。

注：

企业类型：根据企业主营业务划分，包括商贸流通企业（商贸企业）和第三方物流企业（物流企业），其中，商贸流通企业兼具商流与物流服务功能，第三方物流企业主要提供物流及相关辅助服务。

商贸企业主营业务：商贸流通企业为实现其经营目标开展主要经营活动，包括批发、零售、住宿、餐饮、进出口、电子商务（含跨境电商）以及其他。

物流企业主营业务：第三方物流企业为实现其经营目标开展主要经营活动，包括供应链服务、综合物流、干线运输、仓储配送、快递快运、即时配送、物流设施设备、物流信息平台以及其他。

主要流通商品品类：企业采购、销售、运输、存储、配送等商贸和物流活动涉及的主要商品品类，包括快速消费品、农产品和食品、家居建材、家电、汽车、医药、大宗商品、再生资源以及其他。

物流总费用/总成本：企业在生产经营中产生的仓储、运输和物流管理等各种物流费用的总和。

物流配送节点数量：企业运营的具有一定

规模、物流设施及信息网络完善、物流功能健全、集聚辐射范围大、存储吞吐能力强的，主要向其他物流节点网点配送货物的专业化物流服务场所的数量，包括配送中心、区域配送中心、转运分拨中心、电商大仓等。

末端配送网点数量：企业运营的直接为居民提供"最后一公里""最后一百米"末端配送服务的商业和物流网点数量，包括商超门店、餐饮门店、电商前置仓、快递站点等。

仓储面积：企业运营的各类仓库的建筑面积总和。

平面仓库：又称平库，指以平面布局、自然码放、无高层货架的普通仓库。

立体仓库：采用高层货架，可借助机械化或自动化等手段立体存储物品的仓库。

高标准仓库：达到国家标准《通用仓库等级》（GB/T 21072—2021）四星或五星标准的仓库。

绿色仓库：最大限度地节约资源（节能、节地、节水、节材）、保护环境和减少污染，提供健康、适用和高效的使用空间，并与自然和谐共生的仓库建筑，可参考行业标准《绿色仓库要求与评价》（SB/T 11164—2016）。

海外仓：境内外贸企业、跨境电商企业、物流企业等，通过自建、合建、租赁等方式在境外设立运营的，为进出口商品提供存储、配送、流通加工及其他增值服务的仓储设施。

航空运力：企业自主可控的航空货运运力。

海运运力：企业自主可控的海运运力。

标准托盘数量：企业使用的符合国家标准《联运通用平托盘主要尺寸及公差》（GB/T 2934—2007）、平面尺寸为 1200mm×1000mm 的托盘数量。

标准物流周转箱（筐）数量：企业使用的符合国家标准《果蔬类周转箱尺寸系列及技术要求》、平面尺寸 600mm×400mm 的周转箱（筐）数量。

附 2

商贸物流重点联系企业物流发展情况报告

（提纲模板）

建立商贸物流企业重点联系制度、确定重点联系企业是贯彻实施商贸物流高质量发展专项行动的重要举措。为及时了解行业动态和发展趋势，完善行业政策措施，推动商贸物流提质降本增效，请有关企业向注册地省级商务主管部门书面报告半年和全年物流发展情况，建议提纲模板如下：

一、总体运营情况

包括但不限于主营业务收入、物流费用（成本）、物流费用率（物流费用/主营业务收入）、库存周转、货物吞吐量等变化情况。

二、物流网络建设情况

包括但不限于建设改造转运分拨中心、仓储配送中心、末端配送（快递）网点、末端零售门店、前置仓、海外仓等物流配送设施的数量、面积和资金投入等情况。

三、物流标准化建设情况

包括但不限于使用国家标准托盘及周转箱（筐）、使用循环共用（租赁）标准托盘及周转箱（筐）、相关物流设施标准化改造、带托运输、与上下游企业标准化衔接等情况。

四、智慧物流发展情况

包括但不限于应用物联网、5G、大数据、云计算等现代信息技术及先进物流设备，建设升级物流信息系统，建设改造智能高标仓（可参考国家标准 GB/T 21072—2021《通用仓库等级》四星和五星标准），与上下游企业信息互联互通，物流全程可视化等情况。

五、绿色物流发展情况

包括但不限于使用绿色包装（包装减量、可循环包装、可降解包装等）、建设改造绿色仓库（可参考行业标准 SB/T 11164—2016《绿色仓库要求与评价》）、应用新能源货运配送车辆、发展集约化配送（统一配送、共同配送）等情况。

六、物流安全建设情况

包括但不限于在提高物流安全性方面开展的制度建设、设施改造、人员培训、应急演练等工作情况。

七、物流提质降本增效存在的突出问题和意见建议

包括但不限于物流成本、运输效率、仓储周转、末端配送、物流设施设备等方面的突出问题和有关意见建议等。

中国人民银行　交通运输部　中国银行保险监督管理委员会关于进一步做好交通物流领域金融支持与服务的通知

银发〔2023〕32 号

为深入贯彻党的二十大和中央经济工作会议精神，发挥各方合力，助力交通物流业高质量发展和交通强国建设，现就进一步做好交通物流领域金融支持与服务有关事宜通知如下：

一、充分认识做好交通物流领域金融支持与服务的重要意义

交通物流是市场经济命脉。党的二十大报告明确提出，要加快建设交通强国，建设高效顺畅的流通体系，降低物流成本。中央经济工作会议要求，要增强国内大循环内生动力和可靠性。做好交通物流领域金融支持与服务，推动交通物流提档升级，帮助市场主体健康发展，是践行金融工作的政治性、人民性的重要体现。金融部门要贯彻以人民为中心的发展思想，提高政治站位，把做好交通物流领域金融服务摆在重要位置，用好用足各项政策工具，切实加大金融支持力度，助力国民经济循环畅通、产业链供应链稳定，促进交通物流与经济社会协调可持续发展。

二、金融机构等要加强组织保障、内部激励和产品创新

（一）完善组织保障和内部激励，加大交通物流领域信贷支持力度。银行业金融机构要健全工作机制，加强组织保障，在总行、分支机构层面明确牵头部门和工作责任，制定细化目标和工作方案，层层传导落实，切实做好交通物流领域金融支持与服务。要完善内部激励约束机制，优化信贷资源配置，引导分支机构主动减费让利，加大交通物流行业首贷、信用贷款支持力度。全国性银行总行工作方案及每半年落实进展要及时报送人民银行、银保监会，全国性银行分支机构、地方法人银行方案及进展报送所在地人民银行分支机构、银保监局，每半年落实进展报送时间应不晚于下一半年首月底。

（二）创新丰富符合交通物流行业需求特

点的信贷产品。银行业金融机构要根据交通物流领域企业人群融资需求，创新丰富符合行业特点的信贷产品。积极推广主动授信、随借随还贷款模式，更好满足市场主体经营性用款需求。鼓励运用大数据分析等手段对客户群体精准画像，创新基于动态交易、资金往来等的线上信用贷款。鼓励银行业金融机构在依法合规、风险可控的前提下，合理确定货车贷款首付比例、贷款利率、还款期限，在疫情及经济恢复的特定时间内适当提高货车贷款等交通物流行业不良贷款容忍度，细化落实尽职免责制度安排。对交通物流领域中小微企业、个体工商户、货车司机群体，银行、汽车金融公司、金融租赁公司、汽车企业集团财务公司、融资租赁公司等可根据客户经营状况和实际需求情况，按照市场化原则与客户自主协商对贷款（租金）进行展期；对符合条件的小微企业、个体工商户可给予续贷支持。

（三）优化货车 ETC 信用卡发行服务。鼓励银行业金融机构按照市场化原则办理货车 ETC 信用卡业务，建立符合货车 ETC 信用卡风险特点的风险管理模式和机制。对地方政府性融资担保机构、交通物流企业、汽车销售企业和货运平台企业等为货车办理 ETC 信用卡提供担保支持的，银行业金融机构要在风险可控前提下尽可能给予授信支持。

三、用好结构性货币政策工具，更好发挥引导撬动作用

（四）优化交通物流专项再贷款政策安排。将道路货物专用运输经营者、道路大型物件运输经营者、道路危险货物运输企业、道路货物运输站场经营者、中小微物流仓储企业（以物流、仓储、配送为主业的独立法人企业）补充

纳入交通物流专项再贷款支持范围（申请条件见附件）。交通物流专项再贷款政策实施期限延长至 2023 年 6 月底，合格银行按月申请专项再贷款资金，于贷款发放后次月 10 日（遇节假日顺延）前提交申请材料。

（五）运用支农支小再贷款、再贴现发挥协同支持作用。运用支农支小再贷款、再贴现支持地方法人银行发放的符合条件的道路水路货物运输企业、中小微物流仓储配送（含快递）企业及两类小微企业主、个体工商户、个体货车司机（含挂靠）等经营性贷款，以及持有道路运输经营许可证但非主营道路运输的中小微企业用于购置车辆、购置燃油、支付司机工资或劳务费等交通运输业务的贷款。

四、加强交通物流项目金融支持，助力交通强国建设

（六）加大配套融资等市场化资金支持力度，助力交通物流基础设施和重大项目建设。金融机构要加强对政策性开发性金融工具投资交通物流项目的配套融资支持。积极支持完善综合交通网络布局，重点支持出疆入藏、中西部地区、沿江沿边沿海战略骨干通道及西部陆海新通道、城市群城际通道、交通一体化、革命老区公路等建设。开发性政策性金融机构和商业银行等要加大对"十四五"规划 102 项重大工程交通物流项目、交通运输"十四五"相关规划项目等的融资支持力度。积极做好融资对接，支持农村骨干路网提档升级、基础路网完善、城乡道路衔接，加快乡村资源路、产业路、旅游路建设，完善农村配送网络。鼓励做好航运企业金融服务，提高海运、水运信贷和保险供给，适度降低融资成本，支持建设国际海运、内陆水运物流网络。

五、进一步发挥债券市场融资支持作用

（七）优化交通物流领域债券融资安排，提升发债融资便利度。发挥好债券市场融资功能，有力支持符合国家发展规划重大交通物流项目投资建设。支持汽车金融公司、金融租赁公司等非银行金融机构发行货运物流主题金融债券。鼓励道路水路货物运输（含港口）、物流仓储配送（含快递）等交通物流领域企业在银行间债券市场发行公司信用类债券筹集资金。中国银行间市场交易商协会、银行间市场基础设施要在疫情及经济恢复阶段持续对相关企业债券发行注册、登记托管等开通绿色通道，做好债券发行服务，优化业务办理流程，对债券融资交易费用能免尽免，降低发债融资成本，提升便利度。

六、建立健全信息共享机制，降低信息收集成本

（八）健全交通物流领域企业人群"白名单"机制。省级交通运输主管部门要指导各市县交通运输主管部门在认真梳理资质资格、质量信誉考核和信用评价等信息的基础上，组织相关行业协会商会等社会组织深入开展调研摸排，将守法诚信经营、市场前景良好、有贷款意愿的交通物流企业、个体工商户、货车司机等群体列入"白名单"，并及时推送给辖区内银行业金融机构、地方政府性融资担保机构等。人民银行分支机构、银保监局要引导辖区内银行业金融机构对照"白名单"积极对接市场主体融资需求，按市场化原则提供金融服务。

（九）建立信息共享和批量核验机制。省级交通运输主管部门要与辖区内银行业金融机构建立信息共享机制，根据银行业务办理需求，协调有关单位提供交通物流企业和从业司机清单，包含资质资格、车辆行驶轨迹、电子运单、交通执法等要素信息，主动协助银行业金融机构对交通物流贷款主体证照信息进行批量核验，降低银行业金融机构信息收集成本和贷款审核压力，减轻贷款主体负担。中国交通通信信息中心、全国性银行总行等单位要加强合作，建立信息共享机制。中国交通通信信息中心等相关单位要在保障网络安全、信息安全的前提下，免费向银行业金融机构提供信贷投放所需要素信息。

七、发挥"几家抬"合力，做好各项配套支持和服务

（十）推动加大贴息、担保增信等配套政策支持力度。各地交通运输主管部门要协调地方金融监管部门推动地方政府性融资担保机构在"白名单"基础上，为市场主体提供融资增信支持，依法依约及时履行代偿责任，积极帮助交通物流企业、个体工商户、货车司机等相关群体转贷续贷。鼓励有条件的地方对交通物流贷款（含租金）给予贴息、融资担保费用补贴，以及向政府性融资担保机构注资等支持。支持普惠金融发展示范区运用政策资源进行贷款贴息、风险补偿，或为政府性融资担保机构补充资本金。

（十一）加强政银企对接和宣传解读。各地交通运输主管部门、人民银行分支机构、银保监局要联合地方金融监管部门以及相关行业协会商会、交通物流企业集聚的产业园区等，开展多层次政银企对接活动，通过实地走访、

线上宣传、短信推广等方式宣讲金融政策，畅通对接渠道。金融机构、融资租赁公司可通过在车辆人员密集区设立业务办理点、派驻服务专员，对接走访"白名单"企业人群等方式，高效快捷回应市场主体金融服务诉求。交通物流专项再贷款合格银行要通过官方网站及手机银行专区、电话客服专席等适当方式，主动向社会公布本银行交通物流贷款产品信息、申请条件、办理方式与流程，以及分支机构业务办理电话等，便利货车司机等群体申请贷款。

（十二）建立多层次工作对接机制，协调推动和跟进调度各项政策落实。交通运输部、人民银行、银保监会建立工作对接机制，根据各省级工作对接机制、各金融机构报送的落实进展，定期通报有关情况，组织调度各方加大工作力度，推动形成工作合力，畅通金融支持政策传导，提高政策落实效果。各地交通运输主管部门、人民银行分支机构、银保监局要在省市两级建立工作对接机制，协调推动财政、公安、地方金融监管等部门及路网监测、融资担保等单位与金融机构等高效对接，跟进督促"白名单"推送、信息共享、证照核验、财政贴息、担保增信等举措落地，跟踪监测和通报辖区内交通物流贷款投放、再贷款申报、减费让利、金融工具配套融资发放等工作落实进展，定期协调解决金融机构信贷投放、市场主体申请贷款遇到的困难，持续组织开展政银企对接、政策宣传解读等活动；每半年汇总辖区内落实情况，于下一半年首月底前以简报形式报送上一级工作对接机制。

请人民银行副省级城市中心支行以上分支机构将本通知要求传达至辖区内地方法人银行业金融机构、汽车企业集团财务公司、融资租赁公司。

中国人民银行

交通运输部

中国银行保险监督管理委员会

2023 年 2 月 13 日

附件

交通物流专项再贷款申请条件

合格银行向"两企"群体（道路货物运输企业、中小微物流仓储配送企业）、"两个"群体（道路货物运输个体工商户、个体货车司机）发放贷款，用于疫情及经济恢复阶段交通运输、物流仓储配送等有关经营支出，以及购置或置换经营车辆贷款、物流仓储设备设施购置租赁等相关合理用途的，可申请交通物流专项再贷款政策支持。应具备的条件如下：

一、"两企"群体应具备的条件

道路货物运输企业应当具有交通运输主管部门核发的《道路运输经营许可证》，且许可证经营范围包含道路普通货物运输、网络货运、道路货物专用运输、道路大型物件运输和道路危险货物运输（含放射性物品道路运输）之一，需提供近三年货运车辆数及车辆号牌清单，无需提供车辆《行驶证》。

道路货物运输站（场）应当具有交通运输主管部门核发的《道路运输经营许可证》或者在交通运输主管部门公布的备案名单中。

"司机之家"运营单位应当在交通运输部、全国总工会公布的验收合格"司机之家"项目名单中。

中小微快递企业应当具有邮政快递管理部门核发的《快递业务经营许可证》。

中小微仓储配送企业营业执照经营范围应包含物流、仓储、配送等相关业务之一；财务报表中仓储、配送等物流业务收入之和占主营业务收入比重应当超过50%；仓储企业还应具有仓库使用证明文件，如仓库产权证明或仓库租赁、仓储管理、仓储服务等合同。

二、"两个"群体应具备的条件

使用普通货运车辆、大型物件运输车辆及集装箱、冷藏保鲜设备、罐式容器等专用车辆的，应当具有货运车辆《行驶证》，无需提供货车《道路运输证》《车辆购置合同》以及司机《驾驶证》《从业资格证》。

上述情况，道路货物运输个体工商户无需提供营业执照；个体货车司机无需提供车辆所有权相关证明。

"两企"相关小微企业主经营性贷款申请条件参照对应企业执行。

中国人民银行 金融监管总局 中国证监会 国家外汇局 国家发展改革委 工业和信息化部 财政部 全国工商联关于强化金融支持举措 助力民营经济发展壮大的通知

银发〔2023〕233 号

为深入贯彻党的二十大精神和中央金融工作会议要求，全面落实《中共中央国务院关于促进民营经济发展壮大的意见》，坚持"两个毫不动摇"，引导金融机构树立"一视同仁"理念，持续加强民营企业金融服务，努力做到金融对民营经济的支持与民营经济对经济社会发展的贡献相适应，现就有关事宜通知如下。

一、持续加大信贷资源投入，助力民营经济发展壮大

（一）明确金融服务民营企业目标和重点。银行业金融机构要制定民营企业年度服务目标，提高服务民营企业相关业务在绩效考核中的权重，加大对民营企业的金融支持力度，逐步提升民营企业贷款占比。健全适应民营企业融资需求特点的组织架构和产品服务，加大对科技创新、"专精特新"、绿色低碳、产业基础再造工程等重点领域民营企业的支持力度，支

持民营企业技术改造投资和项目建设，积极满足民营中小微企业的合理金融需求，优化信贷结构。合理提高民营企业不良贷款容忍度，建立健全民营企业贷款尽职免责机制，充分保护基层展业人员的积极性。

（二）加大首贷、信用贷支持力度。银行业金融机构要积极开展首贷客户培育拓展行动，加强与发展改革和行业管理部门、工商联、商会协会对接合作，挖掘有市场、有效益、信用好、有融资需求的优质民营企业，制定针对性综合培育方案，提升民营企业的金融获得率。强化科技赋能，开发适合民营企业的信用类融资产品，推广"信易贷"模式，发挥国家产融合作平台作用，持续扩大信用贷款规模。

（三）积极开展产业链供应链金融服务。银行业金融机构要积极探索供应链脱核模式，支持供应链上民营中小微企业开展订单贷款、仓单质押贷款等业务。进一步完善中征应收账

款融资服务平台功能，加强服务平台应用。促进供应链票据规范发展。深入实施"一链一策一批"中小微企业融资促进行动，支持重点产业链和先进制造业集群、中小企业特色产业集群内民营中小微企业融资。

（四）主动做好资金接续服务。鼓励主办银行和银团贷款牵头银行积极发挥牵头协调作用，对暂时遇到困难但产品有市场、项目有发展前景、技术有市场竞争力的民营企业，按市场化原则提前对接接续融资需求，不盲目停贷、压贷、抽贷、断贷。抓好《关于做好当前金融支持房地产市场平稳健康发展工作的通知》（银发〔2022〕254号文）等政策落实落地，保持信贷、债券等重点融资渠道稳定，合理满足民营房地产企业金融需求。

（五）切实抓好促发展和防风险。银行业金融机构要增强服务民营企业的可持续性，依法合规审慎经营。健全信用风险管控机制，加强享受优惠政策低成本资金使用管理，严格监控资金流向。加强关联交易管理，提高对关联交易的穿透识别、监测预警能力。

二、深化债券市场体系建设，畅通民营企业债券融资渠道

（六）扩大民营企业债券融资规模。支持民营企业注册发行科创票据、科创债券、股债结合类产品、绿色债券、碳中和债券、转型债券等，进一步满足科技创新、绿色低碳等领域民营企业资金需求。支持民营企业发行资产支持证券，推动盘活存量资产。优化民营企业债务融资工具注册机制，注册全流程采用"快速通道"，支持储架式注册发行，提高融资服务便利度。

（七）充分发挥民营企业债券融资支持工具作用。鼓励中债信用增进投资股份有限公司、中国证券金融股份有限公司以及市场机构按照市场化、法治化原则，通过担保增信、创设信用风险缓释工具、直接投资等方式，推动民营企业债券融资支持工具扩容增量、稳定存量。

（八）加大对民营企业债券投资力度。鼓励和引导商业银行、保险公司、各类养老金、公募基金等机构投资者积极科学配置民营企业债券。支持民营企业在符合信息披露、公允定价、公平交易等规范基础上，以市场化方式购回本企业发行的债务融资工具。

（九）探索发展高收益债券市场。研究推进高收益债券市场建设，面向科技型中小企业融资需求，建设高收益债券专属平台，设计符合高收益特征的交易机制与系统，加强专业投资者培育，提高市场流动性。

三、更好发挥多层次资本市场作用，扩大优质民营企业股权融资规模

（十）支持民营企业上市融资和并购重组。推动注册制改革走深走实，大力支持民营企业发行上市和再融资。支持符合条件的民营企业赴境外上市，利用好两个市场、两种资源。继续深化并购重组市场化改革，研究优化并购重组"小额快速"审核机制，支持民营企业通过并购重组提质增效、做大做强。

（十一）强化区域性股权市场对民营企业的支持服务。推动区域性股权市场突出私募股权市场定位，稳步拓展私募基金份额转让、认股权综合服务等创新业务试点，提升私募基金、证券服务机构等参与区域性股权市场积极性。支持保险、信托等机构以及资管产品在依法合规、风险可控、商业自愿的前提下，投资

民营企业重点建设项目和未上市企业股权。

（十二）发挥股权投资基金支持民营企业融资的作用。发挥政府资金引导作用，支持更多社会资本投向重点产业、关键领域民营企业。积极培育天使投资、创业投资等早期投资力量，增加对初创期民营中小微企业的投入。完善投资退出机制，优化创投基金所投企业上市解禁期与投资期限反向挂钩制度安排。切实落实国有创投机构尽职免责机制。

四、加大外汇便利化政策和服务供给，支持民营企业"走出去""引进来"

（十三）提升经常项目收支便利化水平。鼓励银行业金融机构开展跨境人民币"首办户"拓展行动。支持银行业金融机构为更多优质民营企业提供贸易外汇收支便利化服务，提升资金跨境结算效率。支持银行业金融机构统筹运用好本外币结算政策，为跨境电商等贸易新业态提供优质的贸易便利化服务。

（十四）完善跨境投融资便利化政策。优化外汇账户和资本项目资金使用管理，完善资本项目收入支付结汇便利化政策，支持符合条件的银行业金融机构开展资本项目数字化服务。扩大高新技术和"专精特新"中小企业跨境融资便利化试点范围。支持符合条件的民营企业开展跨国公司本外币一体化资金池业务试点，便利民营企业统筹境内外资金划转和使用。有序扩大外资企业境内再投资免登记试点范围，提升外资企业境内开展股权投资便利化水平和民营企业利用外资效率。支持跨境股权投资基金投向优质民营企业。

（十五）优化跨境金融外汇特色服务。鼓励银行业金融机构健全汇率风险管理服务体系和工作机制，加强政银企担保多方联动合作，

减轻民营中小微企业外汇套期保值成本。持续创新跨境金融服务平台应用场景、拓展覆盖范围，为民营企业提供线上化、便利化的融资结算服务。

五、强化正向激励，提升金融机构服务民营经济的积极性

（十六）加大货币政策工具支持力度。继续实施好多种货币政策工具，支持银行业金融机构增加对重点领域民营企业的信贷投放。用好支农支小再贷款额度，将再贷款优惠利率传导到民营小微企业，降低民营小微企业融资成本。

（十七）强化财政奖补和保险保障。优化创业担保贷款政策，简化办理流程，推广线上化业务模式。发挥首台（套）重大技术装备、重点新材料首批次应用保险补偿机制作用。在风险可控前提下，稳步扩大出口信用保险覆盖面。

（十八）拓宽银行业金融机构资金来源渠道。支持银行业金融机构发行金融债券，募集资金用于发放民营企业贷款。对于支持民营企业力度较大的银行业金融机构，在符合发债条件的前提下，优先支持发行各类资本工具补充资本。

六、优化融资配套政策，增强民营经济金融承载力

（十九）完善信用激励约束机制。完善民营企业信用信息共享机制，健全中小微企业和个体工商户信用评级和评价体系。推动水电、工商、税务、政府补贴等涉企信用信息在依法合规前提下向银行业金融机构开放查询，缓解

信息不对称。健全失信行为纠正后信用修复机制。

（二十）健全风险分担和补偿机制。发挥国家融资担保基金体系引领作用，稳定再担保业务规模，引导各级政府性融资担保机构合理厘定担保费率，积极培育民营企业"首保户"，加大对民营小微企业的融资增信支持力度。建立国家融资担保基金风险补偿机制，鼓励有条件的地方完善政府性融资担保机构的资本补充和风险补偿机制，进一步增强政府性融资担保机构的增信分险作用。

（二十一）完善票据市场信用约束机制。支持民营企业更便利地使用票据进行融资，强化对民营企业使用票据的保护，对票据持续逾期的失信企业，限制其开展票据业务，更好防范拖欠民营企业账款。引导票据市场基础设施优化系统功能，便利企业查询票据信息披露结果，更有效地识别评估相关信用风险。

（二十二）强化应收账款确权。鼓励机关、事业单位、大型企业等应收账款付款方在中小企业提出确权请求后，及时确认债权债务关系。鼓励地方政府积极采取多种措施，加大辖区内小微企业应收账款确权力度，提高应收账款融资效率。推动核心企业、政府部门、金融机构加强与中征应收账款融资服务平台对接，通过服务平台及时确认账款，缓解核心企业、政府部门确权难和金融机构风控难问题。

（二十三）加大税收政策支持力度。落实以物抵债资产税收政策，银行业金融机构处置以物抵债资产时无法取得进项发票的，允许按现行规定适用差额征收增值税政策，按现行规定减免接收、处置环节的契税、印花税等。推动落实金融企业呆账核销管理制度，进一步支持银行业金融机构加快不良资产处置。

七、强化组织实施保障

（二十四）加强宣传解读。金融机构要积极开展宣传解读，丰富宣传形式、提高宣传频率、扩大宣传范围，主动将金融支持政策、金融产品和服务信息推送至民营企业。发展改革和行业管理部门、工商联通过培训等方式，引导民营企业依法合规诚信经营，珍惜商业信誉和信用记录，防范化解风险。

（二十五）强化工作落实。各地金融管理、发展改革、工信、财税、工商联等部门加强沟通协调，推动解决政策落实中的堵点、难点问题，强化政策督导，梳理总结典型经验，加强宣传推介，提升政策实效。进一步完善统计监测，加强政策效果评估。工商联要发挥好桥梁纽带和助手作用，建立优质民营企业名录，及时向金融机构精准推送，加强银企沟通。各金融机构要履行好主体责任，抓紧制定具体实施细则，加快政策落实落细。

国家铁路局　工业和信息化部　中国国家铁路集团有限公司关于支持新能源商品汽车铁路运输服务新能源汽车产业发展的意见

国铁运输监〔2023〕4 号

各地区铁路监督管理局，各省、自治区、直辖市、计划单列市工业和信息化主管部门，各铁路局集团公司、各专业运输公司：

为深入贯彻党的二十大精神，认真贯彻落实党中央、国务院关于加快构建新发展格局、着力推动高质量发展的决策部署，支持新能源商品汽车铁路运输，更好满足新能源汽车生产企业铁路运输需求，有效服务新能源汽车产业发展，现提出以下意见。

一、总体要求

以习近平新时代中国特色社会主义思想为指导，完整、准确、全面贯彻新发展理念，服务构建新发展格局，按照党中央、国务院决策部署，统筹发展和安全，聚焦企业反映突出的新能源商品汽车铁路运输需求，明确铁路支持政策，规范铁路运输服务，加强铁路运输管理，强化铁路运输安全监管，充分发挥综合交通运输体系作用和铁路运输绿色低碳优势，积极鼓励开展新能源商品汽车铁路运输业务，不断提升铁路运输服务标准化、规范化、便利化水平，保障新能源商品汽车铁路运输安全畅通，促进降低新能源商品汽车物流成本、助力国家新能源汽车产业发展。

二、支持开展新能源商品汽车铁路运输

积极鼓励铁路运输企业开展新能源商品汽车铁路运输业务，对纳入工业和信息化部《道路机动车辆生产企业及产品公告》范围（出口新能源商品汽车产品不受此限制），采用锂离子电池驱动的插电式混合动力或纯电动新能源商品汽车，依据《铁路安全管理条例》《铁路危险货物运输安全监督管理规定》《危险货物品名表》（GB 12268）等法律法规和有关标准，铁路运输新能源商品汽车不按危险货物管理，由承托双方按照本通知要求办理运输。办理新能源商品汽车国际铁路联运，应当符合铁路合作组织《国际铁路货物联运协定》附件第 2 号《危险货物运送规则》等有关规定。

三、规范铁路运输条件

（一）托运新能源商品汽车时，托运人应当提供新能源商品汽车产品出厂合格证（出口新能源商品汽车不受此限制），合格证应当与实际托运的新能源商品汽车产品相符。

（二）电池荷电状态及油箱状态。新能源商品汽车的动力电池荷电状态不得超过65%。插电式混合动力汽车的油箱孔盖处于关闭状态，无泄漏、渗漏问题，铁路运输过程中不得加注、抽取油料。

（三）托运新能源商品汽车时，除装配的电池外，不得夹带备用电池和其他电池。除出厂配备的必备物品外，新能源商品汽车内部及后备箱内不得装载和夹带其他物品。

四、加强铁路运输管理

（一）保证货物安全。托运人应对提供的新能源商品汽车产品出厂合格证（出口新能源商品汽车不受此限制）的真实性负责，对托运的新能源商品汽车产品质量和安全性负责。

（二）加强承运把关。铁路运输企业承运新能源商品汽车时，应认真查验新能源商品汽车产品出厂合格证（出口新能源商品汽车不受此限制），无产品出厂合格证的不得承运。装载新能源商品汽车的铁路车辆、集装箱应当符合有关标准和安全技术规范的要求，不得使用技术状态不良、未按规定检修（验）或者达到报废年限的车辆、集装箱。使用铁路货车装载加固新能源商品汽车时，应当符合《铁路货物装载加固技术要求》（TB/T 30004）。

（三）加强应急管理。铁路运输企业、托运人等运输单位应根据《电动汽车灾害事故应急救援指南》（GB/T 38283），配备必要的应急救援器材、设备，发生突发事件后及时采取妥善的应急处置措施。

五、强化铁路运输安全监管

各地区铁路监管局要结合辖区实际，加强新能源商品汽车铁路运输安全监管，加大对谎报品名和违规运输行为的查处力度，切实维护新能源商品汽车铁路运输市场秩序，保障铁路运输安全畅通。要加大新能源商品汽车铁路运输相关法律法规和政策标准宣贯力度，指导督促铁路运输企业依法合规办理新能源商品汽车铁路运输业务。要组织铁路运输企业及时总结新能源商品汽车铁路运输经验，结合实际提出完善相关法律法规和标准的意见建议，不断完善铁路运输安全管理，确保新能源商品汽车铁路运输安全畅通。

六、强化组织保障

（一）健全工作机制。各地区铁路监管局、各省、自治区、直辖市、计划单列市工业和信息化主管部门和铁路运输企业要加强沟通协调，建立健全工作机制，动态掌握新能源汽车生产企业和铁路运输需求情况，及时协调解决铁路运输方面存在的问题，强化上下联动、横向协同，确保新能源商品汽车铁路运输安全畅通。

（二）加强信息管理。铁路运输企业要组织托运人做好新能源商品汽车运输信息录入工作，掌握新能源商品汽车运量流向。各地区铁路监管局要动态掌握辖区内新能源商品汽车运输信息，并按照要求定期报送国家铁路局。

（三）加强政策宣贯。各地区铁路监管局

和铁路运输企业要通过多种方式做好政策宣贯，确保企业知晓新能源商品汽车铁路运输有关政策和安全要求，主动帮助企业办理托运手续，不断提高新能源商品汽车铁路运输服务质量。

国家铁路局　工业和信息化部

中国国家铁路集团有限公司

2023 年 1 月 3 日

（此件公开发布）

第二部分

物流统计

2023 年中国物流运行情况

2023 年，我国物流运行总体恢复向好，社会物流总额增速稳步回升，物流运行效率持续改善，社会物流总费用与 GDP 的比率有所回落。

一、社会物流总额增速稳步回升

2023 年，全国社会物流总额达 352.4 万亿元，按可比价格计算，同比增长 5.2%，增速比上年提高 1.8 个百分点。物流需求规模持续恢复向好，增速稳步回升。

从构成看，农产品物流总额 5.3 万亿元，按可比价格计算，同比增长 4.1%；工业品物流总额 312.6 万亿元，增长 4.6%；进口货物物流总额 18.0 万亿元，增长 13.0 %；再生资源物流总额 3.5 万亿元，增长 17.4%；单位与居民物品物流总额 13.0 万亿元，增长 8.2%。

二、社会物流总费用与 GDP 的比率有所回落

2023 年，社会物流总费用 18.2 万亿元，同比增长 2.3%。社会物流总费用与 GDP 的比率为 14.4%，比上年回落 0.3 个百分点。

从构成看，运输费用 9.8 万亿元，增长 2.8%；保管费用 6.1 万亿元，增长 1.7%；管理费用 2.3 万亿元，增长 2.0%。

三、物流业总收入保持平稳增长

2023 年，我国物流业总收入 13.2 万亿元，同比增长 3.9%。

2023 年我国物流统计数据如下表所示。

2023 年我国物流统计数据　　　　　　　　单位：万亿元

项目	2023 年	同比增长（%）
一、社会物流总费用	18.2	2.3
运输费用	9.8	2.8
保管费用	6.1	1.7

续　表

项目	2023 年	同比增长（%）
管理费用	2.3	2.0
二、社会物流总额	352.4	5.2
农产品物流总额	5.3	4.1
工业品物流总额	312.6	4.6
进口货物物流总额	18.0	13.0
再生资源物流总额	3.5	17.4
单位与居民物品物流总额	13.0	8.2
三、物流业总收入	13.2	3.9

（国家发展改革委　中国物流与采购联合会）

2023 年中国物流运行情况分析

2023 年，我国经济在波动中恢复，稳定因素有所累积，物流运行环境持续改善，行业整体恢复向好。市场需求规模恢复加快，高端制造、线上消费等新动能领域回升明显。物流供给质量稳步提升，多式联运、航空货运等协同高效物流服务全面发展。单位物流成本稳中有降，产业链循环基本通畅。物流企业降本增效内驱力增强，头部企业战略转型步伐加快，引领行业向规范化、精细化和数字化方向发展。

一、经济结构转型进程加速，物流需求协同发力

（一）物流需求规模稳定恢复，基础领域巩固夯实

2023 年，全国社会物流总额为 352.4 万亿元，按可比价格计算，同比增长 5.2%，增速比 2022 年全年提高 1.8 个百分点。分季度看，第一季度、第二季度、第三季度、第四季度分别增长 3.9%、5.4%、4.7% 和 5.4%，呈现前低、中高、后稳的恢复态势，全年回升势头总体向好。

从结构看，农产品、工业、消费、进口领域物流需求稳定增长，恢复力度好于上年。其中，农产品物流需求保持良好发展态势。全年粮食总产量 6.95 亿吨，猪牛羊禽肉产量 0.96 亿吨，创历史新高，分别同比增长 1.3% 和 4.5%。农产品物流总额 5.3 万亿元，同比增长 4.1%。工业品物流需求稳步回升。全年原煤生产 46 亿吨，冶金制造超过 33 亿吨，汽车生产超过 3000 万辆，化工类产量近 10 亿吨，工业生产规模增速回升。全年工业品物流总额 312.6 万亿元，同比增长 4.6%，增速比上年提高 1.0 个百分点。各季度呈连续回升态势，特别是第四季度回升明显，11 月、12 月两个月增长均超过 6%，创年内增速新高。民生消费物流需求稳中向好。全年单位与居民物品物流总额 13.0 万亿元，同比增长 8.2%，增速比上年提高 4.8 个百分点。餐饮、零售等领域回升力度明显提升，餐饮、百货店零售相关物流需求实现由降转升，分别同比增长 20% 和 8.8%；便利店零售相关物流需求增长 7.5%，增速有所回升。进口物流需求规模保持较快扩张。全年进口物流总额 18.0 万亿元，增速由降转升，同比增长 13.0%，各季度增速均保持在 10% 以上。其中，大宗商品进口物流量进一步扩大，

原油、天然气、煤炭等能源产品进口 11.6 亿吨，同比增长 27.2%；铁、铝等金属矿砂进口 14.6 亿吨，同比增长 7.6%。

（二）产业转型升级扎实推进，新动能领域物流加快回升

物流需求结构调整加快，增长动力向高端化、智能化、绿色化方向转换。从产业领域看，全年装备制造物流保持良好回升态势，增速高于全部工业物流 2 个百分点，特别是汽车、智能设备等领域物流总额增速超过 10%，

比上年有所加快。从产业业态来看，电商物流、线上服务等新业态仍保持较快增长。全年电商物流指数均值为 110.1 点，实物商品网上零售额同比增长 8.4%，均比上年有所加快。从产业循环来看，绿色生产方式正在加快形成，再生资源的回收、分拣、集散等循环体系正在逐步完善，相关产业物流需求规模持续扩张，全年再生资源物流总额同比增长超过 17%。2014—2023 年我国社会物流总额发展情况如图 1 所示。

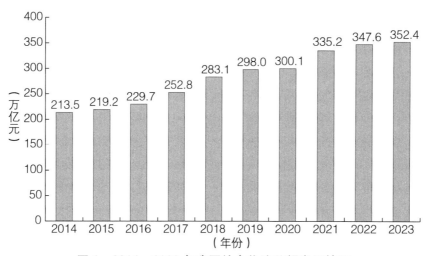

图 1　2014—2023 年我国社会物流总额发展情况

二、物流发展环境优化，产业升级步伐加快

物流基础设施网络体系进一步完善，现代物流加快向高质量发展转型，为产业链循环畅通提供了坚实基础。

（一）物流基础设施网络日趋完备，达到世界先进水平

2023 年，我国物流基础设施建设稳步推进，短板领域不断补强。全年交通运输、仓储和邮政业等物流相关固定资产投资额同比增长

超过 10%，物流基础设施保障体系进一步完善。全年新增建设国家物流枢纽 30 个，累计形成 125 个覆盖全国、类型丰富的物流枢纽体系，为产业与物流聚集融合发展提供有力支撑。全年建成 1000 余个县级寄递配送中心和 30.3 万个村级寄递物流综合服务站，农村物流网络日益健全，短板领域逐步加强。全年冷藏车保有量 43.2 万辆，冷库总量 2.28 亿立方米，专业领域物流基础设施保持稳定增长。

世界银行发布的《2023 年全球物流绩效指数报告》中，我国物流绩效综合排名由 2018 年的 26 位升至 20 位。其中，物流基础设施、国际

货运能力两方面均排名位于全球前 10%，达到国际先进水平，基础设施排名超越美国、法国等发达经济体，比 2018 年提高 6 位；国际货运能力比 2018 年提高 4 位，我国船队规模达到 2.5 亿吨，同比增长 10% 左右。但在国际物流通关管理、货运追踪能力等方面依然存在一定差距，是未来提升我国国际物流绩效的着力方向。

（二）物流业收入规模平稳增长，行业运行稳健性提升

2023 年，我国物流业总收入为 13.2 万亿元，同比增长 3.9%，物流收入规模延续扩张态势。运输、仓储装卸等基础物流收入同比增速在 3% 左右，支撑物流市场稳定增长。

航空运输、多式联运、快递等细分领域回升势头向好。其中，在上游产业升级、跨境电商回升支撑下，全年航空物流收入由降转升，同比增长超过 20%；随着政策推动、港口适配能力增强，全年多式联运收入增长超过 15%；快递市场进入稳定增长阶段，全年快递物流收入增长 14% 左右。高端物流市场拉动作用增强，带动物流业总收入增长约 1 个百分点。

全年景气水平提高，行业运行稳定恢复。全年中国物流业景气指数平均为 51.8%，高于上年 3.2 个百分点，多数月份处于 51% 以上的较高景气区间，各月业务量、新订单指数平均波动幅度较上年有所收窄，显示行业运行向好，稳健性提升，物流供给对需求变化适配、响应能力有所增强。

仓储物流业务活跃，周转持续高效。全年中国仓储指数中的业务量指数平均为 52.4%，2 月以来各月均位于较高景气区间，设施利用率、仓储周转效率逐月提高，显示仓储业务活跃度提升，行业运行较为高效，助力降低社会库存水平，支撑产业链上下游循环畅通。

电商物流业务向好，农村电商蓬勃发展。

全年电商物流业务量指数平均为 120.3 点，连续多月呈回升态势。其中，农村电商物流业务量指数平均为 124.2 点，同比上年提高 8.7 点，呈现出蓬勃发展态势。

三、物流运行效率持续改善，单位物流成本稳中有降

2023 年，社会物流总费用 18.2 万亿元，同比增长 2.3%。社会物流总费用与 GDP 的比率为 14.4%，比上年下降 0.3 个百分点，第一季度、上半年、前三季度分别为 14.6%、14.5% 和 14.3%，呈连续回落走势。

从结构看，主要环节物流费用比率均有所下降，运输费用与 GDP 的比率为 7.8%、保管费用与 GDP 的比率为 4.8%、管理费用与 GDP 的比率为 1.8%，比上年各下降 0.1 个百分点。显示全年各环节物流运行效率全面改善，仓储保管等静态环节占比稳步下降，资金流、物流向动态环节转移，物流要素流动趋于活跃。

经济结构升级为降本增效提供有力的外部条件。从产业看，经济结构优化升级，服务业增长动力明显回升，服务业占比回升至 54.6%，比上年提高 1.2 个百分点。从产品来看，物流实物量附加价值稳步提升，占社会物流总额近 90% 的工业产品持续向高端化转变，单位 GDP 物流量、单位 GDP 货运量均有所下降，全年单位 GDP 物流需求系数、单位 GDP 货运量系数分别降至 2.8 和 4.3，均为近年来较低水平，产业物流成本随之下降。

组织管理升级是物流降本增效的重要动力。储运匹配明显改善，产销衔接水平提升。年末工业企业产品销售率升至 98.4%，产成品存货周转天数较 10 月末减少 0.1 天。运输组织管理向高效、协同迈进。航空货运规模加快恢

复，全年货邮运输量 735 万吨，同比增长 21%；1—11 月港口"散改集"作业量、集装箱铁水联运量同比分别增长 19.6% 和 15.7%，铁水联运占比同比提高 0.3 个百分点；全年平均运距总体有所下降，长距离运输逐步向铁路、水上运输转移，公路平均运距 183 千米，同比下降 1.7%，运输结构有所优化。

物流政策体系优化为降本增效提供制度保障。全年出台多项物流提质增效降本政策。如高速公路差异化收费长效机制不断优化完善，全年高速公路优惠减免车辆通行费约 1400 亿元；大宗商品仓储设施用地城镇土地使用税优惠政策继续实施，原材料和初级产品仓储物流用地成本稳中有降，物流降本增效制度保障更加完善。

总体来看，物流成本水平回落是经济高质量发展的必然结果，也是物流组织管理模式优化和宏观产业政策等综合效力的集中体现。2014—2023 年全国社会物流总费用同比增速及其与 GDP 的比率如图 2 所示。

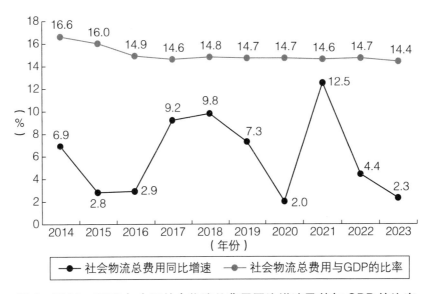

图 2　2014—2023 年全国社会物流总费用同比增速及其与 GDP 的比率

四、物流市场竞争格局加剧，企业降本增效内驱力增强

物流市场竞争格局加剧。从市场主体数量来看，截至 2023 年年底，我国交通运输、仓储和邮政业法人单位近 60 万家，个体经营户 580 多万个，物流相关市场主体超过 600 万个，部分领域市场准入门槛较低，企业数量总体较大。从市场集中度来看，物流企业规模相对较小，部分领域小微企业数量庞大，市场集中度依然较低，2023 年 50 强物流企业物流业务收入占物流业总收入的比重虽有所提高，但仍不足 20%。从企业订单需求看，物流宏观主要指标虽有不同程度回升，但阶段性、结构性矛盾依然存在，物流市场主体中个体企业感受差异明显。据 2023 年 1—12 月中国非制造业商务活动指数显示，企业对市场需求偏弱感受较为强烈，反映市场订单需求偏弱的物流企业占比超过 30%，中小企业占比近 50%。从价格竞争来

看，部分领域低价竞争现象较为突出，"以价换量"仍是部分功能性物流服务行业竞争的主要手段。物流业景气指数中的服务价格指数各月均位于50%以下，全年平均为48.3%，反映出物流业服务价格整体低位徘徊。水路方面，上海航运交易所发布的沿海（散货）综合运价指数年平均值为1014.9点，同比下降9.7%；中国出口集装箱运价指数年平均值为937.3点，同比下降66.4%；快递方面，价格年内平均值同比降幅也在4%左右。在此背景下，微观企业盈利明显承压。年度重点调查初步汇总数据显示，近30%的物流企业全年亏损，平均收入利润率在3%左右低位徘徊，明显低于正常年份5%的平均水平。

面对日趋激烈的市场竞争格局，物流企业创新发展、降本增效内驱力持续增强。

服务升级态势明显，产业融合进程加速。物流企业积极推进服务向综合供应链转型，加速产业融合进程，加码新兴领域布局，拓展业务空间。年度重点调查初步汇总数据显示，重点物流企业供应链合同订单数量同比增长24%，一体化物流业务收入增长近30%，供应链物流管理、一体化等综合类物流业务占比稳步提升，生鲜、服装等专业细分领域一体化供应链服务具有良好增长潜力。调研显示，中外运等头部物流企业正在加速产业融合，稳固合作关系，延伸服务范围，增加服务黏性，助力客户实现成本优化，上游工商企业物流费用率水平稳步下降。

数字化转型加快，助力供应链体系逐步提效。物流企业积极推进产业协同共生，助力信息共享，优化资源配置。相关调研显示，近年

京东物流、顺丰速递等头部企业在数字化相关领域投入增长超过50%。探索应用大数据模型、智能算法分析等数字化手段，基于企业内部管理、面向客户服务，实现全流程物流监控调度，助力效率提升、服务优化。

协同发展水平提升，企业管理向规范化迈进。在政策引领、行业共识等因素影响下，物流各细分领域发展进一步规范，跨领域协同水平有所提升。快递物流领域密集出台国家标准，聚焦服务质量、绿色包装等方面；民航货运领域制定信息化标准与技术规范，加快建立信息系统对接标准体系；物流单元标准化进程加快，年度重点调查初步汇总数据显示，企业自有标准化托盘占比升至70%以上，头部物流企业达到85%。各领域物流企业积极推进标准化进程，推动行业规范化发展，促进行业服务质量升级，实现企业经营降本提效，全年重点企业每百元营业收入中的成本总体稳中趋缓，比上年下降0.3元。

总体来看，当前我国超大规模市场优势依然明显，物流市场潜力较大。随着政策逐步落地见效，微观主体投资意愿稳中趋增，对市场预期基本向好，未来物流运行有望延续企稳向好的发展态势。但我国经济仍需面对国内结构调整和国际需求偏弱等挑战，物流需求也将由规模扩张向存量结构调整转型，物流市场有待优化升级，物流企业要坚持创新发展理念，深刻融入实体经济供应链服务环节，以高效能物流服务助力经济高质量发展。

（中国物流与采购联合会　中国物流信息中心

执笔人：孟圆　高帅）

2023 年 1—12 月中国物流业景气指数

（中国物流与采购联合会发布）

1 月

2023 年 1 月，中国物流业景气指数为 44.7%，较上月回落 1.3 个百分点；中国仓储业指数为 43.2%，较上月回落 5.5 个百分点。

中国物流与采购联合会总经济师何辉指出：1 月，受节日因素影响，物流业景气指数较上月继续回落。从指数上看，业务量规模缩减、库存指数下降，但新订单数量企稳、业务活动预期大幅回升。从区域看，东中西部地区均位于收缩区间。从企业规模看，大中小微型物流企业仍位于收缩区间。节后开工复工进度加快，防控政策持续优化调整，企业信心明显增强，供应链上下游将快速复苏，物流业景气指数有望重返扩张区间。

业务总量指数回落。1 月，业务总量指数为 44.7%，环比回落 1.3 个百分点，显示因节日因素物流业务规模有所缩减。

平均库存量指数和库存周转次数指数回落。1 月，平均库存量指数和库存周转次数指数分别为 48.4% 和 43.5%，环比分别回落 0.8 个和 1.7 个百分点，显示出物流库存量降低，货物周转有所减缓。

从后期走势看，业务活动预期指数为 55.6%，较上月回升 7 个百分点。显示出企业对行业发展信心增强、预期乐观。

2 月

2023 年 2 月，中国物流业景气指数为 50.1%，较上月回升 5.4 个百分点；中国仓储业指数为 56.3%，较上月回升 13.1 个百分点。

中国物流与采购联合会总经济师何辉指出：2 月，受供需两端回暖、产能增加影响，物流业景气指数较上月有所回升。从指数上看，业务量增加、库存量回升、库存周转加快、资金周转率提高、从业人员增多、新订单和业务活动预期指数继续保持回升。从区域看，东中西部地区均较上月有所回升，其中，东部地区回升幅度更大。从企业规模看，大中小型物流企业业务量增加，微型物流企业业务量回升速度较缓。随着稳经济政策措施效应进一步显现，企业复工复产加快，企业对未来恢复发展预期向好，物流业景气指数有望继续保持稳步回升。

业务总量指数回升。2 月，业务总量指数为 50.1%，环比回升 5.4 个百分点，显示物流行业业务规模恢复较快。

设备利用率指数回升。2 月，设备利用率指数环比回升 6.9 个百分点，显示出随着业务量规模的扩大，物流相关设备利用率有所提高。

从后期走势看，业务活动预期指数为 57.6%，较上月回升 2 个百分点。显示出企业对行业恢复发展预期向好。

3 月

2023 年 3 月，中国物流业景气指数为 55.5%，较上月回升 5.4 个百分点，连续两个月回升超过 5 个百分点；中国仓储业指数为 50.2%，较上月下降 6.1 个百分点。

中国物流与采购联合会总经济师何辉指出：3 月，伴随各地稳需求、促消费等政策措施落地，物流业景气指数呈现强劲复苏态势。其中，业务量和新订单指数持续增长，库存周转次数和资金周转率指数加快，投资指数、主营业务利润指数、从业人员指数、业务活动预期指数均继续保持回升。从区域看，东中西部地区均较上月有所回升。从企业规模看，大中小微型物流企业业务量均有增加。随着经济活动趋于活跃，物流业运行有望继续回升。

业务总量指数回升。3 月，业务总量指数为 55.5%，环比回升 5.4 个百分点，显示物流行业业务规模在扩张区间，继续保持较快增速。

新订单指数回升。3 月，新订单指数环比回升 4.4 个百分点，显示物流需求继续改善，商品流通需求增多，订单数量明显增加，为景气指数的后期回升提供基础保障。

库存指数保持双升。3 月，平均库存量指数和库存周转次数指数回升到 50% 以上，环比分别回升 2.2 个和 3.9 个百分点，显示出生产和消费两端均趋于活跃，库存和周转次数均有增加。

从后期走势看，3 月业务活动预期指数为

58.1%，2023 年 1—3 月连续回升，显示出随着经济持续复苏，企业对物流行业将继续快速增长的信心较强。

4 月

2023 年 4 月，中国物流业景气指数为 53.8%，较上月回落 1.7 个百分点；中国仓储业指数为 53.7%，较上月上升 3.5 个百分点。

中国物流与采购联合会总经济师何辉指出：4 月，物流业景气指数在扩张区间内较上月有所回落，主要由于前期物流业复苏较快，形成较高基数，呈季节性波动。从区域看，东中西部地区均位于扩张区间。从企业规模看，大中型物流企业物流业务需求较好，小微型物流企业物流业务需求较上月有所减少。后期需关注供需两端的适应性与可持续性，保持内需稳步复苏，增强内生动力活性。

业务总量指数回落。4 月，业务总量指数为 53.8%，环比回落 1.7 个百分点，显示物流行业业务需求在前期快速增长的基础上略有减少。

新订单指数回落。4 月，新订单指数为 52.3%，环比回落 1.4 个百分点，显示出物流行业新订单数量增速有所放缓。

资金周转率指数回升。4 月，资金周转率指数为 52% 左右，显示出在相关政策扶植下，物流企业经营中资金流动性情况较好。

从后期走势看，业务活动预期指数保持在 55% 以上高位运行。显示出随着经济持续复苏和节日相关消费需求继续释放，物流企业对短期行业景气度仍保持乐观。

5 月

2023 年 5 月，中国物流业景气指数为 51.5%，较上月回落 2.3 个百分点；中国仓储业指数为 51.3%，较上月下降 2.4 个百分点。

中国物流与采购联合会总经济师何辉指出：5 月，物流业景气指数继续保持扩张，但景气水平略有回落，显示出新增需求尚有不足，内生动力仍需增强。从指数上看，"九降二升"，其中，库存周转次数指数和固定资产投资完成额指数较上月回升。从区域看，东中西部地区均位于扩张区间。从企业规模看，大中型物流企业物流业务需求保持稳定，小微型物流企业物流业务需求较上月仍有减少。后期仍需继续关注稳投资、促消费和稳就业相关政策效果，加快物流行业恢复发展。

业务总量指数和新订单指数回落。5月，业务总量指数为51.5%，环比回落2.3个百分点；新订单指数为49.7%，环比回落2.6个百分点。显示出市场需求不足，业务量相应有所放缓。

固定资产投资完成额指数回升。5月，固定资产投资完成额指数环比回升1.4个百分点，显示出物流行业相关固定资产投资完成效率保持增长。

从后期走势看，业务活动预期指数保持在55%左右的高位区间，企业依然看好铁路运输业、航空运输业、邮政快递业和多式联运领域。显示出物流市场信心总体保持稳定。

6月

2023年6月，中国物流业景气指数为51.7%，较上月回升0.2个百分点；中国仓储业指数为50.7%，较上月下降0.6个百分点。

中国物流与采购联合会总经济师何辉指出：6月，物流业景气指数环比小幅回升，各分项指标均有所改善，显示出市场业务量和订单需求增加，就业形势好转，企业信心稳定。从区域看，东西部地区较上月有所回升，中部地区持平。从企业规模看，大中型企业物流需求保持稳定，小微型企业需求偏弱。综合第二季度景气指数运行情况，物流业总体保持恢复，但恢复势头不稳，物流业恢复向好势头仍需巩固。

业务总量指数和新订单指数双升。6月，业务总量指数和新订单指数分别为51.7%和50.4%，环比分别回升0.2个和0.7个百分点。

从业人员指数回升。6月，从业人员指数为51.2%，环比回升2.3个百分点，显示出物流岗位需求增加，企业用工压力较之前缓解。

从后期走势看，业务活动预期指数较上月回升，继续保持在55%的高位，显示出物流市场信心继续保持稳定。

7月

2023年7月，中国物流业景气指数为50.9%，较上月回落0.8个百分点；中国仓储业指数为52.2%，较上月上升1.5个百分点。

中国物流与采购联合会总经济师何辉指出：7月，受高温多雨和淡季效应影响，物流业景气指数较上月有所回落，但仍保持在景气区间，物流行业整体运行平稳。从指数上看，新订单指数和主营业务利润指数较上月回升，其他分项指数较上月有不同程度回落，增长动力出现放缓的迹象，上升基础仍需巩固增强。从区域看，东西部地区业务需求仍有扩张，但中部地区新增需求较上月有所放缓。从企业规模看，大型物流企业业务规模保持稳定，中小微型物流企业物流承压性较弱。当前政策端正展现积极变化，相关政策部署或将加快落地、经济有望平稳修复。

业务总量指数回落，行业运行平稳。7月，业务总量指数为50.9%，环比回落0.8个百分点。显示出物流行业整体运行平稳，但业务量规模增速放缓。

新订单指数回升，新增需求态势较好。7月，新订单指数为50.6%，环比回升0.2个百分点。显示出新增需求推动新订单指数有所改善，企业经营预期将逐步转好。

从后期走势看，业务活动预期指数保持在

扩张区间，显示出物流市场信心总体保持稳定。

8月

2023年8月，中国物流业景气指数为50.3%，较上月回落0.6个百分点；中国仓储业指数为52%，较上月下降0.2个百分点。

中国物流与采购联合会总经济师何辉指出：8月，物流业景气指数较上月虽略有回落，但仍保持在景气区间，物流行业整体运行稳定。从分析指数看，平均库存量指数、物流服务价格指数、主营业务成本指数和业务活动预期指数较上月回升，其他分项指数较上月有不同程度回落。从区域看，东部和西部地区业务需求保持增长。从企业规模看，大中型物流企业保持增长，小微型物流企业经营状况有所改善。在政策稳步实施的基础上，连续复苏的趋势在形成，市场预期总体向好。

业务总量指数回落，业务保持稳定。8月，业务总量指数为50.3%，环比回落0.6个百分点，尽管保持在50%以上但仍有较大增长空间。

新订单指数回落，需求有待提振。8月，新订单指数回落至50%以下，且连续7个月弱于业务总量指数，反映出新增需求不稳有待提振。

从后期走势看，业务活动预期指数环比回升并保持在扩张区间，企业保持积极预期。

9月

2023年9月，中国物流业景气指数为53.5%，较上月回升3.2个百分点；中国仓储业指数为53.5%，较上月上升1.5个百分点。

中国物流与采购联合会总经济师何辉指出：9月，受政策显效、需求逐步恢复和市场预期向好等因素影响，物流业景气指数较上月明显回升。各分项指数均有不同程度回升，其中业务总量指数、新订单指数、库存周转次数指数和从业人员指数环比回升超过3个百分点。从区域看，东中西部地区业务需求均衡增长。后期，

随着稳需求、稳增长、提信心等政策持续发力，经济和物流运行具备企稳回升基础。

业务总量指数和新订单指数回升，供需两端继续改善。9月，业务总量指数和新订单指数分别为53.5%和53.3%，环比分别回升3.2个和3.8个百分点。显示出受政策推动，市场供需均有所改善。

从业人员指数回升，物流从业人员就业形势稳定。9月，从业人员指数环比回升3.1个百分点，三季度环比二季度回升0.2个百分点，显示出物流岗位就业形势保持稳定。

固定资产投资完成额指数回升。9月，固定资产投资完成额指数环比回升1.9个百分点，显示出物流相关投资增加，且相关固定资产投资完成情况稳定。

从后期走势看，本月业务活动预期指数为58.8%，较上月回升2.8个百分点，保持在较高运行区间，物流市场信心保持积极乐观。

10月

2023年10月，中国物流业景气指数为52.9%，较上月回落0.6个百分点；中国仓储业指数为50.9%，较上月回落2.6个百分点。

中国物流与采购联合会总经济师何辉指出：10月，物流业景气指数较上月小幅回落，但仍保持扩张趋势。其中业务总量指数、新订单指数均处于扩张区间，三大区域呈现均衡增长，各区域物流活动仍保持较好活跃度。后期来看，宏观经济具备发展韧性，经济增长内生动力将稳步释放，物流运行具备企稳基础。

业务总量指数回落，业务量保持稳定。10月，业务总量指数为52.9%，较上月回落0.6个百分点，继续保持在50%以上扩张区间。

新订单指数有所回落，新增需求稳定。10月，新订单指数为52.8%，较上月回落0.5个百分点，反映出新增需求保持向好趋势。

从后期走势看，本月业务活动预期指数为57.4%，较上月回落1.4个百分点，反映出物流行业继续保持乐观预期。

11月

2023年11月，中国物流业景气指数为53.3%，较上月回升0.4个百分点；中国仓储业指数为52.2%，较上月回升1.3个百分点。

中国物流与采购联合会总经济师何辉指出：11月，物流业景气指数继续保持扩张趋势，三大地区呈现均衡增长。物流活跃度有所提升，业务总量指数、新订单指数均处于扩张区间。后期来看，企业投资势头较稳，预期需求保持稳定增长，企业盈利水平有所改善，物流运行企稳基础进一步巩固。

业务总量指数回升。11月，业务总量指数为53.3%，较上月回升0.4个百分点，继续保持在50%以上扩张区间。

新增需求稳定，新订单指数回升。11月，新订单指数为53.4%，较上月回升0.6个百分点，反映出新增需求保持向好趋势。

从后期走势看，业务活动预期指数连续多个月保持在55%以上高位，反映出物流行业继续保持稳定预期。

12月

2023年12月，中国物流业景气指数为53.5%，较上月回升0.2个百分点；中国仓储业指数为51.6%，较上月回落0.6个百分点。

中国物流与采购联合会总经济师何辉指出：12月，物流业景气指数继续回升，主要指标中业务总量指数、新订单指数、资金周转率指数、固定资产投资完成额指数、从业人员指数、业务活动预期指数均处于扩张区间，年末物流运行保持向好基本面。全年物流业景气指数稳中有升，大部分分项指标年度均值高于上年同期，稳中有进发展态势进一步稳固。

业务总量指数回升。12月，业务总量指数为53.5%，较上月回升0.2个百分点。

需求稳定，新订单指数保持扩张区间。12月，新订单指数为52.8%，较上月回落0.6个百分点。

发展预期趋稳。12月，业务活动预期指数为54.8%，连续多月保持在55%左右的高位，反映出物流行业继续保持稳定预期。

2023年1—12月中国物流业景气指数（LPI）走势如图1所示。2023年1—12月中国仓储业指数走势如图2所示。

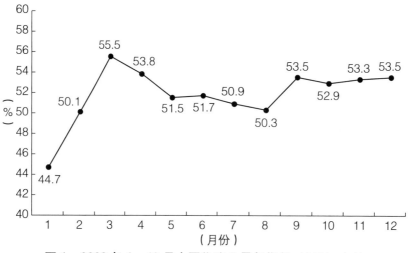

图1　2023年1—12月中国物流业景气指数（LPI）走势

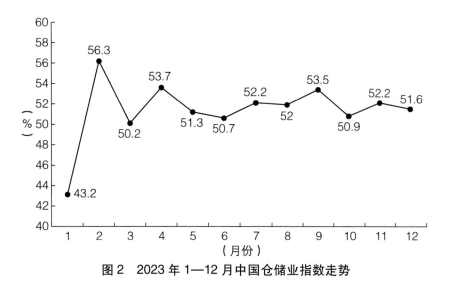

图2　2023年1—12月中国仓储业指数走势

（中国物流信息中心）

2023 年 1—12 月中国制造业采购经理指数（PMI）

（中国物流与采购联合会、国家统计局服务业调查中心）

1 月

2023 年 1 月，中国制造业采购经理指数（PMI）为 50.1%，比上月上升 3.1 个百分点。

特约分析师张立群指出：1 月，PMI 大幅回升，且重回荣枯线以上，表明经济回暖势头比较强劲。指数较上月提高 3.1 个百分点，是 2020 年 3 月后的最大升幅，反映了疫情防控政策积极调整后，中国经济强大的增长动能快速展现。但 PMI 的大多数指标仍在荣枯线之下，经济增长仍处较低区间。新订单指数虽回升到荣枯线以上，但反映需求不足的企业占比仍在 53% 以上，需求收缩问题仍十分突出；采购量指数和购进价格指数都提高，反映随着生产需求恢复，保供稳价任务仍十分繁重；生产经营活动预期指数有较大提高，采购量指数、进口指数提高，反映企业信心明显增强，生产经营活动恢复势头强劲。综合看，中国经济开始展现较强的底部回升态势，要全面落实好中央经济工作会议的安排部署，全面克服三重压力，尽快增强经济回升向好的基础。

1 月 PMI 中的 13 个分项指数变化情况如下。

生产指数为 49.8%，比上月上升 5.2 个百分点。从企业规模来看，大型企业的生产指数高于 50%，为 53.1%；中型和小型企业的生产指数低于 50%，分别为 47.2% 和 46.2%。

新订单指数为 50.9%，比上月上升 7 个百分点。从企业规模来看，大型企业的新订单指数高于 50%，为 55.1%；中型和小型企业的新订单指数低于 50%，分别为 48.2% 和 45.5%。

新出口订单指数为 46.1%，比上月上升 1.9 个百分点。从企业规模来看，大型、中型和小型企业的新出口订单指数都低于 50%，分别为 48.3%、42.8% 和 43.3%。

积压订单指数为 44.5%，比上月上升 1.4 个百分点。从企业规模来看，大型、中型和小型企业的积压订单指数都低于 50%，分别为 47.5%、43.2% 和 39.7%。

产成品库存指数为 47.2%，比上月上升 0.6 个百分点。从企业规模来看，大型、中型和小型企业的产成品库存指数都低于 50%，分别为 49%、47.3% 和 43.1%。

采购量指数为 50.4%，比上月上升 5.5 个百分点。从企业规模来看，大型企业的采购量指数高于 50%，为 53%；中型和小型企业的采购量指数低于 50%，分别为 49.7% 和 45.8%。

进口指数为 46.7%，比上月上升 3 个百分点。从企业规模来看，大型、中型和小型企业的进口指数都低于 50%，分别为 47.8%、43.8% 和 46.8%。

购进价格指数为 52.2%，比上月上升 0.6 个百分点。从企业规模来看，大型、中型和小型企业的购进价格指数都高于 50%，分别为 53.1%、51.6% 和 50.9%。

出厂价格指数为 48.7%，比上月下降 0.3 个百分点。从企业规模来看，大型、中型和小型企业的出厂价格指数都低于 50%，分别为 49.7%、47.8% 和 47.9%。

原材料库存指数为 49.6%，比上月上升 2.5 个百分点。从企业规模来看，大型和中型企业的原材料库存指数高于 50%，分别为 51.3% 和 50.1%；小型企业的原材料库存指数低于 50%，为 45.1%。

从业人员指数为 47.7%，比上月上升 2.9 个百分点。从企业规模来看，大型、中型和小型企业的从业人员指数都低于 50%，分别为 47.8%、47.2% 和 48.2%。

供应商配送时间指数为 47.6%，比上月上升 7.5 个百分点。从企业规模来看，大型、中型和小型企业的供应商配送时间指数都低于 50%，分别为 47.7%、47.6% 和 47.5%。

生产经营活动预期指数为 55.6%，比上月上升 3.7 个百分点。从企业规模来看，大型、中型和小型企业的生产经营活动预期指数都高于 50%，分别为 57.3%、54.3% 和 53.6%。

2 月

2023 年 2 月，中国制造业采购经理指数（PMI）为 52.6%，比上月上升 2.5 个百分点。

特约分析师张立群指出：2 月，PMI 在荣枯线上继续提高，表明经济全面回升的态势更加明朗。尽管有春节因素影响（2023 年春节在 1 月，PMI 是与上月对比形成），但从 PMI 提升幅度较大，特别是各分项指标大多数已提高到荣枯线以上，明显表现出经济全面持续回升，但反映市场需求不足的企业占比仍超过 52%；反映原材料成本高的企业占比仍超过 49%，表明企业生产经营面临的困难仍然不小。要进一步抓好扩大内需和保供稳价等方面的各项任务落实，毫不松懈地持续巩固经济回升向好的基础。

2 月 PMI 中的 13 个分项指数变化情况如下。

生产指数为 56.7%，比上月上升 6.9 个百分点。从企业规模来看，大型、中型和小型企业的生产指数都高于 50%，分别为 58.2%、56.6% 和 53.7%。

新订单指数为 54.1%，比上月上升 3.2 个百分点。从企业规模来看，大型、中型和小型企业的新订单指数都高于 50%，分别为 56.1%、52.8% 和 51.4%。

新出口订单指数为 52.4%，比上月上升 6.3 个百分点。从企业规模来看，大型和小型企业的新出口订单指数高于 50%，分别为 53.7% 和 54%；中型企业的新出口订单指数低于 50%，为 49.1%。

积压订单指数为 49.3%，比上月上升 4.8 个百分点。从企业规模来看，大型企业的积压订单指数高于 50%，为 50.8%；中型和小型企业的积压订单指数低于 50%，分别为 47.4% 和 48.5%。

产成品库存指数为 50.6%，比上月上升 3.4 个百分点。从企业规模来看，大型和小型企业的产成品库存指数高于 50%，分别为 51.3%和 50.2%；中型企业的产成品库存指数低于 50%，为 49.8%。

采购量指数为 53.5%，比上月上升 3.1 个百分点。从企业规模来看，大型、中型和小型企业的采购量指数都高于 50%，分别为 56.1%、50.3%和 52.2%。

进口指数为 51.3%，比上月上升 4.6 个百分点。从企业规模来看，大型企业的进口指数高于 50%，为 53.4%；中型和小型企业的进口指数低于 50%，分别为 47.8%和 46.1%。

购进价格指数为 54.4%，比上月上升 2.2 个百分点。从企业规模来看，大型、中型和小型企业的购进价格指数都高于 50%，分别为 54.1%、54.8%和 54.6%。

出厂价格指数为 51.2%，比上月上升 2.5 个百分点。从企业规模来看，大型和小型企业的出厂价格指数高于 50%，分别为 53.3%和 50.4%；中型企业的出厂价格指数低于 50%，为 49.2%。

原材料库存指数为 49.8%，比上月上升 0.2 个百分点。从企业规模来看，大型和小型企业的原材料库存指数高于 50%，分别为 50.5%和 50.7%；中型企业的原材料库存指数低于 50%，为 47.9%。

从业人员指数为 50.2%，比上月上升 2.5 个百分点。从企业规模来看，大型企业的从业人员指数高于 50%，为 51%；小型企业的从业人员指数位于 50%；中型企业的从业人员指数低于 50%，为 49.1%。

供应商配送时间指数为 52%，比上月上升 4.4 个百分点。从企业规模来看，大型、中型和小型企业的供应商配送时间指数都高于 50%，分别为 52.9%、51%和 51.4%。

生产经营活动预期指数为 57.5%，比上月上升 1.9 个百分点。从企业规模来看，大型、中型和小型企业的生产经营活动预期指数都高于 50%，分别为 58.2%、55.3%和 58.8%。

3 月

2023 年 3 月，中国制造业采购经理指数（PMI）为 51.9%，比上月下降 0.7 个百分点。

特约分析师张立群指出：3 月，PMI 小幅回落，但仍在荣枯线之上，表明经济继续保持恢复态势，但步伐略有放缓。从分项指数看，多数都在 50%以上；同时普遍出现不同程度回落。据此分析研判，当前需特别注意需求收缩问题。3 月 PMI 中订单类指数均出现回落，反映需求不足的企业占比超过 55%。需求收缩对企业信心恢复、生产恢复已成为主要制约。要着力加强扩大内需的政策效果，显著提振投资，扩大消费。依靠超大规模国内市场的加快回暖，显著增强企业信心，带动企业生产全面活跃。

3 月 PMI 中的 13 个分项指数变化情况如下。

生产指数为 54.6%，比上月下降 2.1 个百分点。从企业规模来看，大型、中型和小型企业的生产指数都高于 50%，分别为 57.2%、52.6%和 52%。

新订单指数为 53.6%，比上月下降 0.5 个百分点。从企业规模来看，大型、中型和小型企业的新订单指数都高于 50%，分别为 56.5%、51.3%和 50.8%。

新出口订单指数为 50.4%，比上月下降 2 个百分点。从企业规模来看，大型和小型企业的新出口订单指数高于 50%，分别为 52.2%和 52.1%；中型企业的新出口订单指数低于 50%，为 46.1%。

积压订单指数为 48.9%，比上月下降 0.4 个百分点。从企业规模来看，大型和小型企业的积压订单指数高于 50%，分别为 50.8% 和 50.4%；中型企业的积压订单指数低于 50%，为 44.7%。

产成品库存指数为 49.5%，比上月下降 1.1 个百分点。从企业规模来看，大型、中型和小型企业的产成品库存指数都低于 50%，分别为 49.5%、49.6% 和 49.4%。

采购量指数为 53.5%，与上月持平。从企业规模来看，大型和小型企业的采购量指数高于 50%，分别为 56.6% 和 52.4%；中型企业的采购量指数低于 50%，为 49.2%。

进口指数为 50.9%，比上月下降 0.4 个百分点。从企业规模来看，大型企业的进口指数高于 50%，为 54%；中型和小型企业的进口指数低于 50%，分别为 44.4% 和 46.7%。

购进价格指数为 50.9%，比上月下降 3.5 个百分点。从企业规模来看，大型和中型企业的购进价格指数高于 50%，分别为 51.3%、51.1%；小型企业的购进价格指数低于 50%，为 49.7%。

出厂价格指数为 48.6%，比上月下降 2.6 个百分点。从企业规模来看，大型企业的出厂价格指数位于 50%；中型和小型企业的出厂价格指数低于 50%，分别为 48.1% 和 46.9%。

原材料库存指数为 48.3%，比上月下降 1.5 个百分点。从企业规模来看，大型、中型和小型企业的原材料库存指数都低于 50%，分别为 49.6%、47.3% 和 46.8%。

从业人员指数为 49.7%，比上月下降 0.5 个百分点。从企业规模来看，大型和小型企业的从业人员指数高于 50%，分别为 50.6% 和 50.1%；中型企业的从业人员指数低于 50%，为 47.9%。

供应商配送时间指数为 50.8%，比上月下降 1.2 个百分点。从企业规模来看，大型、中型和小型企业的供应商配送时间指数都高于 50%，分别为 51.3%、50.3% 和 50.4%。

生产经营活动预期指数为 55.5%，比上月下降 2 个百分点。从企业规模来看，大型、中型和小型企业的生产经营活动预期指数都高于 50%，分别为 56.7%、53% 和 56.3%。

4月

2023 年 4 月，中国制造业采购经理指数（PMI）为 49.2%，比上月下降 2.7 个百分点。

特约分析师张立群指出：4 月，PMI 较大幅度回落，且已低于荣枯线水平，有季节性因素的影响，更主要的是一种经济从恢复性增长转入全面回升过程的短期现象，不改变经济持续回升的大趋势。疫情防控政策积极调整后，经济运行的各个方面，从供给到需求、从产业链各个节点到消费、投资各领域，相关经济活动都出现手脚放开后的快速反弹，其性质总体属于补偿性、恢复性。这是自 2022 年 12 月以来 PMI 指数持续较快回升的主要原因。当达到常态水平后，消费、服务业等领域的恢复性、补偿性增长就会明显减弱。经济进一步回暖，就需要市场需求持续回暖的拉动。从恢复性回暖到系统性、全局性回暖，需要有一个转换期，但时间不会长。对此期间出现的经济指标回落，应该有正确认识，应该保持定力，继续加大力度，抓实抓好各项既定政策的落实。

4 月 PMI 中的 13 个分项指数变化情况如下。

生产指数为 50.2%，比上月下降 4.4 个百分点。从企业规模来看，大型和小型企业的生产指数高于 50%，分别为 50.1% 和 50.7%。中型企业的生产指数低于 50%，为 49.8%。

新订单指数为 48.8%，比上月下降 4.8 个百分点。从企业规模来看，大型、中型和小型企业的新订单指数都低于 50%，分别为 49%、

49.3%和47.6%。

新出口订单指数为47.6%，比上月下降2.8个百分点。从企业规模来看，大型、中型和小型企业的新出口订单指数都低于50%，分别为47.7%、47.8%和46.9%。

积压订单指数为46.8%，比上月下降2.1个百分点。从企业规模来看，大型、中型和小型企业的积压订单指数都低于50%，分别为47.6%、45.9%和46.4%。

产成品库存指数为49.4%，比上月下降0.1个百分点。从企业规模来看，大型企业的产成品库存指数位于50%；中型和小型企业的产成品库存指数低于50%，分别为48.1%和49.8%。

采购量指数为49.1%，比上月下降4.4个百分点。从企业规模来看，小型企业的采购量指数高于50%，为50.2%；大型和中型企业的采购量指数低于50%，分别为49.1%和48.2%。

进口指数为48.9%，比上月下降2个百分点。从企业规模来看，小型企业的进口指数高于50%，为51.4%；大型和中型企业的进口指数低于50%，分别为48.9%和48%。

购进价格指数为46.4%，比上月下降4.5个百分点。从企业规模来看，大型、中型和小型企业的购进价格指数都低于50%，分别为45.8%、46.4%和47.9%。

出厂价格指数为44.9%，比上月下降3.7个百分点。从企业规模来看，大型、中型和小型企业的出厂价格指数都低于50%，分别为44.4%、45.5%和45.2%。

原材料库存指数为47.9%，比上月下降0.4个百分点。从企业规模来看，大型、中型和小型企业的原材料库存指数都低于50%，分别为47.8%、47.7%和48.4%。

从业人员指数为48.8%，比上月下降0.9个百分点。从企业规模来看，大型、中型和小型企业的从业人员指数都低于50%，分别为49.1%、48.5%和48.5%。

供应商配送时间指数为50.3%，比上月下降0.5个百分点。从企业规模来看，大型、中型和小型企业的供应商配送时间指数都高于50%，分别为50.4%、50.3%和50.1%。

生产经营活动预期指数为54.7%，比上月下降0.8个百分点。从企业规模来看，大型、中型和小型企业的生产经营活动预期指数都高于50%，分别为54.4%、55.4%和54.5%。

5月

2023年5月，中国制造业采购经理指数（PMI）为48.8%，比上月下降0.4个百分点。

特约分析师张立群指出：5月，PMI继续在荣枯线下小幅回落，表明经济全面回升态势仍在聚力之中。订单类指数仍小幅回落，反映市场需求不足的企业占比进一步提高到58%以上，表明需求收缩的问题仍然突出。受此影响，企业信心仍然偏弱，生产经营活动偏谨慎；需求不足也引致价格类指数回落。要着力落实好全面加强基础设施建设各方面工作，显著加强政府投资对全社会投资的带动作用，持续提高扩大内需的政策效果，通过提振投资进而带动企业生产，带动就业、增加居民收入，带动消费持续回暖，进而使超大规模国内市场需求进入全面回暖轨道，依靠需求全面回暖带动经济全面回升。

5月PMI中的13个分项指数变化情况如下。

生产指数为49.6%，比上月下降0.6个百分点。从企业规模来看，大型企业的生产指数高于50%，为51.5%；中型和小型企业的生产指数低于50%，分别为48%和47.9%。

新订单指数为48.3%，比上月下降0.5个百分点。从企业规模来看，大型企业的新订单指数高于50%，为50.3%；中型和小型企业的新订单指数低于50%，分别为46.3%和46.9%。

新出口订单指数为47.2%，比上月下降0.4个百分点。从企业规模来看，大型、中型和小型企业的新出口订单指数都低于50%，分别为48.9%、45.2%和44.1%。

积压订单指数为46.1%，比上月下降0.7个百分点。从企业规模来看，大型、中型和小型企业的积压订单指数都低于50%，分别为47.5%、44.8%和44.9%。

产成品库存指数为48.9%，比上月下降0.5个百分点。从企业规模来看，大型企业的产成品库存指数高于50%，为50.1%；中型和小型企业的产成品库存指数低于50%，分别为47.8%和48%。

采购量指数为49%，比上月下降0.1个百分点。从企业规模来看，大型企业的采购量指数高于50%，为50.6%；中型和小型企业的采购量指数低于50%，分别为48.2%和46.9%。

进口指数为48.6%，比上月下降0.3个百分点。从企业规模来看，大型、中型和小型企业的进口指数都低于50%，分别为48.8%、48.2%和48.5%。

购进价格指数为40.8%，比上月下降5.6个百分点。从企业规模来看，大型、中型和小型企业的购进价格指数都低于50%，分别为38.5%、41.9%和44%。

出厂价格指数为41.6%，比上月下降3.3个百分点。从企业规模来看，大型、中型和小型企业的出厂价格指数都低于50%，分别为39.2%、43.4%和43.9%。

原材料库存指数为47.6%，比上月下降0.3个百分点。从企业规模来看，大型、中型和小型企业的原材料库存指数都低于50%，分别为48.2%、47.5%和46.6%。

从业人员指数为48.4%，比上月下降0.4个百分点。从企业规模来看，大型、中型和小型企业的从业人员指数都低于50%，分别为48.9%、47.5%和48.7%。

供应商配送时间指数为50.5%，比上月上升0.2个百分点。从企业规模来看，大型、中型和小型企业的供应商配送时间指数都高于50%，分别为50.8%、50.2%和50.4%。

生产经营活动预期指数为54.1%，比上月下降0.6个百分点。从企业规模来看，大型、中型和小型企业的生产经营活动预期指数都高于50%，分别为54.2%、54.5%和53.4%。

6月

2023年6月，中国制造业采购经理指数（PMI）为49%，比上月上升0.2个百分点。

特约分析师张立群指出：6月，PMI小幅提高，表明推动经济全面回升的力量进一步增强，经济回升的基础在不断巩固。生产指数、新订单指数、出厂价格指数回升，其他指数降幅明显缩小，表明制造业生产经营活动总体呈筑底回升态势。但需求收缩的压力仍然突出。6月PMI中的订单类指数，都还处于荣枯线之下，反映需求不足企业的占比进一步提高到61%。扭转需求收缩的各项工作不进则退，正处在最要紧的时刻。必须进一步提高扩大内需的综合效果，要着力增强政府投资对全社会投资的带动作用，有力提振企业生产投资信心，带动就业形势持续好转。依靠超大规模国内市场的持续回暖，带动企业生产经营活动持续恢复，带动经济持续回升向好。

6月PMI中的13个分项指数变化情况如下。

生产指数为 50.3%，比上月上升 0.7 个百分点。从企业规模来看，大型和中型企业的生产指数高于 50%，分别为 52.7% 和 50.2%；小型企业的生产指数低于 50%，为 45.7%。

新订单指数为 48.6%，比上月上升 0.3 个百分点。从企业规模来看，大型企业的新订单指数高于 50%，为 51%；中型和小型企业的新订单指数低于 50%，分别为 48.5% 和 44%。

新出口订单指数为 46.4%，比上月下降 0.8 个百分点。从企业规模来看，大型、中型和小型企业的新出口订单指数都低于 50%，分别为 47.9%、46.5% 和 39.4%。

积压订单指数为 45.2%，比上月下降 0.9 个百分点。从企业规模来看，大型、中型和小型企业的积压订单指数都低于 50%，分别为 47%、45% 和 41.9%。

产成品库存指数为 46.1%，比上月下降 2.8 个百分点。从企业规模来看，大型、中型和小型企业的产成品库存指数都低于 50%，分别为 46.3%、47% 和 44.6%。

采购量指数为 48.9%，比上月下降 0.1 个百分点。从企业规模来看，大型企业的采购量指数高于 50%，为 51.5%；中型和小型企业的采购量指数低于 50%，分别为 48.4% 和 44.5%。

进口指数为 47%，比上月下降 1.6 个百分点。从企业规模来看，大型、中型和小型企业的进口指数都低于 50%，分别为 48.1%、45.8% 和 42.8%。

购进价格指数为 45%，比上月上升 4.2 个百分点。从企业规模来看，大型、中型和小型企业的购进价格指数都低于 50%，分别为 44%、45.2% 和 46.7%。

出厂价格指数为 43.9%，比上月上升 2.3 个百分点。从企业规模来看，大型、中型和小型企业的出厂价格指数都低于 50%，分别为 43.5%、44.6% 和 43.9%。

原材料库存指数为 47.4%，比上月下降 0.2 个百分点。从企业规模来看，大型、中型和小型企业的原材料库存指数都低于 50%，分别为 47.2%、48% 和 47.2%。

从业人员指数为 48.2%，比上月下降 0.2 个百分点。从企业规模来看，大型、中型和小型企业的从业人员指数都低于 50%，分别为 48.4%、47.9% 和 48.2%。

供应商配送时间指数为 50.4%，比上月下降 0.1 个百分点。从企业规模来看，大型、中型和小型企业的供应商配送时间指数都高于 50%，分别为 50.3%、50.6% 和 50.5%。

生产经营活动预期指数为 53.4%，比上月下降 0.7 个百分点。从企业规模来看，大型、中型和小型企业的生产经营活动预期指数都高于 50%，分别为 54.6%、53.1% 和 51.4%。

7 月

2023 年 7 月，中国制造业采购经理指数（PMI）为 49.3%，比上月上升 0.3 个百分点。

特约分析师张立群指出：7 月，PMI 继续小幅回升，表明经济增长动能进一步积聚，回升迹象有所萌现。PMI 中的生产经营活动预期指数、采购量指数、原材料库存指数等都有不同程度上升，表明企业信心有所改善，生产经营活动有恢复迹象。需求不足的问题仍很突出，尽管订单类指数小幅回升，但反映需求不足的企业占比仍超过 60%。受此制约，企业生产仍处于徘徊状态，生产指数小幅回落。要进一步加强宏观政策逆周期调节力度，着力提高政府投资对全社会投资的带动作用，加快增强扩大内需政策的综合效果，尽快消除需求收缩的制约。

7 月 PMI 中的 13 个分项指数变化情况

如下。

生产指数为 50.2%，比上月下降 0.1 个百分点。从企业规模来看，大型企业的生产指数高于 50%，为 52%；中型和小型企业的生产指数低于 50%，分别为 49.5% 和 47.4%。

新订单指数为 49.5%，比上月上升 0.9 个百分点。从企业规模来看，大型企业的新订单指数高于 50%，为 51.4%；中型和小型企业的新订单指数低于 50%，分别为 49.4% 和 45.8%。

新出口订单指数为 46.3%，比上月下降 0.1 个百分点。从企业规模来看，大型、中型和小型企业的新出口订单指数都低于 50%，分别为 46.4%、47.5% 和 42.8%。

积压订单指数为 45.4%，比上月上升 0.2 个百分点。从企业规模来看，大型、中型和小型企业的积压订单指数都低于 50%，分别为 47.4%、43.3% 和 44%。

产成品库存指数为 46.3%，比上月上升 0.2 个百分点。从企业规模来看，大型、中型和小型企业的产成品库存指数都低于 50%，分别为 46.8%、46.6% 和 44.9%。

采购量指数为 49.5%，比上月上升 0.6 个百分点。从企业规模来看，大型企业的采购量指数高于 50%，为 51.7%；中型和小型企业的采购量指数低于 50%，分别为 48.5% 和 46.5%。

进口指数为 46.8%，比上月下降 0.2 个百分点。从企业规模来看，大型、中型和小型企业的进口指数都低于 50%，分别为 46.8%、46.6% 和 47.4%。

购进价格指数为 52.4%，比上月上升 7.4 个百分点。从企业规模来看，大型、中型和小型企业的购进价格指数都高于 50%，分别为 53.5%、51.4% 和 51.6%。

出厂价格指数为 48.6%，比上月上升 4.7 个百分点。从企业规模来看，大型企业的出厂价格指数位于 50%；中型和小型企业的出厂价格指数低于 50%，分别为 47.1% 和 47.2%。

原材料库存指数为 48.2%，比上月上升 0.8 个百分点。从企业规模来看，大型、中型和小型企业的原材料库存指数都低于 50%，分别为 47.8%、49% 和 48%。

从业人员指数为 48.1%，比上月下降 0.1 个百分点。从企业规模来看，大型、中型和小型企业的从业人员指数都低于 50%，分别为 48.7%、47.4% 和 47.9%。

供应商配送时间指数为 50.5%，比上月上升 0.1 个百分点。从企业规模来看，大型、中型和小型企业的供应商配送时间指数都高于 50%，分别为 50.7%、50.3% 和 50.2%。

生产经营活动预期指数为 55.1%，比上月上升 1.7 个百分点。从企业规模来看，大型、中型和小型企业的生产经营活动预期指数都高于 50%，分别为 55.9%、54.4% 和 54.3%。

8 月

2023 年 8 月，中国制造业采购经理指数（PMI）为 49.7%，比上月上升 0.4 个百分点。

特约分析师张立群指出：8 月，PMI 继续小幅提高，且绝大部分分项指标均有提高，表明经济回升动力继续蓄积，经济开始显露回升苗头。订单类指数继续小幅回升，生产指数已回升到荣枯线以上；采购量、进口、原材料库存等指数均有提高，表明在市场需求带动下，企业生产活动趋向活跃。生产经营活动预期指数继续提高，显现企业信心有所增强。但反映市场需求不足的企业占比仍达 59% 以上，需求收缩对企业生产活动的制约还十分突出。要进一步提高扩大内需政策的实际效果，着力增强政府投资对全社会投资的带动作用，尽快扭转需求不足状态，全力巩固经济回升势头。同时要关注价格类指数较大幅度提高，注意做好保供稳价相关工作。

8 月 PMI 中的 13 个分项指数变化情况如下。

生产指数为 51.9%，比上月上升 1.7 个百分点。从企业规模来看，大型和中型企业的生产指数高于 50%，分别为 53.7% 和 51.6%；小型企业的生产指数低于 50%，为 48.6%。

新订单指数为 50.2%，比上月上升 0.7 个百分点。从企业规模来看，大型和中型企业的新订单指数高于 50%，分别为 51.6% 和 50.3%；小型企业的新订单指数低于 50%，为 47.5%。

新出口订单指数为 46.7%，比上月上升 0.4 个百分点。从企业规模来看，大型、中型和小型企业的新出口订单指数都低于 50%，分别为 48.6%、43.7% 和 45.2%。

积压订单指数为 45.9%，比上月上升 0.5 个百分点。从企业规模来看，大型、中型和小型企业的积压订单指数都低于 50%，分别为 47.7%、45.7% 和 42.6%。

产成品库存指数为 47.2%，比上月上升 0.9 个百分点。从企业规模来看，大型、中型和小型企业的产成品库存指数都低于 50%，分别为 47.5%、47.6% 和 46.1%。

采购量指数为 50.5%，比上月上升 1 个百分点。从企业规模来看，大型企业的采购量指数高于 50%，为 53%；中型和小型企业的采购量指数低于 50%，分别为 49.7% 和 46.6%。

进口指数为 48.9%，比上月上升 2.1 个百分点。从企业规模来看，大型企业的进口指数高于 50%，为 50.6%；中型和小型企业的进口指数低于 50%，分别为 46.1% 和 45%。

购进价格指数为 56.5%，比上月上升 4.1

个百分点。从企业规模来看，大型、中型和小型企业的购进价格指数都高于 50%，分别为 57.3%、56.3% 和 55.2%。

出厂价格指数为 52%，比上月上升 3.4 个百分点。从企业规模来看，大型、中型和小型企业的出厂价格指数都高于 50%，分别为 52.5%、51.8% 和 50.2%。

原材料库存指数为 48.4%，比上月上升 0.2 个百分点。从企业规模来看，大型、中型和小型企业的原材料库存指数都低于 50%，分别为 49%、48.7% 和 46.7%。

从业人员指数为 48%，比上月下降 0.1 个百分点。从企业规模来看，大型、中型和小型企业的从业人员指数都低于 50%，分别为 48.9%、47.5% 和 46.9%。

供应商配送时间指数为 51.6%，比上月上升 1.1 个百分点。从企业规模来看，大型、中型和小型企业的供应商配送时间指数都高于 50%，分别为 51.9%、51.4% 和 51.3%。

生产经营活动预期指数为 55.6%，比上月上升 0.5 个百分点。从企业规模来看，大型、中型和小型企业的生产经营活动预期指数都高于 50%，分别为 57.1%、56.3% 和 51.6%。

9 月

2023 年 9 月，中国制造业采购经理指数（PMI）为 50.2%，比上月上升 0.5 个百分点。

特约分析师张立群指出：9 月，PMI 继续回升，已高于荣枯线，表明经济回升力量进一步增强，回升态势更为明显。生产类和订单类指数大体同步回升，表明生产端和需求端均在修复中；采购量、购进价格等指数回升，表明企业生产经营活动处于恢复态势。反映需求不足的企业占比超过 58%，需求收缩问题仍然比较突出，企业信心仍需提振。要大力加强宏观经济政策逆周期调节力度，加快全面加强基础设施建设的步伐，显著提高政府投资对全社会投资的带动作用，促进企业生产加快回暖，就业形势加快好转，消费需求加快活跃，着力加强经济可持续回升的基础。

9月PMI中的13个分项指数变化情况如下。

生产指数为52.7%，比上月上升0.8个百分点。从企业规模来看，大型和中型企业的生产指数高于50%，分别为54.4%和52.4%；小型企业的生产指数低于50%，为49.6%。

新订单指数为50.5%，比上月上升0.3个百分点。从企业规模来看，大型企业的新订单指数高于50%，为52.7%；中型和小型企业的新订单指数低于50%，分别为49.7%和47.1%。

新出口订单指数为47.8%，比上月上升1.1个百分点。从企业规模来看，大型、中型和小型企业的新出口订单指数都低于50%，分别为48.6%、47.2%和45.6%。

积压订单指数为45.3%，比上月下降0.6个百分点。从企业规模来看，大型、中型和小型企业的积压订单指数都低于50%，分别为46.7%、44.9%和42.9%。

产成品库存指数为46.7%，比上月下降0.5个百分点。从企业规模来看，大型、中型和小型企业的产成品库存指数都低于50%，分别为47%、46.9%和45.9%。

采购量指数为50.7%，比上月上升0.2个百分点。从企业规模来看，大型和中型企业的采购量指数高于50%，分别为52.1%和50.9%；小型企业的采购量指数低于50%，为47.6%。

进口指数为47.6%，比上月下降1.3个百分点。从企业规模来看，大型、中型和小型企业的进口指数都低于50%，分别为48.7%、

45.1%和46.6%。

购进价格指数为59.4%，比上月上升2.9个百分点。从企业规模来看，大型、中型和小型企业的购进价格指数都高于50%，分别为61%、58.2%和57.7%。

出厂价格指数为53.5%，比上月上升1.5个百分点。从企业规模来看，大型、中型和小型企业的出厂价格指数都高于50%，分别为55.1%、53.9%和50.2%。

原材料库存指数为48.5%，比上月上升0.1个百分点。从企业规模来看，大型、中型和小型企业的原材料库存指数都低于50%，分别为49.9%、47.8%和46.5%。

从业人员指数为48.1%，比上月上升0.1个百分点。从企业规模来看，大型、中型和小型企业的从业人员指数都低于50%，分别为49.4%、47.2%和46.7%。

供应商配送时间指数为50.8%，比上月下降0.8个百分点。从企业规模来看，大型和中型企业的供应商配送时间指数高于50%，分别为51%和51.1%；小型企业的供应商配送时间指数位于50%。

生产经营活动预期指数为55.5%，比上月下降0.1个百分点。从企业规模来看，大型、中型和小型企业的生产经营活动预期指数都高于50%，分别为56.8%、55.4%和53.1%。

10月

2023年10月，中国制造业采购经理指数（PMI）为49.5%，比上月下降0.7个百分点。

特约分析师张立群指出：10月，PMI回落至荣枯线下，有季节性因素的影响，也表明经济回升动能仍需着力加强。从分项指标看，生产指数和几个需求指数均出现回落；价格类指数出现较大回落；反映需求不足的企业占比接近60%。综合研判，是需求不足导致供大于

求，使价格指数回落和生产指数回落。需求收缩对企业生产恢复的制约要高度重视。通过增发国债支持基础设施建设等措施，以政府投资带动企业订单增加，对提振信心、带动企业生产和投资回升，将发挥积极作用。要进一步加强政府投资对企业生产和投资的带动，促进就业形势持续向好，居民消费持续活跃。依靠超大规模国内市场的全面回暖，尽快扭转需求收缩态势，推动经济运行尽快进入持续回升向好轨道。

10月PMI中的13个分项指数变化情况如下。

生产指数为50.9%，比上月下降1.8个百分点。从企业规模来看，大型企业的生产指数高于50%，为53.1%；中型和小型企业的生产指数低于50%，分别为49%和48.8%。

新订单指数为49.5%，比上月下降1个百分点。从企业规模来看，大型企业的新订单指数高于50%，为50.8%；中型和小型企业的新订单指数低于50%，分别为48.9%和47.8%。

新出口订单指数为46.8%，比上月下降1个百分点。从企业规模来看，大型、中型和小型企业的新出口订单指数都低于50%，分别为47.9%、44.3%和47.8%。

积压订单指数为44.2%，比上月下降1.1个百分点。从企业规模来看，大型、中型和小型企业的积压订单指数都低于50%，分别为45.1%、44.2%和42.2%。

产成品库存指数为48.5%，比上月上升1.8个百分点。从企业规模来看，大型、中型和小型企业的产成品库存指数都低于50%，分别为49.6%、48.1%和46.8%。

采购量指数为49.8%，比上月下降0.9个百分点。从企业规模来看，大型企业的采购量指数高于50%，为51.6%；中型和小型企业的采购量指数低于50%，分别为48.9%和47.3%。

进口指数为47.5%，比上月下降0.1个百分点。从企业规模来看，大型、中型和小型企业的进口指数都低于50%，分别为47.8%、46.8%和47.2%。

购进价格指数为52.6%，比上月下降6.8个百分点。从企业规模来看，大型、中型和小型企业的购进价格指数都高于50%，分别为53.7%、51.2%和52.1%。

出厂价格指数为47.7%，比上月下降5.8个百分点。从企业规模来看，大型、中型和小型企业的出厂价格指数都低于50%，分别为47.6%、48.8%和46.5%。

原材料库存指数为48.2%，比上月下降0.3个百分点。从企业规模来看，大型、中型和小型企业的原材料库存指数都低于50%，分别为49.6%、48.3%和45.1%。

从业人员指数为48%，比上月下降0.1个百分点。从企业规模来看，大型、中型和小型企业的从业人员指数都低于50%，分别为48.8%、47.4%和47%。

供应商配送时间指数为50.2%，比上月下降0.6个百分点。从企业规模来看，中型和小型企业的供应商配送时间指数高于50%，分别为50.3%和50.7%；大型企业的供应商配送时间指数低于50%，为49.9%。

生产经营活动预期指数为55.6%，比上月上升0.1个百分点。从企业规模来看，大型、中型和小型企业的生产经营活动预期指数都高于50%，分别为56.7%、55.4%和53.7%。

11月

2023年11月，中国制造业采购经理指数（PMI）为49.4%，比上月下降0.1个百分点。

特约分析师张立群指出：11月，PMI继续小幅回落，表明经济回升动能仍需着力加强。新订单指数低于荣枯线且小幅下降，反映需求不足的企业较上月提高占比达到60.55%，需求收缩问题是企业生产和采购意愿不足的主因。生产指数较上月下降，小型企业低于荣枯线，表明多数企业特别是数量众多的小微企业订单不足、产品销售困难，由此导致的资金循环不畅、债务关系紧张等，也是金融风险加大的重要原因。要高度重视需求收缩自我加速机制的作用，重视由于居民收入、企业收入增长乏力导致的消费能力和投资意愿不足，进而加重需求收缩的作用。要大力增强积极财政政策对政府投资的支持力度，显著提高政府在基础设施等公共产品方面的投资建设能力，显著增加相关企业订单，并通过产业链对企业生产投资产生广泛带动，促进企业生产投资意愿显著增强，促进就业形势显著向好、消费回升动力显著提高。在企业投资活跃和消费持续回暖支持下，需求收缩力量不断减弱，内需回暖力量不断增强，推动经济增长加快进入持续回升向好轨道。

11月PMI中的13个分项指数变化情况如下。

生产指数为50.7%，比上月下降0.2个百分点。从企业规模来看，大型和中型企业的生产指数高于50%，分别为52.1%和50.5%；小型企业的生产指数低于50%，为48.2%。

新订单指数为49.4%，比上月下降0.1个百分点。从企业规模来看，大型企业的新订单指数高于50%，为51.1%；中型和小型企业的新订单指数低于50%，分别为48.8%和46.7%。

新出口订单指数为46.3%，比上月下降0.5个百分点。从企业规模来看，大型、中型和小型企业的新出口订单指数都低于50%，分别为48.1%、45%和40.9%。

积压订单指数为44.4%，比上月上升0.2个百分点。从企业规模来看，大型、中型和小型企业的积压订单指数都低于50%，分别为45.6%、43.6%和42.9%。

产成品库存指数为48.2%，比上月下降0.3个百分点。从企业规模来看，大型、中型和小型企业的产成品库存指数都低于50%，分别为49.5%、47.8%和46%。

采购量指数为49.6%，比上月下降0.2个百分点。从企业规模来看，大型企业的采购量指数高于50%，为51.9%；中型和小型企业的采购量指数低于50%，分别为47.4%和47.9%。

进口指数为47.3%，比上月下降0.2个百分点。从企业规模来看，大型、中型和小型企业的进口指数都低于50%，分别为47.9%、46.2%和46.4%。

购进价格指数为50.7%，比上月下降1.9个百分点。从企业规模来看，大型、中型和小型企业的购进价格指数都高于50%，分别为50.3%、50.6%和51.8%。

出厂价格指数为48.2%，比上月上升0.5个百分点。从企业规模来看，大型、中型和小型企业的出厂价格指数都低于50%，分别为49.2%、47.3%和47%。

原材料库存指数为48%，比上月下降0.2个百分点。从企业规模来看，大型、中型和小型企业的原材料库存指数都低于50%，分别为48.5%、46.9%和48.3%。

从业人员指数为48.1%，比上月上升0.1个百分点。从企业规模来看，大型、中型和小型企业的从业人员指数都低于50%，分别为49.3%、46.7%和47.5%。

供应商配送时间指数为50.3%，比上月上升 0.1 个百分点。从企业规模来看，大型、中型和小型企业的供应商配送时间指数都高于50%，分别为 50.3%、50.1% 和 50.6%。

生产经营活动预期指数为 55.8%，比上月上升 0.2 个百分点。从企业规模来看，大型、中型和小型企业的生产经营活动预期指数都高于 50%，分别为 57%、56.3% 和 52.7%。

12 月

2023 年 12 月，中国制造业采购经理指数（PMI）为 49%，比上月下降 0.4 个百分点。

特约分析师张立群指出：12 月，PMI 在荣枯线下继续降低，表明经济下行压力有所加大。新订单指数、新出口订单指数在荣枯线下继续下降，反映需求不足的企业占比达60.76%，较上月进一步提高，需求收缩问题更为突出。受其影响，生产指数、采购量指数、产成品库存指数等均继续下降，表明企业生产经营活动呈收敛态势。要高度重视需求收缩的发展趋势，特别要注意其自我加速机制的作用，加快提高宏观经济政策逆周期调节的力度，特别要大力加强政府投资对企业生产和投资的带动作用，尽快扭转需求收缩自我加速态势，显著提振经济回升向好的动力。

12 月 PMI 中的 13 个分项指数变化情况如下。

生产指数为 50.2%，比上月下降 0.5 个百分点。从企业规模来看，大型和中型企业的生产指数高于 50%，分别为 51.5% 和 50.1%；小型企业的生产指数低于 50%，为 47.7%。

新订单指数为 48.7%，比上月下降 0.7 个百分点。从企业规模来看，大型企业的新订单指数高于 50%，为 50.2%；中型和小型企业的新订单指数低于 50%，分别为 48.1% 和 46.5%。

新出口订单指数为 45.8%，比上月下降 0.5 个百分点。从企业规模来看，大型、中型和小型企业的新出口订单指数都低于 50%，分别为 45.3%、46.3% 和 46.9%。

积压订单指数为 44.5%，比上月上升 0.1 个百分点。从企业规模来看，大型、中型和小型企业的积压订单指数都低于 50%，分别为 46.3%、44.1% 和 41.5%。

产成品库存指数为 47.8%，比上月下降 0.4 个百分点。从企业规模来看，大型、中型和小型企业的产成品库存指数都低于 50%，分别为 49.1%、48.4% 和 44.4%。

采购量指数为 49%，比上月下降 0.6 个百分点。从企业规模来看，大型企业的采购量指数高于 50%，为 50.9%；中型和小型企业的采购量指数低于 50%，分别为 48.6% 和 45.6%。

进口指数为 46.4%，比上月下降 0.9 个百分点。从企业规模来看，大型、中型和小型企业的进口指数都低于 50%，分别为 47%、44.3% 和 47.8%。

购进价格指数为 51.5%，比上月上升 0.8 个百分点。从企业规模来看，大型和中型企业的购进价格指数高于 50%，分别为 52.7% 和 50.9%；小型企业的购进价格指数低于 50%，为 49.8%。

出厂价格指数为 47.7%，比上月下降 0.5 个百分点。从企业规模来看，大型、中型和小型企业的出厂价格指数都低于 50%，分别为 49%、46% 和 47.2%。

原材料库存指数为 47.7%，比上月下降 0.3 个百分点。从企业规模来看，大型、中型和小型企业的原材料库存指数都低于 50%，分别为 49%、48% 和 44.7%。

从业人员指数为 47.9%，比上月下降 0.2 个百分点。从企业规模来看，大型、中型和小型企业的从业人员指数都低于 50%，分别为

48.1%、47.7%和47.7%。

供应商配送时间指数为50.3%，与上月持平。从企业规模来看，中型和小型企业的供应商配送时间指数高于50%，分别为50.8%和50.6%。大型企业的供应商配送时间指数低于50%，为49.8%。

生产经营活动预期指数为55.9%，比上月上升0.1个百分点。从企业规模来看，大型、中型和小型企业的生产经营活动预期指数都高于50%，分别为57.9%、56.2%和51.4%。

2023年1—12月中国制造业采购经理指数（PMI）走势如下图所示。

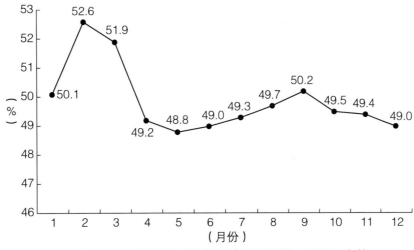

2023年1—12月中国制造业采购经理指数（PMI）走势

（中国物流信息中心）

2023 年 1—12 月中国非制造业商务活动指数

（中国物流与采购联合会、国家统计局服务业调查中心发布）

1 月

2023 年 1 月，中国非制造业商务活动指数为 54.4%，环比上升 12.8 个百分点。

中国物流与采购联合会副会长蔡进指出：1 月，商务活动指数和新订单指数分别升至 54%以上和 52%以上，环比升幅均超过 10 个百分点，非制造业加速回升。社会活动和人员流动的有序展开叠加春节需求集中释放促成了非制造业的回升。20 个行业商务活动指数较上月有所上升；16 个行业商务活动指数高于 50%，显示非制造业的回升具有普遍性。之前受新冠疫情影响较大的接触型服务业活动强势反弹。零售、住宿餐饮、交通运输以及旅游相关行业商务活动指数和新订单指数较上月均有明显上升。非制造业的加速恢复是建立在之前快速下探基础上，并存在节日拉动效应。市场需求恢复的稳定性仍有待观察，反映市场需求不足的企业比重仍在 50%以上。第一季度非制造业从探底回升向回稳向上过渡具备基础。总的来看，一是企业预期在转好，业务活动预期指数重回 60%以上；二是春节后企业的复工复产具

备连续性，有利于生产相关服务业持续恢复；三是基建投资活动有望在节后加快释放，在相关政策扶持下，房地产投资相关活动具备回升基础；四是消费回归常态化是大概率事件，对经济的支撑作用将持续显现。

分行业来看，建筑业商务活动指数为 56.4%；服务业商务活动指数为 54%。21 个行业中，航空运输业、建筑安装装饰及其他建筑业、金融业、邮政业和房屋建筑业等 16 个行业高于 50%；房地产业，文化、体育和娱乐业，租赁及商务服务业，土木工程建筑业和居民服务及修理业 5 个行业低于 50%。

1 月中国非制造业商务活动指数各分项指数变化如下。

新订单指数明显上升。1 月，新订单指数为 52.5%，环比上升 13.4 个百分点。分行业来看，建筑业新订单指数为 57.4%；服务业新订单指数为 51.6%。21 个行业中，建筑安装装饰及其他建筑业、金融业、航空运输业、铁路运输业和房屋建筑业等 13 个行业高于 50%；土木工程建筑业，生态保护环境治理及公共设

施管理业，道路运输业，文化、体育和娱乐业，装卸搬运及仓储业等 8 个行业低于 50%。

投入品价格指数环比上升。1 月，投入品价格指数为 51.5%，环比上升 2.3 个百分点。分行业来看，建筑业投入品价格指数为 55.3%；服务业投入品价格指数为 50.9%。21 个行业中，建筑安装装饰及其他建筑业、房屋建筑业、餐饮业、土木工程建筑业和住宿业等 15 个行业高于 50%；航空运输业，生态保护环境治理及公共设施管理业，邮政业，文化、体育和娱乐业，装卸搬运及仓储业等 6 个行业低于 50%。

销售价格指数环比上升。1 月，销售价格指数为 48.3%，环比上升 0.8 个百分点。分行业来看，建筑业销售价格指数为 52.8%；服务业销售价格指数为 47.5%。21 个行业中，房屋建筑业、土木工程建筑业、航空运输业、建筑安装装饰及其他建筑业和邮政业 5 个行业高于 50%；批发业、居民服务及修理业、互联网及软件信息技术服务业、租赁及商务服务业和零售业等 16 个行业低于 50%。

从业人员指数环比上升。1 月，从业人员指数为 46.7%，环比上升 3.8 个百分点。分行业来看，建筑业从业人员指数为 53.1%；服务业从业人员指数为 45.5%。21 个行业中，建筑安装装饰及其他建筑业、邮政业、土木工程建筑业和航空运输业 4 个行业高于 50%；房屋建筑业位于 50%；批发业、金融业、租赁及商务服务业、装卸搬运及仓储业和电信广播电视和卫星传输服务业等 16 个行业低于 50%。

业务活动预期指数明显上升。1 月，业务活动预期指数为 64.9%，环比上升 11.2 个百分点。分行业来看，建筑业业务活动预期指数为 68.2%；服务业业务活动预期指数为 64.3%。21 个行业中，航空运输业、邮政业、

金融业、住宿业和租赁及商务服务业等 17 个行业高于 60%；文化、体育和娱乐业位于 60%；装卸搬运及仓储业、水上运输业和房地产业 3 个行业低于 60%。

2 月

2023 年 2 月，中国非制造业商务活动指数为 56.3%，环比上升 1.9 个百分点。

中国物流与采购联合会副会长蔡进指出：2 月，商务活动指数和新订单指数在上月大幅上升基础上继续上升，分别升至 56% 以上和 55% 以上，显示非制造业供需继续回稳向上，经济复苏基础进一步夯实。供需持续上升带动企业用工需求和终端销售价格回稳趋升，从业人员指数和销售价格指数均升至 50% 以上，表明经济复苏质量向好发展。从行业数据看，推动经济加快复苏的积极因素有所增加。多地的重大项目集中签约开工，基建投资需求快速释放，土木工程建筑业商务活动指数和新订单指数均升至 60% 以上。房地产相关政策持续加码带动房地产行业有所恢复，房地产业商务活动指数和新订单指数均升至 50% 以上。随着疫情影响的进一步消退，企业商务往来趋于活跃，住宿业、租赁及商务服务业、交通运输相关行业商务活动指数均在 60% 以上。居民休闲消费潜力也进一步释放，餐饮业、文体娱乐业商务活动指数均保持在 54% 以上。企业对未来市场信心持续向好，业务活动预期指数连续 2 个月保持在 64% 以上。总体来看，非制造业的良好表现意味着我国经济复苏节奏逐步加快，投资和消费驱动经济增长动力进一步增强。但也要看到，市场需求恢复的基础仍待继续加强，反映市场需求不足的企业比重仍在 50% 以上。

分行业来看，建筑业商务活动指数为 60.2%；服务业商务活动指数为 55.6%。21 个行业中，道路运输业、航空运输业、住宿业、

租赁及商务服务业和土木工程建筑业等 16 个行业高于 50%；装卸搬运及仓储业、批发业、水上运输业、零售业和生态保护环境治理及公共设施管理业 5 个行业低于 50%。

2 月中国非制造业商务活动指数各分项指数变化如下。

新订单指数环比上升。2 月，新订单指数为 55.8%，环比上升 3.3 个百分点。分行业来看，建筑业新订单指数为 62.1%；服务业新订单指数为 54.7%。21 个行业中，住宿业、航空运输业、租赁及商务服务业、土木工程建筑业和建筑安装装饰及其他建筑业等 16 个行业高于 50%；餐饮业、批发业、生态保护环境治理及公共设施管理业、零售业和装卸搬运及仓储业 5 个行业低于 50%。

投入品价格指数环比下降。2 月，投入品价格指数为 51.1%，环比下降 0.4 个百分点。分行业来看，建筑业投入品价格指数为 55.3%；服务业投入品价格指数为 50.4%。21 个行业中，建筑安装装饰及其他建筑业、房屋建筑业、土木工程建筑业、铁路运输业和航空运输业等 15 个行业高于 50%；互联网及软件信息技术服务业、道路运输业、文化、体育和娱乐业、装卸搬运及仓储业和金融业等 6 个行业低于 50%。

销售价格指数环比上升。2 月，销售价格指数为 50.8%，环比上升 2.5 个百分点。分行业来看，建筑业销售价格指数为 53.6%；服务业销售价格指数为 50.4%。21 个行业中，住宿业、房屋建筑业、建筑安装装饰及其他建筑业、航空运输业和租赁及商务服务业等 12 个行业高于 50%；餐饮业、道路运输业、装卸搬运及仓储业、零售业和电信广播电视和卫星传输服务业等 9 个行业低于 50%。

从业人员指数环比上升。2 月，从业人员指数为 50.2%，环比上升 3.5 个百分点。分行业来看，建筑业从业人员指数为 58.6%；服务业从业人员指数为 48.7%。21 个行业中，住宿业、土木工程建筑业、房屋建筑业、航空运输业和邮政业等 11 个行业高于 50%；水上运输业、建筑安装装饰及其他建筑业、批发业、电信广播电视和卫星传输服务业和文化、体育和娱乐业等 10 个行业低于 50%。

业务活动预期指数环比持平。2 月，业务活动预期指数为 64.9%，与上月持平。分行业来看，建筑业业务活动预期指数为 65.8%；服务业业务活动预期指数为 64.8%。21 个行业中，住宿业、航空运输业、餐饮业、电信广播电视和卫星传输服务业和金融业等 17 个行业高于 60%；水上运输业、居民服务及修理业、装卸搬运及仓储业和房地产业 4 个行业低于 60%。

3 月

2023 年 3 月，中国非制造业商务活动指数为 58.2%，环比上升 1.9 个百分点。

中国物流与采购联合会副会长蔡进指出：3 月，非制造业商务活动指数连续 3 个月环比上升，3 月升至 58% 以上的高位，显示非制造业继续加快复苏，我国经济增长内生韧性正在向好转变。指数反映 3 月非制造业经济运行有以下几个特点：一是投资相关活动持续释放动能，建筑业商务活动指数升至 65% 以上，连续 3 个月环比上升，投资需求对经济的拉动作用进一步增强；二是交通物流领域进一步活跃，铁路运输、道路运输和航空运输业商务活动指数均在 60% 以上，交通物流对经济的联通与支撑作用进一步增强；三是新动能相关行业增势回归强劲，电信运营和软件技术服务业商务活动指数升至 60% 以上；四是金融市场向好，社会融资环境有所改善，金融业新订单指数较上月明显上升，连续 3 个月保持在 60% 以上。

分行业来看，建筑业商务活动指数为65.6%；服务业商务活动指数为56.9%。21个行业中，土木工程建筑业、道路运输业、房屋建筑业、航空运输业和零售业等18个行业高于50%；水上运输业、批发业和装卸搬运及仓储业3个行业低于50%。

3月中国非制造业商务活动指数各分项指数变化如下。

新订单指数环比上升。3月，新订单指数为57.3%，环比上升1.5个百分点。分行业来看，建筑业新订单指数为50.2%；服务业新订单指数为58.5%。21个行业中，航空运输业、金融业、生态保护环境治理及公共设施管理业、铁路运输业和租赁及商务服务业等17个行业高于50%；装卸搬运及仓储业、房屋建筑业、居民服务及修理业和房地产业4个行业低于50%。

投入品价格指数环比下降。3月，投入品价格指数为50.3%，环比下降0.8个百分点。分行业来看，建筑业投入品价格指数为54.4%；服务业投入品价格指数为49.6%。21个行业中，餐饮业、房屋建筑业、土木工程建筑业、生态保护环境治理及公共设施管理业和租赁及商务服务业等12个行业高于50%；零售业、文化、体育和娱乐业2个行业位于50%；电信广播电视和卫星传输服务业、铁路运输业、装卸搬运及仓储业、道路运输业和水上运输业等7个行业低于50%。

销售价格指数环比下降。3月，销售价格指数为47.8%，环比下降3个百分点。分行业来看，建筑业销售价格指数为50.9%；服务业销售价格指数为47.3%。21个行业中，航空运输业、土木工程建筑业、住宿业、租赁及商务服务业和餐饮业等7个行业高于50%；铁路运输业、生态保护环境治理及公共设施管理业、

邮政业、道路运输业和电信广播电视和卫星传输服务业等14个行业低于50%。

从业人员指数环比下降。3月，从业人员指数为49.2%，环比下降1个百分点。分行业来看，建筑业从业人员指数为51.3%；服务业从业人员指数为48.8%。21个行业中，住宿业，文化、体育和娱乐业，航空运输业，邮政业和餐饮业等10个行业高于50%；批发业、装卸搬运及仓储业、居民服务及修理业、互联网及软件信息技术服务业和零售业等11个行业低于50%。

业务活动预期指数环比下降。3月，业务活动预期指数为63.3%，环比下降1.6个百分点。分行业来看，建筑业业务活动预期指数为63.7%；服务业业务活动预期指数为63.2%。21个行业中，航空运输业、餐饮业、铁路运输业、零售业和住宿业等17个行业高于60%；建筑安装装饰及其他建筑业、水上运输业、装卸搬运及仓储业和房地产业4个行业低于60%。

4月

2023年4月，中国非制造业商务活动指数为56.4%，环比下降1.8个百分点。

中国物流与采购联合会副会长蔡进指出：4月，非制造业商务活动指数和新订单指数在上月创高后有所下降，但均保持在56%以上的较高水平，非制造业保持较好复苏节奏。收费价格指数重回50%以上，显示终端消费价格温和上涨，有利于激发市场活力。指数反映4月非制造业经济运行有以下几个特点：一是投资需求持续发力，建筑业新订单指数较上月上升，房屋和土木工程建筑业需求均有上升，投资稳增长空间有所拓展；二是节日消费带动接触性服务相关行业需求继续释放，住宿业、餐饮业、文体娱乐及交通运输相关行业需求均有明显提升；三是新动能继续向好，信息服务相

关行业新订单指数均在 60% 以上；四是企业预期持续乐观，业务活动预期指数连续 4 个月保持在 62% 以上。总体来看，投资持续发力和线下消费加快恢复为非制造业稳定复苏带来基础。但当前非制造业的加快恢复是建立在前期积压需求加速释放的基础上，市场需求恢复的持续性仍待观察，稳投资和促消费相关政策仍需持续发力，巩固经济恢复韧性。

分行业来看，建筑业商务活动指数为 63.9%；服务业商务活动指数为 55.1%。21 个行业中，航空运输业、土木工程建筑业、住宿业、邮政业和房屋建筑业等 17 个行业高于 50%；居民服务及修理业、房地产业、零售业和建筑安装装饰及其他建筑业 4 个行业低于 50%。

4 月中国非制造业商务活动指数各分项指数变化如下。

新订单指数环比下降。4 月，新订单指数为 56%，环比下降 1.3 个百分点。分行业来看，建筑业新订单指数为 53.5%；服务业新订单指数为 56.4%。21 个行业中，航空运输业，邮政业，文化、体育和娱乐业，住宿业和水上运输业等 19 个行业高于 50%；建筑安装装饰及其他建筑业和房地产业 2 个行业低于 50%。

投入品价格指数环比上升。4 月，投入品价格指数为 51.1%，环比上升 0.8 个百分点。分行业来看，建筑业投入品价格指数为 48.1%；服务业投入品价格指数为 51.7%。21 个行业中，餐饮业、住宿业、道路运输业、批发业和零售业等 12 个行业高于 50%；房地产业、水上运输业、装卸搬运及仓储业、金融业和互联网及软件信息技术服务业等 9 个行业低于 50%。

销售价格指数环比上升。4 月，销售价格指数为 50.3%，环比上升 2.5 个百分点。分行业来看，建筑业销售价格指数为 51.5%；服务业销售价格指数为 50.1%。21 个行业中，住宿业、航空运输业、批发业、租赁及商务服务业和建筑安装装饰及其他建筑业等 11 个行业高于 50%；电信广播电视和卫星传输服务业位于 50%；铁路运输业、水上运输业、餐饮业、生态保护环境治理及公共设施管理业和道路运输业等 9 个行业低于 50%。

从业人员指数环比下降。4 月，从业人员指数为 48.3%，环比下降 0.9 个百分点。分行业来看，建筑业从业人员指数为 48.3%；服务业从业人员指数为 48.2%。21 个行业中，餐饮业、航空运输业、住宿业、金融业和租赁及商务服务业 5 个行业高于 50%；互联网及软件信息技术服务业位于 50%；建筑安装装饰及其他建筑业，水上运输业，文化、体育和娱乐业，邮政业和批发业等 15 个行业低于 50%。

业务活动预期指数环比下降。4 月，业务活动预期指数为 62.5%，环比下降 0.8 个百分点。分行业来看，建筑业业务活动预期指数为 64.1%；服务业业务活动预期指数为 62.3%。21 个行业中，航空运输业、住宿业、铁路运输业、邮政业和零售业等 19 个行业高于 60%；批发业和房地产业 2 个行业低于 60%。

5 月

2023 年 5 月，中国非制造业商务活动指数为 54.5%，环比下降 1.9 个百分点。

中国物流与采购联合会副会长蔡进指出：5 月，非制造业商务活动指数连续 2 个月下降，但仍保持平稳恢复态势。建筑业商务活动指数仍处在 58% 以上的高位。服务业商务活动指数也保持在 53% 以上的恢复区间。尤其是与大众消费相关的零售和餐饮活动向好，商务活动指数较上月有所上升。现代服务业发展良好，电信运营和信息技术等服务行业持续活跃，商务活动指数均在 60% 以上高位。前期积压需求集中释放后，短期市场需求动能有所转弱。新订单指数降至 50% 以下，反映市场需求不足的企业也明显增多。需求不足导致价格上涨动力不足，销售价格指数降至 50% 以下。总体来看，非制造业整体呈平稳恢复趋势，随着稳投资、促消费和稳就业相关政策的持续加码，新增需求动能也将逐步累积，拉动经济持续平稳恢复增长。

分行业来看，建筑业商务活动指数为 58.2%；服务业商务活动指数为 53.8%。21 个行业中，航空运输业、电信广播电视和卫星传输服务业、土木工程建筑业、铁路运输业和水上运输业等 19 个行业高于 50%；文化、体育和娱乐业和房地产业 2 个行业低于 50%。

5 月中国非制造业商务活动指数各分项指数变化如下。

新订单指数环比下降。5 月，新订单指数为 49.5%，环比下降 6.5 个百分点。分行业来看，建筑业新订单指数为 49.5%；服务业新订单指数为 49.5%。21 个行业中，航空运输业、电信广播电视和卫星传输服务业、道路运输业、互联网及软件信息技术服务业和建筑安装装饰及其他建筑业等 11 个行业高于 50%；金融业，零售业，居民服务及修理业，文化、体育和娱乐业和房屋建筑业等 10 个行业低于 50%。

投入品价格指数环比下降。5 月，投入品价格指数为 47.4%，环比下降 3.7 个百分点。分行业来看，建筑业投入品价格指数为 44.7%；服务业投入品价格指数为 47.9%。21 个行业中，住宿业、餐饮业、租赁及商务服务业、电信广播电视和卫星传输服务业和生态保护环境治理及公共设施管理业等 6 个行业高于 50%；居民服务及修理业、铁路运输业、互联网及软件信息技术服务业、道路运输业和邮政业等 15 个行业低于 50%。

销售价格指数环比下降。5 月，销售价格指数为 47.6%，环比下降 2.7 个百分点。分行业来看，建筑业销售价格指数为 46.9%；服务业销售价格指数为 47.8%。21 个行业中，住宿业、居民服务及修理业、互联网及软件信息技术服务业、餐饮业和租赁及商务服务业等 7 个行业高于 50%；邮政业位于 50%；道路运输业，土木工程建筑业，文化、体育和娱乐业，零售业和水上运输业等 13 个行业低于 50%。

从业人员指数微幅上升。5 月，从业人员指数为 48.4%，环比上升 0.1 个百分点。分行业来看，建筑业从业人员指数为 48.5%；服务业从业人员指数为 48.3%。21 个行业中，住宿业、航空运输业、餐饮业、建筑安装装饰及其他建筑业和文化、体育和娱乐业等 8 个行业高于 50%；房屋建筑业、批发业、电信广播电视和卫星传输服务业、居民服务及修理业和互联网及软件信息技术服务业等 13 个行业低于 50%。

业务活动预期指数环比下降。5 月，业务活动预期指数为 60.4%，环比下降 2.1 个百分点。分行业来看，建筑业业务活动预期指数为 62.1%；服务业业务活动预期指数为 60.1%。21 个行业中，航空运输业、铁路运输业、电信广播电视和卫星传输服务业、金融业和邮政业等 14 个行业高于 60%；居民服务及修理业、建筑安装装饰及其他建筑业、批发业、装卸搬运及仓储业和道路运输业等 7 个行业低于 60%。

6月

2023 年 6 月，中国非制造业商务活动指数为 53.2%，环比下降 1.3 个百分点。

中国物流与采购联合会副会长蔡进指出：6 月，非制造业商务活动指数虽然有所回落，但仍保持在53%以上的指数水平，显示非制造业仍保持适度较快增长趋势。新订单指数与上月持平，短期需求快速下降势头有所缓解。价格下降势头也有所缓解，投入品价格指数和销售价格指数较上月均有不同程度上升。分行业数据显示，基建投资、电商物流和金融相关行业活动表现良好。土木工程建筑业商务活动指数和新订单指数较上月均有明显上升，升幅均超2个百分点，意味着基建投资持续发力基础仍在；邮政业和装卸搬运及仓储业商务活动指数较上月明显上升，分别在60%以上和55%以上的较高水平，显示各大电商平台消费带动物流活动趋于活跃；金融业商务活动指数在60%以上，较上月和去年同期均有上升，显示金融业支持实体经济力度仍较好，逆回购操作利率和SLF利率（常备借贷便利）在内的政策利率下调有助于进一步降低实体经济融资成本，反映融资难的非制造业企业比重连续3个月在2%以下。

分行业来看，建筑业商务活动指数为55.7%；服务业商务活动指数为52.8%。21个行业中，金融业、土木工程建筑业、航空运输业、邮政业和电信广播电视和卫星传输服务业等14个行业高于50%；零售业、居民服务及修理业，文化、体育和娱乐业，水上运输业和批发业等7个行业低于50%。

6月中国非制造业商务活动指数各分项指数变化如下。

新订单指数与上月持平。6月，新订单指数为49.5%，与上月持平。分行业来看，建筑业新订单指数为48.7%；服务业新订单指数为49.6%。21个行业中，航空运输业、金融业、邮政业、电信广播电视和卫星传输服务业和互联网及软件信息技术服务业等10个行业高于50%；租赁及商务服务业、装卸搬运及仓储业、

房屋建筑业、零售业和文化、体育和娱乐业等11个行业低于50%。

投入品价格指数环比上升。6月，投入品价格指数为49%，环比上升1.6个百分点。分行业来看，建筑业投入品价格指数为51.8%；服务业投入品价格指数为48.6%。21个行业中，建筑安装装饰及其他建筑业、住宿业、土木工程建筑业、租赁及商务服务业和餐饮业等10个行业高于50%；铁路运输业位于50%；房地产业，房屋建筑业，装卸搬运及仓储业，文化、体育和娱乐业，零售业等10个行业低于50%。

销售价格指数小幅上升。6月，销售价格指数为47.8%，环比上升0.2个百分点。分行业来看，建筑业销售价格指数为51.6%；服务业销售价格指数为47.2%。21个行业中，土木工程建筑业、装卸搬运及仓储业、住宿业和租赁及商务服务业4个行业高于50%；餐饮业位于50%；房屋建筑业、生态保护环境治理及公共设施管理业、道路运输业、铁路运输业和建筑安装装饰及其他建筑业等16个行业低于50%。

从业人员指数环比下降。6月，从业人员指数为46.8%，环比下降1.6个百分点。分行业来看，建筑业从业人员指数为47.2%；服务业从业人员指数为46.7%。21个行业中，航空运输业、住宿业、餐饮业和邮政业4个行业高于50%；租赁及商务服务业、金融业、装卸搬运及仓储业、批发业和建筑安装装饰及其他建筑业等17个行业低于50%。

业务活动预期指数微幅下降。6月，业务活动预期指数为60.3%，环比下降0.1个百分点。分行业来看，建筑业业务活动预期指数为60.3%；服务业业务活动预期指数为60.3%。21个行业中，航空运输业、铁路运输业、电信

广播电视和卫星传输服务业、餐饮业和住宿业等 14 个行业高于 60%；零售业位于 60%；水上运输业、房屋建筑业、居民服务及修理业、租赁及商务服务业和道路运输业等 6 个行业低于 60%。

7 月

2023 年 7 月，中国非制造业商务活动指数为 51.5%，环比下降 1.7 个百分点。

中国物流与采购联合会副会长蔡进指出：7 月，非制造业商务活动指数虽较上月下降 1.7 个百分点，但仍在 51.5%，非制造业保持平稳增长。受高温多雨天气影响，建筑业活动有所回调，呈现淡季特征，是非制造业增速放缓的主要影响因素，但建筑企业预期保持乐观，其业务活动预期指数较上月上升，连续 2 个月在 60% 以上。雨季过后，建筑业活动有望加快恢复，特别是保障房建设和城中村改造有望为建筑业需求贡献增量。抛开建筑业影响，非制造业积极因素有所显现。一是暑期消费全面带动相关服务业活动。航空运输、住宿餐饮、景区服务和文体娱乐相关行业的商务活动指数较上月均有不同程度上升，且均保持在 55% 以上的较高水平。二是流通环节趋于活跃，企业采购意愿增强。批发业商务活动指数和新订单指数较上月均有明显上升。三是新动能持续向好，发展韧性较强。电信及互联网及软件技术服务业为主的信息服务相关行业商务活动指数较上月有所上升，且均在 60% 以上，显示信息技术应用发展仍较为迅速。四是邮政业持续向好，商务活动指数在 60% 以上，连续 2 个月上升，显示企业间商务往来以及线上消费活动保持活跃。

分行业来看，建筑业商务活动指数为 51.2%；服务业商务活动指数为 51.5%。21 个行业中，邮政业、航空运输业、电信广播电视和卫星传输服务业、互联网及软件信息技术服务业和文化、体育和娱乐业等 14 个行业高于 50%；装卸搬运及仓储业、零售业、租赁及商务服务业、居民服务及修理业和水上运输业等 7 个行业低于 50%。

7 月中国非制造业商务活动指数各分项指数变化如下。

新订单指数环比下降。7 月，新订单指数为 48.1%，环比下降 1.4 个百分点。分行业来看，建筑业新订单指数为 46.3%；服务业新订单指数为 48.4%。21 个行业中，航空运输业、邮政业、铁路运输业、电信广播电视和卫星传输服务业和互联网及软件信息技术服务业等 10 个行业高于 50%；生态保护环境治理及公共设施管理业位于 50%；土木工程建筑业、装卸搬运及仓储业、金融业、租赁及商务服务业和水上运输业等 10 个行业低于 50%。

投入品价格指数环比上升。7 月，投入品价格指数为 50.8%，环比上升 1.8 个百分点。分行业来看，建筑业投入品价格指数为 50.7%；服务业投入品价格指数为 50.8%。21 个行业中，土木工程建筑业、铁路运输业、批发业、电信广播电视和卫星传输服务业和航空运输业等 13 个行业高于 50%；互联网及软件信息技术服务业，文化、体育和娱乐业，铁路运输业 3 个行业位于 50%；房地产业、生态保护环境治理及公共设施管理业、水上运输业、邮政业和房屋建筑业 5 个行业低于 50%。

销售价格指数环比上升。7 月，销售价格指数为 49.7%，环比上升 1.9 个百分点。分行业来看，建筑业销售价格指数为 52%；服务业销售价格指数为 49.3%。21 个行业中，土木工程建筑业、住宿业、批发业、航空运输业和租赁及商务服务业等 13 个行业高于 50%；道路运输业、零售业、电信广播电视和卫星传输服务业、生态保护环境治理及公共设施管理业和文化、体育和娱乐业等 8 个行业低于 50%。

从业人员指数小幅下降。7 月，从业人员指数为 46.6%，环比下降 0.2 个百分点。分行业来看，建筑业从业人员指数为 45.2%；服务业从业人员指数为 46.8%。21 个行业中，航空运输业、住宿业、邮政业、金融业和餐饮业 5 个行业高于 50%；文化、体育和娱乐业，批发业，租赁及商务服务业，土木工程建筑业和居民服务及修理业等 16 个行业低于 50%。

业务活动预期指数环比下降。7 月，业务活动预期指数为 59%，环比下降 1.3 个百分点。分行业来看，建筑业业务活动预期指数为 60.5%；服务业业务活动预期指数为 58.7%。21 个行业中，航空运输业、铁路运输业、电信广播电视和卫星传输服务业、邮政业和餐饮业等 11 个行业高于 60%；文化、体育和娱乐业，房屋建筑业，零售业，装卸搬运及仓储业和水上运输业等 10 个行业低于 60%。

8 月

2023 年 8 月，中国非制造业商务活动指数为 51%，环比下降 0.5 个百分点。

中国物流与采购联合会副会长蔡进指出：8 月，非制造业商务活动指数为 51%，显示非制造业运行基本平稳。雨季结束，基建和家装行业活动有所趋升，土木工程建筑和建筑装饰行业的商务活动指数和新订单指数较上月均有明显上升。随着专项债的加速发行，投资对经济的拉动作用将继续显现。服务消费保持活力，铁路运输和航空运输业商务活动指数维持在 60% 以上，住宿餐饮、景区服务和文体娱乐相关行业在暑期消费带动下仍保持活跃，相关行业的商务活动指数均在 55% 以上。国庆、中秋假日消费有望接续暑期消费带动上述行业继续持稳运行。社会融资活动回升，金融业商务

活动指数和新订单指数较上月均有不同程度上升。当前，非制造业仍面临一定的需求收缩压力，新订单指数连续 2 个月环比下降，反映市场需求不足的企业比重连续 3 个月在 53% 以上，仍需夯实消费需求的基础。

分行业来看，建筑业商务活动指数为 53.8%；服务业商务活动指数为 50.5%。21 个行业中，航空运输业、铁路运输业、建筑安装装饰及其他建筑业、土木工程建筑业和文化、体育和娱乐业等 14 个行业高于 50%；道路运输业、零售业、居民服务及修理业、房屋建筑业和装卸搬运及仓储业等 7 个行业低于 50%。

8 月中国非制造业商务活动指数各分项指数变化如下。

新订单指数环比下降。8 月，新订单指数为 47.5%，环比下降 0.6 个百分点。分行业来看，建筑业新订单指数为 48.5%；服务业新订单指数为 47.4%。21 个行业中，水上运输业、铁路运输业、电信广播电视和卫星传输服务业、航空运输业和邮政业等 10 个行业高于 50%；道路运输业、生态保护环境治理及公共设施管理业、批发业、零售业和餐饮业等 11 个行业低于 50%。

投入品价格指数环比上升。8 月，投入品价格指数为 51.7%，环比上升 0.9 个百分点。分行业来看，建筑业投入品价格指数为 48.4%；服务业投入品价格指数为 52.3%。21 个行业中，批发业、航空运输业、水上运输业、道路运输业和铁路运输业等 15 个行业高于 50%；生态保护环境治理及公共设施管理业、互联网及软件信息技术服务业、邮政业、金融业和房地产业等 6 个行业低于 50%。

销售价格指数环比上升。8 月，销售价格指数为 50%，环比上升 0.3 个百分点。分行业来看，建筑业销售价格指数为 50.4%；服务业

销售价格指数为 49.9%。21 个行业中，批发业、航空运输业、零售业、房屋建筑业和餐饮业等 9 个行业高于 50%；互联网及软件信息技术服务业、租赁及商务服务业、土木工程建筑业、道路运输业和文化、体育和娱乐业等 12 个行业低于 50%。

从业人员指数小幅上升。8 月，从业人员指数为 46.8%，环比上升 0.2 个百分点。分行业来看，建筑业从业人员指数为 44.7%；服务业从业人员指数为 47.2%。21 个行业中，航空运输业、金融业、生态保护环境治理及公共设施管理业和餐饮业 4 个行业高于 50%；住宿业、水上运输业、邮政业、租赁及商务服务业和批发业等 17 个行业低于 50%。

业务活动预期指数环比下降。8 月，业务活动预期指数为 58.2%，环比下降 0.8 个百分点。分行业来看，建筑业业务活动预期指数为 60.3%；服务业业务活动预期指数为 57.8%。21 个行业中，电信广播电视和卫星传输服务业、邮政业、金融业、土木工程建筑业和水上运输业等 6 个行业高于 60%；房屋建筑业、批发业、餐饮业、装卸搬运及仓储业和互联网及软件信息技术服务业等 15 个行业低于 60%。

9 月

2023 年 9 月，中国非制造业商务活动指数为 51.7%，环比上升 0.7 个百分点。

中国物流与采购联合会副会长蔡进认为：9 月，非制造业商务活动指数为 51.7%，在连续两个月稳定在 51% 左右的基础上有所上升。新订单指数为 47.8%，结束连续 2 个月下降走势，较上月上升，显示非制造业整体呈现平稳趋升走势。供需回升带动价格持续上升和市场预期向好转变；投入品价格指数和销售价格指数均连续 4 个月环比上升；业务活动预期指数升至 58.7%，结束连续 6 个月环比下降走势；

建筑业商务活动指数和新订单指数均连续 2 个月上升，投资相关活动继续回稳向上；房屋建筑业商务活动指数升幅明显，显示包括保障房建设活动在内的房屋施工进度有所加快。制造业持续稳定恢复和节日消费预期带动流通环节趋于活跃；批发业商务活动指数和新订单指数较上月均有不同程度上升；银行业商务活动指数和新订单指数连续两个月环比上升反映实体经济融资需求有所趋升；居民线上线下消费相关活动趋升，零售业和邮政快递业商务活动指数较上月有所上升；暑期旅游季结束，住宿、餐饮和交通运输相关行业活动有所回调。总体来看，非制造业保持平稳趋升走势。

分行业来看，建筑业商务活动指数为 56.2%；服务业商务活动指数为 50.9%。21 个行业中，电信广播电视和卫星传输服务业、土木工程建筑业、互联网及软件信息技术服务业、金融业和邮政业等 10 个行业高于 50%；道路运输业、居民服务及修理业、航空运输业、建筑安装装饰及其他建筑业和餐饮业等 11 个行业低于 50%。

9 月中国非制造业商务活动指数各分项指数变化如下。

新订单指数环比上升。9 月，新订单指数为 47.8%，环比上升 0.3 个百分点。分行业来看，建筑业新订单指数为 50%；服务业新订单指数为 47.4%。21 个行业中，电信广播电视和卫星传输服务业、建筑安装装饰及其他建筑业、航空运输业、金融业和水上运输业等 8 个行业高于 50%；批发业位于 50%；房屋建筑业、土木工程建筑业、道路运输业、零售业和租赁及商务服务业等 12 个行业低于 50%。

投入品价格指数环比上升。9 月，投入品价格指数为 52.5%，环比上升 0.8 个百分点。分行业来看，建筑业投入品价格指数为 54.7%；服务业投入品价格指数为 52.1%。21 个行业中，航空运输业、水上运输业、批发业、建筑安装装饰及其他建筑业和道路运输业等 16 个行业高于 50%；房地产业位于 50%；电信广播电视和卫星传输服务业，文化、体育和娱乐业，邮政业和金融业 4 个行业低于 50%。

销售价格指数环比上升。9 月，销售价格指数为 50.3%，环比上升 0.3 个百分点。分行业来看，建筑业销售价格指数为 51.5%；服务业销售价格指数为 50%。21 个行业中，批发业、土木工程建筑业、零售业、铁路运输业和建筑安装装饰及其他建筑业等 8 个行业高于 50%；装卸搬运及仓储业、租赁及商务服务业、电信广播电视和卫星传输服务业、水上运输业和住宿业等 13 个行业低于 50%。

从业人员指数与上月持平。9 月，从业人员指数为 46.8%，与上月持平。分行业来看，建筑业从业人员指数为 46.3%；服务业从业人员指数为 46.9%。21 个行业中，航空运输业和餐饮业 2 个行业高于 50%；金融业、租赁及商务服务业、邮政业、批发业和装卸搬运及仓储业等 19 个行业低于 50%。

业务活动预期指数环比上升。9 月，业务活动预期指数为 58.7%，环比上升 0.5 个百分点。分行业来看，建筑业业务活动预期指数为 61.8%；服务业业务活动预期指数为 58.1%。21 个行业中，邮政业、金融业、电信广播电视和卫星传输服务业、建筑安装装饰及其他建筑业和铁路运输业等 7 个行业高于 60%；航空运输业、互联网及软件信息技术服务业、零售业、装卸搬运及仓储业和批发业等 14 个行业低于 60%。

10 月

2023 年 10 月，中国非制造业商务活动指数为 50.6%，环比下降 1.1 个百分点。

中国物流与采购联合会副会长蔡进指出：10 月，非制造业商务活动指数回落至 50.6%。非制造业供需增速较上月有所放缓，批发业和金融业增速放缓是 10 月非制造业回调的主要影响因素，但节日效应对市场需求拉动作用呈常态化趋势。在十一假期带动下，铁路运输、航空运输、住宿餐饮、文体娱乐和景区服务相关行业的商务活动指数较上月均有明显上升。基础建设投资相关活动仍保持活跃，土木工程建筑业商务活动指数仍在 57% 以上的高位。企业预期相对稳定，业务活动预期指数连续 3 个月在 58% 以上。新订单指数持续在 50% 以下，反映市场需求不足的企业比重仍在 56% 以上，需求侧仍待改善。宏观调控应继续发力提振需求相关政策，继续释放投资和消费需求潜力。

分行业来看，建筑业商务活动指数为 53.5%；服务业商务活动指数为 50.1%。21 个行业中，邮政业、电信广播电视和卫星传输服务业、航空运输业、铁路运输业和餐饮业等 15 个行业高于 50%；批发业、零售业、居民服务及修理业和租赁及商务服务业等 6 个行业低于 50%。

10 月中国非制造业商务活动指数各分项指数变化如下。

新订单指数环比下降。10 月，新订单指数为 46.7%，环比下降 1.1 个百分点。分行业来看，建筑业新订单指数为 49.2%；服务业新订单指数为 46.2%。21 个行业中，航空运输业、邮政业、铁路运输业、电信广播电视和卫星传输服务业和建筑安装装饰及其他建筑业等 8 个行业高于 50%；餐饮业、居民服务及修理业、互联网及软件信息技术服务业、批发业和房屋建筑业等 13 个行业低于 50%。

投入品价格指数环比下降。10 月，投入品价格指数为 49.7%，环比下降 2.8 个百分点。分行业来看，建筑业投入品价格指数为 49.9%；服务业投入品价格指数为 49.7%。21

个行业中，航空运输业、铁路运输业、道路运输业、水上运输业和租赁及商务服务业等12个行业高于50%；互联网及软件信息技术服务业、装卸搬运及仓储业、金融业、土木工程建筑业和邮政业等9个行业低于50%。

销售价格指数环比下降。10月，销售价格指数为48.6%，环比下降1.7个百分点。分行业来看，建筑业销售价格指数为50%；服务业销售价格指数为48.3%。21个行业中，住宿业、土木工程建筑业和房屋建筑业3个行业高于50%；零售业和互联网及软件信息技术服务业2个行业位于50%；租赁及商务服务业、铁路运输业、餐饮业、生态保护环境治理及公共设施管理业和电信广播电视和卫星传输服务业等16个行业低于50%。

从业人员指数环比下降。10月，从业人员指数为46.5%，环比下降0.3个百分点。分行业来看，建筑业从业人员指数为46.4%；服务业从业人员指数为46.5%。21个行业中，邮政业、餐饮业、航空运输业和建筑安装装饰及其他建筑业4个行业高于50%；租赁及商务服务业、土木工程建筑业、住宿业和批发业等17个行业低于50%。

业务活动预期指数环比下降。10月，业务活动预期指数为58.1%，环比下降0.6个百分点。分行业来看，建筑业业务活动预期指数为61.4%；服务业业务活动预期指数为57.5%。21个行业中，金融业、航空运输业、邮政业、电信广播电视和卫星传输服务业和房屋建筑业等7个行业高于60%；土木工程建筑业、餐饮业、生态保护环境治理及公共设施管理业、互联网及软件信息技术服务业和道路运输业等14个行业低于60%。

11月

2023年11月，中国非制造业商务活动指数为50.2%，环比下降0.4个百分点。

中国物流与采购联合会副会长蔡进指出：11月，非制造业商务活动指数回落至50.2%，显示非制造业经营活动保持增长。新订单指数为47.2%，较上月上升0.5个百分点，市场需求有所恢复。建筑业商务活动指数较上月有所上升，保持在55%的较高水平，房屋建筑活动较上月有明显上升，保交楼活动有所升温。金融业供需活动较上月有明显增加。临近年底，企业资金需求有所趋升，金融对实体经济支持力度也相应显现。企业对年底市场预期趋于乐观，业务活动预期指数创出下半年以来新高，市场乐观预期较为普遍。总体来看，非制造业经营活动保持增长，市场需求有恢复迹象，投资与消费相关行业预期向好。

分行业来看，建筑业商务活动指数为55%；服务业商务活动指数为49.3%。21个行业中，建筑安装装饰及其他建筑业、金融业、水上运输业、电信广播电视和卫星传输服务业和房屋建筑业等11个行业高于50%；道路运输业、生态保护环境治理及公共设施管理业、批发业、零售业和租赁及商务服务业等10个行业低于50%。

11月中国非制造业商务活动指数各分项指数变化如下。

新订单指数环比上升。11月，新订单指数为47.2%，环比上升0.5个百分点。分行业来看，建筑业新订单指数为48.6%；服务业新订单指数为46.9%。21个行业中，航空运输业、金融业、建筑安装装饰及其他建筑业、邮政业和水上运输业等7个行业高于50%；房屋建筑业、铁路运输业、道路运输业、零售业和批发业等14个行业低于50%。

投入品价格指数微幅上升。11月，投入品价格指数为49.8%，环比上升0.1个百分点。

分行业来看，建筑业投入品价格指数为53.1%；服务业投入品价格指数为49.2%。21个行业中，建筑安装装饰及其他建筑业、土木工程建筑业、房屋建筑业、租赁及商务服务业和铁路运输业等10个行业高于50%；住宿业位于50%；金融业、电信广播电视和卫星传输服务业、生态保护环境治理及公共设施管理业、居民服务及修理业和房地产业等10个行业低于50%。

销售价格指数环比下降。11月，销售价格指数为48.3%，环比下降0.3个百分点。分行业来看，建筑业销售价格指数为51.3%；服务业销售价格指数为47.7%。21个行业中，土木工程建筑业、房屋建筑业、生态保护环境治理及公共设施管理业、建筑安装装饰及其他建筑业和住宿业等7个行业高于50%；水上运输业、互联网及软件信息技术服务业、装卸搬运及仓储业、道路运输业和零售业等14个行业低于50%。

从业人员指数环比上升。11月，从业人员指数为46.9%，环比上升0.4个百分点。分行业来看，建筑业从业人员指数为48.2%；服务业从业人员指数为46.7%。21个行业中，建筑安装装饰及其他建筑业、邮政业、航空运输业和住宿业4个行业高于50%；金融业、餐饮业、租赁及商务服务业、装卸搬运及仓储业和批发业等17个行业低于50%。

业务活动预期指数环比上升。11月，业务活动预期指数为59.8%，环比上升1.7个百分点。分行业来看，建筑业业务活动预期指数为62.6%；服务业业务活动预期指数为59.3%。21个行业中，航空运输业、金融业、铁路运输业、房屋建筑业和电信广播电视和卫星传输服务业等9个行业高于60%；批发业位于60%；住宿业、租赁及商务服务业、餐饮业、生态保护环境治理及公共设施管理业和装卸搬运及仓储业等11个行业低于60%。

12月

2023年12月，中国非制造业商务活动指数为50.4%，环比上升0.2个百分点。

中国物流与采购联合会副会长蔡进指出：12月，非制造业商务活动指数和新订单指数均有所回升，市场价格和就业趋稳。企业预期继续稳中趋升，业务活动预期指数升至60%以上，连续2个月环比上升。年底投资需求有加速释放迹象，建筑业商务活动指数和新订单指数较上月均有明显上升，升幅在2个百分点左右。金融对实体经济支持力度进一步增强，金融业商务活动指数和新订单指数均连续2个月环比上升，且创出下半年新高。临近年底，居民文体娱乐活动有所升温，文体娱乐业商务活动指数较上月有明显上升。总体来看，非制造业市场供需稳步恢复，投资相关活动表现和金融对实体经济支持力度均好于前期，建筑业和金融业商务活动指数水平均有提升，经济内生动能正在积聚。

分行业来看，建筑业商务活动指数为56.9%；服务业商务活动指数为49.3%。21个行业中，土木工程建筑业、电信广播电视和卫星传输服务业、金融业、邮政业和房屋建筑业等10个行业高于50%；装卸搬运及仓储业、道路运输业、餐饮业、生态保护环境治理及公共设施管理业和批发业等11个行业低于50%。

12月中国非制造业商务活动指数各分项指数变化如下。

新订单指数环比上升。12月，新订单指数为47.5%，环比上升0.3个百分点。分行业来看，建筑业新订单指数为50.6%；服务业新订单指数为47%。21个行业中，金融业、铁路运输业、土木工程建筑业、邮政业和电信广播电视和卫星传输服务业等 6 个行业高于 50%；房屋建筑业、互联网及软件信息技术服务业、文化、体育和娱乐业、装卸搬运及仓储业和租赁及商务服务业等 15 个行业低于 50%。

投入品价格指数小幅下降。12 月，投入品价格指数为 49.6%，环比下降 0.2 个百分点。分行业来看，建筑业投入品价格指数为 51.4%；服务业投入品价格指数为 49.3%。21 个行业中，铁路运输业、土木工程建筑业、租赁及商务服务业、水上运输业和住宿业等 11 个行业高于 50%；道路运输业、零售业、装卸搬运及仓储业、电信广播电视和卫星传输服务业和房地产业等 10 个行业低于 50%。

销售价格指数环比上升。12 月，销售价格指数为 49.3%，环比上升 1 个百分点。分行业来看，建筑业销售价格指数为 51.7%；服务业销售价格指数为 48.9%。21 个行业中，邮政业、土木工程建筑业、房屋建筑业、租赁及商务服务业和餐饮业等 9 个行业高于 50%；道路运输业位于 50%；住宿业、金融业、航空运输业、建筑安装装饰及其他建筑业和装卸搬运及

仓储业等 11 个行业低于 50%。

从业人员指数小幅上升。12 月，从业人员指数为 47.1%，环比上升 0.2 个百分点。分行业来看，建筑业从业人员指数为 51.7%；服务业从业人员指数为 46.3%。21 个行业中，建筑安装装饰及其他建筑业、航空运输业、邮政业、住宿业和土木工程建筑业等 8 个行业高于 50%；批发业、金融业、餐饮业、居民服务及修理业和装卸搬运及仓储业等 13 个行业低于 50%。

业务活动预期指数环比上升。12 月，业务活动预期指数为 60.3%，环比上升 0.5 个百分点。分行业来看，建筑业业务活动预期指数为 65.7%；服务业业务活动预期指数为 59.4%。21 个行业中，金融业、航空运输业、房屋建筑业、铁路运输业和土木工程建筑业等 11 个行业高于 60%；电信广播电视和卫星传输服务业、租赁及商务服务业、装卸搬运及仓储业、住宿业和道路运输业等 10 个行业低于 60%。

2023 年 1—12 月中国非制造业商务活动指数走势如下图所示。

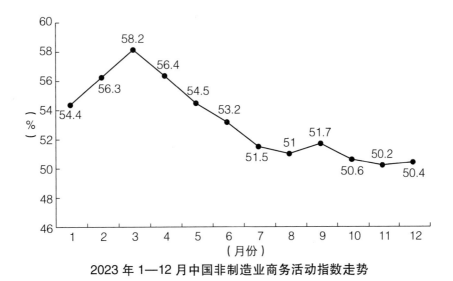

2023 年 1—12 月中国非制造业商务活动指数走势

（中国物流信息中心）

2023 年 1—12 月全球主要国家和地区制造业 PMI

（中国物流与采购联合会发布）

1 月

2023 年 1 月，全球制造业 PMI 为 49.2%，较上月上升 0.6 个百分点，结束连续 7 个月环比下降走势，但仍在 50% 以下，意味着自 2022 年下半年以来的全球经济持续下探趋势有所缓解。

1 月全球中 4 个区域的主要国家和地区制造业 PMI 详情如下。

欧洲制造业回升势头加快，PMI 升幅扩大。

1 月，欧洲制造业 PMI 为 49.1%，较上月上升 0.9 个百分点，连续 3 个月上升，且升幅较上月有所扩大，显示欧洲制造业延续 2022 年 11 月以来的回升势头。从主要国家来看，德国、英国、俄罗斯、法国和意大利等国制造业 PMI 较上月均有不同程度上升，法国和意大利制造业 PMI 升至 50% 以上，德国、英国和俄罗斯制造业 PMI 仍在 50% 以下。欧洲制造业持续回升在一定程度上助力全球经济止降趋稳。

美洲制造业弱势下探，PMI 继续下降。

1 月，美洲制造业 PMI 为 47.7%，较上月下降 0.7 个百分点，连续 8 个月环比下降，连续 3 个月运行在 50% 以下，再次刷新了自 2020 年 6 月以来的新低纪录，显示美洲制造业继续弱势下探，下行压力仍然较大。主要国家数据显示，巴西和加拿大制造业 PMI 较上月均有不同程度上升；美国制造业 PMI 在 50% 以下持续下降，美国制造业的持续下行给美洲和全球经济带来不利影响。

ISM（美国供应管理协会）报告显示，1 月，美国制造业 PMI 较上月下降 1 个百分点，连续 5 个月环比下降，连续 3 个月低于 50%。分项指数变化显示，美国制造业供需下行压力均有所加大，需求收缩压力仍较为突出。其中，生产指数为 48%，较上月下降 0.5 个百分点，连续 2 个月低于 50%；新订单指数为 42.5%，较上月下降 2.6 个百分点，连续 5 个月低于 50%。

非洲制造业保持平稳，PMI 有所下降。

1 月，非洲制造业 PMI 为 50.9%，较上月下降 0.7 个百分点，连续 2 个月运行在 51% 左右。从主要国家看，尼日利亚和南非制造业 PMI 虽较上月有所回落，但均保持在 53% 以上。

指数变化显示，非洲制造业增速虽较上月有所放缓，但仍保持平稳增长，经济恢复韧性较强，发展潜力较大。非洲大陆自贸区的持续推进对稳定非洲经贸发展发挥了重要作用。

亚洲制造业有所回升，PMI 升至 50% 以上。

1 月，亚洲制造业 PMI 为 50.5%，较上月上升 1.5 个百分点，结束连续 3 个月下降走势，显示亚洲制造业有所回升。从主要国家看，中国制造业结束下探走势，出现稳步回升，制造业 PMI 重回 50% 以上；印度制造业 PMI 虽较上月有所下降，但仍在 55% 以上；印度尼西亚、泰国和菲律宾制造业 PMI 较上月均有不同程度上升，且均在 50% 以上；日本、韩国、越南和马来西亚制造业 PMI 均在 50% 以下。

指数变化显示，1 月，中国经济加速回升较好带动了亚洲经济止降趋稳，印度和东南亚主要国家也保持较快增长，较好助力亚洲经济趋稳。

2 月

2023 年 2 月，全球制造业 PMI 为 49.9%，较上月上升 0.7 个百分点，连续 2 个月环比上升，接近 50% 荣枯线，显示全球经济呈现初步趋稳回升迹象。

2 月全球中 4 个区域的主要国家和地区制造业 PMI 详情如下。

欧洲制造业结束连续回升势头，PMI 小幅下降。

2 月，欧洲制造业 PMI 为 48.9%，较上月小幅下降 0.2 个百分点，欧洲制造业结束了自 2022 年 11 月以来的短暂回升势头。从主要国家来看，德国和法国制造业 PMI 较上月明显下降，PMI 均降至 48% 以下，是欧洲制造业 PMI 较上月下降的主要因素。英国、意大利、俄罗斯和西班牙制造业 PMI 较上月有不同程度上升。

欧洲制造业 PMI 连续 7 个月在 50% 以下波动运行，表明欧洲经济复苏力度仍有待加强。持续的地缘政治冲突给欧洲经济复苏带来深刻影响，经济安全、能源短缺以及进口成本上升等问题均在困扰着欧洲经济复苏。

美洲制造业降势趋缓，PMI 小幅上升。

2 月，美洲制造业 PMI 为 48.3%，较上月上升 0.5 个百分点，结束连续 8 个月环比下降走势，但指数仍连续 4 个月运行在 50% 以下，美洲制造业仍继续偏弱运行，但下降势头有所趋缓。主要国家数据显示，美国、巴西、加拿大和墨西哥制造业 PMI 较上月均有不同程度上升，但美国制造业 PMI 回升幅度较小，仍在 48% 以下。

ISM 报告显示，2 月，美国制造业 PMI 为 47.7%，较上月上升 0.3 个百分点，结束连续 5 个月环比下降走势，但仍连续 4 个月低于 50%。分项指数变化显示，美国制造业需求下降势头有所缓解，新订单指数较上月上升 4.5 个百分点，但仍在 47% 的相对低位；美国制造业生产下降势头继续扩大，生产指数较上月下降 0.7 个百分点至 47.3%。美国制造业供需的持续下降在一定程度上反映出持续加息对美国制造业增长的负面影响继续显现。

非洲制造业波动加大，PMI 降幅明显。

2 月，非洲制造业 PMI 为 46.7%，较上月下降 4.2 个百分点，结束连续 4 个月 50% 以上的走势。从主要国家看，尼日利亚、南非制造业 PMI 均从上月的 53% 以上快速降至 50% 以下。

指数变化显示，非洲制造业出现了较为明显的波动，主要国家制造业快速下降。缺电危机给南非经济带来较大冲击，多轮限电使南非制造业增速快速下降；尼日利亚新旧货币的互换不畅，给尼日利亚带来现金短缺危机，制造业因此快速下降，生产指数和新订单指数均出现大幅下滑。这两个国家制造业 PMI 的大幅下降也成为非洲制造业 PMI 降幅明显的主要因素。同时，美国加息的外溢效应给非洲国家带来较大通胀压力。

亚洲制造业增速加快，PMI 升幅明显。

2 月，亚洲制造业 PMI 为 51.9%，较上月上升 1.4 百分点，连续 2 个月上升，并连续 2 个月高于 50%，显示亚洲制造业增速呈现逐月加快走势。从主要国家看，中国制造业的快速回升较好带动了亚洲制造业增速的加快，制造业 PMI 升至 52% 以上；印度制造业 PMI 仍在 55% 以上；泰国、越南制造业 PMI 较上月均有不同程度上升，且均在 50% 以上；日本、韩国和马来西亚制造业 PMI 均在 50% 以下，其中马来西亚制造业 PMI 较上月上升，日本制造业 PMI 较十月下降，韩国制造业 PMI 与上月持平。

在中国和东南亚一些国家经济实现较快恢复的带动下，亚洲制造业在 2023 年年初重回温和复苏的轨道。虽然影响亚洲经济发展的一些外部负面因素有所减弱，但亚洲经济复苏仍存在不确定影响。全球加息背景下的通胀压力也困扰着亚洲主要国家的经济复苏，亚洲多国央行也在逐步提升利率。日本和韩国制造业 PMI 持续运行在 49% 以下的相对低位，显示日本、韩国经济复苏力度偏弱，对亚洲经济复苏也将产生抑制作用。

3 月

2023 年 3 月，全球制造业 PMI 为 49.1%，较上月下降 0.8 个百分点，结束连续 2 个月环比上升走势，连续 6 个月低于 50%。第一季度，全球制造业 PMI 均值为 49.4%，较上年第四季度上升 0.5 个百分点，显示全球制造业复苏态势略好于上年第四季度，但指数水平仍未超过 50%，且 3 月有所下降，意味着全球经济

复苏动能依然不足。

3 月全球中 4 个区域的主要国家和地区制造业 PMI 详情如下。

欧洲制造业延续回调走势，PMI 连续下降。

3 月，欧洲制造业 PMI 为 48.1%，较上月下降 0.8 个百分点，连续 2 个月环比下降，连续 8 个月在 50% 以下。从主要国家来看，德国、英国、法国和意大利制造业 PMI 较上月均有不同程度下降。其中，德国制造业下降程度更为明显，其制造业 PMI 降至 44.7%，创自 2020 年 6 月以来的新低。

地缘政治冲突给欧元区带来的高通胀冲击依然较大。欧盟统计局公布数据显示，欧元区 3 月调和 CPI 同比上升 6.9%，虽低于 2 月，但仍在较高水平。

美洲制造业走势趋弱，PMI 有所下降。

3 月，美洲制造业 PMI 为 46.8%，较上月下降 1.5 个百分点，创自 2020 年 6 月以来的新低，连续 5 个月运行在 50% 以下，美洲制造业走势继续趋弱。主要国家数据显示，美国、巴西、加拿大制造业 PMI 较上月均有不同程度下降。

ISM 报告显示，3 月，美国制造业 PMI 为 46.3%，较上月下降 1.4 个百分点，连续 5 个月低于 50%，并刷新了自 2020 年 6 月以来新低纪录。分项指数变化显示，需求走弱和用工下降是美国制造业继续走弱的主要因素；新订单指数较上月下降 2.7 个百分点至 44.3%，连续 6 个月低于 50%；从业人员指数较上月下降 2.2 个百分点至 46.9%，连续 3 个月环比下降，连续 2 个月低于 50%。

非洲制造业下行压力加大，PMI 连续下降。

3 月，非洲制造业 PMI 为 45.7%，较上月下降 1 个百分点，连续 3 个月环比下降，连续 2 个月低于 50%。从主要国家看，尼日利亚和

南非制造业 PMI 均在 50% 以下，并呈现连续下降走势。

南非经济因全国性抗议活动受到严重影响，电力危机也有所加剧。尼日利亚制造业 PMI 的连续下降，意味着现金短缺危机对尼日利亚的影响仍然存在。同时，尼日利亚制造业过度依赖能源，经济结构单一，增加了其经济恢复的不稳定性。外部依赖性强是困扰非洲主要国家经济复苏的普遍因素。

亚洲制造业保持平稳，PMI 持续在 51% 以上。

3 月，亚洲制造业 PMI 为 51.8%，较上月下降 0.1 个百分点，连续 2 个月运行在 51% 以上，显示亚洲制造业保持平稳复苏趋势。从主要国家看，中国经济保持平稳较快回升，制造业 PMI 仍位于 52% 左右的较好水平，连续 3 个月运行在扩张区间；印度制造业 PMI 升至 56% 以上；泰国、菲律宾制造业 PMI 保持在 52% 以上；日本、韩国、越南和马来西亚制造业 PMI 均在 50% 以下。

综合数据变化，中国经济的持续复苏、印度和东南亚一些国家经济的较快增长共同推动了亚洲经济的平稳复苏。

4 月

2023 年 4 月，全球制造业 PMI 为 48.6%，较上月下降 0.5 个百分点，连续 2 个月环比下降，再次降至 2020 年 6 月以来的最低水平。

综合指数变化，全球制造业 PMI 连续 7 个月运行在 50% 以下，并持续下降，显示全球经济下行压力有所加大，经济复苏动能不强。

4 月全球中 4 个区域的主要国家和地区制造业 PMI 详情如下。

欧洲制造业继续趋弱，PMI 在 50% 以下连续下降。

4 月，欧洲制造业 PMI 为 47%，较上月下降 1.1 个百分点，连续 3 个月环比下降，连续 9 个月在 50% 以下。从主要国家来看，德国、英国、法国和意大利制造业 PMI 较上月均有不同程度下降，指数均在 48% 以下的较低水平。

综合指数变化显示欧洲制造业继续趋弱运行。

美洲制造业维持弱势，PMI 仍在 50% 以下。

4 月，美洲制造业 PMI 为 47.4%，较上月上升 0.6 个百分点，连续 6 个月运行在 50% 以下，显示美洲制造业整体仍延续弱势运行趋势。主要国家数据显示，美国和加拿大制造业 PMI 较上月小幅上升，但均在 48% 以下，巴西制造业 PMI 降至 45% 以下。

ISM 报告显示，美国制造业 PMI 虽较上月有所上升，但仍连续 6 个月低于 50%，且在 47.1% 的较低水平。分项指数变化显示，新订单指数和生产指数虽然较上月有所上升，但仍在 50% 以下，特别是新订单指数仍在 46% 以下的较低水平，显示需求持续较弱走势是困扰美国制造业恢复的主要因素。

非洲制造业有所恢复，PMI 回升至 50% 以上。

4 月，非洲制造业 PMI 为 50.1%，较上月上升 4.4 个百分点，结束连续 3 个月环比下降走势。从主要国家看，尼日利亚和南非制造业 PMI 较上月均有明显上升，是带动非洲制造业 PMI 回升的主要力量。

现金短缺危机对尼日利亚的影响减弱，尼日利亚制造业出现了明显恢复，其制造业 PMI 升至 53% 以上。南非制造业 PMI 较上月上升 1.7 个百分点，并接近 50%，显示南非制造业也呈现较快恢复态势。"一带一路"倡议和非洲自贸区的持续推进是有利于非洲经济恢复的重要力量，对于非洲基础设施建设和贸易便利化有更为直接的影响。

亚洲制造业增速放缓，PMI 仍在 50% 以上。

4 月，亚洲制造业 PMI 为 50.6%，较上月下降 1.2 个百分点，显示亚洲制造业仍保持增长，但增速较上月有所放缓。从主要国家看，中国制造业 PMI 降至 50% 以下；印度制造业 PMI 升至 57% 以上；泰国制造业 PMI 升至 60% 以上；日本、韩国、越南和马来西亚制造业 PMI 仍在 50% 以下。

综合数据变化，中国制造业在第一季度高基数和出口需求不足的影响下增速有所放缓，导致亚洲制造业增速放缓，但亚洲制造业 PMI 水平仍是各个区域中最高的。亚洲的加息相对温和，对经济复苏的影响小于欧美地区。

5 月

2023 年 5 月，全球制造业 PMI 为 48.3%，较上月下降 0.3 个百分点，连续 3 个月环比下降，连续 8 个月低于 50%，创自 2020 年 6 月以来的新低，意味着全球经济波动下行趋势没有改变。地缘政治冲突、通胀压力、银行危机等因素使全球需求增长动力持续不足，全球经济继续呈现弱复苏态势。

5 月全球中 4 个区域的主要国家和地区制造业 PMI 详情如下。

欧洲制造业弱势下行，PMI 创阶段新低。

5 月，欧洲制造业 PMI 为 46.2%，较上月下降 0.8 个百分点，连续 4 个月环比下降，连续 10 个月在 50% 以下，创自 2020 年 6 月以来的新低。从主要国家来看，俄罗斯制造业保持较好恢复趋势，2023 年以来，俄罗斯制造业 PMI 持续运行在 52% 以上；英国、西班牙和意大利制造业 PMI 较上月均有不同程度下降，指数均在 48% 以下的较低水平；德国制造业 PMI 更是降至了 44% 以下，再创 2020 年 6 月以来的新低。

欧元区制造业的弱势运行格局没有改变，

甚至德国出现了技术性衰退迹象。

美洲制造业延续弱势，PMI 仍在 50% 以下。

5 月，美洲制造业 PMI 为 47.3%，较上月下降 0.1 个百分点，连续 7 个月运行在 50% 以下，显示美洲制造业增速与上月变化不大，但整体维持弱势运行格局。主要国家数据显示，除墨西哥制造业在 50% 以上外，美国、巴西、加拿大和哥伦比亚等国制造业 PMI 均在 50% 以下。

ISM 报告显示，5 月，美国制造业 PMI 较上月下降 0.2 个百分点至 46.9%，连续 7 个月低于 50%。美国的生产和就业有所恢复，但需求继续走弱。生产指数和从业人员指数较上月有所上升，新订单指数较上月下降 3.1 个百分点至 42.6%。在美联储持续加息的影响下，2023 年美国制造业需求持续呈现波动下行趋势。

非洲制造业相对平稳，PMI 小幅上升。

5 月，非洲制造业 PMI 为 50.2%，较上月上升 0.1 个百分点，显示非洲制造业走势相对平稳。从主要国家看，尼日利亚制造业呈现加快恢复趋势，制造业 PMI 较上月上升，连续 2 个月高于 53%；南非和埃及制造业仍在 50% 以下。

非洲经济发展在经历了一些国家的短期波动后，正在趋于平稳，波动幅度在收窄，指数运行在 50% 临界点附近。

亚洲制造业保持上升，PMI 仍在 50% 以上。

5 月，亚洲制造业 PMI 为 50.4%，较上月下降 0.2 个百分点，连续 5 个月在 50% 以上，显示亚洲制造业增速较之前稍有放缓，但保持平稳走势。从主要国家看，受基础原材料行业下行影响，中国制造业 PMI 仍在 50% 以下，但高技术制造业、装备制造业和消费品制造业出现趋稳回升走势，中国新旧动能转换在加快推进；印度制造业 PMI 升至 58% 以上，制造业动能继续强劲；泰国制造业 PMI 仍在 58% 以上的高位；日本制造业 PMI 升至 50% 以上；韩国、越南和马来西亚制造业 PMI 仍在 50% 以下。

总体来看，亚洲制造业 PMI 持续 5 个月运行在 50% 以上，显示亚洲经济保持平稳增长趋势。

6 月

2023 年 6 月，全球制造业 PMI 为 47.8%，较上月下降 0.5 个百分点，连续 4 个月环比下降，连续 9 个月低于 50%，再创自 2020 年 6 月以来的阶段新低，意味着全球制造业下行态势有所加剧，复苏之路仍面临较大挑战。高企的通胀、持续的地缘政治冲突、动荡的金融市场和增多的贸易壁垒都在持续影响全球经济的增长动力。

6 月全球中 4 个区域的主要国家和地区制造业 PMI 详情如下。

欧洲制造业下行压力加大，PMI 继续下探。

6 月，欧洲制造业 PMI 为 45.4%，较上月下降 0.8 个百分点，连续 5 个月环比下降，连续 11 个月在 50% 以下，创自 2020 年 6 月以来的新低。从主要国家来看，俄罗斯制造业仍保持平稳增势，但增速有所放缓，PMI 较上月下降 0.9 个百分点至 52.6%，指数仍在 50% 以上的扩张区间；德国、英国、法国和西班牙制造业均保持降势，PMI 均在 50% 以下，其中，德国制造业下调幅度相对较大，PMI 较上月下降 2.6 个百分点至 40.6%，指数连续创阶段新低。

欧元区制造业当前面临的下行压力有所加大，其经济已经陷入技术性衰退。

美洲制造业继续下行，PMI 创阶段新低。

6 月，美洲制造业 PMI 为 46.5%，较上月下降 0.8 个百分点，连续 8 个月运行在 50% 以下，为 2020 年 6 月以来阶段新低，显示美洲制造业继续保持下行态势，且降速有所加快。主要国家数据显示，除墨西哥制造业在 50% 以上外，美、巴西、加拿大和哥伦比亚等国制造

业 PMI 均在 50% 以下。

ISM 报告显示，6 月，美国制造业 PMI 较上月下降 0.9 个百分点至 46%，连续 8 个月低于 50%。美国制造业订单需求降势趋缓，新订单指数较上月回升 3 个百分点至 45.6%；但企业生产活动有所放缓，生产指数较上月下降 4.4 个百分点至 46.7%；库存及就业方面均有下降，原材料库存指数和从业人员指数较上月分别下降 1.8 个百分点和 3.3 个百分点至 44% 和 48.1%，均降至 50% 以下水平，反映出当前制造业企业对未来预期趋于谨慎。

非洲制造业稳中趋缓，PMI 仍在 50% 左右。

6 月，非洲制造业 PMI 为 49.8%，较上月下降 0.4 个百分点，但仍保持在 50% 左右，显示非洲制造业走势仍保持相对平稳。从主要国家看，尼日利亚制造业仍保持平稳增长态势，制造业 PMI 虽较上月有所下降，但仍保持在 53% 以上水平；埃及制造业降势有所趋缓，PMI 仍在 50% 以下，但较上月有所上升；南非制造业呈现加快下降态势，PMI 降至 48% 以下。

在全球经济下行压力下，非洲制造业走势出现放缓迹象，但指数仍保持在 50% 左右的临界点，显示当前非洲经济仍保持相对稳定的走势，具备一定发展潜力。特别是随着"一带一路"合作的深入发展，中非经贸合作持续优化升级，向高质量发展迈进。中非经贸博览会相关数据显示，中非经贸合作多项数据创新高。海关总署发布的"中国—非洲贸易指数"，该指数以 2000 年为基期值 100 点，2022 年达到 990.55 点，显示中非贸易快速向好的发展趋势。中非双边贸易额的持续增长，不仅带动了非洲发展，也为国际对非合作创造了更为有利的条件，持续推动非洲经济稳步提升。

亚洲制造业保持平稳增势，PMI 与上月

持平。

6 月，亚洲制造业 PMI 为 50.4%，与上月持平，连续 6 个月在 50% 以上，显示亚洲制造业持续保持平稳增长态势。从主要国家看，中国制造业 PMI 虽仍在 50% 以下，但经济运行有所趋稳，市场需求下降势头放缓，新动能需求加快增长势头较为突出，企业生产稳中有增，原材料和产成品去库存持续推进，市场价格也有所趋稳；印度制造业继续保持较高增速，虽较上月有所放缓，但 PMI 仍在 57% 以上；日本制造业再度收缩，PMI 降至 50% 以下；越南及韩国制造业仍保持下行态势，PMI 在 48% 以下。

当前亚洲制造业 PMI 持续运行在 50% 以上，显示在全球经济下行压力下，亚洲经济仍保持较好韧性，保持平稳增长。

7 月

2023 年 7 月，全球制造业 PMI 为 47.9%，较上月上升 0.1 个百分点，结束了连续 4 个月环比下降的走势。但指数已连续 2 个月处于 48% 以下的较低水平，显示当前全球经济下行态势未改。发达经济体核心通胀下降仍较缓慢，货币政策仍维持紧缩态势，金融市场环境不确定性升高，地缘政治冲突持续，这些因素仍在持续拖累全球经济复苏的步伐。

7 月全球中 4 个区域的主要国家和地区制造业 PMI 详情如下。

欧洲制造业弱势下行，PMI 低位继续下降。

7 月，欧洲制造业 PMI 为 44.8%，较上月下降 0.6 个百分点，连续 6 个月环比下降，连续 12 个月在 50% 以下，再次刷新阶段性新低。从主要国家来看，俄罗斯制造业仍保持增势，但增速继续放缓，PMI 较上月下降 0.5 个百分点至 52.1%。德国、英国、法国和意大利制造业均呈现加快下行态势，PMI 均在 46% 以下的

低位。其中，德国制造业表现尤为弱势，PMI 较上月下降 1.8 个百分点至 38.8%，指数已降至 40% 以下。

当前欧洲通胀压力仍较大，持续的加息并未使核心通胀有明显缓解，7 月欧元区核心通胀率为 5.5%，仍处高位。

美洲制造业保持弱势，PMI 仍在 50% 以下的低位。

7 月，美洲制造业 PMI 为 47%，较上月上升 0.5 个百分点，连续 9 个月运行在 50% 以下，显示美洲制造业整体仍延续弱势运行趋势。主要国家数据显示，美国、巴西和加拿大制造业降幅有所收窄，PMI 均较上月有所上升，但仍处于 50% 以下；墨西哥制造业加快增长，PMI 较上月上升 2.3 个百分点至 53.2%。

ISM 报告显示，美国制造业 PMI 虽较上月有所上升，但仍处于 47% 以下的低位。分项指数变化显示，新订单指数和生产指数均有所上升，但仍处于收缩区间，同时就业指数进一步收缩，显示当前美国制造业需求虽略有改善，但仍较为疲弱，带动生产及就业持续放缓，美国制造业仍维持弱势运行。

非洲制造业继续放缓，PMI 有所下降。

7 月，非洲制造业 PMI 为 49.1%，较上月下降 0.7 个百分点，连续 2 个月下降且在 50% 以下的水平，显示非洲制造业近期走势有所放缓。从主要国家看，尼日利亚制造业增速继续放缓，但仍保持增长，制造业 PMI 仍在 50% 以上；埃及制造业降幅收窄，PMI 较上月微幅上升，但仍在 50% 以下；南非制造业继续下行，PMI 在 48% 以下的低位进一步下降。

通胀及债务风险的高企是非洲主要国家制造业增速放缓的主要原因之一。从尼日利亚来看，尼日利亚雇主咨询协会（NECA）认为通胀的稳步上升将抑制消费者有效需求，阻碍企

业扩张、降低企业信心和抑制潜在投资；从南非来看，南非权威经济组织 BankServAfrica 数据显示，近年来受到通货膨胀以及经济萎缩等因素影响，南非家庭的财务弹性较新冠疫情发生前下降了 2.4%，进而抑制居民消费需求，阻碍制造业恢复。

亚洲制造业平稳增长，PMI 微幅上升。

7 月，亚洲制造业 PMI 为 50.5%，较上月上升 0.1 个百分点，连续 7 个月在 50% 以上，显示亚洲制造业继续保持平稳增长态势。从主要国家看，中国制造业 PMI 连续 2 个月平稳上升，经济趋稳向好运行。同时，中国国内市场需求回升向好，企业生产持稳运行，市场价格趋升、民营经济趋稳、企业预期普遍上升，经济恢复向好积极因素增多；印度制造业微幅放缓，仍保持较高增速；韩国及越南制造业降势有所收窄，PMI 虽仍在 50% 以下，但较上月明显回升；日本制造业保持收缩态势，PMI 较上月小幅下降，仍在 50% 以下。

当前，亚洲制造业呈现连续平稳增长态势，表现出相对于其他地区的较强韧性，主要是中国制造业的趋稳运行继续发挥了带动亚洲经济增长的引擎作用，印度制造业持续的高速增长也对亚洲经济形成了较好支撑。

8 月

2023 年 8 月，全球制造业 PMI 为 48.3%，较上月上升 0.4 个百分点，连续 2 个月环比上升，但指数仍在 48% 左右的较低水平，全球经济呈现弱势修复态势，总体趋紧的大环境没有改变，需求收缩压力仍然存在。

8 月全球中 4 个区域的主要国家和地区制造业 PMI 详情如下。

欧洲制造业弱势未改，PMI 持续下降。

8 月，欧洲制造业 PMI 为 44.7%，较上月下降 0.1 个百分点，连续 7 个月环比下降，连续 13 个月在 50% 以下。从主要国家来看，俄罗斯制造业继续保持较快增长，增速较上月有所加快，PMI 升至 52.7%；德国、法国和意大利制造业 PMI 较上月均有小幅上升，但均在较低水平，德国制造业 PMI 仍在 40% 以下；英国制造业 PMI 降至 43%，环比降幅超过 2 个百分点。

欧洲制造业 PMI 继续弱势运行，欧洲经济衰退风险继续加大。利率高企和出口疲弱困扰欧洲经济复苏。

美洲制造业弱势恢复，PMI 在 50% 以下小幅上升。

8 月，美洲制造业 PMI 为 47.9%，较上月上升 0.9 个百分点，连续 2 个月环比上升，但连续 10 个月运行在 50% 以下，显示美洲制造业近两个月有所恢复，但仍未摆脱弱势运行趋势。主要国家数据显示，美国和巴西制造业 PMI 较上月有所上升，其中，美国制造业 PMI 仍在 48% 以下，巴西制造业 PMI 升至 50% 的荣枯线附近；墨西哥制造业 PMI 仍在 50% 以上，但较上月有所下降；加拿大制造业 PMI 环比有所下降，仍在 50% 以下。

ISM 报告显示，美国制造业呈现弱势修复迹象。8 月，美国制造业 PMI 为 47.6%，较上月上升 1.2 个百分点。分项指数变化显示，美国制造业生产活动有所恢复，但需求端仍未见明显好转。生产指数较上月上升 1.7 个百分点至 50%，但新订单指数未能延续上月的上升走势，较上月下降 0.5 个百分点至 46.8%，仍处于收缩区间。美国的新出口订单指数虽较上月小幅上升，但仍在 46.5% 的较低水平，显示美国出口需求维持弱势。

非洲制造业降势减缓，PMI 较上月上升。

8 月，非洲制造业 PMI 为 49.4%，较上月上升 0.3 个百分点，结束连续 2 个月下降走势，但仍在 50% 以下，显示非洲制造业下降势头有所趋缓。从主要国家看，尼日利亚制造业增速继续放缓，但仍保持增长，制造业 PMI 仍在 50% 以上；埃及制造业 PMI 与上月持平，仍在 50% 以下；南非制造业降幅明显收窄，制造业 PMI 虽仍在 50% 以下，但接近 50% 的临界点，环比升幅超过 2 个百分点。

从指数变化看，非洲制造业发展趋势略低于亚洲，但好于欧洲和美洲。非洲凭借其资源优势在当前全球供应链重构中的重要地位日益凸显。

亚洲制造业延续平稳增长，PMI 连续上升。

8 月，亚洲制造业 PMI 为 50.7%，较上月上升 0.2 个百分点，连续 2 个月环比上升，连续 8 个月在 50% 以上，显示亚洲制造业延续平稳增长趋势。从主要国家看，中国制造业 PMI 虽仍在 50% 以下，但连续 3 个月上升，向好回升势头进一步巩固；印度制造业保持强劲增长，制造业 PMI 较上月上升，且在 58% 以上；从东盟主要国家看，印度尼西亚制造业保持较快增长，PMI 保持在 53% 以上，越南制造业结束连续 5 个月 50% 以下走势，升至 50.5%；韩国和日本制造业 PMI 较上月一平一降，均在 50% 以下。

从指数变化看，进入第三季度，中国制造业呈现持续稳定恢复趋势，为亚洲制造业的平稳增长提供重要支撑；印度制造业的强劲增长也为亚洲经济的平稳增长贡献力量；东盟中的印度尼西亚制造业持续平稳上升和越南制造业的止跌回升均有效助力亚洲制造业平稳增长。

9 月

2023 年 9 月，全球制造业 PMI 为 48.7%，较上月上升 0.4 个百分点，连续 3 个月环比上升。全球制造业 PMI 连续小幅上升，指数水平仍在 50% 以下，显示第三季度以来全球经济呈现持续弱修复态势，恢复力度仍有待提升。

9 月全球中 4 个区域的主要国家和地区制造业 PMI 详情如下。

欧洲制造业降势趋缓，PMI 小幅上升。

9 月，欧洲制造业 PMI 为 45.1%，较上月上升 0.4 个百分点，结束连续 7 个月环比下降走势，但仍连续 14 个月在 50% 以下。从主要国家来看，俄罗斯制造业继续保持较快增长，PMI 升至 54.5%，连续 2 个月环比上升；德国、英国、意大利和西班牙制造业 PMI 较上月均有不同程度上升，但均在较低水平，德国制造业 PMI 仍在 40% 以下；法国制造业 PMI 降至 45% 以下，环比降幅近 2 个百分点。

综合指数变化，欧洲制造业 PMI 结束连降走势，较上月上升，但指数仍在较低水平，显示欧洲制造业下降幅度有所收窄，下行压力较上月有所缓解，但仍未摆脱弱势运行态势。

美洲制造业持续恢复，但 PMI 仍在 50% 以下。

9 月，美洲制造业 PMI 为 48.9%，较上月上升 1 个百分点，连续 3 个月环比上升，但仍在 50% 以下，显示美洲制造业自第三季度以来呈现持续恢复走势，但恢复力度相对偏弱。主要国家数据显示，美国制造业 PMI 环比升幅较为明显，是美洲制造业 PMI 上升的主要拉动力量；巴西、加拿大和墨西哥制造业 PMI 较上月均有不同程度下降。

ISM 报告显示，第三季度以来美国制造业持续恢复。9 月，美国制造业 PMI 为 49%，较上月上升 1.4 个百分点，连续 3 个月环比上升，且升幅较上月有所扩大。分项指数变化显示，美国制造业生产和需求较上月均有加快恢复迹象，生产恢复力度仍强于需求。生产指数升至 52% 以上，新订单指数升至 49% 以上，环比升幅均超过 2 个百分点。

非洲制造业有所下行，PMI 较上月降幅较大。

9 月，非洲制造业 PMI 为 48.4%，较上月下降 1 个百分点，未能延续上月环比上升势头。第三季度以来，非洲制造业 PMI 走势不稳，波动明显，且指数水平均未超过 50%，显示非洲制造业下行压力有所显现。从主要国家看，尼日利亚制造业增速较上月有所加快，制造业 PMI 升至 51% 以上；埃及和南非制造业 PMI 较上月均有不同程度下降，南非制造业 PMI 环比降幅尤为明显，指数降至 46% 以下，环比降幅超过 4 个百分点。

非洲制造业波动源自其对世界经济的依赖度过高，全球需求收缩、大宗商品的波动以及美元加息对非洲各国的冲击均较为明显。

亚洲制造业继续稳中趋升，PMI 微幅上升。

9 月，亚洲制造业 PMI 为 50.8%，较上月上升 0.1 个百分点，连续 3 个月小幅度上升，连续 9 个月在 50% 以上，显示亚洲制造业继续稳中趋升。从主要国家看，中国制造业 PMI 在连续 5 个月运行在 50% 以下后回到扩张区间，连续 4 个月环比上升，显示中国经济恢复态势趋好；印度制造业增速较上月放缓，但仍保持强劲增长，制造业 PMI 在 57% 以上。从东盟主要国家看，印度尼西亚、泰国、马来西亚和越南制造业 PMI 较上月均有不同程度下降；菲律宾和新加坡制造业 PMI 较上月有不同程度上升；韩国和日本制造业 PMI 较上月一升一降，均在 50% 以下。

综合指数变化，在中国加快恢复和印度保持强劲增长的带动下，亚洲制造业走势整体平稳。

10 月

2023 年 10 月，全球制造业 PMI 为 47.8%，较上月下降 0.9 个百分点，结束连续 3 个月环比上升走势，连续 13 个月运行在 50% 以下，全球制造业呈现波动下行态势。从数据变化看，全球经济恢复的不稳定特征有所显现，持续的通胀压力和有所加剧的地缘政治冲突继续困扰着全球经济复苏。

10 月全球中 4 个区域的主要国家和地区制造业 PMI 详情如下。

欧洲制造业弱势下行，PMI 小幅下降。

10 月，欧洲制造业 PMI 为 44.6%，较上月下降 0.5 个百分点，环比由升转降，连续 15 个月在 50% 以下。从主要国家来看，德国和英国制造业 PMI 较上月有不同程度上升，但均在较低水平；法国、意大利和西班牙制造业 PMI 比上月均有较为明显的下降，降幅超过 1 个百分点。

数据变化显示，欧洲制造业继续弱势运行，下行压力没有缓解。

美洲制造业恢复力度减弱，PMI 由升转降。

10 月，美洲制造业 PMI 为 47.2%，较上月下降 1.7 个百分点，结束连续 3 个月环比上升走势，显示美洲制造业恢复力度有所减弱。主要国家数据显示，加拿大和墨西哥制造业 PMI 较上月有不同程度上升；美国和巴西制造业 PMI 较上月有不同程度下降，其中，美国制造业 PMI 环比降幅超过 2 个百分点。

ISM 报告显示，10 月，美国制造业恢复力度减弱，制造业 PMI 为 46.7%，较上月下降 2.3 个百分点。分项指数变化显示，美国制造业生产和需求增速较上月均有明显放缓，生产指数降幅超过 2 个百分点，但仍在 50% 以上；新订单指数降幅超过 3 个百分点，降至 45% 左右；美国制造业就业增速放缓尤为明显。从业人员指数降幅超过 4 个百分点，降至 46% 左右。从指数变化看，汽车工人罢工对 10 月美国就业活动影响较大，也在一定程度上影响了美国制造业供需的恢复。

非洲制造业下行压力加大，PMI 持续下降。

10 月，非洲制造业 PMI 为 47.4%，较上月下降 1 个百分点，连续 5 个月运行在 50% 以下，连续 2 个月环比下降。从主要国家看，尼日利亚、南非和埃及制造业 PMI 较上月均有不同程度下降。受全球经济波动影响，非洲制造业下行压力有所加大，非洲经济恢复要依赖世界经济的稳定复苏。

亚洲制造业增速放缓，PMI 小幅下降。

10 月，亚洲制造业 PMI 为 50.3%，较上月下降 0.5 个百分点，结束连续 3 个月上升走势，连续 10 个月在 50% 以上，显示亚洲制造业保持增长态势，增速较上月有所放缓。从主要国家看，受市场需求季节性波动影响，中国制造业增速有所放缓，制造业 PMI 较上月有所下降，降至 49.5%；印度制造业增速连续放缓，制造业 PMI 连续 2 个月环比下降，但仍在 55% 以上，显示印度制造业保持强劲增长。从东盟主要国家看，菲律宾和新加坡制造业 PMI 较上月有不同程度上升；马来西亚制造业 PMI 与上月持平，仍在 47% 以下；印度尼西亚、泰国和越南制造业 PMI 较上月有不同程度下降；日本和韩国制造业 PMI 较上月一升一降，变动幅度不大，均在 50% 以下。

从指数对比看，亚洲制造业走势较其他区域相对稳定，也是全球经济复苏的重要支撑力量。从经济增速看，亚洲区域的经济增速也快于其他区域。区域稳定、注重改革、寻求合作是亚洲主要发展中国家保持较快增长的内在推动力。

11 月

2023 年 11 月，全球制造业 PMI 为 48%，较上月小幅上升 0.2 个百分点，连续 14 个月运行在 50% 以下，全球经济弱势下行趋势没有改

变。从全球货币政策环境看，由于美国和欧元区通胀压力有缓解迹象，市场对继续加息的预期大幅下降，并对 2024 年降息预期有所升温。短期看，全球经济仍存下行风险，地缘政治冲突、贸易摩擦的不确定性对全球经济复苏的影响仍然存在。长期看，全球经济的止降趋稳仍依赖于在贸易环境的稳定恢复后，全球各国的内生恢复力度。

11 月全球中 4 个区域的主要国家和地区制造业 PMI 详情如下。

欧洲制造业降势稍缓，PMI 较上月上升。

11 月，欧洲制造业 PMI 为 45.8%，较上月上升 1.2 个百分点，创 2023 年下半年以来的新高，但指数水平仍连续 16 个月在 46% 左右的较低水平。从主要国家来看，德国、英国、法国和西班牙制造业 PMI 虽都在低位，但较上月均有不同程度上升，其中，德国制造业 PMI 连续 4 个月环比上升。

从数据变化看，欧洲经济仍处于弱势运行的趋势之中，但 11 月出现了降势收窄的迹象。从通胀水平看，11 月欧元区的通胀率初值已从 10 月的 2.9% 降至 2.4%。

美洲制造业波动不大，PMI 与上月持平。

11 月，美洲制造业 PMI 为 47.2%，与上月持平，连续 13 个月低于 50%，显示美洲制造业维持弱势，较上月变化不大。主要国家数据显示，墨西哥、巴西和哥伦比亚制造业 PMI 较上月有不同程度上升；加拿大制造业 PMI 较上月有所下降；美国制造业 PMI 与上月持平。

ISM 报告显示，11 月，美国制造业仍保持弱势运行，制造业 PMI 为 46.7%，与上月持平，连续 13 个月低于 50%。分项指数变化显示，美国制造业需求下降速度有所放缓，新订单指数较上月上升，但仍在 50% 以下；制造业生产活动加快收缩，生产指数连续 2 个月环比

下降，11 月降至 50% 以下；美国制造业就业活动没有明显好转，从业人员指数连续 2 个月环比下降，保持在 46% 左右的较低水平。

非洲制造业降势收窄，PMI 小幅上升。

11 月，非洲制造业 PMI 为 48%，较上月上升 0.6 个百分点，但仍连续 6 个月运行在 50% 以下，指数水平仍低于第三季度均值，显示非洲制造业降势较上月收窄，但整体仍维持弱势运行态势。从主要国家看，南非制造业 PMI 较上月有较为明显上升，但仍在 50% 以下；尼日利亚制造业 PMI 连续 2 个月下降，低于 50%。

非洲制造业连续下降意味着非洲经济恢复的稳定性有所降低。全球经济恢复的不稳定性对非洲经济影响继续显现，一些非洲国家政局不稳也为非洲经济恢复带来不利影响。

亚洲制造业相对平稳，PMI 与上月持平。

11 月，亚洲制造业 PMI 为 50.3%，与上月持平，连续 11 个月在 50% 以上，显示亚洲制造业较上月波动不大，保持相对稳定的增长态势。从主要国家看，中国制造业运行总体平稳，制造业 PMI 较上月下降 0.1 个百分点，为 49.4%；印度制造业增速较上月小幅加快，制造业 PMI 升至 56%。从东盟主要国家看，泰国、菲律宾、印度尼西亚、马来西亚和新加坡制造业 PMI 较上月均有小幅上升；日本和韩国制造业 PMI 较上月一降一升，日本制造业 PMI 仍在 50% 以下，韩国制造业 PMI 升至 50% 的临界点。

亚洲经济继续稳定增长，发展中国家仍是全球经济复苏的重要支撑力量。

12 月

2023 年 12 月，全球制造业 PMI 为 48%，与上月持平，连续 15 个月运行在 50% 以下。2023 年，全球制造业 PMI 均值为 48.5%，较

2022 年下降 3.3 个百分点，全年各月均运行在 50% 以下，全球经济增长势头较 2022 年有所放缓。

综合数据变化，在通胀压力和地缘政治冲突的影响下，2023 年全球经济呈现复苏稳定性较弱、恢复动力不足的态势。从各季度指数变化看，全球制造业在第一季度出现短暂恢复外，剩余季度经济恢复动能呈现波动减弱趋势。2023 年各季度全球制造业 PMI 均值分别为 49.4%、48.2%、48.3% 和 47.9%。

12 月全球中 4 个区域的主要国家和地区制造业 PMI 详情如下。

欧洲制造业波动不大，PMI 较上月持平。

12 月，欧洲制造业 PMI 为 45.8%，与上月持平，但指数水平仍连续 17 个月在 50% 以下，显示欧洲制造业与上月相比波动不大，但仍未改弱势运行趋势。从主要国家来看，德国、英国、法国和西班牙制造业 PMI 较上月波动不大，均维持在低位运行。

2023 年，欧洲制造业持续弱势，需求疲弱和持续的货币紧缩政策导致欧洲投资、消费和出口动力均有不足。

美洲制造业降势收窄，PMI 较上月小幅上升。

12 月，美洲制造业 PMI 为 47.6%，较上月上升 0.4 个百分点，美洲制造业降势较上月有所收窄，但仍连续 14 个月低于 50%，美洲制造业维持弱势运行趋势未改。主要国家数据显示，墨西哥、巴西制造业 PMI 较上月有不同程度下降；哥伦比亚和美国制造业 PMI 较上月有不同程度的上升。

ISM 报告显示，12 月，美国制造业降势收窄，制造业 PMI 为 47.4%，较上月上升 0.4 个百分点，连续 14 个月低于 50%。分项指数变化显示，美国制造业生产活动有所止跌，重回

升势，生产指数升至 50% 以上；需求依然较弱，且降势有所扩大，新订单指数较上月下降，降至 47% 左右。2023 年，在美国持续加息影响下，美国制造业持续走弱，2023 年美国制造业 PMI 均值为 47.1%，较 2022 年下降 6.4 个百分点。

非洲制造业降势明显收窄，PMI 有所上升。

12 月，非洲制造业 PMI 为 49.8%，较上月上升 1.8 个百分点，连续 2 个月环比上升，显示非洲制造业降势继续明显收窄。从主要国家看，尼日利亚和埃及制造业 PMI 较上月均有不同程度上升，其中，尼日利亚制造业 PMI 升至 50% 以上。

从指数水平看，2023 年非洲制造业恢复力度弱于亚洲，但好于欧洲和美洲。在全球经济恢复动力不足的影响下，非洲制造业恢复力度弱于 2022 年。除依赖全球经济恢复外，非洲经济内生增长动能的积累也决定了其 2024 年的恢复力度。非洲仍存在人口红利和自然资源禀赋优势，数字经济的快速发展也为非洲经济恢复带来新的增长点，非洲大陆自贸区的继续推进将有利于改善非洲经济结构，优化非洲贸易环境，提升非洲经济发展质量。

亚洲制造业增速放缓，PMI 有所下降。

12 月，亚洲制造业 PMI 为 49.8%，较上月下降 0.5 个百分点，结束了连续 11 个月 50% 以上的运行走势，显示亚洲制造业增速较上月有所放缓。从主要国家看，中国、日本、韩国和印度制造业 PMI 较上月均有不同程度下降。东盟国家中，泰国、菲律宾和缅甸制造业 PMI 较上月均有不同程度下降，印度尼西亚、马来西亚和新加坡制造业 PMI 相对稳定。

从全年水平看，亚洲制造业整体增长态势要好于欧洲、美洲和非洲。2023 年亚洲制造业 PMI 均值仍在 50.7%，与去年持平，显示出亚洲经济增长的韧性相对较强。世界主要机构对亚洲经济增长预期均好于其他洲，亚洲对全球经济增长的贡献也在逐步提升。发展环境相对稳定和区域合作逐步加强是亚洲经济保持发展韧性的重要保障。

2023 年 1—12 月全球主要国际制造业（PMI）走势如下图所示。2023 年 1—12 月全球主要国家制造业（PMI）指数如下表所示。

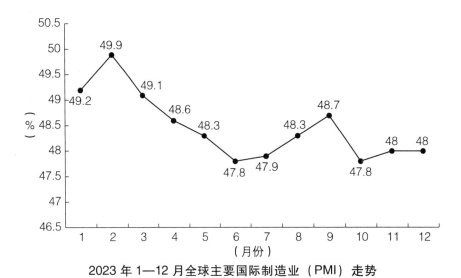

2023 年 1—12 月全球主要国际制造业（PMI）走势

2023 年 1—12 月全球主要国家制造业（PMI）指数

单位：%

国家	1月	2月	3月	4月	5月	6月	7月	8月	9月	10月	11月	12月
美国	47.4	47.7	46.3	47.1	46.9	46.0	46.4	47.6	49.0	46.7	46.7	47.4
日本	48.9	47.7	49.2	49.5	50.6	49.8	49.6	49.6	48.5	48.7	48.3	47.9
德国	47.3	46.3	44.7	44.5	43.2	40.6	38.8	39.1	39.6	40.8	42.6	43.3
法国	50.5	47.4	47.3	45.6	45.7	46.0	45.1	46.0	44.2	42.8	42.9	42.1
意大利	50.4	52.0	51.1	46.8	45.9	43.8	44.5	45.4	46.8	44.9	44.4	45.3
荷兰	49.6	48.7	46.4	44.9	44.2	43.8	45.3	45.9	43.6	43.8	44.9	44.8
爱尔兰	50.1	51.3	49.7	48.6	47.5	47.3	47.0	50.8	49.6	48.2	50.0	48.9
希腊	49.2	51.7	52.8	52.4	51.5	51.8	53.5	52.9	50.3	50.8	50.9	51.3
西班牙	48.4	50.7	51.3	49.0	48.4	48.0	47.8	46.5	47.7	45.1	46.3	46.2
奥地利	48.4	47.1	44.7	42.0	39.7	39.0	38.8	40.6	39.6	41.7	42.2	42.0
英国	47.0	49.3	47.9	47.8	47.1	46.5	45.3	43.0	44.3	44.8	47.2	46.2
加拿大	51.0	52.4	48.6	50.2	49.0	48.8	49.6	48.0	47.5	48.6	47.7	45.4
俄罗斯	52.6	53.6	53.2	52.6	53.5	52.6	52.1	52.7	54.5	53.8	53.8	54.6
巴西	47.5	49.2	47.0	44.3	47.1	46.6	47.8	50.1	49.0	48.6	49.4	48.4
印度	55.4	55.3	56.4	57.2	58.7	57.8	57.7	58.6	57.5	55.5	56.0	54.9
印度尼西亚	51.3	51.2	51.9	52.7	50.3	52.5	53.3	53.9	52.3	51.5	51.7	52.2
韩国	48.5	48.5	47.6	48.1	48.4	47.8	49.4	48.9	49.9	49.8	50.0	49.9
越南	47.4	51.2	47.7	46.7	45.3	46.2	48.7	50.5	49.7	49.6	47.3	48.9
土耳其	50.1	50.1	50.9	51.5	51.5	51.5	49.9	49.0	49.6	48.4	47.2	47.4
波兰	47.5	48.5	48.3	46.6	47.0	45.1	43.5	43.1	43.9	44.5	48.7	47.4

（中国物流信息中心）

第三部分

物流产业

2023 年中国交通运输业

2023 年是全面贯彻党的二十大精神的开局之年，是我国新冠疫情防控转段后经济恢复发展的一年，国际环境严峻复杂，国内改革发展稳定任务艰巨繁重。在以习近平同志为核心的党中央坚强领导下，我国交通运输行业全面贯彻党中央、国务院决策部署，牢牢把握机遇，积极应对挑战，聚力奋进建设交通强国，各领域取得积极进展。全年完成交通固定资产投资总额 3.9 万亿元，比上年增长 1.5%，约占全社会固定资产投资总额的 7.7%，比上年提高 1 个百分点。

一、基础设施

（一）铁路

2023 年，我国完成铁路固定资产投资 7645 亿元，比上年增长 7.5%。全年铁路投产新线 3637 公里，其中，高速铁路 2776 公里。截至 2023 年年底，全国铁路营业里程达到 15.9 万公里，其中，高速铁路营业里程 4.5 万公里。路网密度 165.2 公里/万平方公里，比上年增加 4.1 公里/万平方公里。复线率和电气化率分别达到 60.3% 和 75.2%。

（二）公路

2023 年，我国完成公路固定资产投资 28240 亿元，比上年下降 1.0%。其中，高速公路完成投资 15955 亿元，比上年下降 1.9%；普通国省道完成投资 6136 亿元，比上年增长 1.0%；农村公路建设完成投资 4843 亿元，比上年增长 0.7%。全年全国 832 个脱贫县完成公路固定资产投资 7183 亿元，比上年下降 13.2%。

截至 2023 年年底，全国公路总里程 543.68 万公里，比上年年末增加 8.20 万公里。公路密度 56.63 公里/百平方公里，增加 0.85 公里/百平方公里。二级及以上等级公路里程达到 76.22 万公里，比上年年末增加 1.86 万公里，占公路总里程的 14.0%。高速公路里程 18.36 万公里，比上年年末增加 0.64 万公里，其中，国家高速公路里程 12.23 万公里，增加 0.24 万公里。农村公路里程 459.86 万公里，其中，县道里程 69.67 万公里，乡道里程 124.28 万公里，村道里程 265.91 万公里。

（三）水路

2023 年，我国完成水路固定资产投资 2016 亿元，比上年增长 20.1%。其中，内河建设完成投资 1052 亿元，增长 21.3%；沿海建设完成投资 912 亿元，增长 14.8%。

1. 内河航道

截至 2023 年年底，全国内河航道通航里程 12.82 万公里，比上年年末增加 184 公里。等级航道通航里程 6.78 万公里，占总里程的 52.9%，其中，三级及以上航道通航里程 1.54 万公里，占总里程的 12.0%。

2. 港口

截至 2023 年年底，我国港口拥有生产用码头泊位 22023 个，比上年年末增加 700 个。其中，沿海港口生产用码头泊位 5590 个，比上年年末增加 149 个；内河港口生产用码头泊位 16433 个，增加 551 个。全国港口拥有万吨级及以上泊位 2878 个，比上年年末增加 127 个。其中，沿海港口万吨级及以上泊位 2409 个，比上年年末增加 109 个；内河港口万吨级及以上泊位 469 个，增加 18 个。万吨级及以上泊位中，专业化泊位 1544 个，比上年年末增加 76 个，通用散货泊位、通用件杂货泊位和多用途泊位分别为 664 个、447 个和 183 个，分别增加 27 个、13 个和 8 个。

（四）民航

2023 年，完成民航基本建设和技术改造投资 1241 亿元，比上年增长 0.8%。截至 2023 年年底，我国颁证民用航空运输机场 259 个，比上年年末增加 5 个，其中，定期航班通航机场 259 个，定期航班通航城市（或地区）255 个。全年旅客吞吐量达到 100 万人次以上的机场 102 个，其中达到 1000 万人次以上的机场 38 个。全年货邮吞吐量达到 1 万吨以上的机场 63 个。

（五）城市轨道交通

截至 2023 年年底，我国内地共有 55 个城市开通运营城市轨道交通。城市轨道交通运营线路达 308 条、运营里程 10158.6 公里，比上年增加 604 公里，其中地铁运营线路 256 条、运营里程 9042.3 公里，轻轨运营线路 7 条、运营里程 267.5 公里。

（六）输油气管道

截至 2023 年年底，我国长输油气管道总里程达到 19 万公里。2023 年交通基础设施规模及增长情况如表 1 所示。

表 1 　　　　　　　　　2023 年交通基础设施规模及增长情况

指标	2022 年	2023 年	比上年增长
铁路营业里程（万公里）	15.5	15.9	0.4
#高速铁路（万公里）	4.2	4.5	0.3
公路通车里程（万公里）	535.48	543.68	8.2
#高速公路（万公里）	17.73	18.36	0.63
内河航道通航里程（万公里）	12.8	12.82	0.02
#等级航道（万公里）	6.75	6.78	0.03
港口生产用码头泊位（个）	21323	22023	700
#万吨级及以上泊位（个）	2751	2878	127
民用运输机场（个）	254	259	5
城市轨道交通运营里程（公里）	9554.6	10158.6	604

二、运输服务

（一）运输总量

2023 年，国内疫情防控转段后，交通运输业呈现快速恢复态势，客货运输需求同比均较快增长。伴随各地经济活动恢复正常秩序和旅游市场回暖复苏，跨区域人员流动量大幅增长，全年达到 612.88 亿人次，同比增长 30.7%，其中营业性客运量 157.45 亿人次，比上年增长 181.7%，完成营业性旅客周转量 29831.81 亿人公里，比上年增长 130.9%。经济回升向好带动货运物流需求稳步扩张，全年完成营业性货运量 547.47 亿吨，同比增长 8.1%，完成货物周转量 240646 亿吨公里，比上年增长 6.3%。

全国港口完成货物吞吐量 169.73 亿吨，比上年增长 8.2%，其中，外贸货物吞吐量 50.47 亿吨，比上年增长 9.5%，完成集装箱吞吐量 3.10 亿标准箱，比上年增长 4.9%。全国港口完成集装箱铁水联运量 1018.36 万标准箱，比上年增长 15.9%。全国民航运输机场完成旅客吞吐量 12.6 亿人，比上年增长 142.2%，完成货邮吞吐量 1683.31 万吨，比上年增长 15.8%。

（二）运输结构

旅客运输方面，各种运输方式运输量较上年均有较大幅度增长。铁路旅客发送量增幅超过 1 倍，达到 130.4%，在跨区域人员流动量中的占比为 6.3%，在营业性旅客周转量中的占比为 49.4%。公路运输仍为跨区域人员流动的主要方式，运量占比达到 92.3%，但在营业性旅客运输中的作用进一步被其他运输方式替代，旅客周转量占比降为 15.9%，同比降低 2.9 个百分点。航空客运市场强劲复苏，客运量和旅客周转量同比分别增长 146.1% 和 163.4%，在跨区域人员流动量和营业性旅客周转量中所占比重分别为 1.0% 和 34.6%。

货物运输方面，各种运输方式加强分工协作，铁路、水运等绿色交通方式在大宗物资长距离运输中的作用进一步凸显。铁路货运量和货物周转量同比分别增长 1.0% 和 1.4%，占比分别为 9.2% 和 15.2%。公路货运量和货物周转量同比分别增长 8.7% 和 6.9%，占比分别为 73.7% 和 30.7%。水路货运增长较快，货运量、货物周转量同比分别增长 9.5% 和 7.4%，占比分别提高至 17.1% 和 54.0%，内河和海洋货运量、货物周转量均有较大增幅。民航货邮量在上年低基数基础上大幅增长，货邮量和货邮周转量同比分别增长 21.0% 和 11.6%，占比分别为 0.01% 和 0.12%。2023 年客货运输发展情况如表 2 所示。

表 2 　　　　　　　　　　　　2023 年客货运输发展情况

指标	绝对数	比上年增长（%）	所占比重（%）
跨区域人员流动量（亿人）	612.88	30.7	100
#铁路（亿人）	38.55	130.4	6.3
公路（亿人）	565.56	26.1	92.3
水路（亿人）	2.58	121.6	0.4
民航（亿人）	6.20	146.1	1.0

指标	绝对数	比上年增长（%）	所占比重（%）
营业性旅客周转量（亿人公里）	29831.81	130.9	100
#铁路（亿人公里）	14729	123.9	49.4
公路（亿人公里）	4740.04	38.1	15.9
水路（亿人公里）	53.77	137.9	0.2
民航（亿人公里）	10309	163.4	34.6
营业性货运量（亿吨）	547.47	8.1	100
#铁路（亿吨）	50.35	1.0	9.2
公路（亿吨）	403.37	8.7	73.7
水路（亿吨）	93.67	9.5	17.1
民航（万吨）	735.38	21.0	0.01
营业性货物周转量（亿吨公里）	240646	6.3	100
#铁路（亿吨公里）	36460	1.4	15.2
公路（亿吨公甲）	73950	6.9	30.7
水路（亿吨公里）	129952	7.4	54.0
民航（亿吨公里）	283.62	11.6	0.12

（三）运输质量

2023 年，我国进一步优化旅客运输组织，强化服务创新，持续提升人民群众出行体验。各地大力发展旅客联程运输服务，积极推出空铁联运、空巴联运等服务产品，全国枢纽机场轨道交通接入率 73.8%，北京西站、南昌西站、广州南站等 30 个铁路客运站实现与城市轨道交通的安检流程优化。铁路运输企业创新客票服务，加快推广计次票、定期票，推出学生票优惠资质校验、在线核验护照等功能，实行按年龄购买儿童优惠票、12306 在线选铺、显示折扣信息、优化旅客信息通知等服务新举措，持续开好公益性"慢火车"。道路客运继续加快转型升级，29 个省份开通定制客运线路近 4800 条，汽车客运站"一站多点"进程进

一步加快，实现联网售票和电子客票服务的二级以上客运站分别达到 2487 个和 2453 个，覆盖率分别为 96.85% 和 95.52%，全国具备条件的乡镇和建制村农村客运稳定运行，1100 余个县级行政区开展农村客货邮融合发展业务，开通客货邮融合线路 1.1 万余条，全年农村客运车辆代运邮件快件超过 2 亿件。水路旅游客运航线不断拓展、服务产品不断丰富，邮轮国际航线共接待旅客 16.8 万人次，同比增长 383.0%。全国客运航空公司共执行航班 467.17 万班次，平均航班正常率达到 87.8%，257 家机场实现"无纸化"便捷出行，千万级机场旅客无纸化出行能力达到 100%，全年提交"易安检"预约服务 941.06 万人次，比普通安检时间缩减 44.71%，国内行李全流程跟

踪率达到 77.5%，全年全行业为 1900 余万人提供首乘便利服务。全国共打造 1100 余条敬老爱老城市公共汽电车线路，54 个城市开展城市轨道交通"爱心预约"乘车服务。北京、杭州等 36 个中心城市均开通定制公交服务，年客运量超过 2 亿人。95128 电话约车已开通 145 个地级及以上城市。互联网租赁自行车共在 410 余个城市投放车辆运营，日均订单量约 2500 万单。

2023 年，我国货运物流服务保障能力稳步提升，服务质量持续改善。"一单制""一箱制"服务模式加快推广，116 个国家多式联运示范工程项目覆盖 29 个省份和 80% 以上综合交通枢纽城市。铁路运输企业大力开展物流总包和合同制运输，签订"总对总"战略合作协议，充分发挥 95306 智能化平台作用，试点物流金融服务和多式联运"一单制"运输，中欧班列开行 1.7 万列、发送货物 190 万标准箱，同比分别增长 6% 和 18%，通达 25 个国家 217 个城市。公路货运规范化、集约化、专业化发展，3069 家网络货运企业（含分公司）接入社会运力 798.9 万辆、接入驾驶员 647.6 万人，全年共上传运单 1.3 亿单，同比增长超过 40%。水路干线"大动脉"、内河港口"主枢纽"、航道网络"微循环"网络进一步完善，信息化、智慧化发展势头良好。航空货运保障能力不断提高，全国新开国际货运航线约 160 条。邮政快递枢纽分拨中心和末端配送网点布局不断完善，数智化技术加快应用，"驿站+智能快递柜+无人车配送"模式加快发展，服务时效性不断提升。

三、运输装备

截至 2023 年年底，我国铁路机车拥有量

达 2.24 万台，比上年年末增加 0.02 万台，其中，内燃机车 0.78 万台，电力机车 1.46 万台。铁路客车拥有量为 7.8 万辆，比上年年末增加 0.1 万辆，其中，动车组 4427 标准组、35416 辆，分别增加 209 标准组、1674 辆。铁路货车拥有量为 100.7 万辆，比上年年末增加 1.1 万辆。

全国民用汽车保有量达到 33618 万辆（包括三轮汽车和低速货车 706 万辆），比上年年末增加 1714 万辆，其中，私人汽车保有量 29427 万辆，增加 1553 万辆。民用轿车保有量 18668 万辆，增加 928 万辆，其中，私人轿车保有量 17541 万辆，增加 856 万辆。拥有公路营运汽车 1226.20 万辆，其中，载客汽车 55.24 万辆，载货汽车 1170.97 万辆，分别比上年年末减少 0.18 万辆和增加 4.30 万辆。营运货车中，普通货车 358.71 万辆，专用货车 68.68 万辆，牵引车 370.37 万辆，挂车 373.20 万辆，占比分别为 30.63%、5.87%、31.63% 和 31.87%，结构进一步优化。

全国拥有水上运输船舶 11.83 万艘，比上年年末减少 0.36 万艘，净载重量 3.01 亿吨，载客量 81.25 万客位，集装箱箱位 304.24 万标准箱，分别比上年年末增加 0.03 亿吨、减少 4.93 万客位和增加 5.52 万标准箱，船舶大型化趋势明显。

全国运输飞机在册架数 4270 架，比上年年末增加 105 架，其中，客运飞机 4013 架，货运飞机 257 架，分别比上年年末增加 71 架和 34 架。客运飞机中的宽体飞机 473 架、窄体飞机 3276 架、支线飞机 264 架。货运飞机中的大型货机 94 架、中小型货机 163 架。通用航空在册航空器 3303 架。全行业注册无人机共计 126.7 万架。

全国拥有公共汽电车 68.25 万辆，比上年

年末减少 2.07 万辆，其中，纯电动车 47.39 万辆，占公共汽电车的比重为 69.4%，同比提高 4.7 个百分点。拥有城市轨道交通配属车辆 6.67 万辆，比上年年末增加 0.41 万辆。拥有巡游出租汽车 136.74 万辆，比上年年末增加 0.54 万辆。拥有城市客运轮渡船舶 180 艘，比上年年末减少 3 艘。

四、技术标准

2023 年，铁路行业获中国专利金奖 3 项、中国专利银奖 3 项、中国专利优秀奖 23 项，307 项科技成果进入铁路重大科技创新成果库，新研发接触网检修作业车、长大货物车、清筛车、集装箱车、内燃机车、桥梁检查车、钢轨探伤车、重型轨道车等 9 个型号铁路装备。

2023 年年末，公路水路领域共有 60 个行业重点实验室，86 个行业研发中心，13 个行业野外科学观测研究基地，成立由 15 个全国重点实验室组成的交通运输领域全国重点实验室联盟。

2023 年，民航承担国家重点研发计划项目立项 5 项，国家自然科学基金民航联合研究基金重点项目立项 18 项，民航科技成果评价共 71 项，评选中国航空运输协会民航科学技术奖 44 项。

2023 年，交通运输行业共发布国家和行业标准 287 项。

五、交通安全

2023 年，全国铁路交通未发生特别重大、重大事故，发生较大事故 2 件，比上年减少 3 件，铁路交通事故死亡人数同比下降 7.5%。公路水运工程建设领域未发生重特大事故，发生生产安全事故 60 起、死亡 80 人，发生运输船舶水上交通事故（等级事故）89 起，比上年下降 13.6%，死亡失踪 78 人，比上年下降 11.4%，沉船 24 艘，比上年下降 27.3%。运输航空百万架次重大事故率十年滚动值为 0.0249，通用航空事故万架次率为 0.0358。邮政领域共发生寄递企业作业场地生产安全亡人事故 3 起。

六、绿色发展

2023 年，"公转铁""公转水"持续发力，全国铁路完成集装箱发送量 3323 万标准箱，同比增长 5.1%，沿海主要港口利用疏港铁路、水路、封闭式皮带廊道、新能源汽车等绿色运输方式运输煤炭、铁矿石的比例分别达到 91.8%、78.8%。

国家铁路能源消耗折算标准煤 1752.7 万吨，比上年增长 15.2%，单位运输工作量综合能耗 3.81 吨标准煤/百万换算吨公里，比上年下降 3.3%，单位运输工作量主营综合能耗 3.79 吨标准煤/百万换算吨公里，比上年下降 2.8%，化学需氧量排放量 1466 吨，比上年增加 39 吨，二氧化硫排放 652 吨，比上年减少 663 吨。

交通运输行业累计推广应用新能源汽车超过 397 万辆，其中，新能源公交车、巡游出租车、新能源网约车、城市物流配送车分别达到 55.7 万辆、41.7 万辆、197.6 万辆和 83.8 万辆。

民航吨公里油耗为 0.292 公斤，共有 146.6 万架次航班使用临时航路，缩短飞行距离 4195.8 万公里，节省燃油消耗 21.9 万吨，减少二氧化碳排放 68.9 万吨，机场场内电动车辆设备 12790 台，充电设施 5802 个，电动车辆占比 26.4%，太阳能、地热能等清洁能源占比约 1.0%。

注释：

[1] 文中统计数据未包括香港、澳门特别行政区及台湾省。

[2] 各项统计数据因四舍五入，存在合计数据与分项加总数据不等的情况。

数据来源：《中华人民共和国 2023 年国民经济和社会发展统计公报》《2023 年交通运输行业发展统计公报》《2023 年铁道统计公报》《2023 年民航行业发展统计公报》《2023 年邮政行业发展统计公报》《城市轨道交通 2023 年度统计和分析报告》《2023 年综合运输服务能力监测分析报告》

（樊一江　谢雨蓉）

2023 年中国港口物流业

2023 年全球经贸环境虽然受地缘政治冲突、国际复杂局势与多国高通胀压力影响，增长动能不足，据国际经合组织预估全球国内生产总值（GDP）增速仅为 2.9%，但总体上依然保持弱复苏态势，且具备一定的增长韧性。在此环境下，我国积极加大宏观调控力度，迅速走出新冠疫情与国际供应链中断阴霾，实体产业快速恢复，社会经济持续回升，带动煤炭、原油等工业能源需求大幅扩张，进而提振港口贸易，使吞吐量重现"大跨步式"恢复性增长。

一、大宗商品贸易带动港口稳步前行

随着国际航运市场运力供给恢复，全球海运价格逐渐归于理性，加之煤炭、原油等大宗商品价格回落，进一步增强工业制造和原材料采购意愿，扩大港口贸易规模。2023 年，我国规模以上港口累计实现货物吞吐量 169.7 亿吨，同比增幅高达 8.2%，远超上年度同期 0.9% 的增幅；其中外贸吞吐量同比大涨 9.5% 至 50.5 亿吨，内贸吞吐量上涨 7.7% 至 119.3 亿吨。2018—2023 年我国规模以上港口内外贸

吞吐量及走势如图 1 所示。

进口贸易与低基数共同促成高增幅。从货种结构看，2023 年增长颇为显著的是石油天然气及制品、矿建材料、非金属矿石、粮食、化工原料与滚装汽车，同比涨幅均在 10% 以上。此外，货运规模较大的煤炭及制品、金属矿石也保持 5%～7% 的平稳增长区间，为港口吞吐量上涨提供支持。由于国际煤炭市场供应宽松，进口煤炭零关税政策带来的价格优势，使港口的外贸煤炭吞吐量大幅增长，同比增幅超过 50%；随着社会用电量和能源消耗加大，外贸成品油吞吐量增幅也达到 30%。根据海关数据显示，我国 2023 年进口煤及褐煤、原油与成品油的规模同比分别上涨 61.8%、11.0% 和 80.3%。我国 2023 年进出口贸易总额同比增长 0.2%，其中出口总额增长 0.6%、进口总额下跌 0.3%（以人民币计）。全年监管进出口货运量同比上升 10.7%，其中进口增长 13.0%、出口增长 6.7%。国际大宗商品价格的回落抑制了进出口贸易额增加，但进出口货运量依然保持扩张势头，对港口生产形势起到了积极提振作用。同时，2022 年国内港口受全球疫情、

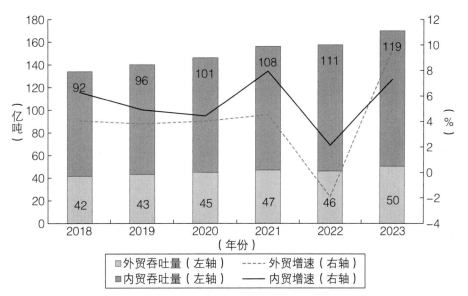

图1 2018—2023年我国规模以上港口内外贸吞吐量及走势

资料来源：中国交通运输部网站。

能源危机等因素影响，导致吞吐量基数相对偏低，从而放大了吞吐量增幅。2019—2023年我国进出口贸易总额与监管进出口货运量如表1所示。

表1　2019—2023年我国进出口贸易总额与监管进出口货运量

年份	2019	2020	2021	2022	2023
进出口贸易总额（万亿元）	31.56	32.22	38.74	41.67	41.76
同比增幅（%）	3.5	2.1	20.2	7.6	0.2
出口增幅（%）	5.0	4.0	19.5	10.3	0.6
进口增幅（%）	1.7	−0.2	21.1	4.2	−0.3
监管进出口货运量（亿吨）	45.78	49.12	49.83	48.17	53.34
同比增幅（%）	2.8	7.3	1.4	−3.3	10.7
出口增幅（%）	4.7	8.9	−1.0	−4.6	6.7
进口增幅（%）	−0.6	4.2	6.4	−1.0	13.0

资料来源：中国海关总署网站。

二、内河港口货量增长后劲不断提升

在各项稳经济、促就业的扶持政策下，2023年我国内需市场不断扩大、外贸产业持续恢复，加工制造产业集聚的长江沿线地区获得了良好发展。尤其近年在长江经济带高质量发展战略引导下，内河港口转型升级、长江船舶岸电受电设施改造、长江航运公共服务平台建设等一系列举措为内河航运发展打下了扎实的基础。2023 年我国内河港口吞吐量增速再度反超沿海港口，内河港口累计完成货物吞吐量 61.4 亿吨，同比增长 10.5%。逐月看，沿海港口年初涨势较强，至年末增速逐渐回落至 5% 水平，而内河港口全年受基建投资、设备制造与汽车贸易产业发展影响，均保持 10%

左右的快速增长，主要货类中矿建材料、非金属矿石和粮食的涨幅分别超 17%、15% 和 20%，其余煤炭、金属矿石、化工原料等保持 5% 左右的小幅增长。2022—2023 年我国规模以上港口沿海与内河吞吐量及走势如图 2 所示。

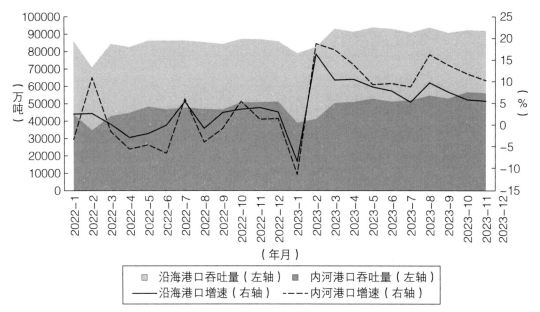

图 2　2022—2023 年我国规模以上港口沿海与内河吞吐量及走势

资料来源：中国交通运输部网站。

2023 年随着江河联运、江海联运、河海联运等多种运输模式和船型的出现，内河水运发展迅速，武汉、宜昌、九江、马鞍山、镇江、扬州等港口都实现了两位数的增长。从船闸数据看，三峡船闸过闸货运量突破 1 亿吨的设计能力，创纪录地达到了 1.69 亿吨，而西江航运干线长洲船闸过闸货运量也同比大涨 18.2% 至 1.84 亿吨，刷新历史纪录。从水运建设投资看，水路交通固定资产投资规模达到 2015.7 亿元，其中，内河建设投资规模再度超过沿海建设投资规模，同比涨幅 25.8%。

三、西南沿海港口吞吐量双 15 增长

在"一带一路"倡议、西部陆海新通道与海南自由贸易港建设等国家战略激励下，广西北部湾与海南洋浦等西南沿海港口发展迅猛，尤其新辟大量东南亚和日韩近洋航线，内外贸吞吐量均实现了 15% 以上的增幅，领涨全国；从货种结构看，非金属矿石、矿建材料和煤炭货量增长显著，涨幅分别达到 35%、31% 和 21%。相较之下，环渤海、东南沿海与珠三角地区随着产业恢复，煤炭、石油和矿石进口需

求激增，使港口保持稳定增长，同时外贸吞吐量涨幅均好于内贸；长三角地区虽受部分制造产业转移的不利影响，但吞吐量增速仍达到9.8%，仅次于西南沿海地区，石油天然气及制品、钢铁和粮食贸易起到积极支撑作用，

而出口集装箱商品贸易的持续增长，也为长三角港口的发展奠定了坚实的基础。2022—2023年我国五大沿海港口群吞吐量及增速如表2所示。

表2　　　　　　　　　　2022—2023年我国五大沿海港口群吞吐量及增速

区域	货物吞吐量（亿吨）		同比增长（%）	外贸货物吞吐量（亿吨）		同比增长（%）
	2023年	2022年		2023年	2022年	
环渤海	46.49	44.57	4.3	20.38	18.83	8.2
长三角	29.06	26.46	9.8	12.52	11.48	9.1
东南沿海	7.49	7.14	4.9	2.91	2.58	12.7
珠三角	7.49	7.14	4.9	7.09	6.33	12.0
西南沿海	6.47	5.59	15.6	2.38	2.06	15.7

资料来源：中国交通运输部网站（表格内数据系根据原始数据测算所得，因此部分同比增速结果有差别）。

四、港口集装箱吞吐量突破3亿标准箱

由于我国加工制造基础与出口商品成本优势长期存在，加之在构建以国内大循环为主体、国内国际双循环相互促进的新发展格局中，持续推进"散改集"与"陆改水"等交通运输方式转变，即使在新冠疫情防控期间，我国港口集装箱吞吐量也始终维持正增长。2023年，全国规模以上港口完成集装箱吞吐量31034万标准箱，同比上涨4.9%，全年集装箱吞吐量将冲破3亿标准箱，港口大国地位再上新台阶。具体来看，近年受西方国家"脱钩断链""友岸外包"

措施影响，我国出口产品规模及海外市场依存度虽有所下降，但港口内外贸集装箱吞吐量依然维持同频共增格局，增幅均在4.5%～5.5%。另据英国航运经纪与咨询机构克拉克森数据显示，跨太平洋航线运量已从2021年的3025万标准箱回落至2023年的2725万标准箱，但跌幅有所收窄。欧亚航线集装箱海运量略有回升，同比增长5.4%至2292万标准箱，外贸形势虽依然不佳，但外贸集装箱吞吐量增长格局短期内未变。分类型看，2023年内河集装箱港口表现更佳，9.2%的涨幅远好于沿海港口4.3%，但由于规模体量较小，仅占总箱量的12%，支撑效果有限。2018—2023年我国规模以上港口集装箱吞吐量及走势如图3所示。

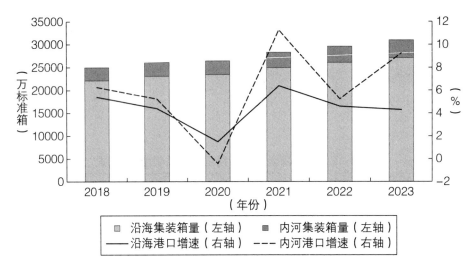

图3　2018—2023 年我国规模以上港口集装箱吞吐量及走势

资料来源：中国交通运输部网站。

五、前30大港口集中度略有下滑

经过多年发展，我国港口大国地位稳固，全球前 20 大港口中我国港口占据 16 席，货物吞吐量超亿吨的港口超过了 43 个。随着国内各地对"港产城"融合的重视，诸多门户型港口、产业型港口得到迅速发展，从最新数据看，前 30 大港口中排名靠后的港口平均增幅反超前 10 的大型枢纽港，其中，镇江、九江、东莞、盐城、重庆等港口吞吐量增速均超过 10%。而集装箱港口中 300 万~600 万标准箱的中型港口增长更加稳定，平均涨幅也保持在两位数。相较以往，大型枢纽港依托航线网络的集聚优势快速做大，当前服务本地经济和临港产业发展的中小型港口在加强与当地产业协同后，不断开设近洋和内贸直达航线，其成长性逐渐体现，也间接降低了大型枢纽港的集中度。

从国内前 30 大港口发展情况看，2023 年北方地区重点围绕低碳环保促进产业转型，金属矿石、钢材与能源贸易均呈现一定的下降态势，使青岛、日照、天津、烟台等港口货物吞吐量增长处于 5% 以内的小幅区间，仅唐山受益于煤炭和矿石的集中作业，港口货物吞吐量大涨 9.5%，赶超上海港一跃成为国内和全球的第二大港口。同时，环渤海港口群积极实行绿色发展理念，光电、风能、氢能等新型绿色能源得到率先应用，多个码头被评为"五星级绿色港口"。相较之下，长三角地区的上海、宁波舟山、嘉兴等港口受益于钢材、粮食、煤炭与石油贸易的回暖，整体表现良好，集装箱吞吐量的平稳增长也起到了积极作用。而珠三角地区广州、深圳等港口由于腹地竞争激烈，加之多种运输方式分流，导致增长略显缓慢。2023 年我国前 30 大港口货物吞吐量及增速如表 3 所示。

表3 **2023 年我国前 30 大港口货物吞吐量及增速**

序号	类型	港口	货物吞吐量（万吨）	同比增长（%）	外贸吞吐量（万吨）	同比增长（%）
1	沿海	宁波舟山	132370	4.9	60004	7.1
2	沿海	唐山	84218	9.5	33360	22.3
3	组合	上海	83309	14.5	42525	6.8
4	内河	苏州	76176	4.6	19531	12.5
5	沿海	青岛	68367	4.0	48942	3.4
6	沿海	广州	64283	2.2	15030	5.4
7	沿海	日照	59284	3.9	35432	6.7
8	沿海	天津	55881	1.8	32507	6.5
9	沿海	烟台	48465	4.8	16664	6.8
10	沿海	广西北部湾	44003	18.5	19670	17.4
11	内河	泰州	39637	8.8	2954	25.0
12	内河	江阴	37795	7.8	6329	-0.6
13	沿海	福州	33202	10.1	8717	21.6
14	沿海	黄骅	33083	5.0	8170	16.5
15	沿海	连云港	32149	6.8	15928	17.5
16	沿海	大连	31588	3.2	13523	3.5
17	组合	南通	30858	8.2	4105	1.7
18	沿海	深圳	28664	5.2	21505	2.2
19	组合	嘉兴	28541	10.3	1710	18.3
20	沿海	湛江	28273	11.4	11478	10.5
21	内河	南京	27509	1.3	3563	20.4
22	内河	镇江	25868	14.8	4817	18.8
23	沿海	营口	22448	6.3	7852	5.3
24	沿海	厦门	22020	0.4	11592	-0.5
25	内河	九江	20089	11.2	453	14.2
26	沿海	东莞	19018	15.0	3516	20.0
27	沿海	秦皇岛	18964	-1.6	398	-16.1
28	沿海	盐城	15674	15.7	2354	0.1
29	内河	重庆	14635	14.4	502	14.4
30	内河	武汉	14386	10.0	966	-9.8
前30大港口累计			1240760		454096	
规模以上港口占比			73.1		90.0	

资料来源：中国交通运输部网站（表格内数据系根据原始数据测算所得，因此累计结果有差别）。

从前 30 大集装箱港口发展看，2023 年宁波舟山港成功实现集装箱吞吐量 3530 万标准箱，同比涨幅达到 5.8%，成为全球第三个年集装箱吞吐量超过 3500 万标准箱的港口；目前，宁波舟山港已汇聚了超过 300 条集装箱航线，100 余条海铁联运线路，搭建了 36 个内陆无水港，为箱量增长提供了有力的保障。同处长三角的上海港为摆脱外贸货运市场疲软的情况，联合海关积极推广"联动接卸""沿海捎带"等业务模式，旨在降低外贸进出口企业的全程综合物流成本、提高港口集装箱运输周转效率，全年实现集装箱吞吐量 4916 万标准箱，再次卫冕全球第一大集装箱港口。此外，青岛、大连、烟台等北方港口也有不俗表现，同比增幅都在 10% 以上，腹地经济高需求，以及商品汽车、工业制品的出口需求改善，加之新增数十条外贸航线，均给青岛等北方港口的集装箱贸易带来新活力。2023 年我国前 30 大港口集装箱吞吐量及增速如表 4 所示。

表 4 　　　　　　　　　　2023 年我国前 30 大港口集装箱吞吐量及增速

序号	类型	港口	集装箱吞吐量（万标准箱）	同比增长（%）
1	沿海	上海	4916	3.9
2	沿海	宁波舟山	3530	5.8
3	沿海	深圳	2988	-0.5
4	沿海	青岛	2877	12.1
5	沿海	广州	2511	2.0
6	沿海	天津	2219	5.5
7	沿海	厦门	1255	1.0
8	内河	苏州	933	1.2
9	沿海	广西北部湾	802	14.3
10	沿海	日照	626	7.9
11	沿海	连云港	614	10.2
12	沿海	营口	533	6.7
13	沿海	大连	503	12.8
14	沿海	烟台	463	12.4
15	组合	嘉兴	409	21.8
16	沿海	福州	368	6.5
17	沿海	东莞	362	6.2
18	内河	佛山	347	7.8
19	内河	南京	346	8.1

序号	类型	港口	集装箱吞吐量（万标准箱）	同比增长（%）
20	内河	武汉	279	3.3
21	沿海	唐山	209	-37.3
22	组合	南通	204	-8.9
23	沿海	泉州	191	-8.3
24	沿海	锦州	184	-2.1
25	沿海	洋浦	183	3.7
26	沿海	汕头	176	-0.4
27	沿海	湛江	158	3.0
28	沿海	威海	149	6.3
29	沿海	海口	144	-32.7
30	内河	芜湖	142	13.4
前30大港口累计			28622	
规模以上港口占比			92.2	

资料来源：中国交通运输部网站（表格内数据系根据原始数据测算所得，因此累计结果有差别）。

六、2023年我国港口发展热点

2023年在外部环境不确定性逐渐增加的背景下，我国港口表现出了良好的成长性，不仅得益于国内经济的高质量发展，还依托于国家"一带一路"倡议等国际经贸交流合作取得的积极成果，进博会、服贸会、广交会等一系列展会活动为我国货物进出口贸易增长提供了重要支持。

（一）港口水运基础设施建设再提速

为支持经贸发展，我国港口建设始终保持适度超前的规模，但面对新一轮船舶大型化与装卸效率的要求，传统码头的服务能力与效率水平已无法满足当前航运市场的发展，尤其面对船舶集中到港、物流供应链中断等问题时，港口服务要不断提高韧性，新加坡以码头能力和服务效率为船舶提供"补时港"服务，吸引了大批的班轮航线挂靠。为此，我国港口水运基础设施的建设要在满足装卸规模需求基础上，从服务水平和运输安全角度提供更大限度的能力保障。当前，交通运输部等国家多部委联合发布《交通运输部 国家发展改革委 自然资源部 生态环境部 水利部关于加快沿海和内河港口码头改建扩建工作的通知》，要求充分认识加快码头改建扩建工作的重要意义，积极推进码头等级提升。

（二）突发性事件将成为港口最大挑战

2023年年末红海危机震惊了整个航运业。作为中西贸易主干航道的苏伊士运河，每年约有1.7万艘船舶通过，贸易量占全球的12%，随着运河通航受阻，原本欧亚航线的船舶绕航好望角，不仅要额外增加 10～14 天的航行时间，综合运输成本也将增加 10%～15%。红海危机等突发性事件，以增加运输成本的方式阻碍港口贸易的开展，同时也影响了正常航运物流链，延期集中抵港的船舶将进一步造成港口拥堵。因此，从长远发展看，我国港口仍应注重对突发性事件的风险应对，加强应急预案的制定，有效增强港口韧性。

（三）绿色能源供应体系建设刻不容缓

随着国际海事组织对航运减排期限的临近，各大班轮公司和航运企业已积极开展船舶能源体系转变，2024 年集中交付的新船订单大部分已采用新燃料供应系统。为满足船舶对新能源加注的需求，港口绿色新能源供应体系的建设已刻不容缓。

（四）港产融合与集群发展进入新时代

在经历多轮港口资源整合后，当前我国区域港口的资源配置能力得到显著增强，重复建设和无序竞争问题得到大幅缓解，但上升管理层级后港口枢纽对地方经济与临港产业发展间的紧密度有所不足，因此各地政府和港口集团在新一轮的港口发展上，更加关注港口、产业与城市之间的融合发展，天津、宁波、烟台等地均出台相关文件，鼓励加强"港产城"业态融合，尤其面对供应链风险和综合物流成本居高的环境下，以港促产、以产兴城、以城育港，将成为现代港口建设和世界一流港口建设的重要方向。

（上海国际航运研究中心　谢文卿）

2023 年中国物流地产业

2023 年是三年新冠疫情防控转段后经济恢复发展的一年，面对复杂严峻的国际环境和艰巨繁重的国内改革发展稳定任务，国民经济回升向好，高质量发展扎实推进。全年增长较为平稳，没有出现大幅度波动。

在国民经济实现恢复发展的背景下，2023 年我国物流业总体运行平稳，物流业景气指数①（LPI）稳中有升，物流需求稳步复苏。在此背景下，物流相关行业固定资产投资保持增长，但增速有所回落。虽然受到新增供应高峰的冲击，全年仓储市场整体空置率较高，平均月租金下降，但高标仓市场需求旺盛，仍具有较大投资潜力。在投资领域，仓储物流类基础设施公募 REITs（不动产投资信托基金）表现相对稳健，底层项目的租赁率较高；ESG（环境、社会与治理）理念受到投资者的关注，仓储物流企业加大对绿色低碳的相关投资和利用。总体来说，2023 年我国物流地产行业发展态势较为平稳。

一、物流相关行业固定资产投资保持增长，政策助力行业高质量发展

据国家统计局数据，2023 年我国固定资产投资（不含农户）达 503036 亿元，根据可比口径计算，比上年增长 3.0%，总体增速比上年下降 2.1 个百分点。全国交通运输、仓储和邮政业固定资产投资额增速保持增长，由上年的 9.1% 上升到 10.5%。其中，铁路运输业投资额增速较快，由上年的 1.8% 增长到 25.2%，而道路运输业投资额比上年下降 0.7%。2018—2023 年全国交通运输、仓储和邮政业固定资产投资额增速如图 1 所示。

---

① 物流业景气指数（LPI）反映物流业经济发展的总体变化情况，以 50% 作为经济强弱的分界点，高于 50% 时，反映物流业经济扩张；低于 50%，则反映物流业经济收缩。

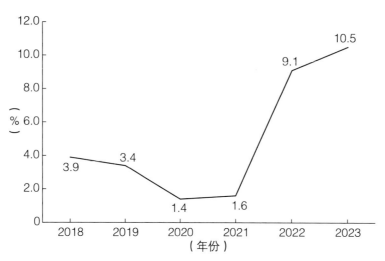

图 1　2018—2023 年全国交通运输、仓储和邮政业固定资产投资额增速

资料来源：国家统计局。

交通运输部发布，2023 年我国交通固定资产投资 3.9 万亿元，其中，公路投资 28240 亿元，同比下降 1.0%；水运投资 2016 亿元，同比增长 20.1%。全年新开通高铁 2776 公里，新建改扩建高速公路 7000 公里，新增和改善航道 1000 公里，运输航空机场达 259 座，全国建制村全部通邮。截至 2023 年年底，我国综合交通网络总里程超过 600 万公里。在这当中，铁路 15.9 万公里，其中，高铁 4.5 万公里；公路 544.1 万公里，其中，高速公路 18.4 万公里；内河航道 12.8 万公里，其中，等级以上航道 6.8 万公里。

政策方面，2023 年，中共中央、国务院、国家发展改革委、国家统计局、交通运输部、商务部、国家铁路局、工业和信息化部、财政部、国家邮政局等部门出台了多项政策规划，集中在现代流通体系建设、多式联运和货运枢纽建设、冷链物流、新能源基础设施建设等各方面，为物流地产行业的高质量发展指明了方向。

在现代流通体系建设方面，国家发展改革委联合多部门发布《关于布局建设现代流通战略支点城市的通知》，将 102 个城市纳入现代流通战略支点城市布局建设范围。商务部还联合多部门制定了《县域商业三年行动计划（2023—2025 年）》，为了推动农村商业体系建设，要求建设改造一批县级物流配送中心、乡镇商贸中心（大中型超市、集贸市场）和农村新型便民商店。中央财办等部门发布《中央财办等部门关于推动农村流通高质量发展的指导意见》，要求到 2025 年，我国农村现代流通体系建设取得阶段性成效。

在多式联运和货运枢纽建设方面，交通运输部联合多部门分别印发了《推进铁水联运高质量发展行动方案（2023—2025 年）》《关于加快推进多式联运"一单制""一箱制"发展的意见》，推动多式联运高质量发展。交通运输部办公厅还与财政部办公厅联合印发了《交通运输部办公厅 财政部办公厅关于做好 2023 年国家综合货运枢纽补链强链申报工作的通知》，推动综合货运枢纽体系建设。

在冷链物流方面，国家发展改革委办公

厅、国家统计局办公室联合印发了《国家发展改革委办公厅 国家统计局办公室关于加强物流统计监测工作的通知》，推动冷链物流统计检测工作。国家发展改革委还在《关于做好2023年国家骨干冷链物流基地建设工作的通知》中公布了新一批25个国家骨干冷链物流基地建设名单。商务部等部门联合印发了《全面推进城市一刻钟便民生活圈建设三年行动计划（2023—2025）》，从需求端支持冷链基础设施建设布局。农业农村部办公厅发布《农业农村部办公厅关于继续做好农产品产地冷藏保鲜设施建设工作的通知》，要求完善产地冷藏保鲜设施网络、推动冷链物流服务网络向乡村下沉。

在新能源基础设施建设方面，国家铁路局、工业和信息化部、中国国家铁路集团有限公司在《国家铁路局 工业和信息化部 中国国家铁路集团有限公司关于支持新能源商品汽车铁路运输 服务新能源汽车产业发展的意见》中，积极鼓励铁路运输企业开展新能源商品汽车铁路运输业务。国务院办公厅发布的《国务院办公厅关于进一步构建高质量充电基础设施体系的指导意见》中指出，要加强充电基础设施发展顶层设计。

二、仓储物流类基础设施公募 REITs 表现稳健，ESG 理念受到投资者关注

2023年，我国房地产投资市场成交量小幅回升，物流地产市场呈现"波动中承压复苏"态势。根据仲量联行调研数据显示，仅2023年上半年，我国内地房地产领域直接投资金额已达到120亿美元，位居全球第五、亚太区第二。2023年全年，亚太区商业地产全年投资总额为1068亿美元，同比下降17%，而中国内

地房地产投资总额达到278亿美元，同比增长12%，市场表现在亚太区较为活跃。

在基础设施公募 REITs 领域，2023年全年仓储物流类 REITs 市场表现稳健，受到投资者持续看好。截至2023年年底，仓储物流类 REITs 已发行3只，发行规模94.32亿元，占据 REITs 产品市场的十分之一左右。2023年还有3只仓储物流类 REITs（中航易商仓储物流 REIT、华夏深国际 REIT 和华泰宝湾物流 REIT）已获得交易所受理，有望加入 REITs 投资市场，为物流地产投资者提供更多的投资选择。

在已发行的 REITs 产品中，发行于2021年的红土创新盐田港 REIT 和中金普洛斯 REIT 在2023年得到扩募，且底层项目租赁情况良好。截至2023年年底，红土创新盐田港 REIT 底层项目首次募集投资和扩募新购入项目的租赁率分别为95.23%和100%，中金普洛斯 REIT 首次募集投资和扩募新购入项目的平均租赁率分别为94.89%和81.47%。2023年发行的嘉实京东仓储基础设施 REIT 底层项目均为高标仓，租赁率达到100%。

ESG 理念能够更好地综合权衡企业社会责任、可持续发展、企业经营绩效和利益相关者等多种因素。在物流地产投资市场中，投资者越来越关注和认可 ESG 理念。根据世邦魏理仕《2023年中国仓储物流租户调研报告》显示，超过90%的受访者关心仓储物业是否具有绿色建筑资质；《2024年中国投资者意向调查》数据显示，91%的投资者已经或者计划在投资决策中考虑 ESG 因素，近七成的投资者接受 ESG 资产在一定程度上存在溢价。

绿色低碳是 ESG 评级的重要指标，我国物流行业协会、仓储物流相关企业已加大对绿色低碳的关注和投入。截至2023年年底，中国

物流与采购联合会作为物流行业协会，已经正式推出《物流行业公共碳排计算器》，推动我国碳排放互认工作发展。国内仓储物流企业加快绿色建筑认证步伐和绿色能源设施的投资利用。在上年度，中外运已实现新能源叉车占比75%以上，安能物流已实现分拨中心电动叉车占比96%以上。普洛斯（中国）承诺新建仓储物流必须达到可持续建筑认证标准，并已为30%的现有园区配备了新能源充电设施。截至2023年5月，万纬物流已有超过560万平方米仓储面积通过了绿色认证。京东物流、菜鸟物流以及希杰物流均计划在2030年实现新能源车辆的替换。

三、供应高峰冲击下市场整体空置率居高，高标仓仍具有较大市场潜力

2023年，我国物流地产行业出现了阶段性供应高峰。根据世邦魏理仕数据显示，我国主要城市新增供应1200万平方米，达到历史最高纪录，高标仓净吸纳量722万平方米，同比增长44%，仅次于2021年的第二高峰值。新增供应的高峰极大地冲击了我国物流地产租赁市场的行情，根据仲量联行数据统计，全年约有一半城市的空置率同比上升，约有三分之二城市的年末月租金低于上年同期。根据物联云仓连续两年的数据比较，相比上一年度，2023年全国通用仓储市场的整体空置率上升，平均月租金下降。通过2023年全国主要市场高标仓空置率和租金的季度统计数据，可以看出市场空置率持续上升，租金市场收益逐步下降。2023年各季度全国主要城市高标仓空置率和租金变化趋势如图2所示。

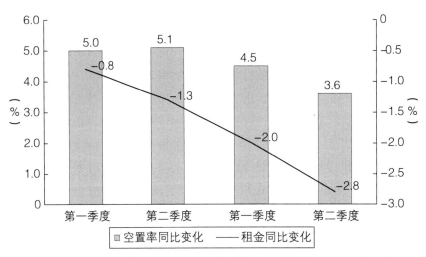

图2　2023年各季度全国主要城市高标仓空置率和租金变化趋势

资料来源：世邦魏理仕。

分城市来看，一线城市高标仓大多长期供不应求，保持较低的市场空置率和较高的平均月租金，因此新增供应缓解了租赁市场压力。

上海全年新增供应89.8万平方米，达到历史高峰值；净吸纳量44.1万平方米，同比增长18%；市场空置率14.4%，同比增长5.1个百

分点；平均月租金同比小幅增长 0.5%。北京全年新增供应 28.4 万平方米，高于过去十年的平均水平；净吸纳量 29.1 万平方米；受新增供应影响，市场空置率上浮至 15%；平均月租金小幅增长 0.9%。广州全年新增供应 107.2 万平方米，净吸纳量 129.4 万平方米，均创历史新高；受益于跨境电商的快速扩张，2023 年主要跨境电商平台在广州新增及扩租共 117 万平方米高标仓；在强劲需求影响下，年末市场空置率下跌至 2.5%，平均月租金小幅下跌，但仍保持了较高水平。深圳全年新增供应仅 13 万平方米，净吸纳量 8 万平方米，市场空置率上升至 3.6%，平均月租金同比上升 2.6%。

高标仓的新增供应高峰对二线城市冲击更大，重庆、武汉等二线城市的市场空置率持续保持高位，租金下跌幅度增大。重庆全年新增

供应约 27 万平方米，同比增长 63.3%；净吸纳量约 30.3 万平方米，同比增长 35.2%；空置率下降至 20.8%，仍保持较高水平，市场压力较大；平均月租金同比下降 2.3%，跌幅比去年同期扩大 0.8 个百分点。武汉全年新增供应 68.6 万平方米，连续四年新增超过 50 万平方米；净吸纳量 47 万平方米，同比增长 29.7%；空置率略有下降至 33.2%，仍处于高位；平均月租金同比下跌 6.1%，跌幅比去年同期扩大 1.6 个百分点。成都全年新增供应 31 万平方米，同比下降 25.1%；净吸纳量 33.4%，同比增长 101.7%；受到电商增长、产业升级、制造业需求拉动等多方面因素的影响，市场空置率同比下降至 7.9%；平均月租金小幅下跌 1.1%。2023 年部分城市高标仓平均月租金及空置率水平如图 3 所示。

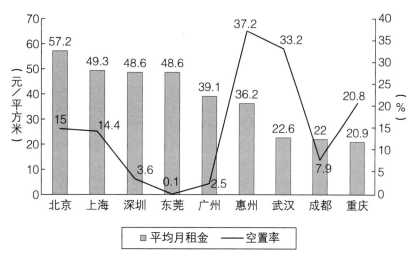

图 3　2023 年部分城市高标仓平均月租金及空置率水平

资料来源：世邦魏理仕。

整体来看，2023 年全年高标仓市场空置率保持高位，但受到电商物流及第三方物流蓬勃发展、跨境电商规模扩大、制造业转型升级、新兴行业培育加快的需求拉动，我国高标仓的市场需求仍然旺盛。2023 年，我国电子商务交

易额比上年增长 9.4%，电商物流指数均值为 110.1 点，比上年同期提高 4.2 个百分点。跨境电商进出口 2.38 万亿元，同比增长 15.6%，其中，出口 1.83 万亿元，同比增长 19.6%。制造业技术改造投资比上年增长 3.8%。规模

以上工业新能源汽车、风力发电机组、充电桩产量分别比上年增长30.3%、28.7%和36.9%。当前，我国高标仓现有规模仅约 1.2 亿平方米，不到美国的三分之一，仍然具有极大的扩容空间和投资潜力。

本文部分数据内容来源于：国家统计局、光明网、人民网、交通运输部、新浪财经、搜狐新闻、中国物流与采购联合会、世邦魏理仕、中国新闻网、经济日报、现代物流报、物流时代周刊、仲量联行。

致谢：本项研究获国家社科基金重大项目（20&ZD053）的支持；并得到过程管理与效率工程教育部重点实验室和中国（西安）数字经济发展监测预警基地的支持。

（西安邮电大学经济与管理学院　尤晓岚
西安电子科技大学经济与管理学院　徐金鹏
西安交通大学管理学院　冯耕中
西安交通大学管理学院　赵东月）

2023 年中国保税物流业

据海关统计，2023 年我国进出口总值 41.76 万亿元，同比增长 0.2%。其中，出口 23.77 万亿元，增长 0.6%；进口 17.99 万亿元，下降 0.3%。

一、保税物流中心的发展

2023 年，我国有进出口统计数据的保税物流中心（B 型）82 个，全年进出口总值 1664.76 亿元，其中，出口 503.67 亿元，进口 1161.08 亿元，分别同比增长 13.8%、10.9% 和 15.0%。2023 年 12 月，我国保税物流中心实现外贸进出口 167.29 亿元，其中，出口 57.32 亿元、进口 109.98 亿元，分别同比增长 23.7%、4.4% 和 35.4%，整体呈现相对较快的增长速度。（因四舍五入原因，存在分项累加与总计不符情况）

2023 年我国保税物流中心具体发展情况如下。

（一）保税物流中心设立审批情况

11 月 21 日，石家庄国际陆港保税物流中心（B 型）经海关总署、财政部、税务总局、国家外汇管理局审核通过并批准设立。石家庄国际陆港保税物流中心（B 型）规划面积 84123 平方米，由河北省国际陆港有限公司负责建设和经营。石家庄国际陆港作为"一带一路"的重要枢纽，在落实京津冀协同发展战略"三区一基地"定位的具体实践中，已成功获批全国一级铁路物流基地、陆港型国家物流枢纽、国家多式联运示范工程、全国二手车出口业务资质、国家综合货运枢纽补链强链试点工程。石家庄国际陆港是京津冀地区最大的内陆港。进境粮食指定监管场地的成功获批，是石家庄国际陆港建设发展的重要里程碑；粮食口岸功能的增加，将进一步促进石家庄国际陆港对外贸易便利化、拉动相关产业链条发展、提升国内国际竞争力和影响力、扩大对外开放水平。

（二）保税物流中心验收情况

7 月 14 日，由合肥海关、财政部安徽监管局、国家税务总局安徽省税务局、国家外汇管理局安徽省分局组成的联合验收组对皖江江南保税物流中心（B 型）进行正式验收。皖江江南保税物流中心（B 型）位于国家级池州经济技术开发区，规划面积 134718 平方米，2022 年 5 月 26 日获海关总署等四部委批准设立。皖江江南保税物流中心（B 型）封关运营，将以数字化口岸+河港空港联动为核心，以保税物流、国际贸易、跨境电商为重点，打造皖江区域性半导体产业国际供应链中心、矿产资源及贵金属材料分销中心和高品质进口快消品分拨中心。

（三）保税物流中心数量及分布

截至2023年年底，全国保税物流中心（B型）数量合计84个。与2022年相比，河北省新设了石家庄国际陆港保税物流中心（B型），河北省的黄石棋盘洲保税物流中心（B型）和湖北省的襄阳保税物流中心（B型）分别整合为综合保税区。

2023年我国保税物流中心（B型）省（区、市）分布名单如表1所示。

表1　　2023年我国保税物流中心（B型）省（区、市）分布名单

序号	省（区、市）	项目名称
1	北京	北京亦庄保税物流中心
2	天津	天津经济技术开发区保税物流中心
3		蓟州保税物流中心
4	河北	河北武安保税物流中心
5		唐山港京唐港区保税物流中心
6		辛集保税物流中心
7		石家庄国际陆港保税物流中心
8	山西	山西方略保税物流中心
9		山西兰花保税物流中心
10		大同国际陆港保税物流中心
11	内蒙古	巴彦淖尔市保税物流中心
12		包头市保税物流中心
13		七苏木保税物流中心
14		赤峰保税物流中心
15	辽宁	营口港保税物流中心
16		盘锦港保税物流中心
17		铁岭保税物流中心
18		锦州港保税物流中心
19	吉林	吉林市保税物流中心
20		延吉国际空港经济开发区保税物流中心
21	黑龙江	黑河保税物流中心
22		牡丹江保税物流中心

续　表

序号	省（区、市）	项目名称
23	上海	上海西北物流园区保税物流中心
24		虹桥商务区保税物流中心
25	江苏	连云港保税物流中心
26		徐州保税物流中心
27		如皋港保税物流中心
28		大丰港保税物流中心
29		江苏海安保税物流中心
30		新沂保税物流中心
31		靖江保税物流中心
32		南京空港保税物流中心
33	浙江	杭州保税物流中心
34		义乌保税物流中心
35		湖州保税物流中心
36		湖州德清保税物流中心
37		宁波栎社保税物流中心
38		宁波镇海保税物流中心
39	安徽	蚌埠（皖北）保税物流中心
40		合肥空港保税物流中心
41		安徽皖东南保税物流中心
42		铜陵（皖中南）保税物流中心
43		皖江江南保税物流中心
44	福建	厦门火炬（翔安）保税物流中心
45		漳州台商投资区保税物流中心
46		泉州石湖港保税物流中心
47		翔福保税物流中心
48	江西	龙南保税物流中心
49	山东	青岛西海岸新区保税物流中心
50		烟台福山回里保税物流中心
51		菏泽内陆港保税物流中心
52		鲁中运达保税物流中心
53		青岛保税港区诸城功能区保税物流中心

续　表

序号	省（区、市）	项目名称
54	河南	河南德众保税物流中心
55		河南商丘保税物流中心
56		河南民权保税物流中心
57		河南许昌保税物流中心
58	湖北	宜昌三峡保税物流中心
59		仙桃保税物流中心
60		荆门保税物流中心
61	湖南	长沙金霞保税物流中心
62		株洲铜塘湾保税物流中心
63	广东	佛山国通保税物流中心
64		东莞保税物流中心
65		莞清溪保税物流中心
66		深圳机场保税物流中心
67		中山保税物流中心
68		湛江保税物流中心
69		江门大广海湾保税物流中心
70	广西	防城港保税物流中心
71		柳州保税物流中心
72	海南	三亚市保税物流中心
73	重庆	重庆铁路保税物流中心
74		重庆南彭公路保税物流中心
75		重庆果园保税物流中心
76	四川	成都空港保税物流中心
77		天府新区成都片区保税物流中心
78		南充保税物流中心
79	云南	昆明高新保税物流中心
80		腾俊国际陆港保税物流中心
81	甘肃	武威保税物流中心

续　表

序号	省（区、市）	项目名称
82	青海	青海曹家堡保税物流中心
83	宁夏	石嘴山保税物流中心
84	新疆	奎屯保税物流中心

二、海关特殊监管区域发展

2023 年，我国 165 个（去年同期为 156 个，增长 5.8%）有业务统计的特殊监管区域累计实现进出口总值 80132.4 亿元，同比减少 4.4%，占全国外贸进出口总值的 19.2%（占比较 2022 年降低 0.7%）。其中，进口值 40841.8 亿元，同比减少 0.8%，占全国外贸进口总值的 22.7%；出口值 39290.6 亿元，同比减少 7.9%，占全国外贸出口总值的 16.5%。2023 年全国海关特殊监管区域进出口数据统计如表 2 所示。

表 2　　　　　　　2023 年全国海关特殊监管区域进出口数据统计

区域名称	数量	进出口		进口		出口	
		金额（亿元）	同比增长（%）	金额（亿元）	同比增长（%）	金额（亿元）	同比增长（%）
综合保税区	157	63643.5	-3.0	29044.4	1.6	34599.1	-6.6
保税区	5	15334	-11.1	10912.2	-8.3	4421.8	-17.2
保税港区	2	1052.6	18.5	855.5	26.3	197.1	-6.6
跨境工业园区	1	102.3	73.4	29.7	65.0	72.6	77.0
合计	165	80132.4	-4.4	40841.8	-0.8	39290.6	-7.9

（一）2023 年海关特殊监管区域设立情况

2023 年全国共设立（含整合设立）7 个海关特殊监管区域，具体如下。

1 月 1 日，国务院批复同意厦门象屿保税区与厦门象屿综合保税区整合优化为新的厦门象屿综合保税区。整合优化后的综合保税区规划面积 0.64 平方公里。这标志着厦门所有海关特殊监管区域均已转型为综合保税区。

5 月 23 日，国务院批复同意设立北京中关村综合保税区。北京中关村综合保税区位于海淀温泉镇，规划面积 0.4 平方公里，是全国首个以"研发创新"为特色、以"保税研发"为主要功能的综合保税区。设立北京中关村综合保税区，打造国家服务业扩大开放综合示范区、自由贸易试验区、中关村国家自主创新示范区和综合保税区"四区叠加"的新交集，是探索特色型综合保税区建设的重要尝试，也是以颠覆性技术和前沿技术催生新产业、新模式、新动能，发展新质生产力的先行试点。

6 月 5 日，国务院批复同意设立天津临港综合保税区。天津临港综合保税区位于环渤海经济区中心地带，规划面积 5.56 平方公里，地处天津港"一港六区"核心位置。将重点打造海洋经济、氢能等标志性产业链，对做大做强海工装备、粮油加工等优势产业提供有力支撑。随着天津临港综合保税区正式获批，天津市已有天津港综合保税区、天津泰达综合保税区、天津东疆综合保税区、天津滨海新区综合保税区、天津临港综合保税区5个综合保税区，聚集了航空制造及检测维修、油脂加工生产、飞机及海工平台融资租赁、汽车平行进口、跨境电子商务、大型机械设备制造、大宗商品保税仓储等多个领域和产业集群，同时大力发展智慧综合保税区建设，更好服务贸易投资便利化。

6月5日，国务院批复同意设立上饶综合保税区。上饶综合保税区位于上饶经开区马鞍山片区，规划面积0.55平方公里。上饶综合保税区是江西省继南昌、赣州、九江、井冈山综合保税区之后，第五个获批的综合保税区。

6月25日，国务院批复同意设立雄安综合保税区。雄安综合保税区位于雄县朱各庄镇东侧，规划面积0.63平方公里，分为海关配套功能区、查验监管区、检疫处理区、保税物流区、跨境电商功能区、保税检测及维修区、综合产业区七个功能区。

10月30日，国务院批复同意广州保税区和广州出口加工区整合优化为广州知识城综合保税区。广州知识城综合保税区规划面积0.82平方公里，具有保税加工、保税物流和保税服务等基本功能，是开放型经济的重要平台。该综合保税区规划范围位于知识城北起步区，与生物医药价值创新园、湾区半导体产业园相邻，便于为企业提供配套保税物流和加工服务，建成后将促进知识城形成"3+1"（研发、孵化、生产+对外贸易）新格局，满足战略性新兴产业对保税加工、保税物流、保税研发等保税政策的需求，助力知识城企业和产品更好地走出去，深度融入国际产业链、价值链、供应链，打造成为产业依托型综合保税区。这是广州市第4个获国务院批准设立的综合保税区，也是广州开发区、黄埔区第2个获国务院批准设立的综合保税区。

12月5日，国务院批复设立佛山综合保税区。佛山综合保税区位于佛山市顺德区杏坛镇，规划面积1.13平方公里，距佛山沙堤机场、珠三角枢纽机场（在建）、广州白云国际机场路程仅为1~1.5小时。距离顺德新港——珠江西岸地区最大的江海联运外贸支线港仅1.5公里，还联通佛山容奇港、北滘港、勒流港，连接顺德、南海、江门及周边重要进出口贸易区。获批后的佛山综合保税区，将充分发挥区位优势和政策优势，助力佛山发展保税加工、保税物流、保税服务等业务，为广东开展外向型生产加工、货物分拨分销、转口贸易及跨境物流业务提供低成本、高效率优势，为佛山乃至广东外贸高质量发展注入新动能。佛山综合保税区是佛山首个国家级对外开放发展平台，标志着佛山开放型经济发展进入新阶段。

（二）2023年海关特殊监管区域验收及封关运作情况

2023年共有8个海关特殊监管区域通过验收，具体如下。

2月10日，海关总署会同国家发展改革委、财政部、自然资源部、商务部、税务总局和国家外汇局，对珠海高栏港综合保税区、湛江综合保税区、黄石棋盘洲综合保税区、梧州综合保税区、开封综合保税区5个综合保税区的基础和监管设施，通过视频方式进行了正式验收。

珠海高栏港综合保税区位于珠海市金湾区西南部，总规划面积2.514平方公里，6月5日正式封关运作。珠海高栏港综合保税区将重点发展保税物流、保税加工、保税维修等业态，着力构建"一个中心，两大基地，四大平台"，推动外向型经济发展。园区将支持入园企业拓展多种类、新业态进口业务，推进发展国际中转、国际配送、国际采购、国际转口贸易等新兴业务。

湛江综合保税区位于广东省湛江市霞山临港工业园区内，规划用地面积2.09平方公里，5月19日正式封关运作。湛江综合保税区是粤西首个综合保税区。湛江综合保税区有序发展以水海产品、农产品、食品加工、智能家电和精细化工为主的保税加工产业，以保税仓储、冷链物流、跨境电商物流为核心的现代物流产业，以功能食品、药品研发和检验检测为主的医药产业，以粮、油、糖深加工贸易的大宗商品加工和集散中心。湛江综合保税区的设立有利于湛江发挥比较优势融入粤港澳大湾区、海南自由贸易港、北部湾城市群等国家战略，构筑更具战略优势和品牌效应的发展平台，增强湛江对粤西、北部湾区域乃至我国西南地区经济社会发展的辐射带动作用，推动形成更大规模的区域一体化发展格局。

黄石棋盘洲综合保税区位于黄石新港工业园区，以黄石棋盘洲保税物流中心（B型）为基础转型升级而成，规划面积0.96平方公里，8月11日正式封关运作。黄石棋盘洲综合保税区是湖北省设立的第6个综合保税区，是湖北省在武汉、襄阳、宜昌外首个封关运行的综合保税区。黄石棋盘洲综合保税区将重点发展装备制造、电子信息、粮食精深加工、矿产品贸易、大宗商品保税物流、供应链管理服务等产业，推进电子信息、新材料、智能装备、生命健康等九大主导产业加强国内国际合作，吸引国内外高新技术企业聚集，推动先进制造业、现代物流业和现代服务业转移升级，构建中部地区对外开放特色产业集群，打造国内大循环

重要节点城市和国内国际双循环战略链接点。

梧州综合保税区位于粤桂合作特别试验区，规划面积1.02平方公里，3月31日正式封关运作。梧州综合保税区依托区位优势及西江航运优势，重点打造承接东部产业转移的加工贸易制造中心和保税物流中心，积极发挥保税物流、保税加工、保税服务三大功能，打造梧州电子信息、高端装备国际供应链管理基地、产业生产加工基地等外向型重点项目聚集区，着力建设以电子信息产业为主的现代产业高地、以保税物流业为核心的现代服务业高地，为梧州高水平开放、高质量发展提供强有力支撑。

开封综合保税区是河南省的第五个综合保税区，规划面积1.785平方公里，7月3日正式封关运作。开封综合保税区临近开港大道、郑汴物流通道、连霍高速及郑民高速入口，距离新郑国际机场、郑州国际陆港均在1小时车程内，区位优势明显、物流交通便利。开封综合保税区将结合自贸试验区开封片区、国家文化出口基地、全国跨境电商零售进口试点城市等高能级开放平台体系，积极培育发展保税物流、跨境电商、文化出口等主导产业，做好运营和发展，实现开封外向型经济高质量发展。

2月28日，海关总署会同国家发展改革委、财政部、自然资源部、商务部、税务总局和国家外汇局，对重庆永川综合保税区的基础和监管设施进行了正式验收。6月16日，重庆永川综合保税区封关运行。重庆永川综合保税区是重庆市第6个综合保税区，规划面积1.11平方公里，位于永川城区南部、成渝发展主轴，紧邻中欧班列（渝新欧）大通道起点、西部陆海新通道节点、川黔渝三省市交会点，拥有多式联运的交通基础，具备"链接成渝、经略周边"的区位通道优势。重庆永川综合保税

区确定了打造渝西川南地区进出口贸易集散中心、重庆重要的现代制造业进出口加工基地、西部地区独具特色的服务贸易示范基地的目标定位，可以进一步增强永川在西部开发开放中的聚集辐射能力，助推外向型经济发展。

7月6日，海关总署会同国家发展改革委、财政部、自然资源部、商务部、税务总局和国家外汇局，对青岛空港综合保税区基础和监管设施进行了正式验收。8月28日，青岛空港综合保税区正式封关运行。青岛空港综合保税区是山东省第14个获批的综合保税区，青岛市第5个综合保税区，同时也是山东省首个空港综合保税区，规划总用地1.44平方公里，邻近青岛胶东国际机场货运区和上合国际枢纽港，海陆空铁物流联动优势明显，同时叠加上合示范区、临空经济示范区等平台优势，成为开放型经济发展的重要载体。

11月1日，海关总署会同国家发展改革委、财政部、自然资源部、商务部、税务总局和国家外汇局，对赣州综合保税区基础和监管设施进行了正式验收，标志着赣州综合保税区规划调整后正式建成，具备开关运作条件。赣州综合保税区是江西省首个综合保税区，为进一步提升内陆开放型经济试验区发展能级、服务新时代革命老区高质量发展示范区建设，于2021年11月获国务院办公厅批复同意规划调整至赣州国际陆港，规划面积约1.308平方公里，位于赣州市南康区深赣合作核心区。赣州综合保税区着力构建以电子信息为龙头，现代物流为支撑，跨境电商、装备制造、矿产品加工、家居制造、保税维修等为特色产业，齐头并进的发展格局。

（三）海关特殊监管区域数量及分布

截至2023年12月底，国务院共批准设立海关特殊监管区域（以下简称"特殊区域"）171个，其中，综合保税区（以下简称"综保区"）163个、保税区5个、保税港区2个、跨境工业区1个。有外贸进出口统计数据的特殊区域为165个，其中综保区157个，保税区5个、保税港区2个、跨境工业区1个。覆盖全国31个省份（暂无台湾省）。北京中关村综合保税区、台州综合保税区不参与考核；佛山综合保税区、上饶综合保税区、雄安综合保税区、天津临港综合保税区当年无业务数据。全国海关特殊监管区域分布名单如表3所示。

表3 全国海关特殊监管区域分布名单

序号	省（区、市）	项目名称
1	北京	北京天竺综合保税区
2		北京大兴国际机场综合保税区
3		北京中关村综合保税区
4	天津	天津东疆综合保税区
5		天津滨海新区综合保税区
6		天津港综合保税区
7		天津泰达综合保税区
8		天津临港综合保税区

序号	省（区、市）	项目名称
9	河北	曹妃甸综合保税区
10		秦皇岛综合保税区
11		廊坊综合保税区
12		石家庄综合保税区
13		雄安综合保税区
14	山西	太原武宿综合保税区
15	内蒙古	呼和浩特综合保税区
16		鄂尔多斯综合保税区
17		满洲里综合保税区
18	辽宁	大连大窑湾综合保税区
19		大连湾里综合保税区
20		大连保税区
21		营口综合保税区
22		沈阳综合保税区
23	吉林	长春兴隆综合保税区
24		珲春综合保税区
25	黑龙江	绥芬河综合保税区
26		哈尔滨综合保税区
27	上海	洋山特殊综合保税区
28		上海浦东机场综合保税区
29		上海外高桥港综合保税区
30		上海外高桥保税区
31		松江综合保税区
32		金桥综合保税区
33		青浦综合保税区
34		漕河泾综合保税区
35		奉贤综合保税区
36		嘉定综合保税区

续　表

序号	省（区、市）	项目名称
37	江苏	张家港保税港区
38		苏州工业园综合保税区
39		昆山综合保税区
40		苏州高新技术产业开发区综合保税区
41		无锡高新区综合保税区
42		盐城综合保税区
43		淮安综合保税区
44		南京综合保税区
45		连云港综合保税区
46		镇江综合保税区
47		常州综合保税区
48		吴中综合保税区
49		吴江综合保税区
50		扬州综合保税区
51		常熟综合保税区
52		武进综合保税区
53		泰州综合保税区
54		南通综合保税区
55		太仓港综合保税区
56		江阴综合保税区
57		徐州综合保税区
58	浙江	宁波梅山综合保税区
59		宁波保税区
60		宁波北仑港综合保税区
61		宁波前湾综合保税区
62		舟山港综合保税区
63		杭州综合保税区
64		嘉兴综合保税区
65		金义综合保税区
66		温州综合保税区
67		义乌综合保税区
68		绍兴综合保税区
69		台州综合保税区

续　表

序号	省（区、市）	项目名称
70	安徽	芜湖综合保税区
71		合肥经济技术开发区综合保税区
72		合肥综合保税区
73		马鞍山综合保税区
74		安庆综合保税区
75	福建	厦门海沧港综合保税区
76		泉州综合保税区
77		厦门象屿综合保税区
78		福州长乐国际机场综合保税区
79		福州综合保税区
80		福州江阴港综合保税区
81	江西	九江综合保税区
82		南昌综合保税区
83		赣州综合保税区
84		井冈山综合保税区
85		上饶综合保税区
86	山东	潍坊综合保税区
87		济南综合保税区
88		东营综合保税区
89		章锦综合保税区
90		淄博综合保税区
91		青岛前湾综合保税区
92		烟台综合保税区
93		威海综合保税区
94		青岛胶州湾综合保税区
95		青岛西海岸综合保税区
96		临沂综合保税区
97		日照综合保税区
98		青岛即墨综合保税区
99		青岛空港综合保税区

续　表

序号	省（区、市）	项目名称
100	河南	郑州新郑综合保税区
101		郑州经开综合保税区
102		南阳卧龙综合保税区
103		洛阳综合保税区
104		开封综合保税区
105	湖北	武汉东湖综合保税区
106		武汉经开综合保税区
107		武汉新港空港综合保税区
108		宜昌综合保税区
109		襄阳综合保税区
110		黄石棋盘洲综合保税区
111	湖南	衡阳综合保税区
112		郴州综合保税区
113		湘潭综合保税区
114		岳阳城陵矶综合保税区
115		长沙黄花综合保税区
116	广东	广州南沙综合保税区
117		广州白云机场综合保税区
118		深圳前海综合保税区
119		深圳盐田综合保税区
120		福田保税区
121		深圳坪山综合保税区
122		广州黄埔综合保税区
123		东莞虎门港综合保税区
124		珠海保税区
125		珠澳跨境工业区珠海园区
126		珠海高栏港综合保税区
127		汕头综合保税区
128		梅州综合保税区
129		湛江综合保税区
130		广州知识城综合保税区
131		佛山综合保税区

序号	省（区、市）	项目名称
132	广西	钦州综合保税区
133		广西凭祥综合保税区
134		北海综合保税区
135		南宁综合保税区
136		梧州综合保税区
137	海南	海南洋浦保税港区
138		海口综合保税区
139		海口空港综合保税区
140	重庆	重庆西永综合保税区
141		重庆两路果园港综合保税区
142		重庆江津综合保税区
143		重庆涪陵综合保税区
144		重庆万州综合保税区
145		重庆永川综合保税区
146	四川	成都高新综合保税区
147		成都高新西园综合保税区
148		绵阳综合保税区
149		成都国际铁路港综合保税区
150		泸州综合保税区
151		宜宾综合保税区
152	贵州	贵阳综合保税区
153		贵安综合保税区
154		遵义综合保税区
155	云南	昆明综合保税区
156		红河综合保税区
157	陕西	西安综合保税区
158		西安关中综合保税区
159		西安高新综合保税区
160		西安航空基地综合保税区
161		宝鸡综合保税区
162		陕西西咸空港综合保税区
163		陕西杨凌综合保税区

续　表

序号	省（区、市）	项目名称
164	甘肃	兰州新区综合保税区
165	宁夏	银川综合保税区
166	新疆	阿拉山口综合保税区
167		乌鲁木齐综合保税区
168		霍尔果斯综合保税区
169		喀什综合保税区
170	青海	西宁综合保税区
171	西藏	拉萨综合保税区

三、自贸试验区发展

截至 2023 年年底，我国自由贸易试验区数量已增加至 22 个，全年进出口总值 7.67 万亿元，增长 2.7%，占我国外贸进出口总值的 18.4%；海南自由贸易港建设深入推进，年度进出口连续三年保持两位数增长。

2023 年上海自贸试验区进出口值为 2.2 万亿元，同比增长 5.8%，占同期全国 22 个自贸试验区进出口总值的 28.7%，高于全国自贸试验区进出口增速 3.1 个百分点。

（一）新设自贸试验区

2023 年 10 月，国务院批准设立中国（新疆）自由贸易试验区（以下简称"新疆自贸试验区"）。新疆自贸试验区的实施范围 179.66 平方公里，涵盖三个片区，乌鲁木齐片区 134.6 平方公里（含新疆生产建设兵团第十二师 30.8 平方公里、乌鲁木齐综合保税区 2.41 平方公里）；喀什片区 28.48 平方公里（含新疆生产建设兵团第三师 3.81 平方公里、喀什综合保税区 3.56 平方公里）；霍尔果斯片区 16.58 平方公里（含新疆生产建设兵团第四师 1.95 平方公里、

霍尔果斯综合保税区 3.61 平方公里）。

新疆自贸试验区战略定位及发展目标以制度创新为核心，以可复制可推广为基本要求，全面贯彻落实第三次中央新疆工作座谈会精神，深入贯彻落实习近平总书记关于新疆工作的系列重要讲话和指示批示精神，牢牢把握新疆在国家全局中的战略定位，把依法治疆、团结稳疆、文化润疆、富民兴疆、长期建疆各项工作做深做细做实，努力打造促进中西部地区高质量发展的示范样板，构建新疆融入国内国际双循环的重要枢纽，服务"一带一路"核心区建设，助力创建亚欧黄金通道和我国向西开放的桥头堡，为共建中国—中亚命运共同体作出积极贡献。

自贸试验区被赋予更大改革自主权，充分发挥新疆"五口通八国、一路连欧亚"的区位优势，深入开展差别化探索，培育壮大新疆特色优势产业。经过 3~5 年改革探索，努力建成营商环境优良、投资贸易便利、优势产业集聚、要素资源共享、管理协同高效、辐射带动作用突出的高标准高质量自由贸易区。

（二）自贸试验区创新制度

2023 年 7 月，国务院发布《国务院关于做

好自由贸易试验区第七批改革试点经验复制推广工作的通知》（国函〔2023〕56号），推出24项全国复制推广的改革试点经验，一是在全国范围内复制推广的改革事项；二是在特定区域复制推广的改革事项。

（三）自贸试验区创新及复制推广工作及作用

2023年是我国自贸试验区建设十周年，国家层面已累计复制推广了302项自贸试验区制度创新成果，各省区市自行推广复制超过2800项。

在投资自由化便利化领域，自贸试验区探索并推广了从企业设立、变更、经营到退出全生命周期管理的一系列制度创新成果，带动全国投资环境进一步优化。

在贸易自由化便利化领域，自贸试验区探索推广了从创新通关监管模式、优化税收机制到培育新业态新模式等在内的一系列提升贸易便利化水平的制度创新，促进我国贸易高质量发展。

在政府管理改革领域，自贸试验区探索并推广了从简化审批、强化监管到优化服务等一系列制度创新成果，带动各地政府治理能力不断提升。商事主体信用修复制度等很多创新方式脱颖而出。

在金融开放创新领域，自贸试验区探索并推广了从外汇管理便利化、跨境资本流动、人民币国际化到创新融资模式等一系列制度创新成果。外商投资企业外汇资金意愿结汇、双向人民币资金池业务等也在很多地方得到了复制推广。

复制推广工作发挥了三方面作用，一是助力完善市场经济基础制度，率先试点并向全国推广了一批基础性、制度性改革成果，完善了投资、贸易、金融等领域基础管理制度。二是由点及面推动深化改革，将经营主体关注的难点堵点作为改革开放突破点，探索实施一大批切口小、见效快的具体改革措施，为全面深化改革探索路径。三是推动共享改革红利，通过"最佳实践案例"等模式，将自贸试验区形成的经验做法，与全国其他区域共享，带动各地开放发展，提高行政效率。

四、保税物流重要政策

（一）《关于在有条件的自由贸易试验区和自由贸易港试点对接国际高标准推进制度型开放的若干措施》

2023年6月，为推进高水平对外开放，实施自由贸易试验区提升战略，加快建设海南自由贸易港，稳步扩大规则、规制、管理、标准等制度型开放，国务院印发《关于在有条件的自由贸易试验区和自由贸易港试点对接国际高标准推进制度型开放的若干措施》，在有条件的自由贸易试验区和自由贸易港聚焦若干重点领域试点对接国际高标准经贸规则，统筹开放和安全，构建与高水平制度型开放相衔接的制度体系和监管模式，包括推动货物贸易创新发展、推进服务贸易自由便利、便利商务人员临时入境、促进数字贸易健康发展、加大优化营商环境力度、健全完善风险防控制度六个方面共33项措施。

（二）《推动综合保税区高质量发展综合改革实施方案》

以综合保税区为主体的海关特殊监管区域作为对外开放的重要平台，在扩大对外贸易、吸引外商投资和促进产业转型升级等方面发挥着重要作用。为进一步促进综合保税区高质量发展，2023年8月，海关总署印发《推动综合保税区高质量发展综合改革实施方案》，围绕政策供给、功能拓展、手续简化、流程优化、制度健全 5 个方面推出 23 条改革举措。

改革举措主要包括调整优化检验检疫作业模式、简化生产用设备解除监管手续、实施卡口分类分级管理、优化境外退运货物监管、支持保税维修提质升级以及调整重点商品管理措施等。

在优化流程监管方面，相关改革举措有优化进出综保区货物的核放逻辑，支持多类型货物集拼入出区；优化"一票多车"货物进出区流程，允许特定类型货物整报分送、单车进出区；优化境外退运货物监管，降低现场调查和书面调查比例等。

在功能业态拓展方面，相关改革举措包括推动保税维修目录动态调整，将更多高技术含量、高附加值、符合环保要求的低风险产品纳入保税维修产品目录；支持综保区开展航空飞行模拟器、大型医疗设备的保税培训业务，满足国内市场需求，做大保税培训规模；允许免税店货物经综保区从境外进口，便利企业灵活调整经营策略，拓宽销售渠道，促进免税保税衔接发展等。

据统计，海关特殊监管区域从业人员已超过 240 万人，每平方公里从业人员数近 9000 人。海关总署还在此次改革中提出支持在综保区内统一规划，按需设立食堂、充电桩、停车场等必要的生产性配套服务设施，为区内从业人员提供工作便利。

（三）《全面对接国际高标准经贸规则推进中国（上海）自由贸易试验区高水平制度型开放总体方案》

为支持中国（上海）自由贸易试验区（含临港新片区，以下简称"上海自贸试验区"）对接国际高标准经贸规则，推进高水平制度型开放，全面实施自由贸易试验区提升战略，更

好发挥上海自贸试验区先行先试作用，打造国家制度型开放示范区，2023 年 12 月，国务院印发《全面对接国际高标准经贸规则推进中国（上海）自由贸易试验区高水平制度型开放总体方案》，具体包括总体要求、加快服务贸易扩大开放、提升货物贸易自由化便利化水平、率先实施高标准数字贸易规则、加强知识产权保护、推进政府采购领域改革、推动相关"边境后"管理制度改革、加强风险防控体系建设八个方面共 80 条措施。

（四）《商务部等 10 部门关于提升加工贸易发展水平的意见》

2023 年 12 月，商务部、国家发展改革委、工业和信息化部、财政部、人力资源社会保障部、生态环境部、交通运输部、海关总署、税务总局、金融监管总局联合印发《商务部等 10 部门关于提升加工贸易发展水平的意见》。加工贸易对扩大对外开放、稳定就业、推动产业结构升级、促进区域协调发展具有重要意义，是联结国内国际双循环、巩固提升我国在全球产业链供应链地位的重要贸易方式。为深入贯彻落实党的二十大精神，提升加工贸易水平，支持产业向中西部、东北地区梯度转移，促进加工贸易持续健康发展，加快建设贸易强国，经国务院同意，提出：鼓励开展高附加值产品加工贸易、促进综合保税区和自贸试验区保税维修业务发展、推进其他区域保税维修试点、加强梯度转移载体建设、完善加工贸易梯度转移对接合作机制、加大对边境地区支持力度、强化财税政策支持、加强金融政策支持、强化交通物流与用能保障、满足多层次用人需求、支持拓展国内市场、优化加工贸易管理与服务。

（五）2023 年出台的部分综保区政策

2023 年出台的部分综保区政策如表 4 所示。

表4   **2023年出台的部分综保区政策**

序号	政策名称
1	关于综合保税区内开展保税货物租赁的补充公告（海关总署公告2023年第104号）
2	关于增列保税展品及保税中转监管方式的公告（海关总署公告2023年第109号）
3	关于支持综合保税区内高级认证企业分送集报免除担保的公告（海关总署公告2023年第148号）
4	关于优化综合保税区仓储货物按状态分类监管的公告（海关总署公告2023年第185号）
5	关于进一步优化综合保税区进出区管理的公告（海关总署公告2023年第200号）
6	自贸司关于进一步明确规范综合保税区企业备案管理的通知（自贸函〔2023〕6号）
7	自贸司关于开展跨关区保税展示交易业务有关问题的通知（自贸函〔2023〕11号）

（大连海关四级调研员　李岩）

2023 年中国铁路物流业

2023 年，铁路坚持稳中求进工作总基调，围绕服务和支撑中国式现代化建设，埋头苦干、勇毅前行，开展了一系列打基础利长远的工作，圆满完成了全年各项目标任务，加快推动铁路货运向现代物流转型。国铁集团制定出台了《关于加快铁路现代物流体系建设的意见》并全面启动实施，铁路货运进一步向现代物流转型发展，积极拓展运输规模，深入开展精准营销，加大集疏港运输和"公转铁"力度，积极推进铁水多式联运、物流总包开发，试点推出高铁快运整列批量运输，不断推进国际班列建设，统筹服务、扩大内需和深化运输供给侧结构性改革。

一、铁路现代物流发展规模不断扩大

（一）铁路物流市场规模逐步扩大

随着我国经济不断发展，铁路物流市场也随之不断扩大。2023 年，全国铁路货物发送量完成 50.1 亿吨，比上年增长 1.5%，货物周转量完成 36438 亿吨公里，比上年增长 1.5%。国家铁路完成货物发送量 39.1 亿吨，同比增长 0.2%。其中，集装箱发送量比上年增长 7.3%，再创历史新高。国家铁路完成货物周转量 32638.5 亿吨公里，与上年基本持平。全年国家铁路完成运输总收入 9641 亿元，同比增长 39%，利润总额创历史最好水平。2013—2023 年全国铁路货物发送量及增速如图 1 所示。

（二）重点物资运输得到有力保障

2023 年，铁路全力保障电煤、粮食、化肥等重点物资运输。全国铁路累计发运煤炭 27.5 亿吨以上，同比增长 2.6%。其中，电煤发运量 22.8 亿吨，同比增长 4.5%，大秦铁路年运量达到 4.22 亿吨，同比增长 6.4%，创 4 年来新高，瓦日铁路实现货运量 10008.1 万吨，再次突破 1 亿吨大关。针对东北地区粮食外运需求，铁路采取整列排空棚车、车种代用等措施，加大向东北地区的运力调配力度，畅通山海关等分界口车流，确保东北粮食快速入关、南下。中国铁路哈尔滨局集团有限公司加开福利屯至前进镇、绥化至佳木斯等重点粮运通道货运班列，在富锦、双龙山、新友谊、建三江等粮源重点地区实现货车开行"客车化"，将粮食进港入关的运到时间压缩近 10 小时。

图 1 2013—2023 年全国铁路货物发送量及增速

资料来源：中国国家铁路集团有限公司历年统计公报。

二、铁路基础设施稳步增建

（一）线网通道密度不断增大

截至 2023 年年底，全国铁路营业里程达到 15.9 万公里，其中，高铁 4.5 万公里；投产新线 3637 公里，其中，高铁 2776 公里。普速铁路和高速铁路里程分别已达到了《国家综合立体交通网规划纲要》中布局的国家铁路网的 87.7% 和 64.3%。2023 年全国铁路完成固定资产投资 7645 亿元、同比增长 7.5%。除干线外，还建成铁路专用线 92 条，进一步提高了重要枢纽联通水平与集疏运效率，80% 左右的货物集中在 8000 余条专用线到发，减少了货物的短途倒装作业，降低了物流成本。川藏铁路建设攻坚态势全面形成，丽香、成兰等项目建成投产，黄百等项目开工建设，路网不断加密提质、运能持续提升。2013—2023 年全国铁路营业里程如图 2 所示。

图 2 2013—2023 年全国铁路营业里程

资料来源：中国国家铁路集团有限公司历年统计公报。

（二）货运节点建设不断推进

2023 年，铁路紧密结合现代物流需要，推动铁路物流基地建设和场站智慧升级。

铁路物流基地建设方面。铁路紧密对接国家物流枢纽总体规划，进一步在全国布局了一级物流基地 35 个，二级物流基地 227 个，目前累计建成国家物流枢纽 165 个，2023 年竣工投运的包括全国首个高铁快运物流基地——广元·川陕甘高铁快运物流基地、西南最大铁路商品汽车物流基地——桃花村铁路商品汽车物流基地等 10 个铁路物流基地，有效融入了物流园区、产业园区、港口及边境口岸。

铁路场站智慧升级方面。铁路积极应用北斗导航、5G 等尖端技术，搭建智能管理平台，推动场站数字化、智慧化转型。如武汉阳逻铁水联运场站通过搭建智能铁水联运数智场站信息管理平台，从业务受理、计划调度、作业执行、资源分配、费收结算等多方面，对铁路场站物流作业进行集中管理，提高了场站的作业效率，有效支撑多式联运业务发展。

三、国际班列助力"一带一路"品牌建设

（一）中欧班列助力"一带一路"高质量共建

2023 年，中欧班列共开行 17523 列，发送 190 万标准箱，同比分别增长 6% 和 18%。中欧班列开行的 10 年来，开行量持续增加，累计开行超过 8 万列，运送货物超过 790 万标准箱，货值超过 3400 亿美元，国内出发省份达 24 个、城市 120 个，通达欧洲 25 个国家 219 个城市，以及沿线 11 个亚洲国家和地区超过 100 个城市，成为国际经贸合作的重要桥梁。2013—2023 年中欧班列开行量如图 3 所示。

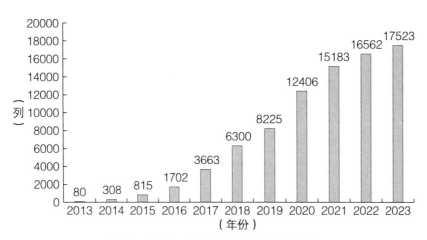

图 3　2013—2023 年中欧班列开行量

资料来源：中欧班列网。

开行质量上，中欧班列运行时间更加稳定。2023 年开行 157 列全程时刻表中欧班列。全程时刻表中欧班列积极优化作业流程，提升作业效率，按照"优先配空、优先装卸、优先查验、优先始发"的原则，实现承运、查验、转运快速无缝衔接，确保按规定车次、时刻表发车。运行时间较普通班列平均压缩 30% 以上，提供了更加稳定优质的班列产品。全程时刻表中欧班列如下表所示。

全程时刻表中欧班列

始发国家城市	到达国家城市	开行日期	全程里程（公里）	全程时间（天）
中国—西安	德国—杜伊斯堡	每周三、周六	9771	12.5
中国—成都	波兰—罗兹	每周六	9178	10.5
德国—杜伊斯堡	中国—西安	每周二	9771	11.3
波兰—罗兹	中国—成都	每周四	9178	10.5

资料来源：中欧班列网。

开行能力上，中欧班列运输能力不断提高。经过多年发展，中欧间形成了西、中、东三大铁路运输通道。西通道在新疆阿拉山口（霍尔果斯）铁路口岸，与哈萨克斯坦、俄罗斯铁路相连，途经白俄罗斯、波兰等国；中通道在内蒙古二连浩特铁路口岸，与蒙古国、俄罗斯铁路相连，途经白俄罗斯、波兰等国；东通道在内蒙古满洲里铁路口岸、黑龙江绥芬河铁路口岸以及新开通的同江口岸，与俄罗斯铁路相连，途经白俄罗斯、波兰等国，通达欧洲其他各国。2023年，兰新铁路精河至阿拉山口段增建二线工程开通运营，区段年运输通过能力由此前的1500万吨提升至6000万吨，增强了中欧班列西通道的整体运输能力。此外，南通道目前正在积极建设中，重庆与哈萨克斯坦国家铁路签署战略合作协议，目前已初步常态化开行了跨"两海"班列，拓展了团结村至土耳其伊斯坦布尔的新线路。国铁集团持续实施的扩编增吨措施增加了班列的编制辆数和牵引质量，提升班列整体运输能力达10%。

（二）西部陆海新通道开行顺畅有序

运输规模方面。2023年西部陆海新通道班列共发送86万标准箱，同比增长14%。自2017年重庆、广西、贵州、甘肃4省区市签署"南向通道"（"陆海新通道"的前身）框架协议以来，截至2023年年底，西部陆海新通道

铁海联运班列辐射范围增至我国18个省份70个市144个铁路站点，通道沿线省份已创建"六型"国家物流枢纽42个，2023年新增的国家物流枢纽达到11个，货物流向通达全球120个国家和地区的473个港口，运输品类拓展至汽车配件、装饰材料等近千种，成为连接我国西部地区和东盟国家的重要纽带。

设施建设方面，焦柳铁路怀化段电气化改造完成，渝怀铁路增建二线实现投用，贵阳至南宁铁路、叙永至毕节铁路、防城港至东兴铁路正在修建，南北贯通、出海出边的综合交通运输大通道正在加速成型。西部陆海新通道第一个无水港项目——重庆无水港一期项目于2023年6月竣工后在下半年正式投用。重庆"陆海明珠"果园港区位优势日益凸显，长江黄金水道、西部陆海新通道、中欧班列在这里无缝衔接，已经开通上海—果园—南充、果园—攀枝花、果园—西昌、果园—西安等水水中转和铁水联运10多条运输线路，成为周边地区外贸货物的中转港，辐射带动能力日益增强。

（三）中老铁路保持高效运营

运输能力方面，截至2023年年底，中老铁路累计发送货物运输3033万吨，其中，跨境货物突破620万吨。其中，昆明海关累计处理中老铁路进出口货运量达421.77万吨，同比增长94.91%，跨境货物品类由开通初期的

橡胶、化肥、百货等 10 多种扩展至电子、光伏、通信、汽车等 2900 多种，货物运输辐射老挝、泰国、越南、缅甸等 12 个"一带一路"共建国家和中国 31 个省区市的主要城市。为保证运输质量，我国铁路部门与老挝铁路部门紧密合作，共同确保中老铁路的高效运营，相继推出了"沪滇·澜湄线""中老+中欧"等一系列具有创新性的"澜湄快线"班列品牌，累计开行 984 列。其中，"中老铁路+中欧班列"的国际运输新模式更是将老挝、泰国等国家至欧洲的铁路直达运输时间大幅缩短至仅 15 天；中老国际冷链货运班列依托中老铁路打造，实现云南昆明、玉溪至老挝万象双向对开，全程运行 26 小时，保鲜程度可达 99.9%，同时，实施铁路运价下浮 50% 政策，加上相关的补助政策，大幅压缩了企业物流成本，有力带动铁路沿线地区经贸发展，为云南服务和融入高质量共建"一带一路"，促进沿线共同繁荣、扩大高水平对外开放搭建了桥梁，注入了新的活力。

运输服务方面，中老铁路通车两年多来，海关大力推进"智慧海关"建设，应用"科技+信息化"赋能智能监管。比如，配备先进的铁路集装箱检查设备（H986），单列列车扫描仅需 1~2 分钟，叠加"雷达感应式"喷淋消毒、辐射探测门等高科技监管设备的应用，确保精准查验、快速放行，大幅提升风险排查效率和整体监管效能，实现了国门安全与高效通关的有机统一，对助力中老铁路跨境货运高质量发展起到积极作用。目前，中老铁路已形成对内联通环渤海、长三角、珠三角经济圈等 31 个省（自治区、直辖市），对外辐射至老挝、泰国等 12 个"一带一路"共建国家的运输网，促进了中国与东盟国家间的贸易、投资、服务、金融等多方面合作。

四、铁路社会效益不断凸显

（一）助力乡村振兴

乡村振兴既是国家粮食安全的基础，也是脱贫攻坚成果巩固的保障，全面推进乡村振兴，需要畅通城乡要素流动。2023 年，在老少边和脱贫地区完成铁路基建投资 4076 亿元，占全国的 80.2%，新投产铁路 2776.7 公里，占全国的 76.4%，覆盖 77 个老少边及脱贫县，其中 22 个县结束不通铁路历史；年发到货物 7.7 亿吨，减免物流等费用 14.4 亿元。结合国家要求，为保障农产品物流运输需求，新开行 19 列乡村振兴班列，采用"定点、定线、定车次、定时、定价"的乡村物流特色化集装箱多式联运运输模式，主要运输各类农副产品、汽车配件等货物。运输过程中优先解编、优先办理、优先取送，在装车时帮助完成码头报关、清关、入港等流程，在两端协调短驳车辆运输，提高了与其他运输方式的接驳效率，加快了乡村货物向外运输速度，为乡村产业振兴注入新活力。

（二）助力"双碳"目标实现

近年来，铁路运输单位运输工作量综合能耗和单位运输工作量主营综合能耗持续降低。2023 年，铁路运输单位运输工作量综合能耗 3.78 吨标准煤/百万换算吨公里，比上年减少 0.16 吨标准煤/百万换算吨公里，下降 4.1%。单位运输工作量主营综合能耗 3.76 吨标准煤/百万换算吨公里，比上年减少 0.14 吨标准煤/百万换算吨公里，下降 3.6%。2018—2023 年国家铁路运输工作量综合单耗、主营单耗情况如图 4 所示。

主要污染物排放方面，国家铁路化学需氧量排放量 1456 吨，比上年增长 2.0%。二氧化硫排放量 620 吨，比上年降低 52.9%。国家铁路绿化里程 6.18 万公里，同比持平。2018—

2023 年国家铁路化学需氧量排放量、二氧化硫排放量如图 5 所示。

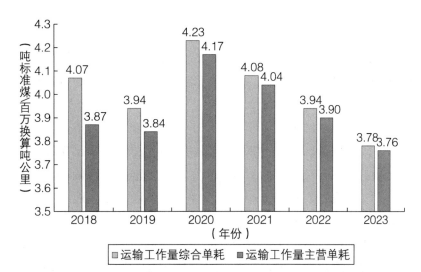

图 4　2018—2023 年国家铁路运输工作量综合单耗、主营单耗情况

资料来源：中国国家铁路集团有限公司 2023 年统计公报。

注：因统计方式不同，本处数据与《2023 年铁道统计公报》中的数据略有差别。

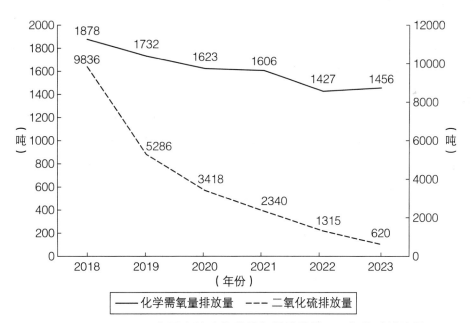

图 5　2018—2023 年国家铁路化学需氧量排放量、二氧化硫排放量

资料来源：中国国家铁路集团有限公司 2023 年统计公报。

五、铁路自身改革不断推进

（一）货运模式改革

探索多式联运新场景。2023年，铁海快线开行数量达2.8万列，同比增长17.3%，铁路箱下水完成39.9万标准箱，同比增长8.3%。铁海快线货物列车实现了35吨宽体集装箱与航运企业定制化改造的新船型精准匹配，采用"班列+班轮"无缝衔接、"一箱到底"的运输组织模式，由中铁集装箱运输有限责任公司订舱并提供"铁路—海运—铁路"全程物流服务，目前已开辟"呼和浩特沙良站—天津新港站—广州港""南宁南站—钦州港东站—日照港"两条35吨宽体集装箱铁水联运专线，提高了货运周转效率，降低了物流成本，进一步推动了铁路、海运深度融合和运输结构优化。此外，2023年多联快车开行5473列，同比增长15.3%，随着搭载50英尺集装箱的铁路多式联运快车分别从广州国际港站、上海闵行站、长沙北站、昆明王家营西站始发，国内容积最大的50英尺集装箱将常态投用铁路货运。50英尺集装箱铁路多联快车采用"干线铁路运输+两端快速集配"的组织模式，为终端客户提供全程物流服务，最高运行时速120公里，参照旅客列车时刻表方式定点发车、定点到达，压缩了途中运行时间。广州国际港站至长沙北站、上海闵行站至广东常平站、长沙北站至广州国际港站、昆明王家营西站至广东肇庆站全程运输时间分别为10小时、27小时、10小时和40小时，较普通货物列车均压缩一半以上。

试点高铁快运整列批量运输。2023年，铁路试点开行高铁快运动车组列车。车组由CRH2A型动车组改造而成，最高运行时速250公里，最大装载重量可达55吨以上。列车的始发终到装卸车站进行了适应性改造，运输组织、运行安全保障、货物装载方式、两端装卸作业模式也进行了相应创新。拓展了生鲜食品、商务急件、生物医药、电子产品等时效性要求比较高的高附加值货物的铁路运输渠道。

（二）科技实力革新

运输设备升级方面。铁路充分对接物流市场需求，持续完善谱系化物流装备体系，研发了适应轻泡货物运输的大容积内陆箱、适应卷钢运输的卷钢箱、适应粮食运输的顶开门箱等15种新箱型，其中9种箱型已经成功投入运营，市场表现良好。目前，正在加快研发试运适应商品车运输的汽车箱、适应豆粕运输的通风箱、适应硫酸等危险货物运输的液体罐箱等新装备。同时，为了服务新能源产业发展，还积极推进新能源汽车、光伏组件、锂电池和液化天然气等铁路运输装备安全技术研究和配套装备创新升级，努力打造适应全品类物流的铁路现代物流装备体系。

重要技术标准制定方面。国铁集团主持和参与制定的《轨道交通—机车车辆变流设备—机车、动车组辅助变流器》等7项铁道国家标准，以及《铁路危险货物装卸技术要求》《铁路信号显示规范》等38项铁道行业标准已发布。此外，国铁集团还组织制定并发布了《编组站综合自动化系统技术条件》《高铁快运快件包装及装载技术规范》等122项国铁集团技术标准。铁路标准体系不断完善，在铁路基础设施建设、安全规范生产、多式联运互联互通方面发挥重要作用。

货运业务数字化方面。国铁集团印发《数字铁路规划》，力求实现铁路业务全面数字化、数据充分共享共用、智能化水平不断提升，为实现铁路现代化、勇当服务和支撑中国式现代化建设的"火车头"提供数字化新动力。

（三）经营模式优化

优化现代物流组织体系。近年来，铁路部门适应现代物流市场发展趋势，坚持以客户需求为导向，对原有铁路货运组织体系进行了改革，按照"一省一中心"原则，整合区域内铁路物流资源，在全国设立了 39 个铁路物流中心，开展全程物流等各类物流经营业务。铁路物流中心作为铁路物流业务的市场经营主体，对标现代物流企业经营管理模式，全面实施市场化经营；发挥铁路运输大运能、全天候、绿色环保的优势，强化与重点企业"总对总"战略合作，大力发展物流总包，为企业量身定制整体物流最优解决方案；深化与公路、水运等其他运输方式的融合发展，减少中间环节，提升运输效率，降低企业物流成本，推动铁路物流产品供给融入产业供应链。

拓展物流总包新模式。随着 18 个路局的 39 个铁路物流中心全部挂牌，武汉、杭州等地铁路物流中心相继推出大客户"物流总包业务"，为客户提供货物从工厂到门店的一站式全程物流服务，联合社会物流资源，提供两端汽车配送、仓储、装卸等综合物流服务，打造综合性降本增效的仓储配送一体化物流服务流程。在国铁集团与徐州工程机械集团有限公司签订的物流总包协议下，相较于传统的运输模式下装卸、调度等多个部门的各司其职，协议下各相关部门实行合署统一办公，提高办事效率，为客户提供专业化的最佳运输方案，确保每个作业环节都有人员盯控，有效减少了作业环节当中的作业时间，将货物从提交申请到发车的时间从 4 天压缩到了 1 天，满足了客户的需求，严格遵守运输合同和市场规则，树牢铁路诚信形象。

实行市场化价格策略。2023 年，为更好地发挥铁路局市场主体作用，拓展铁路货运市场份额，国铁集团逐步放开了铁路局运价自主定价权限，除跨局运输的煤炭业务和部分焦炭、氧化铝业务外，白货和集装箱定价权限均交由铁路局自主确定，提高了灵活性、时效性，更加贴近市场。除运输外，铁路还优化了仓储及设施设备租占用的市场化收费体系。

推进铁路物流金融试点。国铁集团与中国建设银行合作开展铁路物流金融服务试点，双方合作在四川、重庆、云南、广西、湖北等省区市开展铁路物流金融服务试点，依托铁路货运 95306 平台，推出了"铁路运费贷""信用证结算""铁路单证融资"三种铁路物流金融产品。"铁路运费贷"可以让客户凭借铁路历史发运量向银行申请增信额度和优惠利率以向铁路物流企业定向支付物流费，从而为客户增加融资渠道、降低融资成本。"信用证结算"可以让客户向银行申请以铁路运单为凭证的信用证，铁路则通过向银行推送进行结算收款，减少采购方资金占用、加速销售方资金回笼，并增进贸易双方互信。"铁路单证融资"可以让客户凭借电子提单向银行申请货物质押，帮助客户盘活在途货物资产，拓展融资渠道。

参考文献：

［1］中国煤炭报. 2023 年我国多条铁路通道煤炭运量创新高［EB/OL］.（2024-01-15）［2024-07-28］https：//cpnn. com. cn/news/mt/202401/t20240115_ 1669068_ wap. html.

［2］人民网. 畅通国内国际双循环 全国 39 个铁路物流中心挂牌成立.［EB/OL］.（2024-01-30）［2024-07-30］http：//finance. people. com. cn/n1/2024/0130/c1004-40169356. html.

［3］中国国家铁路集团有限公司. 2023 年国家铁路发送货物 39.1 亿吨再创历史新高

［EB/OL］．（2024-01-18）［2024-07-30］http：//www. china - railway. com. cn/xwzx/ywsl/202401/t20240118_ 132803. html.

［4］中国经济网．截至 2023 年底中欧班列累计开行超 8.2 万列［EB/OL］．（2024-01-10）［2024-07-25］http：//m. ce. cn/ttt/202402/01/t20240201_ 38889276. shtml.

［5］中铁集装箱公司．推进装备升级与多式联运创新发展 中铁集装箱公司助力"一带一路"建设［EB/OL］．（2024-02-01）［2024-07-30］https：//www. yidaiyilu. gov. cn/p/0909OE2T. html.

［6］中铁集装箱．中欧班列全程时刻表发布［EB/OL］．（2023-09-28）［2024-07-30］https：//www. crct. com/index. php？ m = content&c = index&a = show&catid = 70&id = 501.

［7］新华社．兰新铁路精阿段增建二线开通运营 提升中欧（中亚）班列运输能力［EB/OL］．（2023-11-30）［2024-07-30］http：//www. news. cn/local/2023-11/30/c_ 1130002333. htm.

［8］中国交通新闻网．西部陆海新通道班列辐射 144 个铁路站点［EB/OL］．（2024-01-09）［2024-07-30］https：//www. mot. gov. cn/jiaotongyaowen/202401/t20240109_ 3981451. html.

［9］人民铁道．国际物流走这里，通达全球 300 多个港口！［EB/OL］．（2023-08-14）［2024-07-30］https：//mp. weixin. qq. com/s/OdHS2zLlZwXu8GotdahEpQ.

［10］人民铁道. 客货运输同创历史新高［EB/OL］.（2024-01-16）［2024-07-30］https：//mp. weixin. qq. com/s/eHMa82Dc1ChT0YOE4WLbPQ.

［11］云南发布．超 420 万吨！2023 年中老铁路进出口货运量同比增长 94.91%［EB/OL］.（2024-01-07）［2024-07-30］https：//mp. weixin. qq. com/s/iFF9RdGbkucdp0_ 7RSnxlQ.

［12］中国国家铁路集团有限公司．聚焦中国国家铁路集团有限公司工作会议 2023 年工作总结回顾［EB/OL］．（2024-01-11）［2024-07-30］http：//www. china - railway. com. cn/xwzx/zhxw/202401/t20240111_ 132635. html.

［13］中国国家铁路集团有限公司．整列高铁快运动车组列车试点开行．［EB/OL］．（2023-07-13）［2024-07-30］http：//wap. china-railway. com. cn/xwzx/ywsl/202307/t20230713_ 128981. html#.

［14］中国国家铁路集团有限公司．国铁集团印发《数字铁路规划》［EB/OL］．（2023-09-13）［2024-07-30］https：//www. chnrailway. com/index/shows？ catid = 10&id = 8651.

［15］中国铁路．央视聚焦！我国拓展铁路物流总包新模式［EB/OL］．（2023-11-25）［2024-07-30］https：//mp. weixin. qq. com/s/CnfuATeIUnGfn-sigUYR2Q.

［16］中国国家铁路集团有限公司．国铁集团与中国建设银行合作开展铁路物流金融服务试点［EB/OL］．（2024-02-22）［2024-07-30］http：//www. china-railway. com. cn/xwzx/zhxw/202402/t20240222_ 134074. html.

（北京交通大学交通运输学院物流工程系
王迦尧　王沛）

2023 年中国快递业

2023 年，我国快递业务量和收入实现双增长，快件业务量连续 10 年保持全球第一名。日处理快件的能力达到 3.62 亿件，年人均消费快件量接近 80 件。

一、2023 年我国快递业发展基本概况

2023 年，我国快递业务量累计完成 1320.7 亿件，同比增长 19.4%，快递业务收入 12074 亿元，同比增长 14.3%。其中，同城快递业务量累计完成 136.4 亿件，同比增长 6.6%；异地快递业务量累计完成 1153.6 亿件，同比增长 20.5%；国际/港澳台快递业务量累计完成 30.7 亿件，同比增长 52.0%。2022—2023 年各月我国快递业务量如图 1 所示。

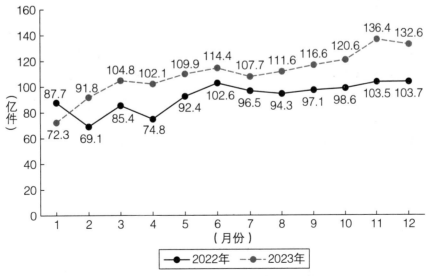

图 1　2022—2023 年各月我国快递业务量

2023 年，同城、异地、国际/港澳台快递业务量分别占全部快递业务量的 10.3%、87.4%和2.3%，业务收入分别占全部快递收入的 5.9%、49.7% 和 11.6%。与上年同期相比，同城快递业务量的比重下降 1.3 个百分

点，异地快递业务量的比重上升 0.8 个百分点，国际/港澳台业务量的比重上升 0.5 个百分点。2022—2023 年分专业快递业务量情况如图 2 所示，2023 年快递业务量构成如图 3 所示，2023 年快递业务收入构成如图 4 所示。

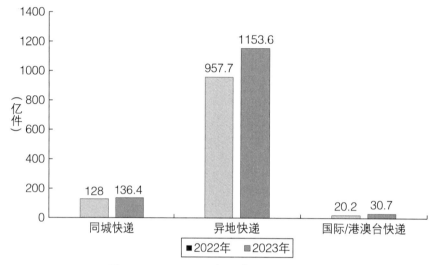

图 2　2022—2023 年分专业快递业务量

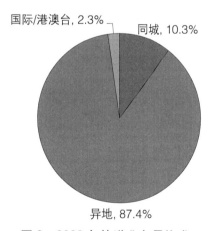

图 3　2023 年快递业务量构成

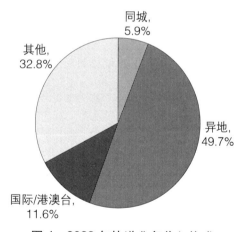

图 4　2023 年快递业务收入构成

2023 年，东、中、西部地区快递业务量比重分别为 75.2%、16.7% 和 8.1%，业务收入比重分别为 76.2%、14.1% 和 9.7%。与去年同期相比，东部地区快递业务量比重下降 1.6 个百分点，快递业务收入比重下降 1.4 个百分点；中部地区快递业务量比重上升 1.0 个百分

点，快递业务收入比重上升 0.7 个百分点；西部地区快递业务量比重上升 0.6 个百分点，快递业务收入比重上升 0.7 个百分点。2023 年部分快递公司财报业绩汇总如表 1 所示，2023 年分地区快递业务量构成如图 5 所示，2023 年分地区快递业务收入构成如图 6 所示。

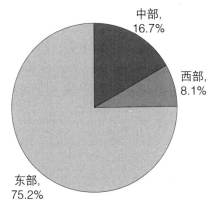

图5　2023年分地区快递业务量构成

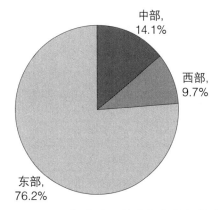

图6　2023年分地区快递业务收入构成

据国家邮政局统计，2023年，快递与包裹服务品牌集中度指数 CR8 为 84.0，较 1—11 月

持平。

表1　　　　　　　　　2023 年部分快递公司财报业绩汇总

	快件量（亿件）	同比增长（%）	快递收入（亿元）	同比增长（%）	市场份额（%）	利润（亿元）	同比增长（%）
顺丰	119.7	7.50	2584	33.40	9	82.3	33
中通	302	23.80	384.2	8.60	22.90	90	32.30
极兔	153.4	27.60	88.49 亿美元	21.80	11.60	1.47 亿美元	—
圆通	212.03	21.30	511.24	12.97	16.10	—	—
申通	175	35.20	409.24	21.54	13.30	3.41	18.41
韵达	188.54	7.10	446.11	-2.60	14.30	16.3	9.60
京东	—	—	1666	21.30	—	27.6	218.80

二、分地区快递业务量和业务收入情况

2023 年各省（自治区、直辖市）快递服务企业业务量和业务收入情况如表 2 所示，2023 年我国快递业务量前 50 位城市情况如表 3 所示，2023 年我国快递业务收入前 50 位城市情况如表 4 所示。

表2　　　2023 年分省（自治区、直辖市）快递服务企业业务量和业务收入情况

省（自治区、直辖市）	快递业务量（万件）	同比增长（%）	快递业务收入（万元）	同比增长（%）
全国	13207193.6	19.4	120739583.9	14.3
北京	227115.2	16.1	3110046.2	6.7

续　表

省（自治区、直辖市）	快递业务量（万件）	同比增长（%）	快递业务收入（万元）	同比增长（%）
天津	145024.6	19.3	1574105.6	14.5
河北	660073.0	25.3	4640536.3	22.0
山西	110445.8	56.5	1102995.0	38.8
内蒙古	36570.5	51.0	633503.8	31.0
辽宁	218251.4	27.5	2002710.9	18.6
吉林	76909.0	32.2	831265.1	16.5
黑龙江	94611.7	30.3	1059756.0	18.4
上海	370311.3	29.6	20893619.4	13.2
江苏	994563.8	14.2	8947869.0	8.9
浙江	2631955.2	14.9	13058532.1	8.4
安徽	410386.5	16.2	2663482.9	12.2
福建	498673.2	17.0	3886669.4	9.5
江西	227930.8	25.1	1868015.4	15.5
山东	706967.5	22.5	5265683.5	16.5
河南	604600.4	35.8	4252916.8	28.4
湖北	376892.1	17.3	3073467.4	14.9
湖南	310053.4	33.8	2171791.8	21.5
广东	3456729.0	14.7	28265755.0	12.6
广西	129972.5	23.3	1308869.2	12.0
海南	21434.9	29.4	375450.8	25.3
重庆	140857.6	29.0	1357974.7	21.8
四川	349483.7	21.8	3243577.4	16.6
贵州	66135.7	34.4	895716.1	23.3
云南	109034.5	22.8	1140203.6	15.4
西藏	2192.0	79.8	60880.7	35.8
陕西	152267.6	35.0	1590640.3	27.1
甘肃	29225.0	49.2	522921.2	37.0
青海	4922.9	58.6	127070.1	53.0
宁夏	13098.8	32.2	193202.4	23.7
新疆	30504.0	88.1	620356.1	77.9

表3　　　　　　　　　　　　　　2023年我国快递业务量前50位城市情况

排名	城市	快递业务量（万件）	排名	城市	快递业务量（万件）
1	金华（义乌）市	1369413.7	26	合肥市	133727.5
2	广州市	1145019.1	27	绍兴市	132630.0
3	深圳市	636835.6	28	廊坊市	116370.4
4	揭阳市	407226.9	29	南通市	115852.1
5	杭州市	401163.0	30	中山市	110307.3
6	上海市	370311.3	31	青岛市	102204.0
7	东莞市	343032.6	32	南京市	97890.9
8	汕头市	297773.4	33	西安市	96412.8
9	苏州市	279315.2	34	沈阳市	95373.5
10	泉州市	247848.1	35	商丘市	87546.0
11	北京市	227115.2	36	潮州市	85842.2
12	成都市	215254.4	37	济南市	84551.8
13	温州市	195587.4	38	无锡市	81818.3
14	长沙市	188704.2	39	邢台市	81791.6
15	武汉市	188101.7	40	南昌市	79453.8
16	郑州市	182917.4	41	宿迁市	72925.9
17	佛山市	182708.3	42	惠州市	69156.0
18	临沂市	176770.5	43	徐州市	69096.7
19	保定市	157670.8	44	昆明市	67069.2
20	石家庄市	153800.9	45	湖州市	64755.3
21	台州市	148285.6	46	厦门市	64119.8
22	天津市	145024.6	47	哈尔滨市	62469.8
23	宁波市	143955.3	48	福州市	61652.5
24	重庆市	140857.6	49	漳州市	57883.8
25	嘉兴市	135629.9	50	潍坊市	57728.9

表4　　　　　　　　　　　　　　2023 年我国快递业务收入前 50 位城市情况

排名	城市	快递业务收入（万元）	排名	城市	快递业务收入（万元）
1	上海市	20893619.4	26	合肥市	954372.9
2	广州市	8921508.7	27	青岛市	943284.5
3	深圳市	6684097.5	28	石家庄市	939385.3
4	金华（义乌）市	3723169.1	29	济南市	923242.7
5	杭州市	3667164.6	30	中山市	890959.4
6	东莞市	3527809.6	31	沈阳市	887554.8
7	北京市	3110046.2	32	廊坊市	870778.3
8	苏州市	2778173.6	33	厦门市	838110.5
9	佛山市	2016872.3	34	临沂市	789784.8
10	揭阳市	2005611.0	35	南昌市	765432.5
11	成都市	1929324.4	36	南通市	755710.1
12	武汉市	1733370.4	37	福州市	741675.4
13	郑州市	1613038.1	38	台州市	732516.0
14	天津市	1574105.6	39	常州市	651928.3
15	汕头市	1500206.0	40	哈尔滨市	641587.1
16	泉州市	1403416.8	41	惠州市	608190.4
17	重庆市	1357974.7	42	昆明市	604687.5
18	宁波市	1312561.3	43	绍兴市	598346.3
19	长沙市	1245520.3	44	南宁市	573563.4
20	温州市	1188939.4	45	徐州市	503446.3
21	嘉兴市	1148526.8	46	长春市	498705.3
22	南京市	1047022.5	47	太原市	434280.6
23	无锡市	1036690.2	48	沧州市	431295.3
24	西安市	1015505.3	49	商丘市	429415.6
25	保定市	976301.1	50	潍坊市	415456.3

三、快递企业服务申诉情况

主要快递企业申诉率（百万件快件业务量）平均为 2.16，有效申诉率平均为 0.30。用户对快递服务申诉主要问题中，快件损毁申诉率平均为 0.95，快件丢失短少申诉率平均为 0.50，投递服务申诉率平均为 0.34，快件延误申诉率平均为 0.22；主要快递企业申诉处理综合指数平均为 96.59，高于平均值的有 7 家，低于平均值的有 2 家。主要快递企业申诉情况如表 5 所示。

表 5　主要快递企业申诉情况　单位：申诉件数/百万件快件业务量

企业名称	有效申诉率	申诉率	损毁	丢失短少	投递服务	延误	申诉处理综合指数
京东快递	0.48	1.61	0.66	0.38	0.25	0.18	97.87
顺丰速运	0.58	2.96	1.87	0.57	0.19	0.18	97.12
邮政速递	1.25	3.55	0.35	1.38	0.97	0.70	86.36
中通快递	0.005	0.38	0.05	0.10	0.15	0.06	98.51
申通快递	0.02	0.68	0.09	0.16	0.21	0.10	97.31
韵达速递	0.02	0.69	0.09	0.22	0.20	0.13	98.68
极兔速递	0.04	0.41	0.05	0.12	0.14	0.08	99.01
圆通速递	0.05	0.86	0.16	0.25	0.26	0.10	94.75
德邦快递	0.22	8.30	5.20	1.32	0.71	0.46	99.67
主要快递企业平均	0.30	2.16	0.95	0.50	0.34	0.22	96.59

四、国家邮政局关于 2023 年快递服务满意度调查和时限妥投率测试结果

国家邮政局组织第三方机构对 2023 年快递服务满意度进行了调查，对全国重点地区时限妥投率进行了测试。

（一）基本情况

2023 年监测对象包括 9 家快递服务品牌，邮政速递、顺丰速运、中通快递、圆通速递、韵达速递、申通快递、京东快递、德邦快递和极兔速递。

调查范围覆盖 50 个城市，包括各直辖市、省会城市和 19 个快递业务量较大的城市。

满意度调查采用在线调查等方式，由 2023 年使用快递服务的用户对受理、揽收、投递、售后和信息 5 个方面进行满意度评价，共获得有效样本 17.5 万个。时限测试采用系统数据抽样方式，业务范围为国内异地快件，共获得有效样本 782 万个。

（二）监测结果

1. 快递服务满意度调查

调查显示，2023 年快递服务公众满意度得分为 84.3 分，较 2022 年上升 0.9 分。

涉及评价的 5 项二级指标满意度较 2022 年

均有上升。其中，受理、揽收、投递、售后、信息环节满意度得分分别为 89.5 分、88.7 分、85.3 分、76.3 分和 84.5 分，同比分别上升 0.4 分、0.4 分、0.9 分、1.8 分和 0.8 分。

在三级指标中，19 项得分都有上升，仅 6 项得分有小幅波动。其中，得分同比上升幅度较大的指标主要有：派件员服务上升 3.3 分、统一客服热线下单上升 3.8 分、投诉处理上升 4.0 分、损失赔偿上升 4.2 分。

在 9 家品牌中，快递服务公众满意度得分排名前两位的是顺丰速运、京东快递。

在 50 个城市中，快递服务公众满意度得分居前 15 位的城市为：北京、青岛、沈阳、济南、天津、漯河、郑州、鄂州、太原、东莞、苏州、温州、石家庄、厦门、银川。

从服务区域看，2023 年东、中、西部地区满意度同比均有较大幅度提升。其中，东部地区服务表现最好，中部地区提升最多。

2. 重点地区快递服务时限测试

2023 年全国重点地区快递服务全程时限为 56.42 小时，同比缩短 2.40 小时。72 小时妥投率为 80.97%，同比提升 3.15 个百分点。

从分环节来看，寄出地处理环节平均时限为 7.60 小时，同比延长 0.04 小时；运输环节平均时限为 35.51 小时，同比缩短 1.32 小时；寄达地处理环节平均时限为 10.08 小时，同比缩短 0.68 小时；投递环节平均时限为 3.24 小时，同比缩短 0.43 小时。（部分数据进行了四舍五入处理）

从快递企业 72 小时妥投率来看，顺丰速运、中通快递、韵达速递、极兔速递在 80%~90%。

五、2023 年快递行业大事记

1. 圆通航空有限公司成立

1 月 3 日，上海圆通蛟龙投资发展集团发布公告，成立圆通航空有限公司，注册资本 3 亿元，经营范围包括通用航空服务；公共航空运输；民用航空器驾驶员培训；国际货物运输代理等。

2. 我国快递示范城市增至 41 个

1 月 18 日，国家邮政局公布，经过城市申请、省级推荐、专家打分、社会公示等程序，原则同意廊坊、连云港、宿迁、湖州、嘉兴、安庆、阜阳、济南、潍坊、德州、商丘、荆州、佛山、中山、南宁、成都 16 个城市，作为第三批中国快递示范城市开展新一批创建活动，至此我国快递示范城市增至 41 个。

3. 农村电商和快递物流行政村覆盖率达 90%

1 月 9 日，商务部公布首批 12 个全国示范智慧商圈和 16 个全国示范智慧商店。1 月 19 日，国务院新闻办就保障春节市场供应、促进节日消费有关情况举行发布会上，商务部副部长盛秋平介绍，在 80 个地区开展试点，推动建设 1400 多个一刻钟便民生活圈。加快推进县域商业体系建设，农村电商和快递物流行政村覆盖率达到 90%。

4. 顺丰投资 30 亿元，打造高端物流无人机制造基地

2 月 6 日，根据罗戈网发布消息，顺丰高端物流无人机制造基地项目于近日正式备案，地址位于江西省赣州市南康区经济产业园，项目总投资 30 亿元。主要建设生产八轴多旋翼（方舟）、垂起固定翼（MR）、100kg 级垂起固定翼（大垂起）等中小型无人机的智能化生产线，及运 5、C42、山河 SA60L 改装大型无人机生产线。建成投产后，年产值可达 50 亿元。

5. 极兔国际联手中铁快运开行首趟中欧班列

2 月 6 日，极兔国际号首趟中欧班列从广

州始发开往俄罗斯首都莫斯科，这是极兔国际联手中铁快运开行的首趟中欧班列。

6. 中通国际"中-老-泰"铁路往返班列顺利首发

2月7日，在昆明经开区政府及中铁集团昆明公司大力支持下，由云南誉满国际供应链有限公司（中通国际东南亚公司）、湖南炫烨生态农业发展有限公司、塔纳楞国际陆港所组成的联营体共同合作发车的全程铁路往返班列在昆明中铁联集王家营中心站完成装载，并于当日20时顺利首发。

7. 加快完善县乡村电子商务和快递物流配送体系

2月13日，《中共中央 国务院关于做好2023年全面推进乡村振兴重点工作的意见》发布，这是21世纪以来第20个指导"三农"工作的中央一号文件。文件明确，要完善农产品流通骨干网络，改造提升产地、集散地、销地批发市场，布局建设一批城郊大仓基地，支持建设产地冷链集配中心。

8. 菜鸟驿站追投30亿元发力送货上门

3月5日，菜鸟公布将追投30亿元补贴菜鸟驿站站点，继续强化送货上门服务。目前，菜鸟驿站社区商业服务在全国开通约20个城市，有30%左右的菜鸟驿站站点参与。

9. 鄂州花湖机场顺丰国际货站正式启用

3月20日，鄂州花湖机场顺丰国际货站正式启用，首批货物由武汉海关所属鄂州海关施加关锁后驶出，经卡口运往武汉天河国际机场，搭乘当日起飞的国际航班运往比利时出口。

10. DHL快递连续八年荣膺"大中华区最佳职场"

3月30日，卓越职场®研究所在上海举行了"2022年大中华区最佳职场"颁奖典礼，

DHL快递跻身第二名，并连续第八年入选该榜。

11. 圆通嘉兴全球航空枢纽东方天地港开工

4月14日，圆通嘉兴全球航空物流枢纽东方天地港正式开工。项目总投资152.2亿元，将于2025年上半年建成投运。项目将引入圆通商贸和圆通航空的两大板块全球总部，实现运全球、送全球，买全球、卖全球的愿景。

12. 菜鸟网络、极兔速递、货拉拉、中通快运入围全球独角兽榜

4月18日，胡润研究院发布2023全球独角兽榜，在快递物流领域，共有42家独角兽企业，比上年增加23家，总价值为9200亿元。其中，菜鸟网络、极兔速递、货拉拉、京东产发、丰巢科技、滴滴货运、日日顺、中通快运、准时达等中国企业入围。

13. 联邦快递扩大中国地区国际快递服务覆盖范围

4月26日，根据电商报发布消息，联邦快递自2023年5月1日起扩大中国地区国际快递服务覆盖范围，涵盖泉州、镇江、唐山、株洲、湖州、烟台、秦皇岛及其他多个城市和地区的10000多个邮编。

14. 顺丰同城半日达扩至80多个城市

5月4日，顺丰宣布，同城半日达扩至全国80多个城市，"上午寄下午到、下午寄当天到"将成为稳定常态化时效。

15. 顺丰11.83亿元出售丰网业务，极兔接手

5月12日，国际化快递物流企业J&T极兔速递宣布，已与顺丰控股下属控股子公司深圳市丰网控股有限公司签署《股权转让协议》。极兔速递下属子公司深圳极兔供应链有限公司拟以人民币11.83亿元的价格收购丰网控股全

资子公司深圳丰网信息技术有限公司 100% 股权。

16. 英国品牌金融评估咨询公司发布 "2023 中国品牌价值 500 强" 榜单

5 月 9 日，Brand Finance 发布 "2023 中国品牌价值 500 强" 榜单。品牌总价值达 133108 亿元。榜单显示，2023 年顺丰排名第 51 位，品牌价值 590 亿元，品牌价值上涨 15%，也是唯一上涨的物流公司；中国邮政排名第 68 位，品牌价值 454 亿元；京东物流排名第 106 位；韵达速递排名第 142 位；中通快递排名第 196 位；圆通速递排名第 222 位；菜鸟排名第 233 位；申通快递排名第 274 位；嘉里物流排名第 263 位。

17. 中铁快运推出 "高铁急送" 服务，可实现跨城当日达

5 月，中铁快运创新推出 "高铁急送" 服务，并同步上线官方微信小程序，"高铁急送" 是在国内主要城市间，以高铁载客动车组列车为干线运力，衔接同城取送货骑手，提供门到门当日达服务，平均 4 小时当日送达。在跨城市群，平均 8 小时当日送达。

18. 菜鸟推出自营快递 "菜鸟速递"

6 月 28 日，菜鸟集团宣布，推出自营的品质快递业务菜鸟速递。由服务天猫超市的配送业务升级为全国快递网络，主打半日达、当次日达、送货上门和夜间揽收等品质服务，在全国近 300 个城市提供晚到、破损必赔，不上门必赔，在途拦截和在途更改目的地 5 个 100% 承诺。

19. "中通支付" 正式获得第三方支付牌照

7 月 11 日，央行发布公告，持牌支付机构广西恒大万通支付有限公司主要出资人及公司名称变更获批。即 "万通支付" 正式变更为

"中通支付"。

20. 王卫、赖梅松入围 "中国最佳 CEO"

7 月 12 日，福布斯发布 "中国最佳 CEO" 榜单，顺丰创始人王卫排名第 9 位，中通创始人赖梅松排名第 18 位。

21. 整列高铁快运动车组列车试点开行

7 月 12 日 4 时 40 分 DJ881 次从成都双流西站、4 时 32 分 DJ882 次从昆明洛羊镇站双向始发对开，标志着利用整列动车组开展高铁快运批量运输试点工作正式实施。此后，整列高铁快运动车组列车每日按 2 列对开安排。

22. 杭州亚运会首批代表团物资由圆通速递承运

7 月 20 日，杭州亚运会首批代表团物资通过海空两路由圆通速递成功运抵入境。圆通速递作为杭州亚运会官方物流服务赞助商，通过空海联动，为亚运会代表团物资提供全链路物流保障。

23. 《财富》杂志发布中国 500 强

7 月 25 日，《财富》杂志发布了 2023 年《财富》中国 500 强排行榜。上榜的 500 家中国公司在 2022 年的总营业收入达 15 万亿美元，净利润达 7171 亿美元。在快递行业中，中国邮政、顺丰、圆通、韵达、中通、申通 6 家企业上榜，其中，中国邮政以超过 1102 亿美元营收排名第 28 位，顺丰排名第 103 位，圆通速递排名第 286 位，韵达控股排名第 316 位，中通快递排名第 379 位，申通快递排名第 392 位。

24. 全球最具价值物流品牌十强出炉

Brand Finance 发布 "2023 最具价值物流品牌"，前十名中，联合包裹（UPS）仍然是最有价值的物流品牌，凭借品牌价值 354 亿美元稳居第 1，联邦快递（FDX）品牌价值 288.5 亿美元，排名第 2 位；德国邮政敦豪（DHL）品牌价值 119 亿美元，排名第 4 位；顺丰速运

品牌价值82亿美元，排名第6位；中国邮政品牌价值75亿美元，排名第9位。

25. 郑州机场国际快件中心启用

8月11日，河南机场集团正式启用郑州机场国际快件中心，解决国际快件、跨境电商业务快速发展对场地需求增加的问题，改善郑州机场国际快件、跨境电商货物的保障条件，推动郑州机场国际快件、跨境电商业务发展，助推郑州航空枢纽建设。目前，郑州机场运营7座货站，年货邮保障能力达110万吨。

26. 我国乡村电商和快递服务站点累计建设超过15万个

8月15日，商务部召开实施县域商业三年行动助力农民增收和农村消费专题新闻发布会。近年来，商务部等部门持续推进电子商务进农村工作，取得了显著成效，已安排中央财政资金200多亿元，累计支持1489个县，建设2600多个县级电商公共服务中心和物流配送中心，超过15万个乡村电商和快递服务站点。

27. "2023中国企业500强"发布，邮政、顺丰、圆通等入围

9月20日，由中国企业联合会、中国企业家协会评选的"2023中国企业500强"揭晓。在电商及物流领域上榜的企业包括：京东集团第15位、阿里巴巴第20位、中国邮政第27位、顺丰控股第101位、圆通速递第424位。

28. 顺丰航空机队规模达85架

10月17日，顺丰航空宣布，B767—300型全货机正式入列，至此机队规模达85架。这是顺丰航空于2023年投运的第8架全货机，也是顺丰机队迎来的第22架B767—300型宽体机。

29. "2023胡润百富榜"发布，快递企业多家入围

10月24日，胡润研究院发布"2023胡润百富榜"。此次快递领域，仅有顺丰总裁王卫上榜前100名，以1250亿元排名第20位，排名下降6位。同时，中通的赖梅松（385亿元排名118位），圆通的喻渭蛟家族（255亿元排名202位），韵达的聂腾云、陈立英夫妇（195亿元排名274位），中通的赖建法（130亿元排名455位），极兔速递的李杰（110亿元排名536位），中通的王吉雷（90亿元排名669位），申通快递的陈德军（85亿元排名706位），申通快递的陈小英（50亿元排名1179位），德邦快递的崔维星（50亿元排名1179位）等也入围富豪榜当中。其中，极兔速递李杰首次入围榜单。

30. 圆通接收2架ARJ21客改货飞机

10月30日，圆通航空在广州正式接收编号为B—3329的国产ARJ21客改货飞机，成为该批货机的全球首发用户。中国民航局华东管理局向圆通航空颁发国籍登记证、单机适航证、电台执照。该批ARJ21客改货飞机最大设计商载10吨，设计航程2778公里，主要用于国内航线及短程国际航线上的货物、邮件和快递等运输业务。

31. 顺丰、中通上榜"2023中国最佳品牌排行榜"

11月13日，全球性品牌战略管理咨询与设计公司英图博略正式发布"2023中国最佳品牌排行榜"，顺丰和中通荣耀上榜。顺丰排名第26位，中通排名第43位。

32. 中通货运航司及相关产业项目落地长沙

12月14日，中通货运航司及相关产业项目在长沙签约，意味着湖南首家货运航空公司落地取得新进展。此次签约落地的中通货运航司及相关产业项目总投资110亿元，总用地规模约750亩，在长沙自贸临空区打造集总部办

公、生产、仓储、物流、跨境电商、金融服务等于一体的全产业生态圈。拟落地项目包括中通货运航司、中通快运华中总部项目、中通云商智谷产业园、中通跨境电商总部、中通金融业务及人才配套住宅项目六大板块。项目将进一步壮大临空经济，丰富临空产业业态，为高质量发展增添新动能。

33. 中通快递创造新的世界纪录

2023 年 12 月 29 日 17 时 57 分，中通快递第 300 亿个包裹诞生。创造了中国快递行业新的纪录，中通成为全球首家年业务量超过 300 亿的快递企业。

34. 多家快递公司开通中国国际航线，创历史新高

据统计，2023 年顺丰、圆通、极兔、京东、中国邮政、菜鸟、联邦快递、DHL、UPS 先后开通了欧美日、东南亚、中东、俄罗斯等地的国际货运航线。其中，顺丰开通的国际航线最多。

（蜂网投资有限公司　徐勇　徐梦馨）

2023 年中国民航货运业[1]

2023 年，民航全行业在以习近平同志为核心的党中央坚强领导下，坚持以习近平新时代中国特色社会主义思想为指导，全面贯彻落实党的二十大精神和中央经济工作会议精神，坚决贯彻落实党中央、国务院决策部署，按照"三新一高"部署要求，坚持稳中求进，统筹安全运行、恢复发展和疫情防控，民航高质量发展迈出坚实步伐。

一、运输航空[2]

（一）运输周转量[3]

2023 年，全行业完成运输总周转量 1188.34 亿吨公里，比上年增长 98.3%。国内航线完成运输总周转量 867.33 亿吨公里，比上年增长 123.6%，其中，港澳台航线完成 10.00 亿吨公里，比上年增长 334.2%；国际航线完成运输总周转量 321.01 亿吨公里，比上年增长 51.8%。2019—2023 年我国民航运输总周转量如图 1 所示。

其中，全行业完成货邮周转量 283.62 亿吨公里，比上年增长 11.6%。国内航线完成货邮周转量 70.47 亿吨公里，比上年增长 34.7%，其中，港澳台航线完成 1.84 亿吨公里，比上年增长 6.4%；国际航线完成货邮周转量 213.15 亿吨公里，比上年增长 5.6%。2019—2023 年民航货邮周转量及增长趋势如图 2 所示。

（二）货邮运输量

2023 年，全行业完成货邮运输量 735.38 万吨，比上年增长 21.0%。国内航线完成货邮运输量 456.39 万吨，比上年增长 32.8%，其中，港澳台航线完成 15.12 万吨，比上年增长 2.5%；国际航线完成货邮运输量 278.99 万吨，比上年增长 5.8%。2019—2023 年民航货邮运输量及增长趋势如图 3 所示。

（三）飞行小时和起飞架次

2023 年，全行业运输航空公司完成运输飞行小时 1220.90 万小时，比上年增长 94.5%。国内航线完成运输飞行小时 1092.77 万小时，比上年增长 96.2%。其中，港澳台航线完成 12.07 万小时，比上年增长 475.9%；国际航线完成运输飞行小时 128.13 万小时，比上年增长 81.3%。

2023 年，全行业运输航空公司完成运输起飞架次 492.19 万架次，比上年增长 91.8%。国内航线完成运输起飞架次 467.67 万架次，

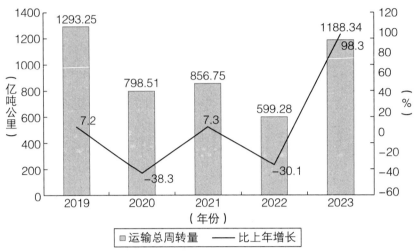

图1　2019—2023年我国民航运输总周转量

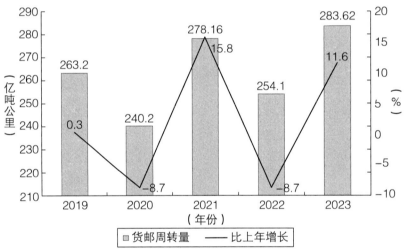

图2　2019—2023年民航货邮周转量及增长趋势

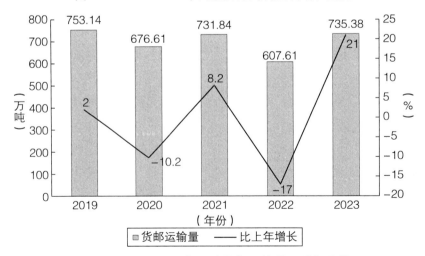

图3　2019—2023年民航货邮运输量及增长趋势

比上年增长 89.5%，其中，港澳台航线完成 5.18 万架次，比上年增长 410.6%；国际航线完成运输起飞架次 24.52 万架次，比上年增长 149.6%。

2023 年，全行业运输航空公司完成非生产飞行小时 3.69 万小时，其中，训练飞行 1.24 万小时；完成非生产起飞架次 5.31 万架次。

（四）运输航空企业数量

截至 2023 年年底，我国共有运输航空公司 66 家，与上年持平。按不同所有制类别划分，国有控股公司 39 家，民营和民营控股公司 27 家。在全部运输航空公司中，全货运航空公司 13 家，中外合资航空公司 8 家，上市公司 7 家。

（五）运输机队

截至 2023 年年底，民航全行业运输飞机期末在册架数 4270 架，比上年年底增加 105 架。2023 年运输飞机数量如表 1 所示。

表 1　　　　　　　　　　　　　　　2023 年运输飞机数量

飞机分类	飞机数量（架）	比上年增加（架）	在运输机队占比（%）
合计	4270	105	100.0
客运飞机	4013	71	94.0
其中：宽体机	473	1	11.1
窄体机	3276	51	76.7
支线飞机	264	19	6.2
货运飞机	257	34	6.0
大型货机	94	16	2.2
中小型货机	163	18	3.8

（六）航线网络

2023 年，我国共有定期航班航线 5206 条，国内航线 4583 条，其中，港澳台航线 65 条，国际航线 623 条。按重复距离计算的航线里程为 1227.81 万公里，按不重复距离计算的航线里程为 875.96 万公里。

2023 年，定期航班国内通航城市（或地区）255 个（不含香港、澳门和台湾地区）。我国航空公司国际定期航班通航 57 个国家的 127 个城市，内地航空公司定期航班从 41 个内地城市通航香港，从 19 个内地城市通航澳门，大陆航空公司从 21 个大陆城市通航台湾地区。

（七）运输航空（集团）公司生产[4]

2023 年，中航集团完成飞行小时 260.45 万小时，比上年增长 106.3%；完成运输总周转量 255.15 亿吨公里，比上年增长 94.8%；完成旅客运输量 12642.85 万人次，比上年增长 167.0%；完成货邮运输量 146.59 万吨，比上年增长 16.0%。

2023 年，东航集团完成飞行小时 234.79 万小时，比上年增长 108.7%；完成运输总周转量 228.42 亿吨公里，比上年增长 104.6%；完成旅客运输量 11561.53 万人次，比上年增长 172.0%；完成货邮运输量 144.48 万吨，比上年增长 26.4%。

2023 年，南航集团完成飞行小时 284.16 万小时，比上年增长 82.6%；完成运输总周转量 297.92 亿吨公里，比上年增长 81.9%；完成旅客运输量 14220.14 万人次，比上年增长127.0%；完成货邮运输量 158.50 万吨，比上年增长 19.5%。2023 年各航空（集团）公司运输总周转量比重如图 4 所示。

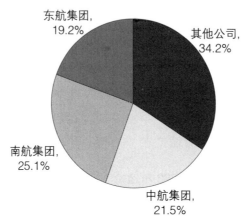

东航集团，19.2%

其他公司，34.2%

南航集团，25.1%

中航集团，21.5%

图 4 2023 年各航空（集团）公司运输总周转量比重

2023 年，其他航空公司共完成飞行小时441.49 万小时，比上年增长 89.3%；完成运输总周转量 406.85 亿吨公里，比上年增长111.0%；完成旅客运输量 23533.12 万人次，比上年增长 137.2%；完成货邮运输量 285.82 万吨，比上年增长 22.0%。

（八）重大航空运输任务

2023 年，民航局根据相关单位、部委需求，组织开展救灾物资运输等各类重大航空运输任务，共组织 15 家国内航空公司执行 459 架次任务，运输人员 1.1 万名，物资 171 吨。

（九）运输机场

截至 2023 年年底，我国境内运输机场（不含香港、澳门和台湾地区）259 个，比上年年底净增 5 个。2023 年新增机场有：湖南湘西边城机场、河南安阳红旗渠机场、四川阆中古城机场、山西朔州滋润机场、西藏阿里普兰机场。2023 年，济宁曲阜机场迁至济宁大安机场。

颁证运输机场按飞行区指标[5]分类，4F级机场 15 个，4E 级机场 39 个，4D 级机场 37 个，4C 级机场 163 个，3C 级机场 4 个，3C 级以下机场 1 个。

2023 年，全行业新增跑道 6 条，停机位193 个，航站楼面积 59 万平方米。截至 2023年年底，全行业运输机场共有跑道 289 条，停机位 7508 个，航站楼面积 1857.9 万平方米。2023 年各地区颁证运输机场数量如表 2 所示。

表 2　　　　　　　　　　　　2023 年各地区颁证运输机场数量

地区	颁证运输机场数量（个）	占全国比例（%）
全国	259	100.0
其中：东部地区	56	21.6
中部地区	44	17.0
西部地区	132	51.0
东北地区	27	10.4

（十）机场业务量

2023 年，全国民航运输机场完成货邮吞吐量 1683.31 万吨，比上年增长 15.8%。2019—2023 年民航运输机场货邮吞吐量及增长变化趋势如图 5 所示。

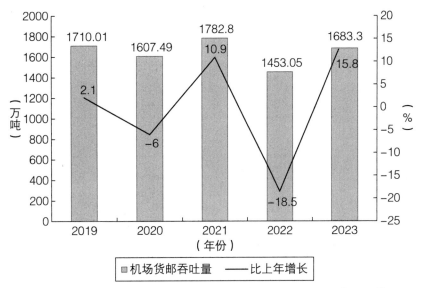

图 5　2019—2023 年民航运输机场货邮吞吐量及增长变化趋势

其中，2023 年东部地区完成货邮吞吐量 1206.79 万吨，比上年增长 12.8%；中部地区完成货邮吞吐量 151.54 万吨，比上年增长 20.3%；西部地区完成货邮吞吐量 266.75 万吨，比上年增长 24.0%；东北地区完成货邮吞吐量 58.22 万吨，比上年增长 37.8%。2023 年民航运输机场按地区分布货邮吞吐量情况如图 6 所示。

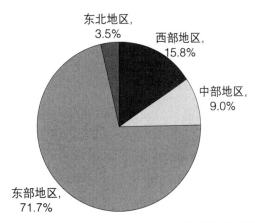

图 6　2023 年民航运输机场按地区分布货邮吞吐量情况

2023 年，全国民航运输机场完成起降架次 1170.82 万架次，比上年增长 63.7%。其中，运输架次 980.99 万架次，比上年增长 89.0%。

2023 年，年货邮吞吐量 1 万吨以上的运输机场 63 个，其中，北京、上海和广州三大城市机场货邮吞吐量占全部境内机场货邮吞吐量的 42.7%，比上年下降 0.6 个百分点。2023 年货邮吞吐量分类的机场数量如表 3 所示。

表 3　　2023 年货邮吞吐量分类的机场数量

年货邮吞吐量	机场数量（个）	比上年增加（个）	吞吐量占全国比重（%）
10 万吨（含）以上	31	8	91.1
1 万吨（含）~10 万吨	32	4	7.6
1 万吨以下	196	-7	1.3

二、通用航空

（一）通用航空企业数量[6]

截至 2023 年年底，获得通用航空经营许可证的传统通用航空企业 690 家，比上年年底净增 29 家。其中，华北地区 133 家，东北地区 49 家，华东地区 187 家，中南地区 157 家，西南地区 107 家，西北地区 32 家，新疆地区 25 家。

（二）机队规模

2023 年年底，通用航空在册航空器总数达到 3303 架，其中，教学训练用飞机 1398 架。

（三）通用机场

截至 2023 年年底，全国在册管理的通用机场数量达到 449 个，其中，A 类通用机场 163 个。

（四）飞行小时

2023 年，全国通用航空共完成飞行 137.1 万小时，比上年增长 12.4%。其中，载客类完成 2.8 万小时，比上年增长 55.1%，载人类完成 14.5 万小时，比上年增长 34.7%，其他类完成 69.6 万小时，比上年增长 8.3%；非经营性作业完成 50.1 万小时，比上年增长 11.2%。

（五）民用无人驾驶航空情况

截至 2023 年年底，获得通用航空经营许可证，且使用民用无人机的通用航空企业 19825 家，比上年年底净增 4695 家。其中，华北地区 2752 家，东北地区 1723 家，华东地区 7001 家，中南地区 3839 家，西南地区 2317 家，西北地区 1531 家，新疆地区 662 家。

截至 2023 年年底，全行业无人机拥有者注册用户 92.9 万个，其中，个人用户 84.9 万个，企业、事业、机关法人单位用户 8 万个。

截至 2023 年年底，全行业注册无人机共 126.7 万架，比 2022 年年底增长 32.2%。

截至 2023 年年底，全行业有效无人机操控员执照共 19.44 万本，比 2022 年年底增长 27.2%。

2023 年，全年无人机累计飞行小时 2311 万小时，同比增长 11.8%。

三、运输效率与经济效益

（一）运输效率

2023 年，全行业在册运输飞机平均日利用率为 8.12 小时，比上年增加 3.77 小时。其中，大中型飞机[7] 平均日利用率为 8.33 小时，比上年增加 3.86 小时；小型飞机平均日利用率为 4.46 小时，比上年增加 2.30 小时。

2023 年，正班客座率平均为 77.9%，与上年提升 11.3 个百分点。

2023 年，正班载运率平均为 67.7%，比上年提升 2.7 个百分点。

（二）经济效益[8]

据初步统计，2023 年，全行业累计实现营业收入 10237.3 亿元，比上年增长 68.3%；亏损 210.7 亿元，比上年减亏 1907.4 亿元。其中，航空公司实现营业收入 6761.0 亿元，比上年增长 106.4%；亏损 58.8 亿元，比上年减亏 1644.0 亿元。机场实现营业收入 1019.8 亿元，比上年增长 71.1%；亏损 198.9 亿元，比上年减亏 290.4 亿元。保障企业实现营业收入 2456.5 亿元，比上年增长 11.0%；利润总额 47.0 亿元，比上年减少 26.9 亿元。

据初步统计，2023 年，全行业运输收入水平为 5.20 元/吨公里，比上年提高 0.24 元/吨公里。其中，客运收入水平 6.15 元/吨公里，比上年降低 0.07 元/吨公里；货邮运输收入水平 2.20 元/吨公里，比上年降低 1.11 元/吨公里。

据初步统计，2023 年，民航全行业应交税金 407.0 亿元，比上年增加 113.0 亿元。

四、航空安全与服务质量

（一）航空安全

2023 年，民航安全运行平稳可控，运输航空百万架次重大事故率十年滚动值为 0.0249。通用航空事故万架次率为 0.0358。

2023 年，共发生运输航空征候 556 起，其中运输航空严重征候 4 起，人为责任原因征候 9 起。2023 年，全行业共有 5 家运输航空公司发生人为责任征候。2023 年，运输航空严重征候万时率为 0.0033，同比下降 31.5%，各项指标均较好控制在年度安全目标范围内。

（二）空防安全

截至 2023 年年底，全行业共有安检员、监护护卫员 74635 名，比上年增加 1498 名。

2023 年，全国民航安检部门共检查旅客 6 亿人次，检查旅客托运行李 2.7 亿件次，检查航空货物（不含邮件、快件）6.18 亿件次，检查邮件、快件 2.52 亿件次，处置故意传播危害民航安全、运营秩序虚假信息事件 69 起，查处各类安保事件 13684 起，确保了民航空防持续安全，实现了 259 个空防安全月。

五、教育与科技创新

（一）教育情况

2023 年，民航直属院校共招收学生 22685 人，其中，研究生 1842 人，普通本专科生 20739 人，成人招生 104 人。全年招收飞行学生 2600 人。2023 年，民航直属院校在校学生数达到 83952 人，其中，研究生 4939 人，普通本专科生 78001 人，成人在校生 1012 人。2023 年，民航直属院校共毕业学生 20140 人，其中，研究生 1329 人，普通本专科 18154 人，成人学生 657 人。

（二）科技创新

2023 年，民航承担国家重点研发计划项目立项 5 项。国家自然科学基金民航联合研究基金重点项目立项 18 项。

2023 年，民航科技成果评价共 71 项，评选中国航空运输协会民航科学技术奖 44 项。

（三）航行新技术应用

截至 2023 年年底，全行业 36 家航空公司具备 HUD 运行能力，1492 架运输飞机具备 HUD 能力，具备 HUD 特殊 Ⅰ 类标准的机场 119 个，具备 HUD 特殊 Ⅱ 类标准的机场 23 个，具备 HUD RVR150 米起飞标准的机场 17 个。

全行业 252 个运输机场具备 PBN 飞行程序，地形复杂、空域紧张的 34 个机场配备 RNP AR 程序，4087 架运输飞机具备 ADS－B（OUT）能力，56 家航空公司应用了电子飞行包（EFB）。

六、专业技术人员

（一）飞行员数量

截至 2023 年年底，我国运输航空公司共有驾驶员 61480 名，比上年增加 3626 名；共有乘务员 86520 名，比上年增加 1827 名。

截至 2023 年年底，中国民航驾驶员有效执照总数为 86091 本，比上年年底净增 4661 本。其中，运动驾驶员执照（SPL）2514 本，私用驾驶员执照（PPL）5317 本，商用驾驶员执照（CPL）48580 本，多人制机组驾驶员执照（MPL）158 本，航线运输驾驶员执照（ATPL）29522 本。中国民航飞行机械员有效执照 73 本。2023 年中国民航驾驶员执照分类统计如表 4 所示。

表 4　　　　　　　　　　　2023 年中国民航驾驶员执照分类统计

执照种类	数量（本）	比上年增加（本）
运动驾驶员执照（SPL）	2514	580
私用驾驶员执照（PPL）	5317	106
商用驾驶员执照（CPL）	48580	2685
多人制机组驾驶员执照（MPL）	158	−18
航线运输驾驶员执照（ATPL）	29522	1308
合计	86091	4661

（二）其他专业技术人员

截至 2023 年年底，全行业持照机务人员 77021 名，比上年增加 8029 名；持照签派员 11753 名，比上年增加 497 名。

截至 2023 年年底，空管行业四类专业技术人员共 38921 名[9]，比上年增加 2156 名。其中，空中交通管制人员 18078 名，比上年增加 1059 名。

七、对外关系

2023 年，我国先后与 13 个国家或地区举行双边航空会谈或书面磋商。截至 2023 年年底，我国与其他国家或地区签订双边航空运输协定 131 个，比上年年底增加 2 个（分别为所罗门群岛、委内瑞拉）。

其中，亚洲 44 个（含东盟），非洲 27 个，欧洲 38 个（含欧盟），美洲 14 个，大洋洲 8 个。

截至 2023 年年底，与我国建立双边适航关系的国家或地区共 32 个，现行有效的双边适航文件共 194 份。

八、适航审定

2023 年，全行业新增 473 架航空器国籍登记。其中，新注册运输航空器 165 架，通用航空器 308 架。

2023 年，民航适航审定部门共颁发 191 份设计批准类证件，44份生产批准类证件，18份航油航化批准证件。

2023年，民航领域强制性国家标准获批发布1项（《便携式机上儿童限制装置》），全年共发布30项行业标准。

截至2023年年底，现行有效的民航国家标准共37项（强制性国家标准2项、推荐性国家标准35项），民航行业标准共297项。

九、固定资产投资

2023年，民航固定资产投资总额1933.26亿元，其中，民航基本建设和技术改造投资1241.3亿元，比上年增长0.8%。2019—2023年民航基本建设和技术改造投资额如图7所示。

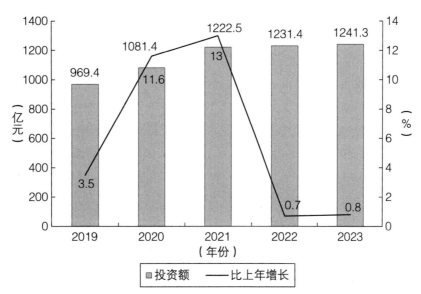

图7　2019—2023年民航基本建设和技术改造投资额

十、绿色发展

2023年，中国民航吨公里油耗为0.292公斤，较2005年（行业节能减排目标基年）下降14.3%，机场平均每客能耗和每客二氧化碳排放分别较基线（2013—2015年均值）分别下降38.4%和60.5%。

2023年，共有146.6万架次航班使用临时航路，缩短飞行距离4195.8万公里，节省燃油消耗21.9万吨，减少二氧化碳排放68.9万吨。

截至2023年年底，机场场内电动车辆设备12790台，充电设施5802个，电动车辆占比

26.4%。2018年民航启动打赢蓝天保卫战以来，实施项目累计162个，总投资额达38.27亿元，累计节省航油约164万吨，相当于减少二氧化碳排放517万吨，减少各种空气污染物2万吨。

2023年，机场能源清洁化保持较高水平，电力、天然气、外购热力占比达到89.0%，太阳能、地热能等清洁能源占比约1.0%。

十一、法规和信用体系建设

2023年，1部行政法规完成制定并予以公布（《无人驾驶航空器飞行管理暂行条例》），

2 部规章完成修订或废止工作并予以公布（修订《平行跑道同时仪表运行管理规定》、废止《民用航空企业及机场联合重组改制管理规定》）。

2023 年，民航各级行政机关共实施行政处罚 273 起；依据《民航行业信用管理办法》，将 2 家组织、8 个自然人的严重失信行为信息列入民航行业信用信息记录。

注释：

[1] 本公报未包括香港、澳门及台湾地区统计数据。公报中部分数据因四舍五入原因，存在着与分项合计不等的情况。

[2] 运输航空各项数据为正式年报数据，部分统计数据与此前公布的初步统计数据如有出入，以本次公布数据为准。

[3] 运输周转量、旅客运输量、货邮运输量、飞行小时和起飞架次涉及的数据均为境内航空公司承运的数据。

[4] 中航集团包括中国国际航空股份有限公司、中国国际货运航空有限公司、深圳航空有限责任公司、山东航空股份有限公司、昆明航空有限公司、中国国际航空内蒙古有限公司、大连航空有限责任公司和北京航空有限责任公司；东航集团包括中国东方航空股份有限公司、中国货运航空有限公司、上海航空有限公司、中国联合航空有限公司、中国东方航空江苏有限公司、中国东方航空武汉有限责任公司、东方航空云南有限公司和一二三航空有限公司；南航集团包括中国南方航空股份有限公司、厦门航空有限公司、中国南方航空河南航空有限公司、中国南方航空货运有限公司、贵州航空有限公司、汕头航空有限公司、重庆航空有限责任公司、河北航空有限公司、珠海航空有限公司和江西航空有限公司。

[5] 包括飞行区指标 I 和飞行区指标 II，飞行区指标 I 按拟使用该飞行区跑道的各类飞机中最长的基准飞行场地长度，采用 1、2、3、4 进行划分；飞行区指标 II 按拟使用该飞行区跑道的各类飞机中的最大翼展，采用字母 A、B、C、D、E、F 进行划分。

飞行区指标 I	飞机基准飞行场地长度（m）
1	<800
2	800~1200（不含）
3	1200~1800（不含）
4	≥1800

飞行区指标 II	翼展（m）
A	<15
B	15~24（不含）
C	24~36（不含）
D	36~52（不含）
E	52~65（不含）
F	65~80（不含）

[6] 通用航空企业地区分布按民航各地区管理局所辖区域划分。

[7] 大中型飞机是指 100 座级（含）以上的航空器，小型飞机是指 100 座级以下的航空器。

[8] 经济效益涉及数据为财务快报数据，最终数据以财务年报数据为准。

[9] 空管行业四类专业人员包括空中交通管制员、航空电信人员、航空情报人员和航空气象人员。

（本文节选自《2023 年民航行业发展统计公报》）

《中国物流行业 ESG 发展报告》摘编

一、物流行业 ESG 发展背景

近年来，全球环境问题日益严峻，应对气候变化和绿色发展已成为全球共识，可持续发展引发世界各国的关注与重视。ESG 理念已通过供应链的传导渗透到物流企业，作为重要职责加入企业的战略规划中。物流企业纷纷设定碳目标、减少排放、节约资源及循环利用，并呼吁消费者采用绿色消费等方案，积极践行 ESG 理念。

（一）基本概念

ESG 是环境（Environmental）、社会（Social）和治理（Governance）的缩写。环境（Environmental）因素考虑了企业对自然环境的影响，包括气候变化、能源利用、水资源管理、废物处理和污染物排放等。社会（Social）因素关注企业对社会的影响，如对员工、供应商、客户、社区和其他利益相关者的关注。这包括劳工权益、人权、多样性和包容性、社区发展、产品安全和质量等。治理因素涉及企业的决策结构、管理体系和公司治理实践。这包括董事会的组成和独立性、薪酬和激励机制、内部控制和风险管理、透明度和信息披露等。

当前，ESG 越来越多地被应用到企业管理与投资分析中。从企业端来看，企业为了实现长期经营的目的，将 ESG 要素作为关键要素融入长期商业战略，采取措施来提升环境管理、激发员工潜能、实践社会责任等。从金融机构的角度来看，ESG 为金融分析提供了新的视角，帮助投资者和其他金融市场参与者分析企业的经营表现，发现新的投资机会以及控制风险。与传统金融分析重在关注财务效益不同，以 ESG 为核心的投资方式要求投资者不仅需要关注财务效益，还需要综合考虑投资标的的社会和环境责任。

（二）ESG 生态圈构成

ESG 生态圈可以从参与方和关键要素两个层面看其构成。而支持 ESG 生态圈发展的关键要素可大致分为三大类：指引、人才和资本。指引为人才和资本提供大方向，人才为指引和资本提供知识支撑，资本为指引和人才提供资金保障。三个要素协同作用，共同促进 ESG 生态圈发展。ESG 生态圈发展如图 1 所示。

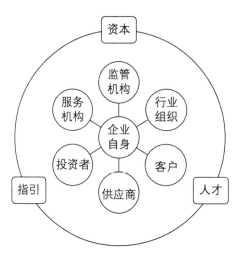

图 1　ESG 生态圈发展

（三）全球 ESG 政策及框架

1. 国际 ESG 政策及框架

全球 ESG 政策发展呈现起步早的态势，多个国家和国际机构早在数年前就开始制定和实施相关政策和准则，推动企业在环境、社会和治理领域的可持续性表现，并为投资者提供更全面的可持续投资选择。随着时间的推移，这些政策不断演进和加强，成为全球可持续发展的重要驱动力。部分 ESG 信息披露框架及标准如表 1 所示。

表 1　　　　　　　　　　　　　　　　ESG 信息披露框架及标准

ESG 框架	发布年份	发布机构
GRI 标准	1997	全球报告倡议组织（GRI）
CDP	2000	碳披露项目（CDP）
TCFD 框架	2015	气候相关金融披露工作组（TCFD）
SASB 准则	2011	可持续发展会计准则委员会（SASB）
可持续金融信息披露条例（SFDR）	2019	欧盟
国际财务报告可持续披露准则第 1 号和第 2 号（IFRS S1 & S2）	2023	国际财务报告准则基金会（IFRS Foundation）
欧洲可持续性报告准则（ESRS）	2023	欧洲财务报告咨询小组（EFRAG）

2. 中国 ESG 政策及框架

我国早期与 ESG 相关的监管文件主要集中在对环境保护的信息披露等方面。近年来，中国大力推进的"绿色金融"与 ESG 发展理念不谋而合。中国内地 ESG 信息披露监管框架主要以政府、监管部门、交易所、行业协会发布的一系列指引和政策为主，主要经历了三个发展阶段（见表 2）。第一阶段，ESG 理念形成与倡导自愿披露责任报告阶段（2008 年以前）。第二阶段，社会责任报告和 ESG 报告自愿披露与强制披露相结合阶段（2008 年至2015 年 9 月）。第三阶段，进一步完善社会责任报告和 ESG 报告披露制度阶段（2015 年 10月至今）。中国 ESG 政策及框架如表 2 所示。

表 2 中国 ESG 政策及框架

要求披露方式	时间	发文主体	ESG要素	文件	主要内容
自愿披露	2002 年1 月	证监会、国家经贸委	G	《上市公司治理准则》	上市公司应关注所在社区的福利、环境保护、公益事业等问题，履行其社会责任。同时，对上市公司治理信息的披露范围作出了明确规定
	2003 年9 月	原国家环保总局	E	《关于企业环境信息公开的公告》	定期公布污染严重企业名单；列入名单的企业按照要求对外披露环境信息，未列入名单的企业可以自愿公开
	2005 年11 月	原国家环保总局	E	《国家环境保护总局关于加快推进企业环境行为评价工作的意见》	明确了企业环境行为的评价标准
	2007 年12 月	国资委	ESG	《关于中央企业履行社会责任的指导意见》	提出建立社会责任报告制度，有条件的企业要定期发布社会责任报告或可持续发展报告
自愿披露与强制披露相结合	2008 年2 月	原国家环保总局	E	《关于加强上市公司环境保护监督管理工作的指导意见》	明确提出上市公司的环境信息披露分为强制公开和自愿公开两种形式
	2010 年9 月	原环境保护部	E	《上市公司环境信息披露指南（征求意见稿）》	重污染行业上市公司应当发布年度环境报告，定期披露污染等方面环境信息
	2015 年9 月	中共中央、国务院	E	《生态文明体制改革总体方案》	提出建立上市公司环保信息强制性披露机制；完善对节能低碳、生态环保项目的各类担保机制

续　表

要求披露方式	时间	发文主体	ESG要素	文件	主要内容
进一步完善社会责任报告和ESG报告披露制度	2016年6月	国资委	ESG	《关于国有企业更好履行社会责任的指导意见》	到2020年，国有企业形成更加成熟定型的社会责任管理体系
	2016年8月	中国人民银行等七部委	E	《关于构建绿色金融体系的指导意见》	提出完善与绿色金融相关监管机制，逐步建立和完善上市公司和发债企业强制性环境信息披露制度
	2017年3月	证监会	E	《中国证监会关于支持绿色债券发展的指导意见》	发行人应当按照相关规则规定或约定，披露绿色公司债券募集资金使用情况、绿色产业项目进展情况和环境效益等内容
	2020年3月	中共中央办公厅、国务院办公厅	E	《关于构建现代环境治理体系的指导意见》	到2025年，建立健全环境治理的领导责任体系、企业责任体系、全民行动体系、监管体系、市场体系、信用体系、法律法规政策体系
	2020年10月	生态环境部等四部委	E	《关于促进应对气候变化投融资的指导意见》	要求完善气候信息披露标准，包括加快制订气候投融资项目、主体和资金的信息披露标准，推动建立气候信息披露制度
	2021年5月	生态环境部	E	《环境信息依法披露制度改革方案》	2025年基本形成环境信息强制性披露制度
	2021年7月	中国人民银行	E	《金融机构环境信息披露指南》	提供了金融机构在环境信息披露过程中遵循的原则、披露的形式、内容要素以及各要素的原则要求
	2021年12月	生态环境部	E	《企业环境信息依法披露管理办法》	要求重点排污单位、实施强制性清洁生产审核的企业、符合规定的上市公司、发债企业等主体依法披露环境信息
	2022年4月	证监会	ESG	《上市公司投资者关系管理工作指引》	投资者关系管理中上市公司与投资者沟通的内容主要包括公司的环境、社会和治理信息
	2023年7月	国资委办公厅	ESG	《关于转发〈央企控股上市公司ESG专项报告编制研究〉的通知》	进一步规范央企控股上市公司ESG信息披露工作，助力央企控股上市公司ESG专项报告编制工作

二、中国物流行业 ESG 发展需求分析

随着环境、社会公平等问题的日益突出，社会各界的可持续发展意识不断增强，作为全球经济的重要角色，物流行业不仅自身对可持续发展有强烈需求，利益相关方也期待物流行业可以发挥其作为产业链枢纽的地位，促进社会朝着可持续发展的目标不断前进。为实现各方的诉求，物流行业需要落实相关法规和政策的要求，响应客户和投资者对于企业 ESG 管理水平提升和信息披露的期待，同时承担相应的社会责任，为弱势群体提供公平的发展机会。

（一）落实法规和政策要求

1. "双碳"战略

2020 年 9 月，习近平主席在第七十五届联合国大会一般性辩论上提出，应对气候变化《巴黎协定》代表了全球绿色低碳转型的大方向，是保护地球家园需要采取的最低限度行动，各国必须迈出决定性步伐。中国将提高国家自主贡献力度，采取更加有力的政策和措施，二氧化碳排放力争于 2030 年前达到峰值，努力争取 2060 年前实现碳中和。目前我国已出台了一系列关于"双碳"战略的政策和法规并建立了碳市场体系，推出了碳排放配额交易制度。

中国"双碳"战略对物流行业有着深远的影响。物流企业需要积极响应"双碳"目标，通过优化供应链和物流网络、提升能效和能源转型以及加强合作与创新等措施减少碳排放，推动物流行业的绿色发展。政府的政策引导和法规支持也将为物流企业提供重要的支撑和推动力，促使整个行业向更绿色、低碳和可持续的方向发展。

2. "十四五"规划

为建设现代物流体系，国家在"十四五"期间制定了物流行业的相关规划。具体来看，《"十四五"数字经济发展规划》鼓励发展数字商务，加快商贸和物流的数字化转型，以及推动智慧能源建设应用，促进能源生产、运输、消费等各环节的智能化升级，推动能源行业向低碳转型。

《"十四五"节能减排综合工作方案》从多方面强调交通物流的节能减排，在基础设施上，推动绿色铁路、绿色公路、绿色港口、绿色航道、绿色机场、绿色仓储和绿色物流园区的建设。在运输模式上，促进大宗货物和中长途货物运输"公转铁""公转水"和多式联运。在能源使用方面，实施汽车国六排放标准和非道路移动柴油机械国四排放标准，推行清洁柴油机行动，以及推动船舶清洁能源动力的应用和提升铁路电气化水平。此外，该工作方案还鼓励发展智能交通，通过优化运输组织模式来提高交通运输的效率和能源利用率，以及推广物流周转箱的标准化和绿色快递包装。

《"十四五"现代物流发展规划》一方面鼓励物流的数字化转型和智慧化改造，通过广泛应用大数据提升物流数据的价值，并推动物流无纸化的推广，同时加快物联网基础设施建设，促进各类无人化和智慧化技术的应用。另一方面，该规划提出持续推进运输结构调整，提高铁路、水路运输比重，并加强绿色物流新技术和设备研发应用，推广使用循环包装，减少过度包装和二次包装，促进包装减量化、再利用。此外，规划还要求推动建设中西部地区、经济欠发达地区和偏远山区等农村物流基础设施，并在服务上深化快递进村，同时为农产品的流通和品牌化提供可靠的物流服务。

3. 绿色物流政策

《物流业发展中长期规划（2014—2020年）》旨在建立现代物流服务体系，其中绿色物流被视为重要目标。政府倡导布局合理、技术先进、便捷高效、安全有序的物流服务体系，并致力大力发展绿色物流。该规划着重强调绿色供应链、绿色制造、绿色流通以及逆向物流体系的建立。其他一些相关法规和政策文件也强调了绿色物流的重要性。例如，《国务院办公厅关于推进电子商务与快递物流协同发展的意见》提出推动绿色运输与配送，促进资源集约和推广绿色包装。《中华人民共和国电子商务法》要求政府支持和推动绿色包装、仓储、运输，促进电子商务绿色发展。绿色物流相关政策、法律法规与标准如表3所示。

另外，发展绿色物流离不开数字化的支持。例如，物联网技术可以监测货物位置和状态，大数据分析可以帮助预测拥堵和延误情况、优化路线规划和配送计划，机器人技术有助于提高仓储和装卸效率。通过将不同的前沿技术进行有机结合，物流企业可以优化配送资源的使用率，降低能源消耗以及温室气体排放。

表3　　　　　　　　　　　绿色物流相关政策、法律法规与标准

年份	文件名称	与绿色物流相关内容
2014	《物流业发展中长期规划（2014—2020年）》	到2020年，基本建立布局合理、技术先进、便捷高效、绿色环保、安全有序的现代物流服务体系，大力发展绿色物流
2017	《国务院办公厅关于积极推进供应链创新与应用的指导意见》	积极倡导绿色供应链，大力倡导绿色制造，积极推行绿色流通，建立逆向物流体系
2018	《国务院办公厅关于推进电子商务与快递物流协同发展的意见》	强化绿色理念，发展绿色生态链。促进资源集约，推广绿色包装，推动绿色运输与配送
2018	《中华人民共和国电子商务法》	国务院和县级以上地方人民政府及其有关部门应当采取措施，支持、推动绿色包装、仓储、运输，促进电子商务绿色发展
2019	《绿色物流指标构成与核算方法》	明确绿色物流的概念，规定企业的绿色物流指标体系与指标核算方法
2021	《交通运输标准化"十四五"发展规划》	推进以数字化、绿色化为主要特点的重大成套装备技术标准制修订
2021	《西安市加快电子商务高质量发展三年行动方案（2021—2023年）》	引导电商企业使用环保包装，减少商品在快递环节的二次包装；与快递企业合作，共同落实快递包装相关标准和规范，减少过度包装、随意包装
2021	《省人民政府办公厅关于推动快递业高质量发展的意见》（贵州省）	到"十四五"末，基本建成普惠城乡、服务多元、安全高效、绿色环保的快递服务体系。实现绿色快递更加普及，强化快递包装绿色治理

年份	文件名称	与绿色物流相关内容
2022	《云南省"十四五"现代物流业发展规划》	推广绿色低碳可持续现代物流业发展新模式，提出实施绿色物流推广工程，提升集约绿色发展水平
2023	《物流企业绿色物流评估指标》	规定了物流企业绿色物流评估的基本要求、物流企业类型和级别划分，以及评估指标，适用于物流企业绿色物流发展水平的评估
2023	《物流企业温室气体排放核算与报告要求》	给出了物流企业温室气体排放核算的基本原则，规定了核算边界、核算步骤、核算框架、核算方法以及核算结果，适用于物流企业温室气体排放的核算

（二）满足客户和投资者的需求

1. 客户需求

（1）物流成本效益。随着终端客户对商品的需求更加复杂化和多样化，物流服务随之趋向专业化和精细化。物流企业在发展 ESG 建设中通过打造科技创新能力，不断提高自动化率以提升物流运作效率，降低运输成本、人力成本、库存管理成本等，最终得以让客户实现有效管理物流成本的利益诉求。

（2）供应链环境管理。物流企业的运输方式、运输效率、耗材使用等是客户评估供应链环境影响的重要角度。仓储设施使用清洁能源来降低传统能源的使用占比、运输流程推广电气化来减少温室气体排放、商品包装环节采用环保包装材料和推行循环利用来减少产生废弃物。客户希望这些物流环节的环境提升措施不仅能帮助其应对日益严格的环境监管，也可以促进实现自身的可持续发展目标。

（3）供应链范围三排放。范围三温室气体排放在供应链中的重要性日益凸显，通常占企业温室气体总排放的大部分。CDP 的报告指出，企业供应链的温室气体排放是运营环节温室气体排放的 11.4 倍。供应链环节的温室气体排放来源众多，上游环节的排放来自包括交通工具运送货物过程中燃烧燃料、仓储的货物管理等，下游环节除了运输环节的排放，还有客户使用产品过程中以及产品生命周期结束时处理产品相关的排放等。实现"净零"排放需多方合作，客户要与上下游合作伙伴一起，在减排上达成共识，推动减排落地，例如利用物联网和传感器技术追踪产业链的能源消耗和温室气体排放水平，帮助合作伙伴定位管理薄弱点，进行针对性改进。另外，信息透明是客户对供应链进行监督的基本诉求，客户一方面需要产业链合作伙伴披露温室气体数据，另一方面期望合作伙伴积极使用第三方机构对数据准确性进行检查和认证，增强产业链温室气体数据的公信力。

2. 投资者需求

（1）把握投资标的内在价值。在可持续发展项目上的前期投入和有效管理，最终可转化成企业的利润，并传导成更高的投资者回报率。

（2）建立风险护城河。ESG 为投资者提供了新的风险管理思路。一方面，ESG 为分析物流企业的风险提供了新的视角，只有考虑 ESG 才能更全面地评估物流企业的整体风险画像。例如，在 ESG 的社会层面，对物流企业供应链情况进行尽职调查时，投资者不仅要评估仓储设施的周转能力等传统商业要素，也要研究劳工权益纠纷导致的罢工对供应链稳定性的影响。另一方面，ESG 是传统风险管理工具的有益补充。ESG 数据为投资者搭建新的风险指标点提供思路，投资者基于新的风险指标点，可以开发出一套不同于传统风险模型的风险管理工具，通过对 ESG 风险指标点的追踪和分析，投资者将获得新的风险洞察。

（3）拓展投资领域并实现新时期投资价值。物流企业在满足市场的可持续发展需求以及建立自身竞争优势时，需要大量的资金支持。这个过程同时催生出许多题材，一方面为投资者提供了多样化的投资机会和投资方式，提高投资组合的分散性和多样性；另一方面可以满足不同价值观投资者的偏好。

（4）获得更高的信息透明度。目前，虽然中国对 ESG 信息披露还处在摸索的过程，但随着国际主流框架的融合和国内外监管机构的合作深化，ESG 信息披露已是大势所趋。

（三）企业可持续发展需求和社会责任

1. 企业可持续发展需求

可持续发展不仅缘于社会长期发展和保护自然环境的需求，也是企业自身长期经营的保障。重视可持续发展能力建设对物流企业意味着新的业务增长点、更高的运营效率以及持续的经营和盈利，对实现股东价值至关重要。当物流企业把握住可持续发展带来的新的商业机会时，可以获得新的客户和更高的市场份额。当物流企业通过提高 ESG 管理能力来提升运营效率时，可以降低运营成本从而实现更高的利润。相反，ESG 管理能力缺失将增加企业的经营风险。若企业的环境管理水平未能与同行匹配，那企业就可能在竞争新时代消费者的市场份额中落败。发展 ESG 对物流企业实现自身长期价值的意义体现在三方面：提高营业收入、降低成本和提高风险管理能力。

2. 企业社会责任需求

物流行业的 ESG 发展对国家实现联合国可持续发展目标有重要意义。

（1）构建强韧经济。物流行业是连接供应链各个环节的纽带，促进企业间的合作创新与共享资源，并通过知识外溢效应提高整个产业链的效率和竞争力。

推动技术创新。一方面，物流行业需要发展物联网、大数据分析、人工智能等技术来实现对物流资源的实时监控、智能调度和预测分析，满足管理产业链复杂网络和消费者日益提高的物流服务期待的需求；另一方面，上至原材料供应商、下至企业和零售客户，作为产业链的沟通桥梁，物流行业需要数据共享来促进信息透明化，让各方了解物流运输过程中的关键节点和状态，提前发现潜在问题并及时作出调整和决策，减少供应链中的不确定性和风险，提高供应链的反应速度和灵活性。

创造就业机会。物流企业的可持续发展需要各种专业人才，包括物流管理、科技支持、运输人员等。通过提供稳定的就业机会和良好的职业发展前景，物流行业可以吸引人才，提高人力资源的质量和效率。

（2）促进绿色发展。物流行业虽然是经济社会的重要纽带，但能源消耗量大。国家统计局数据显示，2020 年交通运输、仓储和邮政业能源消费总量达到 41309 万吨标准煤，占当年全行业的 8.3%。因此，社会的可持续发展要求物流行业通过科技投入优化资源使用效率，减少对环境的负面影响，助力国家实现"3060""双碳"目标。

节约能源和减少排放。物流行业是能源密集型行业，温室气体排放量显著。根据国际能源署（International Energy Agency，IEA）统计，交通运输在 2022 年的温室气体排放达到了 79.8 亿吨二氧化碳当量（见图 2），占当年全球温室气体排放总量（368 亿吨二氧化碳当量）的 21.7%。通过制定碳中和策略，物流企业优化运输路线、提升货物仓储效率以及替代传统能源消耗，减少运输距离和时间以及优化能源消耗结构，从而减少化石燃料消耗和温室气体排放，减缓气候变化。

打造绿色物流。根据市场研究机构 Allied Market Research 的统计，2022 年全球绿色供应链的市场价值达到了 1.3 万亿美元，预计未来

10 年以年均复合增长率 8.3% 的速度增长。推动运输工具的电动化是物流行业绿色转型的重要措施，这包括建设充电设施和采购电动以及混合动力的货车来取代传统能源汽车，减少化石燃料消耗带来的空气污染物和温室气体排放。据中国汽车工业协会统计，2023 年 1—7 月，新能源汽车销量达到 452.6 万辆，同比增长 41.7%。同时，交通拥堵也是物流行业不可忽略的挑战，因为这给物流运输带来了延误和效率下降的问题，绿色交通通过最大化使用共享交通来优化物流资源配送，减少车辆使用，提高交通流动性和物流运输效率。

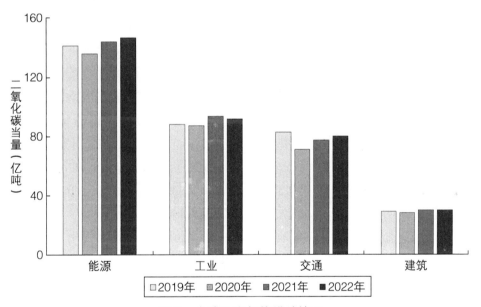

图 2　全球温室气体排放情况

（3）促进社会公平。物流行业对促进区域间的均衡发展和减少地域差距有重要意义。物流网络的建设和优化可以改善交通运输的流动性和效率，促进商品的流通，提升区域内的经济水平。对于偏远地区，物流行业的发展可以带动当地就业、提供基础设施和服务，促进地方经济的发展。

建设基础设施。一方面，港口、公路、铁路和仓储设施是物流行业发展的基本保障，而通信设施是物流行业降本增效的关键，物流行业依赖各类基础设施来确保货物的及时交付和供应链的稳定性；另一方面，物流行业对效率和稳定的要求，也推动国家现代化基础设施的建设，促进偏远地区交通设施完善，改善交通条件，促进区域发展平衡。

促进资源流通。物流行业是农产品贸易的

重要支撑，企业通过冷链物流和快速运输减少农产品的损耗和质量下降，保证农产品的新鲜度和品质，通过提高农产品质量来获得更广的销售渠道，最终提升农民的收入水平并促进农村地区发展。另外，科技主导新时代物流降低货物运输成本，有利于减少商品在不同地区的价格差异，使更多人享受到价格平等的商品和服务，特别是在偏远地区或经济欠发达地区，物流行业的发展可以降低生活必需品的价格，提高居民的生活水平，促进社会公平。

三、中国物流行业 ESG 发展现状

（一）物流行业特点和特性

1. 行业关联性强

物流行业具有较强的社会化服务属性。在企业端，物流关乎所有行业的资源分享和流通，从工业和农产品原材料获取，到工业中间产品加工和最终产品制造，再到产品分销和零售，内向和外向物流将整个产业链串联起来，通过运输为上下游企业提供原材料和销售渠道的保障，也为企业提供原材料和产品储存。在零售端，物流的最后一公里直接关联各地区、所有年龄段的终端用户，是影响客户消费体验的关键，对提高客户满意度、强化品牌形象、增加营业额有重要作用。

由于物流作为枢纽与各行业密切相连，这不仅对当事企业造成了停产的经营风险，同时导致物流环节无法将原材料按时交付给下游客户，影响下游客户开展业务。另外，为满足多品种和多频次的消费者商品交付，快件终端派送环节要雇用和管理大量快递员，其中备受关注的 ESG 话题是快递员的职业健康与安全。

2. 地域覆盖度广

随着我国基础设施的不断完善，以及区域性物流和商贸集散中心的逐渐成熟，物流行业在促进资源的跨地域流通和提高区域化需求的响应速度等方面发挥了重要作用。同时，除了打造更高效的陆地运输模式，国内头部电商和物流企业效仿海外的先进实践经验，相继建造航空运输枢纽以满足更加多元化的客户需求。随着全球化的推进，跨境合作推动全球供应链的建立，促使国家和地区间贸易频繁进行，而物流企业为贸易提供运输、报关、仓储和配送等服务，为国际贸易的顺利进行保驾护航。

物流行业的服务地域广，且依赖交通工具提供服务，因此物流行业的能源消耗量大且温室气体排放显著。提高运输资源的使用效率对减少物流对环境的影响具有重要意义。当前，道路运输是我国境内货物运输的主要方式，且道路货运产生的碳排放总量在所有运输方式中是最高的。根据经合组织国际交通论坛的计算，截至 2020 年，道路货运的温室气体排放强度为 67 克二氧化碳当量每吨公里（城市内的道路货运更是高达 147 克），高于海运、铁路、内陆水运的 5 克、16 克、35 克二氧化碳当量每吨公里。

除了推动交通电气化，利用多式联运来推动运输结构优化也是降低物流行业碳排放的绿色物流措施。多式联运整合多种运输工具的优势，提高交通工具的利用效率，减少运输资源的闲置和重复使用，缩短总运输里程和时间。根据美国环保署的研究，对于远距离运输，货车和铁路联运比单一使用货车产生的温室气体要少 65%。

在社会层面，物流企业除了覆盖终端客户密集的城市，其服务范围还包括偏远地区。一方面，物流通过提供农产品采购、运输和分销等服务，将农业资源运输至人口密集的城市，帮助农产品外销，支持农村经济的发展；另一方面，偏远地区因制造业欠发达，工业成品依赖城市的供给，物流企业通过向农村地区延伸服务，将附加值更高的成品运输到农村，提高偏远地区获取与城市同等产品和服务的可及性，促进地区间资源的合理分配。

3. 时效性强且灵活度高

为控制成本和建立良好口碑，现代物流企业对仓储和配送的管理效率要求非常高，必须严格把控库存准确率、拣货效率、配送时长、延误率和错误率。近年来，即时零售的普及进一步提高对时效性的要求。传统电商配送时长以天计算，同城配送的时长一般为一天以内，而即时零售的配送时长应在两小时内，许多订单甚至可以在 30 分钟到 1 小时完成。

除了关注时效性，物流企业还需要灵活多变的配送系统来满足场景多变的配送需求。例如，"双十一"等购物节使快递需求出现季节性激增，或者配送资源的错配难以满足早晚间堂食和外卖的需求交错变化。复杂多变的市场决定了物流是一个技术密集型的行业。圆通研究院总结了几大新一代物流技术。例如，射频识别 RFID 取代传统效率低下的人工手段，可以精准采集货物信息并实时掌握库存状态，提高货物盘点和监控效率；大数据技术可以提升仓库选址的准确度、提高车辆调度效率、定位最优路线等，也可以通过准确分析客户订单量和仓库装卸能力来优化仓库的囤积情况。另外，通信技术为物联网、大数据、区块链等前沿技术提供强大支持，令各类技术的交叉合作成为可能，通过物流技术一体化来满足特殊多变的物流需求。

在 ESG 层面，由于物流企业愈发依赖大量客户和业务数据来提升效率和拓展业务，建立

强大的数据安全管理体系成为企业风险管理的重要一环。数据安全管理体系应覆盖制度建设、基本措施、前沿技术，包括控制人员访问权限、建立网络入侵检测系统、使用区块链对数据进行加密等。同时，为了应对极端自然灾害或者技术故障，物流企业应完善业务连续性和灾难恢复计划，确保数据得到及时的备份和恢复。在环境维度下，快递包装的标准化不仅有利于优化仓储空间的利用效率、降低碰撞造成的财产损失、提高自动化机械的分拣效率，还可以节约物流包装和减少包装废弃物。根据统计，我国 2020 年的快递包装废弃物总量达到 1000 万吨。根据国际非政府组织——绿色和平组织的分析，主要的物流包装材料是瓦楞纸箱和塑料袋，占比分别为 44.03% 和 33.52%。而物流包装材料的碳排放比重又以原材料阶段为最高，达到 71.56%。

（二）物流行业 ESG 发展现状

1. ESG 报告披露情况

（1）ESG 报告披露数量。

企业 ESG 信息的披露途径主要是如年报、ESG 相关报告、专题报告等。一般情况下，披露的主流方式是 ESG 报告。企业披露 ESG 报告的直接动机分强制披露和自愿披露。强制披露是政府监管的要求，企业通过披露 ESG 信息提升信息透明度，使投资人和利益相关方了解企业在 ESG 方面的表现和风险管理能力。由于 A 股上市公司并未被监管机构强制要求披露 ESG 报告，A 股上市公司的 ESG 报告为自愿披露，企业根据自身意愿，选择信息公开的运营范围、报告内容、指标绩效等。

物流行业[①] ESG 报告披露率逐年上升。截至 2023 年第三季度末，2020—2022 年 A 股上

---

① 相关物流行业数据统计范围包括妙盈科技行业分类下的航空运输、工业运输、贸易及供应链服务、油气运输与储存四个行业。

市公司中，物流行业的 194 家企业披露的 ESG 报告数量分别为 80 份、89 份和 106 份，披露率分别为 41%、46% 和 55%。2020—2021 年、2021—2022 年的 ESG 报告数量增长率分别为 11.25% 和 19.10%。尽管 ESG 理念在中国起步

较晚，且 A 股目前没有强制披露 ESG 报告的要求，但从近三年物流行业 ESG 报告的披露情况来看，物流企业披露 ESG 报告的比例呈稳步上升的趋势（见图 3）。

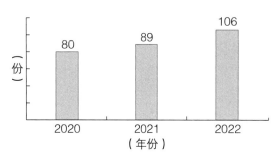

图 3　2020—2022 年物流行业 ESG 报告披露数量

物流行业 ESG 报告披露率在所有行业中处于中上游。2022 年，A 股上市公司中仅有银行及投资服务行业的公司实现 100% 的 ESG 报告披露率。多元金融、酒精饮料、钢铁、煤炭等 17 个行业披露率高于 50%。相较 2021 年度，新增三个行业实现了 ESG 报告披露率过半。工业机械、汽车零部件、电子元件、通信设备等行业的披露率约为 25%。

2022 年，物流行业的贸易及供应链服务、油气运输与储存、航空运输、工业运输，披露率分别为 48%、50%、57.14% 和 60.92%，披露率在所有行业中排名靠前。

（2）ESG 报告披露框架使用。

随着 ESG 概念的不断普及，越来越多的企业在编写 ESG 报告时，根据自身需求，采用国内和国际的主流 ESG 报告披露框架，希望通过使用市场认可的标准化方法来评估和披露自身 ESG 表现，同时也为利益相关方解读企业 ESG 表现提供便利条件。

多样化的 ESG 报告参考标准。通过分析 2022 年度 106 份 ESG 报告的编制标准以及报告

索引中的信息披露参考标准，发现 GRI、上交所披露标准和 CASS-CSR 为报告参考最广泛的三个标准，占比分别达到 31%、28% 和 17%。

从时间变化上来看，参考国际标准的 ESG 报告数量有提升。TCFD 框架的使用占比从 2021 年度的 5% 上升至 2022 年度的 11%。SASB 准则没有出现在物流行业 2021 年度的 ESG 报告中，而 2022 年度有两份 ESG 报告参考了该准则。使用 SDGs 作为参考标准的占比显著上升，从 2021 年度的 4% 上升至 2022 年度的 13%。

在参考披露标准时，企业会参考多个国内或国际披露框架，以满足多方对于信息披露的需求。综合前面的数据，GRI 作为使用广泛的国际主流披露标准，因框架体系较为成熟而被许多企业选择作为披露依据，同时 GRI 也为其他 ESG 披露标准的制定提供参考。中国社科院的 CASS-CSR 标准贴合国内情况，具有良好的地区和社会适应性，因此它们都被国内企业广泛采纳。尽管当前 A 股物流行业较少参考除 GRI 以外的国际主流披露标准，

但近年间的增长也说明更多物流企业在 ESG 发展上向国际主流逐步靠齐。

TCFD 框架的应用尚有提升空间。气候变化对企业的可持续发展形成威胁，TCFD 框架不仅为企业提供了气候变化披露的参考，也促进了企业建立应对气候变化的机制，帮助企业可以更好地识别、量化和管理气候相关的风险。TCFD 框架除了建议披露企业自身的风险应对能力，还建议披露供应链中如何管理气候风险和机会。同时，它还被全球各地的监管机构和制定 ESG 标准的行业组织作为形成监管政策和统一披露规范的重要参考依据。

2022 年度 A 股上市公司的 ESG 报告中，共有 237 份报告按照 TCFD 框架披露气候相关的信息。其中，使用 TCFD 框架的工业运输、贸易及供应链服务、航空运输企业的 ESG 报告占比，分别为 4.64%、4.22% 和 0.42%。在所有行业中，占比最高的为化工及银行业，均为 7.17%。由此可以看出，尽管物流行业显著的温室气体排放对气候变化形成明显影响，其气候信息的披露不足或不规范，仍暗示着物流行业需整体提高对气候管理的重视程度。

2. ESG 绩效情况

（1）环境相关绩效。

环境目标披露不足。2022 年，物流企业普遍都制定了环境管理相关的政策。2022 年，能源使用管理政策、温室气体排放管理政策、污染物治理政策和废弃物管理政策披露率的占比分别为 38%、32%、28% 和 14%（见图 4）。相比之下，环境目标的披露率远低于环境管理政策的披露率。2022 年，在各类环境目标中，披露率最高的类别为减少能源消耗的目标，仅为 5%（见图 5）。

设立和披露环境目标对企业推进提升环境管理有实质性意义，有利于督促企业自上而下制定相应的管理政策并推进措施落地，有利于增强利益相关方对企业环境管理能力的信任度。设定和披露环境目标对企业形成约束作用，企业若不能完成既定目标，将给利益相关方留下不良印象，因此许多企业不愿意设立和公开环境管理目标。但重要的是，

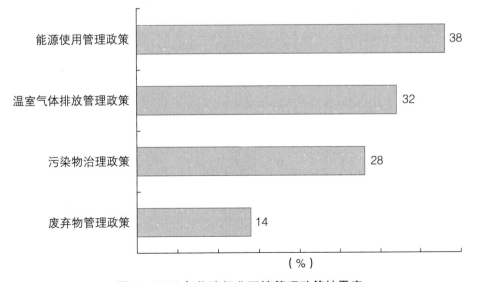

图 4　2022 年物流行业环境管理政策披露率

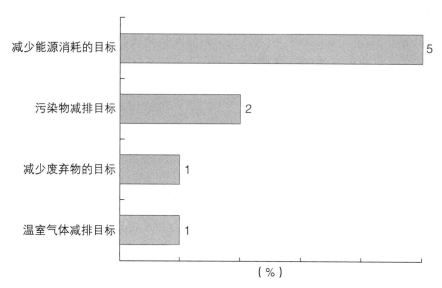

图5 2022年物流行业环境目标设立披露率

目标的设立会促使企业投入提升环境管理能力所需的资金及技术资源，促进企业主动进行持续监控和战略调整。

温室气体披露率及减排趋势明显。根据近五年的数据，物流行业在温室气体披露方面体现出积极进步。整体披露率从2018年的6%提升到了2022年的23%，增长速度超过A股市场的平均水平，后者同期的披露率从3%升至13%（见图6）。

从这一趋势可以看出，物流行业在管理和公开温室气体排放方面正在采取更积极的态度，温室气体的信息更加透明，为利益相关方评估气候变化进展提供更多依据。然而，还有近四分之三的物流企业未能公开温室气体排放的数据，行业整体的温室气体信息公开仍有较大的提升空间。

物流行业的温室气体减排获得一定成效。物流行业温室气体平均排放量呈逐步下降趋

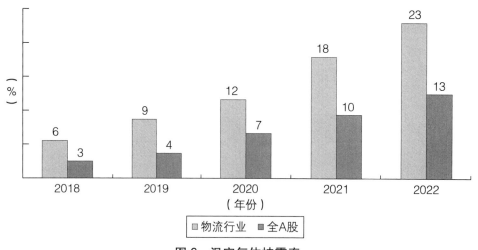

图6 温室气体披露率

势，其中的原因不能直接解读为物流行业整体的温室气体排放水平下降，导致这个趋势的可能是更多企业披露了温室气体数据，但新披露的企业的数据值偏小，拉低了行业数据的平均值。物流企业的温室气体排放量变化率平均值先上升后下降，一定程度上可以理解为部分企业的确在减少温室气体排放上取得了成绩，而 2019—2020 年的陡增可能是由于企业扩大了温室气体统计的范畴，说明企业逐步完善温室气体数据的统计方法。

一方面，体现国家给予的政策引导正逐步对企业转型产生影响，鼓励企业积极披露温室气体数据和完善统计方法，例如 2019 年发布的《绿色物流指标构成与核算方法》规定了企业绿色物流指标体系与指标核算方法，《"十四五"规划》又相继提出了一系列有关绿色物流的政策文件来鼓励企业节能减排。

另一方面，技术进步也是重要因素。近年来物流企业采用了更加节能的运输工具（如电动卡车、节能船只、甲醇燃料汽车等）以及改进物流网络设计和优化运营策略（如优化路线、提高装载率等），从而实现节能减排。

物流企业间的温室气体排放数据存在显著差异。物流行业温室气体排放量的中位数与平均数的差异明显，部分企业较大的披露数值令平均数远超中位数，且有扩大的趋势，两者之间的差距从 2018 年的 2.64 倍增至 2022 年的 10.45 倍。

一方面，物流行业的公司规模相差大，小型物流企业数量众多但运营规模小，而大型物流公司的业务范围和拥有的物流资产覆盖全国各地，碳足迹显著大于小型物流企业；另一方面，大型企业拥有更多资源统筹温室气体数据的统计，而小型企业受限于资金和

知识水平，无法开展温室气体管理和披露工作。前面两个要素，导致已披露的数据中，大型企业的数值占很大比重，从而令行业温室气体排放量的平均值显著高于中位数。

另外，中位数的下降速度显著高于平均数导致了两者差异扩大，这说明数据集中出现了更多的低值数据，体现了更多的中小物流企业开始披露温室气体数据，进一步说明企业内部可持续发展的诉求和外部的刺激要素，共同促进物流行业温室气体排放管理水平的提升。

（2）社会相关绩效。

员工职业健康与安全管理应受到重视。2022 年，A 股物流企业的安全健康管理政策、职业健康与安全措施、劳工管理、数据安全管理、供应商管理和客户隐私管理的披露率分别为 52%、48%、34%、26%、24% 和 20%。另外，物流行业的员工伤亡情况披露率呈上升趋势，且大于 A 股的平均披露率。超过半数的 ESG 报告披露了员工职业健康安全的政策和措施，说明了物流企业较为重视员工的职业健康和安全，对保障员工的健康与安全作出了一定努力。

相比于劳工管理和职业健康和安全方面的披露，数据安全、供应商管理、客户隐私管理的披露率不高，凸显物流企业应着重提升产品责任和供应链 ESG 管理的水平。客户隐私管理及信息安全的管理是物流行业的重要课题，当今物流需求的复杂化要求物流企业大力发展人工智能、大数据等前沿科技，这对企业的隐私和信息安全管理提出了更高要求。而物流行业作为产业链中枢的角色，其对供应商 ESG 管理的要求对整个产业链有着重要影响，物流企业应重视供应链各环节的 ESG 表现，更积极地参与提高供应链合作

伙伴 ESG 水平的实践中。

（3）物流行业特色绩效。

物流行业特色绩效的披露率有待提升。物流行业对环境和社会的影响有其行业特殊性。例如，环境方面，冷链环节涉及制冷系统及制冷剂的管理，若管理不当，氢氟烃等制冷剂泄漏会加剧温室效应。另外，运输过程中还会产生噪声和震动，对交通枢纽和主干道附近的居民区造成不良影响。社会方面，交通运输安全是物流行业需要重点关注的领域，应对驾驶员的驾驶行为以及道路交通安全等制定严格规定，保障交通运输平稳安全运行。2022 年，物流行业的特色指标的披露率均低于 10%，说明物流企业需要提高相应领域的管理水平。

（4）获得第三方认证情况。

物流企业 ESG 报告获得第三方认证的比例上升。ESG 报告第三方认证是企业委托第三方

认证机构就 ESG 报告中披露的关键数据和内容按照国际认证准则进行不同程度的审验，提升 ESG 报告内容的可信度。《国际认证业务准则第 3000 号（修订版）——历史财务信息审计或审阅以外的认证业务》（ISAE 3000）是国际上影响力最大的审验标准之一。

2020—2022 年，通过第三方认证的 ESG 报告比例，从 2020 年的 6% 上升至 2022 年的 9%（见图 7）。积极披露 ESG 信息是 ESG 管理能力的体现，物流行业的 ESG 报告披露数量已从 2020 年的 80 份增至 2022 年的 106 份，体现更多物流企业开始管理 ESG 事务。但数据披露是基础的一步，委托第三方对披露内容和数据进行校验，不仅可以帮助企业认识报告编制和数据收集过程中的不足，进一步规范企业的 ESG 管理，还可以增强披露信息的可靠性和可信度，为企业赢得来自监管机构、投资者和客户的认可。

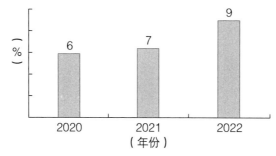

图 7　物流行业 ESG 报告获得第三方认证的比例

3. ESG 评级情况

ESG 评级是投资者评估企业 ESG 表现的重要工具，投资者通过 ESG 评级对投资标的进行分析和筛选，最终构建符合 ESG 投资目标的投资组合。

整体来看，在 2023 年第二季度，大部分物流企业的评级集中在 CC 和 C，评级表现一般（见图 8）。从 ESG 三个维度的评级分数来

看（0~100 分，分数越高，ESG 表现越好），环境分数在最低区间的占比最高，接近 100%。治理分数较为均匀地分布在中间两个区间，而社会分数在最高区间占比最大，约为 58%（见图 9）。这反映了物流行业的环境评级表现仍有很大提升空间。

根据妙盈科技的行业分类，通过对各行业内所有公司的 ESG 整体和分项得分计算平均

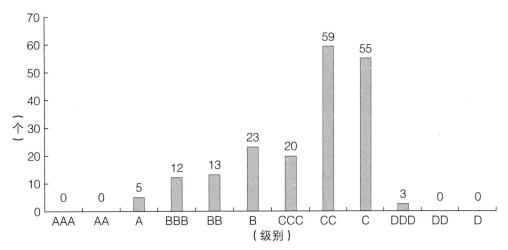

图8　2023 年第二季度物流行业的 ESG 评级分布

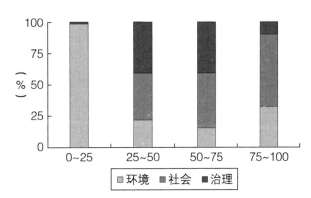

图9　2023 年第二季度物流行业 ESG 单项分数区间的公司数量占比

值，得到各行业的 ESG 表现水平。总的来说，在 2023 年第二季度，全行业的环境评级分数整体偏低。相比社会和治理，环境维度的最低分数行业与全行业平均值的差距较大。汽车获得环境分数最高，社会、治理和 ESG 整体分数最高的行业均为银行。通过跨行业比较，物流行业的 ESG 整体表现和分项得分都高于全行业的平均值，说明物流行业的 ESG 管理水平和表现优于全行业的平均水平。

从时间变化上看，在过去的九个季度，物流行业的 ESG 整体分数总体上升，其驱动力主要来自环境分数的提升，环境得分的季度间增长率达 3.4%。环境得分走高主要是因为环境

管理、能源消耗和温室气体排放的管理能力的提升。治理分数总体稳定，但也呈现小幅上升的态势。而社会得分有一定幅度的波动，员工参与度与多样性、职业健康与安全、社区影响、供应链管理的表现欠缺导致社会分数在 2022 年前三季度出现下降，但在接下来的季度也展现了上升的趋势。

（三）物流行业 ESG 发展障碍分析

1. 未有明确的 ESG 披露指导

当前，证券市场尚未出台针对 ESG 信息强制披露的相关法规，深交所和上交所针对上市企业可持续发展信息的披露还处在自愿披露和部分信息强制披露相结合的阶段，政策和指引

的内容关注更多的是以自愿披露为主要形式的环境保护、社会责任等方面的CSR报告。由于监管机构未针对企业的ESG管理事项采取强有力的监督措施，企业还没有将提升ESG管理水平作为重要的企业战略，ESG披露水平未能达到理想程度。

另外，目前国际上主流的ESG报告参考标准呈现多样性的特点，较为统一的披露框架还未形成。从前文数据中可以看到物流企业ESG报告的参考标准各不相同。从框架内容来看，有些ESG报告参考标准较为专业和复杂，有些参考标准较为笼统且缺乏明确的指标解释，种种要素交错令使用和对比不同框架的难度较大，这对中小企业或缺乏ESG专业知识的企业来说存在较高的学习成本和资金成本。

2. 协同作用不明显

当前社会整体对ESG的认知还处在摸索阶段。企业内部在理解ESG对内外部利益相关方和企业自身价值的重要意义方面还不充分，导致企业没能将ESG与业务经营有机地结合起来。结合监管薄弱、供应链伙伴ESG意识淡薄、投资端激励作用不明显等外部条件的约束情况来看，企业在推动ESG能力建设上还存在内外部驱动力不足且互相制约的情况。

从企业内部各部门之间关系来看，由于ESG建设涉及企业整体经营理念的革新和经营行为的改革，ESG表现的提升需要自上而下推动。许多企业未能在管理层高度制订切实可行且清晰的ESG目标和ESG管理计划，各部门在推进ESG措施落地时缺乏明确指引，部门间的优劣势难以形成互补局面。

从企业与产业链合作伙伴的关系来看，物流本身是连接产业链的枢纽，企业的ESG管理能力受上下游产业链的影响。如果产业链上的合作伙伴未能与企业一起达成提升ESG管理水

平的共识，在ESG上的投入程度远低于企业本身，会导致企业在收集产业链ESG数据或者控制产业链温室气体排放等方面遇到重重阻碍。

从企业与同行的关系来说，优秀的ESG表现水平理应成为行业标杆，对同行业整体水平的提升起到促进作用。但因为针对企业ESG管理的监管要求还不成熟，部分企业担心进行ESG管理建设不仅会产生额外成本，令企业在市场竞争中处于不利地位，而且较为详细的ESG信息披露可能会暴露商业敏感信息，为竞争对手所利用。内外部要素的不成熟导致同业间形成制约关系，这将成为整个行业ESG发展的绊脚石。

3. ESG评级的差异性

因为ESG评级机构使用的评级方法论不同，比如话题覆盖度、使用的指标、计算流程等，相同物流公司在不同评级体系下获得的ESG评级是有差异的，比较难直接对比机构间的评级分数。根据麻省理工学院斯隆管理学院的研究，ESG评级的差异来自三个方面：衡量方式、范围和权重，它们对ESG分数差异化的贡献分别是56%、38%和6%。衡量方式的不同体现在评级机构对类似属性的问题使用不一样的评价指标点；范围的不同是指纳入ESG评级范围的话题不同；权重的差异是指ESG评级机构对话题的权重配比不同。

虽然评级方法论的不同使统一评价更具挑战，但评分差异性为投资者提供了更多不同视角的信息。这对投资者的启示是，在使用不同ESG评级机构时，首先要理解评级机构的评价目标。在了解评级目标的基础上，投资者还要充分理解底层的评级逻辑，避免盲目使用简单平均的方式来综合多家评级机构的结果。投资者若能充分利用评级多样化，发现评级间的争议结果，在一定程度上，可以更全面地评估物

流企业的 ESG 表现。

4. 尚不健全的可持续融资参考体系

金融机构在帮助企业发行可持续发展相关的债券进行融资时，要依据主流原则机构（如气候债券倡议组织、国际资本市场协会）建议的框架判断企业的经营模式和产品类型是否满足 ESG 规范。虽然国内外主流的可持续融资标准均提及物流行业的部分环节满足可持续发展的要求，但还缺乏评估物流项目中需要用到的具体的物流评价指标以及指标绩效的最低要求，给实际应用造成不小挑战。

国内目前的《绿色债券支持项目目录（2021 年版）》和《绿色产业指导目录（2023 年版）》（征求意见稿），均未对绿色物流提出可供参考的指标细则和最低满足要求。《欧盟可持续金融分类方案》在其认定的对减缓气候变化有重大贡献的七大类经济活动和 72 项子活动中，铁路货运、低碳交通基础设施、公路货运服务、内河水路货运等物流行业或满足"实质性贡献"原则，或满足"无重大损害"原则。气候债券倡议组织的《气候债券分类方案》识别了实现低碳和气候适应性经济所需的资产和项目。其中，满足该分类方案的物流和供应链业务包括：为太阳能、风能、地热能、生物质能、水力海洋可再生能源提供供应链设施服务；为合格车辆和其关键部件（如电池）的制造设施提供供应链设施服务；农业、畜牧业、水产养殖业和海产品的供应链资产管理；工业和能源密集型工艺的供应链等。目前，气候债券倡议组织未对所有上述物流行业的相关业务制定可供判断是否符合气候债券的资格标准。

5. 显著的转型融资缺口

市场对"纯绿"物流技术有成熟的认知，大力投入前沿绿色物流技术已是不争的事实，

且投资者已投入相当数额的资金，根据前文提到 Allied Market Research 的数据，2022 年全球绿色供应链的市场价值达 1.3 万亿美元。相比之下，以能源密集为主要商业模式的传统物流公司还未能找到切合实际的绿色转型思路。因为转型需要企业打破现有商业模式，分阶段逐步实现降低温室气体排放，投资者还未准备好为企业的长周期转型提供多样的融资渠道和充足的资金。

根据普华永道的分析，制约投资者投资转型产业的障碍主要有三个。首先，投资者未能适应企业转型带来的新型融资需求。为传统物流提供环境转型融资所需的投资分析与投资"纯绿"物流技术所需的投资逻辑不同，金融机构有待完善适用于转型融资所需的投研体系来刻画客户画像、给融资产品定价、管理投资组合风险等。

其次，投资者的气候风险暴露较为显著。处于转型过程中的物流企业仍有大量的碳排放，投资这类企业意味着金融机构将持有高碳资产。一方面，当前尚不完善的可持续发展认知令市场无法很好地从排放结果区分转型企业和涉及"漂绿"的企业，市场可能对持有高碳资产的金融机构采取"一刀切"的排斥态度；另一方面，如企业未能按照转型计划推动业务绿色升级，投资者可能会因气候变化相关的物理和转型风险而遭受投资损失。

最后，投资者追踪企业转型成果的能力不足。因为数据披露不足或者未经验证，投资者不能很好评估高能耗和高排放的物流企业是否按计划达成阶段性的转型目标。尽管企业已采取了合适的转型措施，但转型产生的环境效益往往不能在短时间内显现，这就给存在"漂绿"行为的企业提供了混淆视听的机会，加大了追踪转型进度的难度。

四、中国物流行业 ESG 发展保障体系

（一）监管政策保障

监管政策对于引导及推动 ESG 发展的重要作用不言而喻，自 2002 年证监会发布《上市公司治理准则》起，证券交易所和地区政府陆续发布了 ESG 信息披露的相关指引和规定，由此可以看出我国高度关注企业 ESG 管理水平的提升，通过政府、金融监管机构和证券交易所的政策推动国内 ESG 市场的发展。

以港交所为例，港交所于 2012 年发布了《ESG 报告指引》，作为上市公司自愿性披露建议，2016 年 1 月将部分建议上升至半强制性披露层面，实施"不披露就解释"规则。2019年 5 月，港交所发布了《ESG 报告指引》修订建议的咨询文件，并于 2019 年 12 月确定新版《ESG 报告指引》内容，进一步扩大强制披露的范围，将披露建议全面调整为"不披露就解释"，持续提升对在港上市公司的 ESG 信息披露要求。2022 年，港交所 ESG 报告的信息披露率已接近 100%。

从港交所的例子可以看出，指引政策的实施对上市企业 ESG 信息披露有至关重要的推动作用。虽然 ESG 信息披露的相关政策在不断进行扩充，但是仍然有较大的完善空间。

1. 健全 ESG 信息披露法规

政府部门和证券交易所出台对上市企业 ESG 信息披露的相关法律法规是完善上市企业 ESG 信息披露行为的重要基石。针对物流行业，监管机构应从物流市场发展的实际情况出发，结合我国现有的体制框架和制度要求，并参考国际上相对成熟的物流行业的 ESG 信息披露法规的发展经验，为物流行业制定满足行业发展需求的 ESG 信息披露法律法规，逐步推动物流上市企业的 ESG 信息披露，以提升物流行业的 ESG 发展水平。

2. 推动 ESG 信息披露规范化

制定 ESG 数据披露规范，确保披露的数据有效及可比是解决数据有无后的重点问题。目前大部分企业对于应当披露的 ESG 数据内容以及披露方式仍然缺乏足够的认识，导致披露内容无法满足各方的需求。针对物流企业，监管机构要制定行业配套的 ESG 信息披露标准，对于物流数据披露的细节进行具体的指引，包括适用范围、披露内容、披露格式、核心指标、统计方法等，以便投资者和其他利益相关方可以更好地理解和使用物流数据。ESG 信息披露规范化的过程需要考虑不同类型物流企业的运营水平和披露能力，政策实施上应避免过于复杂化，造成企业的披露成本增加而降低披露意愿。

3. 推动 ESG 信息披露监管体系建设

提高 ESG 信息披露的质量，需要上市企业、监管机构以及投资者等共同推进。规范上市企业 ESG 信息披露行为，在促进上市企业主动披露 ESG 信息的同时，为了维持证券交易市场的公平性原则，需要监督保证上市企业披露的 ESG 信息具有有效性和真实性。对物流企业来说，企业内部应设立 ESG 信息披露的相关监督流程与机制，不断提升企业信息披露的水平和透明度。国家政府部门应当建立 ESG 信息披露监督框架，明确监管要求与处罚的标准，由归属的监管部门进行监督。由于物流行业涉及广泛且复杂的产业链关系，来源多样化的 ESG 信息对数据的真实性形成挑战。投资者及其他数据的使用方也可作为监督者，逐步倡导和完善 ESG 数据鉴证机制，促进物流企业利用第三方鉴证机构对其自身和产业链合作伙伴的 ESG 表现和信息披露进行独立评估，以提高 ESG 报

告的准确性和可比性。

（二）评级体系保障

评级体系在推动 ESG 发展方面发挥着关键作用。它通过评估和量化企业和组织在 ESG 领域的表现，为投资者和利益相关方提供了一个可靠的参考标准。评级体系鼓励企业提高 ESG 绩效，加强透明度和问责制，并促进资本流向那些在可持续发展方面表现出色的实体。同时，评级体系也提供了一种标准化的方法，帮助投资者和利益相关者更好地理解和比较不同实体之间的 ESG 表现，推动整个市场向更可持续的方向发展。

目前各 ESG 评级机构往往依赖自身独特的评估体系来确定 ESG 分数，ESG 评分体系呈现多元化的特点，同一公司的评分在不同评级机构的评分体系下可能存在显著的差异性。部分企业也反映 ESG 评价缺乏统一的评估视角，各评估机构对不同项目的关注重点存在差异，这在信息披露和问卷回答过程中形成了额外的负担。缺乏相对统一的评价标准和计算方法对 ESG 评价的透明度产生了负面影响。这种情况导致投资者和其他利益相关方难以全面、准确地理解和比较企业的 ESG 表现和风险。只有积极应对及规避以上问题，评级体系才能更好地发挥其引导作用。

1. 提高 ESG 评级透明度

ESG 评级及服务机构可以通过提高其业务流程的透明度来推动 ESG 评价的透明化。评级及服务机构需要在其网站或其他公开平台上详细介绍其 ESG 评价的方法，并解释其评价方法的理论基础和实证依据，以增加其评价的可信度。同时，作为评级结果的基础，建立和维护透明可信的 ESG 数据库也同样重要。除了从可靠的来源获取数据，还需要对数据质量进行严格把控，并保证数据的及时更新，以及对评级

使用数据的长期维护及保存，从而提升评级的透明度及可信度。

2. 降低 ESG 评级差异性

ESG 评级及服务机构可以通过提供评级对比及分析服务，以及定期审查和更新评价方法降低自身 ESG 评价差异性的影响。ESG 专业服务机构可以通过详细的评价报告，提供更多的信息帮助企业理解和应对 ESG 评级的差异性。例如，评价报告可能包括企业的 ESG 风险和机会、使用的数据和方法，以及如何解释这些结果。这将有助于投资者和其他利益相关者作出更明智的决策。此外，定期审查和更新评价方法与降低 ESG 评价差异性有着密切的关系。机构可以通过定期审查和更新评价方法确保 ESG 评价能够反映最新和最全面的 ESG 风险和机会，机构自身也能及时了解和反映 ESG 领域的最新发展和趋势。企业、投资者和其他利益相关者是 ESG 评价的主要用户，他们的需求和期望对 ESG 评价有着重要影响。通过与利益相关者进行定期的沟通和咨询，ESG 专业服务机构可以发现各利益相关方普遍的需求和期望并迎合其需求，从而降低评价差异。

3. 加强数据提供的全面性

提供更多、更全面、更准确的 ESG 信息是降低评价差异性的关键。物流企业需要定期发布全面、准确和透明的 ESG 报告，以提供给 ESG 专业服务机构进行评价的数据。这些报告应包括企业 ESG 政策、实践和绩效数据，以及如何管理相关的风险和机会。目前，由于缺乏统一的跨行业的 ESG 报告标准以及具有物流行业特色的 ESG 披露框架，物流企业在披露 ESG 信息时参考多元的 ESG 报告标准，部分标准可能不一定适配物流行业，这就导致了评价机构在解读和理解这些信息时可能会存在差异，从而影响评价结果的一致性。随着 ISSB 披露准

则的不断完善，物流企业可以将 ISSB 披露准则等国际通用标准作为 ESG 报告编写的依据，使不同评级机构在收集和分析数据时保持相对统一的思路。

4. 发挥行业组织的引导作用

物流行业组织可以扮演引导者的角色，帮助评级机构制定适用于物流行业的 ESG 评价方式，推动 ESG 评价体系朝着专业化方向发展。物流行业组织通过与评级机构建立合作关系，为评级机构提供物流行业的专业知识，而评级机构可以贡献其在 ESG 领域的专业知识、数据和评价经验。通过紧密合作，双方可以制定出切实可行的、准确反映物流行业特点的 ESG 评价方式，为企业、投资者和其他利益相关方提供更有针对性和可比性的 ESG 评估结果。另外，物流行业组织还可以深入识别和理解本行业面临的关键 ESG 问题，基于这些问题设定物流行业的 ESG 目标和具体绩效指标，并定期公布行业的 ESG 发展进程，为物流企业提供参考，促进形成行业协同效应，提升物流行业的 ESG 整体表现。

（三）投融资保障

以物联网、人工智能、大数据、区块链等前沿科技驱动的"纯绿"物流解决方案吸引了众多投资者的关注。同时，高碳的"棕色"物流环节也亟须大量转型资金来支持低碳转型。在物流行业的绿色转型中，金融机构首先要能识别新型融资需求，同时拓宽投资视角、升级投资研究体系，在此基础上才能设计出符合物流企业转型需求的产品方案，为物流企业提供资金保障并从中获得可观的投资回报。

在发掘物流企业的绿色和转型融资需求时，金融机构应从企业所处产业链位置、地理区域特征、具体项目融资需求、监管机构的政策目标等场景出发，根据企业当前经营和 ESG 发展状况，找出企业与可持续发展目标之间的差距，从而探索潜在的绿色融资需求。对企业提出的具体的绿色融资要求，金融机构要收集转型项目的信息，了解项目规划，并明确资金的用途。为降低涉及"漂绿"的风险，金融机构需依据主流标准来判断物流企业或者项目是否属于转型或者绿色。例如，气候债券倡议组织（CBI）总结，可信的气候转型有五个特征：目标与《巴黎协定》一致；健全的计划；切实实施行动；内部监督；外部报告。

通过总结物流企业不同的融资需求，金融机构可以刻画出具有不同特征的客户画像，并将客户进行分类，以此来制定满足不同层级需求的融资产品。根据清华大学绿色金融发展研究中心的研究，物流企业可以获得的绿色金融产品主要有绿色信贷、绿色债券、绿色资产支持证券、绿色私募股权基金、绿色不动产投资信托基金、可持续发展挂钩债券或贷款。下面将这几类产品归纳为信贷、债券和股权三个融资渠道来讨论。

1. 信贷

绿色信贷是成熟的绿色金融产品，银行根据国内外主流的绿色行业评判标准，为满足绿色信贷目录要求的物流企业提供绿色贷款。然而，在实际执行过程中，因为中小微和民营企业的经营稳定性不如大型和国有企业，违约概率高，银行为降低风险，通常要求中小微和民营企业增加担保或者抵质押来增信，加大了企业获得绿色贷款的难度，也令企业难以获得理想的贷款额度和利率。

当前，供应链金融是一种能够为中小微企业开辟融资新渠道的金融服务。北京绿色金融与可持续发展研究院等三所机构联合发布的一份报告总结了国内外供应链金融支持绿色和普惠金融的案例。这些案例的特征是银行依托供应链核心企业的广泛影响力和优秀信用情况，与核心企业共同建设一体化融资服务方案来满足上下游产业链的融资需求。在绿色认定和贴标方面，银行参照核心企业对供应商的 ESG 标准，例如包装材料的回收比例和温室气体减排成果，满足 ESG 要求的核心企业供应商可申请绿色供应链融资计划。

2. 债券

绿色债券也是较为成熟的绿色融资工具，承销商依据我国的《绿色债券支持项目目录（2021 年版）》，帮助满足要求的企业发行人发行债券。但如前文所述，物流行业的可持续融资参考体系还有待完善，绿色债券标准还未能对物流行业的关键绩效指标和最低满足要求提出详细要求。此外，2022 年我国发行的贴标绿债中，仅 55% 的债券满足气候债券倡议组织的绿债定义，这说明我国的绿色债券标准要尽快与国际接轨。在制定政策层面，我国监管机构应与国际标准制定机构沟通和合作，建立符合中国国情、能够获得国际社会认可、具有物流行业特点的绿色债券标准体系。在落地实施方面，金融机构和第三方评估机构要加强绿色物流项目属性的评估和认定能力，确保募集资金流向绿色和转型项目，提高我国绿色债券市场的公信力。

近年来绿色资产支持证券快速发展，据惠誉博华信用评级有限公司的统计，2022 年绿色资产支持证券发行金额达 2106 亿元人民币，同比增长 68.9%。作为资产证券化产品，绿色资产支持证券通过将多个小型绿色融资项目打包成一个标准化产品，让投资者可以按照自身风险和回报偏好，认购标准化产品内不同风险层级产品。小型项目通常因为规模小和融资需求可见度低而导致融资难，而绿色资产支持证券通过统一打包的产品形式解决了这样的问

题，为诸多小型的绿色物流项目赢得了更多投资者的关注，降低了项目的融资成本。

此外，可持续发展挂钩债券（SLB）作为一种新型的绿色债权工具，也为物流企业提供了融资新渠道。SLB 不要求募集资金明确用在环保和社会项目上，物流企业可以将资金用在一般的经营用途中，将利息成本与预先界定的可持续发展绩效目标相挂钩。根据标普的分析，当前 SLB 大部分挂钩一个关键绩效指标，环境类绩效指标占绝大多数。SLB 之所以能对企业的可持续发展起到激励作用，在于 SLB 的定价机制具有奖励和惩罚机制。如果企业完成了预定的 ESG 绩效目标，就可以获得利率下调的优惠。如未能完成 ESG 绩效目标，则会面临利率上调带来的融资成本上升的惩罚。

3. 股权

物流企业降碳转型是一个长期过程，其间涉及大量资本投入来支持自主研发物流技术、配置清洁能源设备、战略投资绿色物流技术初创企业等。转型的不确定性高、成果显现的周期长、具有高风险等特性，令追求低风险的债权投资者望而却步。绿色私募股权基金投资人偏好预期回报率高，对投资期限长和风险系数高的项目有很好的承受能力，是支持物流企业长周期转型的重要力量。同时，绿色私募股权基金又能利用自身 ESG 专业领域知识为企业赋能，帮助物流企业达成可持续发展的目标。

虽然绿色不动产投资信托基金（REITs）在我国的发展历史较晚，但它作为物流行业的一种新型绿色融资渠道具有巨大潜力。REITs 具备二级市场流动性，大幅降低了不动产投资门槛，并且投资者的资金直接流向项目。其主要投资回报来自租金收益，具有稳定性高且较债券利息收入更高的特点，对于那些风险承受能力相对较低但寻求高预期收益率的投资者来

说吸引力较强。在首批公募 REITs 亮相后不久，国家发展改革委在 2021 年的 958 号文件中将物流和供应链行业的多个领域纳入了 REITs 试点范围，包括交通基础设施和仓储物流基础设施。这一举措进一步促进了 REITs 在物流行业的应用，为投资者提供了更多的投资机会，同时也为物流行业的可持续发展提供了资金保障。

注：摘编中省去了原报告中文章内容与数据来源备注，文中数据均来自国内外权威机构与研究部门。

（物资节能中心、中国物流与采购联合会
绿色物流分会　刘哲　赵洁玉
刘然　崔丹丹　曹惠蕾）

第四部分

行业物流

2023 年中国制造业物流

一、2023 年我国制造业发展主要特点

2023 年是三年新冠疫情防控转段后经济恢复发展的一年。我国制造业的运行逐渐恢复，总体坚持稳中求进的基调，呈现出以下几个特征。

（一）工业制造业稳定发展，新动能作用日益凸显

2023 年，工业制造业呈现稳中向上、回升向好的态势。根据国家统计局数据，从工业增长的角度来看，工业增加值 482589 亿元，增长 4.2%，其中，制造业增加值比上年增长 4.4%。从经济运行的角度来看，工业增加值占 GDP 的比重达 38.3%，且工业对经济增长贡献率达到 33.9%，拉动经济增长 1.3 个百分点。[1]

全国规模以上工业增加值实现了省份、行业增长面"双扩"。其中，从省份来看，广东、浙江、江苏、山东四个工业大省合计拉动规上工业增长 2.0 个百分点，贡献率超过四成；从行业来看，在工业 41 个大类行业中，28 个行业增加值实现增长，增长面为 68.3%。[2]

2023 年，工业经济运行总体稳中向好，新动能成长壮大。一是制造业稳步推进"高端化"，尤其是装备制造业生产保持良好态势，全年增加值比上年增长 6.8%，助力工业产业不断优化结构、迈向高端。二是科技创新助力"智能化"，比如智能设备制造有关行业生产保持高速，自动化相关行业生产较快增长。三是新能源产品引领"绿色化"，新能源汽车、太阳能电池、汽车用锂离子动力电池等"新三样"相关产品产量较快增长，绿色新能源产品引领绿色未来，日益成为新增长点。2017—2023 年工业增加值年度增长率如图 1 所示。

① 国家统计局．赵同录：经济持续稳定恢复 运行态势回升向好 ［EB/OL］．（2024-1-18）［2024-1-21］．https：//www.stats.gov.cn/sj/sjjd/202401/t20240118_ 1946694.html．

② 中国经济网．汤魏巍：工业高质量发展扎实推进 新动能成长壮大 ［EB/OL］．（2024-1-18）［2024-1-21］．http：//www.ce.cn/xwzx/gnsz/gdxw/202401/18/t20240118_ 38871889.shtml．

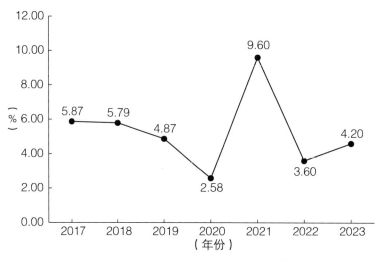

图 1　2017—2023 年工业增加值年度增长率

资料来源：国家统计局。

（二）PMI 呈波动上升趋势，制造业下行压力减弱

制造业采购经理指数是国际上通用的监测宏观经济走势的先行性指数之一，2023 年各月制造业 PMI 数据如图 2 所示。

2023 年制造业 PMI 全年均值为 49.9%，逼近荣枯线，较 2022 年全年均值上升 0.8 个百分点，呈现一定程度的增长趋势。结合制造业 PMI 走势来看，尽管 10—12 月的景气水平稍有回落，但整体来看，制造业下行压力减弱。2023 年各月我国制造业 PMI 及构成情况如表 1 所示。

从 PMI 的构成指数来看，生产指数除 1 月和 5 月外，其余月份均处于 50% 以上，高于临界点，表明制造业生产延续扩张。新订单指数在 4 月、5 月、6 月、7 月、10 月、11 月、12 月，均处于 50% 以下，表明制造业市场需求有所下降。原材料库存指数全年均在荣枯线以下，表明制造业主要原材料库存量有所减少，企业信心减弱，生产经营活动较为谨慎。从业人员指数除 2 月外，全年低于 50%，表明制造企业用工景气度有所回落。供应商配送时间指数除 1 月外均保持在荣枯线以上，表明制造业原材料供应商交货时间继续加快，物流运输较为通畅。

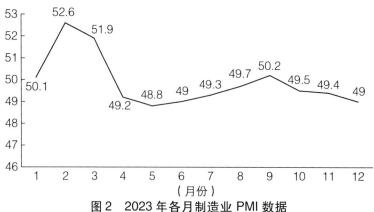

图 2　2023 年各月制造业 PMI 数据

表 1　　　　　　　　　　　2023 年各月我国制造业 PMI 及构成情况　　　　　　　　单位:%

月份	PMI	生产指数	新订单指数	原材料库存指数	从业人员指数	供应商配送时间指数
1 月	50.1	49.8	50.9	49.6	47.7	47.6
2 月	52.6	56.7	54.1	49.8	50.2	52.0
3 月	51.9	54.6	53.6	48.3	49.7	50.8
4 月	49.2	50.2	48.8	47.9	48.8	50.3
5 月	48.8	49.6	48.3	47.6	48.4	50.5
6 月	49.0	50.3	48.6	47.4	48.2	50.4
7 月	49.3	50.2	49.5	48.2	48.1	50.5
8 月	49.7	51.9	50.2	48.4	48.0	51.6
9 月	50.2	52.7	50.5	48.5	48.1	50.8
10 月	49.5	50.9	49.5	48.2	48.0	50.2
11 月	49.4	50.7	49.4	48.0	48.1	50.3
12 月	49.0	50.2	48.7	47.7	47.9	50.3

从企业层面来看,大型企业 PMI 保持扩张。截至 12 月底,大型企业 PMI 为 50.0%,连续 7 个月保持在扩张区间,2023 年 5 月以来,大型企业生产指数和新订单指数始终位于临界点以上,大型企业的产能和需求持续释放。但是中型企业和小型企业的景气水平仍然偏弱。尤其是 11 月和 12 月中小型企业的 PMI 持续走低,其中 11 月中型企业和小型企业的 PMI 分别为 48.8% 和 47.8%,12 月中型企业和小型企业的 PMI 分别为 48.7% 和 47.3%,均低于临界点。

(三)工业企业利润总额有所回暖,结构持续改善

2023 年是全面贯彻落实党的二十大精神的开局之年,在以习近平同志为核心的党中央坚强领导下,全国掀起推进新型工业化热潮,工业经济总体呈现回升向好态势,高质量发展扎实推进。

2023 年我国工业企业效益呈现向好趋势。具体来看,工业生产向好推动企业营业收入连续回升,2023 年 1—11 月,全国规模以上工业企业营业收入同比增长 1.0%,增速较 1—10 月加快 0.7 个百分点。在营收恢复带动下,全国规模以上工业企业利润加快回升,连续 4 个月实现正增长。从累计看,2023 年 1—11 月,全国规模以上工业企业利润延续 2023 年 3 月以来逐月收窄走势,利润降幅年内首次收窄至 5% 以内。①

加快恢复的利润离不开我国工业结构的不断优化。从结构看,尤其是装备制造业利润增长加快,拉动作用增强。2023 年,装备制造业生产保持良好态势,全年增加值比上年增长

---

① 国家统计局. 2023 年 1—11 月份全国规模以上工业企业利润下降 4.4% [EB/OL]. (2023-12-27) [2024-1-21]. https://www.stats.gov.cn/sj/zxfb/202312/t20231226_ 1945798. html.

6.8%，高于全部规上工业平均水平 2.2 个百分点，对全部规上工业增长贡献率接近五成；占全部规上工业增加值比重为 33.6%，比上年提高 1.8 个百分点。[①]

（四）科技与创新提供强劲支撑，高质量发展成效显著

科技创新持续驱动我国制造业建设，高质量发展的成效显著。主要体现在以下三个方面。

第一，高水平科技自立自强推进制造业高质量发展逐渐"高端化"。2023 年，尤其是装备制造业助力工业产业迈向高端，提高了供给体系规模和水平，释放和创造新的巨大需求，推动制造业迈向"高端化"高质量发展，如 C919 国产大飞机开启了商业运营，时速 600 公里高速磁浮试验样车成功试跑。此外，据统计，汽车、电气机械行业增加值分别增长 13.0% 和 12.9%，较 2022 年加快 6.7 个百分点、1.0 个百分点。[①]我国高水平科技自立自强迈出新步伐，带动制造业高端化进程。

第二，智能设备制造助力制造业高质量发展逐渐"智能化"。2023 年，制造业"智能化"持续推进，带动自动化相关行业制造增加值的增长，如电子元器件与机电组件设备制造增加值比上年增长 29.8%；智能设备制造有关行业生产也保持高速，如智能无人飞行器制造增加值增长 20.5%。与此同时，智能化也深入生活，服务机器人、3D 打印设备等智能化产品产量分别增长 23.3% 和 36.2%。[①]科技与创新助力制造业向信息化与智能化发展方向演进，

进一步促进产业转型升级，为经济高质量发展注入强劲动力。

第三，绿色新能源建设引领制造业高质量发展逐渐"绿色化"。从供应链体系来看，绿色制造体系已基本构建，我国目前已培育建设 3657 家绿色工厂、408 家绿色供应链企业，正逐步构建起从基础原材料到终端消费品的全链条绿色产品供给体系[②]。从产品来看绿色制造产业已初具规模，据统计，新能源汽车、太阳能电池、汽车用锂离子动力电池等产品产量较快增长，比上年分别增长 30.3%、54.0% 和 22.8%。[③]

二、2023 年我国制造业物流发展主要特点

（一）物流需求逐步复苏，物流行业景气水平回升

2023 年物流需求稳步复苏，我国仍然是全球需求规模最大的物流市场。货畅其流展现中国经济蓬勃活力，既反映出生产消费热度的回升，又为需求进一步释放提供了支撑。2023 年我国物流业迎来恢复性增长，物流业景气水平保持企稳回升态势，稳中向好发展基础进一步稳固。

（二）工业物流总体稳定，供应链一体化成果明显

物流运行延续平稳恢复势头，工业品物流总体保持稳定恢复态势。具体表现为工业领域

---

① 中国经济网．汤魏巍：工业高质量发展扎实推进 新动能成长壮大［EB/OL］．（2024-1-18）［2024-1-21］．http：// www.ce.cn/xwzx/gnsz/gdxw/202401/18/t20240118_ 38871889.shtml.

② 人民网．我国绿色制造体系基本构建（经济聚焦·关注绿色制造①）［EB/OL］．（2023-3-29）［2024-1-21］．http：//finance.people.com.cn/n1/2023/0329/c1004-32653151.html.

③ 央广网．遥遥领先！新能源汽车"出海"跑出新高度 彰显"中国智造"力量［EB/OL］．（2024-1-18）［2024-1-21］．https：//news.cnr.cn/native/gd/20240118/t20240118_ 526562404.shtml.

物流稳中有进。2023 年工业品物流总额 312.6 万亿元，同比增长 4.6%，增速比上年提高 1.0 个百分点。各季度呈连续回升态势，特别是第四季度回升明显，11 月、12 月两个月增长均超过 6%，创年内增速新高。多数行业物流需求保持增长，结构性变化明显。基础产业、升级产业双向驱动，支撑工业品物流持续恢复。前三季度，工业品物流总额近 220 万亿元，比上年增长 4.0%。超过六成行业实现增长，工业物流基本面进一步稳固。① 其中，工业新动能领域保持快速增长，电子工业专用设备制造、飞机制造、智能消费设备制造等新一代高端装备、信息技术领域物流需求快速增长，行业物流总额增速均在 10%～27%。2023 年我国工业品物流总额如图 3 所示。

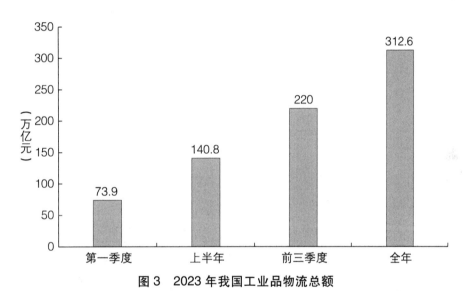

图 3　2023 年我国工业品物流总额

资料来源：国家发展改革委。

供应链上下游向常态化运行轨道回归，供应链一体化成果明显。供应链上下游协同性持续改善，显示物流企业业务发展与上游需求恢复基本同步。国家战略推进供应链的数字化、智能化升级，引导多方市场主体参与供应链基础设施的规划和建设，实现统一规划、多元主体供给。从数据层面来看，2023 年物流业总收入为 13.2 万亿元，同比增长 3.9%，物流收入规模总体延续扩张态势。随着产业向高端延伸、向绿色转型，相关领域物流需求保持较快增长，供应链一体化服务能力进一步优化。

（三）市场利润空间压缩，制造业成本控制压力增大

市场需求不足问题仍然突出，整体利润空间受到一定程度的压缩。由于国内市场需求连续弱势运行，国际经济下行压力持续较大，带动我国制造业产品市场价格连续下降，从而引起市场利润空间压缩。从数据来看，2023 年，全国规模以上工业企业实现利润总额 76858.3 亿元，比 2022 年下降 2.3%，降幅比 1—11 月

① 中国政府网. 2023 年前 11 月全国社会物流总额达 305.9 万亿元［EB/OL］.（2024-01-04）［2024-01-27］. https：//www.gov.cn/yaowen/liebiao/202401/content_ 6924242. htm.

收窄 2.1 个百分点①，其中，制造业实现利润总额 57643.6 亿元，下降 2.0%。规模以上工业企业实现营业收入 133.44 万亿元，比上年增长 1.1%；发生营业成本 113.10 万亿元，增长 1.2%；营业收入利润率为 5.76%，比上年下降 0.20 个百分点。当前需要进一步加快构建双循环新发展格局，强化国内国际大循环主体作用。2023 年各月累计利润率与每百元营业收入中的成本如图 4 所示。

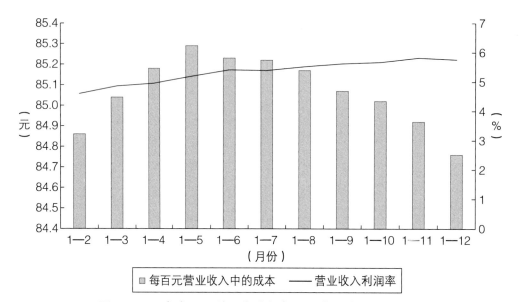

图 4　2023 年各月累计利润率与每百元营业收入中的成本

资料来源：国家统计局。

大宗商品价格上涨，制造业成本压力增大。2023 年制造业原材料价格增速明显高于出厂价格增速的问题仍然存在，2023 年规模以上工业企业每百元营业收入中的成本为 84.76 元，比上年增加 0.04 元；每百元营业收入中的费用为 8.56 元，比上年增加 0.20 元。① 12 月，由于红海局势紧张冲击全球供应链，国际贸易在一定程度上受阻，导致国际大宗商品市场价格上涨。我国制造业原材料价格在采购量收缩的情况下仍加快上升，购进价格指数为 51.5%，较 11 月上升 0.8 个百分点，结束了连续 2 个月的下行态势。但产品销售价格由于需求端偏弱而加快下降，出厂价格指数为 47.7%，较 11 月下降 0.5 个百分点。比较来看，制造业原材料与产成品价格指数差有所扩大②。

（四）制造业走出去受阻，物流低碳减排压力激增

国际外部环境依然复杂，制造业走出去受

---

① 国家统计局.2023 年全国规模以上工业企业利润下降 2.3%［EB/OL］.（2024-01-27）［2024-01-27］.https：//www.stats.gov.cn/sj/zxfb/202401/t20240126_ 1946914.html.

② 中国物流与采购联合会.指数小幅下降 经济运行基本平稳——2023 年 12 月份制造业 PMI 分析［EB/OL］.（2023-12-31）［2024-01-27］.http：//www.chinawuliu.com.cn/xsyj/202312/31/624035.shtml.

阻。在国际经济下行压力不断加大，俄乌冲突、红海局势等地缘政治冲突持续的情况下，外部需求持续收缩会严重影响制造业的发展。2023 年全年新出口订单指数处于收缩区间的月份较多。年初有所回升，2 月新出口订单指数为 52.4%，较上月上升 6.3 个百分点，连续 21 个月运行在收缩区间后回到 50% 以上，尽管全球经济下行态势缓解，但仍处于相对偏低水平。外部因素影响制造业走出去的脚步，出口恢复不确定性因素较多，新出口订单指数 2 月短暂回升，3 月又再次下降，下降势头连续 5 个月。此外，异军突起的拼多多等企业跨境贸易持续推出价格补贴策略，以价格超低模式挤压传统制造业在国际市场上的份额。综合来看，当前经济恢复动能不足，国外需求也加快下降，市场需求不足带动企业生产活动放缓，制造业走出去受阻。

欧盟启动碳边境调节机制，物流低碳减排压力激增。碳边境调节机制是欧盟于 2023 年 10 月 1 日正式试运行的一项针对碳排放的政策举措，通过引入碳关税或其他形式的调整措施，对从第三国进口的产品进行评估和调整，旨在解决由于碳定价不同导致的碳泄漏和气候成本不平等问题。这意味着，供应链上任何一个环节的高碳排放，都将导致出口产品付出更多的碳管制成本。钢铁、铝、化工、纺织、印刷等制造行业将承受碳边境调节机制和自身节能减排的压力，这也导致物流企业的减碳压力较大。然而，我国企业绿色发展基础较弱，势必要求物流企业加快进行技术升级，加大绿色发展投资，给物流企业的资金带来巨大压力，物流企业"走出去"减碳压力日益增大。

（五）两业融合创新发展继续强化，两业深度融合走深走实

制造业与物流业深度融合创新发展是制造业物流提质增效和高质量发展的重要抓手。2020 年以来，国家发展改革委先后在全国范围内遴选出 40 个区域和 80 个企业，组织开展了两批国家级"两业融合"试点，取得明显成效。2023 年，国家发展改革委出台的《两业融合——推动先进制造业和现代服务业深度融合发展的探索与实践》展示了多个两业融合试点区域以创新为动力、以产业链为枢纽，结合自身优势产业，全力推进产业数字化、高端化、服务化和融合化发展，积极探索两业融合的新模式新路径，显著提升了区域优势产业的智能化水平和两业融合集群发展水平。[①]

两业融合步伐不断加快，程度不断加深，相互促进、互利共赢的融合发展格局正在不断深化。目前，物流业与制造业致力建立高度协同的供应链体系。信息化、自动化技术趋向于成熟化，助推产业链各环节信息能够更加准确、便捷、高效实现信息资源共享，减少了"信息孤岛"现象，这反映了延伸产业链、提升价值链正在稳步推进。2023 年，我国新增建设 30 个国家物流枢纽，国家物流枢纽达到 125 个，空间布局持续向中西部地区扩展，功能上也和现代服务业、先进制造业深度融合。[②] 供应链上下游企业越来越多地倾向于通过风险共担、利益共享共同探索转型升级新路径，这种从全链视角出发，高效协同的新生态将大大推

---

① 中华人民共和国国家发展和改革委员会. 两业融合为高质量发展增添新动能［EB/OL］.（2023-08-10）［2024-01-27］. https：//www.ndrc.gov.cn/xwdt/ztzl/rhsdjyzf/1sdqy/202308/t20230810_ 1359281.html.

② 新华网. 国家发展改革委发布 2023 年国家物流枢纽建设名单［EB/OL］.（2023-07-28）［2024-01-27］. http：//www.news.cn/2023-07/28/c_ 1129774002.htm.

进"两业"融合步伐。2023 年国家物流枢纽　　建设名单如表 2 所示。

表 2　　　　　　　　　　　2023 年国家物流枢纽建设名单①

所在地	国家物流枢纽名称
河北省	沧州港口型国家物流枢纽
	保定商贸服务型国家物流枢纽
山西省	临汾陆港型国家物流枢纽
内蒙古自治区	呼和浩特陆港型国家物流枢纽
	包头生产服务型国家物流枢纽
黑龙江省	哈尔滨生产服务型（陆港型）国家物流枢纽
	牡丹江商贸服务型国家物流枢纽
上海市	上海空港型国家物流枢纽
江苏省	无锡生产服务型国家物流枢纽
	徐州陆港型国家物流枢纽
浙江省	杭州空港型国家物流枢纽
安徽省	合肥生产服务型国家物流枢纽
福建省	福州港口型国家物流枢纽
江西省	鹰潭陆港型国家物流枢纽
山东省	潍坊陆港型国家物流枢纽
	青岛空港型国家物流枢纽
湖北省	武汉-鄂州空港型国家物流枢纽
	襄阳生产服务型国家物流枢纽
湖南省	长沙生产服务型国家物流枢纽
广东省	珠海生产服务型国家物流枢纽
	湛江港口型国家物流枢纽
	深圳生产服务型国家物流枢纽
海南省	洋浦港口型国家物流枢纽
重庆市	重庆商贸服务型国家物流枢纽
四川省	泸州港口型国家物流枢纽

---

① 央视网 . https：//www.ndrc.gov.cn/xwdt/spfg/mtjj/202401/t20240115_ 1363274. html.

续　表

所在地	国家物流枢纽名称
贵州省	贵阳生产服务型国家物流枢纽
云南省	大理商贸服务型国家物流枢纽
陕西省	西安商贸服务型国家物流枢纽
新疆维吾尔自治区	哈密陆港型国家物流枢纽
	喀什-红其拉甫商贸服务型（陆上边境口岸型）国家物流枢纽

本文受国家社科基金重大项目"物流业制造业深度融合创新发展的政策与路径研究"（No. 22&ZD139）资助。

（天津大学管理与经济学部

刘伟华　邱靖程　兰蕊　黄艳娇）

2023 年中国钢铁物流

2023 年，全球经济增长进一步放缓，我国外需面临萎缩的局面。从国内来看，我国经济处于恢复性增长态势，但国内市场需求仍显不足，一些结构性问题比较突出，国家稳增长政策发力。

一、2023 年我国钢铁产业运行情况

（一）2023 年我国钢铁市场振幅收窄，均价继续下移

2023 年，受到国外经济复苏乏力、国内需求仍显疲软等因素影响，国内钢材市场仍呈现震荡下行局面。据兰格钢铁网监测数据显示，截至 2023 年 12 月底，兰格钢铁全国钢材综合价格为 4277 元，较上年年底下跌 61 元，跌幅为 1.4%。其中，建材价格为 4112 元，同比下跌 2.4%；板材价格为 4387 元，同比上涨 0.4%；型材价格为 4211 元，同比下跌 2.4%；管材价格为 4607 元，同比下跌 4.9%。2023 年我国钢铁价格指数走势如图 1 所示。

从年度均值来看，也呈现明显下移趋势，据兰格钢铁网监测数据显示，2023 年兰格钢铁全国钢材综合价格均值为 4240 元，较上年全年均值下跌 483 元，年同比跌幅为 10.2%。

从震荡幅度来看，兰格钢铁综合钢材价格指数峰值出现在 2023 年 3 月 14 日，价格为 4650 元；谷值出现在 2023 年 5 月 31 日，价格为 3956 元，波峰、波谷震荡幅度为 694 元，较 2022 年（振幅 1382 元）明显收窄 688 元。

（二）2023 年我国粗钢产量同比基本持平

2023 年，国内下游需求疲软、钢价震荡下行，在钢铁产量平控政策落地有限的情况下，钢铁产量呈现小幅波动态势。据国家统计局数据显示，2023 年，我国生铁产量 87101 万吨，同比增长 0.7%；粗钢产量 101908 万吨，与上年同期基本持平；钢材产量 136268 万吨，同比增长 5.2%。2001—2023 年我国粗钢产量及同比增长变化情况如图 2 所示。

就粗钢日产水平来看，年度日产基本持平。月度日产在 2023 年 3 月、4 月创年内最高水平，为 308.8 万吨，较 2022 年 5 月最高 311.6 万吨减少 2.8 万吨，较 2021 年 4 月历史最高纪录 326.2 万吨减少 17.4 万吨。

（三）原材料价格中线下移，钢材成本有所下降

2023 年，受到全球通货膨胀压力加大的影

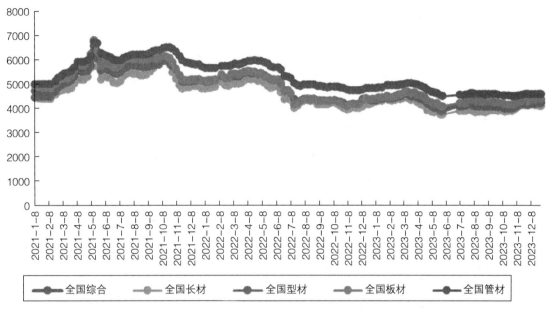

图1 2023年我国钢铁价格指数走势

资料来源：兰格钢铁网。

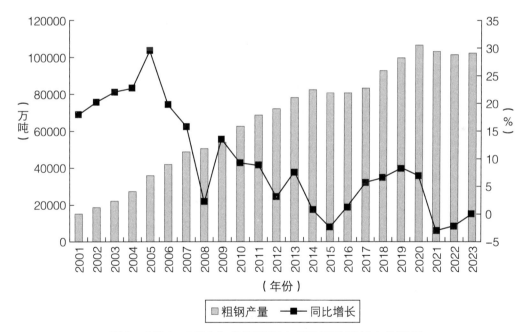

图2 2001—2023年我国粗钢产量及同比增长变化情况

资料来源：国家统计局，兰格钢铁研究中心。

响，以美联储为首的各国央行持续加息，大宗商品有所承压，而国际钢铁产能释放有限恢复。据世界钢铁协会统计数据显示，2023年，全球71个国家及地区生产粗钢18.882亿吨，同比基本持平。在全球粗钢产量有限恢复下，铁矿石市场仍呈阶段性供需宽松，进口铁矿石均价有所下行。据兰格钢铁网监测数据显示，2023 年，中国海关进口铁矿石均价 113.6 美元，同比下跌 1.8%。

2023 年，在国家保供稳价政策引领下，上游炼焦煤进口量明显增长，带动国内焦炭产量增加，叠加下游钢厂利润微薄，焦企和钢企之间频繁博弈，焦炭价格明显下行。据兰格钢铁网监测数据显示，2023 年，唐山地区二级冶金焦均价为 2200 元，较上年下跌 693 元，跌幅 24.0%；其中，峰值 2650 元、谷值 1800 元，峰谷震荡差 850 元，较上年收窄 750 元。

2023 年，废钢价格呈现冲高回落、触底反弹行情，全年均价有所下移。据兰格钢铁网监测数据显示，2023 年，废钢价格（唐山重废）均价为 2670 元，较上年下跌 391 元，同比跌幅 12.8%。

在原材料均价下移的带动下，钢铁企业吨钢生产成本有所下降。兰格钢铁研究中心测算数据显示，2023 年，兰格钢铁生铁成本指数均值在 133.4，同比下降 11.4%；普碳方坯不含税年均吨钢生产成本为 3163 元，较上年全年均值减少 376 元，下降 10.6%。

（四）钢企盈利有所恢复

2023 年下半年以来，钢铁行业保持盈利状态，特别是年末两月盈利明显回升，带动全年累计盈利较上年同期相比有所增长。据国家统计局数据显示，2023 年 1—12 月，黑色金属冶炼及压延加工业实现营业收入 83352.4 亿元，同比下降 2.2%；营业成本 79335.0 亿元，同比下降 2.8%；利润总额 564.8 亿元，同比增长 157.3%。2011—2023 年黑色金属冶炼及压延加工业利润变化情况如图 3 所示。

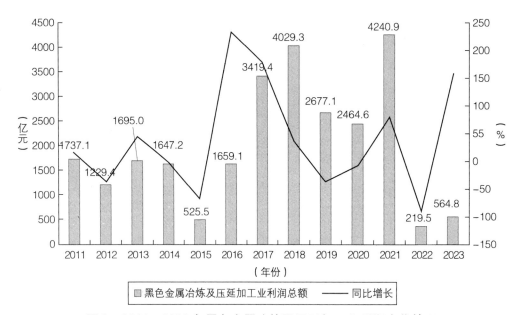

图 3　2011—2023 年黑色金属冶炼及压延加工业利润变化情况

资料来源：国家统计局。

二、2023 年钢铁物流发展情况

2023 年，伴随钢铁市场波动下行，钢铁流通市场景气度仍然不佳。随着下游需求收缩，市场去库存进程不及上年，蓄水池功能继续减弱；海外供应恢复有限、价格优势明显，我国钢材出口明显增长；在钢铁产量平稳释放下，铁矿石进口量增价降。

（一）2023 年钢铁流通市场景气度仍然不佳

2023 年，我国钢铁流通市场景气度仍然不佳。兰格钢铁网统计发布钢铁流通业 PMI 数据显示，2023 年该指数仅有 3 个月高于 50%，虽较上年增加 1 个月，但 2 月的景气度提升更多是由春节后季节性带动，反映钢铁流通市场景气度仍明显不足。2021—2023 年我国钢铁流通业 PMI 指数变化情况如图 4 所示。

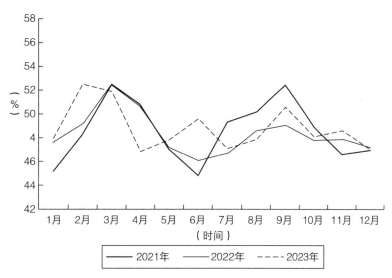

图 4　2021—2023 年我国钢铁流通业 PMI 指数变化情况

资料来源：兰格钢铁网。

（二）库存峰值低于上年，流通环节"蓄水池"功能继续减弱

钢铁流通领域的钢材社会库存承担着钢铁行业"蓄水池"的作用，由于近几年钢铁行业供需关系的明显变化，钢贸企业正在通过转型服务方式，下沉产业终端，缩短业务链条，应对供需的变化，加快转型发展的步伐，而钢材社会库存的"蓄水池"作用继续缩小。

2023 年，钢材社会库存动态变化表现出三个特点，一是社会库存峰值时间早于往年，且最高库存低于 2022 年最高水平。2023 年由于春节较早，以及市场逐步恢复，钢材社会库存在 2 月 17 日达到年内高点后开启去库周期。据兰格钢铁网监测数据显示，2023 年 2 月 17 日，钢材社会库存达到年内高点，为 1625.0 万吨，较上年高点减少 34.8 万吨，降幅为 2.1%。二是整体去库存速度低于上年。2023 年钢材社会库存最高点到最低点降幅为 49.5%，较上年（52.4%）收缩 2.9 个百分点。其中，建材库存降幅为 63.7%，较上年（66.3%）收缩 2.6 个百分点；板材库存降幅为 31.5%，较上年（27.0%）加快 4.5 个百分点。三是年末库存略高于上年同期。截至 2023 年 12 月底,钢材社会库存为 854.0 万吨,同比上升 3.1%。其中,建材社会库存为 451.5 万吨,同比上升 9.7%;板材社会库存为 402.5 万吨,同比下降 3.3%。2021—2023 年我国钢材社会库存变化情况如图 5 所示。

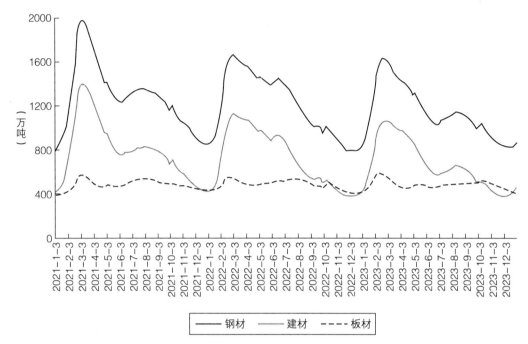

图 5　2021—2023 年我国钢材社会库存变化情况

资料来源:兰格钢铁网。

（三）钢厂直供模式销量比重提升

2023 年钢材产品在分销流通环节的流通量有所减少,而直供销量及占比明显提升。据中国钢铁工业协会数据显示,2023 年重点大中型企业通过分销环节销售的钢材量为 25745 万吨,同比下降 10.3%;占钢材销售总量的比重为 33.1%,较上年下降 4.4 个百分点。但从直供来看,2023 年重点大中型企业直供量为 35611 万吨,同比增长 6.7%;占销售总量的比重为 45.8%,较上年提升 2.2 个百分点。这反映随着市场"终端为王"形势改变,钢厂加大直供比例,流通分销环节市场份额被压缩。2011—2023 年我国重点大中型企业钢材直供、分销比例变化情况如图 6 所示。

（四）钢材出口大幅增长,进口继续回落

2023 年,受地缘政治冲突影响,海外钢铁供应有限恢复,我国钢材出口价格优势明显,在订单阶段性增长带动下,我国钢材出口呈现大幅增长态势。据海关总署数据显示,2023 年,我国累计出口钢材 9026.4 万吨,同比增长 36.2%。进口方面,我国累计进口钢材 764.5 万吨,同比下降 27.6%。同期,我国累计净出口钢材 8261.9 万吨,同比增长 45.6%,增速较上年明显提升 37.8 个百分点。2011—2023 年我国钢材进出口变化情况如图 7 所示。

（五）铁矿石进口量增价降

2023 年,我国钢铁产量平稳释放,铁矿石进口量有所增加。据海关总署数据,2023 年我国进口铁矿石 11.79 亿吨,同比增长 6.6%;进口金额 1339.7 亿美元,同比增长 4.9%;全

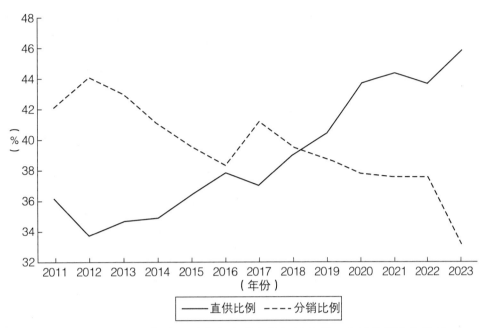

图 6　2011—2023 年我国重点大中型企业钢材直供、分销比例变化情况

资料来源：中国钢铁工业协会。

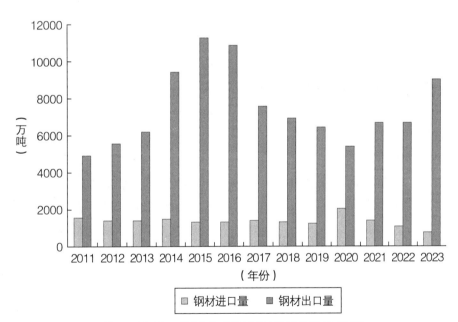

图 7　2011—2023 年我国钢材进出口变化情况

资料来源：中国海关，兰格钢铁研究中心。

年进口铁矿石均价为 113.6 美元，同比下跌 1.8%。

进口铁矿石分国别结构方面，澳大利亚仍是我国铁矿石进口的主要国家，2023 年我国从澳大利亚进口铁矿石 73707.0 万吨，同比增长 1.1%，占进口总量的 62.5%，较上年回落 3.3

个百分点；巴西是我国铁矿石进口的第二大国，2023 年进口巴西铁矿石 24856.2 万吨，同比增长 9.5%，占进口总量的 21.1%，较上年回升 0.6 个百分点；从其他国家及地区进口铁矿石 19342.8 万吨，同比增长 28.1%，占进口总量的 16.4%，较上年回升 2.8 个百分点。2011—2023 年我国进口铁矿石变化情况如图 8 所示。

图 8　2011—2023 年我国进口铁矿石变化情况

资料来源：兰格钢铁研究中心。

三、钢铁物流发展的新亮点

当前及未来几年仍是钢铁企业整合重组的窗口期，市场化兼并重组逐步形成趋势。钢铁流通顺应"数字化"发展方向，通过数字化转型与应用，解决钢铁流通过程中的难点、堵点等问题，助力钢铁行业高质量发展。

（一）钢铁行业兼并重组继续加快，区域整合和市场化重组成为趋势

2023 年，工业和信息化部、国家发展改革委等 7 部门联合印发《钢铁行业稳增长工作方案》，方案指出，鼓励行业龙头企业实施兼并重组，建设世界一流超大型钢铁企业集团，推动全国钢铁产能优化布局。支持在细分钢铁市场中具有主导权的专业化企业进一步整合资源，打造钢铁产业生态圈。鼓励钢铁企业开展跨区域、跨所有制兼并重组，改变部分地区钢铁产业"小散乱"局面。对完成实质性兼并重组的钢铁企业，研究给予更大力度的产能置换政策支持。鼓励金融机构按照风险可控、商业可持续原则，积极向实施兼并重组、布局调整、转型升级的钢铁企业提供金融服务。

2023 年，钢铁行业兼并重组继续推进，区域化及市场化推进步伐加快。2023 年 3 月 1 日，河南钢铁集团成立，注册资本 200 亿元；3 月 30 日，鞍钢集团与辽宁省朝阳市政府签署股权转让协议，朝阳市政府将其持有的凌钢集团 49% 股权转让至鞍钢集团；11 月 6 日，建龙集团对西宁特钢系列公司的重整投资获批；12 月 8 日，沙钢集团斥资 23.34 亿元，成为抚顺特钢第二大股东，沙钢集团持股比例上升至

12.73%；12月15日，新"南京钢铁集团有限公司"揭牌成立，南钢集团正式成为中信集团体系一员，上市公司南钢股份的实际控制人变更为中信集团。近年来，通过规模化、专业化整合，钢铁行业实质性重组协同效益日趋明显，钢铁行业竞争环境逐步实现健康有序发展。

（二）钢铁流通加快向数字化转型发展

《钢铁行业稳增长工作方案》指出，要开展钢铁行业数字化转型三年行动，促进钢铁企业数字化、网络化、智能化改造升级，建设一批智能制造示范工厂，打造一批制造业数字化转型标杆，形成一批可复制可推广的典型案例。鼓励有条件的地方建立数字化转型产业联盟，建设钢铁工业互联网平台和大数据中心，加快工业互联网、物联网、大数据、5G、人工智能等新一代信息技术与采矿、制造加工技术深度融合，提高行业数据治理水平，加快钢铁行业智能化升级。

随着我国钢铁工业不断向绿色化、智能化、高端化和国际化方向发展，钢铁流通领域也同步做出转型，取得长足进步。但是，钢铁流通领域仍存在着产品供需错配、企业资金承压、盈利能力不强等特点。面对行业问题，数字化转型与应用成为克服难点、打破堵点、解决痛点的重要举措之一。钢铁行业相关企业已在定制化采销、智慧仓储、网络货运、4I工厂等方面进行多元化探索和尝试。

河北物流集团金属材料有限公司近年来加大研发投入、设立数科中心，搭建了面向多业态、全流程的SCI供应链集成管理平台，涵盖客商管理、合同管理、商贸供应链管理、产业加工、智能仓储、财务管理、电子商务、数据座舱八大功能。同时，系统与外部钢厂、仓库、交易平台等进行了打通，实现数据互联、降低交易成本。该SCI供应链集成管理平台荣获2023年中金协评选的中国物流与供应链数字化优秀案例奖。

欧冶云商携手宝信软件共同打造的电子签章产品"欧信签"，凭借优越的安全性和便捷性，在宝武集团内的众多钢厂中得到了推广应用。截至2023年12月底，欧信签共服务企业客户超过7300家、个人用户超过9700家，在线签署各类电子单据超过43万份，总计实现生态圈降本680余万元。

围绕贸易高质量发展，着眼区块链、5G、大数据、物联网等新兴技术在生产资料领域的应用，杭钢集团现代流通产业以智慧供应链体系建设为抓手推动数字贸易，创新产业数字化商业模式，努力成为智慧供应链集成的综合服务商。目前，杭钢集团打造了星猫易采、星猫智联、长三角数贸港、钢链宝等数贸平台，实现了银企直联、库企直联等ERP数字化应用创新，提升贸易效率。

在钢铁行业高质量发展、降本增效的主旋律下，钢铁流通数字化转型是企业提升供应链效率"看得见、摸得着"的措施，钢铁行业相关企业顺势而为，借助数字化力量让钢铁流通更便捷、安全、高效，在数字经济浪潮中不断革新，有效提升整体竞争力和发展潜力。

（北京兰格云商科技有限公司

王国清　刘陶然　刘长庆）

2023 年中国粮食物流

2023 年全国粮食总产量 69541 万吨（13908 亿斤），比上年增加 888 万吨（178 亿斤），同比增长 1.3%，创历史新高。其中，谷物产量 64143 万吨（12829 亿斤），比上年增加 819 万吨（164 亿斤），同比增长 1.3%。全国粮食播种面积 17.85 亿亩，比上年增加 955 万亩，同比增长 0.5%。全国粮食单位面积产量 390 公斤/亩，比上年增加 2.9 公斤/亩，同比增长 0.8%。分季节看，全国夏粮产量为 2923 亿斤，比上年减少 25 亿斤，同比下降 0.8%；早稻产量为 566.7 亿斤，比上年增加 4.3 亿斤，同比增长 0.8%；秋粮产量 10418.4 亿斤，比上年增加 198.4 亿斤，同比增长 1.9%。分品种看，稻谷和小麦产量下降，玉米、豆类和薯类产量增加，稻谷产量 4132.1 亿斤，比上年减少 37.8 亿斤，下降 0.9%；小麦产量 2731.8 亿斤，比上年减少 22.7 亿斤，同比下降 0.8%；玉米产量 5776.8 亿斤，比上年增加 232.8 亿斤，同比增长 4.2%；豆类产量 476.8 亿斤，比上年增加 6.6 亿斤，同比增长 1.4%，其中，大豆产量 416.8 亿斤，比上年增加 11.2 亿斤，同比增长 2.8%；薯类产量 602.8 亿斤，比上年增加 7.3 亿斤，同比增长 1.2%。从供需总量看，我国粮食生产实现"二十连丰"，总产量连续 9 年保持在 1.3 万亿斤以上，人均粮食占有量超过 490 公斤，高于人均 400 公斤的国际粮食安全标准线，优质水稻、专用小麦供给增加，大豆扩种成效明显，自给率水平进一步提高，我国粮食库存消费比远高于联合国粮农组织提出的 17%～18% 的安全水平。饲料粮和工业用粮消费持续增加，粮食生产环境资源约束趋紧，粮食供需中长期将处于紧平衡态势，利用国际粮源适当弥补紧缺品种产需缺口、改善品种结构，对粮食保供稳价具有重要作用。2023 年我国粮食和食用油进口数量同比均有所增长，全年我国累计进口粮食 16196.4 万吨，同比增长 11.7%；累计进口食用植物油 981 万吨，同比增长 51.4%。分品种来看，稻米、高粱同比大跌，大豆、玉米、大麦等均有不同程度增长，大豆进口量为 9941 万吨，比上年增长 11.4%，占全部粮食进口六成以上；全年进口玉米 2713 万吨，同比增加 31.6%；全年进口大麦 122 万吨，同比增长 129.4%。

2023 年是贯彻党的二十大精神的开局之年，中共中央、国务院高度重视粮食生产，各地区各部门严格落实耕地保护和粮食安全责任，持续加大对粮食生产的支持力度，有力克服黄淮罕见"烂场雨"、华北东北局地严重洪涝、西北局部干旱等不利因素影响，全年粮食产量再创历史新高。中央发出了第 20 个指导"三农"工作的一号文件，聚焦全面推进乡村振兴，强调坚决守牢确保国家粮食安全、防止发生规模性返贫等底线，扎实推进乡村发展、乡村建设、乡村治理等重点工作，明确提出实施新一轮千亿斤粮食产能提升行动，全方位夯实粮食安全根基。全国粮食系统在以习近平同志为核心的党中央坚强领导下，深入贯彻落实党中央、国务院决策部署，坚决扛稳保障粮食安全政治责任，粮食收购平稳有序、市场供应充足、产业提质增效，节粮减损有力有效，粮食安全保障能力不断提升，管粮管储制度机制不断完善，强化粮食安全考核导向，重点领域改革持续推进，粮食安全立法取得重大成果，为经济回升向好和高质量发展提供了有力支撑。

一、深入实施粮食收储调控

为保障国家粮食安全，稳定口粮生产，综合考虑粮食生产成本、市场供求、国内外市场价格和产业发展等因素，2023 年国家继续在小麦和稻谷主产区实行最低收购价政策，2023 年小麦、早籼稻最低收购价格继续上调，粳稻、中晚稻保持不变。2023 年生产的小麦（三等，下同）最低收购价 1.17 元/斤，同比提高 0.02 元/斤；早籼稻 1.26 元/斤，同比提高 0.02 元/斤；中晚稻、粳稻最低收购价格分别为 1.29 元/斤、1.31 元/斤，与上年持平。国家有关部门加强粮食市场收储调控，督促中储粮集团加大中央储备玉米等收储力度，指导各地合理把握地方储备轮换节奏，加强两级储备协同运作，在引领收购、提振市场方面发挥了关键作用。精心组织市场化收购，指导各地做好仓容、资金、运力等协调保障，着力激发市场购销活力，为各类主体入市收购提供有利环境。粮食收购平稳有序，有效应对"烂场雨"、洪涝等灾害天气影响，保障了农民售粮顺畅，全年收购量保持在 4 亿吨以上。

二、着力提升安全储粮水平

近年来，我国大力推进仓储设施建设、绿色储粮技术应用，仓储设施规模逐年递增，"十四五"以来，国家新建和改造升级仓容超过 6500 万吨，仓房气密、隔热等关键性能明显提升，粮仓绿色储粮功效和性能不断升级。目前，机械通风、环流熏蒸、粮情测控、谷物冷却"四合一"储粮技术已成为国有粮库的标配，我国粮食仓储更加绿色、环保、节能，在确保粮食数量安全的同时，粮食储存保质保鲜水平进一步提升，仓储条件总体上保持世界较先进水平。截至 2023 年年底，全国粮食标准仓房完好仓容超过 7 亿吨，较 2014 年增长了 36%；全国实现低温准低温储粮仓容 2 亿吨、气调储粮仓容 5500 万吨；国有粮库储粮周期内综合损失率控制在 1% 的合理范围内。

三、大力推进信息化监管体系

我国初步建成粮食购销和储备数字化监管体系，达到了粮食购销和储备全过程实时动态监管的预期目标，人防与技防相结合迈入了网络化、智能化的新阶段，为强化粮食购销监管、保障国家粮食安全进一步夯实了基础。按照统一标准、统一接口、统一平台、统一信息系统的要求，在充分利用原有信息化资源基础上，截至 2023 年年底，中央储备粮、最低收购价粮实现信息化全覆盖，省市县三级储备粮信息化覆盖率达到 95%。针对以往粮食监管信息化中存在的信息"孤岛"、数据互联互通困难等问题，着力构建以粮食购销领域监管信息化国家平台为核心、省级平台和央企平台为枢纽、粮库信息系统为基础，实时对接、逐级负责的信息化监管三级系统架构。实现了人机协同"大数据"管粮，为粮食购销和储备监管提供了"千里眼"和"透视眼"，形成了对涉粮违法违规行为的震慑力。

四、不断提高粮食安全治理能力

2023 年 12 月 29 日全国人大常委会表决通过了《中华人民共和国粮食安全保障法》，自 2024 年 6 月 1 日起施行。《粮食流通管理条例》已修订实施，粮食安全保障的制度体系进一步完善。粮食系统持续抓好重点任务，加快提高粮食流通依法监管水平。2023 年国家粮食和物资储备局在全系统组织开展了"严监管强执法重处罚行动年"活动，部署各地强化粮食流通环节监管，从严惩治涉粮违法违规行为，加快健全完善粮食监管体制机制，以更高标准、更严要求、更实举措保障国家粮食安全。2023 年，围绕粮食收、储、销等重点环节，扎实开展日常巡查和专项检查，对检查发现的 462 个重点问题实施清单式管理，其中，296 个给予了行政处罚。12325 热线共受理举报线索 1162 件，帮助兑现拖欠农民售粮款 2500 余万元，协调履约出库粮食 7400 余吨。各级粮食和储备部门通过挂牌督办、提级查办等方式，对违反《粮食流通管理条例》等有关规定的行为，作出行政处罚 8001 例。

（中国粮食行业协会　韩兆轩）

2023 年中国汽车物流

2023 年，我们告别了三年疫情，在党中央和国务院领导下，在各级政府主管部门指导下，广大汽车与汽车物流行业企业同心聚力，创造出令人瞩目的业绩，多项指标创历史新高，推动汽车行业实现了质的有效提升和量的合理增长，成为拉动工业经济增长的重要动力。随着汽车市场的增长，2023 年汽车物流行业整体运行稳定，主要表现在以下几个方面。

一、我国汽车物流市场运行总体稳定

（一）全年汽车产销突破势增长

据中国汽车工业协会统计，2023 年，我国汽车产销总量连续 15 年稳居全球第一位。2009 年，我国汽车产销量首次双突破 1000 万辆大关，成为世界汽车产销第一大国。2013 年突破 2000 万辆，2017 年产销量达到阶段峰值，随后市场连续三年下降，进入转型调整期，2021 年结束"三连降"开始回升。2023 年我国汽车产销量突破 3000 万辆，汽车产销分别完成 3016.1 万辆和 3009.4 万辆，同比分别增长 11.6% 和 12%。与上年相比，产量增速提升 8.2 个百分点，销量增速提升 9.9 个百分点。纵观 2023 年汽车市场，

整体市场销量呈现出"低开高走，逐步向好"的特点。2023 年年初，受传统燃油车购置税优惠和新能源汽车补贴政策退出、春节假期提前、部分消费提前透支等因素影响，汽车消费恢复相对滞后，1—2 月累计产销较上年同期明显回落；3—4 月，价格促销潮对终端市场产生波动，汽车消费处于缓慢恢复过程中，汽车行业经济运行总体面临较大压力；5—10 月，在国家及地方政策推动下，加之地方购车促销活动等措施延续，市场需求逐步释放，"金九银十"效应重新显现；11—12 月，市场延续良好发展态势，叠加年末车企冲量，汽车市场向好态势超出预期。全年汽车产销量创历史新高，实现两位数较高增长。作为汽车产业的重要支撑，受汽车市场的影响，2023 年我国汽车物流市场运行总体稳定。2019—2023 年我国汽车年产销量及其增长趋势如图 1 所示。

（二）乘用车市场涨幅明显，创历史新高

我国乘用车市场连续九年超过 2000 万辆。在转型调整过程中，自 2020 年以来，乘用车销量呈现稳步增长的态势。2023 年，乘用车市场竞争加剧，同时伴随市场日趋回暖，购车需求进一步释放，我国乘用车市场形势逐渐好

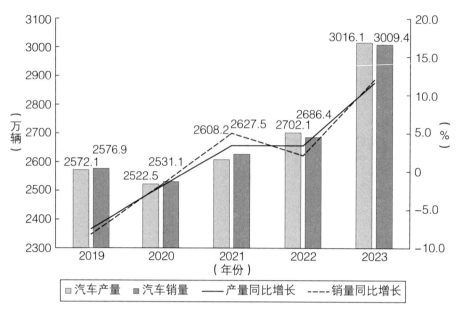

图 1　2019—2023 年我国汽车年产销量及其增长趋势

资料来源：中国汽车工业协会。

转，回归正常节奏，有效拉动了汽车增长。

据中国汽车工业协会统计，2023 年，我国乘用车产销分别完成 2612.4 万辆和 2606.3 万辆，同比分别增长 9.6% 和 10.6%。从各月销量情况来看，乘用车市场开年受到政策切换与价格波动影响，市场承受了较大压力。第二季度，在中央和地方促销政策、轻型车国六实施公告发布、多地促销活动、新车大量上市等共同拉动下，市场需求逐步恢复，上半年累计实现较高增长；下半年，乘用车市场持续走强，消费者购车需求进一步释放，继重迎"金九银十"后，年底再现市场热销现象。2023 年，乘用车国内销量 2192.3 万辆，同比增长 4.2%，尚低于 2017 年最高点 215.6 万辆；乘用车出口 414 万辆，同比增长 63.7%。其中，2023 年传统燃油乘用车国内销量 1404.3 万辆，比上年同期下降 109.4 万辆，同比下降 7.2%。由于 2023 年乘用车市场延续良好增长态势，对于稳住汽车消费基本盘发挥了重要作用，同时也带动汽车物流行业服务效率与质量的快速提升。

（三）新能源汽车市场保持产销两旺

我国新能源汽车近两年来高速发展，连续 9 年居全球第一位。在政策和市场的双重作用下，2023 年，新能源汽车持续快速增长，新能源汽车产销分别完成 958.7 万辆和 949.5 万辆，同比分别增长 35.8% 和 37.9%，市场占有率达到 31.6%，高于上年同期 5.9 个百分点。其中，新能源商用车产销分别占商用车产销的 11.5% 和 11.1%；新能源乘用车产销分别占乘用车产销的 34.9% 和 34.7%。2023 年，新能源汽车国内销量 829.2 万辆，同比增长 33.5%；新能源汽车出口 120.3 万辆，同比增长 77.6%。细分来看，在新能源汽车主要品种中，纯电动汽车、插电式混合动力汽车和燃料电池汽车产销仍然保持高速增长。2023 年，纯电动汽车销量 668.5 万辆，同比增长 24.6%；插电式混合动力汽车销量 280.4 万辆，同比增长 84.7%；燃料电池汽车销量 0.6 万辆，同比增长 72%。近年来，在政策和市场的双重作用下，新能源汽车持续快速增长，产销突破 900

万辆，市场占有率超过 30%，成为引领全球汽车产业转型的重要力量，且伴随充、换电基础设施的不断完善，新能源汽车得到长足发展，为新能源汽车物流发展提供了更大的机遇。

（四）商用车市场企稳回升

2023 年，受宏观经济稳中向好、消费市场需求回暖因素影响，加之各项利好政策的拉动，商用车市场谷底回弹，实现恢复性增长。2023 年，商用车产销分别完成 403.7 万辆和 403.1 万辆，同比分别增长 26.8% 和 22.1%。在商用车主要品种中，与上年同期相比，货车、客车产销均快速增长。2023 年，货车产销均完成 353.9 万辆，同比分别增长 27.4% 和 22.4%；客车产销分别完成 49.8 万辆和 49.2 万辆，同比分别增长 22.5% 和 20.6%。分燃料情况来看，汽油车产销分别完成 14.7 万辆和 14.6 万辆，同比分别增长 20.8% 和 21.5%；柴油车产销分别完成 36.3 万辆和 36.4 万辆，同比分别下降 8.4% 和 7.2%。

（五）二手车市场发展重回快车道

据中国汽车流通协会统计，2023 年我国二手车累计交易量为 1841.33 万辆，同比增长 14.88%。在细分市场方面，基本型乘用车累计交易 1089.67 万辆，同比增长 14.42%；SUV 共交易 237.84 万辆，同比增长 16.68%；MPV 共交易 114.14 万辆，同比增长 17.77%；交叉型乘用车共交易 36.07 万辆，同比增长 2.85%。全年二手车转籍总量达到 501.83 万辆，同比增长 25%；转籍率为 27.25%，增加 2.2%。2023 年是我国二手车新政全面落地执行的第一年，制约因素被清除、堵点被打通，政策效应正在显现，二手车市场进入全新发展阶段。目前来看，与国际先进的发达国家市场相比，我国二手车的交易比例相对较低，而我国的汽车市场起步相对较晚，二手车消费起步更晚，目前二手车市场正处于快速崛起阶段，未来发展潜力极其巨大，这也为汽车物流企业提供了更多的发展机遇。2019—2023 年我国二手车市场交易量及增长情况如图 2 所示，2018—2023 年我国二手车异地转移登记比例如图 3 所示。

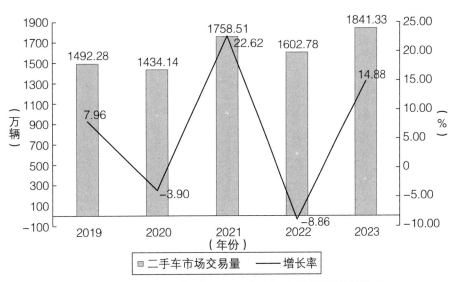

图 2　2019—2023 年我国二手车市场交易量及增长情况

资料来源：中国汽车流通协会。

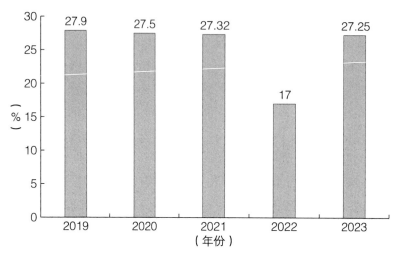

图 3　2018—2023 年我国二手车异地转移登记比例

资料来源：中国汽车流通协会。

二、整车物流运输结构持续优化

近年来，我国整车运输结构持续优化，公铁水路运输各自发挥其优势，逐渐形成高效节能的汽车整车综合运输网络。2023 年，汽车整车铁路发运超过 680 万辆，同比增长 6.9%，占乘用车市场运量的 26.3% 左右。汽车整车滚装运输量 325 万辆，同比增长 5.1%，占乘用车市场运量的 12.5% 左右。①公路运输主要集中在短途支线运输，其在干线运输的份额逐渐缩减，且平均运距进一步缩短。2019—2023 年我国汽车整车铁路、水路运输量如图 4 所示。

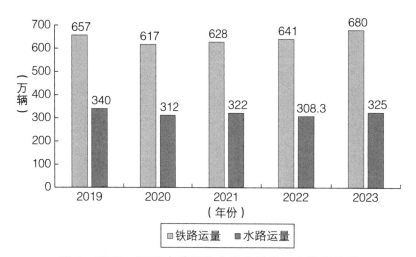

图 4　2019—2023 年我国汽车整车铁路、水路运输量

---

① 增速按可比口径计算。全书同。

公路方面，2023 年，中物联汽车物流分会对行业内整车物流承运商的自有运力进行了调查，共有 126 家整车物流承运商参与统计调查。经统计，126 家调查样本共有 20076 辆自有车辆运输车，其中，平头车 1467 辆，同比增长 27.6%，约占调查总车辆的 7.3%；尖头车 1723 辆，同比下降 35.4%，约占调查总车辆的 8.6%；中置轴车 16886 辆，同比增长 38.4%，约占调查总车辆的 84.1%。年发运量超过 100 万台车的企业有 11 家，约占调研企业数量的 8.73%；年发运量在 50 万~100 万台车的企业有 22 家，约占调研企业数量的 17.46%；年发运量在 10 万~50 万台车的企业有 52 家，约占调研企业数量的 41.27%；年发运量在 5 万~10 万台车的企业有 26 家，约占调研企业数量的 20.63%；年发运量在 5 万台车以下的企业有 15 家，约占调研企业数量的 11.91%。在企业自有车辆数量方面，拥有 400 台以上车辆的企业，约占调研企业数量的 9.2%；拥有 200~400 台车辆的企业，约占调研企业数量的 16.5%；拥有 100~200 台车辆的企业，约占调研企业数量的 38.4%；拥有 50~100 台车辆的企业，约占调研企业数量的 19.4%；50 台以下的企业，约占 16.5%。调研中，有 57% 的企业，其单车单趟平均运距小于 500 公里，较上年增长了约 3%。

铁路方面，截至 2023 年年底，作为我国整车铁路运输的主要承担者，中铁特货物流股份有限公司在全国拥有商品汽车装卸作业点 200 余个，55 个物流基地，总面积近 500 万平方米。目前，拥有 JSQ5、JSQ6、JSQ7、JSQ8、JNA1 等商品汽车专用运输车近 2 万辆，能够匹配各类商品汽车运输需求，年运输能力达 700 万台以上。

水路方面，截至 2023 年年底，与上年相比，运力变化不大。滚装船共计 88 艘，其中，江船 52 艘，海船及远洋 36 艘，在役船舶总计 15.36 万车位数。其中，2023 年无新增下水船舶，2 艘船舶退出市场（1 艘江船拆解退出、1 艘海船出售退出）。此外，滚装船在建工程 56 艘，受我国汽车出口呈现强劲增长影响，远洋滚装船需求极为迫切，滚装船在建工程全为远洋滚装船，总计约 42 万车位，计划于 2024 年开始陆续交付，其中 2024 年交付 10 艘，2025 年交付 30 艘，2026 年交付 16 艘。

随着铁水运输装备数量的逐年增加、运能的持续扩大，我国整车物流综合运输体系将快速发展。

三、汽车供应链服务体系逐渐完善

我国汽车产业正迎来重要发展机遇期，相关汽车供应链管理服务需求持续释放。其中，作为保障汽车生产制造顺利进行的重要一环——零部件物流服务尤为重要。由于汽车零部件种类庞杂且包装不规则，同时具备涉及行业面宽、供应商数量多、分布区域广等特点，如何打造更加安全、稳定、高效的汽车零部件供应链服务体系，成为行业企业的重要研究课题。

（一）快速变化的汽车零部件供应商格局

2023 年，全球零部件百强企业名单中有 16 个国家的企业入围，其中我国共有 13 家零部件供应商入围，较上年增加 3 家。新上榜的中国企业为宁德时代、均胜电子、宁波华翔电子和精诚工科汽车系统。其他上榜的 9 家中国企业为延锋、海纳川、中信戴卡、德昌电机、敏实集团、诺博汽车系统、德赛西威、宁波拓普和中鼎密封件。其中宁德时代更是位列榜单第 5 名，是前 10 家企业中唯一的中国企业。其他前 4 名的企业是博世、电装、采埃孚和麦格纳国际。

近年来，我国汽车零部件产业规模逐步扩大，产品质量明显提高，向着全球汽车价值链的中高端不断迈进。而随着全球新能源汽车市场的蓬勃发展，全球汽车零部件供应商的格局正在快速发生变化，新势力和传统主机厂都在争夺快速增长的新能源汽车市场，零部件供应链的竞争也在加剧，这将为我国汽车零部件物流市场带来增长的同时，也带来机遇与挑战。

（二）汽车零部件物流智慧化发展

汽车零部件物流作为被国际公认为最复杂、最具专业性的物流，在全球工业智能化趋势下，随着工业物联网、云计算、大数据和人工智能等技术的成熟及在各行各业的应用，汽车零部件物流行业以新技术、新装备提升服务，以数据化、智能化提高效率，朝着智慧化方向快速发展，尤其是在以人员密集型著称的零部件物流行业，实施自动化、智能化作业更是势在必行。近几年，行业内通过无人驾驶技术、自动化立体库、自动装卸技术、关节式机器人等机械化与自动化设备替代人工的案例，提升物流效率。汽车零部件物流企业积极创新，深入实践，推动汽车零部件物流从传统劳动密集型产业转型升级为智慧化产业。

（三）汽车售后服务备件物流大有可为

汽车后市场行业的发展与汽车产业紧密相关，庞大的汽车保有量是汽车后市场发展的基础。据公安部统计，2023 年全国机动车保有量达 4.35 亿辆，其中汽车 3.36 亿辆，我国已成为全球汽车保有量最大的国家。虽然汽车保有量持续增加，但我国千人汽车保有量远不及发达国家。这表示在未来较长时间内，我国汽车市场仍有较大发展空间，为我国汽车后市场发展以及汽车售后服务备件物流的发展创造了良

好的条件。巨大的汽车存量市场对汽车售后服务备件物流也提出了更高的要求。相较于其他汽车物流细分领域，汽车售后服务备件物流具有以下特点。一是需求预测与供应链管理计划的难度大，其品种种类多，且随汽车个性化程度提高快速增长，同时单品种消费频次低；地域、分销渠道、消费理念与习惯以及汽车本身都在快速发生变化。二是仓储设施规模大、建设投资高、仓储与配送成本高，备件重量、体积、形状、性质、价值等差异大，储存、搬动、包装专业化程度高；部分备件生产工艺及原材料相对复杂，供应链长，备件供应能力受产能及外部中断的影响度高，需要较高库存保证供应交期。三是物流标准亟待统一，尤其是编码规则和编码标准没有在供应链各环节统一，导致了在组织物流配送时难度增加，降低了服务质量和效率。上述高标准要求使汽车售后服务备件物流业务进入门槛不断提高。由于汽车售后服务的复杂性、专业性要求，产业链上下游需要有效协同、融合发展，随之带来的多样化、高要求的物流需求对于我国汽车售后服务备件物流发展有着积极的推动作用，这也是汽车物流企业重要的发展机遇。

四、拓展海外汽车市场，提升国际物流服务能力

在汽车产业全球化趋势加强、分工日益深化、产业链高端价值环节竞争不断加剧的背景下，我国积极参与全球汽车产业分工，不断提高自主研发能力和服务水平，汽车物流企业在保障汽车产业链供应链畅通运行的同时，全面提升国际竞争力，为我国汽车出海保驾护航。

（一）海外汽车市场创历史新高

据海关总署数据显示，2023 年我国汽车出

口量为 522.1 万辆，同比增长 57.4%，成为全球最大的汽车出口国，有效拉动行业整体增长。从细分车型来看，2023 年我国乘用车新车出口量为 414 万辆，同比增长 63.7%；商用车新车出口量为 77 万辆，同比增长 32.2%。从燃料形式来看，2023 年传统燃油汽车新车出口量为 370.7 万辆，同比增长 52.4%；新能源汽车新车出口量为 120.3 万辆，同比增长 77.6%。2023 年我国汽车出口量前十位的国家分别是俄罗斯、墨西哥、比利时、澳大利亚、沙特阿拉伯、英国、菲律宾、泰国、阿联酋和西班牙。其中，我国对俄罗斯的出口量同比增长 5 倍。据中汽协数据显示，2023 年整车出口量前十位企业分别是上汽、奇瑞、吉利、长安、特斯拉、长城、比亚迪、东风、北汽和江汽。其中，上汽、奇瑞、吉利 2023 年新车出口量分别为 109.9 万辆、92.5 万辆和 40.8 万辆。2023 年，我国整车与零部件出口合计 1892 亿美元，占机电产品出口的比重为 9.56%。其中，汽车零部件出口额为 876.6 亿美元，同比增长 9%。整车出口的强劲态势同样带动了相关零部件走出国门，为我国汽车国际供应链发展提供了广阔的市场空间。2019—2023 年我国汽车出口量及增长趋势如图 5 所示。

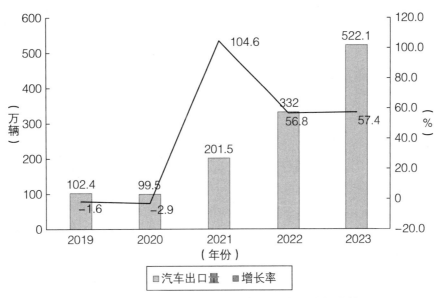

图 5 2019—2023 年我国汽车出口量及增长趋势

2023 年汽车出口呈现四大特征。一是我国汽车产业链韧性强，实现出口和内需的良好供给保障；二是新能源汽车贡献增大，目前自主品牌经济型纯电动汽车出口市场贡献巨大；三是自主品牌企业出口表现优秀；四是出口全面发展，发达国家出口的高质量增长，随着智能化加持效果逐步凸显，未来我国汽车出口潜力巨大。

（二）继续提升国际汽车物流服务能力

目前，我国汽车出口主要有远洋汽车滚装船、集装箱船、特种船只（纸浆船+框架）、中欧班列、铁路专用车、公路汽车等运输方式，以远洋滚装运输为主。2023 年我国汽车通过滚装运输方式出口的数量约为 328 万辆，占全年汽车出口总量的 62.8%；通过铁路运输方式出口的数量约为 71 万辆，占全年汽车出口总量的 13.6%；通过海运非滚装方式（海运集装箱与特种船只）出口的数量约为 12 万辆，占全年汽车出口总量的 2.3%。其中通过中资滚装运输方式出口的数量约为 35.5 万辆，仅占远洋滚装运量的 10.8%；通过外籍滚装运输方式出口的数量约为 292.5 万辆，占远洋滚装运量的 89.2%。

与蓬勃发展的海外汽车市场相比，我国海运能力不足的短板十分明显。我国车企、船公司和汽车物流企业抓紧布局远洋滚装船市场，提升国际物流服务能力。比亚迪、奇瑞、上汽、广汽等车企及旗下物流公司纷纷组建远洋船队，加速进入"自主船运"新阶段。2021年，上汽集团成立了滚装船航运子公司。2022年，奇瑞集团在威海打造汽车运输船建造基地。广汽商贸与招商局轮船也投资成立了广州招商滚装运输公司。

（三）铁路运输成为汽车国际供应链的稳定器

作为共建"一带一路"的旗舰项目和标志性品牌，中欧班列近年来不断开拓创新，开辟了亚欧大陆陆路运输新通道和经贸合作新桥梁。据国铁集团数据显示，2023 年中欧班列全年开行 1.7 万列、发送 190 万标准箱，同比分别增长 6% 和 18%；西部陆海新通道班列全年发送 86 万标准箱，同比增长 14%。

除中欧班列外，2023 年我国通过铁路笼车（JSQ 型）运输形式出口汽车 59.3 万辆。笼车车厢是专为商品车运输设计，每节车厢可装载 9~10 辆汽车，前后厢门打开后可实现整列首尾贯通，商品车能直接驶入车厢，具有运载能力强、装卸速度快、费效比高、安全可靠的特点，为我国汽车出口提供了重要的支持与保障。

铁路运输凭借全天候、大运量、绿色低碳、高效便捷等优势，以及快速高效和安全稳定的特点，成为国际产业链供应链的"稳定器"，众多企业国际运输的优选项。随着未来亚欧大陆铁路运输基础设施日益完善、通关标准更加协调便捷，铁路运输优势将进一步凸显，为全球汽车贸易注入更多稳定性。

五、行业企业深化合作互利共赢

近年来，我国汽车物流行业企业发展迅速，规模持续扩大。2023 年共有 2 家企业入选"2023 年度中国物流企业 50 强"，分别是上汽安吉物流股份有限公司和一汽物流有限公司；2 家企业入选"2023 年度中国民营物流企业 50 强"，分别是保定市长城蚂蚁物流有限公司和北京长久物流股份有限公司；还有多家企业获评"A"级以上物流企业，涌现一批行业优质企业，行业内良好的竞争格局已经形成。同时，行业内企业积极开拓外部合作，如长安民生物流与招商局能源运输股份有限公司签署战略合作协议，发挥各自资源和能力优势，在零部件集装箱运输、汽车物流仓储服务、汽车物流生态圈、绿色物流、合资合作、海外资本市场等领域深化合作；广州远海汽车船运输有限公司与长安民生在广州签署 2023—2027 年 COA 协议，双方将进一步深化合作，共同打造安全、稳定、优质的汽车出口物流产业链；一汽解放、中通智运及一汽物流完成战略合作落地签约，签署千余辆车辆采购订单；日日顺供应链与东风物流再度达成战略合作，双方将聚焦汽车零部件入厂环节，进一步拓展合作的服务品类及服务范围。通过企业间的深化合作，最终达到拓展业务、延伸服务范围、提高服务质量、互利共赢的目的。

六、汽车物流标准体系不断完善

2023 年，汽车物流行业标准工作持续推进，《电动汽车动力蓄电池物流服务规范》（WB/T 1132—2023）、《汽车零部件入厂物流质损判定及处理规范》（WB/T 1131—2023）正式发布实施。另有团体标准《乘用车集装箱装箱与拆箱作业要求》通过标准审查，即将报批，国家标准《汽车零部件物流 塑料周转箱尺寸系列及技术要求》已经提交修订申请。2023 年还对已发布的 3 项标准，包括《乘用车仓储服务规范》（WB/T 1034—2018）、《汽车物流统计指标体系》（WB/T 1070—2018）两项行业标准，《汽车物流信息系统基本要求及功能》（T/CFLP 0004—2017）团体标准进行了实施情况评估，并依据《中华人民共和国标准化法》以及国家发展改革委《关于对开展物流行业标准复审工作的复函》相关规定，完成了标准复审工作。汽车物流标准体系的持续完善，有利于推动汽车物流行业健康有序发展。

（中国物流与采购联合会汽车物流分会）

2023 年中国书业物流

2023 年，国家对文化建设、实体经济、全民阅读高度重视，书业迎来新的发展机遇。互联网新技术促使新的经济形态层出不穷，3 年疫情改变了人们的消费习惯、生活习惯和阅读习惯，社群经济和短视频的兴起，知识内容载体及传播方式日趋多元，渠道边界日益模糊。大数据、智能化、新零售在重塑生活方式的同时，也加速推进图书发行新的产业形态和商业模式变革。物流作为书业与信息化接触最紧密的环节，2023 年加快寻求创新转型。

一、服务赋"能"，提升市场能力

2023 年，物流与出版业发展同频共振，精益物流、绿色物流、智慧物流、人本物流建设一体推进，书业物流的服务保障能力显著提升，成为延伸产业链、提升价值链、打造供应链的重要支撑。反之，服务也赋能书业物流在提升服务上探索创新，满足零售客户多样化、个性化需求，最大限度缩短响应时间，提高客户满意度。

2023 年，内蒙古新华发行集团物流转型取得新成效。蓄势赋能，项目建设提质增效，建设了呼市沙良物流园区，将企业物流逐步向物流企业转变。内蒙古新华文化物流基地顺利竣工并投入使用，积极推动以图书为主的多元化物流服务体系建设，大力推进新华文化产业园建设。以基地为中心，内蒙古新华发行集团以现代物流服务集成者为目标，加快推动包头、通辽等地库房建设，推动物流业务由单一服务型向服务经营型转变。

海南凤凰新华出版发行有限责任公司加快推进解决物流仓储瓶颈问题，以海南省出版发行资源整合为契机，以澄迈老城物流基地为依托，优化企业现有物流系统，借助先进管理方法和手段，实现图书出版发行主业物流管控能力全面升级。同样，福建新华发行集团成立"福建海峡云仓物流有限公司"，推动物流中心从企业物流到物流企业的转变。吉林省新华书店集团建设全省线上仓储中心，充实线上运营团队力量，构建全品种全方位线上发行新体系。广西新华书店集团以发展第三方物流为目标，推动实施新型文化物流连锁工程，继续拓展企业内循环链条，借鉴饮用水和办公用纸项目开发经验，做好抽纸、白酒等新项目的相关工作。读者出版集团推进电商直播业务，新开设以扶农助农为核心的"读者优选"抖音号，将农特产品、文旅产品引入直播间，同时新建北方物流仓库，新媒体渠道建设初具雏形。

书业物流的细致服务助力出版主业和多元化增长。以安徽新华发行集团为例，自 2014 年以来，安徽新华发行集团探索推进服务供给侧结构性改革，在全国率先实现从"送书到校"到"分书到班"的服务转变，覆盖 1.8 万所中小学校和 15.5 万个班级。目前，新华书店在合肥区域内服务中小学 380 所，服务学生达到 66 万人。在配送教材之外，教育服务专员也会了解学校的需求，不定期地将重点产品和服务推荐给学校。安徽新华发行集团将"送书到校、分书到班"等服务模式编制成《中小学教科书发行服务标准》，填补了中小学教科书发行服务标准的空白，为整个行业发行服务工作的有序开展提供了依据，促进行业整体效能提升。此外，安徽新华发行集团持续提升文化物流服务保障能力，一般图书订单出库时效（节假日、双休日除外）达 96.8%，同城配送网点由最初 19 个网点增加至 93 个网点，全省配送网点由原先按市县设 78 个送货点增加到目前 200 多个，有效提升了物流配送效率。积极布局民生业务，鳜鱼业务全年营收 1.77 亿元，同比增长 82.23%，结合徽菜文化和民生产业，创新性地打造"鳜事发生河街城市体验店"，利用"轻餐饮+销售门店"的模式开拓游客市场；积极探索预制菜的研发和推广，率先于市场推出一系列以臭鳜鱼为主的预制菜产品；探索创新销售端，满足餐饮端客户多样化需求。2022 年，供应链及物流服务业务占公司总收入的 34%，成为集团营收的第二大支柱，高效率的新智慧物流体系成为收入利润增长点。2022 年供应链及物流服务业务实现营业收入 39.37 亿元，同比增长 29.50%。

二、数字化赋能，拓展延长供应链

物联网、大数据、云计算、人工智能、区块链等高速发展，促使经济全球化向数字化、网络化、智能化加速转型。数字化加速融入经济社会发展各领域全过程。据《数字中国发展报告（2022 年）》显示，2022 年我国数字经济规模达 50.2 万亿元，占 GDP 的比重为 41.5%，同比增长 10.3%，已连续 11 年高于 GDP 增速。2023 年数字中国建设总体呈现发展基础更加夯实、赋能效应更加凸显、数字安全和治理体系更加完善等特点。书业物流在数字化赋能下，加快智慧物流建设步伐，构建以智慧仓储、智慧分拣、智慧配送、智慧设备及智慧物流园区为主要内容的全链条智慧物流体系。实施创新驱动发展战略，探索更多智慧物流方案，拓展新一代信息技术在物流应用中的广度和深度，助推物流提质升级、降本增效。

2023 年秋季开学前，广东新华发行集团以高质量服务将 2.04 亿册教材安全送到学校，如期完成"课前到书，人手一册"的政治任务。背后离不开"数字化"的功劳，提高物流工作效率，实现对教材发行全过程的数据采集和监控，为物流管理提供数据支持，为提高未来整体发行工作效率和推动更广泛的自动化应用夯实基础。这是广东新华物流分公司研发"图书物流智能作业管理系统"的成绩展现，也是近年来部分书业物流布局数字化战略的一个缩影。

2023 年，湖北省新华书店集团加快现代物流体系建设，打造智慧物流园区、电商物流基地和馆配现采基地，提升供应链服务能力。新建各类实体书店 12 家，以"文化+""生活+"理念推动破壁出圈；积极推进物流供应链体系规划建设，产业延伸基础不断夯实。

2023 年，江西新华发行集团提出巩固提升"新华+"六大发展战略，拓展新的发展领域。"新华+文化""新华+教育""新华+科技""新华+金融""新华+物流""新华+新业态"，其中，"新华+科技"实现新提高，围绕物联网、云教育、电商平台、江西新华在线、教育装备，持续推进物联网技术植入书业，持续推进电商业务，持续推进教育装备创新业务模式；"新华+物流"实现新进展，围绕加强物流应急体系建设、优化送货路线网络布局、加快智慧物流建设三方面进行布局。编织江西省内省外网格化、智慧化的全国同行业领先的现代物流配送体系，做好璜溪园区 1 号车间重建项目的基建施工等工作，抓好南昌、九江、抚州、上饶、宜春、景德镇六大物流基地运行，推动物联网 RFID 技术应用。值得一提的是，现代出版物流港 1 号库荣获中国仓储与配送协会颁发的"五星级仓库"称号。

2023 年，江苏凤凰新华书店集团启动融合发展自有平台建设，为向私域电商转型提供有益探索。年内完成的两库融合项目一期建设，实现物流分区调度、拣货路径优化，使物流拣货效率提升 20%。

新华文轩始终充分发挥全产业链优势，实施"强链、升链、延链"战略，推动数字化、数据化、智能化升级，为新华文轩、为整个出版发行行业的高质量发展提供强大动力和重要支撑。在供应链能力建设及行业服务上，新华文轩构建了以成都、天津、无锡、清远为中心、辐射全国的仓储物流网络布局，并持续强化数据驱动，着力数字化、智能化升级，提升供应链协同效率和服务效能。文轩在线重点研发打造了数据赋能平台——"轩致"平台，打通上下游经营信息屏障，增进社店协同效率。

读者出版集团推动新华物流系统从行业物流向社会物流转型，一是对现有新华书店物流系统进行全面的市场调研，梳理仓储、配送、运输、人力等各种资源，制定科学合理的转型规划；二是对接引入先进的物流技术，如 RFID 技术、物联网技术、智能物流系统等，提高物流运作的效率和准确性；三是建立数字化客服系统，通过物流全链路的数字化和可视化，实现订单跟踪、异常监控、即时交互，让退货、拦截、催件、投诉等变得流畅高效，以满足社会物流的现实需求；四是对接头部物流企业，拓展服务半径与市场营销能力，加强与产业上下游的协同合作，不断提高渠道的利用效率和经济收益。为了激活新华书店物流配送的渠道价值，从多方面入手，例如，优化物流配送网络、加强信息化建设、拓展增值服务、加强协同合作、培养专业物流人才、提升物流服务意识等。

山西新华书店集团持续构建数智支撑，推动物流公司健康发展，优化物流网络布局，合理加大基础设施建设投入，加快 ERP 系统切换上线、物流信息系统更新换代，提高整体运行质量和效益。

三、新质生产力加持，布局未来

当前和今后较长一段时期，转型、创新仍是书业物流的主基调。

2023 年 9 月，习近平总书记在黑龙江考察调研期间首次提到"新质生产力"，成为推动高质量发展的内在要求和重要着力点。强调新质生产力与新型业态的发展，加快数字融合转型步伐。这也是书业物流的发展方向。为此，在书业物流数字化战略布局中，云南出版集团把"增动能"作为四大要点之一，聚力突破增动能，在融合发展、现代物流、非书多元上求突破，释放发展潜能，增强发展内生动力。浙江省新华书店集团将进一步坚持社会责任担当、品牌价值塑造，在不断做强主阵地、主渠道建设的同时，加快数字融合转型步伐，以用户和网点建设为基础，以数据和技术为驱动，以平台建设为抓手，推动线上线下连锁门店体系、教育服务、行业大数据平台的深度融合。山西新华将以数字化思想重构企业发展规划，保持企业的持续改善和发展，以期未来可以通过数字化运营来降低成本、提高效益、提升企业在数字化时代的生存能力。

（《中国出版传媒商报》社　穆宏志）

2023 年中国冷链物流

2023 年，我国经济顶住多重压力实现量的合理增长，在爬坡过坎中经济实现质的有效提升，全年经济运行呈现前低中高后稳态势。国内生产总值（GDP）达 1260582 亿元，比上年增长 5.2%。人均国内生产总值 89358 元，比上年增长 5.4%。国民总收入 1251297 亿元，比上年增长 5.6%。

2023 年，物流运行总体恢复向好，社会物流总额增速稳步回升，冷链物流稳步增长。

一、冷链政策引导冷链物流业高质量发展

2023 年，国家、省（自治区、直辖市）、地级市（地区、自治州、盟）、县（自治县、县级市、旗、区）四级政府继续鼓励支持并落实冷链物流高质量发展。整体来看，集约高效、绿色低碳、智慧畅通、转型升级、融合联动、优化服务、创新新业态、培育新经济等为高频关键词，指明我国冷链物流业发展方向。

国家层面，2023 年中央一号文件 19 次提及冷链物流相关内容；《农业农村部办公厅关于继续做好农产品产地冷藏保鲜设施建设工作的通知》《全国现代设施农业建设规划（2023—2030 年）》等规划文件继续引导冷链高质量发展。

地方层面，据不完全统计，2023 年，冷链直接相关政策、规划超过 23 项，主要以补齐冷链物流设施短板、布局三级冷链物流体系、加强冷链物流全流程监管体系为核心，逐步实现各地区冷链物流高质量发展，主要聚焦国家骨干冷链物流基地、地方冷链体系建设、优势农产品冷链基地建设、冷链物流标准化和绿色化等方向。其中，浙江、江苏、天津等 10 多个省市纷纷出台冷链物流发展行动方案；营口、盘锦等地市级，深圳市盐田区、邢台市信都区等县（市、区）出台冷链物流高质量发展三年行动方案、建设实施方案或扶持措施等落实和引导各区域冷链有序建设。2023 年国家层面发布的部分冷链物流相关政策如表 1 所示；2023 年地方发布的部分冷链物流相关政策如表 2 所示；2023 年部分地级市直接冷链物流相关政策如表 3 所示；2023 年县级发布的部分冷链物流相关政策如表 4 所示。

表1　　　　　　　　　2023 年国家层面发布的部分冷链物流相关政策

序号	成文时间	发布机构	政策名称	内容摘要
1	2023-01	中共中央、国务院	《中共中央 国务院关于做好 2023 年全面推进乡村振兴重点工作的意见》	完善农产品流通骨干网络，改造提升产地、集散地、销地批发市场，布局建设一批城郊大仓基地。支持建设产地冷链集配中心。推动冷链物流服务网络向乡村下沉
2	2023-02	农业农村部	《农业农村部关于落实党中央国务院 2023 年全面推进乡村振兴重点工作部署的实施意见》	在重要流通节点建设产地冷链集配中心；推进国家级农产品产地市场建设，加强大型冷藏保鲜、仓储物流等保供公益性基础设施建设
3	2023-06	国家发展改革委	《关于做好 2023 年国家骨干冷链物流基地建设工作的通知》	布局建设大型冷链物流基础设施，集聚冷链物流资源、优化冷链物流运行体系、促进冷链物流与相关产业融合发展
4	2023-06	农业农村部	《冷链物流和烘干设施建设专项实施方案（2023—2030 年）》	以建设提升产地仓储保鲜冷链物流设施为重点，全面补齐设施农业产业链配套设施装备短板，有效减少粮食和"菜篮子"产品的产后损失和流通环节浪费
5	2023-07	农业农村部办公厅	《农业农村部办公厅关于继续做好农产品产地冷藏保鲜设施建设工作的通知》	完善产地冷藏保鲜设施网络；推动冷链物流服务网络向乡村下沉；培育一批农产品产地流通主体；创新一批农产品冷链物流运营模式
6	2023-07	商务部等 9 部门办公厅（室）	《县域商业三年行动计划（2023—2025 年）》	加强跨区域农产品批发市场、干支线冷链物流、农产品仓储保鲜设施和产地冷链集配中心建设，提高农产品冷链流通效率

表2　　　　　　　　　2023 年地方发布的部分冷链物流相关政策

序号	成文时间	发布机构	政策名称	内容摘要
1	2023-06	天津市发展改革委、天津市商务局	《天津市推动冷链产业高质量发展的工作方案》	重点打造"两基地、三枢纽、多节点"的冷链产业发展布局
2	2023-05	浙江省发展改革委	《浙江省冷链物流高质量发展三年行动计划（2023—2025 年）》	提升骨干冷链物流基地支撑衔接能力；补齐以山区海岛为重点的产地冷链物流设施短板；优化满足城乡差异化需求的销地冷链物流设施布局

续　表

序号	成文时间	发布机构	政策名称	内容摘要
3	2023-04	江苏省发展改革委	《江苏省推进冷链物流高质量发展三年行动方案（2023—2025年）》	打造枢纽节点，构建冷链物流骨干网；健全城乡冷链配送体系
4	2023-07	云南省农业农村厅	《云南省农产品产地仓储保鲜冷链物流建设三年行动方案（2023—2025年）》	推进农产品产地冷藏保鲜设施建设；推进农产品产地冷链集配中心建设；推动农产品骨干冷链物流基地建设
5	2023-11	宁夏回族自治区人民政府办公厅	《宁夏回族自治区冷链物流高质量发展实施方案（2023—2027年）》	以争创国家骨干冷链物流基地、建设产地冷链集配中心，推动冷链设施扩容升级为重点任务，完善冷链物流网络体系
6	2023-09	新疆维吾尔自治区人民政府办公厅	《自治区推进冷链物流高质量发展实施方案（2023—2025年）》	构建内外联通冷链物流通道，建设以疆内循环为主、联通国内大循环的冷链物流通道，以及"外向型"国际冷链物流通道
7	2023-08	黑龙江省商务厅、省发展改革委、省工信厅、省农业农村厅等12部门	《黑龙江省商贸冷链物流建设行动方案》	补足冷链各环节设施、发展对俄跨境商贸冷链物流、引进培育龙头企业、发展"智慧+"商贸冷链物流、推进商贸冷链物流标准化建设、加速商贸冷链物流绿色低碳化
8	2023-03	浙江省农业农村厅	《浙江省农产品产地仓储保鲜冷链物流建设规划（2023—2027年）》	推进建设产地冷藏保鲜设施、产地冷链集配中心、产地冷链物流基地相互有效衔接，整体构建功能衔接、上下贯通、集约高效的产地冷链物流服务体系

表3　　　　　　　2023年部分地级市直接冷链物流相关政策

序号	成文时间	发布机构	政策名称	内容摘要
1	2023-01	梅州市人民政府办公室	《梅州市推进冷链物流高质量发展实施方案》	构建"8+X"冷链物流设施网络、加快完善建设冷链物流重要节点和产地设施、健全销地分拨配送体系
2	2023-07	盘锦市人民政府办公室	《盘锦市冷链物流高质量发展三年行动方案（2023—2025年）》	推动冷链物流设施建设、加快建设产销冷链集配中心、补齐产销两端冷链物流设施短板功能，着力构建以产销冷链集配中心和两端冷链物流设施为支撑的冷链物流节点设施网络

续 表

序号	成文时间	发布机构	政策名称	内容摘要
3	2023-03	营口市人民政府办公室	《营口市冷链物流高质量发展三年行动计划（2023—2025年）》	推进基础设施建设，完善冷链物流网络；提高运输服务质量，促进冷链增效降本；加强冷链全链条监管
4	2023-12	济南市人民政府办公厅	《济南市冷链物流发展三年行动计划（2023—2025年）》	优化布局"4个集散基地+11个集配中心+N个采供网点"三级节点网络体系，发展重点品类和特色品类冷链物流体系

表4　　　　　2023年县级发布的部分冷链物流相关政策

序号	成文时间	发布机构	政策名称	内容摘要
1	2023-03	深圳市盐田区工业和信息化局	《盐田区关于加快推进冷链产业高质量发展扶持措施》	搭建冷链科技平台，提高智慧发展水平；拓展进口冷链贸易，打造区域交易中心
2	2023-04	邢台市信都区人民政府办公室	《邢台市信都区加快建设物流强区行动方案（2023—2027年）》	提升农产品冷藏保鲜能力，加强基础设施建设

二、冷链标准水平持续提高

我国已颁布的标准中，与农产品冷链物流相关的标准有400余项，涉及术语、管理与技术、设施设备等多个方面，为我国冷链物流产业健康发展、保障农产品供应、推动交易方式创新提供了技术和工程保障。总体要求方面，有《物流术语》（GB/T 18354—2021）和《冷链物流分类与基本要求》（GB/T 28577—2021）；设备要求方面，有《保温车、冷藏车技术条件及试验方法》（QC/T 449—2010）和《冷库设计规范》（GB 50072—2010）；信息管理方面，有《冷链物流信息管理要求》（GB/T 36088—2018）和《食品冷链物流追溯管理要求》（GB/T 28843—2012）；具体要求方面，有《农产品产地冷链物流服务规范》（GB/T 42503—2023）、《冷藏、冷冻食品物流包装、标志、运输和储存》（GB/T 24616—2019）和《易腐食品控温运输技术要求》（GB/T 22918—2008）等。另外，首个食品冷链国家强制性标准《食品安全国家标准 食品冷链物流卫生规范》（GB 31605—2020）已于2021年3月11日正式实施，标志着冷链行业新监管、新门槛时代已经到来。除了国家层面，各地方政府也出台系列地方性法规和规章，对冷链物流管理标准作出了更加详细的规定。例如，为推进京津冀协同战略发展实施，天津市商务委员会、北京市商务委员会、河北省商务厅、天津市市场和质量监督管理委员会、北京市质量技术监督局、河北省质量技术监督局共同组织制定《冷链物流温湿度要求与测量方法》《水产品冷链物流操作规程》《畜禽肉冷链物流操作规程》等系列标准，助推农产品冷链物流标准体系建设。

农产品冷链物流标准化管理机制方面，采取政府主导的协调一致和分工协作相结合的管理模式。县级以上地方人民政府标准化行政主管部门统一管理本行政区域内的标准化工作，"标准化行政主管部门"与"有关行政主管部门"共同承担标准化工作的开展、考评、激励和监督等管理职责。目前，我国已建立部级、省级、市级以及县（区）级等多层级政府标准化工作的协调机制，提出促进标准化改革发展的方针政策，强化标准化工作各部门间的协作配合，统筹协调行政区域内标准化工作。同时加强区域标准化工作的合作交流，如京津冀建立标准化议事协调机制，陕西、甘肃等六省（自治区）和新疆生产建设兵团质监局成立"新丝路标准化战略联盟"，华北5省（自治区、直辖市）成立"华北区域标准战略联盟"，上海、南京、广州等9个城市建立"城市标准化创新联盟"，共同探索区域内标准互认和资源共享，制定相关领域团体标准或城市间联盟

标准。

此外，我国冷链物流在标准领域的国际影响力也不断提升。从参与ISO《间接温控冷藏配送服务：具有中间转移的冷藏包裹陆上运输》《B2B冷链物流服务—仓储和运输的要求和指南》等国际标准的制定，再到ISO/TC 315冷链物流技术委员会的建立，在国际舞台上展现了我国冷链物流领域的标准化水平。近年来，ISO/TC 315冷链物流技术委员会积极推动国际冷链物流标准化工作，目前正在参与《冷链物流术语》《温控仓库和道路车辆的温度验证方法》等多项国际标准的编制工作。随着国际标准化工作的不断深入，将进一步提升我国冷链物流标准国际化水平。

三、冷链物流市场需求

2023年我国冷链物流总额为8.9万亿元，比2022年增长400亿元，同比增长4.6%。2019—2023年我国冷链物流总额及增速如图1所示。

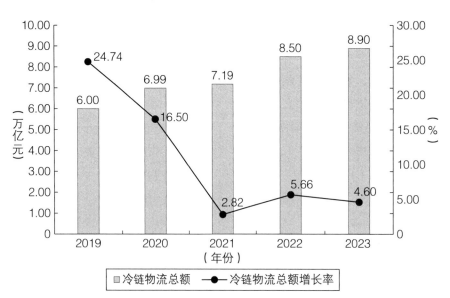

图1　2019—2023 年我国冷链物流总额及增速

资料来源：中物联冷链委。

2023 年，我国冷链物流市场总规模为 5170 亿元，比 2022 年增长 254 亿元，同比增长 5.2%，仍保持稳定增长态势。2019—2023 年我国冷链物流市场总规模及增速如图 2 所示。

（一）冷链物流总体市场需求

2023 年，我国冷链物流市场整体处于承压前行、需求逐步企稳回升的震荡发展局面。冷链物流需求总量约 3.5 亿吨，同比增长 6.1%，2019—2023 年我国食品冷链物流需求总量及增速如图 3 所示。

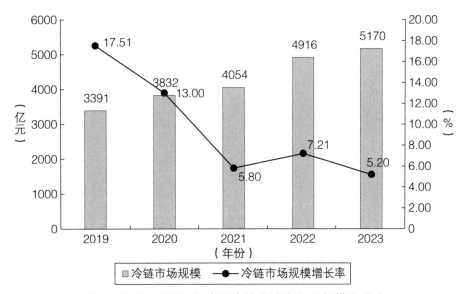

图 2　2019—2023 年我国冷链物流市场总规模及增速

资料来源：中物联冷链委。

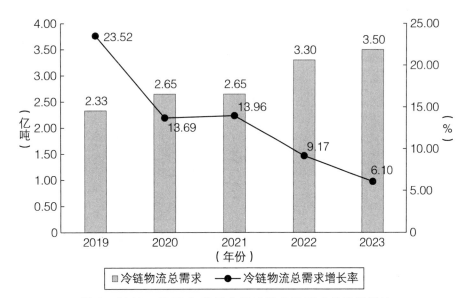

图 3　2019—2023 年我国食品冷链物流需求总量及增速

资料来源：中物联冷链委。

2023 年，全国冷藏车市场保有量达到 43.2 万辆，较上年增长 4.97 万辆，同比增长 12.9%。2019—2023 年我国冷藏车市场保有量及增速如图 4 所示。

2023 年全国冷库总量约为 2.28 亿立方米，较上年增长 0.18 亿立方米，同比增长 8.3%。2019—2023 年我国冷库总容量及增速如图 5 所示。

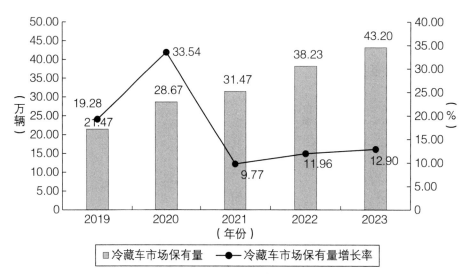

图 4   2019—2023 年我国冷藏车市场保有量及增速

资料来源：中物联冷链委。

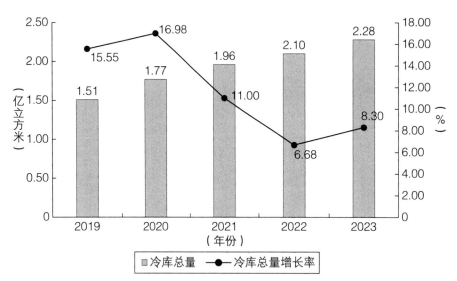

图 5   2019—2023 年我国冷库总容量及增速

（二）"6+1" 细分品类冷链市场需求及趋势研判

蔬菜。我国是全世界蔬菜生产和消费的第一大国，占据世界蔬菜产量的半壁江山。近年来，蔬菜需求逐渐从数量型向质量型转变，尤其是对绿叶菜的需求增速较快。2023 年，我国蔬菜总产量达 8.29 亿吨，同比增长 3.6%。但是产地低温处理率仅为 11%，商品化处理能力弱，蔬菜采后损失较大。据测算，蔬菜冷链需求量约 1.2 亿吨。随着消费者对优质、新鲜蔬菜需求提升，储藏保鲜能力大幅度提高，对自动化、现代化、智能化的蔬菜预冷库、保鲜储藏库、冷藏车等设施设备需求也将不断增加。

水果。水果是我国继粮食、蔬菜之后的第三大种植作物，是许多地区农村经济发展的支柱产业。2023 年，全国生产的水果总量达 3.27 万吨，同比增长 4.63%。但是，产地基础设施建设仍不完善，存在分选、分级、预冷、冷藏运输和保鲜等采后处理问题，产地低温处理率仅为 23%，损失率超过 30%。据测算，水果冷链需求量约 8340 万吨。此外，国内人均年水果消费量 82.3 千克，是发达国家的一半，有较大增长空间，其冷链需求也将持续提升。

肉类。2023 年我国猪牛羊禽肉产量 9641 万吨，比上年增长 4.5%。猪肉和禽肉产量占比维持在 86% 左右，牛羊肉占比相对较为稳定。猪肉 5794 万吨，增长 4.6%；牛肉 753 万吨，增长 4.8%；羊肉 531 万吨，增长 1.3%；禽肉 2563 万吨，增长 4.9%。据测算，肉制品冷链物流需求量为 4049.22 万吨。目前，我国肉类产地低温处理率为 70%。"运猪"模式逐渐转变为"运肉"模式；越来越受消费者青睐的冷鲜肉，逐步在畜禽肉市场上占据主导地位，助推其冷链物流需求快速发展。

水产品。2023 年我国水产品总产量达到 7100 万吨，比上年增长 3.4%。我国作为世界上主要的水产品消费国，随着餐饮市场回暖以及消费者高质量蛋白摄入需求增加，水产品需求将持续增长。随着水产品种类、产量和消费量的不断扩大，其冷链市场需求将日益提高。据测算，水产品冷链物流需求量为 3408 万吨。

乳制品。2023 年我国乳制品产量为 4197 万吨，同比增长 6.7%。据测算，我国乳制品的冷链需求量为 2895.93 万吨。随着国民健康意识的普及，科学饮食和营养均衡意识的增强，乳制品消费量近十年来连续正增长，乳制品行业发展进入新时期，行业空间和结构仍在不断提升，各品类发展持续分化，常温白奶迎来复苏式增长，巴氏奶方兴未艾，企业加速布局，酸奶产品整体略有承压，但是常温、低温产品均在持续创新，冷链需求将进一步增加。

速冻食品。有研究显示，2023 年我国速冻食品的市场规模预计达到 2260 亿元。在速冻食品市场中，速冻米面和速冻火锅料占据了主要的市场份额，其中，速冻米面制品约占 40%；速冻火锅料约占 28%；其他约占 32%。未来有很大的发展空间。一是随着经济发展，消费水平提升，城镇化持续推进，速冻食品成为更多人日常饮食的一部分。二是餐饮行业中，以火锅为代表的大众化消费需求不断提升，带动速冻火锅料制品快速发展。三是随着外卖猛增，速冻食品的消费半径扩大，迎来加速发展期。四是根据锐观咨询整理，目前我国速冻食品人均消费量高于 1980 年的日本，尚不及当时的美国和部分欧洲国家。此外，美、欧、日速冻食品品类均保持在 2500 种以上，而我国仅 600 种，空间很大。

医药产品。经中物联医药物流分会不完全统计，2023 年我国医药冷链市场规模持续上涨，达 6027.11 亿元，2023 年我国医药流通冷链物流费用总额预计达 260.03 亿元（中国物流与采购联合会医药物流分会估算）。近年来，伴随着国家陆续发布利好政策、人们对医药安全的重视，"电商+医药""外卖+医药"等多样化消费业态簇生，医药冷链产品市场规模将持续增加，医药冷链快速发展。

四、冷链物流行业装备技术环境

（一）设施设备及技术发展情况

以农产品冷链为例，我国农产品冷链物流技术包括产地冷加工、冷藏储存、冷藏运输、冷藏销售、全程冷链5个一级技术类型。

第一，产地冷加工主要包括预冷和冷冻加工。在果蔬预冷加工方面，以浸入和喷淋的预冷方式为主，肉类主要采用螺旋预冷机进行预冷。在速冻环节，基于液氮的直接接触式速冻技术装备应用最为广泛。果蔬冷冻冷藏的自动化程度要高于肉类，但仍存在很多问题。

第二，冷藏储存技术包括智能识别登记、冷库环境精准监测、可再生能源利用技术等，整体提升空间很大。

第三，冷藏运输技术包括运输全程监控和绿色环保运输技术，此环节是目前制约我国冷链发展的关键因素，冷链运输断链现象普遍存在。冷藏运输方式以陆地公路运输为主，随着"一带一路"倡议和《区域全面经济伙伴关系协定》（RCEP）等战略实施，生鲜电商、预制菜、跨境食品贸易等市场的崛起，铁路、水路、航空等冷藏运输方式将发挥更大作用。

第四，冷藏销售技术包括低能耗冷柜和智能生鲜柜技术。

第五，全程冷链技术主要指基于区块链技术的农产品冷链物流全流程溯源技术。

装备方面，目前虽然老旧冷库和冷藏车仍占多数，但是已进入冷库和冷藏车节能新时代。制冷技术、节能技术、自动化控制技术等方面都有了显著提升，使冷库设备的性能、稳定性、可靠性得到很大程度的提高。同时，制冷压缩机、冷凝器、膨胀阀、控制系统等设备种类日益丰富，不断满足不同客户、不同场景的需求。未来朝着绿色环保、智能化、模块化与标准化、高度集成、（移动）共享化和多元化应用方向发展。此外，制冷剂对于冷库是至关重要的因素。在充分考量对全球环境（ODP、GWP等指标）影响和安全基础上，积极研发推广和应用高效制冷剂，安全科学推动氨、二氧化碳等制冷剂的安全应用。

（二）行业人才支撑和需求概况

我国中职、高职均已设立，但本科院校没有冷链物流专业，其大多属于物流管理专业的一个方向。此外，有文献研究表明，冷链物流人才需求增速超过行业发展增速，人才缺口较大，并且冷链物流人才的需求增速远高于物流大类的平均增速。冷链物流高职毕业生的需求最大，远超中职和本科毕业生。

据中物联冷链委研究，国内冷链物流人才需求同地区间冷链物流发展分布基本一致，呈现地区分布不均的局面，需求岗位多集中在北京、上海、广州、深圳等大中城市群和济南、合肥、郑州、武汉、成都、青岛、苏州等其他二类城市。城市消费水平较高，冷链物流需求量较大，冷链物流产业相对集中。

冷链物流行业的技术技能岗位群主要包括冷链采购与供应链管理、冷链运营、冷藏库管理、冷链运输、质量控制、物流信息管理及流程优化等岗位，都要求人才具备相应的能力。但实际情况中，很多冷链从业人员是从物流、市场营销、电子商务、信息技术、管理甚至工科领域跨界转行，因此无法完全满足实际需求。随着冷链物流进入高质量发展新阶段，冷链上下游融合趋势明显，市场化、体系化特征更明显，需要全链条管理、运营、技术等方面的综合型人才。

五、冷链物流行业市场主体

（一）基本情况

当前，中国冷链物流百家重点企业中，民营企业仍是主要组成部分，另外还有国营、外资和合资企业。冷链作为热门行业，吸引了更多的企业入局冷链赛道。根据中物联冷链委近几年的调研，每年都有新晋百强的企业，主要集中在后段 20 名，前段和中段企业相对稳定，企业发展呈现出逐步成长、逐渐做大做强的态势。在区域分布上，华东、华北、华中、华南整体变动较大，东北、西南及西北相对稳定。

（二）业务布局

冷链物流百家重点企业中业务重点布局前 3 名为冷链仓储、干线运输和城市配送。为满足市场需求，冷链物流企业拓展多元业务，提升自身综合实力。一方面，大部分冷链物流企业涉及 3~6 项业务，多轮驱动的发展模式更有利于企业增强韧性、抵御经营风险，实现可持续发展；另一方面，受消费升级、城市化进程、电商发展和政策红利等因素影响，城市配送业务快速增长。

（三）集中度

冷链物流重点企业前 5 名的营收占到百强重点企业总营收近一半；前 50 名的营收占到百强重点企业总营收的近九成。说明中小企业多而不强，冷链物流行业"散、小、杂"的局面尚未摆脱。

六、2023 年冷链物流行业分析

（一）冷链物流行业发展现状

1. 冷链产业环境持续改善

2023 年整体政策聚焦于高质量发展主题，主要关注基础设施建设、下沉乡村、体系化建设、绿色发展、链接国际等方面。在资金支持方面，继续安排专项债券支持建设冷链物流设施，明确支持国家物流枢纽、农产品批发市场等城乡冷链物流设施建设等。标准方面，制定国际标准、国家标准、行业标准及团体标准，有效提升行业准入门槛，促进行业规范发展。国际标准《冷链物流术语》进入编制阶段。

2. 冷链物流基础设施初具规模，初见成效

2023 年，我国冷链基础设施建设投资约 585.5 亿元，同比增长 8.2%；虽然冷库新建速度放缓，但高标准冷库比例提高。冷链三级基础体系建设取得了诸多成就，已建设 66 个国家冷链骨干物流基地，覆盖 29 个省市，农业农村部也积极筹备农产品骨干物流基地建设；产销冷链集配中心、产地"最初一公里"和销地"最后一公里"冷链设施建设也在不断完善。冷库总量约 2.28 亿立方米，同比增长 8.3%；果蔬、肉类、水产品等农产品产地低温处理率均高于 2022 年水平。

3. 经济复苏增加冷链物流活力

2023 年我国社会消费品零售总额超过 47 万亿元，同比增长 7.2%。其中，餐饮总收入首次突破 5 万亿元，表现亮眼，冷链需求明显回升。同时，根据网经社电子商务研究中心联合数字零售台发布的《2023 年上半年中国生鲜电商市场数据报告》显示，生鲜电商交易规模预计达 6427.6 亿元，同比增长 14.74%，带动冷链需求增幅较大。"生鲜电商+冷链宅配""中央厨房+食材冷链配送""直播带货"等服务模式和消费业态的变革，推动冷链物流市场需求继续扩张。

4. 预制菜等成为冷链新的需求点

根据《2023 年中国预制菜产业发展蓝皮书》数据显示，2023 年，我国预制菜产值超过

5000 亿元，2026 年将升至万亿元级别。预制菜不仅被食品企业视为第二增长曲线，也被地方纳入新一批"千亿产业集群"规划。2022 年以来，广东、山东、福建、河北等地先后出台预制菜产业发展政策，瞄准万亿产业前景，争夺"预制菜之都""千亿产业集群"或"单项冠军企业"。预制菜产业热度从市场、资本向政策端延伸，在此产业飞速发展之下，将进一步激发冷链物流新增量市场活力。

5. 投融资方面，更关注企业的科创能力及平台整合运营能力

2023 年 11 月 13 日，瑞云冷链宣布完成 5 亿元 A 轮融资，主要用于夯实冷链零担全国网络、数字化运力平台技术研发、行业整合并购。数字冷链平台"运满满冷运"完成了数亿元的 B 轮融资，平台将货主端和运力端进行高效匹配和智能调度，提升交易效率、降低交易成本。冷链云工厂平台"粤十机器人"，获得数千万元天使轮融资，用于加快推动海外产品的研发和市场拓展。

（二）冷链物流行业存在问题

1. 缺乏规划统筹，局部建设供大于求，重复建设导致资源浪费

近几年在政策、财政、金融、社会资本等多因素推动下，各地冷库增长速度过快，超过冷链需求增速，导致局部冷库过剩，存在冷库空置率高、价格一跌再跌等问题。且由于前期缺乏统筹规划合理布局，结构性失衡现象严重。比如，冷冻库多、冷藏库少，产地冷库少、销地冷库多，高标冷库少、不达标冷库多。

2. 相关法规标准执行不到位，有效监管缺失，行业规范程度不高，劣币驱良币

冷链物流新基建快速发展，一方面建设形成了一批高标准、现代化、多功能、新模式冷库等一系列基础设施；另一方面又未对市场上资质证照不全的冷库进行有效监管，导致不合规冷库及冷藏车在市场中大量存在，不仅安全事故频发，而且成为行业价格战的最大"杀手"。冷链物流行业这种"劣币驱逐良币"的现象，对行业的健康发展造成不利影响。此外，相关法规标准执行不到位，例如，强制性国家标准《食品安全国家标准 食品冷链物流卫生规范》（GB 31605—2020）发布至今，因缺乏配套监管制度、有效监管不足，执行企业很少。

3. 冷链物流"脱冷断链""伪冷链"等问题频发

我国冷链物流行业仍处于企业规模小、竞争较分散的阶段。缺乏规模化、全国性的龙头企业，市场鱼龙混杂，服务品质良莠不齐。冷链物流货主企业因其货物品类、企业规模、成本考量等方面的影响，对冷链服务的要求不尽相同，采用不合规车辆进行运输，租用普通仓库进行储存，且仓储作业、物流跟踪、温度监控、装卸交付等环节运作不规范，造成冷链"不冷"和"断链"问题突出。

4. 绿色低碳和科技创新体现不足，亟待提档升级

当前，老旧高能耗冷库和制冷设施设备依然很多，节能改造不足，节能诊断推广不够，新能源冷藏车的占比很小，田头移动预冷库、冷库等设施设备利用率不高，绿色低碳新材料新技术的研发应用紧缺，冷链废弃物处置及逆向物流体系不完善等问题突出，亟须着力改善。

5. 冷链物流服务与上下游产业融合度不够，同质化服务普遍

当前，冷链仓干配类企业绝大多数以仓库租赁、干线（零担）运输及城市配送业务为

主，或者通过平台实现仓运配一体化发展，处于存量市场的同质化竞争中，生存空间越来越小，普遍缺乏拓展冷链后服务市场意识。在现存空间越来越小的情况下，融合创新是寻求新增量的重要途径。

（中国物流与采购联合会冷链委）

2023 年中国危化品物流

2023 年，我国经济正处于逐步回暖的转换期，经济恢复呈现出波浪式发展、曲折式前进的状态，各行各业包括石油化工产业也随之呈现出震荡式发展状态，但国内外环境仍然复杂多变，地缘政治冲突仍在加剧，存量需求释放后新增需求不足、动力不强是阶段转换的难点。我国危化品物流行业发展已处于关键期，当前在业界对行业未来发展仍普遍缺乏信心的大背景下，整个行业向着"安全、绿色、数智化"转型升级的发展方向没变；危化品物流企业实现了"四个保持"：整体行业市场规模得以保持，多数危化品物流企业相对稳定的营收结构得以保持，头部企业的规模化优势得以保持，近半危化品物流企业对未来预期向好的信心得以保持。

一、我国石油化工行业发展情况

1. 石油化工行业经济运行总体呈现低位回升、稳中有进态势

根据国家统计局数据，2023 年我国石化行业实现营业收入 15.95 万亿元，同比下降 1.1%；利润总额 8733.6 亿元，同比下降 20.7%；进出口总额 9522.7 亿美元，同比下降 9.0%。2023 年，规模以上企业工业增加值比上年增长 8.4%，增速比 2022 年回升 7.2 个百分点，比同期全国工业高 3.8 个百分点，行业经济运行整体呈现稳中有进态势。三大板块的情况为：一是油气板块实现营业收入 1.44 万亿元，同比下降 3.9%；实现利润 3010.3 亿元，同比下降 15.5%。二是炼油板块实现营业收入 4.96 万亿元，同比增长 2.1%；实现利润 656 亿元，同比增长 192.3%。三是化工板块实现营业收入 9.27 万亿元，同比下降 2.7%；实现利润 4862.6 亿元，同比下降 31.2%。

2. 上半年石化行业经济运行的"三个双下降""三个双增长"

石化行业运行的"三个双下降"，一是收入、利润"双下降"，石化全行业收入、利润"一升、一降"的年份居多；二是进口额、出口额"双下降"，背后下降的主要原因是，原油及主要石化产品的市场价格今年上半年同比下降幅度较大；三是产品价格同比、环比"双下降"。

石化行业运行的"三个双增长"，一是多数产品的产量、消费量"双增长"；二是原油

产量、加工量"双增长"；三是规上企业数量、投资"双增长"。

二、我国危化品物流行业发展情况

2023 年我国物流市场实现恢复增长，第一季度、第二季度、第三季度、第四季度分别增长 3.9%、5.4%、4.7% 和 5.4%，呈现前低、中高、后稳的恢复态势，全年回升势头总体向好，物流收入规模总体延续扩张态势。

1. 危化品物流市场规模略微下降

受国内外经济形势、油价及市场需求紧缩的影响，2023 年我国危化品物流市场规模可能略微下降，在 2.38 万亿元左右，行业呈现量增利减的发展态势。但行业企业仍在努力拓展市场，近半数企业有采购车辆设备及仓库建设计划，多数企业仍有扩张发展期待。2015—2023 年我国危化品物流市场规模及增长如图 1 所示。

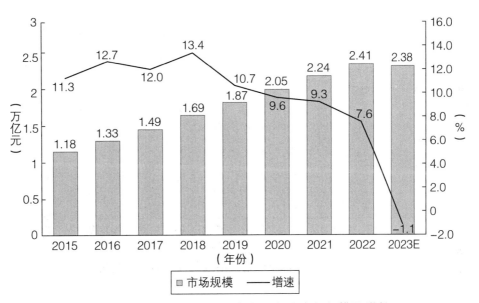

图 1 2015—2023 年我国危化品物流市场规模及增长

2. 多式联运发力，公路运输仍是主力

我国危险货物运输市场情况与上年基本持平，运输总量在 18 亿吨左右，其中，道路运输是主要运输方式，完成 12 亿吨，占比达 63%；铁路运输在 1.6 亿吨左右；水路运输在 4 亿吨左右；航空运输量非常少。但随着石化产业集群逐渐往沿海地区聚集，成本更低的水运渗透率逐渐提升。2018 年、2022 年、2023 年我国危险货物运输方式变化情况如图 2 所示。

（1）从业户数。

截至 2023 年上半年，危险货物道路运输从业户数共计 14563 户，其中，经营性 14348 户，非经营性 215 户。较 2022 年全年略有增长，大部分仍以中小型企业为主，运输户数排名前三位的省份依次为辽宁、广东、山东，西藏、海南、青海从业户数较少，排名靠后。整体来看，2014—2023 年我国危化品运输户数呈稳步增加趋势。2014—2023 年我国危险品经营性运输户数变化情况如图 3 所示。

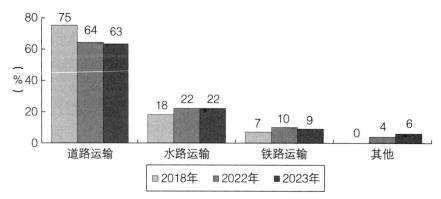

图2　2018 年、2022 年、2023 年我国危险货物运输方式变化情况

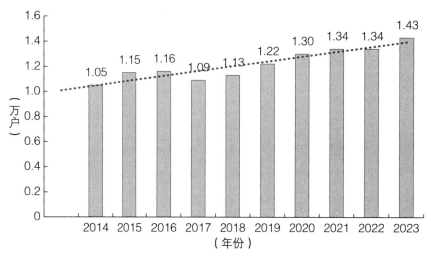

图3　2014—2023 年我国危险品经营性运输户数变化情况

从事第三类危险货物运输的户数最多，达到 9853 户，其次是第二类危险货物的运输，户数为 8822 户，占比分别为 24.7% 和 22.1%。

（2）人员结构。

截至 2023 年上半年，我国共有道路货物运输驾驶员约 1484.5 万人，从事危险货物运输的相关工作人员共计约 173.4 万人。其中，危险货物运输驾驶员约 79.7 万人，危险货物运输押运员约 88.4 万人，危险货物运输装卸管理员约 5.3 万人，分别占比为 46.0%、51.0% 和 3%。各工种从业人员比例如图 4 所示。

综合来看，得益于装卸环节技术水平的提升和智能装备的升级，装卸环节从业人员呈现逐年减少趋势。同时，驾驶员和押运员数量在逐年递增。

（3）货车数量及吨位。

截至 2023 年上半年，我国道路危险货物运输货车数量总计 169981 辆，吨位达到 1536368 吨。大型车辆 115315 辆，吨位 1435980 吨；中型车辆 15263 辆，吨位 52488 吨；小型车辆 39403 辆，吨位 47900 吨。

（4）挂车数量及吨位。

截至 2023 年上半年，我国共有道路危险

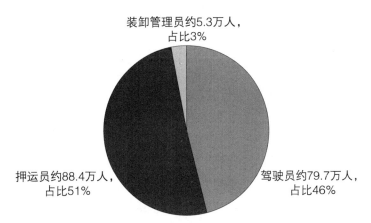

图4　各工种从业人员比例

货物运输挂车256610辆，吨位7809757吨。其中，大型挂车255081辆，吨位7804896吨，中型和小型车辆分别仅有1412辆和117辆，吨位分别为4682吨和179吨，占比非常低。

（5）安全管理仍需持续提升。

2023年1—9月，据可知（有资料可查）数据统计，我国危化品道路安全事故共213起，比上年同期降低17.8%。位列前三位的是：追尾碰撞47起，占比22.1%；侧翻侧滑41起，占比19.2%；泄漏27起，占比12.7%。虽然事故数量明显降低，但死亡人数仍在10人以上。2023年1—9月危化品运输事故统计情况如图5所示。

3. 我国水路运输市场占比短期持稳，长期有望提升

化学品船运整体市场与国际关系和全球经济发展情况高度相关，大宗化学品的价格波动影响也带动了化学品船运景气度。同时，随着国内经济的恢复增长，"散改集""陆转水"持续推进和多式联运的发展，以及"十四五"阶段大型炼化项目相继落地投产，近两年航运市场对于内贸化学品船运业务需求有所提升。

（1）油船。

截至2023年6月30日，沿海省际油船（含原油船、成品油船，不含油品、化学品两用船）共计1185艘、1167.6万载重吨（部分

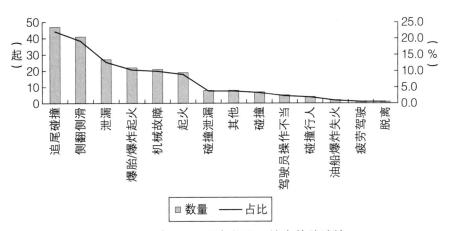

图5　2023年1—9月危化品运输事故统计情况

船舶经检验后变更了载重吨，总计核减 0.1 万载重吨），较 2022 年年底减少 9 艘，但吨位增加了 25.4 万载重吨，吨位增长 2.2%。2023 年上半年新增运力 36 艘、38.7 万载重吨；共有 45 艘、13.2 万载重吨船舶提前退出市场。

（2）化学品船。

截至 2023 年 6 月 30 日，沿海省际化学品船（含油品、化学品两用船，下同）共计 284 艘、143.4 万载重吨，较 2022 年年底减少了 3 艘，但吨位增加了 3.5 万载重吨，吨位增长 2.5%。2023 年上半年新增运力 12 艘、7.0 万载重吨，共有 15 艘、3.5 万载重吨船舶提前退出市场。

（3）液化气船。

截至 2023 年 6 月 30 日，沿海省际液化气船共计 81 艘、29.1 万载重吨，较 2022 年年底增加 1 艘、0.3 万载重吨，吨位增长 1.0%。2023 年上半年新增运力 1 艘、0.3 万载重吨，没有强制报废船舶和提前退出市场船舶。

综合来看，2023 年上半年受国内外经济下行压力增大，国际市场需求不确定性增多，液货危险品运输市场需求总体偏弱，下半年多方因素整体回升，运输需求企稳回升，运力结构进一步优化，运价整体相对稳定，部分货物及航线运价略有上涨，市场供需处于紧平衡状态。

4. 危化品仓储行业严监管高壁垒，供需紧平衡

2021 年 3 月，《中华人民共和国长江保护法》施行，该法明确禁止在长江干支流岸线一公里范围内新建、扩建化工园区和化工项目。储存液体化学品的储罐一般沿岸建设，石化储罐新建项目往往需要码头和物流仓储用地两类受严格政策监管的资源的配合，项目审批程序复杂、监管严格、建设周期长，同时码头岸线又为不可再生资源。因此，强监管要求及项目用地供给有限构成了石化仓储行业进入的高壁垒。

综合来看，2023 年我国危化品仓储行业市场规模保持稳定增长态势，危化品仓储行业市场规模达到 1500 亿元，同比增长 6.5%。预计未来几年，我国危化品仓储行业市场规模将继续保持稳定增长态势，年均增长率约 5.5%。

（1）化工品固体库。

2023 年，中物联危化品物流分会调研的化工品固体库区 107 个，分布区域为华东区 77 个、华南区 11 个、华北区 7 个、东北区 5 个、西南区 4 个、华中区 3 个。

其中，甲类 383270.18 平方米，乙类 576156.86 平方米，丙类 1449525.42 平方米，分别占库区总容量的 16%、24% 和 60%。在具体库型的区域分布上，华东区甲类库占比 56.6%、乙类库占比 60.1%、丙类库占比 81.5%，整体占比最高。

（2）化工品储罐。

2023 年，中物联危化品物流分会调研的化工品储罐区现有 177 个，化工品储罐总容量约 4337 万立方米，分布区域为华东区 115 个、华南区 35 个、华北区 12 个、华中区 6 个、东北区 6 个、西南区 3 个。

从储罐容量分布上看，华东区占比 71.9%，华南区占比 20.5%，华北区占比 3.6%，东北区占比 2.1%，华中区占比 1.1%，西南区占比 0.7%。其中，罐区容积 100 万立方米以上的企业占比为 2.2%，罐区容积 10 万~50 万立方米的企业占比为 48.3%（含 10 万立方米）；罐区容积 50 万~100 万立方米的企业占比为 11.4%（含 50 万立方米）。

从国家级危险品仓储行业项目建设情况来看，我国已经初步形成了"东部沿海集聚、中部沿江联动、西部特色发展"的空间格局。目前危化品经营企业的数量越来越多，总体来说，东部发达地区危化品仓储能力相对较强，

且大多分布在大中城市和能源产地，地域性集中分布的特点非常明显。

5. 化工园区已成为化工行业的主要发展阵地

根据中国石油和化学工业联合会化工园区工作委员会所做的全国性调研统计，截至2023年12月，由各省公布的已认定为化工园区的有630家；国家级化工园区（包括位于国家级经济技术开发区、高新区、保税区、新区中的园中园）58家。从产值来看，全国已形成石油和化学工业产值超过千亿元的超大型园区有21家；产值在500亿~1000亿元的大型园区有43家，100亿~500亿元（不含）的中型园区有261家，产值小于100亿元的小型园区有305家。目前，化工园区产值占行业总产值的比重约为62%，随着化企入园、化工园区改扩区、企业园区化等进程加快，有望实现六部委提出的"2025年化工园区产值占行业总产值70%以上"的目标。我国化工园区产值分布情况如图6所示。

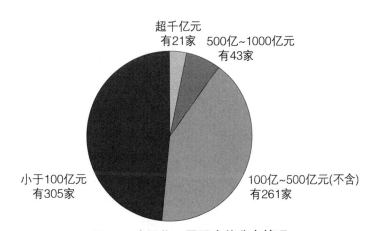

图6　我国化工园区产值分布情况

据BHI（工程建设项目信息发布网站）不完全统计，21个省份88个化工园区有规划环评进展；2023年省重点项目中，25个省份有涉及各类园区项目约4990个，其中20个省份有化工园区相关项目325个。

"十四五"时期是我国石油和化工行业结构由量变到质变的关键过渡期，我国石油化工产业布局调整主要围绕化工园区展开。在产业升级过程中，东部沿海省份化工企业逐渐向中西部、东北地区转移发展，化工产业将形成新格局。

尽管我国化工园区取得了显著的发展成果，但也存在一些亟待解决的问题。一是产业结构不合理，低端产品过剩，高端产品依赖进口。我国化工园区的产品结构还以基础化工和传统化工为主，精细化工和新材料等高附加值产品占比较低，与国际先进水平有较大差距。二是创新能力不强，核心技术受制于人。我国化工园区的创新能力还较弱，主要表现在基础研究不足，原创性成果缺乏，关键技术和装备依赖外国，自主知识产权保护不力等方面。三是环境压力大，节能减排任务重。我国化工园区的环境压力仍然较大，主要表现在资源消耗高，污染物排放多，循环利用率低，安全风险高等方面。四是协同发展不足，区域协调性差。我国化工园区的协同发展水平还较低，主要表现在园区之间缺乏有效沟通和协调机制、产业布局不合理、重复建设现象严重、市场竞争激烈、利益冲突频发等方面。

石油化工产业是国民经济的支柱产业，党的十八大以来，我国石化产业实现飞速发展，产业结构调整助推竞争优势显著增强。作为实现石化产业卓越发展中的重要一环，化工物流也得到了充分发展。运载工具不断升级换代，信息化水平显著提高，智能化应用逐步落地，绿色化进程稳步推进，物流组织模式持续创新，贸易支撑日益强化。危化品物流行业发展将呈现出更加专业化、规范化、自动化、安全化、绿色化、智能化的发展趋势。

（中国物流与采购联合会危化品分会）

马钢集团物流有限公司
凝心聚力共奋进 砥砺前行再扬帆

马钢集团物流有限公司（以下简称"马钢物流"）是马钢集团控股子公司，主要从事公路与水路货物运输、电车运营、仓储配送、全程物流等。主要服务客户为钢铁、矿山、煤炭、建筑等企业，年营收超过20亿元。马钢物流是国家高新技术企业、国家5A级综合服务型物流企业、国家多式联运示范工程单位、中国物流与采购联合会副会长单位、第六届大学生物流设计大赛案例提供单位。

马钢物流坚定服务钢铁主业，持续加强基地钢铁主业的生产保供工作，提供高质高效的物流服务，巩固业务基础和生存根本，坚定运输主业"专、精、特"发展方向。马钢物流做好特种车型的推广和新车型的调研应用，重点关注托盘化运输、环保运输、热装热送等能给客户带来本质安全、本质环保和边际效益的车型，加大车辆投入，力争实现现有普通运输向特种运输项目转变；实施了65吨铰接式抱罐车等项目，缓解了钢厂高温液态渣超重罐外排的难题；扩大吸排式罐车使用范围，承接了马钢煤焦化焦炉CDQ粉、四钢轧、带焙、新特钢、烧结脱硫脱硝等相关项目的除尘运输业务，做到了马钢除尘灰运输吸排式罐车全流程覆盖；增配5辆国六吸污车，顺利承接了马钢厂区内煤气冷凝水运输任务；全力提升框架车热卷运输效率和运量，充分发挥框架车高效优势。

同时，马钢物流以"四化"为方向引领，以"四有"为经营纲领，强化算账经营、精益运营等举措，积极应对钢铁行业长周期下行风险。深入推进全员算账经营意识，挖掘公司经营潜力。结合各单元实际，将内部各业务单元间的物流信息及相关物流资源进行整合，优化流程，降低业务运营成本。节能降耗、严控非生产性支出，降低公司费用成本。对公司闲置的场地、库房、设备等进行低成本改造，实现资产的合理利用。在财务方面，通过优化企业财务管理，降低无效、低效资金占用，精打细算，管好家、用好钱、理好财，为业务赋能。在业务方面，对各项成本进行详细记录和分析，包括运输成本、仓储成本、人力成本、燃料成本等。通过对成本的核算，找出可优化的成本点，不断优化和改进，在为客户提供优质服务的同时，提高自身盈利能力。

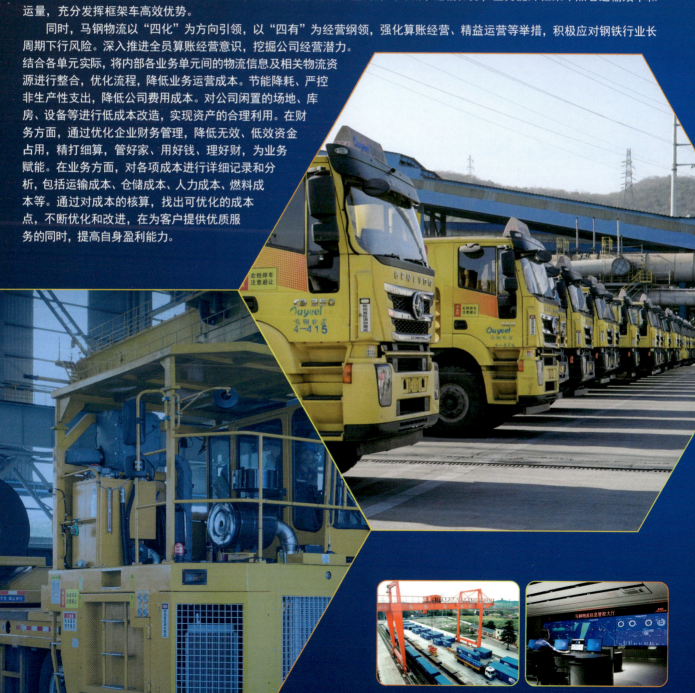

地址：安徽省马鞍山市经济开发区汇林路299号　　电话：0555-7196009

中国铁路广州局集团有限公司
China Railway Guangzhou Group., Ltd.

安全 稳定 优质 便捷

中国铁路广州局集团有限公司（以下简称"广州局集团公司"）成立于2017年11月，前身是原广州铁路（集团）公司，主要管辖广东、湖南、海南三省铁路，现有职工14.5万人，总资产6908亿元，管辖铁路营业里程1.19万公里，货运营业站252个。2023年，完成货物发送1.165亿吨，日均发送货物31.9万吨，日均装车约6222车。

近年来，广州局集团公司以推进物流转型发展为目标，以管理机制、经营方式、物流产品及物流功能创新为突破口，全力推进改革创新，充分发挥地处粤港澳大湾区、长江经济带、海南自贸港地缘优势，大力发展快捷物流、拓展铁水联运网络、提升服务保障能力，更好满足客户多元化物流运输需求。

向现代物流转型发展

深入贯彻党的二十大精神和党中央、国务院关于构建现代物流体系的决策部署，加快推进铁路货运向现代物流转型，成立长沙、广州、广深铁路物流中心（物流公司），以及95306货运物流服务中心，实现资源统一利用、业务统一管理、市场统一开发，拓展物流总包业务，更好地服务经济社会发展。

公司网址：www.gzrailway.com.cn

货运业务办理：www.95306.cn

地址：广东省广州市中山一路151号   电话：020-95306

大力发展快捷物流

广州局集团公司大力发展快捷物流产品，优化货运服务，新增开行平湖南至城厢、平湖南至宁波北、广州国际港至喀什、大朗至廊坊北、平湖南至城厢、潮汕至大弯镇、肇庆至中鼎物流园等多趟多联快车，持续开发"粤湘快线""泛湾快线"等班列产品，构建珠三角通往全国主要省会城市间的快捷班列运输网络。聚焦服务"一带一路"建设，为稳定外贸出口和全球供应链提供有力的保障，常态化开行中欧（亚）国际联运班列，拓展出境新通道，新增长沙北经同江口岸出境的中欧班列新通道，组织平湖南至俄罗斯精品快线班列常态化开行，打通从广州国际港启程的"中吉乌"国际联运通道。创新集装箱运载工具和集装化工具，研发50英尺大容积白货箱、轿运箱和20英尺35吨通风干散箱、20英尺35吨顶开门箱等新箱型。2023年，广州局集团公司白货班列线路总数达65条，累计开行国内班列11250列，同比增长12.9%，首次突破万列；开行中欧（亚）班列1393列，同比增长10.4%。

拓展铁水联运网络

深化广州港、盐田港一体化运作，组织开行南沙港南至株洲北、南沙港南至黄圃和平湖南至常平、石龙、赣州国际港等19条铁海快线，满足进出口企业对时效稳定的需求。深化与港口"1+2+N内陆无水港"战略合作，不断扩大港口在湖南、广东、江西、云南、贵州等地内陆港网络（目前内陆港已开发13个）。2023年，铁水联运集装箱运量完成103.1万标准箱。

提升服务保障能力

结合现代化铁路基础设施建设，逐步推动实施3个一级、33个二级、11个三级的"3+33+11"物流基地总体规划；路地联合调研，谋划高铁物流园布局，统筹推进仓储、堆存、配送等配套设施建设。在铁路物流园区，试点提供仓配贸、商品展示、物流金融、物流地产等服务。在怀化西、湛江西物流基地开发钢材仓管与配送项目，在增城西物流园提供转场、储存、安全监管服务，全方位提升服务品质。

提升货运服务品质

广州局集团公司坚持"简化受理、随到随办、规范收费、热情服务"，稳步推进货运集中办理。客户通过95306电话、网站、App等多种渠道，都能快捷地提出需求、得到反馈、随到随办。同时，加快智慧物流平台、物流园信息系统、物流安全监控体系建设，推动实现在线受理、跟踪查询、电子票据、结算办理、货物交付及客户管理等一站式服务，不断提升货主满意度。

北京长久物流股份有限公司（简称长久物流）总部设立在北京，公司于2003年9月10日成立，注册资本5.60014亿元，于2016年8月10日在上海证券交易所主板挂牌上市（股票代码：603569）。

长久物流是一家为汽车行业提供综合物流解决方案的现代服务企业，业务涵盖整车物流、多式联运、仓储、国际物流、新能源物流、二手车物流、智慧物流平台等，并提供专业的物流规划、运输、仓储、配送等相关配套服务。

长久物流的新能源板块聚焦在新能源汽车的上下游产业链上，利用自身及控股股东资源优势，建立动力电池回收网点，提供电池储存箱、光储充检放、梯次利用等服务，同时布局电力储能产品的研发、设计、制造、销售和服务，提供锂电池储能核心BMS设备、电池系统及充放电设备、电池评价及标定测试服务、储能系统一体化解决方案，业务范围覆盖国内及"一带一路"共建国家和地区。以新能源电池原料、成品、风光储大件等为核心业务的全链路产品服务，为客户提供危化品及大件货物的包装、运输、仓储、信息技术等一体化的解决方案。

打造 **动力电池回收综合利用全产业链闭环**

推动 **全球弱电网地区电气化进程**

新能源物流业务

长久物流以新能源电池原料、成品、风光储大件等为核心业务的全链路产品服务，为客户提供危化品及大件货物的包装、运输、仓储、信息技术等一体化解决方案。

—— 资质 ——

2、3、8、9类
危化品运输+大件运输资质

—— 业 务 能 力 ——

500余辆
可控危化品运输车

100000m² **4000m²**
丙类库 乙类库

—— 服 务 内 容 ——

运输服务
· 国内运输 · 集拼分拨 · 危化品运输
· 循环取货 · 国际运输 · 大件运输

包装服务
· 包装设计（运载器具）· 拆卸装箱（分拣翻包）
· 现场打包（加固防护）

信息系统服务
· 信息溯源管理平台
· 数据管理系统（运输&仓储）

仓储服务
· VMI仓配 · 设备租赁 · 投建规划
· 库存管理（线边/外租仓）· 加工流通

其他增值服务
· 供应链金融（仓单质押、融资租赁）
· 相关配套（维修保养、检测评估、回收利用）

定制服务
· 业务咨询分析 · 项目产品设计
· 物流方案规划（供应链综合）

动力电池回收梯次利用

长久物流利用企业自身及控股股东资源优势，进行废旧动力电池回收，并通过大数据分析和先进的检测仪器，进行电池包快速诊断与筛选。对于剩余容量较佳的电池，进行合适场景的梯次利用；对于不可梯次利用的电池，进行资源回收，助力主机厂提升ESG管理。

4S店动力电池回收 **电池储存箱**

| 检测报告 | 安全标准 | 防火防爆 | 烟雾感应 | 温度检测 | App全程可控 |

危化品运输车循环取货
2、3、8、9类
危化品运输+大件运输资质

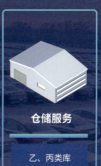

仓储服务
乙、丙类库

运输至主机厂指定回收企业

厂家未指定，长久物流进行处理

废旧电池梯次利用

电池包分类

整包性能检测

电池包数据测试

整包梯次利用

梯次储能产品

资源再生

中国物流与采购联合会物流信息服务平台分会
The Sub Committee for Logistics Service Platform of CFLP

中国物流与采购联合会物流信息服务平台分会是由服务于物流产业链的互联网平台企业和为平台提供技术、服务支持或使用平台的相关企业以及投资公司、金融机构、咨询机构等单位自愿组成的全国性行业组织，是中国物流与采购联合会在物流服务平台领域的专业分支机构。

会员构成

- 装备企业
  油品、ETC服务企业
  技术服务企业
- 网络货运平台
  信息服务平台
- 咨询机构
  金融、保险机构
  科研院所
- 传统第三方物流
  投融资机构

重点工作 KEY WORK

■ 政策协调与反映企业诉求
- 开展物流平台、网络货运领域联合惩戒和联合激励工作
- 征集会员企业诉求及政策反馈意见并上报行业主管部门

■ 牵头制定相关团体标准
- 《网络货运平台实际承运人信用评价体系》（T/CFLP 0032-2021）
- 《网络货运平台业务数据验证》（T/CFLP 0033-2021）
- 《互联网道路货运平台交易撮合服务要求》（T/CFLP 0056-2023）

■ 组织各项行业活动
- 组织开展行业会议
- 组织撰写《中国物流平台发展报告》
- 组织申报各部委示范试点工作
- 组织开展企业调研、培训、沙龙等行业活动

■ 网络货运企业及企业标准评估
- 作为传统A级物流企业评估的延伸与补充，依据团体标准《网络货运平台服务能力评价指标》（T/CFLP 0024-2019）开展评估工作
- 依据团体标准《质量分级及"领跑者"评价要求 网络货运服务》（T/CFLP 0043-2022）开展企业标准领跑者评估工作

会员权益 RIGHTS AND INTERESTS OF MEMBERS

- 按权益免费享受分会会议及活动
- 中国物流与采购联合会官网/官方微信、平台分会官网/官方微信免费宣传
- 参与修订物流平台相关的团标、国标

会员权益

- 参与物流平台相关国家课题
- 平台规划咨询，业务资源对接
- 开展企业互访，促进业务合作

会员服务联系人

王盼盼　010-83775698 / 18612315306　cflpwlb@cflp.org.cn

中国储运 月刊

CHINA STORAGE & TRANSPORT

· 透视物流晴雨
· 探索物流商机
· 见证物流成长

国内统一刊号	CN12—1204/F
国际标准刊号	ISSN1005—0434
广告经营许可证	1201024000022
国内发行	全国各地邮局
发行代号	6—151
国外发行	中国国际图书贸易总公司
国外发行代号	BM1821
创刊时间	1990年
每期定价	国内RMB20.00
	国外$10.00

物流领域主流媒体
创刊三十周年历久弥新

地址：天津市河东区八经路23号方达大厦5F
邮编：300012　传真：022-24228078
网址：www.chinachuyun.com
电邮：zgcyzzs@163.com　zgcyzzs@sohu.com
电话：022-24228068　022-24228078
　　　022-24211068　022-24228368

ABOUT US
万联网简介

　　万联网是国内专业的产业数字化与供应链智慧服务平台，专注于物流、供应链及其与互联网、金融跨界创新领域。

　　作为产业数字化与供应链金融的连接器，万联网通过供应链金融会议、活动、传媒等服务，链接供应链金融生态，深度打通"政—产—学—研—媒—金—用"；作为产业数字化与供应链金融加速器，依托多年来在产业、金融、科技领域的资源积累，为供应链金融生态各主体提供知识、人才、系统、资金等多方面智慧赋能。

　　未来，万联网将一如既往地致力推动中国产融结合，助力各细分产业领域的供应链金融创新实践，与生态圈内伙伴共同推动构建共生共享共赢的中国供应链金融生态。

产业数字化与供应链金融连接器·加速器

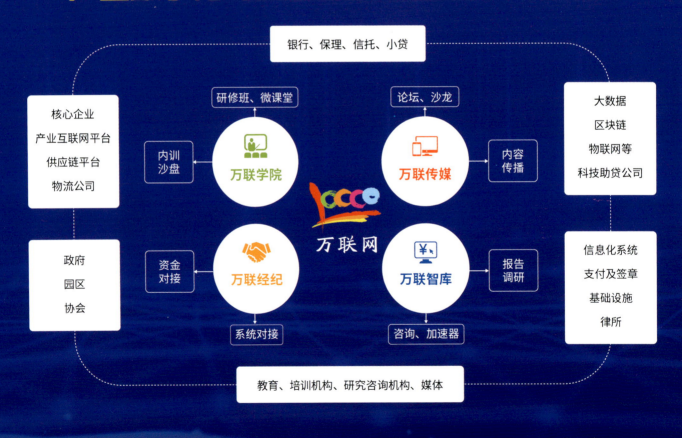

咨询联系
冯先生
135 9046 7631 (微信同)

深圳总部：深圳市南山区深圳湾科技生态园9B4栋518A
南京分部：南京市江宁区菲尼克斯路70号总部基地32栋2楼J05室万联网
⊕ www.10000link.com
☏ 0755-26414910　26416173

中国物流年鉴

2024（下册）

CHINA
LOGISTICS
▲YEARBOOK▲
2024

CFLP

中国物流与采购联合会编

中国财富出版社有限公司

图书在版编目（CIP）数据

中国物流年鉴. 2024. 下册 / 中国物流与采购联合会编 . -- 北京：中国财富出版社有限公司，2024. 11. --ISBN 978-7-5047-8269-4

Ⅰ. F259. 22-54

中国国家版本馆 CIP 数据核字第 20241JK828 号

策划编辑	赵雅馨	**责任编辑**	赵雅馨	**版权编辑**	李　洋
责任印制	尚立业	**责任校对**	杨小静	**责任发行**	敬　东

出版发行　中国财富出版社有限公司

社　　址	北京市丰台区南四环西路 188 号 5 区 20 楼	**邮政编码**	100070
电　　话	010－52227588 转 2098（发行部）		010－52227588 转 321（总编室）
	010－52227566（24 小时读者服务）		010－52227588 转 305（质检部）
网　　址	http：//www.cfpress.com.cn	**排　　版**	宝蕾元
经　　销	新华书店	**印　　刷**	北京欣欣和一印刷厂
书　　号	ISBN 978-7-5047-8269-4/F·3746		
开　　本	880mm×1230mm　1/16	**版　　次**	2024 年 11 月第 1 版
印　　张	49.5　彩　插　1.25	**印　　次**	2024 年 11 月第 1 次印刷
字　　数	1262 千字	**定　　价**	480.00 元（全 2 册）

《中国物流年鉴》（2024）编委会

编委会主任

何黎明　中国物流与采购联合会会长

编委会副主任

崔忠付　中国物流与采购联合会副会长兼秘书长

任豪祥　中国物流与采购联合会副会长

蔡　进　中国物流与采购联合会副会长

贺登才　中国物流与采购联合会副会长

余　平　中国物流与采购联合会党委副书记

编委会委员（按姓氏笔画排序）

王　辉　中铁物资集团有限公司党委书记、董事长

韦　皓　中国铁路广州局集团有限公司党委书记、董事长

龙　吟　湖南现代物流职业技术学院党委书记

代翔潇　四川安吉物流集团有限公司党委书记、董事长

冯耕中　西安交通大学管理学院院长、党委副书记

许宝燕　联邦快递（中国）有限公司中国区总裁

许帮华　马钢集团物流有限公司副总经理

李勇昭　中国物资储运协会会长

吴　慧　北京物资学院党委书记

何明珂　国际标准化组织创新物流技术委员会（ISO/TC344）主席、北京工商大学商学院教授

汪　鸣　国家发展和改革委员会综合运输研究所所长

张玉庆　荣庆物流供应链有限公司董事长兼总裁

张晓东　北京交通大学交通运输学院物流工程系主任

姜　旭　北京物资学院物流学院院长、教授

姜超峰　中国物资储运协会名誉会长

袁美仪　香港物流协会会长

黄小文　中国国际货运代理协会会长

董礼华　国家统计局贸易外经统计司司长

裴　亮　中国连锁经营协会名誉会长

薄世久　北京长久物流股份有限公司董事长

特别支持单位

中国铁路广州局集团有限公司

北京长久物流股份有限公司

 荣庆物流供应链有限公司

 联邦快递（中国）有限公司

四川安吉物流集团有限公司

 马钢集团物流有限公司

《中国物流年鉴》（2024）编写人员

主　　　　办　　中国物流与采购联合会

主　承　　办　　《中国物流与采购》杂志社

主　　　　编　　何黎明

副　主　　编　　崔忠付　任豪祥　蔡　进　贺登才　余　平

编 辑 部 主 任　　刘乃杰

副　主　　任　　庞　彪

编　　　　辑　　高　威　崔　冬　朱贝特　王国辉　赵雷刚　董　岩　
　　　　　　　　杜　林　贾　丽

发　　　　行　　高　威

广　告　设　计　　唐晓光

编 辑 部 电 话　　010-83775835　010-63738995

邮　　　　箱　　gwrshk@126.com

发　　　　行　　010-63738995

传　　　　真　　010-63738995

《中国物流年鉴》（2024）供稿者

（按姓氏笔画排序）

上官士霞　马增荣　王　芮　王　沛　王　萌　王方春　王国文　王国清　王迦尧　王盼盼　王继祥
尤晓岚　田　征　代翔潇　冯耕中　兰　蕊　刘　哲　刘　悦　刘　然　刘长庆　刘汉才　刘伟华
刘宇航　刘陶然　刘鹏云　闫　鸣　闫淑琴　孙熙军　李　岩　李　鹏　李新波　杨　晨　邱靖程
张晓东　金　蕾　金爱军　孟　圆　赵宏莉　赵洁玉　胡　凯　胡功杰　姜　旭　秦玉鸣　秦华侨
顾宁军　晏庆华　徐　勇　徐金鹏　徐梦馨　高　帅　高　珉　郭肇明　唐天思　黄艳娇　曹惠蕾
崔丹丹　韩兆轩　谢文卿　谢雨蓉　谢宝贵　樊一江　穆宏志

　　国家发展改革委、交通运输部、商务部、国家邮政局、国家发展改革委综合运输研究所、黑龙江省发展改革委、安徽省发展改革委、山东省发展改革委、河南省发展改革委、湖南省发展改革委、海南省发展改革委、四川省发展改革委、云南省发展改革委、南京市发展改革委、山西省工业和信息化厅、福建省工业和信息化厅、甘肃省工业和信息化厅、青海省工业和信息化厅、吉林省统计局、河南省统计局、青岛市交通运输局、武汉市交通运输局、福州市商务局、宜宾市商务局、大连海关、中国粮食行业协会、河北省现代物流协会、内蒙古物流协会、安徽省物流协会、山东省物流与交通运输协会、河南省物流与采购联合会、湖南省物流与采购联合会、宁夏现代物流协会、中国国际货运代理协会、陕西省道路运输协会、中国物流信息中心、中物联网络事业部、中物联行业事业部、中物联教育培训部、中物联标准化工作部、中物联评估办、中国物流发展专项基金"宝供物流奖"办公室、中物联汽车物流分会、中物联危化品物流分会、物资节能中心/中物联绿色物流分会、中物联冷链委、中物联托盘委、中汽信息科技（天津）有限公司、上海国际航运研究中心、蜂网投资、北京物资学院、北京交通大学、天津大学、吉林大学、西安交通大学、西安邮电大学、西安电子科技大学、武汉现代物流研究院、《中国物流与采购》杂志社、《物流技术与应用》杂志社、《中国出版传媒商报》社、北京兰格云商科技有限公司、供应链管理专业协会（CSCMP）、中国物流股份有限公司、四川安吉物流集团有限公司

《中国物流年鉴》（2024）
广告提供单位

上册

《中国物流与采购》杂志社　　　　　四川安吉物流集团有限公司

联邦快递（中国）有限公司　　　　　中铁物资集团有限公司

北京长久物流股份有限公司　　　　　湖南现代物流职业技术学院

荣庆物流供应链有限公司　　　　　　广东秦粤物流有限公司

下册

马钢集团物流有限公司　　　　　　　中国物流与采购联合会

中国铁路广州局集团有限公司　　　　《中国储运》杂志社

北京长久物流股份有限公司　　　　　万联网

编 辑 说 明

一、《中国物流年鉴》（以下简称"《年鉴》"）是中国物流与采购联合会主办、《中国物流与采购》杂志社承办的大型文献性工具书。自 2002 年创办至今，已经连续出版发行二十三年。二十三年来《年鉴》的编纂质量不断提升，赢得了业界广泛好评。《年鉴》以其权威性、可读性和资料性，成为业界人士查询、引用、论证、存档不可或缺的"工具"。

二、2023 年，是三年新冠疫情防控转段后经济恢复发展的一年，各行业坚持以习近平新时代中国特色社会主义思想为指导，坚持稳中求进工作总基调，加快构建新发展格局，着力推动高质量发展。

2023 年，我国物流业运行环境持续改善向好，社会物流总额达 352.4 万亿元，按可比价格计算，同比增长 5.2%。

2023 年，我国物流基础设施网络体系进一步完善，全年完成交通固定资产投资总额 3.9 万亿元，比上年增长 1.5%，约占全社会固定资产投资总额的 7.7%，比上年提高 1 个百分点。其中，铁路投资比上年增长 7.5%，公路投资比上年下降 1.0%，水路投资比上年增长 20.1%，民航投资比上年增长 0.8%。

2023 年，物流政策体系优化为降本增效提供制度保障。社会物流总费用 18.2 万亿元，同比增长 2.3%，与 GDP 的比率为 14.4%，比上年下降 0.3 个百分点。2023 年各相关部委和地方政府出台了多项政策规划，不断提升我国物流业的营商环境。其中，海关总署印发的《推动综合保税区高质量发展综合改革实施方案》，围绕政策供给、功能拓展、手续简化、流程优化、制度健全 5 个方面推出 23 条改革举措；交通运输部印发的《交通运输部关于推进公路数字化转型加快智慧公路建设发展的意见》中提出，到 2035 年，全面实现公路数字化转型，建成安全、便捷、高效、绿色、经济的实体公路和数字孪生公路两个体系。

2023 年，各地方政府的物流业数据统计工作取得成效。各地方政府及相关部门根据自身的地理位置与经济发展情况，在物流总额、总费用、总收入及景气指数等方面深入调研，形成物流业发展报告，为地方与全国的物流业发展研究提供基础数据来源。根据已知数据统计的情况看，吉林省、安徽省、山东省、河南省等省份物流总额增长比例高于上年增长比例，物流市场需求稳步提升。

2023 年，我国物流千亿级规模企业有 5 家，国际竞争力持续增强。一批物流企业被纳入由国资委开展推动的创建世界一流"双示范"名单。绿色低碳物流取得新进展，中国物流与采购联合会绿色物流分会首次发布《中国物流行业 ESG 发展报告》，阐明了我国 ESG 发展现状与需求，并指出当前我国 ESG 发展与国际上的差距，为我国物流企业的绿色可持续发展提供了标准和依据。

2023 年，我国发展面临错综复杂的形势，国际政治经济环境杂乱，国内不利因素增多。我国物流业全体同人顶住压力，克服种种困难，冷链物流、工业品物流、危化品物流、物流技术装备、汽车物流等细分领域实现增长。智能网联汽车准入和上路通行试点启动，无人车、无人仓、无人机等得到广泛商用，正逐步改变着我国物流业的作业方式。

三、2024 版《年鉴》的组稿、编纂工作得到了国家发展改革委、商务部、交通运输部、国家统计局等中央部委和部分省区市政府部门，物流行业社团，相关行业协会，中国物流信息中心、全国物流标准化技术委员会等机构，以及中铁物资集团有限公司、中国铁路广州局集团有限公司、联邦快递（中国）有限公司、北京长久物流股份有限公司、荣庆物流供应链有限公司、湖南现代物流职业技术学院、四川安吉物流集团有限公司、马钢集团物流有限公司、广东秦粤物流有限公司等知名企业的大力支持，对此我们表示衷心感谢。

四、对不符合《年鉴》编辑要求的来稿，编辑部人员进行了认真删改，由于时间原因这部分稿件来不及请作者核校，希予见谅。

五、因编辑部人员水平有限，如有不妥之处，恳请批评指正。

六、2024 版《年鉴》在框架结构和主体内容上继续 2023 版的风格，力求真实地展示行业发展变化的全貌，继续加大数据和图表的内容，继续加强物流业细分领域重点企业的展示，使《年鉴》更具可读性、资料性，成为社会了解行业发展的窗口。

欢迎大家继续对 2025 版《年鉴》的组稿和编辑工作给予支持！

《中国物流年鉴》编辑部
二〇二四年八月三十日

前　言

2023 年，是全面贯彻落实党的二十大精神的开局之年，也是全面建设社会主义现代化国家开局起步的重要一年。在党中央、国务院的坚强领导下，面对复杂多变的国内外形势，我国物流业迎来了恢复性增长。

一、2023 年我国物流业发展现状

2023 年，广大行业企业、企业家和从业人员顶住诸多压力，克服种种困难，全面实现复工复产，保障经济回升向好。现代物流在强国建设、民族复兴伟业中发挥着越来越重要的作用，中国物流的美好画卷正徐徐展开。

（一）物流需求规模稳定恢复

2023 年，我国社会物流总额达 352.4 万亿元，按可比价格计算，同比增长 5.2%，增速比上年提高 1.8 个百分点。社会物流总费用 18.2 万亿元，同比增长 2.3%，社会物流总费用与 GDP 的比率为 14.4%，比上年下降 0.3 个百分点。我国仍然是全球需求规模最大的物流市场。

航空、铁路、冷链、快递等专业物流领域稳步增长。在上游产业升级、跨境电商回升支撑下，2023 年航空物流收入由降转升，同比增长超过 20%；2023 年全年国家铁路完成货物发送量 39.1 亿吨，全年国家铁路完成运输总收入 9641 亿元，同比增长 39%，利润总额创历史最好水平；2023 年冷链物流市场规模达 5170 亿元，同比增长 5.2%；2023 年快递业务量累计完成 1320.7 亿件，同比增长 19.4%，快递业务收入 12074 亿元，同比增长 14.3%。

2023 年是共建"一带一路"倡议提出的十周年，十年来，中欧班列累计开行近 8 万列，西部陆海新通道、中老铁路释放潜力，中国物流迎来开放新机遇。

重大物流基础设施建设取得积极成就，全国规模以上物流园区超过 2500 个，国家物流枢纽布局达到 125 个，示范物流园区 100 个，国家骨干冷链物流基地 66 个，全国公路通车里程超过 540 万公里，铁路营业里程 15.9 万公里，内河高等级航道里程 1.65 万公里，"通道+枢纽+网络"的物流运行体系初具规模。

2023 年，制造业 PMI 全年均值为 49.9%，逼近荣枯线，较上年均值上升 0.8 个百分点，呈现一定程度的增长趋势。2023 年全年物流业景气指数平均为 51.8%，高于上年全年均值 3.2 个百分点，多数月份处于 51% 以上的较高景气区间，显示行业运行向好。

（二）物流业收入平稳增长，一流企业提升产业竞争力

2023 年，我国物流业总收入达 13.2 万亿元，同比增长 3.9%，物流收入规模延续扩张态势。具有国际竞争力的领军企业快速成长，中国物流 50 强企业中千亿级规模企业首次超过 5 家，全国 A 级物流企业 9600 多家。国资委开展推动创建世界一流"双示范"行动，一批物流企业纳入名单。面对需求不振压力，一流企业夯实价值创造力、网络联通力、产业融合力、创新驱动力、应急响应力，逆势保持稳定增长，有力发挥示范引领作用。

（三）供应链物流引领转型发展

首届中国国际供应链促进博览会在北京开幕，供应链协同发展成为共识。商务部等 8 单位审核公布的全国供应链创新与应用示范企业达 250 家、示范城市 33 个。一批大型制造企业、流通企业以物流资源整合为切入口，用供应链思维统筹开展物流流程优化、组织协同、价值创造，实现物流服务链与产业供应链深度融合，以物流自主可控增强供应链韧性和安全。

（四）营商环境持续优化

物流降成本工作积极推进，大宗商品仓储用地的土地使用税和挂车购置税享受减半征收，交通物流领域金融支持政策延续实施，鲜活农产品运输"绿色通道"政策实现优化。高速公路差异化收费、新能源商品汽车铁路运输获得支持，一批便利通关、便利通行政策得到推广。随着全国物流统一大市场建设推进，各部门形成政策合力，物流制度保障更加完善，营商环境更加优化，激发了企业的活力和信心。

（五）绿色低碳物流成为热点

2023 年，国务院发布《空气质量持续改善行动计划》，提出大力发展绿色运输体系；中国物流与采购联合会正式推出物流行业公共碳排计算器，标志着国际国内碳排放互认工作启动；中国物流与采购联合会绿色物流分会发布《中国物流行业 ESG 发展报告》，正确指导物流行业理解并实践 ESG 理念，推动我国物流业可持续发展。邮政快递车、城市配送车等公共领域车辆全面电动化开展试点，新能源中重型货车特定场景应用启动，绿色包装得到推广。一批物流企业纷纷发布 ESG 报告，彰显社会责任、使命担当。

（六）创新驱动打造新质生产力

数字技术和实体经济深度融合，物流与供应链领域成为重点。全国网络货运企业约 3000 家，赋能中小微物流企业走上"数字高速公路"。大型企业纷纷建设供应链服务平台，拥抱产业物联网。智能网联汽车准入和上路通行试点启动，无人车、无人仓、无人机等得到广泛商用，改变物流作业方式。

（七）行业基础工作稳步推动行业高质量发展

2023 年，《物流标准目录手册》（2023 版）发布，收集、整理了我国已颁布的现行物流国家标准、行业标准目录。在智慧物流、绿色物流、冷链物流、物流园区等重要领域的标准研制进一步加强，这些标准的制定对于推进企业提质增效降本，推动行业高质量发展，提升行业的高效、安全、韧性具有重要意义。

教育培训方面，截至 2023 年年底，全国有 740 多个本科物流类专业点、20 多个职教本科物流

类专业点、1200 多个高职物流类专业点和 500 多个中职物流类专业点。物流师、采购师和供应链管理师职业能力等级认证培训机构较上年新增了 30 家，包括深圳交易集团、同济大学等。培训认证人数同比增长 56.7%。2023 年，物流管理与供应链运营 1+X 项目顺利开展。据统计，全年共有来自全国 31 个省区市的 500 多所院校组织参与，考试人数突破 3.7 万人，其中 73 所院校为首次组织考核。自 2019 年项目启动以来，全国共有 821 所院校参与试点，建有 677 个考核站点，培养了 2000 多名考评员，项目覆盖除台湾省以外所有省区市，累计完成考试人数达 14.6 万人。中国物流与采购联合会 1+X 证书与国际采购与供应管理联盟（以下简称 IFPSM）全球标准认证证书互认工作已完成四次，共有 12000 多人申请 IFPSM 全球标准认证证书。

二、当前我国物流业发展面临的形势

2023 年以来，结构调整叠加有效需求偏弱，社会物流总额增速低于 GDP 增速，显示物流需求仍处于恢复期。根据中国物流与采购联合会会员企业调研显示，反映需求不足的企业占比较多，企业经营普遍承压。行业新动能短期内难以撬动存量大市场，我国现代物流正进入"温和"增长阶段。

我国传统物流"低价格、低效率、低效益"的发展模式已经无法适应实体经济高质量发展的要求。随着物流市场增速放缓，降本压力难以传导，亟须向现代物流发展新模式转变，寻找新时期发展的战略路径。

一是打造现代物流发展新模式要激发物流需求侧变革动力。充分发掘制造企业、流通企业物流改造升级潜力，深度整合资源、切实优化流程、主动对接供给，把降低物流成本转换为增加企业利润，形成工商企业新的"利润源"。

二是打造现代物流发展新模式要再造物流全链条组织方式。引领物流企业从单一环节竞争向综合物流竞争、供应链竞争转变，提供供应链一体化物流解决方案，逐步从低附加值服务向高附加值赋能转变，形成物流企业新的"增长点"。

三是打造现代物流发展新模式要用好物流新质生产力。充分发挥新一代信息技术、人工智能技术等前沿技术在物流领域的应用，大力发展数字经济，重构数字共享、协同共生的智慧物流生态体系，助推物流新产业新模式新业态"弯道超车"。

现代物流发展新模式是追求"高效率、优服务、高质量"的可持续发展。2023 年，我国经济实现恢复发展，现代物流在国民经济中的产业地位持续提升，发展模式稳步转换，制度保障更加完善，进入新的阶段。我们要坚定信心、守正创新，坚守现代物流发展事业，推进中国式现代物流体系建设，稳步实现"物流强国梦"。

《中国物流年鉴》是中国物流与采购联合会主办、《中国物流与采购》杂志社承办的大型文献性工具书。二十多年来，《中国物流年鉴》坚持用数据和事实反映物流业发展变化的轨迹，记录我国物流业发展的历程，赢得了业界好评。面对我国物流业不断发展变化的新形势，《中国物流年鉴》将继续以求真务实、严谨负责的态度做好资料收录工作，宣传行业正能量。同时，真诚地希望业界同人提出宝贵意见，使其越做越精、越做越好。

二〇二四年八月三十日

目　录

上　册

第一部分　物流政策法规

1

第二部分　物流统计

第三部分 物流产业

第四部分 行业物流

下 册

第五部分 地区物流

第六部分　物流技术与装备

第七部分　物流教育、信息化、标准化

第八部分　物流业部分经典案例

第九部分　物流综合

地区物流

2023 年河北省物流业发展情况

2023 年，是我国全面贯彻党的二十大精神的开局之年，是三年新冠疫情防控转段后经济恢复发展的一年，也是实施"十四五"规划的关键一年，随着国家重大发展战略的推行，河北省物流业已进入创新和高质量发展的新时期，物流业发展对经济的拉动作用日益显现，对经济结构调整和经济发展的贡献率不断提高。

2023 年，河北省经济实现平稳运行，多数领域物流需求恢复向好，物流需求结构和质量有所提升，全国现代商贸物流基地建设取得重要进展。全省现代服务业实现增加值 13836.5 亿元，同比增长 5.5%，与服务业增加值增速持平，占 GDP 和服务业增加值的比重分别为 31.5% 和 60.0%。交通运输、仓储和邮政业占比 16.1%，从贡献程度来看，现代金融，批发和零售业，交通运输、仓储和邮政业对现代服务业增长的贡献率最大。三行业合计贡献率超六成，达 65.2%，合计拉动现代服务业增加值增速 3.6 个百分点。全省物流业增加值占服务业增加值的比重为 13.2%，比上年同期下降 0.3 个百分点，占 GDP 的比重为 6.9%，比上年同期增长 0.2 个百分点。

一、物流业总体实现平稳运行

2023 年，河北省社会物流总额为 8.95 万亿元，比上年下降 4.7%，第一季度同比增长 2.6%，上半年同比下降 3.5%，前三季度同比下降 4.6%。从社会物流总额结构看，农产品物流总额比上年增长 0.8%；工业品物流总额下降明显，比上年同比下降 11.2%，占社会物流总额的比重为 52.5%；省外流入物品物流总额比上年增长 3.7%；民生消费物流总额保持平稳增长，比上年增长 9.4%；进口物流总额恢复增长，比上年增长 3.4%。物流成本略有增加，物流总费用与 GDP 的比率为 15.3%，比上年增加 0.6 个百分点。2023 年河北省分季度社会物流总额如表 1 所示。

表 1　　　　　　　　　　2023 年河北省分季度社会物流总额

指　标	第一季度	上半年	前三季度	全年
社会物流总额（万亿元）	2.20	4.32	6.49	8.95
比上年增长（%）	2.6	-3.5	-4.6	-4.7

二、运输物流实现有序运行

2023 年，河北省货运总量 26.2 亿吨，比上年增长 8.9%；货物周转量 15601.9 亿吨公里，增长 3.9%。全年完成营业性道路货运量 21.7 亿吨，同比增长 10.6%；完成货物周转量 8472.2 亿吨公里，同比增长 7.4%。其中，2 月的货运量由 1 月的下降转为增长。1—3 月全省公路货运量 4.61 亿吨，同比增长 11.4%；铁路货运继续保持高位运行，高速公路货车通行、民航货运航班、港口集装箱吞吐量稳步恢复，各运输方式协同发展。河北运输机场累计完成货邮吞

吐量 1.3 万吨，同比增长 13.9%，为 2019 年同期水平的 111.9%。1—6 月完成公路货运量 10.3 亿吨，同比增长 11.1%；完成公路货物周转量 3995 亿吨公里，同比增长 8.2%；完成水路货运量 2842 万吨，同比增长 8.3%；完成水路货物周转量 470 亿吨公里，同比增长 14.4%。1—9 月完成公路货运量 16.28 亿吨，同比增长 10.4%，与上年同期相比，提高 23.3 个百分点；完成公路货物周转量 6332.6 亿吨公里，同比增长 7.8%，与上年同期相比，提高 16.4 个百分点。2020—2023 年河北省营业性道路货运量及增长情况如表 2 所示，2023 年河北省货运量及增长速度如表 3 所示。

表 2　　　　2020—2023 年河北省营业性道路货运量及增长情况

指　标	2020 年	2021 年	2022 年	2023 年
营业性道路货运量（亿吨）	21.2	22.7	19.7	21.7
比上年增长（%）	0.2	7.2	−13.4	10.6
营业性道路货物周转量（亿吨公里）	8103.3	8650.1	7890.3	8472.2
比上年增长（%）	0.9	6.7	−8.8	7.4

表 3　　　　　　　2023 年河北省货运量及增长速度

指　标	绝对值	比上年增长（%）
货运总量（亿吨）	26.2	8.9
其中：铁路	3.0	−0.3
公路	21.7	10.6
货运周转量（亿吨公里）	15601.9	3.9
其中：铁路	5436.7	−1.3
公路	8472.2	7.4

三、基础设施建设稳步推进

2023 年，河北省交通运输系统完成投资 1040 亿元，再创"十四五"新高，公路水路

投资增速居全国第 5 位。京雄、荣乌新线、京德 3 条智慧高速投用，农村公路建设改造完成 5500 公里，省交通基础设施建设投资完成 580.6 亿元，创历史同期最高水平，完成年度计划的 56.1%。其中，公路水路固定资产投资

完成 480 亿元，同比增长 39.1%，增幅居全国第 3 位。1—6 月，河北港口累计完成固定资产投资 32.7 亿元，为年计划的 51.9%，顺利实现"双过半"目标任务。其中，唐山港曹妃甸港区东区 5 万吨级航道工程等 10 个续建项目已复工，部分续建项目投资进展较快，黄骅港大宗散货码头煤炭堆场等 4 个项目均完成年度投资计划的 70% 以上。

四、快递物流业保持稳步增长

2023 年，河北省邮政行业寄递业务量累计完成 79.7 亿件，同比增长 22.2%。其中，快递业务量（不包含邮政公司包裹业务）累计完成 66 亿件，同比增长 25.3%。同城快递业务量累计完成 5.5 亿件，同比增长 6.1%；异地快递业务量累计完成 60.5 亿件，同比增长 27.4%；国际/港澳台快递业务量累计完成 168.1 万件，同比下降 4.3%。快递业务收入累计完成 464.1 亿元，同比增长 22.0%。同城、异地、国际/港澳台快递业务量分别占全省快递业务量的 8.27%、91.70% 和 0.03%；快递业务收入分别占全省快递收入的 5.69%、71.71% 和 0.86%。与上年同期相比，同城快递业务量的比重下降 1.49 个百分点，异地快递业务量的比重上升 1.50 个百分点，国际/港澳台快递业务量的比重基本持平。2019—2023 年河北省快递服务企业业务收入如表 4 所示，2023 年河北省分地市快递服务企业业务量和业务收入如表 5 所示。

表 4　　2019—2023 年河北省快递服务企业业务收入

指　标	2019 年	2020 年	2021 年	2022 年	2023 年
快递业务收入（亿元）	242.4	335.0	403.6	380.2	464.1
比上年增长（%）	34.1	38.2	20.5	-5.8	22.0
快递业务量（亿件）	23.04	37.02	50.60	52.69	66.01
比上年增长（%）	32.3	60.7	36.7	4.1	25.3
快递业务量占全国的比重（%）	3.63	4.44	4.67	4.76	5.00

表 5　　2023 年河北省分地市快递服务企业业务量和业务收入

单　位	快递业务量（万件）	同比增长（%）	占全省的比重（%）	快递业务收入（万元）	同比增长（%）	占全省的比重（%）
河北省	660073.0	25.3	100	4640536.3	22.0	100
石家庄市	153800.9	5.2	23.3	939385.3	8.8	20.2
唐山市	17946.7	30.0	2.7	227375.0	17.2	4.9
秦皇岛市	6393.0	34.0	1.0	92014.4	23.3	2.0
邯郸市	29495.6	16.4	4.5	328667.7	15.7	7.1
邢台市	81791.6	51.8	12.4	405028.9	31.7	8.7
保定市	157670.8	23.8	23.9	976301.1	42.1	21.0

续 表

单 位	快递业务量 （万件）	同比增长 （%）	占全省的比重 （%）	快递业务收入 （万元）	同比增长 （%）	占全省的比重 （%）
张家口市	6178.7	38.8	0.9	91741.2	26.1	2.0
承德市	3242.6	40.1	0.5	56675.1	23.0	1.2
沧州市	55268.7	33.8	8.4	431295.3	30.0	9.3
廊坊市	116370.4	47.9	17.6	870778.3	21.7	18.8
衡水市	31914.0	10.6	4.8	221274.0	-1.8	4.8

五、港口物流发展实现新突破

2023 年，河北省港口货物吞吐量完成 13.6 亿吨，创历史新高。其中，唐山港完成货物吞吐量 8.4 亿吨；黄骅港完成货物吞吐量 3.3 亿吨；秦皇岛港完成货物吞吐量 1.9 亿吨。全省港口集装箱吞吐量共完成 498.3 万标准箱，同比增长 3.7%。其中，秦皇岛港完成 63 万标准箱，为上年同期的 98.2%；唐山港完成 334.3 万标准箱，同比增长 1.5%；黄骅港完成 101 万标准箱，同比增长 16%，增速持续领跑全省"三港四区"。

2023 年，河北省完成港口投资 66.7 亿元。其中，新增生产性泊位 11 个、达到 257 个，设计年通过能力新增 2712 万吨、达到 11.85 亿吨。累计开通集装箱航线 65 条，其中 10 条集装箱外贸航线实现与日韩主要港口直接通达，55 条内贸集装箱航线实现全国沿海主要港口全覆盖。唐山港曹妃甸港区大宗散货码头功能优化提升项目、唐山港京唐港区集装箱码头智慧化改造项目成功入选全国港口功能优化提升交通强国专项试点，有力推动河北省沿海港口大型化、专业化、集约化发展。

2023 年，唐山港完成货物吞吐量 84217 万吨，同比增长 9.53%，年吞吐量稳居世界港口第二位，一跃跨入世界大港的行列。唐山港曹妃甸港区完成货物吞吐量 53507 万吨，同比增长 8.24%，其中，外贸吞吐量 20282 万吨，同比增长 22.38%。唐山港现有生产性泊位 144 个，对外开放泊位达到 80 个。在陆向方面，布局建设内陆港 50 个，开行国际班列线路 7 条；在海向方面，外贸航线通达 80 多个国家和地区的 200 多个港口。1—11 月，唐山港完成外贸吞吐量 30010 万吨，同比增长 21.48%，唐山港还将努力建设矿石、煤炭、原油、天然气四大储运基地。丰南港区第一个码头项目正式投入运营，是河北省第一家"水水转运"河口码头项目，开创了唐山港"水水中转"运输新模式，将为推进碳达峰碳中和作出贡献。2019—2023 年河北省港口货物吞吐量如表 6 所示。

表 6　　　　　　　　　　　2019—2023 年河北省港口货物吞吐量

指 标	2019 年	2020 年	2021 年	2022 年	2023 年
港口货物吞吐量（亿吨）	11.6	12.0	12.3	12.8	13.6
比上年增长（%）	0.6	3.6	2.5	3.4	6.7

六、物流需求实现稳步提升

河北省物流需求保持稳定增长。2023 年地区生产总值达 43944.1 亿元，按不变价格计算，比上年增长 5.5%。第三产业增加值 23042.6 亿元，增长 5.5%。全年粮食总产量 3809.9 万吨，猪牛羊禽肉产量 491.1 万吨，增长 3.3%；禽蛋产量 404.6 万吨，增长 1.6%；牛奶产量 571.9 万吨，增长 4.6%。规模以上工业增加值比上年增长 6.9%，增速比上年加快 1.4 个百分点。固定资产投资比上年增长 6.3%，第三产业投资增长 6.9%。全年社会消费品零售总额实现 15040.5 亿元，比上年增长 9.6%，增速比上年加快 8 个百分点。全年网上零售额实现 4654.6 亿元，比上年增长 10.6%。其中，实物商品网上零售额 4214.6 亿元，增长 8.1%，实物商品占社会消费品零售总额的比重达 28.02%，超过全国整体水平。141 个省级电商示范企业规模不断壮大，河北省创新实施"千企万店上线行动"，推动全省网商新增 10 万家，总量达 183 万家。2019—2023 年河北省地区生产总值及增长变化如表 7 所示，2019—2023 年河北省社会消费品零售总额及增长变化如表 8 所示，2019—2023 年河北省实物商品网上零售额及增长变化如表 9 所示。

表 7　　　　2019—2023 年河北省地区生产总值及增长变化

指　标	2019 年	2020 年	2021 年	2022 年	2023 年
地区生产总值（万亿元）	3.51	3.62	4.04	4.24	4.39
比上年增长（%）	6.8	3.9	6.5	3.8	5.5

表 8　　　　2019—2023 年河北省社会消费品零售总额及增长变化

指　标	2019 年	2020 年	2021 年	2022 年	2023 年
社会消费品零售总额（亿元）	17934.2	12705.0	13509.9	13720.1	15040.5
比上年增长（%）	8.4	-2.2	6.3	1.6	9.6

表 9　　　　2019—2023 年河北省实物商品网上零售额及增长变化

指　标	2019 年	2020 年	2021 年	2022 年	2023 年
实物商品网上零售额（亿元）	2108.4	2505.3	2877.2	3891.5	4214.6
比上年增长（%）	25.5	17.8	22.0	16.8	8.1

七、进口物流发展优中有升

2023 年，河北省外贸进出口规模稳中有增，外贸运行态势良好，进出口规模创历史新高，外贸进出口总值 5818.4 亿元，同比增长 7.4%，增速高于全国 7.2 个百分点。其中，出口 3505.5 亿元，增长 9.3%，增速高于全国 8.7 个百分点；进口 2312.9 亿元，增长 4.6%，增速高于全国 4.9 个百分点。从季度看，季度进出口规模"逐季攀升"，分别为 1319.2 亿元、1368.1 亿元、1404.9 亿元和 1726.2 亿元，其中，第四季度进出口规模处于历史最高水平。从月度看，有 10 个月进出口增速高于全国整体增速且均为正增长，其中 12 月单月进出口值首次突破 600 亿元大关，创下月度历史新高。全省有进出口的实绩企业达到 1.77 万家，增长 8.8%，其中民营企业 1.69 万家，增长 9.4%。"一带一路"占比提升，对"一带一路"共建国家进出口 2820.5 亿元，增长 10.6%，增速高于全省 3.2 个百分点，占全省进出口总值的 48.5%，提升 1.4 个百分点。大宗、民生商品进口扩大，能源产品（包含煤炭、天然气和原油）进口 1640.2 万吨，增加 25.5%，价值 456 亿元，增长 1.7%。铁和铝金属矿砂共进口 1.22 亿吨，增加 11.9%，价值 952.8 亿元，增长 13.1%。同时，全省消费品进口 86.9 亿元，增长 44.6%，其中食品烟酒类消费品进口 76.2 亿元，增长 55%，占消费品进口总值的 87.7%。2023 年，河北省新增海关备案企业 17986 家，同比增长 2.5 倍；累计备案企业达 68284 家，增长 35.8%。

邯郸、石家庄等地常态化开行中欧班列。

其中，邯郸国际陆港中欧、中亚班列线路达到 4 条，业务涵盖俄罗斯、蒙古国、哈萨克斯坦、乌兹别克斯坦等多个国家和地区。石家庄国际陆港拥有 14 条稳定的国际运输线路，辐射亚欧大陆 50 多个国家和地区。目前，河北省累计开辟内外贸航线 70 条，内陆"无水港"70 多个，港口辐射范围逐步扩大。5 年来，石家庄国际陆港立足京津冀协同发展和河北省"三区一基地"建设，全面加大服务京津冀协同发展和对外开放力度，与北京、天津及省内城市开通多条"+石欧"班列，国际线路总数达到 14 条，出境口岸拓展至 7 个，送达范围从最初的俄罗斯、中亚地区拓展至德国、法国、芬兰、波兰、匈牙利、捷克及东盟等 50 多个国家和地区，带动京津冀区域的汽车配件、机械设备、轴承、丝网、生物医药等高附加值的特色优质产品加速走向海外，促进京津冀地区与亚欧各国之间经贸交往。2019—2023 年河北省外贸进出口总额及增长变化如表 10 所示。

表 10   2019—2023 年河北省外贸进出口总额及增长变化

指　标	2019 年	2020 年	2021 年	2022 年	2023 年
进出口总额（亿元）	4001.6	4410	5415.6	5629	5818.4
比上年增长（%）	12.6	10.2	21.5	3.9	7.4
进口总额（亿元）	1631.3	1888.5	2385.8	2221.6	2312.9
比上年增长（%）	24.4	15.8	23.2	-7.0	4.6

八、货物通关便利化水平显著提升

2023 年，河北省和海关总署陆续出台系列优化口岸营商环境的政策措施，石家庄海关全面贯彻落实，年初研究制定"1+3"海关通关便利化场景体系，对应出台"10+18+25"条具体措施；6 月深化落实海关总署优化营商环境 16 条举措，配套出台石家庄海关优化营商环境 6

方面 28 条举措；同期还上线运行"惠企通智慧平台"，依托"问题清零"机制解决主要问题 158 个，实现对企服务零距离、零成本、零延时，贸易便利化水平显著提升。为保障进出口货物高效通关，石家庄海关所属黄骅港海关主动服务企业，了解航线运营情况及需求，制定保障方案，成立专项工作组，开展 RCEP《区域全面经济伙伴关系协定》、"提前申报"等便利化通关措施宣传和培训，切实提高通关效率；

与集装箱码头公司、船务公司、报关企业多方对接，及时了解掌握航线计划、船舶到港时间与货物装载、物流运输情况；实行预约通关，节假日照常办理货物检疫、查验、放行等海关手续，确保通关各环节衔接顺畅。沧州海关认真落实 RCEP 原产地规则和关税减让措施，指导企业用足用好 RCEP 各项优惠举措。同时，持续推进"提前申报""两步申报"等通关举措，推广"无纸化申报+智能审核+自助打印"的关企"零见面"原产地证审签模式，大幅压缩办理时间，提升通关效率。2023 年，沧州海关进出口通关时长分别为 11.49 小时、0.01 小时，均优于京津冀平均水平。

"铁路进出境快速通关"是石家庄海关重点推进"提升通关便利化水平 18 条措施""1+3"海关通关便利化场景体系的组成部分，它与"提前申报""两步申报""船边直提"和"抵港直装"等都是其中的重要举措，实施以来大大提升了河北通关便利化水平。石家庄海关大力推行的"铁路进出境快速通关"模式，优化了以往业务流程和监管方式，实现了海关、铁路、运营企业数据互通。在这个模式下，海关通过铁路舱单电子数据就能进行审核、放行、核销，所有环节一站式完成，不需要运营企业再另行申报并办理转关手续；通过这个模式，每个中欧班列能节省通关时间约 20 小时，整体运行时间能缩短约 1.5 天，缩短了货物在途时间，每列还能节省费用约 10000 元，为企业节省了成本，提升了出口竞争力。

九、物流行业不断发展壮大

河北省物流企业超过 4 万家。其中，有 1 家企业进入 2023 年度中国物流企业 50 强，有 1 家企业进入 2023 年度中国民营物流企业 50

强。全省有 A 级物流企业 193 家，其中 5A 级 25 家。国家星级和绿色仓储企业 10 家，国家物流枢纽承载城市 6 个，已有 4 个物流枢纽入选国家物流枢纽建设名单，国家骨干冷链物流基地 2 个，物流园区 120 多家，其中，规模以上（150 亩以上）50 多家，国家级示范物流园区 6 家，绿色货运配送示范工程创建城市 7 个，绿色货运配送示范城市 2 个，全国供应链创新与应用示范企业 7 家，网络货运企业 110 家，其中 2023 年复核通过的有 71 家。

十、物流标准化工作扎实推进

推进物流标准化工作取得明显成效。依据国家标准《物流企业分类与评估指标》，2023 年河北省新评和升级 A 级物流企业 15 家。此外，担保存货管理及质押监管企业评估工作、网络货运平台、冷链星级物流企业评估工作稳步推进。通过评估评定工作的开展，企业整体经营管理和服务水平明显提升，品牌效益明显增强。在政府政策引导和支持下，宣贯国家标准、开展企业评估评定工作已取得明显成效，河北省一批综合实力强、引领作用大的龙头骨干企业迅速成长。

十一、京津冀协同发展向纵深迈进

多年来，河北省发挥交通区位优势，在首都周边和省会城市打造现代商贸物流发展新高地，支持保定、廊坊主动融入京津现代产业体系，积极承接北京区域性物流设施疏解转移，将廊坊打造成商贸物流创新发展高地、首都都市圈生活服务保障基地、京津冀供应链核心枢纽。2023 年，京津冀区域经济稳步恢复向好，京津冀协同发展合力持续增强，北京、天津、河北生产总值分别比上年增长 5.2%、4.3% 和 5.5%，增速比上年分别提高 4.5 个、3.3 个和 1.7 个百分点。目前，超过 40% 进出北京的快件在河北境内进行集中分拣处理。廊坊国际现代商贸物流 CBD 自 2023 年 3 月启动运营后，签约入驻了京东国际、北京国商等 60 余家商贸物流总部企业，成为承接北京非首都功能疏解项目的重要平台。

河北港口集团与天津港集团签署《深化联学共建 打造津冀世界级港口群 推动京津冀协同发展走深走实战略合作协议》，双方将共建津冀世界级港口群，共同建设安全便捷、智慧绿色、经济高效、支撑有力的一流港口，主动服务京津冀协同发展、雄安新区建设，为我国经济高质量发展提供港口支撑。京津冀三地共同签署《京津冀自贸试验区协同发展行动方案》，京津冀自贸试验区将建立海关监管协作机制，深入推进智慧海关建设，提升京津冀口岸通关便利化水平，建立京津冀陆港、空港、海港协作机制。为推动"河北净菜"进北京工作，河北省发布《河北净菜》等三项团体标准，推动北京方面为"河北净菜"进京车辆配给"京籍"通行证，与北京共建环京周边蔬菜生产基地 115 家，"菜篮子"产品供给保障能力进一步增强。京津冀着力拓展对外贸易新通道，2023 年京津冀开行中欧、中亚班列 1059 列，其中，中欧班列 335 列、中亚班列 724 列，辐射俄罗斯、蒙古国、德国等多个国家和地区。

十二、物流产业地位进一步提升

党中央、国务院高度重视现代物流发展，物流业产业地位持续提升。《国家发展改革委等部门关于做好 2023 年降成本重点工作的通知》中提出了推进物流提质增效降本等 8 个方面 22 项重点任务以及系列相关政策，着力推动完善现代物流体系、落实物流多项税费减免延期、促进运输结构调整优化、助力打通"最后一公里"、实现交通物流提质增效。交通运输部持续大力推进"公转铁""公转水"，加快发展多式联运，着力推进运输结构调整优化。为全面学习贯彻党的二十大精神，深入落实省委十届三次全会工作部署，进一步推动全国现代商贸物流重要基地的功能定位扎实有效实施，加快建设物流强省，河北省人民政府办公厅印发《河北省加快建设物流强省行动方案（2023—2027 年）》，提出到 2027 年，全省物流载体支撑能力大幅提升，基本形成面向世界、辐射全国的物流格局，为构建新发展格局提供重要支撑。河北省人民政府办公厅还印发了《关于推进现代商贸物流业高质量发展的实施意见》《河北省支持跨境电子商务发展十条政策》《河北省加快现代物流发展十五条政策措施》。河北省物流业正处于持续平稳增长和结构调整加速期，超大规模市场优势激发消费潜力，中高端制造需求贡献将持续加大。

总体来看，2023 年河北省物流业回暖复苏势头明显。随着稳增长、稳预期政策持续显效，经济增长企稳回升，供应链上下游加快复苏，物流需求总体向好，特别是 2 月之后物流业务量恢复增长，4 月、5 月虽有所放缓，但从 6 月开始，市场主体活力增强，物流运行整体呈现企稳回升的态势。

注：本文部分数据因四舍五入与加权计算，存在总计与分项合计不等情况。

（河北省现代物流协会）

2023 年内蒙古自治区
物流业发展情况

2023 年，内蒙古自治区物流业需求恢复向好，社会物流成本保持平稳。

一、社会物流总额恢复向好

2023 年，内蒙古自治区社会物流总额完成 53309.7 亿元，按可比价格计算，同比增长 6.6%。从社会物流总额构成看，全区农产品物流总额 2825.4 亿元，占比 5.3%；工业品物流总额 28467.4 亿元，占比 53.4%；进口货物物流总额 1172.8 亿元，占比 2.2%；单位与居民物品物流总额 639.7 亿元，占比 1.2%；其他货物物流总额（含外省流入）20204.4 亿元，占比 37.9%。2023 年内蒙古自治区社会物流构成如图 1 所示。

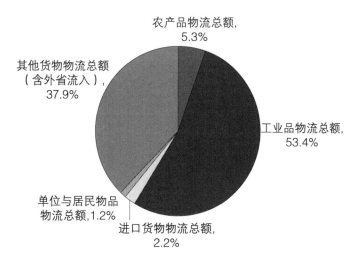

图 1　2023 年内蒙古自治区社会物流构成

二、社会物流总费用增长

2023年，内蒙古自治区社会物流总费用完成3839.0亿元，同比增长10.9%，社会物流总费用与GDP的比率为15.6%。

从构成看，运输费用完成2604.8亿元，占比67.9%，同比增长11.2%；保管费用完成910.5亿元，占比23.7%，同比增长10.2%；管理费用完成323.7亿元，占比8.4%，同比增长10.4%。2023年内蒙古自治区社会物流总费用构成如图2所示。

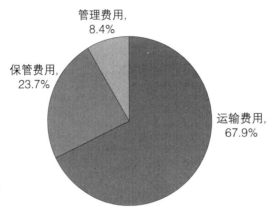

图2　2023年内蒙古自治区社会物流总费用构成

三、物流业总收入保持平稳增长

2023年，内蒙古自治区物流行业总收入完成3337.1亿元，同比增长12.8%。

（内蒙古物流协会）

2023 年吉林省物流业发展情况

2023 年，从按下疫情防控的"暂停键"，到启动经济社会活动"恢复键"，吉林省社会物流业高质量发展，物流需求稳步回升。物流市场规模稳步扩张，多个产业供应链上下游呈现积极变化，物流运行内生动力持续增强，物流供给质量稳步提升，物流供给服务体系进一步完善。

一、物流业总体保持平稳运行

（一）物流业规模稳步增长

2023 年，吉林省社会物流总额完成 28687.9 亿元，同比增长 3.3%，增速比上年提高 2.4 个百分点，物流需求稳步提升。

从结构看，工业品、外部流入货物、再生资源物流需求保持稳步增强趋势，农产品物流需求稳中趋缓。其中，农产品物流总额完成 3128.0 亿元，同比下降 2.8%，受产业结构调整的影响，以及年内极端天气事件频发，农副产品价格波动，流通效率降低，农产品物流总额呈下降趋势；工业品物流总额完成 12635.1 亿元，同比增长 0.7%，工业企业产成品周转效率提高，工业品物流需求稳步回升；外部流入货物物流总额完成 9570.8 亿元，同比增长 7.0%，各季度均保持增长态势，对全省物流需求增长贡献较大，外部流入货物物流需求规模保持较快扩张；单位与居民物品物流总额完成 3349.8 亿元，同比增长 10.1%，增速比上年提升了 6.5 个百分点，各季度呈连续回升态势，增速均超过 4.0%，随着《关于促进消费的若干措施》等一系列促进消费的政策举措逐步落实，政策效应持续释放，居民消费需求不断增强，零售物流需求明显提升，升级类消费需求不断释放，消费活力旺、动能强；再生资源物流总额完成 4.2 亿元，同比增长 14.7%，保持稳步增长态势。2022—2023 年吉林省社会物流总额及各分项总额同比增长情况如图 1 所示。

从社会物流需求结构看，2023 年吉林省农产品物流总额占比 10.90%，较上年同期占比降低 0.69 个百分点；工业品物流总额占比 44.04%，较上年同期占比降低 1.17 个百分点；外部流入货物物流总额占比 33.36%，较上年同期占比提高 1.13 个百分点；单位与居民物品物流总额占比 11.68%，较上年同期占比提高 0.72 个百分点；再生资源物流总额占比 0.01%，与上年同期持平。随着生产生活秩序恢复和产业

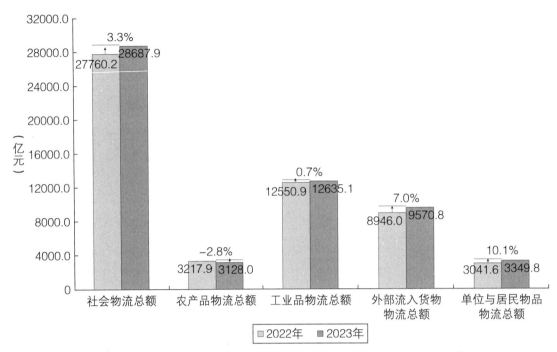

图 1　2022—2023 年吉林省社会物流总额及各分项总额同比增长情况

结构的持续调整，消费市场恢复向好，热点亮点多，消费需求有效释放，消费需求和外部流入货物需求对物流需求增长的贡献越来越大。

从社会物流规模看，2023 年吉林省单位 GDP 物流需求系数为 2.1，与上年持平，物流需求与产出之间保持稳定比例关系，物流业高质量发展为吉林省经济稳定运行提供了有力保障，物流需求依然是宏观经济发展的有力支撑。交通运输、仓储和邮政业增加值为 782.3 亿元，同比增长 10.7%，交通运输、仓储和邮政业增加值占服务业增加值的比重为 10.7%，同比上升 0.2 个百分点，交通运输、仓储和邮政业增加值占 GDP 的比重为 5.8%，同比上升 0.4 个百分点，社会商品流通量和物流需求的不断增长，对吉林省经济增长作出持续贡献，成为新的经济增长点。

（二）物流市场保持稳步扩张

2023 年，吉林省物流业总收入实现 1715.7 亿元，同比增长 6.6%。其中，运输收入实现 1480.0 亿元，同比增长 4.9%，占比 86.3%；保管收入实现 235.7 亿元，同比增长 18.6%，占比 13.7%。2023 年吉林省物流业总收入保持稳定的增长态势，物流市场活力显著提升，其中，保管收入增长明显，体现吉林省物流企业在物流供应链管理和仓储服务方面的不断优化。2020—2023 年吉林省物流业总收入、运输收入与保管收入同比增长情况如图 2 所示。

（三）物流运行成本发展平稳

2023 年，吉林省社会物流总费用为 1926.3 亿元，同比增长 5.0%。其中，运输费用 1065.7 亿元，同比增长 6.2%；保管费用 659.8 亿元，同比增长 3.3%；管理费用 200.8 亿元，同比增长 4.8%。每万元社会物流总额产生物流费用 671.5 元，同比增长 1.65%。疫情结束后，居民消费需求逐步恢复，物流需求相应增加，供应链对运力、仓储空间及运输频率的增

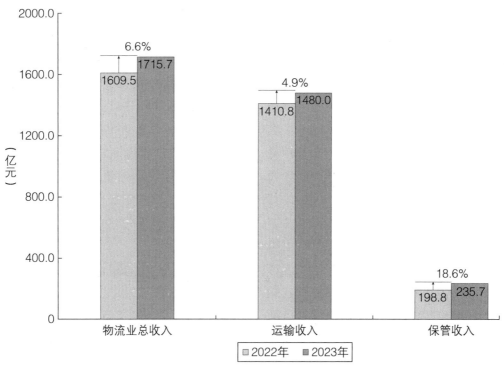

图2　2020—2023年吉林省物流业总收入、运输收入与保管收入同比增长情况

加使物流成本增加，逐步回暖的物流市场使物流费用升高。2022—2023年吉林省社会物流总费用及其各分项费用同比增长情况如图3所示。

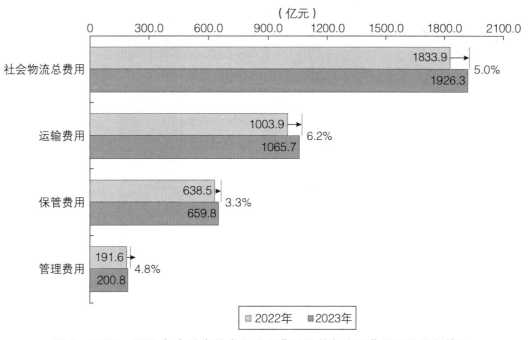

图3　2022—2023年吉林省社会物流总费用及其各分项费用同比增长情况

2023 年，吉林省社会物流总费用与 GDP 的比率为 14.2%，对比上年增长了 0.2 个百分点，同期全国社会物流总费用与 GDP 的比率为 14.4%，低于全国水平 0.2 个百分点。第一季度、上半年、前三季度吉林省社会物流总费用与 GDP 的比率分别为 14.5%、14.2% 和 14.1%，呈连续回落走势。运输费用与 GDP 的比率为 7.9%，保管费用与 GDP 的比率为 4.9%，管理费用与 GDP 的比率为 1.5%，其中，运输费用与 GDP 的比率比上年上升 0.2 个百分点，保管费用和管理费用与 GDP 的比率与上年相比没有明显变化，物流费率为 0.96 元/吨公里，同比下降了 0.02 元/吨公里。随着贸易量和经济规模增长，全年运输需求呈增长态势，货运量、周转量大幅增加，即使物流费率下降，但总量效应使物流总费用与 GDP 的比率增加。

从吉林省社会物流总费用结构情况看，运输费用、保管费用和管理费用在社会物流总费用中的占比分别为 55.3%、34.3% 和 10.4%。其中，运输费用占比同比增长 0.6%，保管费用占比同比下降 0.5%，管理费用占比基本维持不变，企业物流运作持续优化仓储和保管效率，物流周转效率增强，物流各环节同步发展。2022—2023 年吉林省社会物流费用占比及其变化情况如图 4 所示。

二、交通运输运行情况良好

（一）物流通道日渐完善

截至 2023 年年底，吉林省铁路里程 4986 公里，公路里程 11.1 万公里。其中，高速公

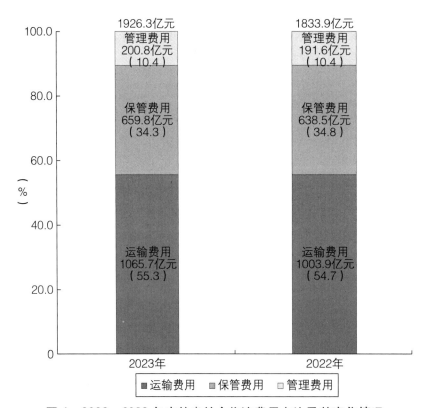

图 4　2022—2023 年吉林省社会物流费用占比及其变化情况

路里程 4644.0 公里，较上年年底增长 5.7%。此外，邮政服务实现"乡乡设所、村村通邮"，快递服务实现乡镇全覆盖。总体上，吉林省物流通道日趋畅通，且综合立体交通网支撑保障能力基本满足社会经济发展需要。2015—2023 年吉林省铁路、公路、高速公路里程及其增长情况如表 1 所示。

表 1　　　　2015—2023 年吉林省铁路、公路、高速公路里程及其增长情况

年份	铁路		公路			
	里程（公里）	增长速度（%）	里程（公里）	增长速度（%）	高速公路里程（公里）	增长速度（%）
2015	4877	9.8	97326	1.0	2629	12.0
2016	4877	0.0	102484	5.6	3113	18.4
2017	4869	-0.2	103896	1.4	3119	0.2
2018	4877	0.2	105399	1.4	3298	5.7
2019	4877	0.0	106660	1.2	3584	8.7
2020	4877	0.0	107848	1.1	4306	20.1
2021	4986	2.2	108691	0.8	4315	0.2
2022	4986	0.0	109800	1.0	4395	1.9
2023	4986	0.0	110500	0.6	4644	5.7

（二）货运市场迅速复苏

2023 年，吉林省货运量达 54414.0 万吨，同比增长 17.1%，单位 GDP 货运量达 4.0 万吨/亿元，同比增长 11.1%。其中，铁路货运量（铁路货物发送量）5375.7 万吨，同比回落 4.9%；公路货运量 49034.3 万吨，同比增长 20.1%。货物周转量达 2013.5 亿吨公里，同比增长 7.4%。其中，铁路货物周转量 572.2 亿吨公里，同比回落 4.1%；公路货物周转量 1440.8 亿吨公里，同比增长 12.9%。2022—2023 年吉林省货运量、铁路货运量、公路货运量增长情况如图 5 所示。2022—2023 年吉林省铁路、公路与总体货物周转量增长情况如图 6 所示。

随着疫情防控进入新阶段，经济贸易活动增加，货运市场快速复苏。2023 年下半年以来，吉林省铁路货物周转量增速持续回落，铁路运输发展势头持续向好。相较于铁路运输，公路运输有覆盖面广、货运量灵活、可达基层的特点，公路货运量全年同比增长显著，物流资源分配更加灵活，供应链弹性不断增强。2019—2023 年吉林省货运量及周转量对比情况如图 7 所示，2023 年吉林省铁路、公路货物周转量增长情况如表 2 所示。

2023 年，吉林省平均运距为 370 公里，同比回落 8.3%，货物运输距离缩短，其在不同环节的流通速度加快，产品从生产到用户手中的时间加快，供应链更加高效。

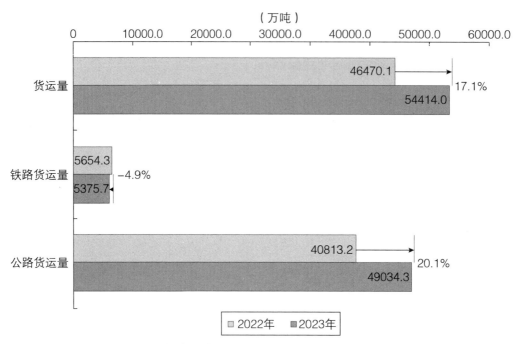

图 5　2022—2023 年吉林省货运量、铁路货运量、公路货运量增长情况

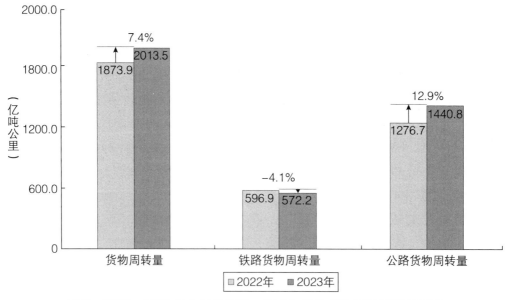

图 6　2022—2023 年吉林省铁路、公路与总体货物周转量增长情况

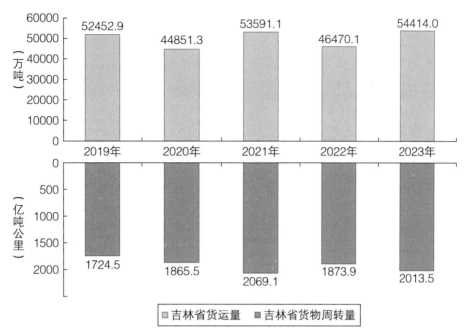

图 7　2019—2023 年吉林省货运量及周转量对比情况

表 2　　　　　　　　　　　2023 年吉林省铁路、公路货物周转量增长情况

月份	铁路货物周转量 （亿吨公里）	铁路货物周转量 增速（%）	公路货物周转量 （亿吨公里）	公路货物周转量 增速（%）
1 月	46.3	-9.8	72.3	-31.3
1—2 月	90.0	-6.9	167.2	-7.3
1—3 月	137.5	-6.9	279.9	15.8
1—4 月	178.2	-8.4	394.7	32.4
1—5 月	220.5	-8.9	511.4	30.3
1—6 月	263.3	-9.1	632.5	25.0
1—7 月	307.6	-8.6	763.6	20.9
1—8 月	353.7	-8.2	896.9	15.9
1—9 月	404.0	-8.0	1051.4	13.9
1—10 月	459.4	-7.1	1200.7	12.7
1—11 月	514.8	-5.6	1328.3	12.7
1—12 月	572.2	-4.1	1440.8	12.9

（三）仓储、快递业务推动物流行业发展

2023 年，吉林省仓储管理水平不断优化，规模以上工业企业产成品存货周转天数为 8.9 天，较上年同期减少 0.7 天；工业企业存货增速为-5.1%，较上年同期回落 7 个百分点；规模以上工业企业存货 1715.73 亿元，同比下降 5.1%。相较于以往，2023 年工业企业存货增速由正转负，库存周转率显著提高，库存管理逐步优化，体现出更强的生产和销售衔接能力，供应链效率不断提升。企业应收账款平均回收期为 26.2 天，相比上年同期下降 8.8 天，企业资金周转速度加快，企业流动性和变现能力提高，物流业内驱动力增强，向质量求发展，向服务要效益，不断夯实一体化供应链物流服务能力，促进物流市场规模稳定增长，物流服务供给的质量稳步提升。

2023 年，吉林省消费需求不断释放，社会消费持续回暖，助力行业规模持续攀升。快递业务量完成 76909.1 万件，上年同期为 58194.0 万件，同比增长 32.2%，快递业务收入完成 83.1 亿元，上年同期为 71.4 亿元，同比增长 16.4%，快递业务量和快递业务收入均创历史新高。吉林省快递市场繁荣活跃、业务规模不断扩大、发展质效不断提升，展示出吉林省消费市场持续向好的良好态势。2020—2023 年吉林省快递业务量变化趋势如图 8 所示，2020—2023 年吉林省快递收入变化趋势如图 9 所示。

（四）进出口贸易平稳增长

2023 年，吉林省外贸进出口总额 1679.1 亿元，较上年同期的 1558.5 亿元增长 7.7%。其中，进口总额 1052.1 亿元，较上年同期的 1056.3 亿元下降 0.5%；出口总额 627.0 亿元，较上年同期的 502.3 亿元增长 24.9%。近年来，随着国际竞争力提高，吉林省外贸规模迅速扩大，在汽车、农产品、生物医药等领域不断进行产业升级与技术改进，国际市场需求有所提高。此外，吉林省着眼国内国际双循环，

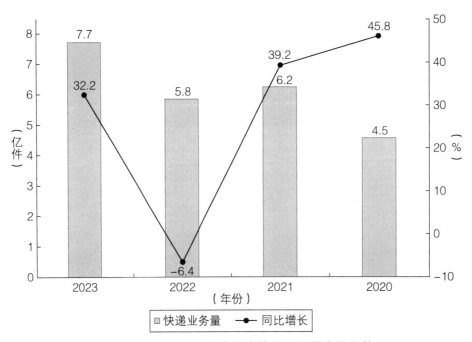

图 8 2020—2023 年吉林省快递业务量变化趋势

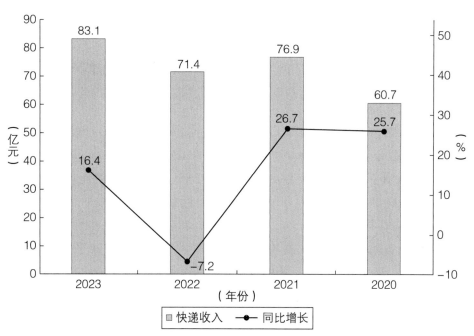

图9 2020—2023年吉林省快递收入变化趋势

坚持高水平管理和高质量建设，深化国际合作平台和机制建设，进出口贸易平稳增长，出口贸易大幅提升。2020—2023年吉林省外贸进口总额、出口总额如图10所示，2020—2023年吉林省外贸进出口总额及其同比增长情况如表3所示。

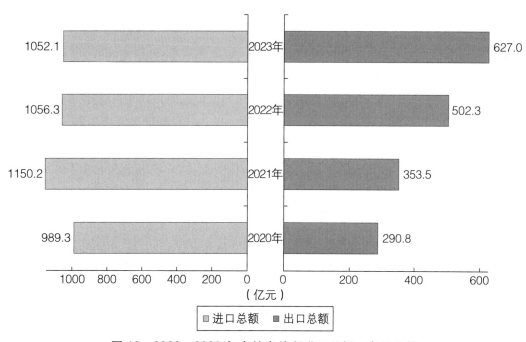

图10 2020—2023年吉林省外贸进口总额、出口总额

表3 2020—2023 年吉林省外贸进出口总额及其同比增长情况

年份	2023	2022	2021	2020
进出口总额（亿元）	1679.1	1558.5	1503.8	1280.1
同比增长（%）	7.7	3.6	17.3	−1.7

从进出口国家与地区来看，吉林省对欧盟进出口 693.7 亿元，较上年同期下降 2.0%，欧盟成为最大贸易伙伴；对俄罗斯进出口 297.3 亿元，较上年同期增长 71.5%；对美国进出口 55.8 亿元，较上年同期下降 5.8%；对斯洛伐克进出口 70.8 亿元，较上年同期增长 28.4%；对澳大利亚进出口 10.9 亿元，较上年同期增长 39.5%。此外，吉林省对"一带一路"共建国家进出口 894.3 亿元，同比增长 25.4%。从贸易方式来看，2023 年吉林省以一般贸易占主导，一般贸易方式进出口 1465.3 亿元，较上年同期增长 4.5%，占进出口总额的 87.3%；以海关特殊监管区域物流货物方式进出口 85.2 亿元，较上年同期增长 140.9%，占进出口总额的 5.1%。从企业性质来看，2023 年吉林省国有企业出口 190.0 亿元，较上年同期增长 64.2%，占出口总额的 30.3%；外商投资企业出口 113.7 亿元，较上年同期增长 5.9%，占出口总额的 18.1%。从商品类别来看，全年吉林省机电产品进口 787.4 亿元，较上年同期增长 3.5%；高新技术产品进口 260.1 亿元，较上年同期增长 11.7%；金属矿及矿砂进口 49.0 亿元，较上年同期增长 8.4%。吉林省开放通道拓展加快，"长满欧"班列稳定运行，"长珲欧""长绥欧""长同欧"及跨境电商 TIR 公路相继开通。珲春经扎鲁比诺、斯拉夫扬卡、符拉迪沃斯托克港至南方港口 3 条内贸外运航线试单试航。吉林省聚焦"加快培育外贸新动能，巩固外贸外资基本盘"总体部署，全力育主体、建平台、拓市场、畅通道，推动外贸高质量发展取得新成效。

（五）物流需求稳中有增

2023 年，吉林省地区生产总值 13531.2 亿元，同比增长 6.3%，高于全国 1.1 个百分点，实现"全年红"，市场物流需求呈现稳中有升的趋势。农业上，吉林省粮食总产量 837.3 亿斤，较上年同期的 816.2 亿斤增长 2.6%。工业上，汽车产量 155.9 万辆，较上年同期的 133.6 万辆增长 16.7%；化学药品原药产量 3.8 万吨，较上年同期的 3.1 万吨增长 24.2%；中成药产量 13.6 万吨，较上年同期的 8.9 万吨增长 53.3%。单位与居民消费方面，实物商品网上零售额实现 513.6 亿元，较上年同期的 406.4 亿元增长 26.4%；社会消费品零售总额实现 4150.4 亿元，较上年同期的 3807.7 亿元增长 9.0%。2020—2023 年吉林省地区生产总值及其同比增长情况如表 4 所示，2020—2023 年吉林省社会消费品零售总额及其同比增长情况如表 5 所示。

表4 2020—2023 年吉林省地区生产总值及其同比增长情况

年份	2023	2022	2021	2020
地区生产总值（亿元）	13531.2	13070.2	13235.5	12311.3
同比增长（%）	6.3	−1.9	6.6	2.4

表5　　　　　　　　　2020—2023年吉林省社会消费品零售总额及同比增长

年份	2023	2022	2021	2020
社会消费品零售总额（亿元）	4150.4	3807.7	4216.6	3824.0
同比增长（%）	9.0	-9.7	10.3	-9.3

（六）物流基础加快建设

2023年，吉林省社会物流基础建设进一步增强，取得了显著成果，物流设施网络不断完善。

在物流园区建设方面，全省现有物流园区数量已达34个，吉林长春东北金属交易中心被中国物流与采购联合会评为国家示范物流园区，香江物流、中澳城物流园被中国物流与采购联合会评为全国"优秀物流园区"。

吉林省在国家骨干冷链物流建设方面发展稳健。作为纳入"十四五"期间首批24个国家骨干冷链物流基地建设名单的四平市国家骨干冷链物流基地，持续发挥全省冷链物流发展带头作用，长春市国家骨干冷链物流基地正在培育中。

在物流企业方面，吉林省注册物流（包含物流园和物流园区）企业8330家，比上年增加259家，总注册资本787.2亿元、从业人员3.6万人；运输企业5368家，总注册资本261.65亿元、从业人员2.4万人。吉林省高度重视优质物流企业培育，近年来全省物流专业龙头企业不断涌现。全省共有A级物流企业99家，其中，5A级6家，4A级52家，3A级39家，2A级2家。在2023年度中国物流企业50强排行榜中，一汽物流排名第38位。

在物流枢纽建设上，吉林省围绕融入新发展格局，打造国内大循环物流支点、国内国际双循环战略枢纽，依托长春建设陆港型及生产服务型国家物流枢纽，依托吉林建设商贸服务型国家物流枢纽，依托延边（珲春）建设陆上边境口岸型国家物流枢纽。目前，长春、吉林和延边（珲春）入围国家物流枢纽承载城市。长春生产服务型国家物流枢纽成功入选2020年国家物流枢纽建设名单，珲春陆上边境口岸型国家物流枢纽成功纳入"十四五"首批国家物流枢纽建设名单，长春陆港型国家物流枢纽成功入选2022年国家物流枢纽建设名单。目前，吉林省"一核心双通道N枢纽"的物流空间格局基本形成。长春市依托汽车、装备制造、农产品加工、战略性新兴产业等优势产业，以推动生产服务型、陆港型国家物流枢纽建设为载体，完善物流基础设施，促进物流降本增效。

三、吉林省汽车物流市场蓬勃发展

（一）汽车物流市场稳定发展

吉林省是中华人民共和国汽车工业发祥地，汽车产业是吉林省第一支柱产业，汽车物流对吉林省工业物流的发展起着重要的支撑作用。2022—2023年吉林省汽车总产量及新能源汽车产量如图11所示。

近年来，吉林省汽车产业已进入发展关键期，全省拥有红旗、解放、大众、丰越、奥迪新能源等8家整车制造企业，整车生产制造规模稳居全省"第一方阵"，同时拥有较为齐全的汽车零部件生产制造企业，汽车产业产值占全省工业总产值的1/3以上。庞大的汽车产业背后，需要与之配套的汽车物流水平支持，目前，吉林省汽车物流以主机厂一汽物流有限公

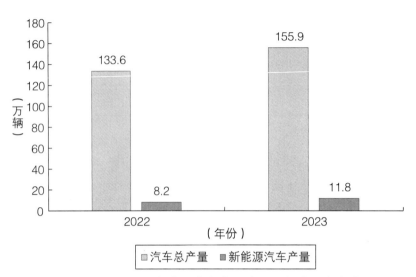

图 11　2022—2023 年吉林省汽车总产量及新能源汽车产量

司为上游引导，与大众物流、长久物流等第三方物流企业展开合作，业务涉及整车物流、汽车零部件物流、售后备件物流等汽车物流全产业链条，为吉林省物流业经济发展贡献不竭动力。

2023 年，吉林省汽车物流行业蓬勃发展，汽车物流企业经济效益显著。在整车物流领域，一汽物流整车物流收入 597300 万元，毛利润 47800 万元；华阳物流整车收入 102800 万元，毛利润 9333.61 万元；宏业通达物流整车物流收入 25000 万元，毛利润 900 万元；国际陆港整车物流收入 13800 万元，毛利润 19.39 万元。汽车零部件物流领域，一汽物流汽车零部件物流收入 267100 万元，毛利润 29400 万元；大众物流汽车零部件物流收入 12700 万元，毛利润 500 万元；宏业通达物流汽车零部件物流收入 1000 万元，毛利润 100 万元；国际陆港汽车零部件物流收入 857.09 万元，毛利润 2.92 万元。售后备件物流领域，一汽物流售后备件物流收入 21900 万元，毛利润 1095 万元；富晟汽车售后备件物流收入 16000 万元，毛利润 800 万元。整体来看，吉林省汽车物流

企业以一汽物流为行业领导者，拥有绝对优势的汽车物流业务总额和全面的汽车物流业务种类，但其他第三方汽车物流企业的迅速发展也同样充满活力，为吉林省汽车物流行业发展增砖添瓦。

汽车物流企业盈利情况和成本结构反映了汽车物流行业运营效率和发展质量，是汽车物流行业和市场的重要指标。从吉林省汽车物流头部企业盈利数据来看，不同企业盈利情况有较大差别，在整车物流领域，一汽物流和华阳物流年利润率可达 8% 以上，其他汽车物流规模较小的企业利润率则较低，这反映出在整车物流领域，更大的规模可能有助于降低物流成本，进而增加企业的利润率。在汽车零部件物流领域，一汽物流和宏业通达物流的利润率可达 10% 以上，其他企业的利润率则较低，第三方汽车物流企业如大众物流，虽然拥有较高的业务收入，但其利润率仍有待提升，从其成本结构中可以发现，2023 年大众物流人力成本占比 80.8%，由此推测优化组织结构、精简人力资源配置或是大众物流降本增效的可行途径。在售后备件物流领域，一汽物流和富晟汽车利

润率均为 5%，该领域市场规模相对较小，未来拥有更大发展空间。从企业成本结构看，多数汽车物流企业运输成本占据企业总成本 75%以上，相比之下仓储成本往往只占运输成本的 1%，反映出汽车物流行业精益运营成效显著，物流周转水平持续提高。

（二）汽车物流服务水平不断提高

运输能力是汽车物流企业服务水平的重要指标，直接关系到企业的客户满意度和市场竞争力，吉林省汽车物流企业经过多年发展，已经拥有适应不同运输需求的运输车辆队伍，拥有挂车、飞翼车、厢式货车等多种运输车辆，载重从 2 吨、5 吨、10 吨不等的汽车零部件用车，到几十吨的整车运输挂车，各类运输汽车种类齐全。在运营车辆保有水平方面，一汽物流运营车辆保有量为 1233 台，其他物流企业运营车辆数百台不等。在车辆归属权方面，大型汽车物流企业的承运车数量呈现增加趋势，自有运输车辆占比则相对较少。在运输服务能力方面，2023 年，一汽物流整车货运量达 102.4 万台，准时交付率达 97%；华阳物流整车货运量 109 万台，准时交付率达 99.6%；宏业通达整车货运量 27 万台，准时交付率达 98%。整体看来，吉林省数家年货运量百万台以上的汽车物流企业，其整体准时交付率在 97%以上，反映吉林省汽车物流行业强大的运输服务能力以及优质的服务质量。此外，制造业与快递业融合，以另一种方式赋能汽车物流服务，提升服务水平。一汽富晟与中通快递签署战略合作，中通快递进驻库房，将自身的服务链条延伸到零部件销售上下游全流程，不仅提供包装、配送运输和末端配送等服务，还提供快运、快递等不同的运输模式，帮助传统汽车物流企业降低成本。

在汽车产业由传统制造向智能制造转型升级的时代，汽车物流运作模式与技术应用也正在发生变革，不断提升汽车物流服务能力和服务质量。一汽物流有限公司在汽车物流服务转型升级过程中，积极探索新技术、新模式，以创新持续领跑行业发展。面临新的发展环境，一汽物流不断加强物流技术和信息化建设，成立技术部，探索新技术的创新及应用。多层面升级信息系统，搭建物流仿真建模系统，对全国网络布局、运输模式选择及运输线路分配进行模拟仿真，指导宏观规划。业务执行层面，搭建 TMS、WMS 系统，并引用了 QDC 数据接口技术、RFID 技术等多项先进技术，提升作业效率，提升物流服务水平。一汽富晟与中通快递协同布局，形成以长春本部为主，成都、佛山、青岛、天津基地为辅的布局，通过打通中心仓与各中转仓的信息通道，实施"多点多仓、就近配送"的分仓备货模式。通过为每一个包装箱进行独立编号，借助中通快递自有的信息系统，还可以实现快递物流全链条可视化、透明化和可追溯。绿色物流是当今物流业发展的重要方向，科技创新是实现碳达峰碳中和目标的首要前提，也是推动物流行业绿色低碳发展的重要基础。一汽解放早在 2019 年便正式成立新能源事业部并推出"15333"新能源战略，持续投入大量人力、物力、财力，重点研发新能源商用车，致力成为新能源时代全球商用车技术引领者、标准制定者和价值创造者，为物流行业提供"中国第一、世界一流"的新能源智慧交通运输解决方案。

注：本文部分数据因四舍五入，存在总计与分项合计不等的情况。

（吉林大学）

2023 年黑龙江省物流业发展情况

2023 年，黑龙江省经济呈现恢复性增长，高质量发展、可持续振兴扎实推进。作为联结实体经济和内外循环"筋络"的物流业与全省社会经济运行整体协同发力，恢复向好，运行效率进一步改善，社会物流总费用与 GDP 的比率下降 0.3 个百分点。物流市场需求规模保持稳定，粮食生产实现"二十连丰"，高技术制造业、实物商品网上零售额、货物贸易进出口等领域恢复加快，是社会物流总额保持增长的稳定因素。"4567"现代产业体系建设加快，产业链供应链循环基本恢复畅通，中蒙俄经济走廊、中俄公铁海联运、黑河公路桥、同江铁路桥、中欧班列等跨境运输通道高效通畅，为企业和社会进出口物流的降本提质增效奠定基础，2023 年全省社会物流运行核算指标数据变化处于合理区间。

一、物流市场需求规模保持基本稳定

2023 年，黑龙江省社会物流总额为 38687

亿元，同比增长 0.2%，增速比上年下降 6.4 个百分点，物流需求规模基本稳定。

从构成看，农产品物流总额 6694 亿元，同比增长 2.6%；工业品物流总额 12937 亿元，同比下降 5.6%；省外流入（含进口）货物物流总额 18205 亿元，同比增长 4.0%；再生资源物流总额 88 亿元，同比下降 47.6%；单位与居民物品物流总额 763 亿元，同比增长 4.7%。

从总额构成的比重看，农产品物流总额、工业品物流总额、省外流入（含进口）货物物流总额、再生资源物流总额、单位与居民物品物流总额分别占物流总额的 17.3%、33.4%、47.1%、0.2%和 2.0%。工业领域和商贸领域物流总额占比达 80.5%，是构成黑龙江省物流需求的主要部分。2023 年黑龙江省社会物流总额构成如图 1 所示。

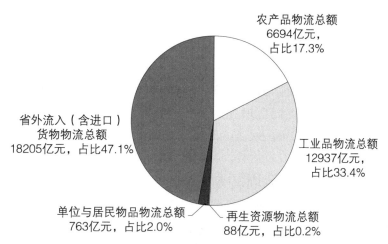

图1 2023 年黑龙江省社会物流总额构成

二、物流运行效率持续改善，社会物流总费用与 GDP 的比率稳步下降

2023 年，黑龙江省社会物流总费用为 2367 亿元，同比下降 2.2%。社会物流总费用与 GDP 的比率为 14.9%（全国为 14.4%），比上年下降 0.3 个百分点。

从构成看，运输费用 1243 亿元，同比增长 5.2%；保管费用 756 亿元，同比下降 13.2%；管理费用 368 亿元，同比增长 0.1%。2023 年黑龙江省社会物流总费用构成如图 2 所示。

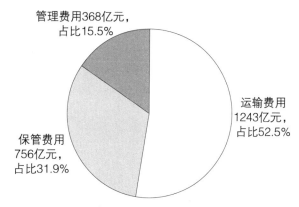

图2 2023 年黑龙江省社会物流总费用构成

三、物流业收入规模平稳，保持稳健态势

2023 年，黑龙江省物流业总收入 1761 亿元，同比增长 0.2%，物流收入规模延续稳步小幅扩张。

四、物流相关行业固定资产投资情况

2023 年，黑龙江省固定资产投资下降 14.8%，全省物流相关行业固定资产投资额同比有升有降。其中，装卸搬运和仓储业投资下降5.1%，批发和零售业投资下降10.5%，邮政业投资增长189.7%，交通运输业中的铁路运输业投资同比下降8.7%，道路运输业、水上运输业、航空运输业、管道运输业投资同比增速分别为13.8%、−79.4%、−22.2%和304.5%。

五、货运量小幅下降，货运周转量大幅增长

2023年，黑龙江省货运量实现6.19亿吨，同比增长4.0%，货运周转量实现2277.3亿吨公里，同比增长4.2%。（因数据存在四舍五入，分项与合计不符）

从货运量构成看，铁路货运量实现1.2亿吨，同比下降6.3%；道路货运量实现4.2亿吨，同比增长7.8%；水路货运量实现701.1万吨，同比增长28.1%；航空货运量实现13.6万吨，同比增长36.5%；管道货运量实现7419.7万吨，同比增长0.8%。

从货运周转量构成看，铁路货运周转量实现1011.9亿吨公里，同比增长4.4%；道路货运周转量实现891.4亿吨公里，同比增长5.4%；水路货运周转量实现39亿吨公里，同比增长7.7%；航空货运周转量实现2.9亿吨公里，同比增长26.1%；管道货运周转量实现332.1亿吨公里，同比增长0.3%。

从货运结构看，黑龙江省依然以铁路运输和道路运输为主，铁路运输货运量占比较上年下降2.2个百分点，运输结构调整力度不够，需进一步优化；水上和航空运输货运量和货运周转量均有所增长，显现两种运输方式的物流需求强劲，需进一步稳定和巩固。

（黑龙江省发展改革委）

2023 年安徽省物流业发展情况

2023 年，安徽省上下紧扣推动物流提质增效降本，加快供应链创新应用，取得积极进展。全省物流业保持稳健增长，对经济社会发展支撑作用不断增强。2023 年全省物流相关行业增加值达 7140 亿元，社会物流总费用与地区生产总值的比率降至 13.5%、较上年下降 0.4 个百分点，低于全国 0.9 个百分点。

一、总体运行情况

2023 年，安徽省物流业总收入达 4715.4 亿元，同比增长 4.5%，高于全国 0.6 个百分点。完成货运量 42.3 亿吨，同比增长 7.3%。其中，公路、铁路、水路货运量分别为 26.1 亿吨、0.8 亿吨和 15.4 亿吨，分别增长 6.1%、3.0% 和 9.8%。航空货邮吞吐量 14.05 万吨，增长 65.5%。货物周转量达 1.2 万亿吨公里，增长 7.3%，其中，公路、铁路、水路货物周转量分别增长 2.6%、-1.8% 和 10.9%。全年累计完成快递业务量 41 亿件，同比增长 16.2%；完成港口吞吐量 6.7 亿吨，同比增长 10.5%；完成集装箱吞吐量 247 万标准箱，同比增长 15.4%。2023 年安徽省物流运行主要指标如表 1 所示。

表 1 　　　　　　　　　　2023 年安徽省物流运行主要指标

指标名称	数值	增长情况（%）
社会物流总费用（亿元）	6358.5	1.8
其中：运输费用	3370.1	-0.6（占费用比）
保管费用	2215.2	0.5（占费用比）
管理费用	773.2	0.1（占费用比）
社会物流总费用与地区生产总值的比率（%）	13.5	-0.4
社会物流总额（亿元）	88759.7	6.1

续　表

指标名称	数值	增长情况（%）
其中：农产品物流总额	6451.6	2.8
工业品物流总额	62775.4	6.7
进口货物物流总额	2816.5	1.8
再生资源物流总额	713.2	15.6
单位与居民物品物流总额	1417.6	6.9
外省流入货物物流总额	14585.4	5.7
货运量（亿吨）	42.3	7.3
其中：铁路货运量	0.8	3.0
公路货运量	26.1	6.1
水路货运量	15.4	9.8
货物周转量（亿吨公里）	12053.1	7.3
其中：铁路货物周转量	789.3	-1.8
公路货物周转量	3792.7	2.6
水路货物周转量	7470.9	10.9
集装箱运输量（万标准箱）	247	15.4

（一）物流需求总体上升

2023 年，安徽省社会物流总额保持稳定增长，达 88759.7 亿元，同比增长 6.1%，增幅高于全国 0.9 个百分点，快于全省 GDP 增速 0.3 个百分点。从构成看，工业品物流总额达 62775.4 亿元，同比增长 6.7%；农产品物流总额 6451.6 亿元，同比增长 2.8%；单位与居民物品物流总额 1417.6 亿元，同比增长 6.9%；进口货物物流总额 2816.5 亿元，同比增长 1.8%；再生资源物流总额 713.2 亿元，同比增长 15.6%；外省流入货物物流总额 14585.4 亿元，同比增长 5.7%。2023 年安徽省各分项物流总额及增长变化情况如图 1 所示。

（二）物流成本平稳回落

2023 年，安徽省社会物流总费用 6358.5 亿元，同比增长 1.8%。其中，运输费用占比 53%，较上年小幅回落 0.6 个百分点；保管费用占比 34.8%，上升 0.5 个百分点；管理费用占比 12.2%，上升 0.1 个百分点。

（三）景气指数高位运行

2023 年，安徽省全年物流业景气指数平均值为 53.05%，高于上年 4.47 个百分点，多个月份处于 53% 以上的较高景气区间，业务总量指数、新订单指数、平均库存周转次数指数、设备利用率指数、主营业务利润指数均处于 50% 以上的景气区间。业务活动预期指数及固定资

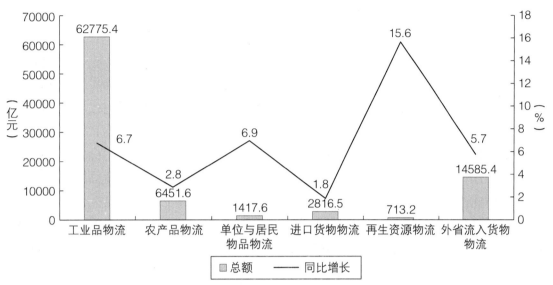

图1　2023年安徽省各分项物流总额及增长变化情况

产投资完成额指数全年处于较高景气区间，略高于沪苏浙。

二、产业发展成效

2023年，安徽省人民政府办公厅印发《安徽省加快供应链创新应用行动计划（2023—2025年）》《安徽省加快供应链创新应用若干政策举措》，对供应链和现代物流产业发展提供了明确指引。

（一）企业实力不断增强

2023年，全省规上交通运输、仓储和邮政业企业近1500家，新增A级物流企业31家、总数达349家，其中，新增5A级物流企业1家、5A级网络货运企业2家、四星级以上冷链企业8家。维天运通成为港股"数字货运第一股"，初步形成"全链路数字货运+货车司机社区+车后服务"。安徽驹吾信息科技、安庆传化陆鲸、安徽鑫瑞科技等企业入选国家网络货运平台线上服务能力认定合格企业名单。安徽省港口运营集团、马钢物流、维天运通等入选年度安徽省物流10强，安徽顺丰速运、芜湖安得智联等入选安徽民营物流企业30强。

（二）业态模式加速创新

区块链、物联网等新技术以及网络货运、共同配送、智能仓储等新业态新模式快速发展，合肥京东亚洲一号、联宝无人仓、芜湖港集装箱无人智能堆场等加速涌现。芜湖港集装箱码头建设长江第一座无人智能化集装箱堆场，人力资源成本下降67%、工作效率提升75%；大众安徽智慧物流项目启动，智能网联电动卡车、自动驾驶接驳巴士等智慧物流场景分期测试运营；芜湖宝特"创新多式联运运输组织模式为制造业降本增效创新"、马钢物流"以多式联运助推中国宝武钢铁生态圈建设融合创新"等入选国家先进制造业与现代物流业融合创新案例；芜湖邮政速递、滁州德邦入选国家快递业与制造业融合发展典型项目，芜湖鸠江区入选国家快递业与制造业融合发展先行区。"冰巢"冷链公共信息服务平台上线运行，目前已进驻冷库255个、库容693万立方米，占全省冷库库容比重超过 50%。安徽省供应链标准化技术委员会加快筹建。

（三）枢纽园区加快建设

"国字号"创建取得丰硕成果，合肥生产服务型物流枢纽，宿州砀山、阜阳临泉冷链物流基地以及安庆大观物流园区、芜湖三山物流园区相继进入国家建设名单，合肥、阜阳、芜湖、安庆获批为国家流通战略支点城市，新增"国字号"物流枢纽基地数量位居全国前列。安得智联科技物流园、凤阳申通智慧物流园等 11 家园区为第七批省级示范物流园区，省级示范物流园区达到 40 家。新认定蒙城县城市骨干冷链物流产业园等 6 个省级冷链物流基地，总库容约 130 万立方米，全省省级冷链物流基地总数达 10 个；新认定徽运物流园医药冷链集配中心等 15 个省级冷链集配中心，总库容约 97 万立方米，全省省级冷链集配中心总数达 30 个。

（四）物流通道畅通加密

江淮运河航道正式全线贯通，"工"字形航道网络初见雏形，形成平行于京杭大运河的中国第二条南北水运大动脉。2023 年，完成港口货物吞吐量 67169.9 万吨、增长 10.5%，完成集装箱吞吐量 247.0 万标准箱、增长 15.4%。2023 年，完成铁路投资 505.34 亿元、增长 9.5%，滁宁城铁滁州段、杭昌高铁黄昌段开通运营。目前，全省铁路运营里程突破 5500 公里，其中，高铁 2537 公里，位居全国前列。交通固定资产投资再创历史新高，完成投资 1548.4 亿元，同比增长 11.8%，投资增幅居全国前列。全年新增高速公路、一级公路通车里程分别为 327 公里和 346 公里，高速公路通车里程已经超过 5800 公里，实现了"县县通高速"，正在加快推进"县城通高速"。"一枢十支"运输机场加快建设，2023 年，合肥新桥国际机场累计完成旅客吞吐量 1117.1 万人次、增长 95.6%，货邮吞吐量突破 10 万吨大关；截至 2023 年年底，合肥机场已开通合肥至国际日韩、墨西哥、国内深圳、郑州、鄂州等 11 条货运航线，国际货运量历史上首次突破 3 万吨关口，达 3.1 万吨。

（五）双招双引广泛开展

2023 年，安徽省聚焦新能源汽车、新一代信息技术、人工智能、绿色食品等新兴产业延链补链需求，对接引进开思汽车供应链、万纬冷链、西部航空、北京宏远等龙头企业。并召开全球物流领跑者圆桌会、铁路货运暨中欧班列高质量发展研讨会、航空物流高质量发展研讨会、水运高质量发展研讨会等活动，高规格对接国内外供应链和现代物流领域知名专家和企业代表。发挥中物联、中仓协以及安徽省物流协会等商协会作用，安徽省物流协会举办"2023 第十一届安徽物流大会"，并参与组织了"第 35 届物流企业授牌暨供应链创新发展大会""2023 现代物流创新发展论坛""2023 第十七届冷链产业年会"等活动。安徽省举办全省供应链和现代物流重大项目招商推介会，共推介重点项目 50 个、总投资 530 亿元，黄淮海（宿州）智慧物流产业园等重点项目进行路演推介。2023 年，马士基、西部航空、上海则一等 48 家企业成功签约落地，万纬智慧冷链园、宿州传化公路港物流产业园等 49 个重点项目加快实施。

（六）开放发展深入推进

畅通对外物流通道，2023 年中欧班列（合肥）开行增长 13%，其中，回程方向开行 339 列，增长 33%，自 2014 年开行以来，从"一条线"到"一张网"，中欧班列（合肥）不断丰富线路，已累计开行超过 3600 列，辐射欧亚大陆 18 个国家的 125 个城市站点。合肥新桥国际机场常态化运营至芝加哥、洛杉矶、纽约、仁川、大阪、阿姆斯特丹、达拉斯、伦敦共8条国际货运航线。夯实对外开放平台，新认定汇峰（自贸区）跨境电商产业园、宿州市高新区阿尔法跨境电商产业园等4个省级跨境电子商务产业园，安徽奇凡国际货运代理有限公司美国洛杉矶海外仓、中国邮政速递物流股份有限公司安徽省国际业务分公司美国新泽西州海外仓等4个省级公共海外仓。安徽航瑞国际滚装公司首条远洋航线（中国—墨西哥航线）开通运营，填补了安徽省远洋运输航线空白。长三角国际航空合肥物流分拨中心正式启用。芜湖港—上海洋山港"联动接卸"监管模式在12个港口复制推广，目前已惠及500余家进出口企业。

（七）多链协同不断创新

2023年，安徽省做优创新链，实施"面向智慧交通的身心协同计算智能传感关键技术研究与应用"等重大智慧交通项目20个；依托行深智能、菜鸟网络等头部企业，发布无人示范应用场景16项。强化资金链，安徽省发展改革委组织召开全省物流重大项目融资对接会，梳理发布项目75个、年度融资需求128亿元；积极发展供应链金融，安徽省农行打造"农银智链"品牌，徽商银行推出"供应链e贷"，分别投放供应链融资140亿元和36亿元。提升人才链，安徽大学等院校新开设物流管理等专业点4个，建设宿州学院现代物流产业学院等产教融合实训基地，每年培养物流相关专业本、专科人才1.1万余人。安徽省交通运输厅深化政银企合作，先后与7家在皖金融机构签订战略合作协议，组织召开全省交通项目"双招双引"推介会，持续拓宽筹资融资渠道，截至2023年年底，全省银行业支持交通运输行业贷款余额达5123.38亿元，较年初增加684.01亿元，增长15.41%。

（八）绿色集约取得突破

安徽省发展改革委开展2023年现代物流业规上企业"亩均效益"领跑者遴选工作，芜湖安得智联、马钢物流、国力物流、华源物流等10家运输类企业，安徽顺丰速运、淮矿现代物流、安徽徽运物流等10家仓储类企业入选。深入推进多式联运"一单制"创新、大宗物资实现"公转铁""公转水"，创建第三批12个省级多式联运示范工程。2023年，全省新增可再生能源发电并网装机容量高达59万千瓦，光伏发电占据了43万千瓦，为绿色物流融合提供稳定而持续的电力支持。加快推进公共领域新能源汽车应用，明确提出全省邮政、快递企业更新机动车辆新能源汽车占比不得低于80%。目前，可循环快递箱（盒）应用规模3302.59万个，回收复用瓦楞纸箱3259.61万个，全省新能源营运船舶数量达11艘。

（九）服务环境持续优化

鲜活农产品运输"绿色通道"政策、货车安徽交通卡通行费85折、中欧（亚）班列集装箱货车通行费5折、船舶过闸费降低10%等优惠政策贯彻落实；物流企业大宗商品仓储设施用地城镇土地使用税减免以及交通运输业、仓储行业城镇土地使用税暂免政策落实。安徽省全年减免各类通行费46.3亿元、土地使用税1.76亿元。安徽省发展改革委建立并滚动更新全省供应链物流重大项目库，定期梳理摸排供应链物流重大项目建设困难问题，召开物流枢纽重大项目建设推进会，会同省市有关部门协调解决困难问题。省交通运输厅推行"跨省通办"和"不见面审批"并优化服务方式，三类件审批时限由以前的20天缩短至5天、二类件审批时限由以前的10天缩短至1天。细化落实交通物流专项再贷款政策，分级建立 1200 余家企业"白名单"，全省累计发放交通物流贷款 98.77 亿元，惠及 4.5 万户交通物流企业，有效助力交通物流业纾困。省交通运输厅梳理发布 3 期财税金融优惠政策目录清单，涉及 68 个文件、368 项优惠政策，修订发布助企政策电子书，推动优惠政策落地落实。

（安徽省发展与改革委员会　胡功杰　赵宏莉

安徽省物流协会　刘悦）

2023 年山东省物流业发展情况

2023 年，山东省经济平稳恢复，物流总额增速企稳回升，物流业发展基础持续巩固，运行效率有所提高，物流需求保持稳中向好的发展态势。

一、社会物流总额增速稳步回升

2023 年，山东省社会物流总额 30.2 万亿元，同比增长 4.3%，增速比上年提高 1.1 个百分点。物流需求规模持续恢复向好，增速稳步回升。

从构成看，农产品物流总额 9735.2 亿元，同比增长 5.1%；工业品物流总额 13.0 万亿元，增长 3.9%；商贸物流总额 10.9 万亿元，增长 4.7%；进口货物物流总额 1.3 万亿元，增长 2.7%；外地流入货物物流总额 3.2 万亿元，增长 3.4%；再生资源物流总额 417.2 亿元，下降 4.1%；单位与居民物品物流总额 6825.1 亿元，增长 15.9%。（因四舍五入存在各分项与合计不符）

二、社会物流总费用与 GDP 的比率有所回落

2023 年，山东省社会物流总费用 1.3 万亿元，同比增长 5.2%。社会物流总费用与 GDP 的比率为 14.6%，比上年回落 0.2 个百分点。

从构成看，运输费用 6418.1 亿元，同比增长 2.7%；保管费用 5131.4 亿元，增长 8.5%；管理费用 1880.7 亿元，增长 5.0%。2023 年山东省社会物流总费用各分项费用总额及增长趋势如下图所示。

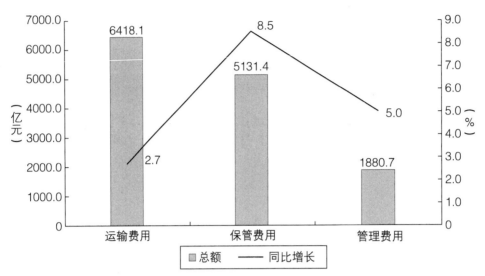

2023 年山东省社会物流总费用各分项费用总额及增长趋势

元，同比增长 6.2%。

三、物流业总收入保持平稳增长

（山东省发展改革委

山东省物流与交通运输协会）

2023 年，山东省物流业总收入 9090.0 亿

2023 年河南省物流业发展情况

2023 年，河南省随着一系列稳增长政策逐步落实到位，供应链上下游保持活跃，物流需求稳步增长，服务供给能力不断增强，整体运行效率和协同水平有所提升，物流运行呈现稳中向好、稳中提质、稳中蓄势的良好态势。

一、社会物流总额平稳增长

2023 年，河南省社会物流总额为 186781.9

亿元，按可比价格计算，同比增长 4.9%，高于上年同期增速 0.9 个百分点，低于全国平均增速 0.3 个百分点。分运行周期来看，第一季度、上半年、前三季度分别增长 5.9%、4.9% 和 5.1%，高于上年同期 0.2 个、0.6 个和 0.6 个百分点。2021—2023 年各季度河南省社会物流总额及增长趋势如图 1 所示，2023 年河南省社会物流总额及构成如表 1 所示。

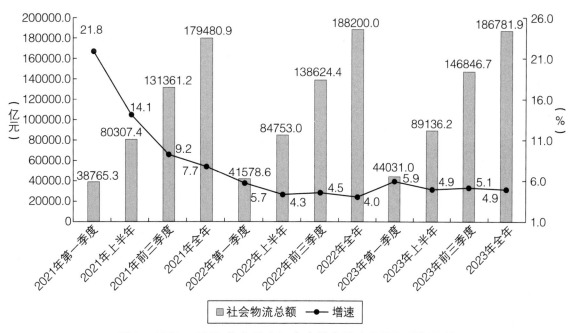

图 1　2021—2023 年各季度河南省社会物流总额及增长趋势

表1	2023年河南省社会物流总额及构成		
指标名称	总额（亿元）	同比增长（%）	占比（%）
社会物流总额	186781.9	4.9	100
其中：农产品物流总额	11600.6	3.1	6.2
工业品物流总额	158578.8	5.0	84.9
进口货物物流总额	2827.9	-4.1	1.5
再生资源物流总额	145.8	6.5	0.1
单位与居民物品物流总额	626.6	23.4	0.3
外省流入物品物流总额	13002.2	12.2	7.0

从需求结构看，工业产业新动能领域物流需求强劲，拉动全省工业品物流总额达158578.8亿元，增长5.0%，高于上年同期0.8个百分点，高于全国0.4个百分点，工业品物流对社会物流总额的贡献度达84.9%。农产品物流需求保持稳定，全省农产品物流总额达11600.6亿元，增长3.1%，占社会物流总额的6.2%。民生消费物流需求增长较快，带动全省单位与居民物品物流总额达626.6亿元，同比增长23.4%，增速比上年提高17.4个百分点。

二、社会物流效率持续提升

2023年，河南省社会物流总费用为7882.6亿元，增长3.7%，增速低于上年同期0.5个百分点，第一季度、上半年、前三季度增速分别为6.6%、5.4%和5.5%，呈稳步下降趋势。社会物流总费用与GDP的比率为13.3%，低于上年同期0.1个百分点，低于全国平均水平1.1个百分点。2021—2023年各季度河南省社会物流总费用及增长趋势如图2所示，2023年河南省社会物流总费用及构成如表2所示。

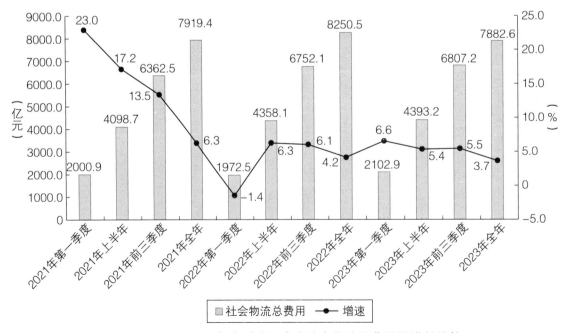

图2 2021—2023年各季度河南省社会物流总费用及增长趋势

表2　2023 年河南省社会物流总费用及构成

指标名称	总额（亿元）	同比增长（%）	占比（%）
社会物流总费用	7882.6	3.7	100
其中：运输费用	4463.1	4.2	56.6
保管费用	2450.3	3.2	31.1
管理费用	969.3	3.6	12.3

从物流各环节的费用看，运输费用 4463.1 亿元，增长 4.2%，占总费用的 56.6%，占比同比上升 0.5 个百分点。在城市配送领域，全省新增新能源货运车辆 13609 台，同比增长 55.2%。仓储保管等静态环节占比稳步下降，保管费用 2450.3 亿元，增长 3.2%，占总费用的 31.1%，占比同比下降 0.4 个百分点；管理费用 969.3 亿元，增长 3.6%，占总费用的 12.3%，占比同比下降 0.1 个百分点。

亿元，同比增长 4.2%。截至 2023 年年底，全省 A 级以上物流企业 338 家，较上年年底新增 74 家。其中，5A 级物流企业 15 家、新增 2 家，3A 级以上物流企业 308 家、新增 59 家。双汇、华鼎供应链等 12 家企业入选全国冷链物流百强名单，数量创历史新高，位居全国第二；物流"豫军"企业增至 68 家；驻马店恒兴物流入选全国民营物流企业 50 强，实现零的突破。2021—2023 年各季度河南省社会物流总收入及增长趋势如图 3 所示。

三、市场主体不断壮大

2023 年，河南省物流业实现总收入 7598.0

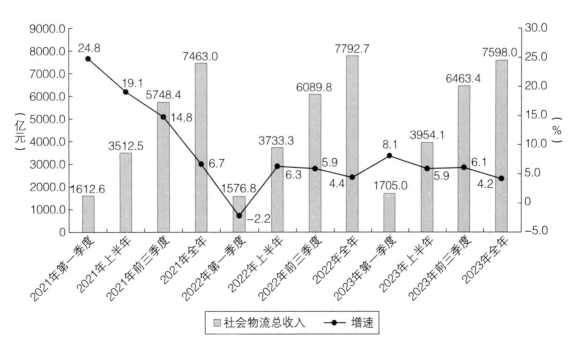

图 3　2021—2023 年各季度河南省社会物流总收入及增长趋势

四、货运需求快速增长

（一）货运量较快增长

2023 年，河南省货运量 28.2 亿吨，同比增长 8.9%，高于上年同期 7.3 个百分点。其中，铁路货运量增长 2.7%，高于上年同期 0.3 个百分点；公路货运量增长 9.2%，高于上年同期 7.6 个百分点；水路货运量增长 8.0%，高于上年同期 6.7 个百分点；航空货运量下降 2.7%，降幅较上年同期收窄 9 个百分点。2023 年河南省分方式货运量及增速如表 3 所示。

表 3　　　　　　2023 年河南省分方式货运量及增速

运输方式	货运量（亿吨）	同比增长（%）	占比（%）
铁　路	1.1	2.7	4.0
公　路	25.1	9.2	89.2
水　路	1.9	8.0	6.8
航　空	0.0030	-2.7	—
总　计	28.2	8.9	100

（二）货物周转量平稳增长

2023 年，河南省货物周转量 11892.5 亿吨公里，同比增长 4.3%。其中，铁路货物周转量下降 1.7%；公路货物周转量增长 6.1%；水路货物周转量增长 4.9%，高于上年同期 3.1 个百分点；航空货物周转量增长 1.2%，高于上年同期 11.6 个百分点。2023 年河南省分方式货物周转量及增速如表 4 所示。

表 4　　　　　　2023 年河南省分方式货物周转量及增速

运输方式	货物周转量（亿吨公里）	增速（%）	占比（%）
铁　路	2355.5	-1.7	19.8
公　路	8183.2	6.1	68.8
水　路	1349.4	4.9	11.3
航　空	4.5	1.2	—
总　计	11892.5	4.3	100

五、中欧班列（中豫号）迅猛增长

中欧班列（中豫号）按照"稳西、强北、拓南"的思路，加快郑州至德国、俄罗斯、越南、老挝"枢纽对枢纽"建设，新增圣彼得堡、同江等站点和出入境口岸，建成"21 个境外直达站点、9 个出入境口岸"的国际物流网络，班列开行量迅猛增长，尤其是下半年班列综合质量评价指标月度排序保持在全国前三，返程开行量居全国首位，提前完成年度开行 3000 班次目标任务，累计总开行量突破 1 万列，连通境内外、辐射东中西的物流通道枢纽作用进一步凸显。

六、航空货运降幅收窄

郑州机场国际快件中心建成投用，国际快件、跨境电商货物的保障能力进一步提升，郑卢"空中丝绸之路"货运量突破100万吨。河南省机场货邮吞吐量为60.9万吨,居中部六省第一位,同比下降2.7%,降幅较上年同期收窄8.7个百分点。其中,郑州机场货邮吞吐量为60.8万吨,同比下降2.7%,货运规模连续四年居全国第6位、跻身全球前40强;洛阳机场货邮吞吐量723.62吨,同比增长53.1%;南阳机场货邮吞吐量508.0吨,同比下降8.8%。2021—2023年各季度河南省机场货邮吞吐量及增长趋势如图4所示,2011—2023年河南省机场货邮吞吐量及增长趋势如图5所示。

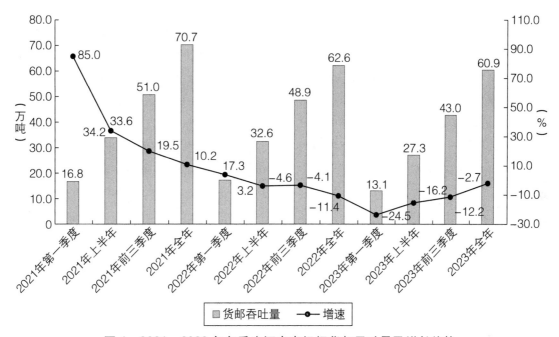

图4 2021—2023年各季度河南省机场货邮吞吐量及增长趋势

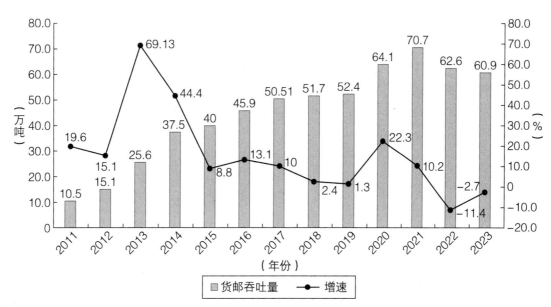

图5 2011—2023年河南省机场货邮吞吐量及增长趋势

七、内河航运加快发展

河南省全面启动实施内河航运"11246工程"，"两河两港"项目加快建设，打造从西北内陆到长三角世界级港口群的中原出海新通道。周口港口综合物流园成功获批国家示范物流园区，新增周口港至宁波舟山港航线，刘集作业区建成运营，完成港口货物吞吐量4081万吨，同比增长23.5%；货运量完成3505万吨，货物周转量完成1752599万吨公里；集装箱吞吐量105400标准箱，同比增长163%。信阳港·淮滨中心港新增至凤阳、合肥和非洲坦桑尼亚等国内外集装箱航线，集装箱吞吐量突破3万标准箱，实现"业务倍增、效益倍增"

的年度目标。

八、快递物流高速增长

2023年，河南省快递服务企业业务量累计完成60.5亿件，居全国第6位，与上年同期持平，同比增长35.8%，高于上年同期33.6个百分点，高于全国平均水平16.4个百分点；业务收入累计完成425.3亿元，居全国第7位，较上年同期上升1位，同比增长28.4%，高于上年同期24.6个百分点，高于全国平均水平14.1个百分点。2021—2023年各季度河南省快递业务量及增长趋势如图6所示，2021—2023年各季度河南省快递业务收入及增长趋势如图7所示。

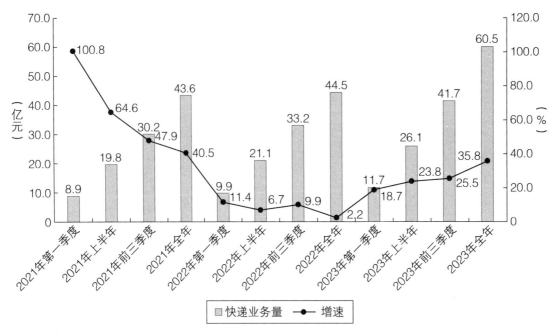

图6　2021—2023年各季度河南省快递业务量及增长趋势

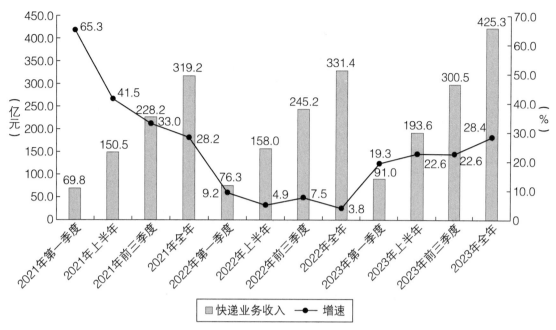

图7　2021—2023年各季度河南省快递业务收入及增长趋势

九、物流行业保持活跃

（一）物流业景气度提升

从2023年各月情况来看，河南省多数月份物流业景气指数处于50%以上的景气区间，各月之间波动幅度较上年有所收窄。分指标来看，物流业景气指数均值为52.4%，高于全国平均水平0.6个百分点，高于上年同期均值4.4个百分点，除物流运行成本指数均值低于上年同期外，其余各项指标均值均高于上年同期。这显示出物流行业全面恢复平稳运行，物流服务供需匹配向好。2023年1—12月河南省物流业景气指数（LPI）如图8所示，2022—2023年河南省物流业景气指数及各分项指标平均值如图9所示。

（二）市场需求活力增强

2023年，业务总量指数、新订单指数、库存周转次数指数、设备利用率指数、平均库存量指数等反映市场需求状况的指数均值分别为

52.4%、51.6%、53.0%、54.0%和52.2%，分别高于上年同期4.4个、3.8个、6.1个、5.1个和4.4个百分点。这显示出全省物流需求不断扩张，市场活力持续增强，物流设施设备使用率提升。

（三）发展效益有所改善

2023年，资金周转率指数均值为50.8%，高于上年同期均值3.9个百分点；物流服务价格指数、主营业务利润指数均值分别为48.1%和48.4%，分别高于上年同期均值0.9个和5.0个百分点；主营业务成本指数均值为54.5%，低于上年同期均值0.7个百分点。这显示出随着物流需求企稳回升，物流企业盈利能力有所改善，尤其是物流成本下降后转化为利润，进一步增强物流业发展效益。

（四）服务供给保障提升

固定资产投资完成额指数均值为49.9%，高于上年同期均值2.4个百分点，从业人员指数均值为49.8%，高于上年同期均值5.0个百

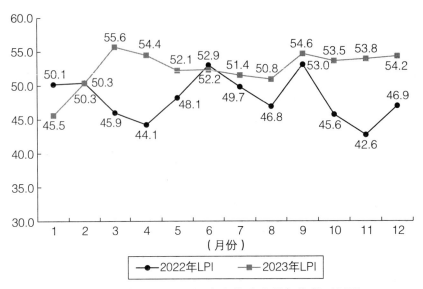

图8 2023 年 1—12 月河南省物流业景气指数（LPI）

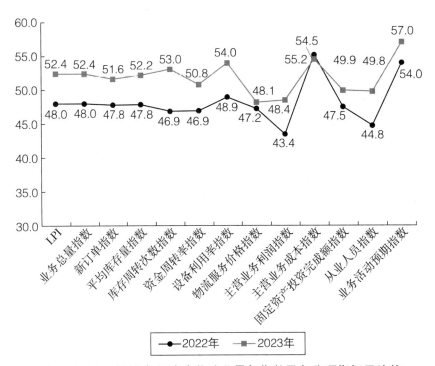

图9 2022—2023 年河南省物流业景气指数及各分项指标平均值

分点。这显示出受需求带动，物流行业持续加强服务供给，行业发展保障能力不断提升。

（五）业务活动预期较强

业务活动预期指数均值为 57.0%，高于上年同期均值 3.0 个百分点，显示出随着企业效益企稳，企业对物流业未来发展的信心增强。

注：部分数据因四舍五入，存在总计与分项合计不等的情况。

（河南省物流与采购联合会）

2023 年湖南省物流业发展情况

2023 年，湖南省物流业坚持以习近平新时代中国特色社会主义思想为指导，深入贯彻党的二十大和二十届二中全会精神，认真落实党中央、国务院决策部署，在省委、省政府的坚强领导下，全省社会物流总额稳步增长，物流运行效率持续提升，物流业高质量发展扎实推进。

一、物流需求规模稳定恢复

2023 年，湖南省社会物流总额 146770.7 亿元，同比增长 4.7%。从结构看，农产品物流总额 8178.5 亿元，同比增长 3.7%；工业品物流总额 92508.1 亿元，同比增长 5.1%；进口货物物流总额 2196.8 亿元，同比增长 15.4%；再生资源物流总额 225.7 亿元，同比增长 15.0%；单位与居民物品物流总额 342.7 亿元，同比增长 16.8%；外省流入物品物流总额 43318.9 亿元，同比增长 3.4%。2023 年湖南省社会物流总额及各分项增长变化情况如图1 所示。

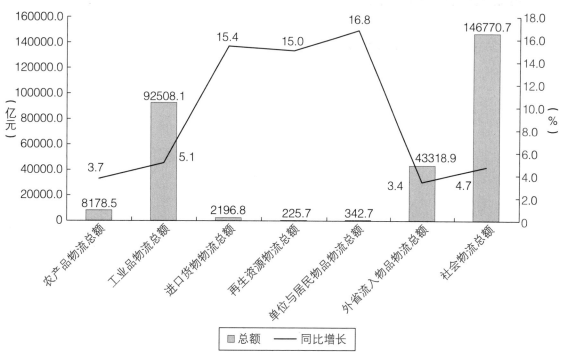

图1 2023 年湖南省社会物流总额及各分项增长变化情况

二、物流运行效率持续提升

2023 年，湖南省社会物流总费用 7121.8 亿元，同比增长 1.3%。其中，运输费用 3489.9 亿元，增长 2.8%；保管费用 2540.5 亿元，增长 0.7%；管理费用 1091.4 亿元，下降

1.7%。社会物流总费用与 GDP 的比率为 14.2%，同比下降 0.2 个百分点。运输各环节物流运行效率全面改善，仓储保管等静态环节占比稳步下降，资金流、物流向动态环节转移，物流要素流动趋于活跃。2023 年湖南省社会物流总费用构成情况如图 2 所示。

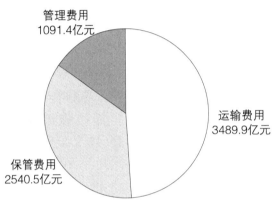

图 2　2023 年湖南省社会物流总费用构成情况

三、物流业总收入增长趋缓

2023 年，湖南省物流业总收入为 4648.2 亿元，同比增长 2.4%。

（湖南省发展改革委）

2023 年海南省现代物流业发展情况

2023 年，海南省社会经济全面运行呈现持续向好态势，物流需求总体恢复至快速增长轨道，多个产业供应链上下游呈现积极变化，物流经济运行内生动力持续增强，现代物流业保持高速增长态势。

一、社会物流市场稳定增长

2023 年，在工业物流和民生消费物流的带动下，海南省社会物流总额达 11534.90 亿元，同比增长 12.99%。

从结构来看，农产品物流总额 2410.33 亿元，同比增长 6.09%，占物流总额的 20.90%，占比较上年减少 1.36 个百分点；工业品物流总额 2864.02 亿元，同比增长 18.50%，占物流总额的 24.83%，占比较上年增加 1.16 个百分点；进口货物物流总额 1570.70 亿元，同比增长 22.06%，占物流总额的 13.62%，占比较上年增加 1.01 个百分点；外省流入物品物流总额 4650.59 亿元，同比增长 10.71%，占物流总额的 40.32%，占比较上年下降 0.83 个百分点；单位与居民物品物流总额 39.26 亿元，同比增长 20.42%，占物流总额的 0.34%，占比较上年增加 0.02 个百分点。2023 年海南省社会物流各分项总额及增长趋势如图 1 所示。

二、社会物流总费用快速增长

2023 年，海南省社会物流总费用 1676.83 亿元，同比增长 17.67%。社会物流总费用与 GDP 的比率为 22.21%，同比增加 1.53 个百分点。剔除"中国洋浦港"因素影响，全省社会物流总费用与 GDP 的比率为 15.57%（海南实际物流成本）、同比增加 1.41 个百分点，比全国高约 1 个百分点。

从结构看，运输费用 1067.77 亿元，同比增长 20.52%，占社会物流总费用的 63.68%，占比较上年增加 1.50 个百分点；保管费用 405.58 亿元，同比增长 12.99%，占物流总费用的 24.19%，占比较上年减少 1.00 个百分点；管理费用 203.48 亿元，同比增长 12.99%，占物流总费用的 12.13%，占比较上年减少 0.50 个百分点。2023 年海南省社会物流总费用各分项费用总额及增长趋势如图 2 所示。

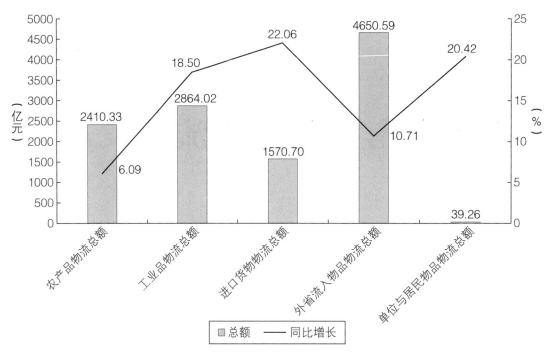

图 1　2023 年海南省社会物流各分项总额及增长趋势

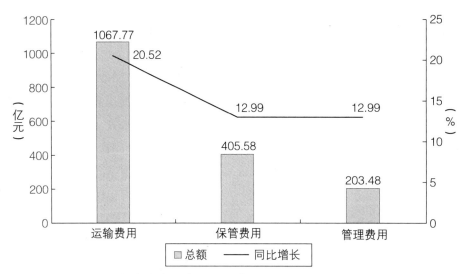

图 2　2023 年海南省社会物流总费用各分项费用总额及增长趋势

三、物流业总收入持续增长

2023 年，海南省现代物流业总收入

1112.62 亿元（扣除利息损耗保险费），同比增长 3.89%。其中，交通运输、仓储和邮政业中的物流收入 889.32 亿元，同比增长 2.10%，占物流业总收入的 79.93%，占比较上年减少

1.40 个百分点；批发和零售业内部物流收入203.42 亿元，同比增长 10.71%，占物流业总收入的 18.28%，占比较上年增加 1.13 个百分点；工业内部物流收入 118.75 亿元，同比增长 14.49%，占物流业总收入的 10.67%，占比

较上年增加 0.99 个百分点。（因数据四舍五入，存在分项与合计不符）

（海南省发展改革委）

2023 年四川省物流业发展情况

2023 年，四川省经济平稳恢复，物流业发展基础持续巩固，运行效率有所提高，物流需求保持稳中向好的发展态势。

一、物流规模持续扩大

2023 年，四川省社会物流总额为 99724.6 亿元，同比增长 7.2%（按可比价格计算，下同）。其中，农产品物流总额 9977.8 亿元，占比 10.0%；工业品物流总额 49653.6 亿元，占比 49.8%；外部流入货物物流总额 36058.5 亿元，占比 36.2%；再生资源物流总额 309.4 亿元，占比 0.3%；单位与居民物品物流总额 3725.3 亿元，占比 3.7%。2023 年四川省社会物流总额构成如图 1 所示。

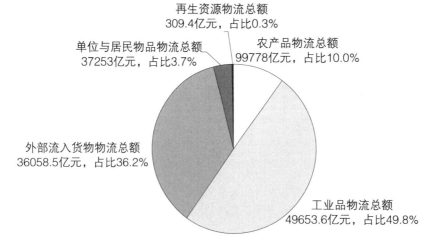

图 1　2023 年四川省社会物流总额构成

二、物流收入保持增长

2023 年，四川省物流业实现总收入 6259.1 亿元，同比增长 4.5%。其中，运输环节收入 4875.8 亿元，占比 77.9%；保管环节收入 901.3 亿元，占比 14.4%；邮政业务收入 482.0 亿元，占比 7.7%。

三、物流运行效率有所提高

2023 年，四川省社会物流总费用 8779.7 亿元，同比增长 5.3%。其中，运输费用 6445.3 亿元，占比 73.4%；保管费用 1690.7 亿元，占比 19.3%；管理费用 643.7 亿元，占比 7.3%。全省社会物流总费用与 GDP 的比率为 14.6%。

2023 年四川省社会物流总费用构成如图 2 所示。

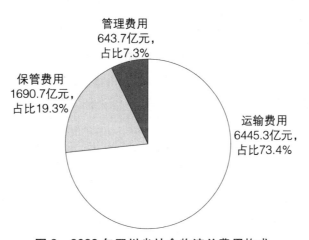

图 2　2023 年四川省社会物流总费用构成

注：2023 年四川省规模以上工业企业调查范围调整、相关基数依规修正，全年工业品物流总额及增速按修正后数据计算。

（四川省发展改革委）

2023 年云南省物流业发展情况

2023 年，云南省物流运行平稳向好，物流业总收入持续增长，物流基础设施建设整体提速，物流大通道作用日益凸显，物流市场活力显著提升，口岸物流、冷链物流等重点领域蓬勃发展，全省现代物流业发展质量稳步提升。

一、物流行业收入持续增长，邮政快递业务量质齐升

云南省物流业总收入实现 8503 亿元左右，同比增长 8.8%。全省邮政行业寄递业务总量和业务收入分别为 15.95 亿件和 155.17 亿元，同比分别增长 13.11% 和 13.82%，其中，快递业务量和业务收入分别为 10.9 亿件和 114.02 亿元，同比分别增长 22.81% 和 15.43%。全省持续推进"快递进村"工程，巩固"快递进村"三年行动成果，快递服务进村覆盖率提升至 99%。

二、物流基础设施建设提速，运输结构调整初见成效

云南省高速公路通车总里程达 10466 公里，同比增长 2.12%；铁路运营里程达 5222 公里，同比增长 4.84%，云南水富港物流园铁路专用线、祥云财富铁路专用线开通运营；"一出省（金沙江—长江）、一出境（澜沧江—湄公河）"和多库湖区水运发展格局初步形成；全省运营民用运输机场共 15 个，国际航线 40 条，全货机航线 16 条，国际通航城市 33 个，南亚、东南亚通航城市 29 个。2023 年，全省 4 种运输方式货运规模达 15.32 亿吨。其中，公路货运量占比 89.77%，较上年下降 0.16 个百分点；铁路货运量占比 9.80%，较上年增加 0.14 个百分点，其中，铁路集装箱运量同比增长 9.45%；水运货运量占比 0.43%，较上年增加 0.02 个百分点；航空货运量占比 0.004%，较上年增加 0.001 个百分点。全省"公转铁""公转水"运输结构调整取得积极成效。

三、项目资金支持力度加大，重点物流项目有序推进

2023 年，云南省发展改革委共争取 19.26 亿元支持 32 个物流项目建设。昆明国家综合

货运枢纽补链强链在部级评价中取得 A 档评级；大理商贸服务型国家物流枢纽成功列入2023 年国家物流枢纽建设名单；昆明商贸服务型国家物流枢纽加快建设，其中，万纬昆明经开区国际进出口贸易港项目一期建成并投入运营；中国·昆明国际陆港、昆明—磨憨陆港型（陆上边境口岸型）国家物流枢纽布局建设工作全面开启；昆明空港型国家物流枢纽—昆明长水国际机场改扩建工程东货运区工程项目主体结构全面封顶；以滇西（祥云）国际物流港、西南·玉溪国际物流港、蒲缥公铁联运物流园、中国（云南）自由贸易试验区红河片区河口口岸北山国际冷链物流建设项目、中国—东盟（河口）跨境电商物流产业园等州市重点物流项目建设取得积极成效。

四、物流大通道活力涌现，国际货运班列多点发力

开行中老国际货运班列 4550 列，同比增长 45.04%，中老铁路运输货物 1781.7 万吨，同比增长 42.8%，其中，跨境货物运输 441 万吨，同比增长 89.3%。开行中越国际货运班列531 列，同比增长 36.86%，中越国际货运量达23.55 万吨，同比增长 33.05%。中老铁路国际冷链货运班列、中越铁路国际冷链货运班列、"中欧+澜湄快线"中老铁路国际货运专列、中老铁路老挝粮食专列、"沪滇、云贵、湘滇·澜湄线"实现首开。2023 年，面向印度洋国际陆海大通道建设取得实质性进展，中缅印度洋新通道成功运行"重庆—临沧—缅甸""四川德阳—临沧—缅甸""深圳—临沧—仰光—印度""缅甸—保山蒲缥—成都"等多条海公铁联运国际线路。2023 年 10 月，以"深化东西部协作 共建陆海大通道"为主题的建设面向

印度洋国际陆海大通道主题研讨会在昆明举行，发布了《共同推进面向印度洋国际陆海大通道建设合作共识和倡议》，提出打造我国陆上出海印度洋最便捷大通道，共建互联互通的综合交通网络、高效协同的物流枢纽体系、互利共赢的对外贸易格局、集聚融合的现代化产业体系。

五、物流主体引培取得成效，企业数量规模持续扩大

截至 2023 年年底，云南省 A 级以上物流企业达 143 家，比上年增加 21 家，增长率为17.21%，其中，5A 级物流企业共 11 家；4A级物流企业共 39 家；3A 级及以下物流企业共93 家。冷链物流企业方面，截至 2023 年年底，云南省冷链物流企业达 1085 家。商贸物流企业方面，云南红河实业有限公司、云南瑞和锦程实业股份有限公司、昆药集团医药商业有限公司等 12 家企业入选"2023 年全国商贸物流重点联系企业名单"。

六、重点领域物流蓬勃发展，产业支撑作用不断增强

云南省口岸进出口货运量达 3903.6 万吨，同比增长 32.2%。磨憨等全省重点口岸基础设施不断完善，瑞丽（含畹町）、猴桥、清水河、磨憨铁路智慧口岸系统上线试运行，磨憨铁路口岸扩能改造完成，水果、冰鲜水产品、进境粮食指定监管场地和新建 10 条股道全部投入使用，通关效能不断提升。磨憨公路口岸货运车辆验放时间从原来的平均 8~10 分钟缩减至约 4 分钟，平均日通关量由 360 辆增长到 900辆；河口公路口岸通行时间缩减至约 10 分钟。

云南省加快推进冷链物流发展，积极推动昆明国家骨干冷链物流基地建设和曲靖、德宏（瑞丽）国家骨干冷链物流基地申报工作，在全省高原特色农产品优势产区，统筹规划建设一批骨干冷链物流基地，目前全省已建冷库7000余座，库容800余万立方米。2023年，全省持续提升地区冷链物流服务和辐射能力，昆明至成都整列高铁快运动车组专列成功开行，云南鲜花、松茸等优质农产品搭乘动车从昆明洛羊镇站到达成都双流西站，全程运行时间不到6小时，实现当天到达。农产品冷链物流新业态新模式涌现，"生鲜电商+冷链宅配""中央厨房+食材冷链配送"等新型业态不断发展；云南建投物流公司等企业先后开通昆明至北上广深一线城市、昆明至老挝万象的冷链干线；京东冷链依托B2B/B2C干支线协同网络，为云南鲜花提供"产地仓直发+干线运输+销地仓加工+末端配送"的全供应链服务，实现产销融合。

2023年，云南省制造业物流业融合创新发展取得新突破，中国铁路昆明局集团有限公司积极推动大宗货物"散改集"运输方式，在全国铁路首创敞顶式集装箱，降低企业运输成本和货物运输损耗；中越米轨国际联运首次实现特种干散货集装箱列车运输；探索推动"曲靖—钦州港/防城港""曲靖—上海港/宁波港"铁海联运模式，实现集装箱原箱下海、出境。

（云南省发展改革委经济贸易处）

2023 年陕西省物流业发展情况

2023 年，陕西省物流业全面落实陕西省委、省政府高质量发展物流业的工作部署，圆满完成了各项经济目标任务，为全省经济社会持续稳定发展作出了重要贡献。

一、主要运输方式完成货物运输情况

2023 年，公路货运量 13.4 亿吨、水路货运量 51 万吨、铁路货运量 3.3 亿吨、机场货邮吞吐量 28 万吨、邮政快递完成业务量 21.96 亿件。2023 年公路大件设备跨省运输件（数）同比增长 75.79%。

二、西安中欧班列"长安号"运行情况

2023 年，西安市成为全国首个中欧班列年度开行突破 5000 列、累计开行超过 2 万列的城市。2023 年，西安国际港站运行线路 59 条，年铁路处理货运量 6600 万吨，成为全国中欧班列开行量最大的车站。

三、交通基础设施建设投资情况

（1）2023 年，陕西省完成综合交通基础设施建设投资 939.3 亿元，同比增长 14.9%。其中，公路和水路 530.4 亿元、铁路 279.2 亿元、民航 129.7 亿元。高速公路优等路率达到 98.91%，普通国、省道优良路率分别达到 86.93% 和 79.24%。西延、西康、西十、康渝、延榆高铁累计完成投资 270 亿元，同比增长 61.7%，全省高铁建设总里程 1010 公里。

（2）2023 年，西安市入选国家综合货运枢纽补链强链支持城市，西安中铁联运集装箱"陆海联动、多点协同"工程成为国家物流多式联运"一单制""一箱制"示范工程。2023 年建成商洛市山阳物流园区等 6 个旅客、货物运输枢纽场站。2023 年，安康汉江白河至丹江口段断航 30 年后实现复航。

（3）2023 年，建成 26 个部省级"司机之家"。公路运输驾驶员高频事项"跨省通办"办结率达到 99%，政策性减免通行费 52.74 亿元，促进了物流业降本增效。2023 年，京昆高速汉宁段危化品货运物流车辆通行禁令解除

后，解决了危化品货运物流车辆绕行甘肃问题，使货运物流单车通过成本降低 1000 多元。2023 年淘汰国三及以下柴油货车 7225 辆，高速公路服务区实现充电桩全覆盖。

（4）2023 年，完成农村公路投资 143 亿元，同比增长 11%。新改建完善农村公路 9510 公里，新增三级公路通达乡镇 14 个，新增硬化路通达 30 户以上自然村 2560 个。实施农村公路安防工程 4259 公里，改造农村公路危桥 157 座。农村公路优良中等路率达到 80%。全省公路网结构不断优化升级，城乡综合物流枢纽联网加快成型。

（5）2023 年，全省 57% 的建制村设立了寄递物流综合服务点，邮政 EMS 等 4 家品牌实现建制村快递和物流服务全覆盖。

四、创建达标国家 A 级物流企业情况

2023 年，陕西省创建达标国家 A 级物流企业 233 家。其中，5A 级物流企业 16 家、4A 级物流企业 53 家、3A 级物流企业 153 家、2A 级物流企业 10 家、1A 级物流企业 1 家。

（陕西省道路运输协会　闫鸣）

2023 年甘肃省物流业发展情况

2023 年，甘肃省物流运行总体恢复向好，物流运行稳中有进，社会物流总额保持良好增势，物流成本依然较高。

一、社会物流总额平稳增长

2023 年，甘肃省社会物流总额完成 25727 亿元，按可比价格计算，同比增长 8.9%。

从构成看，工业品物流总额 10277 亿元，按可比价格计算，同比增长 7.6%；农林牧渔业产品物流总额 2920 亿元，增长 5.2%；单位与居民物品物流总额 126 亿元，增长 27.8%；进口货物物流总额 12368 亿元，增长 11.0%；再生资源物流总额 36 亿元，增长 47.4%。

二、货运量及货运周转量保持平稳增长

2023 年，甘肃省铁路、公路、航空、管道共完成货运量 8.81 亿吨，同比增长 6.9%。其中，铁路货运量完成 0.99 亿吨，同比增长 11.8%；公路货运量完成 6.99 亿吨，同比增长 9.1%；航空货运量完成 0.00009 亿吨，同比增长 45.3%；管道货运量完成 0.83 亿吨，同比下降 6.7%。

2023 年，全省各种运输方式完成货运周转量 5079.49 亿吨公里，同比增长 15.3%。其中，铁路货运周转量完成 2155.17 亿吨，同比增长 8.3%；公路货运周转量完成 2090.51 亿吨公里，同比增长 23.7%；航空货运周转量完成 0.14 亿吨公里，同比增长 37.5%；管道货运周转量完成 833.67 亿吨公里，同比下降 7.9%。

三、社会物流总费用与地区生产总值的比率有所增长

2023 年，甘肃省社会物流总费用 2376 亿元，同比增长 15.6%。甘肃省社会物流总费用与地区生产总值的比率为 20.0%，同比增长 2.5 个百分点，高于全国 5.6 个百分点。

从构成看，运输费用 1789 亿元，同比增长 14.9%；保管费用 420 亿元，同比增长 17.1%；管理费用 167 亿元，同比增长 17.1%。显示出全省经济运行中物流费用增长过快，物流成本依然较高。

四、物流业总收入实现较快增长

2023 年，甘肃省物流业总收入 1899 亿元，

同比增长 15.4%。

（甘肃省工业和信息化厅交通与物流处）

2023 年宁夏回族自治区
物流业发展情况

2023 年，面对复杂严峻的国际环境和艰巨繁重的改革发展稳定任务，宁夏回族自治区在自治区党委和政府的正确领导下，全区全面贯彻落实党的二十大精神和习近平总书记视察宁夏重要讲话指示批示精神以及党中央、国务院决策部署，坚持稳中求进工作总基调，加快落实稳经济一揽子政策和接续政策措施，高效统筹社会发展，积极应对内外压力挑战，政策举措有力有效，推动全年全区物流运行保持总体平稳、稳中有进、进中向好的发展态势。

一、社会物流总额增速回升，运行态势较好

2023 年是深入推进宁夏回族自治区第十三次党代会关于全区经济社会高质量发展的奠基之年，也是三年新冠疫情防控转段后经济恢复发展的一年。全区实现生产总值5314.95 亿元，按不变价格计算，比上年增长 6.6%，同比加快 2.6 个百分点，比全国高 1.4 个百分点，居全国第 5 位。在全区经济运行呈现总体平稳的前提下，物流主要指标同步恢复回稳，社会物流总额增速回升，物流运行保持稳定恢复。但是由于受外部市场需求不足、价格低位运行、成本持续上涨等因素影响，社会物流总额及部分分项指标增速回落。2023 年，全区社会物流总额 9966.73 亿元，同比下降 3.8%，增速比上年同期回落 20.0 个百分点。主要是价格总体比上年同期下降 5.0%，从而使物流总额减少。从各季度来看，增速比第一季度回落 3.4 个百分点，比上半年和前三季度分别回升 2.5 个和 1.8 个百分点。2022—2023 年宁夏回族自治区社会物流总额及增长趋势如图 1 所示。

工业品物流需求稳步恢复，支撑带动作用强劲。2023 年，全区各地区各部门持续实施新型工业化和制造业强区计划，狠抓"六新"产业发展，加大对企业政策扶持，力推重点企业和新投产企业产能有效释放，再加上国内经济持续恢复向好，市场需求逐步改善，促进工业生产持续加快增长。2023 年，全区工业品物流总额完成 7070.50 亿元，同比下降 2.3%，增幅比上年同期回落 20.8 个百分点，比第一季度回落 1.4 个百分点，比上半年和前三季度分别回升 3.7 和 1.9 个百分点。在工业物流需求

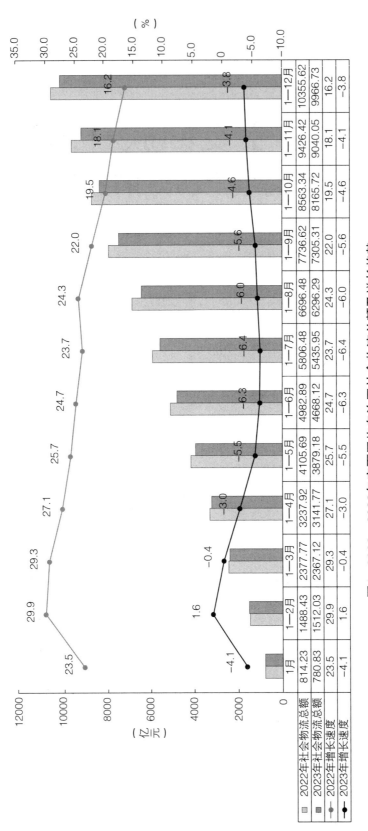

	1月	1—2月	1—3月	1—4月	1—5月	1—6月	1—7月	1—8月	1—9月	1—10月	1—11月	1—12月
2022年社会物流总额	814.23	1488.43	2377.77	3237.92	4105.69	4982.89	5806.48	6696.48	7736.62	8563.34	9426.42	10355.62
2023年社会物流总额	780.83	1512.03	2367.12	3141.77	3879.18	4668.12	5435.95	6296.29	7305.31	8165.72	9040.05	9966.73
2022年增长速度	23.5	29.9	29.3	27.1	25.7	24.7	23.7	24.3	22.0	19.5	18.1	16.2
2023年增长速度	-4.1	1.6	-0.4	-3.0	-5.5	-6.3	-6.4	-6.0	-5.6	-4.6	-4.1	-3.8

图1 2022—2023年宁夏回族自治区社会物流总额及增长趋势

注：增速按可比价格计算，余同。

结构中，一是制造业贡献突出，二是多数行业生产稳定向好，三是各类型企业全面增长，四是主要产品产量较快增长，五是高技术产业发展强劲。全区工业品物流总额占社会物流总额的 70.9%，比上年提高 1.0 个百分点，下拉社会物流总额增速 1.6 个百分点。

批发业物流需求减弱，恢复略有放缓。2023 年，面对经济运行中出现的超预期因素冲击，各地区各部门主动应对多重不利因素影响，深入推进"消费需求促进年"各项活动，扎实落实恢复和扩大消费的若干政策措施，有效遏制批发业持续下滑态势，但批发业物流需求仍然较弱，批发市场恢复放缓。2023 年，全区批发业物流总额完成 2075.63 亿元，同比下降 11.2%，增幅比上年同期回落 21.8 个百分点。比第一季度和上半年分别回落 10.2 和 0.8 个百分点，比前三季度回升 1.5 个百分点。其中，74.5%限上批发业物流同比下降 17.8%，下拉批发业物流增速 14.3 个百分点；25.5%限下批发业物流同比增长 16.0%，拉动批发业物流增长 3.1 个百分点。全区批发业物流总额占社会物流总额的 20.8%，比上年降低 1.8 个百分点，下拉社会物流总额增速 2.5 个百分点。

农产品物流增速稳定，需求保持良好态势。2023 年，自治区高度重视农业生产，深入实施特色农业提质计划，着力提升农业综合生产能力，"六特"产业加快发展，全区农业生产实现丰产增收，农产品物流增速稳定，需求保持良好态势。全区农产品物流总额完成 735.13 亿元，同比增长 4.7%，增幅比上年同期回落 6.9 个百分点，比第一季度和上半年分别回落 3.1 和 5.2 个百分点，与前三季度持平。主要体现在，一是粮食生产"二十连丰"，二是畜牧业生产快速增长，三是奶产业发展势头良好，四是冷凉蔬菜产业快速发展，五是主要

农产品供给充足，农产品市场保持总体稳定。

进口货物物流保持平稳增长，贸易结构持续优化。2023 年，宁夏积极融入和服务"一带一路"建设，搭建合作平台，深挖贸易潜力，围绕经贸合作"走出去""引进来"，推动国内外企业开展互惠互利合作，中阿经贸合作取得累累硕果。围绕东向南向出海、西向北向出境，积极拓展铁海联运业务和国际货运班列，开通符拉迪沃斯托克（海参崴）—天津港—银川铁海联运"一箱到底"进口亚麻籽货运班列，四向班列目的地覆盖韩国、日本、阿联酋、德国等 12 个国家，有效提升国际货运供应链服务能力。2023 年，全区进口货物物流总额完成 50.60 亿元，同比增长 3.8%，增幅比上年同期回落 50.7 个百分点。比第一季度和上半年分别回落 15.1 个和 5.0 个百分点，比前三季度回升 2.3 个百分点。从企业类别看，国有企业进口 14.5 亿元，增长 158.2%，占进口总额的 26.1%；民营企业进口 31.5 亿元，下降 16.3%，占进口总额的 56.6%；外商投资企业进口 9.6 亿元，下降 6.6%，占进口总额的 17.3%。从贸易方式看，一般贸易进口 42.5 亿元，增长 11.4%，占进口总额的 76.4%；加工贸易进口 4.2 亿元，增长 522.5%，占进口总额的 7.6%；以保税物流方式进口 8.9 亿元，下降 39.6%，占进口总额的 16.0%。

单位与居民物品物流增势较好，需求动力增强。2023 年，各地区各部门积极落实"保基本民生"等政策措施，单位与居民物品物流保持稳定，增势较好。2023 年，与民生相关的单位与居民物品物流总额完成 29.87 亿元，同比增长 18.3%，增幅比上年同期回升 14.1 个百分点，比第一季度、上半年和前三季度分别回升 10.5 个、7.3 个和 5.3 个百分点。2023 年，全区网上零售额 174.9 亿元，增长 2.1%，比全国平均水

平（11.0%）低 8.9 个百分点，其中，实物商品网上零售额 108.8 亿元，下降 0.7%，比全国平均水平（8.4%）低 9.1 个百分点，占全社会消费品零售总额的 8.0%。全区快递业务量完成 13098.81 万件，同比增长 32.2%，增速比上年同期回升 32.8 个百分点，比第一季度、上半年和前三季度分别回升 28.1 个、21.6 个和 15.9 个百分点，增速比全国（19.4%）高 12.8 个百分点，在全国 31 个省市区中排名第 11 位；全区快递业务收入 19.32 亿元，同比增长 23.7%，增速比上年同期回升 22.3 个百分点，比第一季度、

上半年和前三季度分别回升 13.5 个、11.1 个和 8.0 个百分点，增速比全国（14.3%）高 9.4 个百分点，在全国 31 个省区市中排名第 10 位。快递包裹每件 14.75 元，每件比全国（9.14 元）多 5.61 元；快递包裹业务量人均 17.97 件，比全国（93.69 件）少 75.72 件；快递包裹收入人均 265.02 元，比全国（856.51 元）少 591.49 元。2023 年宁夏回族自治区快递业务量及收入增速如图 2 所示，2023 年宁夏回族自治区社会物流总额构成如图 3 所示。

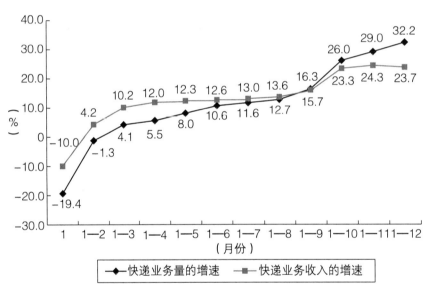

图 2　2023 年宁夏回族自治区快递业务量及收入增速

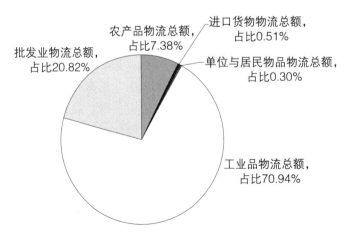

图 3　2023 年宁夏回族自治区社会物流总额构成

二、社会物流费用稳中有降，产业协同更趋紧密

2023 年，宁夏回族自治区为推动现代物流与农业、工业、商贸业深化融合，企业主体之间、业务流程之间、信息数据之间、设施资产之间、标准规范之间融合的程度将逐步加深，逐步从简单外包向战略合作伙伴关系转变，从提供基础性服务向增值服务再到供应链一体化服务转变，从基础服务商向物流服务商再向物流整合商转变，推动产业链迈向价值链中高端，使产业协同更趋紧密。2023 年，物流串联生产、流通的周转效能有所提高，存货、产成品循环有所加快，供应链衔接水平与响应效率有所改善，物流成本有所回落。全区 22 个县（市、区）实现县域物流配送中心全覆盖，193 个乡镇实现寄递物流服务全覆盖，2 个及以上快递服务品牌走进 2091 个建制村，覆盖率达 95%，县乡村三级物流配送体系趋于完善，物流成本不断降低。宁夏 9 段高速公路继续实施差异化优惠政策，通过价格杠杆引导车辆合理选择出行路径，提升通行效率、降低出行成本、促进物流降本增效。9 段差异化收费路段共减免通行费 1.12 亿元，惠及车辆 1030.98 万辆。全区社会物流总费用 863.00 亿元，同比增长 2.7%，增幅比上年回落 6.0 个百分点，比第一季度、上半年和前三季度分别回落 2.6 个、0.6 个和 0.1 个百分点。社会物流总费用与 GDP 的比率为 16.2%，比上年同期回落 0.4 个百分点，比第一季度、上半年和前三季度分别回落 0.4 个、0.4 个和 0.3 个百分点。

从结构看，运输费用增速同比增长 2.8%，增速比上年同期回落 4.3 个百分点，比第一季度、上半年和前三季度分别回落 2.4 个、1.5 个和 1.0 个百分点。运输费用占总费用的 72.7%；保管费用增速同比增长 2.2%，增幅比上年同期回落 12.9 个百分点，比第一季度回落 2.7 个百分点，比上半年和前三季度分别回升 1.5 个和 1.7 个百分点，占总费用的 19.8%；管理费用增速同比增长 3.8%，增幅比上年同期回落 9.0 个百分点，比第一季度回落 2.9 个百分点，比上半年和前三季度分别回升 2.5 个和 3.0 个百分点，占总费用的 7.5%。

三、物流业增加值平稳增长，保持良好态势

2023 年，宁夏回族自治区物流相关行业实现增加值 480.66 亿元，按不变价格计算，同比增长 7.2%，增速比上年同期回升 6.8 个百分点，比第一季度、上半年和前三季度分别回升 1.0 个、0.4 个和 0.7 个百分点，比全区 GDP 增速高 0.6 个百分点，占全区 GDP 的 9.0%，比上年同期高 0.5 个百分点，比第一季度高 0.3 个百分点，与上半年和前三季度持平；占全区第三产业增加值的 20.0%，比上年同期高 0.5 个百分点，比第一季度、上半年和前三季度分别回升 2.3 个、1.6 个和 0.5 个百分点，比全区第三产业增加值增速高 2.5 个百分点。

其中，交通运输、仓储和邮政业实现增加值 251.75 亿元，同比增长 9.4%，增速比上年同期回升 9.2 个百分点，比第一季度、上半年和前三季度分别回升 2.9 个、0.9 个和 0.2 个百分点；批发和零售业实现增加值 228.91 亿元，同比增长 5.1%，增速比上年同期回升 4.6 个百分点，比第一季度回落 0.9 个百分点，与上半年持平，比前三季度回升 1.2 个百分点。2023 年宁夏回族自治区社会物流相关行业增加值如图 4 所示。

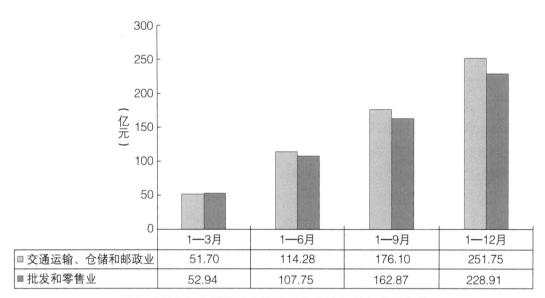

	1—3月	1—6月	1—9月	1—12月
☐ 交通运输、仓储和邮政业	51.70	114.28	176.10	251.75
■ 批发和零售业	52.94	107.75	162.87	228.91

图 4　2023 年宁夏回族自治区社会物流相关行业增加值

四、交通运输保持开路先锋，有力支撑经济发展

2023 年，为加快推进宁夏回族自治区交通运输行业转型升级，持续改善营商环境，推动交通运输行业高质量发展。各部门各地区积极主动采取各种措施，攻坚克难，有效保障了物流运行畅通无阻，实现了交通运输开路先锋，有力支撑经济发展。目前，宁夏回族自治区已基本形成以银川机场国际空港为枢纽，通边达海、连南接北的空、公、铁、海全要素联运的开放通道新格局，为提升宁夏回族自治区对外开放水平，促进全区供应链、产业链与国内外市场的高效对接，实现宁夏回族自治区经济社会的高质量发展奠定了坚实的基础。从发展格局看，贯通东西、连接南北的陆路大通道全面打通，公路、铁路等基础设施不断完善、航空线路不断加密，多层次、立体化物流网络体系初步构建，为全区产业发展提供了高效便捷顺

畅的物流支撑，真正实现了"物通四海"。从发展质量看，大宗物流与"六新"产业，冷链物流与"六特"产业，寄递物流与电商、文旅产业加快融合，通过物流技术数字化、物流设备标准化、供应服务链条化，推动多式联运、网络货运、智能制造等物流新业态深度融合，真正实现了"流润万家"。2023 年，全区全社会完成货运量 54998.44 万吨，同比增长 13.1%，增速比上年同期回升 9.5 个百分点，比第一季度、上半年和前三季度分别回升 4.8 个、4.1 个和 2.0 个百分点。全社会累计完成货运周转量为 946.98 亿吨公里，同比增长 8.4%，增速比上年同期回升 0.8 个百分点，比第一季度和前三季度分别回落 3.1 个和 1.0 个百分点，比上半年回升 0.8 个百分点。

铁路货运量和货运周转量增速回升。2023 年，全区铁路货运量完成 9934.83 万吨，同比下降 2.2%，增速比上年同期回落 10.0 个百分点，与第一季度持平，比上半年和前三季度分别回升 6.5 个和 1.3 个百分点。其中，国铁货

运量 3314.43 万吨，占全区铁路货运量的 33.4%；地铁货运量 6629.40 万吨，占全区铁路货运量的 66.6%。铁路货运量占全区货运量的 18.1%，比上年同期回落 2.8 个百分点，下拉全区货运量增速 0.5 个百分点。铁路货运周转量完成 281.36 亿吨公里，同比增长 2.0%，增速比上年同期回落 15.7 个百分点，比第一季度回落 9.5 个百分点，比上半年和前三季度分别回升 5.9 个和 1.7 个百分点。铁路货运周转量占全区货运周转量的 29.7%，比上年同期回落 1.9 个百分点，拉动全区货运周转量增长 0.6 个百分点。

公路货运量和货运周转量持续保持两位数增长。2023 年，公路货运量完成 45061.34 万吨，同比增长 17.2%，增速比上年同期回升 14.6 个百分点，比第一季度、上半年和前三季度分别回升 5.6 个、3.4 个和 2.4 个百分点，拉动全区货运量增长 13.6 个百分点。公路货运周转量完成 665.26 亿吨公里，同比增长 11.3%，增速比上年同期回升 7.8 个百分点，比第一季度、上半年和前三季度分别回落 0.2 个、1.6 个和 2.1 个百分点，拉动全区货运周转量增长 7.7 个百分点。

航空货运量及货运周转量增长较快。2023 年，航空货运量完成 2.27 万吨，同比增长 57.9%，增幅比上年同期回升 94.5 个百分点，比第一季度、上半年和前三季度分别回升 76.2 个、59.7 个和 39.5 个百分点。航空货运周转量完成 3573.68 万吨公里，同比增长 52.8%，增幅比上年同期回升 81.9 个百分点，比第一季度、上半年和前三季度分别回升 70.6 个、55.5 个和 37.2 个百分点。2023 年宁夏回族自治区分方式货运量和货运周转量增长趋势如图 5 所示。

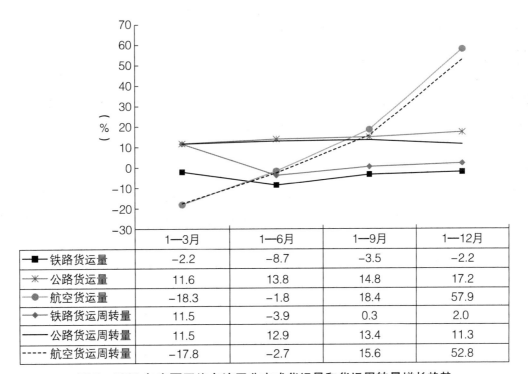

	1—3月	1—6月	1—9月	1—12月
■ 铁路货运量	-2.2	-8.7	-3.5	-2.2
✳ 公路货运量	11.6	13.8	14.8	17.2
● 航空货运量	-18.3	-1.8	18.4	57.9
◆ 铁路货运周转量	11.5	-3.9	0.3	2.0
—— 公路货运周转量	11.5	12.9	13.4	11.3
---- 航空货运周转量	-17.8	-2.7	15.6	52.8

图 5　2023 年宁夏回族自治区分方式货运量和货运周转量增长趋势

五、物流业固定资产投资动力不足，增速持续下滑

2023 年，物流业固定资产投资同比下降 14.9%，增幅比上年同期回落 26.1 个百分点，比第一季度和上半年分别回落 37.4 个和 10.2 个百分点，比前三季度回升 1.5 个百分点，比上年同期全区固定资产投资增幅低 20.4 个百分点。其中，交通运输、仓储和邮政业投资额同比下降 15.4%，增幅比上年同期回落 25.9 个百分点，比第一季度和上半年分别回落 36.6 个和 11.4 个百分点，比前三季度回升 1.3 个百分点；批发和零售业投资额同比下降 4.2%，增幅比上年同期回落 31.7 个百分点，比第一季度回落 56.1 个百分点，比上半年和前三季度分别回升 12.4 个和 5.5 个百分点。

六、物流企业集中度逐步提升，企业盈利依然承压

2023 年，为筑牢宁夏回族自治区物流发展环境基础，各部门各地区从物流全过程、全方位政策的制定，到对内物流和对外通道的畅通，再到与国内各省区的合作交流，在用足用好中央政策的基础上，因地制宜优化整合各项政策工具，制定出台了《宁夏回族自治区冷链物流高质量发展实施方案（2023—2027 年）》《关于加快推进道路货物运输行业高质量发展的实施意见》和有关政策，无论是在资金、环境还是服务上都给予很大支持，促进现代物流发展的政策环境持续改善，重点调查的 66 户物流企业累计实现物流业务收入 153.58 亿元，同比增长 19.5%，增幅比上年同期回落 28.3 个百分点，比第一季度、上半年和前三季度分

别回落 19.2 个、14.8 个和 13.1 个百分点。其中，冷链物流业务收入 2.02 亿元，同比增长 4.2%，比第一季度和前三季度分别回落 51.6 个和 6.6 个百分点，比上半年回升 10.7 个百分点；营业利润 3.63 亿元，同比增长 9.4%，增幅比上年同期回落 7.0 个百分点，比第一季度和前三季度分别回落 30.3 个和 2.0 个百分点，比上半年回升 39.0 个百分点；物流业务成本 148.54 亿元，同比增长 29.0%，增幅比上年同期回落 21.3 个百分点，比第一季度、上半年和前三季度分别回落 11.5 个、9.8 个和 4.8 个百分点；流动资产 65.45 亿元，同比增长 14.1%，其中，应收账款 22.88 亿元，同比增长 18.3%，应收账款占流动资产的 35.0%；职工薪酬同比增长 4.8%。每百元物流业务收入中的物流成本 96.72 元，比上年同期提高 7.14 元；每百元冷链物流业务收入中的冷链物流成本 86.65 元，比上年同期提高 22.81 元。调查物流企业亏损面达到 39.4%，比上年同期降低 8.8 个百分点。

七、重点企业物流需求不足，运行缺乏活力

2023 年，供应链上下游需求总体延续恢复态势，主要是以"六新产业"为抓手，完善产业体系，更新完善全区重点产业链供应链企业"白名单"，大力提升制造业数字化水平，有力促进各种类型工业企业生产经营保持稳定。深入推进"消费需求促进年"各项活动，扎实落实恢复和扩大消费的若干政策措施，保障生活必需品市场供应，促进商贸物流的稳定增长。但由于受价格低位运行、产品需求不足、物流成本上涨和盈利水平下降等不利因素影响，部分行业增长乏力，停减产企业依然较多，工商

企业物流需求仍然不足,运行缺乏活力。2023年,重点调查的89户工商企业销售总额1894.94亿元,同比下降11.5%,增幅比上年同期回落24.6个百分点,比第一季度和前三季度分别回落11.9个和6.4个百分点,比上半年回升2.2个百分点;企业购进总额1068.63亿元,同比下降6.0%,增幅比上年同期回落14.3个百分点,比第一季度和前三季度分别回落9.6个和7.2个百分点,比上半年回升1.6个百分点;企业物流成本87.90亿元,同比增长4.1%,增幅比上年同期回落7.5个百分点,比第一季度和上半年分别回升5.4个和5.7个百分点,比前三季度回落1.8个百分点;购销比56.4%,比上年同期高3.3个百分点。物流成本占商品销售额的比重比上年同期高0.7个百分点,本季末存货166.72亿元,同比下降18.4%,比年初回落14.2个百分点。1—11月,规模以上工业企业利润总额同比下降15.8%,降幅比全国大11.4个百分点。2023年全区规模以上工业企业停减产面达56.1%。

(宁夏现代物流协会　刘汉才　顾宁军)

2023 年南京市物流业发展情况

2023 年，南京市全面贯彻落实党的二十大报告"建设高效顺畅的流通体系，降低物流成本"要求，积极推动物流降本增效和高质量发展，社会物流总额稳步增长，物流运行效率持续提升。

2023 年，南京市实现社会物流总额 50938.3 亿元，按可比价格计算，同比增长 2.7%；社会物流总费用 2300.3 亿元，同比增长 1.8%；社会物流总费用与 GDP 的比率为 13.2%，较上年同期下降 0.2 个百分点；实现物流业总收入为 1371.3 亿元，同比增长 4.2%。

南京市认真贯彻政府工作报告要求，制定出台降低全社会物流成本政策举措，扎实推动全社会物流提质增效降本，为全市国民经济社会发展提供更有力支撑。

（南京市发展改革委）

2023 年福州市物流业发展情况

2023 年是三年新冠疫情防控转段后经济恢复发展的一年，福州市坚持"3820"战略工程思想精髓，加快建设现代化国际城市，经济持续回升向好，物流行业整体恢复势头良好，带动物流业"三项指标"保持稳定增长。

一、福州市物流业业务收入平稳增长

据初步测算，2023 年，福州市物流业业务收入 1556.75 亿元，同比增长 8.6%，分别比前三季度（9.8%）、上半年（10.3%）、第一季度（10.4%）增速下降 1.2 个、1.7 个和 1.8 个百分点。其中，交通运输、仓储和邮政业中的物流业业务收入 1068.18 亿元，增长 4.9%，分别比前三季度（9.1%）、上半年（11.7%）、第一季度（12.3%）增速下降 4.2 个、6.8 个和 7.4 个百分点；批发和零售业中的物流业业务收入 488.57 亿元，增长 17.8，分别比前三季度（11.6%）、上半年（6.1%）、第一季度（5.7%）增速提高 6.2 个、11.7 个和 12.1 个百分点。2023 年福州市物流业业务收入情况如表 1 所示。

表 1　　　　　　　　　　2023 年福州市物流业业务收入情况

	第一季度	上半年	前三季度	年度
一、物流业业务收入（亿元）	282.12	662.23	990.15	1556.75
1. 交通运输、仓储和邮政业中的物流业	204.74	496.56	705.38	1068.18
2. 批发和零售业中的物流业	77.38	165.67	284.77	488.57
二、物流业业务收入同比增长（%）	10.4	10.3	9.8	8.6
1. 交通运输、仓储和邮政业中的物流业	12.3	11.7	9.1	4.9
2. 批发和零售业中的物流业	5.7	6.1	11.6	17.8

二、福州市物流业增加值稳步增长

2023 年，福州市物流业实现增加值 810.41 亿元，按可比价格计算，比上年同期增长 7.5%，分别比前三季度（7.6%）、上半年（8.3%）增速下降 0.1 个和 0.8 个百分点，比第一季度增速（6.5%）提高 1.0 个百分点。其中，交通运输、仓储和邮政业中的物流业实现增加值 476.67 亿元，增长 6.5%，分别比前三季度（7.4%）、上半年（10.4%）、第一季度（8.3%）增速下降 0.9 个、3.9 个和 1.8 个百分点；批发和零售业中的物流业实现增加值 333.74 亿元，增长 8.9%，分别比前三季度（8.0%）、上半年（4.5%）、第一季度（3.7%）增速提高 0.9 个、4.4 个和 5.2 个百分点。

物流业增加值占地区生产总值的比重为 6.3%，比上年同期（6.1%）提高 0.2 个百分点，比前三季度、上半年和第一季度（均为 5.8%）提高 0.5 个百分点；占第三产业增加值的比重为 10.8%，与上年同期（10.8%）持平，分别比前三季度（10.6%）、上半年（10.2%）、第一季度（10.4%）提高 0.2 个、0.6 个和 0.4 个百分点。2023 年福州市物流业增加值情况如表 2 所示，2023 年福州市物流业增加值占第三产业及地区生产总值的比重如表 3 所示。

表 2　2023 年福州市物流业增加值情况

	第一季度	上半年	前三季度	年度
一、物流业增加值（亿元）	148.44	334.76	510	810.41
1. 交通运输、仓储和邮政业中的物流业	95.58	221.59	315.48	476.67
2. 批发和零售业中的物流业	52.86	113.17	194.52	333.74
二、物流业增加值同比增长（%）	6.5	8.3	7.6	7.5
1. 交通运输、仓储和邮政业中的物流业	8.3	10.4	7.4	6.5
2. 批发和零售业中的物流业	3.7	4.5	8.0	8.9

表 3　2023 年福州市物流业增加值占第三产业及地区生产总值的比重

	物流业增加值（亿元）	占第三产业增加值的比重（%）	占地区生产总值的比重（%）
2022 年年度	753.84	10.8	6.1
2023 年第一季度	148.44	10.4	5.8
2023 年上半年	334.76	10.2	5.8
2023 年前三季度	510.00	10.6	5.8
2023 年年度	810.41	10.8	6.3

三、物流业固定资产投资完成额快速增长

2023 年，宜宾市物流业固定资产投资完成额比上年同期增长 28.0%，比上年同期增速（8.2%）提高 19.8 个百分点；分别比前三季度（32.1%）、上半年（192.6%）增速下降 4.1 个和 164.6 个百分点，比第一季度增速（4.2%）提高 23.8 个百分点。其中，交通运输、仓储和邮政业中的物流业投资增长 28.2%，分别比前三季度（32.3%）、上半年（218.7%）增速下降 4.1 个和 190.5 个百分点，比第一季度增速（3.6%）提高 24.6 个百分点；批发和零售业中的物流业投资增长 22.0%，分别比前三季度（27.7%）、第一季度（53.8%）增速下降 5.7 个和 31.8 个百分点，比上半年增速（-55.3%）提高 77.3 个百分点。2023 年福州市物流业固定资产投资完成额增速如表 4 所示。

表 4　　　　　　　　　　　2023 年福州市物流业固定资产投资完成额增速

	第一季度	上半年	前三季度	年度
物流业固定资产投资完成额增速（%）	4.2	192.6	32.1	28.0
1. 交通运输、仓储和邮政业中的物流业	3.6	218.7	32.3	28.2
2. 批发和零售业中的物流业	53.8	-55.3	27.7	22.0

（福州市商务局）

2023 年青岛市现代物流业发展情况

2023 年，青岛市成功获批空港型国家物流枢纽，率先成为获批全部承载类型的物流枢纽城市，成功入选"综合型流通支点城市""中国物流绿色行动领创城市"，为其深度融入国家骨干流通走廊奠定基础。全市物流业增加值突破 1600 亿元，占 GDP 的比重超过 10%，成为助推青岛市实体经济发展的"新引擎"。

一、拓展通道网络，加快构建现代物流体系

青岛市以"四型"国家物流枢纽城市建设为契机，推动海陆空铁"四港联动"高效物流体系逐步构建。港口方面，青岛港着力优化海运航线网络，货物吞吐量突破 7 亿吨，位居全球第四；集装箱吞吐量首破 3000 万标准箱，位居全球第五；新增 20 条集装箱航线，航线数量和密度位居我国北方港口第一。机场方面，青岛机场新增 3 条国际全货机航线、总数达到 11 条，航线覆盖亚洲、欧洲、美洲，完成货邮吞吐量 26 万吨，同比增长 18.5%。铁路方面，发挥中欧班列战略通道作用，青岛地区中欧班列开行 863 列，同比增长 11.4%。联运方面，新增内陆港 9 个、海铁联运线路 7 条，总数分别达 41 个、77 条，青岛海铁联运优势进一步巩固，海铁联运量突破 220 万标准箱，蝉联全国"九连冠"。

二、聚力项目建设，招商引资工作稳步推进

政企合作不断强化。中国物流集团与青岛市政府签署战略合作协议，达成上合央地合作园、青岛自贸区数字化仓库等项目合作意向。青岛市交通运输局赴新疆积极对接"鲁疆"班列开行计划，推动与新疆商贸物流集团开展全方位合作。围绕"延链、补链、强链"，推动 12 个现代物流重点项目完成投资 24 亿元，助推青岛市经济回升向好。推动总投资超过 68 亿元的山东海运增资扩股、迅蚁无人机物流 2 个项目签约落地。开展平台招商，高水平举办第二届中国（青岛）国际物流博览会、首届数字化转型高端论坛，山东高速与奇瑞汽车等 20 余家企业现场签约。

三、培育市场主体，产业发展规模加速壮大

龙头骨干物流企业服务、培育工作成效显著。2023年，青岛市新增国家A级物流企业4家，总数达到110家（其中5A级11家）。青岛市开展现代物流产业链链主企业评选活动，共评选山东港口青岛港集团有限公司、中创物流股份有限公司、山东海运股份有限公司、山东高速物流集团有限公司、青岛中远海运集装箱运输有限公司、日日顺供应链科技股份有限公司6家企业为链主企业；青岛市物流协会发布青岛市第三届物流企业综合实力20强、青岛市第二届冷链物流企业10强名单；青岛国际陆港华骏物流园成功获批第四批国家示范物流园区。

四、聚焦区域协作，国际交流合作不断深化

整合黄河流域、山东半岛城市群物流资源，打造区域性中欧班列集结中心。中欧班列（齐鲁号）首个海外集结中心——哈萨克斯坦阿拉木图集结中心成立，鼓励港口、班列平台等相关企业走出去，加快海外节点布局，不断完善境外地面物流服务网络，截至2023年年底共设立海外仓4个、境外营销中心2个和境外办事处1个；上合示范区举办上海合作组织产业链供应链论坛物流与贸易平行论坛，邀请俄罗斯、哈萨克斯坦、阿塞拜疆等上合组织国家物流头部企业，倡议发起上合物流产业发展联盟，并发布《上合组织经贸物流行业数据要素流通白皮书》，推动贸易集聚平台、青岛航空双枢纽等项目签约。

五、做优营商环境，服务保障体系更加完善

《青岛市现代物流产业链高质量发展三年行动方案（2022—2024年）》有序实施，服务支持现代化产业体系。青岛市人民政府办公厅出台支持航空货运发展、支持航运发展15条等精准扶持政策。青岛市交通运输局协调青岛人民银行落实交通物流专项再贷款政策，帮助800余家中小企业实现融资30亿元。青岛市持续优化口岸营商环境，不断提高通关效率和服务质量，蝉联全国十大海运集装箱口岸营商环境测评第一。青岛市交通运输局高质量起草《现代物流数字化转型调研报告》，获市政府主要领导肯定批示。青岛市现代物流业职业教育教研联盟以全国物流职业教育教学指导委员会、青岛市教育科学研究院为领导单位、青岛商务学校为理事长单位，会同青岛西海岸新区中德应用技术学校、青岛西海岸新区职业中等专业学校、城阳区职教中心、胶州市职业教育中心、京东物流集团、青岛盒马网络科技有限公司共同成立青岛市首家现代物流业产教研联盟，促进产学研协同发展。

（青岛市交通运输局物流业发展处

刘鹏云　杨晨）

2023 年武汉市物流业发展情况

2023 年，武汉市积极推动物流降本增效提质和高质量发展，物流需求总体平稳增长，单位物流成本稳中有降，物流运行延续稳步回升发展态势。物流服务能力不断提升，物流政策营商环境持续优化，物流企业数字化转型加快，湖北国控、楚象、长江国贸等供应链平台企业相继组建，有力促进产业链供应链提质增效。

一、总体运行情况

（一）物流业主要运行指标

2023 年武汉市物流业主要运行指标统计情况如表 1 所示。

表 1　　　　　2023 年武汉市物流业主要运行指标统计情况

类　别	指标名称	2023 年	2022 年	同比增长（%）
物流业运行指标	社会物流总额（亿元）	48050.77	45769.16	5.0
	社会物流总费用（亿元）	2501.57	2375.92	5.3
	社会物流总费用与 GDP 的比率（%）	12.5	12.6	-0.1 个百分点
	物流业增加值（亿元）	1887.99	1727.12	9.3
	物流业增加值占 GDP 的比重（%）	9.4	9.2	0.2 个百分点
	物流业增加值占第三产业增加值的比重（%）	14.8	14.8	—
	物流业总收入（亿元）	1950.77	1797.68	8.5
货运指标	货运量（万吨）	71299.69	61524.66	15.9
	货物周转量（亿吨公里）	3010.77	2686.38	12.1
	机场货物吞吐量（万吨）	20.64	29.87	-30.9
	港口货物吞吐量（万吨）	14386.00	13074.00	10.0
	其中：集装箱吞吐量（万标准箱）	279.04	270.00	3.3

续　表

类别	指标名称	2023 年	2022 年	同比增长（%）
邮政业指标	邮政行业业务收入（亿元）	236.99	213.35	11.1
	邮政行业寄递业务量（亿件）	22.64	22.21	1.9
	快递业务收入（亿元）	173.34	159.11	8.9
	快递业务量（亿件）	18.81	18.46	1.9

1. 社会物流总额

2023 年，武汉市社会物流总额为 48050.77 亿元，同比增长 5.0%。从构成来看，农产品物流总额 755.32 亿元，同比下降 1.0%；工业品物流总额 20833.52 亿元，同比增长 1.5%；进口货物物流总额 1438.90 亿元，同比增长 4.3%；再生资源物流总额 78.17 亿元，同比增长 5.7%；单位与居民物品物流总额 178.66 亿元，同比增长 8.5%；市外购进物品物流总额 24766.19 亿元，同比增长 8.3%。2023 年武汉市社会物流总额构成情况如图 1 所示，2021—2023 年武汉市社会物流总额增长情况如图 2 所示。

从结构来看，工业、消费、进口领域物流需求稳定增长，恢复力度总体好于上年。

工业品物流需求保持增长。工业品物流总额占比达 43.4%，同比增长 1.5%，增速较第一季度、上半年分别加快 0.8 个和 0.7 个百分点，较前三季度放缓 0.1 个百分点，全年走势整体平稳。2023 年，工业生产企稳回升，产业规模持续扩张，规模以上工业增加值同比增长 4.6%，电子设备、汽车行业生产恢复明显，光芯屏端网发展势头较好，高技术制造业等新兴产业增长较快，保障工业品物流需求稳步增长。

民生消费物流需求持续向好。单位与居民物品物流总额同比增长 8.5%，增速较上年提

高 1.8 个百分点，较第一季度、上半年和前三季度分别加快 6.2 个、5.6 个和 4.0 个百分点。全市坚持恢复和扩大消费，社会消费品零售总额重新迈上 7000 亿台阶，同比增长 8.6%，消费升级趋势显著，网上零售、电商物流增势持续向好，限额以上单位实物商品网上零售额同比增长 9.0%，有力带动民生消费物流需求增长。

进口物流需求规模快速恢复扩张。全市加快提升对外开放水平，优化贸易结构模式，推动外贸提质扩量，进口货物物流总额增速由降转升，实现同比增长 4.3%，增速较上年提高 7.9 个百分点，较第一季度、上半年和前三季度分别加快 16.8 个、12.5 个和 10.4 个百分点。

2023 年，全市单位 GDP 物流需求系数（社会物流总额与 GDP 的比率）为 2.4，低于全国水平（2.8）0.4 个系数。随着新型产业和未来经济加快布局，物流需求结构同步升级。分季度看，全年增速较第一季度、上半年和前三季度分别加快 2.3 个、1.3 个和 0.3 个百分点。2021—2023 年武汉市单位 GDP 物流需求系数与全国对比情况如图 3 所示。

2. 社会物流总费用

2023 年，武汉市社会物流总费用为 2501.57 亿元，同比增长 5.3%。较第一季度、上半年和前三季度分别放缓 1.9 个、0.1 个和

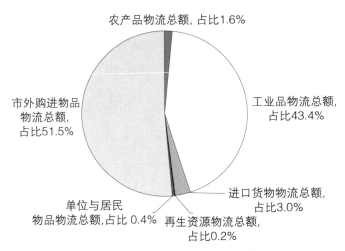

图1　2023 年武汉市社会物流总额构成情况

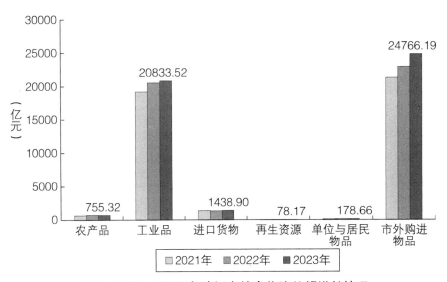

图2　2021—2023 年武汉市社会物流总额增长情况

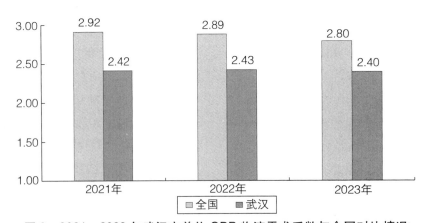

图3　2021—2023 年武汉市单位 GDP 物流需求系数与全国对比情况

0.7个百分点。其中，运输费用887.60亿元，同比增长11.4%；保管费用1037.84亿元，同比增长2.3%；管理费用576.13亿元，同比增长2.0%，三者占比呈"35.5∶41.5∶23.0"结构特征。运输环节费用占比上升1.9个百分点，保管和管理环节费用占比分别下降1.2个和0.8个百分点，仓储保管等静态环节占比下降，物流要素流动加快活跃。其中，运输费用同比增长11.4%，增速较第一季度、上半年和前三季度分别加快2.5个、7.7个和1.0个百

分点，受公路与水路货运量、周转量快速增长因素影响，运输费用较快增长；保管费用和管理费用分别同比增长2.3%和2.0%，保管费用增速较第一季度、上半年、前三季度分别放缓3.2个、3.3个和1.1个百分点，管理费用增速较第一季度、上半年、前三季度分别放缓5.7个、5.5个和2.2个百分点。

2023年武汉市社会物流总费用构成情况如图4所示。

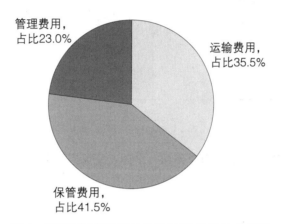

图4 2023年武汉市社会物流总费用构成情况

运输费用中不同运输方式均实现增长，其中，铁路运输费用120.43亿元，同比增长2.1%，占比13.6%；水路运输费用288.91亿元，同比增长5.0%，占比32.5%；公路运输

费用476.52亿元，同比增长18.4%，占比53.7%；航空运输费用1.74亿元，同比增长17.4%，占比0.2%。2023年武汉市分方式运输费用构成情况如图5所示。

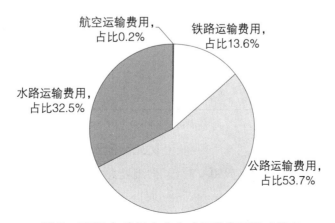

图5 2023年武汉市分方式运输费用构成情况

2023 年，全市社会物流总费用与 GDP 的比率为 12.5%，较上年下降 0.1 个百分点，低于全国水平（14.4%）1.9 个百分点。第一季度、上半年、前三季度分别为 13.1%、12.8%和 12.9%，全年总体呈回落走势，物流运行效率持续改善。2021—2023 年社会物流总费用（全国、武汉市）与 GDP 的比率对比情况如图 6 所示。

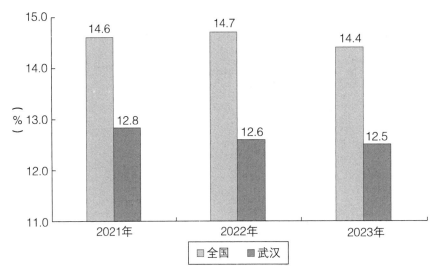

图 6　2021—2023 年社会物流总费用（全国、武汉市）与 GDP 的比率对比情况

3. 物流业增加值

2023 年，武汉市物流业增加值 1887.99 亿元，同比增长 9.3%（不变价增幅 4.8%）。物流业增加值占 GDP 的比重为 9.4%，高于上年 0.2 个百分点；物流业增加值占第三产业增加值的比重为 14.8%，与上年持平。2021—2023 年武汉市物流业增加值如表 2 所示。

表 2　　　　　　　　　　2021—2023 年武汉市物流业增加值

指标	2021 年	2022 年	2023 年
物流业增加值（亿元）	1617.11	1727.12	1887.99
同比增长（%）	14.7	6.8	9.3
物流业增加值占 GDP 的比重（%）	9.1	9.2	9.4
物流业增加值占第三产业增加值的比重（%）	14.6	14.8	14.8

4. 物流业总收入

2023 年，武汉市物流业总收入为 1950.77 亿元，同比增长 8.5%。2021—2023 年武汉市物流业总收入及增长趋势如图 7 所示。

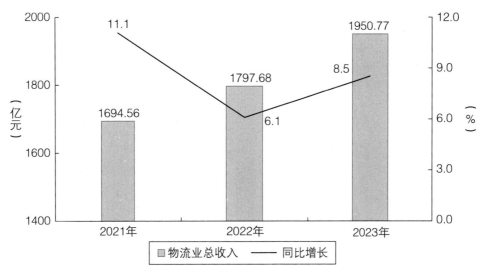

图7 2021—2023年武汉市物流业总收入及增长趋势

（二）主要货运指标

1. 货运量

2023年，武汉市完成货运量71299.69万吨，同比增长15.9%。其中，铁路货运量958.30万吨，同比下降7.3%[①]；水路货运量17003.65万吨，同比增长9.7%；航空货运量11.21万吨，同比下降42.6%[②]；公路货运量53326.52万吨，同比增长18.6%。全市公路、水路、铁路货运结构呈现74.8∶23.8∶1.3。2023年武汉市货运量构成情况如图8所示，2021—2023年武汉市货运量分方式运量情况如图9所示。

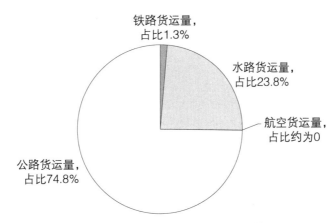

图8 2023年武汉市货运量构成情况

---

① 2022年之前铁路货运量及周转量数据为武汉铁路局的数据（包含其他省份），2022年后统计为市域数据。

② 航空货运业务受天河机场转场花湖机场等业务调整影响较大，下同。

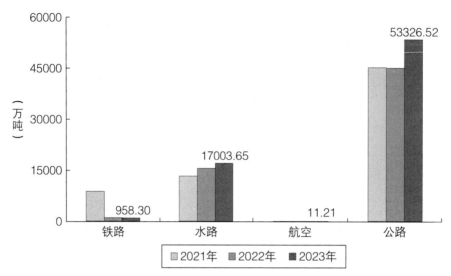

图 9 2021—2023 年武汉市货运量分方式运量情况

2. 货物周转量

2023 年，武汉市货物周转量 3010.77 亿吨公里，同比增长 12.1%。其中，铁路货物周转量 131.40 亿吨公里，同比增长 6.1%；水路货物周转量 2132.86 亿吨公里，同比增长 11.2%；航空货物周转量 3.70 亿吨公里，同比下降 69.9%；公路货物周转量 742.81 亿吨公里，同比增长 17.4%。2023 年武汉市货物周转量构成情况如图 10 所示，2021—2023 年武汉

市货物周转量分方式周转量情况如图 11 所示。

3. 机场货物吞吐量

2023 年，武汉市机场货物吞吐量 20.64 万吨，同比下降 30.9%，航空货运业务受转场花湖机场等业务调整影响较大，全货机航线与频次锐减，其中，国际及地区货物吞吐量 4.92 万吨，同比下降 68.2%。2021—2023 年武汉市机场货物吞吐量及增长变化趋势如图 12 所示。

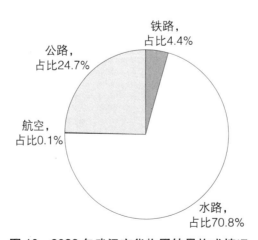

图 10 2023 年武汉市货物周转量构成情况

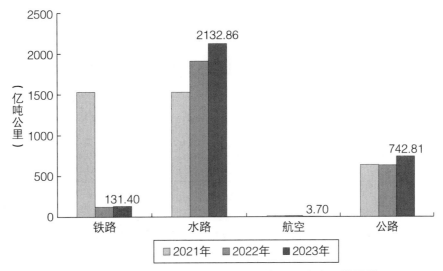

图 11　2021—2023 年武汉市货物周转量分方式周转量情况

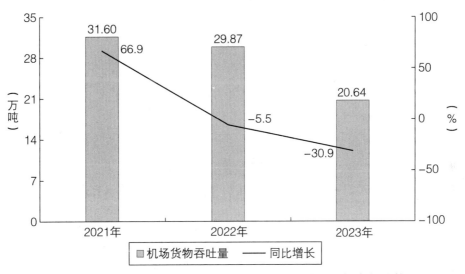

图 12　2021—2023 年武汉市机场货物吞吐量及增长变化趋势

4. 港口货物及集装箱吞吐量

2023 年，武汉市港口货物吞吐量 14386.00 万吨，同比增长 10.0%；港口集装箱吞吐量 279.04 万标准箱，同比增长 3.3%。2021—2023 年武汉市港口货物吞吐量及增长变化趋势如图 13 所示，2021—2023 年武汉市港口集装箱吞吐量及增长变化趋势如图 14 所示。

5. 铁路货场到发量

2023 年，武汉市铁路货场发送量 958.30 万吨，同比下降 7.3%；铁路货场到达量 2984.44 万吨，同比下降 6.4%。2021—2023 年武汉市铁路货场到发量对比情况如图 15 所示。

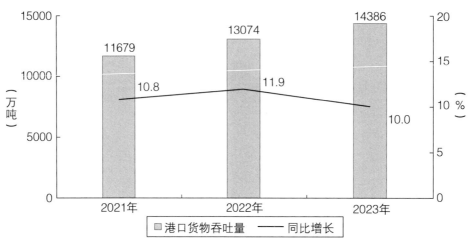

图 13　2021—2023 年武汉市港口货物吞吐量及增长变化趋势

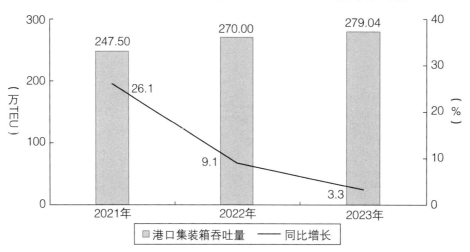

图 14　2021—2023 年武汉市港口集装箱吞吐量及增长变化趋势

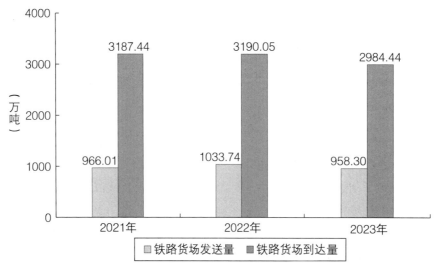

图 15　2021—2023 年武汉市铁路货场到发量对比情况

（三）邮政业指标

1. 邮政业总体情况

2023年，武汉市邮政行业业务收入（不包括邮政储蓄银行直接营业收入）累计完成236.99亿元，同比增长11.1%；邮政行业寄递业务量累计完成22.64亿件，同比增长1.9%。2021—2023年武汉市邮政行业业务收入与寄递业务量发展趋势如图16所示。

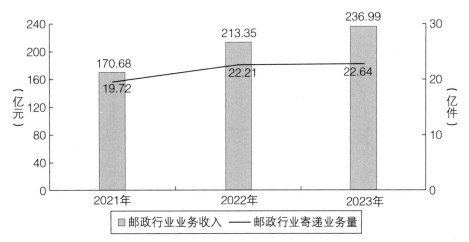

图16　2021—2023年武汉市邮政行业业务收入与寄递业务量发展趋势

2. 快递业务发展情况

2023年，武汉市快递业务量累计完成188101.70万件，同比增长1.9%，在全国排名第15位；快递业务收入173.34亿元，同比增长8.9%，在全国排名第12位。2021—2023年武汉市快递业务量与收入情况如图17所示，2021—2023年各月武汉市快递业务量如图18所示。

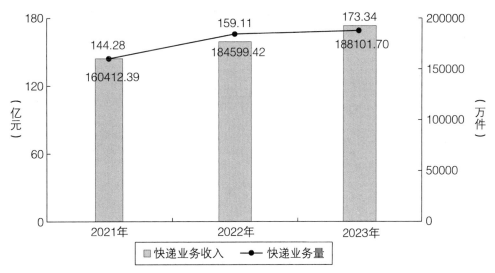

图17　2021—2023年武汉市快递业务量与收入情况

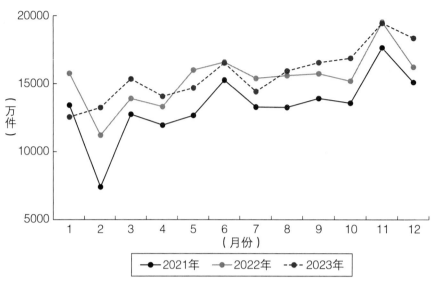

图 18   2021—2023 年各月武汉市快递业务量

2023 年，全市快递单价为 9.22 元/件，同比增长 6.9%，高于全国水平（9.14 元/件）0.08 元/件，高于湖北省水平（8.15 元/件）1.07 元/件。2021—2023 年全国、湖北省和武汉市快递单价变化趋势如图 19 所示。

从快递业务类型来看，2023 年，同城快递业务量 26032.14 万件，同比增长 2.3%，快递单价 5.80 元/件，同比增长 2.7%；异地快递业务量 161228.03 万件，同比增长 1.7%，快递单价 6.25 元/件，同比增长 4.0%；国际/港澳台快递业务量 841.53 万件，同比增长 29.8%，快递单价 79.72 元/件，同比下降 18.0%。2021—2023 年武汉市分类型快递单价变化趋势如图 20 所示。

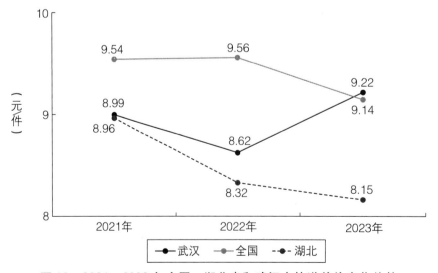

图 19   2021—2023 年全国、湖北省和武汉市快递单价变化趋势

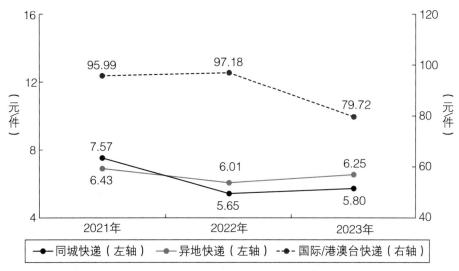

图20 2021—2023年武汉市分类型快递单价变化趋势

同城、异地、国际/港澳台快递业务量分别占全部快递业务量的13.8%、85.7%和0.5%；同城、异地、国际/港澳台、其他快递业务收入分别占全部快递业务收入的8.7%、58.1%、3.9%和29.3%。2021—2023年武汉市快递业务量结构如图21所示，2021—2023年武汉市快递业务收入结构如图22所示。

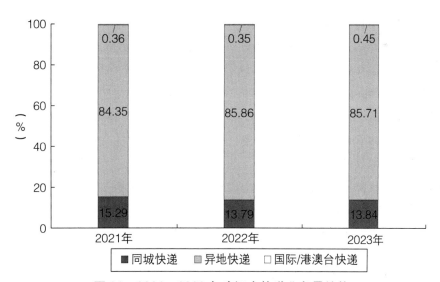

图21 2021—2023年武汉市快递业务量结构

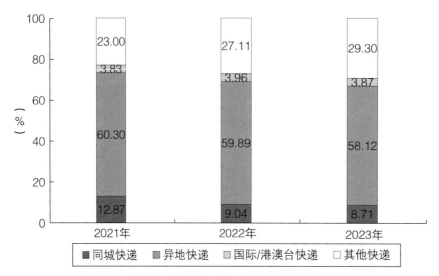

图22　2021—2023 年武汉市快递业务收入结构

二、企业经营情况分析

（一）物流服务能力不断提升

2023 年，武汉市高效实施国家综合货运枢纽补链强链，深入推进港口型、陆港型国家物流枢纽建设，物流投资建设进一步加快，物流建设完成投资 137.25 亿元，同比增长 4.2%，汉欧国际物流园、万纬供应链滠口园区、中通快递华中（武汉）总部基地等 10 个重点项目建成投运，玉湖冷链（武汉）交易中心等项目有序推进，第三批国家多式联运示范工程金控粮食物流基地项目通过国家部委验收。

武汉市将交通区位优势加快转化为国内国际双循环枢纽链接优势，通道建设持续强化，物流服务保障能力持续提升。中欧班列（武汉）2023 年发运量突破千列大关，折算发运 1005 列，同比增长 64.8%，陆续开行化肥专列、整车专列、化妆品专列、粮食专列等，先后开辟"白俄罗斯索利戈尔斯克—武汉""欧洲—武汉—香港"等 11 条新线路，现拥有 52 条跨境运输线路，辐射亚欧大陆 40 个国家、

115 个城市。2023 年，武汉港集装箱吞吐量达 279 万标准箱，稳居长江中上游港口首位，相继开辟"淮滨港—阳逻港—四川""阳逻港—云南水富港""阳逻港—越南凯莱港"东盟近洋直航航线等集装箱航线，以及"名古屋—武汉—塔什干""欧美—阳逻港—成都"等多式联运通道。2023 年，武汉—鄂州空港型国家物流枢纽入选 2023 年度国家物流枢纽建设名单，顺丰全国最大分拣中心转场投运，枢纽城市全球联通水平和辐射能级加快提升，都市圈客货运"双枢纽"格局加速形成。

（二）物流发展环境持续优化

2023 年，武汉市物流政策环境持续向好，《武汉市加快推进物流业高质量发展的若干政策措施》重磅出台，从提升枢纽能级、拓展物流通道、构建产业物流体系、完善民生物流品质、提升主体实力、优化营商环境、增强创新能力、强化基础支撑 8 个方面明确推进措施，政策实施成效显著。物流市场主体持续增量提质，截至 2023 年年底，全市 A 级物流企业跨越式增长至 432 家，稳居全国首位，其中，5A 级物流企业 21 家，高居中部省会城市榜首，

规上道路货运企业由上年的 57 家上升至 171 家。供应链物流体系加快建设，物流企业积极推进数字化转型，物流、商流、资金流和信息流加速汇集。围绕大宗商品、汽车、船舶等重点产业，积极引进组建国控、楚象、长江国贸等供应链物流平台企业，打造汽车、服装、船舶等供应链服务平台；围绕纺织服装、医药等市场化程度高、竞争充分的产业，组建华纺链、九州医药供应链平台；省供应链物流公共信息服务平台正式发布上线，在全国范围内首次实现"铁水公空邮"五网融合，武汉正逐步成为立足湖北、服务全国的供应链物流组织中心。

（三）重点调查企业发展情况

2023 年，武汉市调查物流企业 182 家，其中运输企业 104 家（含 10 家运输代理），占 57.1%；综合企业 55 家，占比 30.2%；仓储企业 20 家，占比 11.0%；快递企业 3 家，占比 1.6%。重点调查企业行业分布情况如图 23 所示。

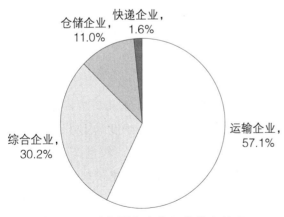

图 23　重点调查企业行业分布情况

根据调查企业统计数据显示，2023 年，全市物流市场规模持续增长，物流业务收入加快增长，物流业务成本持续上涨，盈利能力有待加强，物流运行环境总体向好。具体来看有以下几方面。

1. **市场规模持续增长，港口水运强劲增长**

根据调查企业统计数据显示，2023 年，武汉市样本企业货运量同比增长 16.3%，增速较上年加快 6.1 个百分点，较第一季度、上半年分别加快 5.8 个和 4.7 个百分点，较前三季度放缓 1.4 个百分点；货物周转量同比增长 15.2%，增速较上年加快 5.3 个百分点，较第一季度、上半年分别加快 2.0 个和 2.2 个百分点，较前三季度放缓 3.7 个百分点，物流市场规模总体呈持续增长态势。从分项指标来看，配送量、流通加工量和包装量分别同比增长 13.4%、12.9% 和 20.9%，其中，配送量和包装量增速较上年分别加快 1.3 个和 8.0 个百分点；流通加工量增速有所放缓。装卸搬运量和吞吐量分别同比增长 15.4% 和 12.2%，装卸搬运量增速较上年加快 8.3 个百分点，较第一季度、上半年、前三季度分别加快 5.4 个、3.9 个和 0.7 个百分点；吞吐量增速较上年小幅放缓 0.6 个百分点，较第一季度、上半年分别加快 5.4 个和 0.9 个百分点，较前三季度放缓 1.4 个百分点，但总体增长趋势未改，港口水运持续强劲增长。供应链合同订单数量同比增长 12.7%，增速较第一季度、上半年分别加快 3.8 个和 5.6 个百分点，较前三季度放缓 3.0 个百分点。重点企业加快推进供应链创新与发展，供应链订单总体保持较快增势。

2. **物流业务收入加快增长，业务活动持续活跃**

2023 年，武汉市样本企业物流业务收入同比增长 14.9%，增速较上年加快 4.3 个百分点，较第一季度、上半年、前三季度分别加快 3.4 个、2.6 个和 0.9 个百分点，物流业务收入规模加快增长。从主要分项看，运输、配送和仓储收入分别同比增长 14.6%、13.5% 和

13.7%，增速较上年分别加快 1.5 个、0.6 个和 4.1 个百分点，物流企业相关业务规模总体保持增长。其中，运输收入增速较第一季度和前三季度分别加快 0.8 个和 0.3 个百分点，与上半年持平；配送收入增速较第一季度和前三季度分别加快 1.2 个和 0.7 个百分点，较上半年放缓 1.2 个百分点；仓储收入较第一季度、上半年和前三季度分别加快 1.0 个、0.8 个和 0.5 个百分点。物流企业加快推进信息化建设，一体化、集约化和信息化水平持续提升，相关

业务活动活跃，带动信息及相关服务收入和一体化物流业务收入分别同比增长 11.6% 和 11.5%，增速分别较上年加快 3.4 个和 1.8 个百分点。其中，信息及相关服务收入较第一季度加快 1.0 个百分点，较上半年和前三季度分别放缓 1.7 个和 2.4 个百分点；一体化物流业务收入增速较第一季度、上半年分别加快 1.3 个和 0.9 个百分点，较前三季度放缓 0.9 个百分点。武汉市样本企业物流业务收入同比变化情况如图 24 所示。

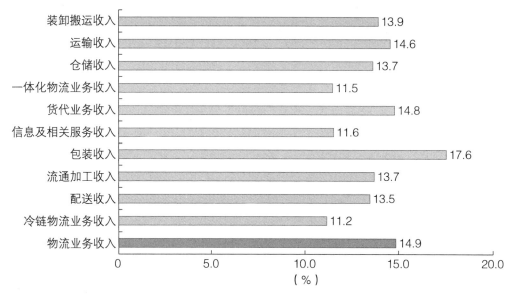

图 24　武汉市样本企业物流业务收入同比变化情况

3. 物流业务成本持续上涨，运行压力仍待纾解

2023 年，武汉市样本企业物流业务成本同比增长 15.9%，增速较上年加快 4.4 个百分点，较第一季度、上半年和前三季度分别加快 3.8 个、1.6 个和 2.0 个百分点；收入成本率为 91.0%，较上年上升 0.8 个百分点，物流企业经营成本持续上涨。从主要分项看，运输、配送、仓储和燃油成本分别同比增长为 15.0%、12.0%、15.5% 和 13.6%，增速较上年分别加

快 1.1 个、0.9 个、3.2 个和 4.2 个百分点。其中，运输成本增速较第一季度和上半年分别加快 1.9 个和 0.8 个百分点，较前三季度放缓 0.5 个百分点；配送成本增速较第一季度加快 0.5 个百分点，较上半年和前三季度分别放缓 2.2 个和 3.5 个百分点；仓储成本增速较第一季度、上半年和前三季度分别加快 4.2 个、1.4 个和 2.4 个百分点；燃油成本增速较第一季度、上半年分别加快 4.6 个和 3.4 个百分点，较前三季度放缓 0.4 个百分点。总体来看，物

流企业受业务活动活跃、业务规模加快增长等因素影响，相关成本持续上涨，后续可通过优化货运组织形式、加快物流供应链管理、完善

落实补贴政策等方式进一步促进物流业降本增效。武汉市样本企业物流业务成本同比变化情况如图 25 所示。

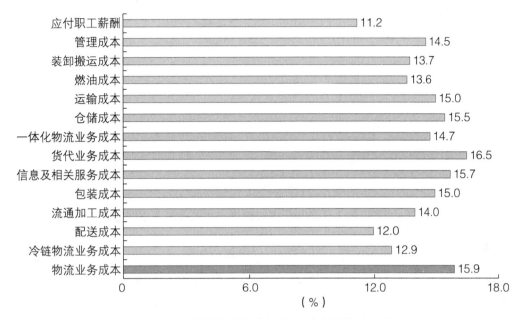

应付职工薪酬　11.2
管理成本　14.5
装卸搬运成本　13.7
燃油成本　13.6
运输成本　15.0
仓储成本　15.5
一体化物流业务成本　14.7
货代业务成本　16.5
信息及相关服务成本　15.7
包装成本　15.0
流通加工成本　14.0
配送成本　12.0
冷链物流业务成本　12.9
物流业务成本　15.9

（%）

图 25　武汉市样本企业物流业务成本同比变化情况

4. 盈利能力有待加强，运行环境总体向好

2023 年，武汉市样本企业营业利润同比增长 10.1%，增速较上年加快 2.2 个百分点，较第一季度加快 0.2 个百分点，较上半年和前三季度分别放缓 1.2 个和 0.9 个百分点，收入利润率较上年小幅下降 0.2 个百分点，企业盈利水平有待进一步改善。资产总计同比增长 16.0%，增速较上年加快 10.8 个百分点，较第一季度、上半年和前三季度分别加快 7.0 个、5.3 个和 2.6 个百分点，物流企业资产投入持续加大。流动资产合计同比增长 12.5%，增速较第一季度、上半年和前三季度分别放缓 1.1 个、2.9 个和 1.4 个百分点，但较上年加快 6.6

个百分点，资金流动性总体有所增强；应收账款同比增长 12.5%，增速较第一季度、上半年分别加快 2.1 个和 1.1 个百分点，较前三季度放缓 1.4 个百分点，部分企业账期周期长、回款慢等问题仍需进一步解决。

三、物流业景气概况

2023 年，武汉市物流业景气指数全年走势呈现"稳中有进，总体向好"态势。2023 年1—12 月全国与武汉市物流业景气指数走势如图 26 所示。

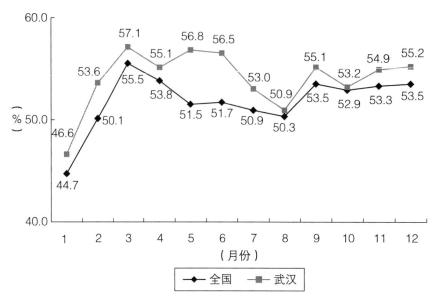

图 26　2023 年 1—12 月全国与武汉市物流业景气指数走势

其中，第一季度，春节后企业复工复产加快，物流业务活动加快恢复，景气指数走势持续上升；第二季度，景气指数走势总体平稳；第三季度，受高温多雨天气等因素影响，景气指数有所回落，但总体仍在扩张区间；第四季度，物流活动保持活跃，物流运行总体向好。2023 年 1—12 月武汉市物流业景气指数分项数据如表 3 所示。

表 3　　　　　　　　　　　2023 年 1—12 月武汉市物流业景气指数分项数据　　　　　　　　　单位：%

分项指标	1 月	2 月	3 月	4 月	5 月	6 月	7 月	8 月	9 月	10 月	11 月	12 月	均值
业务总量指数	46.6	53.6	57.1	55.1	56.8	56.5	53.0	50.9	55.1	53.2	54.9	55.2	54.0
新订单指数	47.0	50.0	58.5	53.4	54.1	53.4	53.6	49.4	52.2	52.5	53.1	54.2	52.6
平均库存量指数	50.0	50.5	49.4	54.4	52.1	54.7	49.2	51.2	50.4	49.1	51.1	51.8	51.2
库存周转次数指数	48.9	49.5	52.9	56.4	54.7	51.9	55.0	50.0	52.4	50.4	52.2	49.1	51.9
资金周转率指数	48.3	49.2	54.7	51.3	51.0	51.2	50.6	48.2	50.0	50.4	53.5	52.8	50.9
设备利用率指数	47.4	51.6	54.7	54.7	55.1	53.7	53.6	49.7	52.2	52.2	53.1	53.5	52.6
物流服务价格指数	49.1	50.0	47.6	47.5	47.9	50.9	48.8	48.5	47.4	48.6	51.3	49.7	48.9
主营业务利润指数	36.8	50.0	50.5	50.4	48.6	50.0	48.8	45.7	49.7	44.2	46.0	49.3	47.5
主营业务成本指数	50.4	57.3	58.0	52.5	57.5	58.0	57.2	54.9	57.4	55.4	55.8	58.3	56.1
固定资产投资完成额指数	50.0	47.6	52.8	50.0	53.8	55.8	54.9	52.0	54.7	53.0	50.0	52.9	52.3
从业人员指数	45.7	48.8	52.4	51.7	51.0	51.5	50.0	50.6	52.9	51.4	51.8	50.7	50.7
业务活动预期指数	58.1	56.5	59.9	56.4	55.8	54.9	56.0	53.7	58.0	55.0	56.6	52.8	56.1

2023 年，从企业类型来看，综合型、运输型和仓储型物流企业景气指数均值分别为 55.0%、53.4% 和 52.4%，分别高于上年 0.7 个、4.7 个和 2.6 个百分点。从 A 级企业情况看，A 级物流企业、3A 级及以上物流企业和非 A 级物流企业景气指数均值分别为 54.8%、54.8% 和 52.9%，分别高于上年 2.6 个、2.7 个和 4.8 个百分点。2023 年 1—12 月武汉市分类型企业物流业景气指数如表 4 所示。

表 4　　2023 年 1—12 月武汉市分类型企业物流业景气指数　　单位：%

企业类型	1月	2月	3月	4月	5月	6月	7月	8月	9月	10月	11月	12月	均值
运输型	44.8	51.4	59.3	51.5	61.7	53.3	52.7	47.8	52.1	50.6	58.3	57.7	53.4
仓储型	32.1	55.6	53.8	57.7	53.6	57.1	52.5	50.0	56.7	56.7	50.0	53.1	52.4
综合型	55.6	52.4	55.1	57.9	52.0	59.4	53.8	53.8	58.9	56.4	53.1	51.1	55.0
非 A 级	43.6	55.7	61.8	50.0	56.6	50.9	52.6	50.0	52.6	57.0	57.0	56.1	52.9
A 级	48.1	52.5	54.9	59.2	56.6	59.4	53.2	51.4	58.6	54.9	53.6	54.7	54.8
3A 级及以上	48.0	52.0	54.9	59.0	57.0	59.6	53.3	51.0	58.9	55.1	53.6	54.8	54.8

景气指数分析如下所示。

1. 物流需求保持扩张，仓储业务总体活跃

2023 年，物流业务总量指数均值为 54.0%，高于上年均值 2.9 个百分点，高于第一季度均值 1.6 个百分点，低于上半年均值 0.3 个百分点，高于前三季度均值 0.1 个百分点。其中，12 月业务总量指数为 55.2%，较上月回升 0.3 个百分点，物流业务活动保持活跃。分行业来看，道路运输业、铁路运输业业务总量指数环比回升，水上运输业、航空运输业、电商快递业业务总量指数保持在扩张区间；分货类来看，以生鲜农产品、医药冷链等为主的物流业务量上涨较明显。2023 年，平均库存量指数月度均值为 51.2%，高于上年均值 0.6 个百分点，高于第一季度均值 1.2 个百分点，分别低于上半年和前三季度均值 0.7 个和 0.2 个百分点；库存周转次数指数均值为 51.9%，高于上年均值 1.6 个百分点，高于第一季度均值 1.5 个百分点，分别低于上半年和前三季度均值 0.4 个和 0.5 个百分点。其中，

12 月平均库存量指数为 51.8%，较上月回升 0.7 个百分点；库存周转次数指数为 49.1%，较上月回落 3.1 个百分点，仓储环节库存流通率有所回落，商贸类企业因岁末年终备货需求增加库存，仓储业务活动总体活跃。2023 年 1—12 月武汉市业务总量与库存等指数走势如图 27 所示。

2. 运行环境总体稳健，物流投资保持扩张

2023 年，设备利用率指数均值为 52.6%，高于上年均值 3.5 个百分点，高于第一季度均值 1.4 个百分点，低于上半年均值 0.2 个百分点，高于前三季度均值 0.1 个百分点。其中，12 月设备利用率指数为 53.5%，较上月回升 0.4 个百分点，物流设备利用效率保持稳定。2023 年，资金周转率指数均值为 50.9%，高于上年均值 2.7 个百分点，分别高于第一季度和前三季度均值 0.2 个和 0.4 个百分点，较上半年均值持平。其中，12 月资金周转率指数为 52.8%，虽较上月回落 0.7 个百分点，资金环境总体稳健。2023 年，固定资产投资完成额指

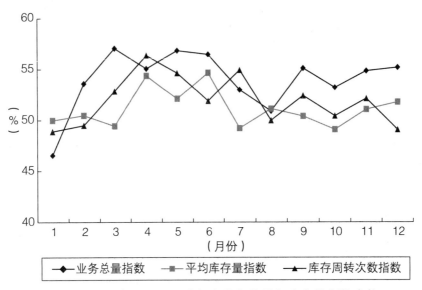

图 27　2023 年 1—12 月武汉市业务总量与库存等指数走势

数均值为 52.3%，高于上年均值 1.2 个百分点，分别高于第一季度和上半年均值 2.2 个和 0.7 个百分点，低于前三季度均值 0.1 个百分点。其中，12 月固定资产投资完成额指数为 52.9%，较上月回升 2.9 个百分点，年底生产冲刺，物流企业加快推进生产建设活动，物流

投资保持扩张态势。2023 年 1—12 月武汉市资金周转与设备利用等指数走势如图 28 所示。

3. 盈利水平有所回升，经营状况仍需改善

2023 年，物流服务价格指数均值为 48.9%，低于上年均值 1.2 个百分点，较第一季度均值持平，分别高于上半年和前三季度均

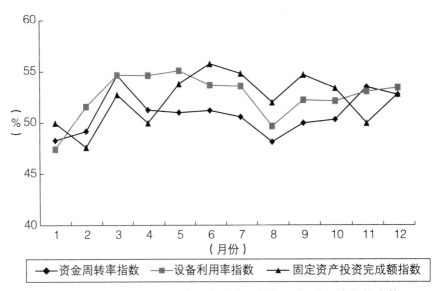

图 28　2023 年 1—12 月武汉市资金周转与设备利用等指数走势

值 0.1 个和 0.3 个百分点。其中，12 月物流服务价格指数为 49.7%，较上月回落 1.6 个百分点，整体水平仍偏低。主营业务成本指数均值为 56.1%，低于上年均值 0.9 个百分点，分别高于第一季度、上半年和前三季度均值 0.8 个、0.4 个和 0.1 个百分点；主营业务利润指数均值为 47.5%，高于上年均值 0.7 个百分点，高于第一季度均值 1.7 个百分点，分别低于上半年和前三季度均值 0.2 个和 0.3 个百分点。其中，12 月主营业务成本指数为 58.3%，较上月回升 2.5 个百分点，物流成本水平较高；主营业务利润指数为 49.3%，较上月回升 3.3 个百分点，企业盈利水平有所提升，但仍在紧缩区间，企业经营状况仍需改善。2023 年 1—12 月武汉市物流服务价格与利润等指数走势如图 29 所示。

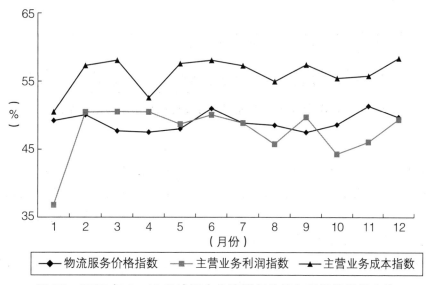

图 29　2023 年 1—12 月武汉市物流服务价格与利润等指数走势

4. 就业形势总体稳定，后市预期保持乐观

2023 年，从业人员指数月度均值为 50.7%，高于上年均值 1.6 个百分点，分别高于第一季度、上半年和前三季度均值 1.8 个、0.5 个和 0.2 个百分点。其中，12 月从业人员指数为 50.7%，保持在景气区间，就业形势总体平稳。新订单指数均值为 52.6%，高于上年均值 3.3 个百分点，高于第一季度均值 0.8 个百分点，低于上半年均值 0.1 个百分点，高于前三季度均值 0.2 个百分点。其中，12 月新订单指数为 54.2%，较上月回升 1.1 个百分点，物流需求持续扩张。从后期走势来看，业务活动预期指数均值为 56.1%，高于上年均值 3.0 个百分点，分别低于第一季度、上半年和前三季度均值 2.0 个、0.8 个和 0.4 个百分点。其中，12 月业务活动预期指数为 52.8%，较上月回落 3.8 个百分点，虽有回落但仍在扩张区间，企业后市预期总体保持乐观，物流运行活动有望延续良好运行态势。2023 年 1—12 月新订单与业务活动预期等指数走势如图 30 所示。

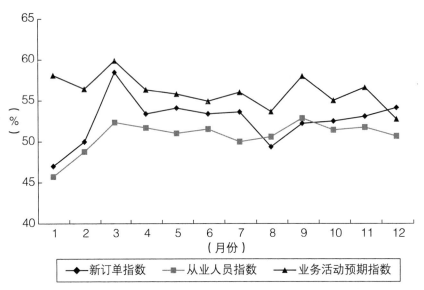

图 30　2023 年 1—12 月新订单与业务活动预期等指数走势

数据来源：

《武汉统计月报》（武汉市统计局）；

武汉物流企业、工业企业和商业企业的抽样调查数据；

武汉市交通运输生产指标月度统计数据（武汉市交通运输局）；

《武汉市邮政业运行情况》（武汉市邮政管理局）；

其他资料。

注：此报告中部分数据因四舍五入，存在总计与分析合计不等的情况。

（武汉市交通运输局　武汉现代物流研究院）

2023 年宜宾市物流业发展情况

2023 年，宜宾市物流运行总体恢复向好，物流运行环境持续改善。物流规模上升趋势放缓，全市货运总量稳中有升。物流业景气指数年内波动幅度较大，于 9 月达到年内峰值。物流项目建设稳步推进，拟建及策划储备项目为提振物流市场活力和未来发展信心注入强有力动能。

一、社会物流总额

2023 年，宜宾市社会物流总额 6269.3 亿元，同比增长 0.9%，增速较上年同期下降 13.6 个百分点，物流规模上升趋势放缓。从构成上看，工业品物流总额 4430.2 亿元，同比增长 0.4%；农产品物流总额 657.2 亿元，同比增长 1.7%；进口物品物流总额 134.9 亿元，同比增长 19.6%；商贸流通物品物流总额 1047.0 亿元，同比增长 0.6%。从构成上分析，工业品物流总额仍占主导地位，但较上年增速有所放缓，同比下降 18.6 个百分点；农业品物流总额增速同比下降 7.0 个百分点；进口物品物流总额增速保持相对稳定，同比上升 2.9 个百分点；商贸流通物品物流总额增速同比减

少 17.3 个百分点。

二、社会物流总费用

2023 年，宜宾市社会物流总费用约 537.8 亿元，与 GDP 的比率约为 14.1%，同比下降 0.3 个百分点，低于全国 0.3 个百分点。从结构上看，运输费用 273.2 亿元、保管费用 165.6 亿元、管理费用 99.0 亿元，占比分别为 50.8%、30.8% 和 18.4%。从运输环节来看，公铁水货运量分别为 11227 万吨、972.2 万吨和 628.8 万吨，运输结构为 87.5：7.6：4.9；公铁水运输费用分别为 238.1 亿元、30.1 亿元和 4.5 亿元，费用结构为 87.3：11.0：1.6。2023 年宜宾市社会物流总费用构成情况如图 1 所示。

三、物流项目投资及社会物流业务收入

2023 年，宜宾市共计竣工物流建设项目 5 项，总金额 7.9 亿元；后续在建项目 11 项，共计投资金额 46.9 亿元；拟建项目 10 项，共计

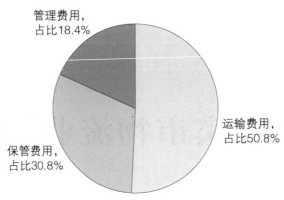

图1 2023 年宜宾市社会物流总费用构成情况

投资金额 34.0 亿元；策划储备项目 17 项，预计总投资金额 105.1 亿元。全市物流企业实现物流总收入 322.0 亿元，物流产业规模持续扩张，物流基础设施稳步推进，为产业循环畅通提供了坚实的基础。

四、物流业景气指数

2023 年，宜宾市物流业景气指数平均值为 47.7%。低于全国 4.1 个百分点，全省 0.3 个百分点，全国为 51.8%、全省为 48.0%。从月份来看，宜宾市 3 月、5 月、9 月、12 月指数处于景气区间，于 9 月达到峰值，为 56%，1 月为全年谷值，为 39.9%。从季度分析，宜宾市在四个季度均低于全国景气指数值。第一、第二、第四季度均低于全省景气指数值，第三季度高于全省 2.2 个百分点。2023 年分季度全国、四川省和宜宾市物流业景气指数情况如图 2 所示，2023 年宜宾市物流业景气指数走势如图 3 所示。

2023 年各月宜宾市物流业景气指数平均值同比上年提升 0.9 个百分点，行业运行稳定

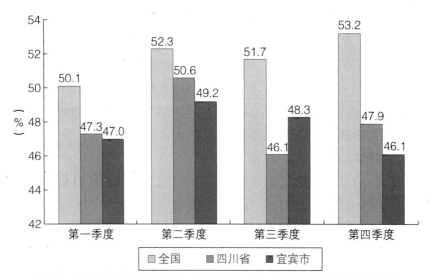

图2 2023 年分季度全国、四川省和宜宾市物流业景气指数情况

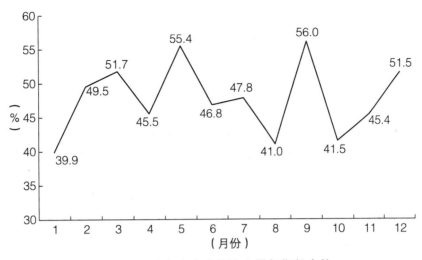

图3 2023年宜宾市物流业景气指数走势

恢复。

五、货运量

2023年，宜宾市公路货运量11227万吨，同比增长0.9%；公路货运周转量755996万吨公里，同比增长7.0%；铁路货运发送量246.5万吨，同比增长－15.9%；铁路货运到达量725.7万吨，同比增长21.9%；水路货运量628.8万吨，同比增长－5.5%；水路货运周转量169900.1万吨公里，同比增长5.8%；港口（全域）货物吞吐量791.1万吨，同比增长37.1%；宜宾港完成集装箱吞吐量107062标准箱，同比增长11.4%；航空货邮吞吐量8439.4吨，同比增长86.7%；快递业完成业务量7209.5万件，同比增长9.9%；宜宾关区进出口货物总量57.7万吨，同比增长38.3%。其中，进口51.4万吨，增长39.2%，出口6.2万吨，增长31.4%。监管进出境集装箱2.2万标准箱次，增长27.6%。

（宜宾市商务局物流产业科）

2023 年福建省物流业景气情况

2023 年，福建省物流业景气指数处于较为稳定走势，全年物流业景气指数平均值为 52.9%，与上年相比，略低 0.1 个百分点。

一、物流市场业务活动总体保持稳定

福建省业务总量指数呈现由低走高态势，业务总量指数平均值为 52.9%，与上年同期平均值持平。1 月业务总量指数为 48.1%，跌至荣枯线下；2 月回升至 52.3%，3 月继续回升至 54.4% 的高位，之后略有回落，但运行基本稳定。

全年新订单指数与业务总量指数走势相近，平均值为 52.3%，比上年平均值（52.4%）低 0.1 个百分点，除 1 月回落外，其余月份均在 52.0% 上下区间波动。

二、物流企业就业状况保持稳定

2023 年全年从业人员指数呈两头低、中间高走势，全年平均值为 51.3%，与上年平均值（50.8%）相比，高 0.5 个百分点，总体保持稳定。其中，1 月降至 50.3%，2 月开始保持稳中有升，物流企业用工相对稳定。

三、物流企业盈利能力有所改善，但成本压力仍存在

2023 年，主营业务成本指数（逆指标）和主营业务利润指数均保持稳定，除 1 月明显的低位外，其余月份波动较小。主营业务成本指数平均值为 56.8%，与上年平均值（56.1%）相比，高 0.7 个百分点；主营业务利润指数平均值为 48.7%，均处于荣枯线以下，与上年平均值（46.0%）相比，高 2.7 个百分点。企业盈利能力有所提高，利润状况有所改善，但物流业成本压力依然较大。

四、平均库存量指数和库存周转次数指数明显改善

2023 年，平均库存量指数和库存周转次数指数呈逐渐上升走势。平均库存量指数平均值为 53.1%，比上年平均值（45.4%）高 7.7 个百分点。1 月降至荣枯线下，2 月回升后持续保持相对高位。库存周转次数指数平均值为

53.5%，比上年平均值（44.6%）高8.9个百分点，呈逐月走高的趋势，特别是第四季度明显拉升，周转效率明显提升。

五、资金周转率指数和设备利用率指数保持稳定运行

2023年，资金周转率指数和设备利用率指数在1月跌破至荣枯线以下，之后迅速回升到高位，全年运行较为稳定，其中，资金周转率指数平均值为53.1%，比上年平均值（52.3%）高0.8个百分点，表明企业资金周转效率有所提高。设备利用率指数平均值为54.0%，比上年平均值（53.9%）高0.1个百分点，设备利用效率基本保持稳定。

六、固定资产投资完成额指数稳中有升

2023年，固定资产投资完成额指数平均值

为48.0%，与上年同期平均值（41.8%）相比，高6.2个百分点，呈稳中有升运行态势；8月短暂回落，9—10月快速回升，12月创年内新高，物流企业投资意愿增强。

七、业务活动预期指数持续高位，企业信心依然稳定

2023年，业务活动预期指数总体处于60%以上的高位区间，平均值为60.5%，但最后两个月呈明显的下滑走势；与上年平均值（60.9%）相比，低0.4个百分点。大部分物流企业对未来市场保持较好的信心。

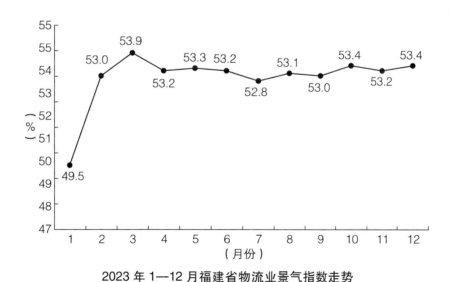

2023年1—12月福建省物流业景气指数走势

（福建省工业和信息化厅）

第六部分

物流技术与装备

2023 年中国物流技术装备业

一、2023 年我国物流技术装备业发展环境

我国是实体经济大国，目前我国制造业产值超过了美、日、德、韩、印等世界前十大制造业强国第二名到第十名的总和。2023年全国社会物流总额达 352.4 万亿元，是世界物流实物量第一的大国；2023 年我国货物贸易进出口总值 41.76 万亿元，世界第一；实物商品网上零售额突破 13 万亿元，世界第一；仅 2019—2021 年我国快递增长量超过除中国外世界快递包裹总量，2023 年我国单位 GDP 货运量是美国的 4.3 倍。2023 年，我国实体经济发展进入提质增效阶段，与物流实物量直接相关的物流技术装备市场也已进入高质量发展阶段。

二、2023 年我国物流技术装备业发展分析

（一）自动仓储领域增速放缓、利润下降

2023 年，我国物流仓储装备市场订单量维持一定增长，但利润率下降比较严重。物流仓储装备行业整体有 8%~10% 的增长，规模达到 950 亿~1000 亿元，其中，AGV／KIVA／CTU 一类的物流机器人产品呈现出较高增长态势，物流机器人的市场份额接近物流仓储装备市场总体的 40%。

从市场需求变化角度看，代表消费、流通的物流量增长乏力，无论是服装、百货（连锁超市）行业，还是电商行业，市场增长都显示出疲软态势。制造业因受国家宏观政策的支持，增加值比上年增长 4.4%，尤其是新能源汽车行业，2023 年普遍实现高增长，成为市场亮点。海外市场是我国物流装备企业新的市场增长点，特别是货架和 AGV／KIVA 产品已成功登陆海外市场，AGV／KIVA 产品进入欧美市场。

从主要供应商发展看，2023 年我国物流仓储装备市场呈现前所未有的激烈竞争态势，价格"内卷"达到一个新高度。在此环境下，出现两极分化的现象，一是行业龙头企业，尤其是上市公司，具备一定的融资和抗风险能力，尽管利润下降比较严重，但订单量仍然维持一定增长；二是大量非上市公司在融资和抗风险能力方面弱于上市公司，出现订单量下降、利

润严重下滑现象。

（二）自动分拣技术装备市场增长 10.3%

据统计，2023 年我国自动分拣技术装备市场规模约 320 亿元，年度增长率约 10.3%。2012—2023 年我国自动分拣技术装备市场规模及增长趋势如图 1 所示。

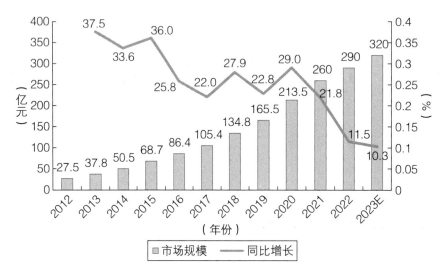

图 1　2012—2023 年我国自动分拣技术装备市场规模及增长趋势

从市场需求角度看，应用行业主要有电子商务、邮政快递、仓储物流、烟草、医药等，占比较大的为电商、快递快运，达到 30% 左右，2023 年我国邮政行业寄递业务量累计完成 1624.8 亿件，同比增长 16.8%。其中，快递业务量（不包含邮政集团包裹业务）累计完成 1320.7 亿件，同比增长 19.4%。快递包裹数量进一步增加，说明自动分拣设备在电商快递行业发展潜力依然巨大。

从技术创新角度看，随着近年来行业的快速发展，国内物流输送分拣装备技术水平有了较大提高，有些技术已经处于世界领先水平，行业步入"技术竞赛"赛道，技术和产品向智能化、智慧化方向发展，市场需求在高效率、柔性化、高可靠性方面进一步提高。

从行业竞争角度看，2023 年，自动分拣行业内卷严重，市场竞争白热化，价格战愈演愈烈，利润普遍呈现下滑趋势。总体来看，自动分拣行业在经历了高速发展后，进入行业周期性的调整期，业内企业开始重视精益化的生产和经营，苦练内功，并探寻自己的独特赛道，做差异化，为迎接下一个增长周期做准备。

从国际市场看，2023 年全球快递包裹业务量将突破 2000 亿件，业务收入将达到 4.3 万亿元，业务量增长超过 6%。国际快递行业平稳向好的增长趋势，为国内自动分拣企业出海发展提供了良好的业务基础。东南亚是当前世界上经济增长较快的地区之一，据极兔速递招股说明书显示，预计东南亚地区名义 GDP 将按年均复合增长率 7.9% 的速度保持快速增长，并于 2027 年达到 51888 亿美元。东南亚电商快递业处于发展初期，电商零售及快递包裹量均呈现快速增长态势，各国政府在有关区域颁布政策及指引，以协助快递行业的有序发展。目前，东南亚物流基础设施相对落后，自动分拣市场需求规模将超过 40 亿元。

（三）物流机器人行业增速放缓

根据 CMR 产业联盟数据，新战略移动机器人产业研究所统计，2023 年我国移动机器人（AGV/AMR）销售规模约 212 亿元，同比增长 14.59%；销量约为 125000 台，同比增长 34.41%。其中，光伏行业 AGV/AMR 销量超过 2 万台，是增长速度最快的细分应用行业，占整体销售额的 21%。叉车移动机器人销量约 19500 台，同比增长 46.62%；销售规模 42.9 亿元，同比增长 23.7%。2015—2023 年我国工业应用移动机器人（AGV/AMR）销售规模与增长率情况如图 2 所示。

图2 2015—2023 年我国工业应用移动机器人（AGV/AMR）销售规模与增长率情况

注：数据存在四舍五入，未进行机械调整。全书同。

从业务布局情况来看，2023 年国内物流机器人系统项目主要集中在三大行业领域：以新能源汽车为主的生产制造行业、光伏行业、动力电池行业。特别是动力电池与光伏行业的物流机器人项目普遍体量大，单个项目销售额上亿元，而且需要多种类型的产品以适合不同场景使用，但大部分项目都是以最低价中标为基本。其他行业，如半导体、汽车零部件、粮油加工等，需求则不温不火，项目规模相对较小，上千万元的项目不多。电商、物流领域的物流机器人企业以海外市场为主要阵地，纷纷加大了出口业务的投入力度。

持续的技术创新是破"卷"的核心关键。移动机器人行业是软硬件与人才储备高度集中的行业，必然要求企业一步一个脚印、踏踏实实搞好研发，包括软硬件升级，需要长时间积累，还包括企业内部的资源优化整合、成本控制。那些有实力、底子厚且保持创新活力的企业，将在"卷"时代更有优势。技术创新是为客户创造独特价值、避免同质化的手段，技术进步成为机器人企业给客户提供产品和服务最重要的灵魂，也将成为企业独特价值最重要的载体。

产品化和集成化是目前移动机器人行业的主要商业模式。有些企业在产品设计上不断技术创新，只为集成商提供产品，不去做集成项目，以减轻人员及资金成本压力。有些企业则选择产品和集成同时发展，特别是对一些大型综合性技术创新项目，产品集成更具优势。聚焦各自优势行业，整合自身优势资源，强化护城河，才能拉开与其他企业的差距。

（四）机动工业车辆（叉车）销售增长 12%

根据中国工程机械工业协会工业车辆分会

会员单位不完全统计，2023 年机动工业车辆销量达 1173773 台（其中不含贴牌，贴牌为 192643 台），与 2022 年同期的 1047967 台（其中不含贴牌，贴牌为 232551 台）相比，增长了 12.00%；非机动工业车辆销量为 857187 台（其中不含贴牌，贴牌为 103726 台），与上年同期的 1129655 台（其中不含贴牌，贴牌为

125317 台）相比，下降了 24.12%。

纵观工业车辆行业，经过 2022 年国内市场的调整，2023 年国内和国际均出现 10% 以上的增长，国内市场接近恢复到 2021 年的最高水平，出口继续创历史新高。2022—2023 年各月我国机动工业车辆销售及增长趋势如图 3 所示。

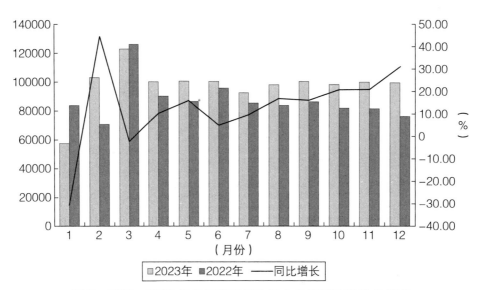

图 3　2022—2023 年各月我国机动工业车辆销售及增长趋势

从机动工业车辆各车型的表现来看，2023 年内燃叉车的销量涨幅最小，在国内市场呈现负增长；电动乘驾式仓储叉车和电动平衡重叉车的涨幅较大，新能源电动叉车不仅在国内市场获得用户青睐，在国际市场也成为竞争力较强的中国产品之一。

我国新能源电动叉车的异军突起，主要得益于近年来行业内企业的努力，生产制造、配套能力的完善，以及国家发展战略对新能源产业的持续支持。

（五）托盘市场产量下降

2023 年，我国托盘年产量仍呈下滑状态，约 3.55 亿片，同比下降 4%；托盘市场保有量约为 17.5 亿片，同比增长 2.94%；托盘循环

共用企业持续加大战略布局和托盘投入力度，完善各自运营和服务网络，推广带板运输和供应链一体化发展，不断扩大带板运输应用场景，2023 年我国租赁托盘池总量已超过 4000 万片，比上年增加 250 多万片，同比增长 6.67%。塑料托盘使用场景和应用范围持续扩大，占有率得到逐年提升，木托盘占有率略有下降，木托盘和塑料托盘总占有率在 90% 以上。

2023 年，路凯大中华、上海乐橘、普拉托、小蚁托盘、托享云等托盘运营企业，加速扩大各自托盘池规模和运营网络布局，提升服务能力。托盘运营企业不断更新托盘池中的产品类型，以适应多行业、多场景协同发展；推

出具有特色的增值服务，积极推动带板运输，加强上下游企业联动，提升供应链效率，有效地促进产业链、供应链协同发展，加快构建托盘循环共用生态体系。

（六）货架市场不温不火

2023年我国货架市场整体不温不火，只有自动化高层货架（AS/RS）保持着绝对的领先优势，项目多、规模大，是其他货架类型不能企及的。自动化高层货架是高存储密度、高存取效率及高灵活性的综合体，能很好地适应智能化浪潮，不仅可与堆垛机匹配，也能与穿梭车、四向车等各类存取设备相匹配，货架形式多变，具备强大的柔性和竞争力，是市场上无可争议的王者。在自动化高层货架中，库架一体的需求量很大，但受限于国内法规，该类型货架建设较为困难。库架一体货架在工期、成本等方面都具备很强的优势。国内相关规范的滞后，对库架一体的发展形成一定阻碍，亟须研究解决。

四向车库系统近几年发展迅速，2023年我国四向车总销量超过3000台，换算到整个四向车库系统（含货架）的市场规模在15亿~20亿元，是非常大的市场。四向车库布置灵活、投资少、见效快，能适应不同类型、不同布局的仓库，且系统扩展性强，小车数量随时可调整，在旧库改造方面能发挥巨大能量，具有非常不错的市场前景。

相对于自动化高层货架和四向车库系统的良好发展，其他非自动化型的小货架（指货架高度，与项目规模无关），仍然集中在适用范围广阔的横梁式叉车货架，以及电商、服装等领域应用较多的搁板、阁楼式货架。在这些领域中，小货架的需求量巨大。

传统的横梁式货架与搁板、阁楼式货架，因进入门槛较低，结构简单，所以竞争极为激烈，利润率也比较低，但其工期短、回款快，仍然是货架企业保持优异现金流的不二之选。

货架海外市场发展很快，我国本土货架企业大量走向海外，深度参与市场竞争，如今的东南亚市场已成为红海。对我国企业来说，国内大环境不够好，出海是必由之路。

从行业领域来看，如石油化工、酒饮等领域在2023年已基本完成规模建设，短期内不会有大动作。食品饮料、机械制造等传统优势领域发展较为良好。新兴行业也有亮眼表现，并实现稳中有增。

2023年货架整体市场规模有所增加，但仍处于"僧多粥少"的状态，各大货架企业拼命抢单，货架企业间的价格竞争激烈程度达到历史极值，这是我国货架行业发展三十余年来从未见过的，在这样的氛围下，即使是头部的几家企业，也难以避免地陷入价格竞争的泥潭，部分项目价格压得十分低，项目利润受到极大压缩，亟须国家加强引导，共同维护良好的竞争秩序，引领整个行业健康有序发展。

三、总结

2023年，我国物流技术装备业整体增长速度在8%~9%，远低于前几年20%以上的增长速度。我国物流技术装备企业面对国内市场需求增速下降的情况，纷纷出海，进军国际市场。

从技术发展趋势上看，我国物流技术装备在性能、适应性、性价比等方面已经处于全球领先水平，在智能技术应用方面也处于世界前列，但核心零部件、产品品牌力、产品技术稳定性等方面与国外还存在一定差距。

（王继祥）

2023 年中国货车业

一、2023 年我国货车产业发展环境

2023 年，我国面临复杂的外部环境，在各项政策护航下，我国经济回升向好，供给需求稳步改善，转型升级积极推进，全年实现国内生产总值 1260582 亿元，比上年增长 5.2%。全年居民消费价格比上年上涨 0.2%，物价总体稳定。工业生产者出厂价格下降 3.0%。2023 年，随着疫情结束，物流运输业回暖，载货车产业市场需求量上升。

固定资产投资起到了促进经济发展的重要作用，2023 年，我国固定资产投资累计增长 3.0%，固定资产投资是稳经济的重要抓手。

2023 年，我国公路货物周转量较 2022 年增长 7.24%。同期，公路运价指数总体平稳。2019—2023 年我国月度公路货物周转量如图 1 所示，2019—2023 年我国月度公路物流运价指数如图 2 所示。

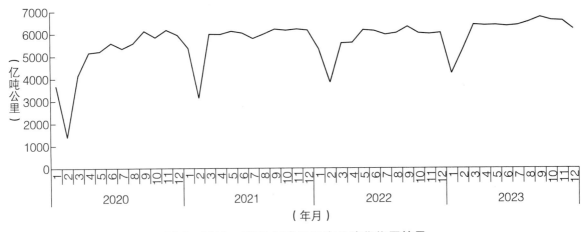

图 1　2019—2023 年我国月度公路货物周转量

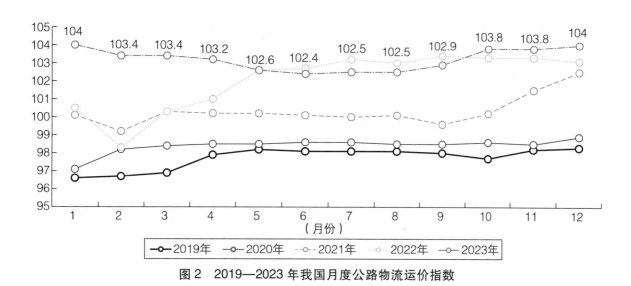

图2　2019—2023年我国月度公路物流运价指数

二、2023年我国载货车市场整体情况

根据中国汽车工业协会统计数据，2023年我国载货车共销售352.13万辆，比2022年上升21.73%。细分领域中，各车型皆有较大规模的增长，其中，重型载货车增幅最大，全年销售91.1万辆，同比上升35.59%。我国重型载货车扭转了2020年达到销量峰值后连续两年下降的趋势。2017—2023年我国载货车分车型销售情况如表1所示。

表1　　　　　　　　　2017—2023年我国载货车分车型销售情况　　　　　　　单位：辆

车型	2017年	2018年	2019年	2020年	2021年	2022年	2023年	2023年同比增长（%）
重型载货车	1116851	1147884	1174252	1618932	1393429	671942	911085	35.59
中型载货车	229113	177206	139338	159113	178423	95699	107149	11.96
轻型载货车	1718943	1894978	1883166	2198748	2098278	1618091	1876601	15.98
微型载货车	568444	665557	653402	708354	604560	506886	626492	23.60
合计	3633351	3885625	3850158	4685147	4274690	2892618	3521327	21.73

资料来源：中国汽车工业协会。

受益于电动化转型，2023年我国新能源载货车销售328247辆，同比增长61%，是表现较好的细分市场。其中，燃料电池货车受益于国家以奖代补政策落地，全年销售4872辆，同比增长129%。2023年新能源载货车分车型销量如表2所示。

三、我国载货车出口大幅增长，企业加大海外布局

2023年我国载货车共实现出口518559辆，比上年大幅增长48.25%，其中，载货车整车出口457882辆，载货车非完整车辆出口65548

辆，半挂牵引车出口 136107 辆。在载货车出口量前十名企业中，北汽福田、中国重汽和陕汽集团分别居细分领域第一名。北汽福田完成载货车整车出口 101297 辆，稳居出口规模第一名。2023 年我国载货车分车型出口量前十名企业如表 3 所示。

表 2　　　　　　　　2023 年新能源载货车分车型销量　　　　　　　　单位：辆

车型		2021 年	2022 年	2023 年	同比增长（%）
插电式混合动力货车	半挂牵引车	0	0	2	—
	载货车非完整车辆	9	5	0	−100
	载货车	1137	1468	12998	785
	小计	1146	1473	13000	783
纯电动货车	半挂牵引车	4726	11798	17455	48
	载货车非完整车辆	4157	5136	5562	8
	载货车	75169	182883	287358	57
	小计	84052	199817	310375	55
燃料电池货车	半挂牵引车	482	1139	2096	84
	载货车非完整车辆	20	192	851	343
	载货车	74	799	1925	141
	小计	576	2130	4872	129
合计		85774	203420	328247	61

资料来源：中国汽车工业协会。

表 3　　　　　　　2023 年我国载货车分车型出口量前十名企业　　　　　　单位：辆

排名	载货车		半挂牵引车		载货车非完整车辆	
	企业	出口量	企业	出口量	企业	出口量
1	北汽福田	101297	中国重汽	59142	陕汽集团	34317
2	江淮汽车	62680	陕汽集团	22467	中国一汽	26890
3	中国重汽	62042	中国一汽	17927	中国重汽	2304
4	上汽大通	49655	北汽福田	16786	东风集团	1635
5	长城汽车	48262	东风集团	12325	比亚迪	285
6	东风集团	40183	成都大运	2880	庆铃汽车	117
7	长安汽车	28735	上汽红岩	1722		
8	江铃股份	19470	江淮汽车	1319		
9	鑫源汽车	8268	徐州徐工	628		
10	河北中兴	5999	安徽华菱	607		

资料来源：中国汽车工业协会。

在海外出口大幅增长的背景下，国内载货车企业加大了海外业务布局。一汽解放加速海外市场前瞻布局，持续强化渠道运营能力，在全球市场建设100多个核心销售网络、14个海外KD工厂。东风商用车在海外建立了4个国家服务中心，提供集备件中心、培训中心、技术支持中心和运营中心于一体的一体化服务。陕汽集团在阿尔及利亚、肯尼亚、尼日利亚等15个"一带一路"共建国家建成了本地化工厂。北汽福田正在重点打造"传统能源+新能源、品牌+技术、股权合资+技术合作、供应链协同出海"等属地产业生态。

四、主要企业市场表现

（一）重型载货车企业

2023年，我国重型载货车企业销量排名发生一定变化，中国重汽继续保持第一，共销售重卡23.42万辆，同比上升47.47%。中国一汽由2022年的行业第三名升至第二名，销量增幅为46.84%。东风集团由2022年的行业第二名降至行业第四名，销量增幅为13.12%，相较其他品牌增幅较小。2023年我国重型载货车销量排名前9位基本实现了销量的较大增长。2023年我国重型载货车销量前十名企业如表4所示。

表4　　　　　　　　　2023年我国重型载货车销量前十名企业　　　　　　　　单位：辆

排名	企业	2021年	2022年	2023年	同比增长（%）
1	中国重型汽车集团有限公司	286367	158829	234229	47.47
2	中国第一汽车集团有限公司	346531	125571	184387	46.84
3	陕西汽车控股集团有限公司	193144	107943	149470	38.47
4	东风汽车集团有限公司	264411	126768	143405	13.12
5	北汽福田汽车股份有限公司	105387	67582	88866	31.49
6	成都大运汽车集团有限公司	30348	17372	25051	44.20
7	安徽江淮汽车集团股份有限公司	34156	14420	19240	33.43
8	徐州徐工汽车制造有限公司	19263	12374	16265	31.44
9	北奔重型汽车集团有限公司	12632	7877	12283	55.94
10	上汽红岩汽车有限公司	63007	13107	10007	-23.65

资料来源：中国汽车工业协会。

（二）中型载货车企业

中型载货车企业中，北汽福田继续稳居第一名，2023年销售27895辆，降幅18.26%，与第二名中国一汽差距明显缩小。前五名中型载货车企业中，中国一汽、江淮汽车、大运汽车实现了销量正增长，其中，中国一汽销量增长最大，达40.25%。2023年我国中型载货车销量前十名企业如表5所示。

表 5　　　　　　　　　　　2023 年我国中型载货车销量前十名企业　　　　　　　　　单位：辆

排名	企业	2021 年	2022 年	2023 年	同比增长（%）
1	北汽福田汽车股份有限公司	75875	34125	27895	-18.26
2	中国第一汽车集团有限公司	26889	14813	20775	40.25
3	安徽江淮汽车集团股份有限公司	14854	15908	18433	15.87
4	成都大运汽车集团有限公司	20273	11464	14611	27.45
5	东风汽车集团有限公司	14677	8488	7907	-6.84
6	庆铃汽车（集团）有限公司	9022	5127	6340	23.66
7	中国重型汽车集团有限公司	3573	2546	5619	120.70
8	四川南骏汽车集团有限公司	8974	954	3208	236.27
9	浙江飞碟汽车制造有限公司	2281	1045	1004	-3.92
10	陕西汽车控股集团有限公司	190	73	317	334.25

资料来源：中国汽车工业协会。

（三）轻型载货车企业

多年来，北汽福田稳居轻型载货车销量第 1 名，2023 年销量达到 451732 辆，同比增长 45.39%。鑫源汽车和吉利四川商用车销量分别增长 71.28% 和 78.74%，进入 2023 年轻型载货车销量排行榜的第 9 名和第 10 名。2023 年我国轻型载货车销量前十名企业如表 6 所示。

表 6　　　　　　　　　　　2023 年我国轻型载货车销量前十名企业　　　　　　　　　单位：辆

排名	企业	2021 年	2022 年	2023 年	同比增长（%）
1	北汽福田汽车股份有限公司	414045	310705	451732	45.39
2	长城汽车股份有限公司	233006	186715	202330	8.36
3	东风汽车集团有限公司	234320	175229	194264	10.86
4	安徽江淮汽车集团股份有限公司	208404	152893	170052	11.22
5	重庆长安汽车股份有限公司	178342	171901	165709	-3.60
6	江铃汽车股份有限公司	186011	127599	122478	-4.01
7	上汽大通汽车有限公司	96255	104577	88724	-15.16
8	中国重型汽车集团有限公司	109364	70598	83240	17.91
9	鑫源汽车有限公司	63546	37670	64520	71.28
10	吉利四川商用车有限公司	6946	28826	51525	78.74

资料来源：中国汽车工业协会。

（四）微型载货车企业

微型载货车行业较稳定，上汽通用五菱多年来居行业第 1 名，2023 年销售 368362 辆，同比增长 26.97%。前 7 名企业中，除重庆长安外都实现了销量正增长，其中，山东唐骏欧铃销量增长 116.38%，表现较好。2023 年我国微型载货车销量前十名企业如表 7 所示。

表 7　　　　　　　　　　2023 年我国微型载货车销量前十名企业　　　　　　　　单位：辆

排名	企业	2021 年	2022 年	2023 年	同比增长（%）
1	上汽通用五菱汽车股份有限公司	370333	290121	368362	26.97
2	东风汽车集团有限公司	87357	70022	72536	3.59
3	山东凯马汽车制造有限公司	41792	43465	67509	55.32
4	重庆长安汽车股份有限公司	55687	68244	61059	−10.53
5	奇瑞汽车股份有限公司	32019	27486	42339	54.04
6	山东唐骏欧铃汽车制造有限公司	13987	6137	13279	116.38
7	北汽福田汽车股份有限公司	1631	847	1198	41.44
8	佛山市飞驰汽车科技有限公司	0	0	200	—
9	福建新龙马汽车股份有限公司	0	251	7	−97.21
10	江西昌河汽车有限责任公司	1151	266	3	−98.87

资料来源：中国汽车工业协会。

（中汽信息科技（天津）有限公司　李新波）

2023 年中国工业车辆行业

2023 年，我国工业车辆行业国内与国际市场均出现 10% 以上的增长，国内市场接近恢复到 2021 年的最高水平，出口继续创历史新高。

一、整体情况

根据中国工程机械工业协会工业车辆分会会员单位不完全统计，2023 年机动工业车辆销量达 1173773 台（其中不含贴牌，贴牌为 192643 台），与上年同期的 1047967 台（其中不含贴牌，贴牌为 232551 台）相比，增长了 12.00%；非机动工业车辆销量为 857187 台（其中不含贴牌，贴牌为 103726 台），与上年同期的 1129655 台（其中不含贴牌，贴牌为 125317 台）相比，下降了 24.12%。2023 年我国机动工业车辆各月销售情况如表 1 所示，2022—2023 年各月机动工业车辆销量及增长变化趋势如图 1 所示。

表 1　　　　　　　　　　2023 年我国机动工业车辆各月销售情况　　　　　　　　　单位：台

月份	Class1 电动平衡重乘驾式叉车	Class2 电动乘驾式仓储叉车	Class3 电动步行式仓储叉车	Class31 （车身重量≤250kg）	Class32 （车身重量>250kg及其他）	Class4+5 内燃平衡重式叉车	Class1-3 电动叉车	Class1+4+5 平衡重式叉车	Class1-5 机动工业车辆
1	7630	1443	27791	16442	11349	21260	36864	28890	58124
2	11876	1467	49362	30781	18581	40778	62705	52654	103483
3	13890	1835	60278	35913	24365	47098	76003	60988	123101
4	13700	2425	49142	28886	20256	34683	65267	48383	99950
5	13867	1926	51670	30266	21404	32802	67463	46669	100265
6	15461	1502	52072	28013	24059	31543	69035	47004	100578
7	13835	1677	48077	27373	20704	29382	63589	43217	92971

月份	Class1 电动平衡重乘驾式叉车	Class2 电动乘驾式仓储叉车	Class3 电动步行式仓储叉车	Class31 （车身重量≤250kg）	Class32 （车身重量>250kg及其他）	Class4+5 内燃平衡重式叉车	Class1-3 电动叉车	Class1+4+5 平衡重叉车	Class1-5 机动工业车辆
8	15341	2149	49904	27048	22856	30263	67394	45604	97657
9	15030	2126	51061	29049	22012	31729	68217	46759	99946
10	15611	2266	51888	29518	22370	28387	69765	43998	98152
11	16907	2192	54108	30011	24097	26669	73207	43576	99876
12	17603	2945	56537	33440	23097	22585	77085	40188	99670
合计	170751	23953	601890	346740	255150	377179	796594	547930	1173773

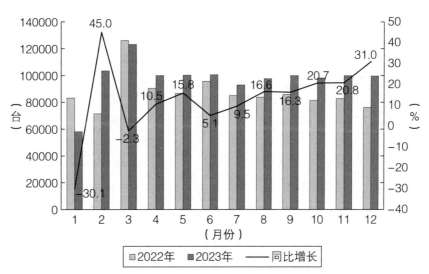

图1　2022—2023年各月机动工业车辆销量及增长变化趋势

二、机动工业车辆销售情况

（一）内燃叉车销售情况

2023年，我国共销售内燃平衡重式叉车377179台，与上年同期的373203台相比，增长1.07%。其中，内燃平衡重式叉车中的柴油叉车销量为346693台，其余为汽油叉车（含双燃料）30486台。2022—2023年各月内燃叉车销量及增长变化趋势如图2所示。

内燃平衡重式叉车（含出口）销量按起重量吨位级分类情况如表2所示，内燃平衡重式叉车（国内）销量按起重量吨位级分类情况如表3所示。

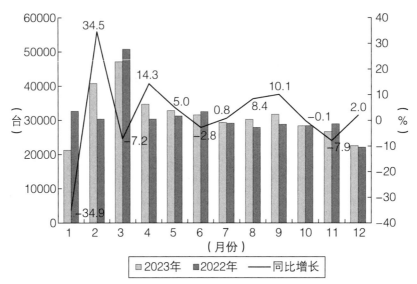

图2　2022—2023 年各月内燃叉车销量及增长变化趋势

表2　　　　　　　　　内燃平衡重式叉车（含出口）销量按起重量吨位级分类情况

起重量（吨位级）	数量（台）	占总销量的比重（%）
0.0~1.199	42	0.01
1.2~1.999	6570	1.74
2.0~2.999	35763	9.48
3.0~4.999	300373	79.64
5.0~9.999	27440	7.28
10.0 以上（含正面吊）	6991	1.85

表3　　　　　　　　　内燃平衡重式叉车（国内）销量按起重量吨位级分类情况

起重量（吨位级）	数量（台）	占总销量的比重（%）
0.0~1.199	9	0.01
1.2~1.999	550	0.20
2.0~2.999	3915	1.43
3.0~4.999	248153	90.76
5.0~9.999	16019	5.86
10.0（含正面吊）	4768	1.74

2023 年销售的内燃平衡重式叉车中，含有空箱叉车、重箱叉车、空箱正面吊、重箱正面吊等共计 1355 台。

（二）电动叉车销售情况

2023 年，电动叉车（包括电动平衡重乘驾式叉车和各类电动仓储叉车）销量为 796594

台，与上年同期的 674764 台相比，增长 18.06%。2022—2023 年各月电动叉车销量及 增长变化趋势如图 3 所示。

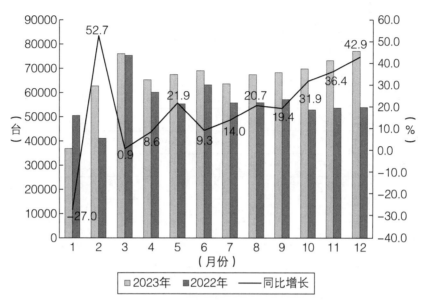

图3 2022—2023 年各月电动叉车销量及增长变化趋势

1. 电动平衡重乘驾式叉车销售情况

2023 年全国共销售电动平衡重乘驾式叉车 170751 台，与上年同期的 132107 相比，增长 29.25%。

2. 电动仓储叉车（包括电动乘驾式仓储叉车、电动步行式仓储叉车等）

2023 年全国共销售电动仓储叉车 625843 台，与上年同期的 542657 台相比，增长 15.33%。

（三）各地区叉车销售情况

从 2023 年销售到国内各省区市的 768368 台机动工业车辆的流向看，以往市场份额最大的华东地区下降了 1.21 个百分点。2023 年机动工业车辆按地区划分的销量情况如表 4 所示，2023 年各省区市叉车销量和占有市场份额排名如表 5 所示。

表4　　　　　　　　　　2023 年机动工业车辆按地区划分的销量情况

地区	销量（台）	占总销量的比重（%）
华东地区	335994	43.73
华南地区	151773	19.75
华中地区	83014	10.80
华北地区	76105	9.90
西北地区	37645	4.90
西南地区	52212	6.80
东北地区	31625	4.12

表 5　　　　　　　　　　　　**2023 年各省区市叉车销量和占有市场份额排名**

排名	地区	销量（台）	2023 年占有市场份额（%）	2022 年占有市场份额（%）	占有市场份额同比增长（%）
1	广东	130990	17.05	17.28	−0.23
2	浙江	101115	13.16	13.16	0.00
3	江苏	79832	10.39	11.25	−0.86
4	山东	57815	7.52	7.65	−0.13
5	上海	36446	4.74	5.15	−0.41
6	安徽	34456	4.48	4.27	0.21
7	河南	27973	3.64	3.51	0.13
8	河北	26423	3.44	3.18	0.26
9	福建	26330	3.43	3.47	−0.04
10	湖北	21893	2.85	2.68	0.17
11	四川	19258	2.51	2.33	0.18
12	湖南	17779	2.31	2.49	−0.18
13	广西	15817	2.06	2.02	0.04
14	江西	15369	2.00	2.06	−0.06
15	辽宁	14678	1.91	2.04	−0.13
16	重庆	14633	1.90	1.73	0.17
17	陕西	14172	1.84	1.69	0.15
18	北京	14020	1.82	1.75	0.07
19	山西	13796	1.80	1.75	0.05
20	天津	13683	1.78	1.74	0.04
21	新疆	9884	1.29	1.18	0.11
22	云南	9059	1.18	1.16	0.02
23	黑龙江	8913	1.16	1.07	0.09
24	内蒙古	8183	1.06	0.94	0.12
25	吉林	8034	1.05	1.14	−0.09
26	贵州	6878	0.90	0.83	0.07
27	甘肃	5565	0.72	0.63	0.09
28	海南	4966	0.65	0.59	0.06
29	宁夏	4680	0.61	0.62	−0.01
30	青海	3344	0.44	0.39	0.05
31	西藏	2384	0.31	0.25	0.06

三、轻小型搬运车辆市场情况

2023 年，中国工程机械工业协会工业车辆分会会员单位报告的非机动工业车辆销量为 857187 台（其中不含贴牌，贴牌为 103726 台），与上年同期的 1129655 台（其中不含贴牌，贴牌 125317 台）相比，下降 24.12%。

四、固定平台搬运车销售情况

2023 年，固定平台搬运车销量为 590 台，与上年同期的 549 台相比，增长 7.47%。

五、牵引车销售情况

2023 年，牵引车销量为 5711 台（其中，电动牵引车为 5082 台，内燃牵引车为 629 台），与上年同期的 5425 台相比，增长 5.27%。

六、AGV 叉车销售情况

2023 年，AGV 叉车销量为 2304 台，与上年同期的 1135 台相比，增长 103.00%。其中，电动平衡重乘驾式叉车 113 台，电动乘驾式仓储叉车 1217 台，电动步行式仓储叉车 974 台。销售主要单位是杭叉集团股份有限公司、浙江中力机械股份有限公司和安徽叉车集团有限责任公司。2023 年 AGV 叉车各车型国内和出口销售情况如表 6 所示。

表 6　　　2023 年 AGV 叉车各车型国内和出口销售情况　　　单位：台

AGV 叉车车型	（Class 1）电动平衡重乘驾式叉车	（Class 2）电动乘驾式仓储叉车	（Class 31）电动步行式仓储叉车	（Class 32）电动步行式仓储叉车	合计
内销	58	1217	160	632	2067
出口	55	—	16	166	237
总销量	113	1217	176	798	2304

七、锂电池叉车销售情况

2023 年锂电池叉车（1—3 类）销量为 370401 台，比上年同期的 433410 台相比，下降 14.54%。其中，电动平衡重乘驾式叉车为 108790 台，占锂电池叉车总销量的 29.37%，与上年同期的 77452 台相比，增长 40.46%；电动乘驾式仓储叉车为 6938 台，占锂电池叉车总销量的 1.87%，与上年同期的 3898 台相比，增长 77.99%；电动步行式仓储叉车为 254673 台，占锂电池叉车总销量的 68.76%，与上年同期的 352060 台相比，下降 27.66%。

锂电池叉车国内销量为 210560 台，出口销量为 159841 台。2023 年锂电池叉车各车型国内和出口销售情况如表 7 所示。

八、机动工业车辆出口情况

2023 年，我国出口机动工业车辆共 405405 台，与 2022 年的出口量 361541 台相比，增长 12.13%。其中，电动叉车出口 301640 台，与 2022 年的出口量 266522 台相比，增长 13.18%；内燃叉车（含集装箱叉车）出口 103765 台，与 2022 年的出口量 95019 台相比，增长 9.20%。2023 年各月机动工业车辆出口情况如表 8 所示。

表 7　2023 年锂电池叉车各车型国内和出口销售情况　单位：台

锂电池叉车车型	（Class 1）电动平衡重乘驾式叉车	（Class 2）电动乘驾式仓储叉车	（Class 31）电动步行式仓储叉车	（Class 32）电动步行式仓储叉车	合计
内销	72607	2933	98582	36438	210560
出口	36183	4005	96836	22817	159841
总销量（台）	108790	6938	195418	59255	370401
占比（%）	29.37	1.87	52.76	16.00	—

表 8　2023 年各月机动工业车辆出口情况　单位：台

机动工业车辆	1 月	2 月	3 月	4 月	5 月	6 月
	23663	29690	31214	34725	34355	37113
	7 月	8 月	9 月	10 月	11 月	12 月
	35120	35904	33667	33723	37888	38343

在机动工业车辆的出口中，电动叉车为 301640 台，占出口量的 74.40%；内燃叉车为 103765 台，占出口量的 25.60%。电动叉车出口量所占比重，与上年同期相比增长 0.68 个百分点。2023 年机动工业车辆出口构成比例如表 9 所示。

表 9　2023 年机动工业车辆出口构成比例

年份	机动工业车辆合计（台）	电动叉车		内燃叉车	
		出口量（台）	占比（%）	出口量（台）	占比（%）
2022 年	361541	266522	73.72	95019	26.28
2023 年	405405	301640	74.40	103765	25.60

2023 年我国共向世界 183 个国家和地区出口机动工业车辆，遍布世界五大洲，其中，欧洲、美洲、亚洲是中国机动工业车辆产品的传统出口市场。2023 年出口到亚洲的机动工业车辆为 104202 台，与 2022 年出口量 95977 台相比，增长 8.57%；出口到欧洲的机动工业车辆为 162153 台，与 2022 年出口量 129530 台相比，增长 25.19%；出口到美洲的机动工业车辆为 110629 台，与 2022 年出口量 107974 台相比，增长 2.46%。2022—2023 年机动工业车辆出口各洲情况如表 10 所示。

在机动工业车辆中，电动叉车出口至欧洲和美洲的数量分别占出口总量的 45.45% 和 24.93%；内燃叉车出口至美洲和亚洲的数量分别占出口总量的 34.13% 和 28.89%。2023 年电动及内燃叉车出口各洲的数量及比例如表 11 所示。

表 10　　　　　　　　　　2022—2023 年机动工业车辆出口各洲情况　　　　　　　　　单位：台

产品名称		全世界	欧洲	美洲	亚洲	非洲	大洋洲
（Class 1）电动平衡重乘驾式叉车	2022 年	45490	17274	10348	13870	1412	2586
	2023 年	59914	25528	11680	17877	2042	2787
	同比增长（%）	31.71	47.78	12.87	28.89	44.62	7.77
（Class 2）电动乘驾式仓储叉车	2022 年	6257	1184	1482	2147	159	1285
	2023 年	11205	4673	2357	2806	204	1165
	同比增长（%）	79.08	294.68	59.04	30.69	28.30	−9.34
（Class 31）电动步行式仓储叉车	2022 年	136658	57520	38017	34707	1307	5107
	2023 年	130995	56051	33358	36028	1561	3997
	同比增长（%）	−4.14	−2.55	−12.26	3.81	19.43	−21.73
（Class 32）电动步行式仓储叉车	2022 年	78117	34778	24054	15736	724	2825
	2023 年	99526	50844	27815	17509	1050	2308
	同比增长（%）	27.41	46.20	15.64	11.27	45.03	−18.30
（Class 4+5）内燃平衡重式叉车	2022 年	95019	18774	34073	29517	5785	6870
	2023 年	103765	25057	35419	29982	6876	6431
	同比增长（%）	9.20	33.47	3.95	1.58	18.86	−6.39
工业车辆合计	2022 年	361541	129530	107974	95977	9387	18673
	2023 年	405405	162153	110629	104202	11733	16688
	同比增长（%）	12.13	25.19	2.46	8.57	24.99	−10.63

表 11　　　　　　　　　2023 年电动及内燃叉车出口各洲的数量及比例

地区	电动叉车		内燃叉车	
	数量（台）	占比（%）	数量（台）	占比（%）
欧洲	137096	45.45	25057	24.15
美洲	75210	24.93	35419	34.13
亚洲	74220	24.61	29982	28.89
非洲	4857	1.61	6876	6.63
大洋洲	10257	3.40	6431	6.20
合计	301640	100.00	103765	100.00

从机动工业车辆各车型的表现来看，2023年内燃叉车的销量涨幅最小，在国内市场呈现负增长；电动乘驾式仓储叉车和电动平衡重乘驾式叉车的涨幅较大，新能源电动叉车不仅在国内市场获得用户青睐，在国际市场也成为竞争力较强的中国产品之一。

我国新能源电动叉车的异军突起，主要得益于近年来行业内企业的努力，生产制造、配套能力的完善，以及国家发展战略对新能源产业的持续支持。随着相关技术发展和配套支持，新能源电动叉车将展示出更强竞争力，其产业链发展也将得到强化，并成为在市场中制胜的关键。

（本文首发于《物流技术与应用》2024年第4期，《中国物流年鉴》编辑略有调整）

2023 年中国托盘业

2023 年是全面贯彻落实党的二十大精神的开局之年，是实施"十四五"规划承上启下的关键之年，也是向第二个百年奋斗目标奋进的关键时期。面对复杂多变的国内外形势，我国物流业迎来了恢复性增长，托盘行业广大同仁，顶住诸多压力，克服种种困难，全面实现复工复产，为物流行业发展提供坚实保障。

2023 年，我国经济在波动中恢复，物流运行环境持续改善，行业整体恢复向好。受到多重因素影响，2023 年我国托盘年产量依然处于下滑状态，较上年产量下降比例略有降低；托盘保有量和托盘池规模依旧保持增长态势。随着我国经济顶住内外部压力冲击，各项指标持续恢复向好，托盘行业出现新特点、新方向，构建开放、共享的托盘循环共用体系，推进多场景下带板运输深入，以"一带一路"托盘共享行动（BRAPS）为代表的托盘国际合作取得新进展，在绿色、低碳、可持续发展理念影响下，托盘行业新材料与新技术不断发展；同时，客户对托盘产品高品质严要求和生产企业对于成本的管控促使自动化、智能化设备不断改进与创新。

一、托盘市场规模继续增长，但增速持续放缓

2023 年，由于受到全球经济整体弱复苏态势、托盘用原材料价格持续处于高位、客户需求不足等大环境影响，我国托盘年产量仍呈下滑状态，约 3.55 亿片，同比下降 4%，较上年产量降幅减少 1%；托盘市场保有量约为 17.5 亿片，同比增长 2.94%；托盘循环共用企业持续加大战略布局和托盘投入力度，完善各自运营和服务网络，推广带板运输和供应链一体化发展，不断扩大带板运输应用场景，2023 年我国托盘池总量已超过 4000 万片，比上年增加了 250 多万片，同比增长 6.67%。塑料托盘使用场景和应用范围持续扩大，占有率逐年提升，木托盘占有率略有降低，木托盘和塑料托盘总占有率在 90% 以上。2016—2023 年我国托盘年产量如图 1 所示，2003—2023 年我国托盘保有量如图 2 所示，2017—2023 年我国循环共用托盘池规模及增长变化情况如图 3 所示，2012—2023 年不同材质托盘市场占有率情况如表 1 所示。

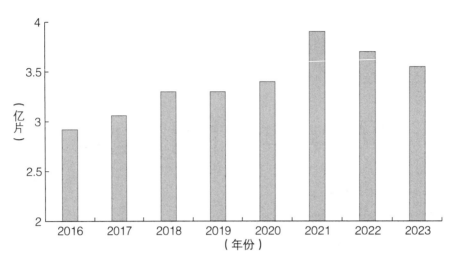

图 1　2016—2023 年我国托盘年产量

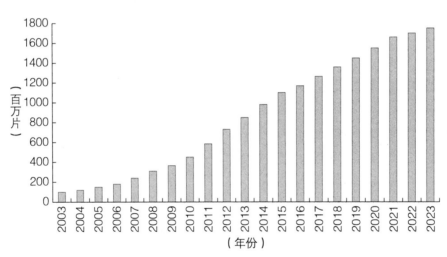

图 2　2003—2023 年我国托盘保有量

表 1　　　　　　　　　2012—2023 年不同材质托盘市场占有率情况　　　　　　　　　单位:%

年份	木托盘	塑料托盘	纸托盘	金属托盘	复合材料托盘
2012	80	12	5	2	1
2016	78	15	4	2	1
2020	74	16	5	4	1
2023	74	18	4	3	1

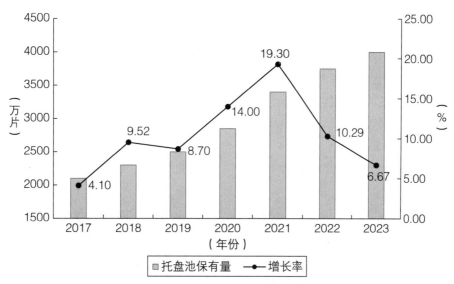

图3　2017—2023年我国循环共用托盘池规模及增长变化情况

二、依托行业基础标准研究，推动托盘行业协同发展

国家标准作为市场发展的基石，对推动技术进步，促进经济发展具有积极意义。

（一）稳抓标准质量，顺利开展国家标准制修订工作

2023年，中物联托盘委和全国物流标准化技术委员会托盘分技术委员会完成了托盘基础国家标准——《托盘术语》（20220571-T-602）的修订工作，该标准发布即实施。作为托盘行业的基础标准，国家标准《托盘术语》（GB/T 3716—2023）等同采用ISO 445：2013《物料搬运托盘—术语》，与国际标准相协同，对我国托盘行业规范用语，提高托盘标准化水平，提升物流效率，降低物流成本，促进行业高质量发展与国际物流合作具有重要意义。

（二）汇聚顶尖人才，代表中国积极参加ISO国际标准化工作

自2021年，中物联正式成为国际标准化组织ISO/TC 51（Pallets for unit load method of materials handling）的国内技术对口单位以来，托盘委作为具体执行单位，与英国、韩国等ISO/TC 51成员国的联系人保持密切联络，一直积极参与ISO相关工作。

2023年年初，中国物流标准化技术委员会托盘分技术委员会推选5位国内专家注册成为ISO/TC51/WG2的专家，并参加了3月16日由国际标准化组织召开的ISO/TC51/WG2工作组会议。在本次会议上，我国注册专家积极发言，与其他国家专家就ISO 8611-1：2021 Pallets for materials handling—Flat pallets—Part 1：Test methods（搬运货物用托盘 平托盘 第1部分：试验方法）和ISO 8611-2：2021 Pallets for materials handling—Flat pallets—Part 2：Performance requirements and selection of tests（搬运货物用托盘 平托盘 第2部分：性能要求与试验选择）两项国际标准中部分技术内容展开深入交流探讨。并且在本次会议中，还研究启动了WG6工作组和关于ISO 445：2013 Pallets for materials handling—Vocabulary（搬运货物用托盘—术语）修订的工作安排。

481

ISO/TC 51 中的 16 项国际标准，除基础标准外，产品标准大多围绕木托盘开展制定。2023 年 ISO/TC 51 首个塑料托盘国际标准——ISO 18995 Flat Plastic Pallets for Petrochemical Industries（石油化工行业塑料平托盘）立项成功并进行了征求意见，我国也推选了相关专家参与新筹备的 WG9 工作组。

（三）依托国际交流，深入开展托盘标准化研究工作

在"一带一路"倡议下，我国与欧洲的贸易对接和国际运输显著增多，托盘作为物流基础单元，是中欧班列等多种运输方式中的重要器具，在"一带一路"商贸流通、物流运输中发挥着极其重要的作用，也是中欧贸易间重要的物流基础交互单元。

2023 年，中物联托盘委和托盘分技术委员会依托行业活动，组织国内相关企业走出去，赴瑞典、德国开展欧洲托盘标准化考察工作；赴韩国参加"第十八届亚洲托盘系统联盟（APSF）会议"，加强了与 ISO 组织成员国马来西亚、菲律宾、日本、韩国、泰国、印度尼西亚、印度的沟通与交流；组织企业参加了 10 月在德国杜塞尔多夫举办的"2023 年'一带一路'托盘共享行动（BRAPS）会议"，会上针对中欧托盘标准对接以及未来标准对接的可能性等问题进行互动交流。11 月，在 2023 年托盘国际会议上，中物联托盘委做了《托盘、包装及物流装备间的衔接与匹配研究》专题报告，和国内外与会代表分享了考察研究成果。该报告从物流单元化之间的关系角度出发，统筹考虑托盘与包装模数、运输装备等相关装备要素的匹配关系，重点围绕国际国内托盘标准技术内容比对进行系统分析，研究梳理托盘在单元化装载、物流作业、供应链管理中的实际

应用，以顺应新时代下中国托盘行业发展的新趋势，为国内外托盘标准工作的对接起到了积极的推动作用。

（四）宣传"领跑者"企业先进经验，积极开展企业标准"领跑者"申报与评估工作

为发挥先进标准引领带动作用，引导企业技术创新，绿色低碳转型发展，进一步强化企业标准"领跑者"制度支撑质量强国战略，满足消费升级需求，坚持以创新为动力、市场为主导，加强托盘行业"领跑者"培育，鼓励托盘生产和租赁服务企业发挥企业标准引领行业发展、提升产品品质和服务质量的作用，致力形成"生产看领跑 消费选领跑"的良好社会氛围，中物联托盘委持续开展"企业标准'领跑者'"申报及评估工作。同时对《质量分级及"领跑者"标准评价要求 平托盘》（T/CFLP 0038—2022）进行修订，新修订的《质量分级及"领跑者"评价要求 平托盘》（T/CFLP 0038—2023）团体标准于 6 月 13 日正式发布，7 月 1 日正式实施。与 T/CFLP 0038—2022 相比，该团体标准除结构调整和编辑性改动外，部分核心指标根据市场需求进行了调整与优化，使标准中的部分基础指标能够覆盖现行国标、行标中的强制性内容。

2023 年，共有 5 家企业（含两家复核企业）荣获了企业标准"领跑者"荣誉，成为托盘行业企业标准"领跑者"。该项工作的开展，有利于企业打造品牌、提高优秀产品和服务市场的认知度和占有率，通过企业标准"领跑者"引领市场高质量发展，对标准化工作改革和培育一批具有创新能力的排头兵企业具有重要作用。2023 年托盘行业企业标准"领跑者"名单如表 2 所示。

表2   2023年托盘行业企业标准"领跑者"名单

标准"领跑者"类型	企业名称
物料搬运设备——其他物料搬运设备（木质平托盘）	金源集团芜湖钟山木器包装有限公司
	富平县达森木制包装厂
物料搬运设备——其他物料搬运设备（钢质平托盘）	南京蓝宇达仓储设备制造有限公司（复核）
物流服务——托盘租赁服务	安徽省埃帕克智能物流科技有限公司
	深圳市普拉托科技有限公司（复核）

三、基于BRAPS（托盘共享行动）和国际交流，加强托盘循环共用体系建设

2023年是共建"一带一路"倡议提出10周年。共建"一带一路"倡议现已成为跨越地理限制、突破文化差异、融合发展需求的开放式、全球性合作平台，并且有效促进了各国商品、资金、技术、人员的大流通，推动绵亘千年的古丝绸之路在新时代焕发新活力，扎扎实实地为世界经济复苏作出重要贡献。

3月，中物联托盘委组织国内企业赴越南进行考察，与越南VLA协会就中越两国物流和托盘行业发展情况、托盘循环共用体系建设、带板运输应用及新技术发展趋势等内容展开深入交流。10月20日，欧洲托盘协会（EPAL）与中国物流与采购联合会在德国杜塞尔多夫共同组织召开了"2023年'一带一路'托盘共享行动（BRAPS）会议"，该活动是自BRAPS成立以来首次在境外举办的线下会议。在本次会议上，行业专家和与会代表围绕新形势下的中欧托盘行业新变局、全球托盘循环共用体系的构建及托盘行业数字化和绿色化发展情况等行业热点话题展开深入交流。

BRAPS受到了国内外托盘相关行业协会的关注和认可，所开展的工作得到了广泛宣传和

行业肯定。BRAPS的开展，不仅加强了中欧间托盘标准衔接，带动了"一带一路"共建国家和地区托盘的标准化、网络化、共享化，推进更广阔的国际托盘市场发展，建立面向全球的开放型国际托盘共享平台，形成国际跨境托盘循环共用体系，更对高质量共建"一带一路"、"一带一路"经贸合作和供应链全球化的高质量发展有着积极的推动作用。

2023年，路凯大中华、乐橘、普拉托、小蚁托盘、托享云等托盘运营企业，加速扩大各自托盘池规模和运营网络布局，提升服务能力。路凯包装设备租赁（上海）有限公司入选成为2023年全国商贸物流重点联系企业，在行业内发挥示范引领作用。托盘运营企业不断更新托盘池中的产品类型，以适应多行业、多场景协同发展；推出具有特色的增值服务，积极推动带板运输，加强上下游企业联动，提升供应链效率，有效地促进产业链、供应链协同发展，加快构建托盘循环共用生态体系，推动行业绿色可持续发展，为行业创造更多可持续发展价值。

四、国外托盘租赁企业在我国持续开展相关业务

韩国众力物流集团（LogisALL）是以韩国托盘共用公司为首的综合物流集团公司，其下

属的韩国托盘共用公司 KPP 和韩国物流箱共用公司 KCP 以及韩国共同物流公司 KLP 构成了韩国唯一的物流共用化系统。LogisALL 通过改变和创新引领物流产业的发展，培育社会未来价值的可持续经营。众力物流设备租赁（上海）有限公司作为 LogisALL 在上海投资成立的独资公司，积极推进 RRPP 托盘的循环使用；日本托盘租赁公司 JPR 是日本最大的托盘租赁供应商，为应对日本物流运输行业即将面临的 "2024 年问题"，JPR（日本托盘租赁株式会社）开发了新的独立的 IT 系统，通过加强行业数字化建设，进一步提高供应链效率。JPR 在我国市场经营多年，与深圳市顺航通供应链物流有限公司保持着良好的合作关系。

（一）托盘原材料价格略有下降，但仍处于高位

2023 年，国内市场需求疲软，我国原木及锯材累计进口量 6580 万立方米，同比下降 6.1%；国内托盘用进口原材料价格整体呈下降趋势，全年平均价格低于上年。同时，全球高通胀和高利率等因素导致海外消费者支出减少，产生供大于求，运费的持续下跌使国际供应商能够以较低的价格增量销售到我国。内外因结合，上半年库存快速上涨，价格在 2 月仅短暂反弹，便持续下跌至 7 月。进入下半年，物流原因带来的货物到货延迟，加上第二季度信心和价格都处于低谷，导致国际供应减少，下半年库存开始慢慢减少，价格也随之略有上涨。国外木材市场中这些不确定性和不稳定性因素给中国木质包装生产企业和行业发展带来了很大压力，因此，我国很多企业转为使用供应稳定、价格适中、性能符合国家标准的国产木材。中物联托盘委也持续加强托盘行业供应链建设、服务网络向上游延伸、做好原材料供应商和木质包装生产企业上下游之间的对接工作，推动托盘行业高质量发展。

（二）进口原材料价格

2023 年，托盘进口原材料（板材、原木）价格仍处于高位。丹麦云杉前三季度价格总体偏高，第四季度开始下降；加拿大铁杉、俄罗斯杨木、俄罗斯樟子松/落叶松第一季度和第四季度的价格较高。进口原木价格全年较为波动，同样也是第一、第四季度的价格较高。2023 年各月丹麦一级云杉价格走势如图 4 所示，2023 年各月加拿大铁杉二级湿材价格走势如图 5 所示，2023 年各月俄罗斯杨木价格走势如图 6 所示，2023 年各月俄罗斯进口樟子松、落叶松价格走势如图 7 所示，2023 年各月新西兰辐射松/德国云杉原木价格走势如图 8 所示。

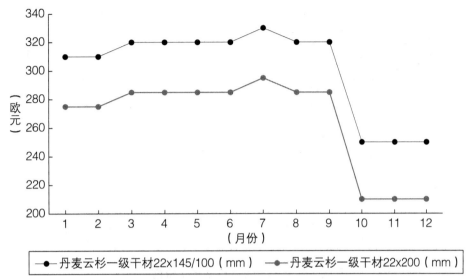

图4　2023年各月丹麦一级云杉价格走势

资料来源：中物联托盘委。

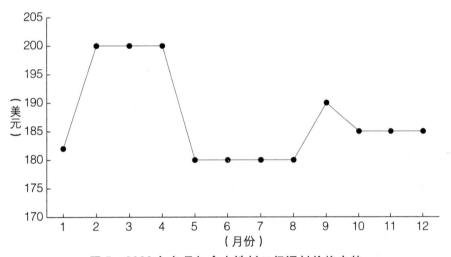

图5　2023年各月加拿大铁杉二级湿材价格走势

资料来源：中物联托盘委。

485

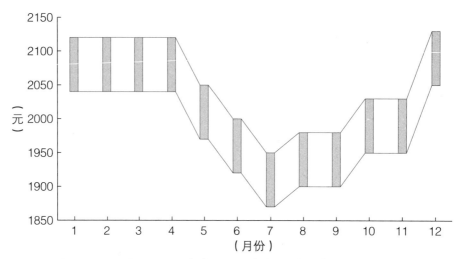

图6 2023年各月俄罗斯杨木价格走势

资料来源：中物联托盘委。

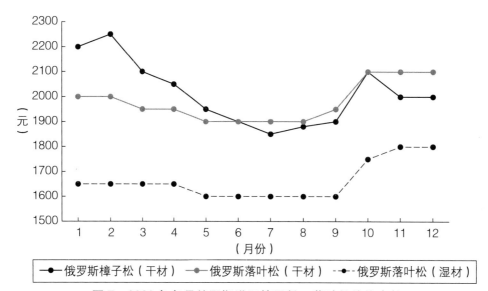

图7 2023年各月俄罗斯进口樟子松、落叶松价格走势

资料来源：中物联托盘委。

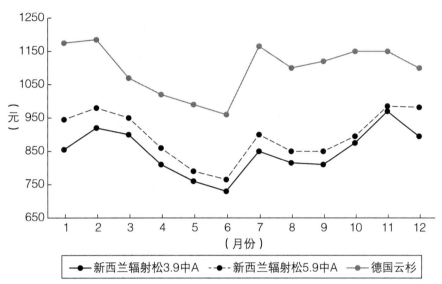

图8 2023年各月新西兰辐射松/德国云杉原木价格走势

资料来源：中物联托盘委。

（三）国内锯材价格

2023年托盘行业国内锯材（托盘材料）价格依旧保持高位，整体略有下降，全年整体价格波动不大，12月价格较1月价格下降0.63%，较2020年最低价格上涨34.19%。2023年全年价格与上年全年价格相比整体略有下降。2023年各月托盘行业国内锯材（托盘材料）价格趋势如图9所示，2023年较2022年托盘行业国内锯材（托盘材料）每月同比增长率如图10所示。（价格趋势数据是以国内木材的价格为基数换算所得，只显示价格曲线，不表示真实价格）

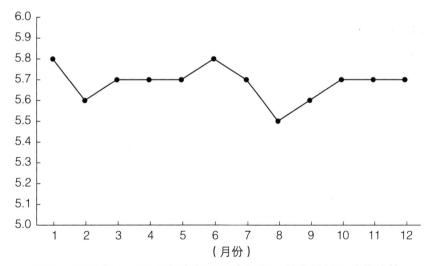

图9 2023年1—12月托盘行业国内锯材（托盘材料）价格趋势

资料来源：中物联托盘委。

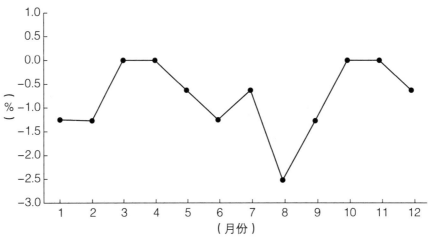

图10　2023年较2022年托盘行业国内锯材（托盘材料）每月同比增长率

资料来源：中物联托盘委。

五、坚持创新驱动，引领托盘行业数字化发展

数字化转型是企业发展、产业升级的必由之路。托盘作为物流系统中最基础的集装器具，要承担装载运输货物的重要职责。数字化的深入推进，使托盘应用场景更加多样化，并且赋予了托盘更多使命，进而实现物流资源线上线下联动。托盘企业不仅在托盘运营、企业管理等方面从信息化到数字化进行转型，随着AI大爆发时代的到来，数字化对于托盘设计和生产也进行了重新定义。

在产品设计中，AI技术提供了全新的视角和解决方案，能够多维度考虑产品设计可行性，从材料选择、生产工艺、用户体验到可持续发展等方面都能全方面提供支持。在产品轻量化设计中使用AI技术，不仅可以降低企业研发和生产成本，提高产品的性能，同时还能够为托盘企业带来更多的创新机会，满足客户日益增长的需求。随着"国内国际双循环"经济发展格局逐渐形成，包装产业在数字智能化建设中迎来了新的发展机遇与挑战，越来越多

的包装生产企业开始对智能工厂的概念有了更深刻的认知，并开始重视企业智能化、数字化转型升级。上海包小二信息技术有限公司致力通过互联网的发展大幅降低社会协作的成本，通过使用自主研发的SaaS平台，有效解决单位人效与流程效能、物料规划、智能裁剪及不同商业模式适配等问题，助力包装企业智能化可持续发展。乐橘坚持以循环经济为核心，不断升级集循环、回收与再生于一体的服务，通过基于AI大数据算法的逆向物流回收体系，逐步布局全球回收网络。中包物联网依托自主研发移动物联网智能终端，可助力智能化、数字化和网络化的托盘循环共用系统建设，有效解决开放供应链循环托盘运营中关于托盘资产管理、盘点和回收，运营调度，货物收发，数据管理等痛点与难点，从而提升供应链效率，降低人工成本，赋能包装新的数据价值。小蚁托盘在物联网领域持续加码，推出智能托盘管理系统，依靠其自主研发的托盘芯片，可实现托盘数量、地理位置、使用状态等与用户紧密相关的信息自动持续更新，结束了对人工的依赖，其定位功能可精确到10米以内，并从客

户的体验出发，开发小程序，打造全流程的可视化。

六、践行绿色低碳理念，推动托盘行业可持续发展

美丽中国建设要求发展绿色低碳物流。"双碳"目标的提出，对于各行各业既是机遇也是挑战。托盘企业积极响应，从生产企业、运营企业到用户单位，都在深入践行绿色低碳的发展理念，并且努力推动托盘循环共用发展。企业不论在新工厂的建设还是新产品的研发创新中，始终坚持贯彻绿色低碳可持续发展理念，探索并落实"双碳"工作，提出符合实际、切实可行的"双碳"行动方案，让绿色化贯穿于企业和行业发展全链条，提升可持续发展能力，用实际行动做到节能降碳、降本增效。

万华化学秉持化学让生活更美好的使命，着力打造低碳可持续发展产业，共同促进关于包装物方面的可持续发展。万华化学推广使用的低碳 MDI（二苯基甲烷二异氰酸酯）模压托盘，可充分选用废弃物作为原材料，有效减少木材砍伐；生产制造能耗低，相对传统模压托盘，无须对原材料进行烘干，可有效降低生产能耗和安全风险。MDI 模压托盘的使用寿命长，相对于传统模压托盘在性能方面有很大提升，可重复回收使用。在碳足迹方面，单片动载 2~3 吨的 MDI 模压托盘相比传统 26 千克托盘碳排放量的数值大幅降低 70%。乐橘对现有的品牌和服务不断进行升级，根据自身战略部署，提出"助力创造低碳世界"的企业愿景，贯彻"让塑料这一伟大发明再次伟大"的发展使命。乐橘由以循环包装运营为主的 1.0 时代，跨入集循环、回收和再生于一体的循环经济运营商的 2.0 时代。作为上海市低碳绿色循环示范工厂项目，乐橘超级工厂·上海建成后可将废旧塑料依据其价值属性制成改性材料、再生塑料制品，或进行热解处理，实现资源的再生循环。深圳普拉托科技在广东惠州新启动的"高分子托盘材料及智能托盘项目"基于绿色环保发展理念，致力推进循环经济实践，推动产业升级与高质量创新发展，同时还将建造数字经济与智能制造的灯塔工厂，为客户提供更加高效便捷、更加绿色环保、更具市场竞争力的综合解决方案，为构建可持续发展社会和环境作出贡献。FSC（森林管理委员会）和 PEFC（森林认证体系认可计划）代表了当下全世界流行的两个森林认证，经过认证的森林，从源头上进行了良好的管理，有专门的机构评估森林对周围环境和社会的影响。认证的森林既保持了生物多样性，维护了森林生态系统的稳定，又对当地社区和居民，以及供应链上的企业带来了积极的影响。木质包装对于 FSC 和 PEFC 认证的需求持续增加，越来越多的木质包装企业选择使用 FSC 或 PEFC 认证的可持续原材料，提升企业社会责任的同时还可以有效实现碳减排。

七、加强创新研发，扩宽新材料托盘产品应用领域

传统的托盘以木托盘和塑料托盘为主，还有部分纸托盘、金属托盘等。随着"双碳"目标的提出，木材价格持续处于高位。因此，越来越多的企业关注到新材料托盘的研发，新材料托盘与传统托盘相比具有高性能、低成本、长效耐用、轻量化等特点，在托盘行业的应用也得到了逐步提高，众多类型的新材料托盘逐步面向市场。

小蚁托盘利用风电叶片的边角料和废旧材料，经过生产加工"变废为宝"成为生产托盘的原材料。该材料不仅性能强而且对环境不敏感。中集新材生产的竹木复合板基于传统集装箱地板的应用要求设计开发，具备密度大、强度高、防水防潮、整体性能好、质量可靠等特性。捷运环保生产的绿色托盘及包装制品，95%的原材料来自农林业废弃物，原材料无须热处理或熏蒸处理，节省了传统包装的各项处理费和时间成本。产品经过高温高压工艺制成，无虫害、无甲醛、防潮阻燃。河南明镁科技依托吉林大学材料科学与工程学院，成立研究中心和研发基地，解决了镁合金塑性差、耐蚀性差、疲劳性差等难题，开发生产的新型镁合金自拆卸物流托盘，设计独特、结构合理、装卸操作方便。此外，还有很多新材料也被用作托盘生产原材料，如回收的旧衣物等纺织品、废弃的农膜、城市垃圾分类中的废塑料等。

八、提升智能装备与服务，推动托盘行业迈向新台阶

"创新引领、智能驱动"全力推进我国托盘行业智能制造与装备智能化发展。国外托盘行业自动化水平发展较早，木托盘自动化设备以液压托盘生产线为主，代表企业有西班牙的卡贝（CAPE）、意大利的德尔塔（DELTA）和斯拓迪（STORTI），2011年天津新创引入了第一台液压托盘生产线，开启了我国托盘自动化生产设备的使用和研发的浪潮。近年来，随着托盘行业的高质量发展、托盘循环共用体系的研究与建设、自动化立体库的应用增多、人工成本的持续上涨以及客户对于产品供货速度和质量的高要求，托盘企业生产方式已由传统

人工生产转变为自动化生产，越来越多的企业选择使用自动化生产设备，并不断优化车间设施布局，实现无人化，努力打造灯塔工厂。

随着近些年塑料托盘需求的不断增加，客户对于塑料托盘生产工艺的实效性、模具、注塑设备的自动化、作业联动性以及节能减排等绿色化需求的不断提升，我国塑料托盘模具和设备生产企业加大创新研发，不断改进工艺，以适应行业发展的新需求。泰瑞机器以可持续发展为理念，加大产品创新应用，开发了适用于以回收塑料为主的第三代回收料解决方案，采用微发泡技术在减轻产品重量的同时增加了机械强度。海天塑机集团自主研发的注塑机，可满足节能减排和对原材料经济的需求，采用发泡工艺，可将成品托盘减重10%～20%，总体方案可节能20%～40%。博创物流托盘专用注塑机采用二板结构，深耕行业十多年，经过不断技术创新和沉淀经验，如今已成为托盘注塑工厂及数字化工厂优秀供应商之一。塑料托盘市场保有量的提升，促使托盘模具的需求量不断加大。浙江凯华物流科技深耕托盘模具设计、应用与开发，稳固增强模具品质，不断加大研发力度，采用微发泡和气辅工艺，致力为客户提供轻量化、高品质的托盘产品，帮助企业降低物流成本。

随着每年百万片以上的循环共用托盘的诞生，循环共用托盘在完成一次使用后，可通过维修延长托盘的生命周期和使用年限，而不是用新的托盘替换。路凯大中华第一个大型自动化循环载具运营服务中心——嘉兴超级营运中心具有集约化、规模化的托盘高效维修系统，开启了托盘自动化维修分拣的新篇章。青岛赛帆作为国内木托盘生产维修设备的领头羊企业，产品类型不仅涵盖托盘钉生产线、木料整理设备、输送线、面板机等自动化加工设备，

同时还创新研发了托盘维修设备，可对回收的旧托盘进行检测，然后对需要维修的托盘进行维修处理，对废弃托盘进行拆解后回收，让托盘产品100%得到充分利用，以满足当前市场发展需求和绿色可持续发展环保理念。

九、加强企业合作共赢，依托资本市场，共同打造托盘行业生态圈

企业间合作共赢具有强大的生命力。随着全球经济一体化进程的加快，企业需要在日益激烈的竞争中立于不败之地，通过强强联合、优势互补、凝聚力量，不仅可以加强企业核心竞争力，扩大市场占有率，还可以在市场上取得更大的成功，获得新的发展机遇。

武汉爱帮租赁在国内首创了"托盘众包，网络共享"模式，浙江旺平租赁经过多年发展在华东区域形成了良好的客户基础。为加强民营托盘租赁企业联合发展，2023年3月，爱帮租赁与旺平租赁正式签署战略合并协议，对于托盘租赁行业发展具有重大战略意义。2023年4月，路凯与集保旗下中国业务完成合并，成立路凯（大中华）控股有限公司，加速推进我国物流载具循环共用业务发展。目前，路凯已在国内汽配、生鲜等领域形成完整的业务布局，助力客户打造更经济、更高效且更具可持续发展价值的供应链。

托盘市场保持高速增长，企业的稳步发展离不开资金的支持。多层次资本市场可为企业提供多元化的融资渠道，帮助企业快速获得资金支持，从而促进其扩大生产、加强技术研发和产品创新。

2023年，乐橘完成超亿元B+轮融资，重点用于构建智能包装生产—运营—回收—再生的塑料循环经济，从而升级包装产品线，扩大包装生产与塑料回收能力，搭建智慧物流与回收网络等。同样，深圳普拉托科技完成了B轮融资，主要用于数字化运营服务体系升级、供应链夯实提升、托盘池扩容及市场拓展。

十、实施精益化管理，提升企业核心竞争力

精益生产管理，是一种以客户需求为拉动力，以消除浪费和不断改善为核心，让企业以最少的投入获取成本和运作效益显著改善的一种全新的生产管理模式。它的特点是强调客户对时间和价值的要求，以科学合理的制造体系来组织为客户带来增值的生产活动，缩短生产周期，从而显著提高企业适应市场万变的能力。随着时代的发展，托盘企业的管理方式也逐渐从粗放式管理过渡到规模企业管理，再过渡到精益管理。江苏中和智能包装率先采用JIT（准时制生产）、TPS（丰田生产系统）和生产过程物联网管理，不仅有效地保证了产品品质的稳定性，同时还降低了人工成本，提升产能。浙江凯华物流科技持续推进并优化KMS精益管理系统，力争实现零切换浪费、零库存、零浪费、零不良、零故障、零停滞、零事故的"七个零"目标，精益求精，尽善尽美。

（中国物流与采购联合会托盘专业委员会 孙熙军　王芮）

第七部分

物流教育、信息化、标准化

2023年中国物流教育与培训

2023年，我国经济在波动中恢复，稳定因素有所累积，物流运行环境持续改善，行业整体恢复向好。市场需求规模恢复加快，高端制造、线上消费等新动能领域回升明显。物流供给质量稳步提升，多式联运、航空货运等协同高效物流服务全面发展。物流企业降本增效内驱力增强，头部企业战略转型步伐加快，引领行业向规范化、精细化和数字化方向发展。同时，物流人才培养作为物流产业发展的基石，需要培养一批适应数字化、智能化经济发展，具备跨行业、跨学科、跨专业的综合能力以及具有国际视野的复合型物流高端人才。

截至2023年年底，全国有740多个本科物流类专业点、20多个职教本科物流类、1200多个高职物流类专业点和500多个中职物流类专业点。为应对数字经济对物流人才培养提出的新需求、新挑战，2023年我国物流教育培训工作在服务国家战略、人才标准体系建设、产学研结合工作推进及教育教学指导与研究等方面重点开展。

一、聚焦优势，求真务实，精准服务国家决策部署

（一）服务教育强国建设，公益培训逐见实效

根据教育强国建设工作部署，物流行指委和中国物流与采购联合会调研编制《2023年职业教育智慧物流人才培养调研报告》，形成《对当前行业产教融合共同体建设的建议》《关于进一步推动职业院校"双师型"博士"政行企校研"联合培养的专项试点的建议》两份政策并上报至教育部，补充完善了物流人才培养在职业教育产教融合上的理论成果，一定程度上推动了物流职业教育发展进程。

同时，进一步落实物流类专业师资公益培训工作。援藏援疆教育培训工作持续开展，支援地区包括新疆阿克苏、新疆和田、西藏日喀则等地；除偏远地区外，2023年共面向全国415所院校的1300多名教师开展了公益师资培训，累计为院校节省师资培训经费超过300万元。

（二）服务人才强国建设，推动物流人才就业

中国物流与采购联合会教育培训中心依托中国就业培训技术指导中心"企业导师能力培养工作研究"课题，于 2023 年形成了《企业导师能力培养工作研究报告》《企业导师能力标准》《企业导师培养方案》等多个成果，填补了企业导师职业能力培养标准建设的空白，为全面推行企业新型学徒制贡献中国方案。此外，中国物流与采购联合会、物流行指委和人资委对接了全国 300 所中职、高职及应用型本科院校近 6 万名学生就业实习需求，积极开展校企就业对接、招聘等工作，助力物流学子实习与就业。

（三）中国标准与实践"出海"，物流教育影响力显著提升

2023 年，国际采购与供应管理联盟（IFPSM）将中国物流专业建设实践尤其是教育部一流专业建设相关指标要求纳入全球标准（GS）认证体系，未来将有力推动我国高校物流专业建设与国际接轨，推动我国参与全球物流教育与培训标准化建设，为进一步服务"一带一路"建设和中国物流教育"走出去"打下基础。

9 月，中国物流与采购联合会与国际采购与供应管理联盟（IFPSM）签署教育与培训认证战略合作协议，在中国全面启动物流类专业国际认证工作，目前已经有 4 所高校启动专业认证项目。10 月，由中国物流与采购联合会组织启动的第二届"中文+物流职业技能"国际赛共吸引 500 多名选手参赛，辐射了亚洲、非洲、欧洲、大洋洲等多个地区。该赛事在一定程度上加强了对外的学习交流，为国际物流职业教育教学改革提供了中国方式。

（四）入选国规教材，推进供应链管理师培训认证体系建设

2023 年，人力资源社会保障部办公厅发布了《人力资源社会保障部办公厅关于公布第三批技工教育和职业培训"十四五"规划教材目录的通知》，经过技工教育和职业培训教材工作委员会组织遴选和审核，共有 493 种教材纳入第三批技工教育和职业培训"十四五"规划教材目录。其中，由中国物流与采购联合会开发的《供应链管理师》（二级、一级）入选为国家规划教材。作为唯一一套国家职业技能等级认定培训教材，该教材是企业、院校、第三方社会培训评价组织开展职业技能等级培训、评价工作的重要依据。

二、物流教育再上新台阶

（一）物流高等教育

2023 年，中国物流与采购联合会与物流教指委组织编写完成了《2022—2023 年中国物流高等教育年度报告》，并举行了多元化、多层次的学术研讨活动。在推动物流专业新文科建设工作中，物流教指委联同中国物流与采购联合会经过数据收集与现场调研，组织编写了《以产教融合推动新文科高质量发展》一文，详细阐述了新文科建设和产教融合的关系，以及物流类专业在新文科产教融合上的实践与成果。在推动国家级一流本科课程建设工作中，2023 年 5 月完成第二批物流类国家级一流本科课程的遴选推荐工作。根据教育部公布的名单，第二批共有来自 18 个省市的 19 所部属院校和 28 所地方院校的 49 门物流管理与工程类专业课程入围公示名单。其中，线下课程占比最多，共有 15 门；线上线下混合课程 14 门；虚拟仿真实验教学课程 12 门；线上课程 7 门；社会实践课程 1 门。在虚拟教研室建设上，东

北财经大学牵头的"物流管理专业虚拟教研室"、华中科技大学牵头的"基于央地融合的物流管理专业虚拟教研室"和武汉理工大学牵头的"物流工程专业虚拟教研室"分别创新形成了"8+1+X""4融合"和"交通物流融合"的组织模式，通过轮值举办活动、线上线下结合，推动虚实融合、科教融合、产教融合和交叉融合，越来越多的院校要求加入虚拟教研室和建立物流大类虚拟教研室联盟，虚拟教研室的活动规模和影响力正在不断扩大。

（二）物流职业教育

2023年1月，物流行指委在现有2个物流类高职本科的基础上牵头申报的供应链管理（330803）职教本科专业正式获批，这标志着供应链管理专业正式进入职教本科物流类专业目录，职业教育物流类专业变更为17个专业，专业体系更加科学、合理、完整，为物流类专业人才的培养与发展提供了新的通道。在教材建设方面，物流行指委联合机械工业出版社首次启动了"基于新专业标准的物流类专业教材建设"专项课题研究工作，共同推动该专项课题建设。目前，经申报、资格审查等程序最终确定了包括采购供应管理、国际货运代理实务、数字化供应链运营、物流营销与客户关系等研究方向在内的57个团队参与本次专项课题。

2023年，中国物流与采购联合会与物流行指委组织编写完成了《2022—2023年中国物流职业教育年度报告》。另外，由物流行指委承担的《冷链物流行业人才需求与职业院校专业设置报告》正式编入《行业人才需求与职业院校专业设置指导报告》中出版，为推进职业院校及时调整优化专业结构、合理设置专业、培养满足冷链行业发展需求的高质量冷链技术技能人才具有重要的指导意义。在职教本科方面，中国物流与采购联合会完成了教育部职业本科《供应链管理专业简介》《物流类实验实训条件建设标准》《冷链物流行业人才需求与职业院校专业设置报告》的编写，为职业本科物流类专业发展注入了新动力。

（三）深化为军服务

2023年4月和8月，为支持中国人民解放军联勤保障部队深入贯彻落实新的文职人员制度改革，大力推进文职人员"聚优强能"工程，中国物流与采购联合会以物流师职业能力等级认证培训为牵引，在武汉理工大学开展了两场中国人民解放军联勤保障部队官兵和文职人员培训活动，并配有相应培训证书发放，为培养军地两用型现代智慧物流人才，助力国防物流体系建设夯实基础。

三、产学融合取得新实效

（一）巩固优化职业能力等级认证及1+X等级认证工作

物流师、采购师和供应链管理师职业能力等级认证培训机构较上年新增了30家，包括深圳交易集团、同济大学等。培训认证人数同比增长56.7%。

2023年，物流管理与供应链运营1+X项目顺利开展，据统计，全年共有来自全国31个省（自治区、直辖市）的500多所院校组织参与，考试人数突破3.7万人，其中73所院校为首次组织考核。下半年伊始，项目紧密结合职教高考制度，调整考核内容，并开设线上线下实操双方式进行考核，更加贴近院校的实际情况。自2019年项目启动以来，全国共有821所院校参与试点，建有677个考核站点，培养了2000多名考评员，项目覆盖除我国台湾以外所有省（自治区、直辖市），累计完成考试人数达 14.6 万人。国际化是中国物流与采购联合会 1+X 项目的显著特色，截至 2023 年年底，中国物流与采购联合会 1+X 证书与国际采购与供应管理联盟（IFPSM）全球标准认证证书互认工作已完成四次，共有 12000 多人申请 IFPSM 全球标准认证证书。

（二）产教融合工作持续深入，共同体建设遍地开花

2023 年，行业、企业、院校认真落实中共中央办公厅、国务院办公厅印发的《关于深化现代职业教育体系建设改革的意见》和国家发展改革委、教育部、人力资源社会保障部等部门关于产教融合型企业建设工作的要求，积极响应中国物流与采购联合会与物流行指委联合发布的《全面推动物流行业产教融合共同体建设的倡议》，先后在烟台、天津、湖北、潍坊等地成立了现代物流产教融合共同体（联合体），并依托中国物流与采购联合会、物流行指委的平台优势，组织成立了全国物流与供应链产教融合共同体、全国现代物流与供应链行业产教融合共同体、全国智能物流产教融合共同体等众多全国性产教融合共同体，充分促进了行企校间的深度融合，为加快构建物流领域新质生产力、共同推动物流人才培养开创新局面。

（三）搭建多元交流平台，打造互通互联新格局

2023 年，中国物流与采购联合会组织举办了第二十二届全国高校物流专业教学研讨会暨物流与供应链产教融合创新发展论坛、第十四届全国职业院校物流专业教学研讨会暨物流与供应链产教融合创新发展高峰论坛、2023 年物流与供应链人力资源发展大会暨全国物流与供应链产教融合共同体成立大会等学术交流活动；启动了"长春国际汽车城 & 一汽物流杯"第八届全国大学生物流设计大赛、第四届全国供应链大赛、第二届"中文+物流职业技能"国际赛等多项赛事；组织开展各类师资培训 17 期，累计培训人数 2000 余人，均获得了行业内的广泛关注与热烈反响。

（中国物流与采购联合会教育培训部）

2023 年中国物流数字化

2022 年年底，国务院办公厅发布《"十四五"现代物流发展规划》，提出要强化物流数字化科技赋能，加快物流数字化转型，推进物流智慧化改造，促进物流网络化升级。2023年，《数字中国建设整体布局规划》出台，明确要整体提升应用基础设施水平，加强传统基础设施数字化、智能化改造。两个规划的提出为物流行业从信息化向数字化发展指明了方向。

一、国家对物流数字化工作高度重视

2023 年 2 月，中共中央、国务院印发《数字中国建设整体布局规划》，指出建设数字中国是数字时代推进中国式现代化的重要引擎。要打通数字基础设施大动脉，明确夯实数字基础设施和数据资源体系两大基础；支持数字企业发展壮大，健全大中小企业融通创新工作机制，发挥"绿灯"投资案例引导作用，推动平台企业规范健康发展；整体提升应用基础设施水平，加强传统基础设施数字化、智能化改造。

2023 年 6 月，国家发展改革委印发《关于做好 2023 年国家骨干冷链物流基地建设工作的通知》，指出要引领冷链物流绿色创新发展。相关基地积极加强智慧化、绿色化设施设备应用，示范带动周边地区提升冷链物流智慧绿色发展水平。推动国家骨干冷链物流基地的数字化建设，提升冷链物流体系的效率和可靠性。

2023 年 9 月，交通运输部发布《交通运输部关于推进公路数字化转型加快智慧公路建设发展的意见》，指出到 2027 年，公路数字化转型取得明显进展，到 2035 年，全面实现公路数字化转型，建成安全、便捷、高效、绿色、经济的实体公路和数字孪生公路两个体系。提升公路设计施工数字化水平，推动智慧建造；提升公路养护业务数字化水平，推动智慧养护；提升路网管理服务数字化水平，推动智慧出行；提升公路政务服务数字化水平，推动智慧治理；提升公路标准数字化水平，推动标准升级；提升公路数字化基础支撑水平，筑牢数字底座。

2023 年 2 月，国家邮政局发布的《2023年邮政快递业更贴近民生七件实事》中，明确提出要加快农村寄递物流配送体系的建设，加强县级寄递公共配送中心和村级寄递物流综合服务站的建设，推动农村电商快递协同示范创建，进一步推进物流数字化发展。

2023 年 2 月，国家开发银行表示将在 2023 年内发放物流行业中长期贷款超过 400 亿元，支持国家物流枢纽、国家骨干冷链物流基地、物资储备等领域的重点物流项目，促进物流行业的数字化和绿色化发展。

二、物流企业数字化转型进程加快

（一）智慧仓储管理系统解决仓储行业信息数据互通壁垒，实现数据可视一体化

目前，仓储行业操作方式仍是以传统的人工复核、工作量化、绩效考核、操作规范规章制度约束等角度进行，通过人工手段来降低错误率，成本增加的同时依旧无法彻底避免错误，甚至大多情况是出了问题后再去查错解决，并且由于缺乏相关数据支撑依据，无法精确定位问题点、责任人，对于数据核对、绩效考核、设备执行效率提升、货物安全、货物追溯等方面治标不治本，痛点问题长期存在，仓储运营管理人员工作举步维艰，依旧问题重重。

"甘肃移动智慧仓储管理系统"通过人工智能技术手段对仓储管理业务进行全流程、全节点、全角度的跟踪管理与巡检预警。基于手机 App，该系统可以定制整合软硬件 AI 设备，融合、引入智能化图像识别技术、物体识别技术，对海量的库存数据进行综合处理，通过规范供应商产品标识（SN 码、箱码等），做到"一物一码""一箱一码"。在物流流转过程中，该系统通过对供应链中每一个人、每一箱货的数据变化进行采集和跟踪，实现供应链网络结构下的参与组织协作和分享，真正做到每一箱物资的全链条可视可管。

（二）车辆智能安全管控平台实现运输过程可视化、车辆安全智能化

危化品道路运输的特殊性、运输车辆自身存在的客观安全缺陷及从业人员主观过失，导致危化品运输车辆安全事故频发。国家对于危化品运输车辆要求安装"六预防"系统，但随着信息化系统的升级迭代，原有"六预防"系统未及时进行设备更新及系统升级，且无法及时为危化品运输企业提供设备维保、升级、管理等服务。"六预防"系统还存在过度依赖驾驶员自主管理，风险不可控。

京博物流与所托瑞安联合研发"物联网智能控制平台"，将京博物流的 450 辆危化品运输车辆接入平台进行测试应用。平台通过大数据分析，引入疲劳驾驶预警系统，通过人脸建模技术，分析驾驶员面部表情，及时判断驾驶状态，有效预防疲劳驾驶；运用驾驶行为分析系统，及时预警提醒驾驶员抽烟、接打电话等异常行为；运用平台对接实时路况图，自动识别预警道路限速，自动预判车辆偏离车道、与前车距离内碰撞危险，以及急加速、急减速、违规行驶、违规停车等异常数据，提前预警和实时提醒司机，同时推送 App 给车队管理，防止被罚款或者扣分，自动存储违规行为的轨迹数据与视频证据。平台指挥中心实时监控故障现场数据，根据具体情况，通过手机 App 向预案成员单位负责人下达应急救援指令，并实时更新现场救援信息，做好现场指导及信息汇总，最大限度降低事故损失。目前，该平台接入危化品运输车辆近 1800 辆，占比 95%，实时预警各类异常行为 300 余起，事故发生起数比平台使用前下降 48%。这是通过数字化转型手段加强了道路运输安全监管，实现车辆安全智能化。

（三）"喜鹊到"平台为客户提供安全、便捷、高效的航空货运服务新体验

传统航空货运业务在需求侧、供给侧都存在较多问题。在需求侧，由于流程不透明，物流信息反馈不及时、不全面，会出现客户下单无法比价（价格不透明）等问题。在供给侧，会出现物流服务供应商管理效率低下、货物跟踪手段缺失、账务统计烦琐等现象。

"喜鹊到"平台致力改变持续多年空运服务链条较多、模式单一、效率低下的现状。客户在"喜鹊到"平台 PC 端及移动端可实现一键下单，选择门到门、门到港、港到门、港到港等多种空运物流模式。同时，平台可为客户提供保险报价、供应链金融、报清关、运输资质培训等增值服务，致力为客户提供安全、便捷、高效的航空货运服务新体验。

（四）物流园区系统的智能化，实现港口运输组织和运输管理的创新

东平陆港"全程可视化"智能化园区以信息物理系统为框架，通过高新技术的创新应用，极大提升了园区对信息的综合处理能力和对相关资源的优化配置能力；以现代化基础设施设备为基础，以云计算、大数据、物联网、移动互联网、智能控制等新一代信息技术与港口运输业务深度融合为核心，实现港口运输要素的全面感知，实现港口运输组织和运输管理的创新。

三、数字化技术提升生产制造企业供应链运作效率，降低物流供应链运作成本

上汽通用的车型数量众多、配置丰富，生产制造所需零部件品类多、需求量大且供应商分布范围广，对应零部件及运输所用料箱存量大，流经节点多，管理难度大。当前，零部件及料箱在盘点、接收及资产管理环节仍通过传统手工记账、单据交接的管理模式实现，具有效率低、工作量大、实时性及准确性低的业务痛点，不能满足当前生产运作对于零部件及料箱的精细化管理要求。针对以上业务痛点，公司采用了适用于特定物流业务模式的物联自组网技术作为整体数字化解决方案，通过在料箱上安装物联终端，实现数据自动采集；通过在仓库节点安装基站，实现数据自动传输；将采集到的物联数据汇总到上位系统，供业务使用方进行分析；建立用户空满箱数字化管理系统，并参考借鉴数据中台建设理念，与企业 ERP 及各业务应用系统互联互通，实现供应链入厂物流全过程空满箱数据采集及监控，不断提升管理能级，助力供应链运作质量提升。

青岛啤酒基于一物一码技术搭建的码智联数据管理平台，功能涵盖了原材料供应、工厂生产、产品流通、市场稽查、消费者活动等多个业务环节，统一了数据标准，避免产生数据孤岛，同时也实现了产品的全生命周期管理。公司通过平台与现有 WMS、PTS、ERP 等系统的对接，对 IT 基础架构进行了一次梳理和调整；以减少数据割裂、数据冲突、数据应用重复建设为目标，对码相关数据进行了集中管理与应用处理，整合了全链路业务数据，累积形成企业数据资产，为决策提供可靠依据。

四、平台数字化助力提高物流服务水平，降低物流综合成本

（一）产业互联网平台数字化打造能源物流新生态圈

能源供应链行业作为关乎民生、影响国家经济主动脉的重点行业，涉及传统能源及

新能源的全流程供应，因能源产品属性特殊、上下游参与方众多、交易流程复杂、运输及仓储要求多、信息流不透明、信用建立难等，一直存在诸多亟待解决的行业难题。上海华能电子商务有限公司研发的能源智慧供应链产业互联网平台通过打通数据要素流通路径，实现多场景、多环节的数据融合，给客户提供全面的数字化供应链综合服务：对内整合生产、营销、人资、财务等各应用系统数据，构建企业级数据湖，建立数据存储转化高效、应用场景清晰开放的数据平台，赋能供应链业务快速发展；对外在华为云平台上快速构建系统，以大数据、云计算的方式对接产业链上各类企业外部系统，获取物资生产供应及物流仓储情况，打通智慧供应链物流、金融等模块，健全平台服务体系，助力公司实现降本增效的目标。

（二）网络货运平台管理端智能化操作应用

运输监控系统是网络货运平台必须具备的功能之一。目前，对于运输监控中的操作不规范和疑似存在问题的事件，尽管已有预警，但对预警的及时介入及完结逻辑设定不够全面。满易科技公司的"满易云镜"项目团队系统独创的运输监控六字方法论（摘、达、装、运、抵、卸），覆盖了对实际承运人线上摘单至司机确认卸货阶段的三项重点工作要求（提货监控、在途监控和卸货监控）。在此基础上，"满易云镜"与互联网、车联网、云计算、大数据、电子围栏等技术相结合，通过动态监控、实时预警，辅以 7×24 小时的运输监控人工介入服务，真正实现了对平台全量业务的运单轨迹全覆盖和运输过程全监控，从而达到了运输监控可视化、智能化、实时化的目的，进一步保障了运输安全，

并与客户定制化监控需求相结合，协助客户做好运输管理。

兰州新区商投集团作为新区地方铁路运营主体，定制开发的"智慧网络货运平台"，是完整的在线物流运输平台，结合业务流程，管理订单全过程，并通过运用移动互联网技术和云计算，让货主方、商投集团及承运商三方都可以实时在线查看所有物流运输过程中的信息，从而实现全程可视化管理，提高物流组织效率，有效降低运输成本。

五、人工智能（AI）机器人在物流领域的创新应用

末端配送又称"最后一公里配送"，它是物流配送的最后一个环节，是实现物品从物流企业转移到消费者手中的关键环节。随着快递行业竞争压力的不断增大，各快递企业都在顺应数智化的形势，不断用各类智能化解决方案完善末端配送管理。顺丰快递管家通过到客户总部实地调研，整合多种解决方案，打造无人收派管理，进行有序包裹派送，帮助企业节省分派快递的人力成本，为员工收取快递提供便利。顺丰快递管家为客户打造了一站式快递解决方案——"智能收发系统+企业服务平台线上线下融合"。在顺丰快递管家标准化解决方案的基础上，首次提出了软硬件结合的灵活式操作模式，帮助客户高效完成快递发件收件的统一管理。顺丰快递管家可结合客户具体情况，通过系统链接 AI 机器人、高拍仪、灯条等智能硬件，实现软件和硬件的互联互通，快速输出标准化、产品化方案。

为加强对港区集装箱危险品堆场的合理合规化管控，福州港务集团试验性地打造了全国首个危货堆场智能巡检机器人，该机器人基于

5G 技术、AI、高精度差分定位、视频识别、数据分析等技术，通过智能化手段实现港区集装箱危险品堆场的自动巡防、危险源监测和危险预警等功能，确保港区危险品区域的人、货安全，为港区的安防提供新动能。

六、物流技术加速企业实现数字化、智能化运营

（一）大数据助力建筑业打造供应商管理智能化平台

在数字化浪潮下，建筑业亟须借助数字技术手段进行转型升级。建筑企业供应商管理存在供应商数量巨大，信息准确性、真实性难以保障，供应商围标、串标，供应商选择风险、供应商履约风险等问题。大数据在供应商管理中的应用主要基于大数据的获取能力、分析能力和预测能力。建筑企业通过收集其在运行及生产管理过程中产生的海量数据，采用一定的技术手段或智能算法，获取有价值的信息，再运用相关大数据分析技术，基于对数据资源的有效整合，建立决策模型，对市场或供应商行为进行预测，一方面帮助企业优化采购决策，减少采购过程中的资源和成本浪费，另一方面帮助建筑企业和供应商确定合适的库存水平，缩短市场响应时间，实现利润增长。基于大数据的预测能力还可以帮助建筑企业合理规避风险，提升其危机处理与风险应对能力。鲁班公司打造的供应商管理智能化平台应用规范了供应商管理体系，从根源上解决了信息不对称的问题，并且在供应商的对接环节上也具备了监督、审查等功能；提高了相关工作人员的效率，实现线上需求计划、采购方案审核和部门间的信息交互；为采购项目提供企业关联查询，为中标供应商提供风险监控和预警服务，

提升了采购效率、降低了履约风险。

（二）区块链技术助力物流信息存证平台，实现数据可靠共享

湖北港口集团建设的"云上多联"平台利用区块链技术实现多式联运一单制、全程跟踪、凭证追溯等，解决跨业务单位的信息互动，支持互动操作和多式联运协同作业；基于物联网技术，研发智能签章设备并投入使用；基于"云上多联"沉淀数据，结合第三方数据（如企查查、人行征信、中登网、发票查询），利用大数据分析技术，搭建企业信评风控模型，完成对交易双方的全面画像，保障交易安全性，为金融服务提供可靠的征信支撑。

七、物流装备创新应用

高效合理的仓储物流系统可以帮助企业加快物资流动的速度，降低成本，保障生产顺利进行。中外运物流华东有限公司规划人机协同的智能化仓库解决方案，建立高密度托盘与箱式立体库，并打造推广应用示范项目。公司借助 AI 视觉识别技术，通过手持终端对入库货物信息进行分类别采集，与 WMS 交互，完成收货任务；借助穿梭车与提升机设备实现三维空间内任意货位的上下架任务；借助 AI 定位识别技术，通过视觉天眼实时监测仓库区域点位信息，辅助自动化设备之间信息交互；借助 5G/无线网络实现数据实时上传，有效保证仓库管理各个环节数据输入的速度和准确性。

八、绿色低碳物流发展的新突破

作为电力企业物资全生命周期末端，报废物资一直是电力企业管理的重要环节。其中，废旧物资的足量回收及高效消纳工作要求，与资产处置的经济性有着重要的联系，物资拆

除、报废申请、入库交接、盘活利用等环节的工作质量，直接影响着废旧物资处置收益。大有余杭分部（凯达）提出了废旧物资绿色逆向物流数字化供应链，简称"废旧物资绿色逆向物流"，打造废旧物资处置全流程信息线上精

益管控、线下主动回收处理、废旧归仓智能监管的可视、可查、可控数字体系。

（中国物流与采购联合会网络事业部　晏庆华　王盼盼）

2023 年中国物流标准化

2023 年，全国标准化工作以习近平新时代中国特色社会主义思想为指导，全面贯彻党的二十大精神，认真落实中央经济工作会议和党中央、国务院决策部署，扎实推进中国式现代化，深入实施《国家标准化发展纲要》，紧紧围绕扩大内需和深化供给侧结构性改革，服务构建全国统一大市场，优化标准供给，强化标准实施，加快构建推动高质量发展的标准体系，努力提升标准化治理效能，为全面建设社会主义现代化国家开好局起好步提供标准支撑。

2023 年，标准化工作的重点有以下几个方面。一是加强新兴技术领域标准研制，加快科技成果转化步伐；二是提升产业标准化水平，支撑现代化产业体系；三是完善绿色发展标准化保障，助力美丽中国建设；四是织密筑牢标准安全网，切实统筹发展和安全；五是强化民生领域标准供给，助力提高人民生活品质；六是加强标准化国际合作，稳步扩大标准制度型开放；七是深化标准化改革创新，激发标准化发展内生动力；八是健全标准化工作体系，不断夯实标准化发展基础。

一、标准化工作概况

据全国标准信息公共服务平台数据统计，2023 年共计发布国家标准 1688 项，备案行业标准 4219 项，备案地方标准 11230 项。截至 2023 年年底，我国现行有效国家标准累计达到 43921 项，行业标准达 82033 项，地方标准达 73131 项。2023 年，国家标准项目计划新增 3967 项；在全国团体标准信息平台注册的社会团体新增 1387 家，团体标准新增 23162 项。截至 2023 年 12 月底，累计共有 8445 家社会团体在全国团体标准信息平台注册，共计公布 74240 项团体标准。2023 年在企业标准信息公共服务平台新增公示企业 70175 家，新增声明公开标准信息 543809 项；截至 2023 年 12 月底，累计已公示企业 472459 家，累计声明公开标准信息 3165625 项。

二、物流标准化相关政策

标准化以及物流标准化工作一直受到国家高度重视。2023 年，与物流标准相关的政策文件，重点关注物流业基础通用标准以及促进物流的提质增效、保障民生领域流通效率、支撑重点产业发展、助力绿色低碳目标方面的标准　　化。2023 年物流标准化相关政策如表 1 所示。

表 1　　　　　　　　　　　　　　　　物流标准化相关政策

序号	文件名称	相关要求
1	《国家发展改革委办公厅 国家统计局办公室关于加强物流统计监测工作的通知》	国家发展改革委将组织开展企业物流成本统计调查试点，选择若干代表性企业，在现有相关标准制度基础上，研究建立适合我国国情的企业物流成本统计调查制度，更好地服务物流高质量发展
2	《国家发展改革委 市场监管总局关于进一步加强节能标准更新升级和应用实施的通知》	各地区、各有关部门和行业要高度重视节能标准化工作，依法加快推进节能标准更新升级、切实加强节能标准应用实施，不断夯实节能工作基础，为积极稳妥推进碳达峰碳中和、加快发展方式绿色转型提供有力支撑
3	《碳达峰碳中和标准体系建设指南》	支撑能源、工业、交通运输、城乡建设、农业农村、林业草原、金融、公共机构、居民生活等重点行业和领域实现绿色低碳发展，推动实现各类标准协调发展
4	《加强消费品标准化建设行动方案》	强化物流标准体系建设。顺应高效现代物流产业发展，结合各类消费品自身特点，明确主要消费品物流标准特殊要求。加强无人化、数字化、智能化技术在消费品配送与管理中的应用与标准制定。加快 1.2 米×1.0 米尺寸标准托盘、0.6 米×0.4 米尺寸标准物流周转箱（框）推广应用和循环共用，大力发展单元化物流。 加强再生资源利用标准研制。加快制定消费品回收利用相关标准，推动再生利用产品标识标准在再生塑料、再生纺织品等领域的应用，加快构建循环经济发展标准支撑体系，加快推进废旧纺织品循环利用等标准研制
5	《中央财办等部门关于推动农村流通高质量发展的指导意见》	加快农村流通标准制修订，健全基础通用和产业共性技术标准体系，推动农村商贸、交通、物流领域基础设施、装载工具、票证单据、作业规范等相互衔接和应用，推进标准互认和服务互补，促进各运输方式、各物流环节有机衔接。 抓紧修订快递服务标准，更好地匹配农村快递服务需求。进一步完善农产品生产、采收、分等分级、初加工、包装、标识、储藏保鲜等标准体系，大力发展订单农业，促进农产品生产流通协同发展

续　表

序号	文件名称	相关要求
6	《交通运输部　商务部　海关总署国家金融监督管理总局　国家铁路局中国民用航空局　国家邮政局中国国家铁路集团有限公司关于加快推进多式联运"一单制""一箱制"发展的意见》	推广应用集装箱多式联运运单等标准。 健全完善集装箱相关多式联运货物积载等标准。 建立健全各方互认互信的多式联运业务组织流程、运输安全管理等制度标准。 健全多式联运单证格式、服务要求、业务流程、数据交换等方面技术标准，加快修订多式联运运单、电子运单等标准，推动基于区块链技术的多式联运单证标准研究，统筹做好与国际标准的对接，逐步完善多式联运"一单制"标准体系
7	《深入推进快递包装绿色转型行动方案》	到2025年年底，快递绿色包装标准体系全面建立。 加快出台限制快递过度包装的强制性标准。突出减量化要求，加快制修订快递包装绿色产品、可循环快递包装等重点领域标准。开辟绿色通道，提高标准制修订效率和质量

三、物流标准化工作开展情况

（一）物流标准化技术组织保障力量进一步加强

技术委员会是标准化工作的主要力量。目前，我国经国家市场监管总局（国家标准化管理委员会）批准设立的与物流相关的全国性技术委员会有16个，涵盖了设施设备、交通运输、物流、物流信息等。16个物流领域相关技术委员会情况如表2所示。

表2　　16个物流领域相关技术委员会

行业主管部门	序号	标准化技术委员会	编号	管理标准层级
国家市场监管总局（国家标准化管理委员会）	1	全国物流信息管理标准化技术委员会	TC267	国家标准
	2	全国物流标准化技术委员会	TC269	国家标准
	3	全国集装箱标准化技术委员会	TC6	国家标准
国家发展改革委	—	全国物流标准化技术委员会	TC269	行业标准
工业和信息化部	4	全国信息技术标准化技术委员会自动识别与数据采集技术分技术委员会	TC28/SC31	国家标准/行业标准
	5	全国包装标准化技术委员会	TC49	国家标准/行业标准
	6	全国自动化系统与集成标准化技术委员会	TC159	国家标准/行业标准
	7	全国物流仓储设备标准化技术委员会	TC499	国家标准/行业标准

续　表

行业主管部门	序号	标准化技术委员会	编号	管理标准层级
交通运输部	8	全国道路运输标准化技术委员会	TC521	国家标准/行业标准
	9	全国智能运输系统标准化技术委员会	TC268	国家标准/行业标准
	10	全国港口标准化技术委员会	TC530	国家标准/行业标准
	11	全国汽车标准化技术委员会 挂车分技术委员	TC114/SC13	国家标准/行业标准
	—	全国集装箱标准化技术委员会	TC6	行业标准
	12	全国综合交通运输标准化技术委员会	TC571	国家标准/行业标准
商务部	13	全国国际货运代理标准化技术委员会	TC489	国家标准/行业标准
国家粮食 和储备局	14	全国粮油标准化技术委员会 粮食储藏及流通分技术委员会	TC270/SC3	国家标准/行业标准
国家邮政局	15	全国邮政业标准化技术委员会	TC462	国家标准/行业标准
中国民航局	16	全国航空运输标准化技术委员会	TC464	国家标准/行业标准

其中，全国物流标准化技术委员会下设6　个分技术委员会，分技术委员会如表3所示。

表3　　　　　　　　　全国物流标准化技术委员会分技术委员会

序号	分技术委员会/工作组	秘书处承担单位	工作范围
1	物流作业分技术委员会（TC269/SC1）	中国仓储与配送协会	物流领域中物流作业通用及专用规范等领域的国家标准制修订工作
2	托盘分技术委员会（TC269/SC2）	中国物流与采购联合会托盘专业委员会	物流系统中托盘的设计、生产、应用等国家标准制修订工作。与ISO/TC51"单元货物搬运用托盘"相关联
3	第三方物流服务分技术委员会（TC269/SC3）	上海市质量和标准化研究院	第三方物流服务程序、内容、质量要求等领域的国家标准制修订工作
4	冷链物流分技术委员会（TC269/SC5）	中国物流技术协会	物流领域中冷链物流技术、服务、管理等国家标准制修订工作。与ISO/TC315"冷链物流"相关联
5	仓储技术与管理分技术委员会（TC269/SC6）	湖北物资流通技术研究所	仓储技术与管理领域的国家标准制修订工作
6	医药物流分技术委员会（TC269/SC7）	中国物流与采购联合会	药品、医疗器械等医药物流领域国家标准制修订工作

物流标准化技术组织的健全和发展，为物流标准化工作奠定了坚实的组织保障。

（二）物流标准体系持续完善

根据《物流标准化中长期发展规划（2015—2020年）》，我国确定了以基础通用类、公共类和专业类物流标准为主体结构的物流标准体系框架。16个物流相关领域的标准化技术委员会均已建立了工作范围内的标准体系，持续推动了物流设施设备、专业物流服务、交通运输、仓储配送、快递物流等领域标准化工作快速发展，我国物流标准体系持续完善。

（三）物流标准制修订工作稳步推进，重点领域标准研制进一步加强

据中国物流与采购联合会、全国物流标准化技术委员会发布的《物流标准目录手册》（2023版），截至2023年12月底，我国现行物流相关领域国家标准754项、行业标准551项，共计1305项。其中2023年发布物流国家标准57项，备案的行业标准25项，标准制修订工作稳步推进。2023年发布的物流国家标准汇总如表4所示，2023年备案的物流行业标准汇总如表5所示。

表4　　　　　　　　　　　　　2023年发布的物流国家标准汇总

序号	标准编号	标准名称	代替标准
1	GB/T 42482—2023	生鲜银耳包装、贮存与冷链运输技术规范	
2	GB/T 42390—2023	快递包装分类与代码	
3	GB/T 17271—2023	集装箱运输术语	GB/T 17271—1998
4	GB/T 17894—2023	集装箱 自动识别	GB/T 17894—1999
5	GB/T 1413—2023	系列1集装箱 分类、尺寸和额定质量	GB/T 1413—2008
6	GB/T 42494—2023	国际道路货运枢纽功能配置及基本要求	
7	GB/T 11601—2023	集装箱进出港站检查交接要求	GB/T 11601—2000
8	GB/T 1992—2023	集装箱术语	GB/T 1992—2006
9	GB/T 16561—2023	集装箱设备交接单	GB/T 16561—1996
10	GB/T 42500—2023	即时配送服务规范	
11	GB/T 42503—2023	农产品产地冷链物流服务规范	
12	GB/T 42501—2023	逆向物流服务评价指标	
13	GB/T 42502—2023	医药物流质量管理审核规范	
14	GB/T 5338.1—2023	系列1集装箱 技术要求和试验方法 第1部分：通用集装箱	GB/T 5338—2002
15	GB/T 17272.1—2023	集装箱在船舶上的信息 第1部分：箱位坐标代码	GB/T 17272.1—1998
16	GB/T 17272.2—2023	集装箱在船舶上的信息 第2部分：电传数据代码	GB/T 17272.2—1998
17	GB/T 18433—2023	航空货运保温集装箱热性能要求	GB/T 18433—2001

续　表

序号	标准编号	标准名称	代替标准
18	GB/T 42684—2023	集装箱电子箱封技术规范	
19	GB/T 17343—2023	包装容器 金属方桶	GB/T 17343—1998
20	GB/T 42723—2023	国际贸易业务流程规范 电子国际公路货物运输托运单	
21	GB/T 42725—2023	国际贸易业务流程规范 经核实的载货集装箱总质量	
22	GB/T 8226—2023	道路运输术语	GB/T 8226—2008
23	GB/T 42811—2023	港口集装箱作业系统技术要求	
24	GB/T 42774—2023	跨境电子商务供应链质量安全管理指南	
25	GB 18597—2023	危险废物贮存污染控制标准	GB 18597—2001
26	GB/T 42894—2023	应急药材包装要求	
27	GB/T 23220.1—2023	烟叶储存保管方法 第1部分：原烟	部分代替：GB/T 23220—2008
28	GB/T 23220.2—2023	烟叶储存保管方法 第2部分：片烟	GB/T 23220—2008
29	GB/T 42928—2023	逆向物流服务良好行为规范	
30	GB/T 42937—2023	快件高铁运输信息交换规范	
31	GB/T 26945—2023	集装箱空箱堆高机	GB/T 26945—2011
32	GB/T 28580—2023	口岸物流服务质量规范	GB/T 28580—2012
33	GB/T 30335—2023	药品物流服务规范	GB/T 30335—2013
34	GB/T 43047—2023	物流机器人 控制系统接口技术规范	
35	GB/T 43133.1—2023	运输包装 可重复使用的塑料周转箱 第1部分：通用要求	
36	GB/T 43145—2023	绿色制造 制造企业绿色供应链管理 逆向物流	
37	GB/T 43168—2023	生猪运输管理技术要求	
38	GB/T 43260—2023	进口冷链食品追溯 追溯信息管理要求	
39	GB/T 43265—2023	进口冷链食品追溯 追溯系统数据元	
40	GB/T 43268—2023	进口冷链食品追溯 追溯体系通则	
41	GB/T 5338.2—2023	系列1集装箱 技术要求和试验方法 第2部分：保温集装箱	GB/T 7392—1998
42	GB 13392—2023	道路运输危险货物车辆标志	GB 13392—2005
43	GB 16994.4—2023	港口作业安全要求 第4部分：普通货物集装箱	GB 11602—2007
44	GB 29753—2023	道路运输 易腐食品与生物制品 冷藏车安全要求及试验方法	GB 29753—2013

续 表

序号	标准编号	标准名称	代替标准
45	GB 43352—2023	快递包装重金属与特定物质限量	
46	GB/T 1835—2023	系列1集装箱 角件技术要求	GB/T 1835—2006
47	GB/T 5338.4—2023	系列1集装箱 技术要求和试验方法 第4部分：无压干散货集装箱	GB/T 17274—1998
48	GB/T 5338.5—2023	系列1集装箱 技术要求和试验方法 第5部分：平台和台架式集装箱	GB/T 16564—1996
49	GB/T 17273—2023	集装箱 设备数据交换 一般通信代码	GB/T 17273—2006
50	GB/T 17382—2023	系列1集装箱 装卸和栓固	GB/T 17382—2008
51	GB/T 3716—2023	托盘术语	GB/T 3716—2000
52	GB/T 43290—2023	电子商务逆向物流通用服务规范	
53	GB/T 43291—2023	跨境电子商务海外仓运营管理要求	
54	GB/T 20001.8—2023	标准起草规则 第8部分：评价标准	
55	GB/T 43283—2023	快递循环包装箱	
56	GB/T 43380—2023	自动化干散货码头综合管控系统技术要求	
57	GB/T 42816—2023	快递服务资产配置与管理要求	

表5　　　　　　　　　　　　2023年备案的物流行业标准汇总

序号	标准号	标准名称	发布单位
1	JT/T 1462—2023	系列2集装箱 装卸和栓固	交通运输部
2	JT/T 1463—2023	系列2集装箱 代码、识别和标记	交通运输部
3	NY/T4285—2023	生鲜果品冷链物流技术规范	农业农村部
4	NY/T 4286—2023	散粮集装箱保质运输技术规范	农业农村部
5	NY/T 4287—2023	稻谷低温储存与保鲜流通技术规范	农业农村部
6	JT/T 1476—2023	台架式集装箱运输卷钢类货物技术规范	交通运输部
7	GH/T 1416—2023	棉花包装用纯棉布包装袋	中华全国供销合作总社
8	WB/T 1130—2023	物流大数据共享系统功能通用要求	国家发展改革委
9	WB/T 1131—2023	汽车零部件入厂物流 质损判定及处理规范	国家发展改革委
10	WB/T 1132—2023	电动汽车动力蓄电池物流服务规范	国家发展改革委
11	WB/T 1133—2023	企业应急物流服务能力评估指标	国家发展改革委
12	WB/T 1134—2023	物流企业绿色物流评估指标	国家发展改革委
13	WB/T 1135—2023	物流企业温室气体排放核算与报告要求	国家发展改革委
14	WB/T 1136—2023	新能源汽车废旧动力蓄电池 物流追溯信息管理要求	国家发展改革委
15	WB/T 1137—2023	轻型穿梭式货架	国家发展改革委

续　表

序号	标准号	标准名称	发布单位
16	WB/T 1138—2023	智能仓储管理规范	国家发展改革委
17	DL/T 1071—2023	电力大件运输规范	国家能源局
18	TB/T 30008—2023	铁路危险货物运输技术要求	国家铁路局
19	TB/T 30009—2023	铁路货物装卸安全技术要求	国家铁路局
20	JT/T 1485.1—2023	自动化集装箱起重机远程操控安全作业规程 第1部分：岸边集装箱起重机	交通运输部
21	JT/T 1485.2—2023	自动化集装箱起重机远程操控安全作业规程 第2部分：集装箱门式起重机	交通运输部
22	JT/T 1172.2—2023	系列2集装箱 技术要求和试验方法 第2部分：保温集装箱	交通运输部
23	JT/T 1172.3—2023	系列2集装箱 技术要求和试验方法 第3部分：液体、气体及加压干散货罐式集装箱	交通运输部
24	JT/T 1172.4—2023	系列2集装箱 技术要求和试验方法 第4部分：无压干散货集装箱	交通运输部
25	JT/T 1172.5—2023	系列2集装箱 技术要求和试验方法 第5部分：平台和台架式集装箱	交通运输部

2023年，在智慧物流、绿色物流、冷链物流、物流园区等重要领域的标准研制进一步加强，这些标准的制定对于推进企业提质增效降本，推动行业高质量发展，提升行业的高效、安全、韧性具有重要意义。2023年立项的重要领域标准如表6所示。

（四）物流标准宣贯与实施颇有成效

2023年，全国范围内的物流各相关行业和领域，全面开展了物流标准的宣贯与实施。

2023年，全国物流标准化技术委员会举办了9期"中国物流标准大讲堂"，通过"中物联教育培训"视频号、小鹅通直播号对新近发布的国家标准进行在线宣贯，参加人数总计17000余人。所有大讲堂课程均可无限制观看回放，并制作成"标准云课"，收录到中国物流与采购联合会"国家标准解读视频"专栏。

中国物流与采购联合会、全国物流标准化技术委员会还编制、发布了《物流标准目录手册》（2023版），收集、整理了我国已颁布的现行物流国家标准、行业标准目录；发布了12期《物流标准化动态》电子刊，收集整理当月标准化工作动态、物流相关标准制修订情况、物流标准相关政策及资讯。此外，物流标准解读文章和解读小视频、标准培训、"标准进校园"活动、"标准走进企业"等宣贯也广泛开展。

在标准的实施与应用方面，依据《物流企业分类与评估指标》（GB/T 19680—2013）开展的评估工作，2023年共评出25家5A级物流企业，257家4A级物流企业，303家3A级物流企业，93家2A级物流企业，18家1A级物流企业，已累计评出9962家A级物流企业；依据《担保存货第三方管理规范》（GB/T 31300—2014）、《质押监管企业评估指标》（SB/T 10979—2013）开展的评估工作，2023年共评出担保存货管理及质押监管企业5家，复核企业 3 家，累计共评出 141 家担保存货管理及质押监管企业；依据《物流企业冷链服务要求与能力评估指标》（GB/T 31086—2014），2023 年共评出 49 家星级冷链物流企业，已累计评出 179 家星级冷链企业；2023 年开展了《食品冷链物流交接规范》（GB/T 40956—2021）国家标准试点工作，18 家企业成为首批试点单位。

（五）企业参与标准化工作积极性显著提升

2023 年，我国物流企业参与标准制修订工作的积极性显著提升，据全国物流标准化技术委员会统计，截至 2023 年 9 月，在我国 1628 项物流国家及行业标准中，70% 的物流国家标准、61% 的物流行业标准均有企业参与起草。

2023 年，物流领域企业标准"领跑者"工作持续开展。中国物流与采购联合会在"物流服务"领域开展综合物流服务、平托盘、托盘租赁服务、零担货物道路运输服务、整车货物道路运输服务、网络货运服务、食品冷链物流服务、药品冷链物流服务 8 个产品/服务的企业标准"领跑者"评估，共有 51 家物流企业获评企业标准"领跑者"。据 2023 年 6 月国家市场监管总局印发的《2023 年度实施企业标准"领跑者"重点领域》中，"冷藏车道路运输""城市配送""通用仓储""快递服务"也名列其中。

表 6   2023 年立项的重要领域标准

序号	领域	标准项目	项目计划号	标准层级	制/修订	归口标委会
1		物流企业数字化 第 1 部分：通用要求	20231871-T-469	国家标准	制定	全国物流信息管理标准化技术委员会
2		物流仓储设备 自动导引车 安全规范	20230619-T-604	国家标准	制定	全国物流仓储设备标准化技术委员会
3		物流企业碳排放数据的数字化管理指南	20232558-T-469	国家标准	制定	全国物流信息管理标准化技术委员会、全国碳排放管理标准化技术委员会
4	智慧物流	智能运输系统 通用术语	20232733-T-469	国家标准	修订	全国智能运输系统标准化技术委员会
5		智能运输系统 体系结构服务	20232869-T-469	国家标准	修订	全国智能运输系统标准化技术委员会
6		智能运输系统 自适应巡航控制系统 性能要求与检测方法	20233073-T-469	国家标准	修订	全国智能运输系统标准化技术委员会
7		交通运输二维码应用规范	JT2023-122	行业标准	制定	交通运输信息通信及导航标准化技术委员会
8		交通运输行业电子证照数据交换与应用服务要求	JT 2023-116	行业标准	制定	交通运输信息通信及导航标准化技术委员会

续　表

序号	领域	标准项目	项目计划号	标准层级	制/修订	归口标委会
9	绿色物流	城市绿色货运配送评估技术要求	20232530-T-348	国家标准	制定	全国道路运输标准化技术委员会
10		道路运输企业节能低碳评价方法	JT 2023-13	行业标准	修订	全国道路运输标准化技术委员会
11	冷链物流	冷链物流统计指标体系	20232452-T-469	国家标准	制定	全国物流标准化技术委员会
12		药品冷链物流追溯管理要求	20232390-T-469	国家标准	制定	全国物流标准化技术委员会
13		物流企业冷链服务要求与能力评估指标	20232457-T-469	国家标准	修订	全国物流标准化技术委员会
14		水产品冷链物流服务规范	20232451-T-469	国家标准	修订	全国物流标准化技术委员会
15		医药产品冷链物流温控设施设备验证　性能确认技术规范	20232423-T-469	国家标准	修订	全国物流标准化技术委员会
16		乳品冷链物流服务规范	303-2023-001	行业标准	制定	全国物流标准化技术委员会
17		肉与肉制品冷链物流作业规范	303-2023-006	行业标准	修订	全国物流标准化技术委员会
18		冷藏集装箱智能终端技术规范	JT 2023-69	行业标准	制定	全国集装箱标准化技术委员会
19	物流园区	物流中心作业通用规范	20232456-T-469	国家标准	修订	全国物流标准化技术委员会
20		物流园区统计指标体系	20232455-T-469	国家标准	修订	全国物流标准化技术委员会

　　企业参与标准化的积极性越来越高,形成了政府引导、企业响应的物流标准化工作新局面。

　　(六)物流国际标准化工作取得重大突破

　　2023年,由我国主导申请的首个物流领域国际标准化技术委员会"Innovative Logistics"(ISO/TC 344,创新物流)正式成立,秘书处设在中国,这是我国物流产业迈向世界的重要里程碑,将为我国积极参与全球物流标准制定、推动我国物流业与国际接轨、提升我国物流技术和服务水平等创造新的发展机遇,将进一步促进我国物流行业的创新发展、助力全球经贸往来、加快构建国内国际双循环的新发展格局。

2023 年，在 ISO/TC 51（托盘）、ISO/TC297（废物收集及运输管理）、ISO/TC 315（冷链物流）3 个物流领域的国际标准化组织中，我国专家共参加了 9 项国际标准研制。其中，2023 年 6 月由我国提出的 ISO/AWI TS 31514 Requirements and Guidelines for Food Traceability in Cold Chain Logistics，是中国在 TC 315 提案的第 3 项国际标准项目。2023 年立项的重要领域标准汇总如表 7 所示。

表 7　　　　　　　　　　　　　　2023 年立项的重要领域标准汇总

序号	标准项目	技术委员会	备注
1	ISO/DIS 8611-1 Pallets for materials handling— Flat pallets — Part 1: Test methods	ISO/TC 51	
2	ISO/DIS 8611-2 Pallets for materials handling— Flat pallets — Part 2: Performance requirements and selection of tests	ISO/TC 51	
3	ISO/AWI 18995 Flat Plastic Pallets for Petrochemical Industries	ISO/TC 51	
4	ISO/DIS 13155 Refuse Collection Vehicles— Terminology of Main Functional Components & Performance Indicators	ISO/TC297	中国提出
5	ISO/WD 31510 Cold chain terminology	ISO/TC 315	中国提出
6	ISO/DIS 31511 Requirements for contactless delivery services in cold chain logistics	ISO/TC 315	中国提出
7	ISO/DIS 31512 Cold chain logistics services in B to B sector— Requirements for low temperature storage services and low temperature transport services	ISO/TC 315	
8	ISO/WD 31513 Temperature validation methods of temperature-controlled storages and road vehicles	ISO/TC 315	
9	ISO/AWI TS 31514 Requirements and Guidelines for Food Traceability in Cold Chain Logistics	ISO/TC 315	中国提出

此外，在国家标准委的要求下，2023 年物流国家标准外文版工作也取得了较大进展。全年，全国物流标准化技术委员会组织完成了《物流术语》等 9 项国家标准外文版的翻译、审查和报批。

2023 年的物流标准化工作虽然在贯彻落实《国家标准化发展纲要》《"十四五"现代物流发展规划》方面取得了一定进展，但仍存在以下不足。

（1）从基础性工作来看，一是基础性、理论性研究薄弱，对行业新发展、新趋势、新技术应用的标准制定和转化不足；二是国际标准化研究不足，中国标准走出去还任重道远；三是在物流和标准化两方面均擅长的人才队伍尚薄弱，尤其还缺少懂国际标准化规则、外语较好的国际标准化人才。

（2）从标准的制修订来看，一是存在着部分标准空白；二是重点领域标准制修订不成体系；三是标准间的协调一致性不足；四是标准的科学验证不足。

（3）从标准的实施应用来看，一是重要标准实施推广不足，标准落地方式单一；二是标准实施效果的跟踪评价不足。

未来，物流标准化工作将继续围绕《国家标准化发展纲要》《"十四五"现代物流发展规划》及相关细分领域的政策要求，展开相关工作。

（中国物流与采购联合会标准化工作部）

第八部分

物流业部分经典案例

积极打造绿色物流 携手共建 "零碳未来"

近年来，气候变化是全球备受关注的议题，极端气候事件的发生频率和强度正在增加，影响着人类、经济和社会。为实现《巴黎协定》的净零排放目标，全球碳中和蓝图逐渐铺开。

2020年，我国以大国担当的姿态，在应对气候变化新征程上展示出前所未有的决心，提出了2060年前实现国家碳中和的伟大目标。顺丰深刻认识到践行绿色发展的重要意义。作为一家肩负社会责任的企业，顺丰一直致力打造可持续发展的物流供应链服务，希望能以身作则，通过企业运营的优化与升级，对全行业乃至全社会带来积极影响。顺丰以保护环境、节能减排为目标，不断完善环境管理体系，通过推进低碳运输、打造绿色产业园、践行可持续绿色包装以及绿色科技应用等举措，实现覆盖物流全生命周期的绿色管理，积极打造可持续物流。2022年，顺丰减少温室气体排放量达1557816.4tCO2e。

一、推进低碳运输

为了降低运输过程中对环境的影响，提升能源使用效率，顺丰持续推进运输环节的绿色低碳转型。

（一）绿色陆运

陆路运输是顺丰提供物流服务的主要运输方式。持续优化运力用能结构，通过提升新能源车辆运力占比、优化燃油车辆选型、管控车辆油耗等方式来减少运输过程中的碳排放。此外，顺丰还搭建了能源管理平台实现用能数据管控，并采用大数据、云计算等科技手段进行运输线路优化，逐步推动陆路运输环节的节能减排工作。

1. 运力结构优化

顺丰通过自购、租赁等方式不断提升新能源车辆数量，持续扩大绿色车队规模。2022年新增投入运营使用的新能源车辆超过4900台，覆盖城市内普通及大件收派、短途干支线及接驳运输等场景。截至2023年上半年，顺丰累计投放新能源车辆超过29000辆，已覆盖234个城市。

对于长距离运输和北方寒冷地区运输的场景，顺丰进行氢燃料、LNG液化天然气车辆的试点引入。2022年，共有20台氢燃料供能的轻型卡车在上海地区运营，2 台 LNG 牵引车在北京地区运营。

此外，顺丰正积极探索车辆换电模式，开展新能源换电车型在干支线运输场景的应用研究，在提升充换电效率的同时，减少电池搭载数量，延长车辆续航里程。

2. 用能数据监控

顺丰通过新能源汽车系统管理平台对新能源车辆的日常数据进行实时监测，实现了车辆行驶里程、行驶时长、充电时长以及使用和充电时段分布的可视化数据分析。

2022 年，顺丰启动了自有充电平台系统的搭建。该系统将整合汇集公司自有及市场公用的充电桩资源，并能够实时更新充电桩资源分布，可及时高效地满足新能源车辆电力补充的需求。已于 2023 年完成系统建设并投入使用。

3. 燃油车辆置换

顺丰持续对传统燃油车辆进行选型优化与置换，通过提升车辆装载容积、置换高轴数车辆、清退高油耗车型等举措，提升能耗使用效率，减少燃油车辆的排放对环境造成的影响。2022 年，顺丰累计置换清退了超过 800 台燃油车辆。此外，通过车辆节能测试、规范供应商合作要求，筛选出符合业务场景且成本最优的车型配置，实现车辆品牌集中化管理。

4. 车辆油耗管控

顺丰制定了《营运车辆油耗包干方案》，根据业务场景确定油耗标准，明确油耗目标、细化油耗奖罚规则，实现对车辆的油耗管控。同时，顺丰还定期对驾驶员开展与油耗管控及节能减排相关的培训，提高驾驶员的节油意识，降低营运车辆燃油消耗水平。

5. 运输路径优化

顺丰智能地图赋能运输线路规划，减少过程能耗，通过结合快件需求的时效要求、距离等因素，采用智能算法提供最优解。同时，顺丰依托大数据分析和深度学习技术，整合货运线路和运力资源，提升陆地运输效率，实现车辆与货物的精准匹配。基于地理信息大数据提醒司机优化驾驶习惯，利用预见性导航和节油算法，减少运输能耗。

（二）绿色航空

顺丰严格遵守《中华人民共和国节约能源法》《广东省节约能源条例》等法律法规，持续完善能源管理制度体系。公司建立了《顺丰航空能源管理制度》，同时设有航空碳排放工作组，统筹推进航空运输模块的各项节能减碳工作。为保证碳排放数据的真实可靠性，满足监管机构的碳排放监测要求，顺丰每年邀请第三方核查机构对顺丰航空的温室气体排放数据进行核查，并出具核查报告。2022 年，顺丰航空通过民航局与生态环境部的碳排放核查，并开展环境内审，完成了年度 ISO 50001 能源管理体系认证。

1. 优化机型组成

顺丰致力打造低能耗高效率的"绿色机队"，自 2018 年起，顺丰积极引进 747、757、767 等大型货机。新购入的大型货机相较于传统的 737 货机，拥有满载情况下碳排放效率更高、吨公里油耗更低的优点。截至 2022 年年底，顺丰共有 77 架自有全货机。

2. 应用节油技术

顺丰通过飞行高度层优化、精细化业载、根据预测业载动态调配机型、二次放行、截弯取直和关断辅助动力装置等多项节能减排措施，减少燃油消耗。2022 年，顺丰通过截弯取直技术节约航空燃油量约 1234 吨，减少二氧化碳排放量约 $3742tCO_2e$，通过二次放行节约航空燃油量约 707 吨，减少二氧化碳排放量约 $2144tCO_2e$。

3. 线上燃油管理

顺丰搭建了航空燃油管理系统，该系统能够有效辅助监控航空燃油数据，可实现月度燃油消耗数据统计、节油项目动态监控，并通过系统内置精细化管理模块，提高飞行计划与实际运行的吻合度，全面提升运行品质。2022年，系统进一步完善了燃油数据统计功能，并完成了B747F飞机构型与燃油管理系统的适配工作。

4. 严防维修污染

针对飞机维修过程中产生的废弃机油，顺丰制定了《废弃油液管理规范》，对飞机维修过程中放出的废弃燃油、液压油及润滑油的处理进行明确规定，要求维修人员按照《危险品管理程序》对储存起来的废弃油液进行规范管理。

5. 升级节油激励

基于燃油管理系统的油耗数据统计功能，定期对签派员节油数据进行排名，便于签派员掌握自身节油水平，提高节油意识。2022年，顺丰更新了飞行和签派节油规则及飞行员激励标准，对飞行员的节能飞行实行绩效化管理，通过设置激励奖金，调动飞行员践行节油的积极性。

6. 优化地面车队

为达成"力争在2030年前实现航空基地场内车辆装备电动化率达100%"的目标，顺丰针对航空基地的实际情况，主动清退柴油、汽油客车，新增新能源传送带车、升降平台车、牵引车等特种车辆，逐步提高机场车辆电动化占比。

（三）打造绿色产业园

顺丰致力打造绿色产业园，通过铺设屋面光伏、优化仓库空间布局等多种方式，提高中转效率与节能效益，降低中转环节对环境的影响。顺丰针对园区管理工作制定了《物业设备管理制度》和《物业环境管理制度》，通过设备管理、安全管理、装修管理、环境管理等多个模块约束用水用电行为。2022年，顺丰更新《园区水电管理规定》《产业园设施设备维养管理指引》《产业园物业服务标准》，明确设施设备维护保养标准及流程，规范了园区水电管理。

为提升园区物业管理效率，顺丰搭建了物业系统，包含园区环境绿化、安防消防管理、设施设备维修检测等物业模块，已覆盖产业园所有运营园区。此外，顺丰不断加强清洁能源的使用，积极布局可再生能源发电计划。截至2022年年底，已完成9个产业园区的屋面光伏电站建设，光伏铺设面积9.5万平方米，总体装机容量达到13兆瓦以上，年发电量984.3万千瓦时。

（四）倡导绿色办公

顺丰建立《办公场地管理办法》《水电管理办法》等内部制度，积极推动绿色发展理念融入日常工作，鼓励员工践行低碳行为，共同营造绿色环保的办公环境，构建资源能源节约型企业。公司鼓励员工开展线上会议，减少不必要的差旅出行，倡导共享办公与常态化远程办公，实现节能减排。顺丰在运营过程中既不涉及大量水资源使用和废水排放，也不涉及易对水资源造成污染的产品及业务。

（五）践行可持续包装

顺丰顺应绿色包装发展趋势，坚定落实邮政业绿色发展"9917"工程的具体要求，加大包装材料研发的投入，寻求绿色包装材料的技术创新、变革与应用，并不断探索循环包装精细化运营，与产业链上下游合作，促进绿色包装发展。公司以可持续、智能化为方向，推行包装减量化、再利用、可循环、可降解。2022

年，顺丰通过推广绿色包装的使用，减少碳排放约 50.6 万吨。

1. 减量化包装

为了减少资源浪费和环境污染，顺丰加强源头管理，通过开展过度包装治理专项工作，发布《顺丰包装操作规范》，针对不同种类的托寄物细化包装操作要领，落实绿色包装要求。顺丰通过智慧包装服务平台持续优化包装方案库，并采用视频、图片等多种形式赋能快递小哥对不同类型托寄物进行合理包装，在保障快件安全的基础上，减少过度包装。2022 年，顺丰继续推行"丰景计划"，对胶袋、胶纸、贴纸、封条等 8 大类物料进行减量化、标准化、场景化创新研发，通过轻量化、减量化、可折叠等手段，减少塑料消耗。2022 年累计减少原纸使用约 4.7 万吨，减少塑料使用约 15 万吨。通过包装减量化措施，2022 年共计减少碳排放约 15 万吨。

2. 可循环包装

顺丰贴合不同业务场景，开发满足全场景、全功能应用的可循环包装容器，实现容器与载具之间标准化，达到降低损坏率、缩短操作时长、降低作业成本的目的。同时开发了智能化管理运营平台，辅助智能容器管理。顺丰针对不同行业和场景投用了保密运输箱、航空温控集装箱、易碎品循环中转箱、食品循环保温箱、医药循环围板箱等成熟产品，有效解决了传统包装和容器成本高、破损多、操作效率低、资源浪费等问题。2022 年，循环箱循环使用次数超过 3200 万次，贡献碳减排量 1.3 万吨。

3. 可降解包装

顺丰持续开展生物降解包装材料的研发，积极进行生物降解包装的技术储备，自主研发的全降解包装袋"丰小袋"已在全国推广应用，生物分解率可达 90% 以上。截至 2022 年底，"丰小袋"已在北京、广州等地累计投放超过 6251 万个。

此外，顺丰还对各类生物降解包装材料开展试点工作，包括可降解环保胶带、可降解缓冲物料等，逐步减少一次性不可降解塑料的使用，履行环境保护责任，践行可持续绿色包装。

4. 绿色包装标准制定

为配合国家邮政管理部门不断健全绿色包装相关法规标准政策体系的工作，顺丰积极参与快递包装相关的国家与行业标准制定工作。2022 年，顺丰作为核心企业参与编制了《电子商务物流可循环包装管理规范》和《邮件快件包装回收与循环指南》两项国家标准，致力推动快递包装绿色治理工作，促进包装资源循环利用，以达到减少环境污染和实现可持续发展的目标。

此外，顺丰还成立了包装实验室检测中心，专注于快递物流包装材料检测、包装方案安全验证评估以及包装标准创新研究工作，具备检测 45 个包装品类、超过 140 个测试标准、400 个项目的测试能力，已获得行业首批"邮政行业绿色包装技术研发中心"资质，并通过了 ISTA 认证（国际安全运输协会认证）和 CNAS（中国合格评定国家认可委员会）认证。

顺丰包装实验室检测中心不断加强基础研究力度，在功能性包装技术、生鲜保鲜温控、绿色化技术、包装碳排放评价、标准化方面，与数十所高校建立联系，构建专家资源库，开展多项研究课题，助力物流模式转型，并填补行业空白。

二、社会

成就人才队伍，助力员工成长。顺丰秉持

"人才是第一生产力"的理念，持续高度关注员工的成长和发展。2022年培训以全面推进人才队伍精益运营为核心：夯实"一个蓄水池"，从源头提升质量，加强对入职大学生的培养管理；聚焦"两条赛道"，升级管理队伍与专业队伍的管理体系；从端到端完善"三个底盘"，提供人才管理全流程的工具、流程、制度支持，打造可持续的人才生态，支撑业务发展需要。

（一）"丰云集训"助力提升后备职能部负责人通用领导力

"丰云集训"是2022年专为后备职能部负责人全新设计的通用领导力训练营，是深入研究工作中面临的挑战和问题，量身定制符合管理的混合式学习型项目。它聚焦根源、直击痛点、助力精准攀登，令中基层管理者快速成长为公司的基石。项目从"转角色""通管理""懂业务""强素质"四个方面，甄选企业内外部优质资源，通过线上线下授课、研讨、工作坊及标杆企业考察等形式，帮助学员提升后备准备度，以确保岗位有缺时能及时补上，上岗后也能快速开展工作。项目覆盖全网约300名后备学员，学习旅程为4~6个月，在项目实施过程中，采用了云上答疑、纵深交流等学习方式以及"品牌化"项目运作模式，保证了项目的整体效果，获得了学员一致好评。

（二）举办"顺丰杯"全国岗位技能大赛

为进一步激发前线员工钻研专业技能、提高服务质量水平、为客户提供优质服务的潜力，顺丰以"强技能，提质量，优服务"为主题举办首届"顺丰杯"全国岗位技能大赛，此项技能大赛是由顺丰集团首次统筹四岗位（收派、仓管、司机、中转）集中技能大赛，通过"线上+线下"模式，线上理论参赛人数42.2万人，员工参赛率72%；各地区择优推选优秀员工参加技能大赛，决出最后胜者。

（三）践行公益慈善，传递社会担当

顺丰积极履行企业社会责任，支持公益慈善，在医疗、教育、环保等多领域持续开展志愿公益活动；聚焦乡村振兴，以数字技术赋能乡村地区农业发展；支持稳产保供，利用自身供应链及科技优势保障生活物资快速运送，努力为建设和谐社会贡献一己之力。

顺丰是国内第一家将生鲜农产品以快递形式从农户手中直送城市消费者的快递物流企业，从此开启了从"田间"到"舌尖"的商业模式。一直以来，大量优质农产品在流通过程中遇到"易损坏、难包装、环节多、无法形成规模化"等问题，在市场推广中遇到"渠道少、形式单一、受众面小、无法形成品牌效应"等问题，久而久之，农户收效甚微，农产品创收盈利更无从谈起。把好的农产品运出去，把好的农产品品牌"运"出去，是顺丰坚持的助农思路。

在田间地头建设农产品集收点、研发投入适应小批量分拨的移动分拣车、建设贴近产地的生鲜预处理中心、针对众多生鲜品类设计专属包装、在特色农产品丰收季调配专用冷藏车辆、专属全货机及多种运力资源等方式，顺丰不断刷新农产品在流通过程中的交付速度、不断创新生鲜品类在运送过程中的保鲜手段，帮助农户把来自田间地头的优质农产品，运出大山，送到千家万户的餐桌。凭借自身强大物流网络、先进包装技术及快速配送能力，顺丰攻克一个个快递运输中难度高的品类，实现独具中国特色、覆盖全国范围的农产品直送、直达模式。顺丰继续坚持通过物流模式创新、降本增效、紧贴市场定价等举措，扩展服务品类及业务场景；同时，通过科技赋能，研究并投入销果裹、丰收、一件代发等便捷科技工具，助力农户销售、发货、结算一站式便捷高效经营。

2022 年是国家持续全面推进乡村振兴的发力期。为积极配合国家战略，持续巩固及扩大扶贫攻坚成果，同乡村振兴有效衔接，在快递物流服务之外，顺丰亦延伸配合各地政府打造区域性农产品品牌，助力品牌化建设，让更多地方品牌的特色农产品被国人所知晓、品尝、认可。2022 年，顺丰制定区域品牌包材定制专项资金补贴机制，投入 300 万元专项资金，还联动地方政府，获取品牌授权，设计品牌包装，助力共建 16 个农产品区域品牌，为当地农户创收超过 5 亿元。此外，顺丰响应绿色物流理念，试点农产品绿色环保包装材料，还提供产品溯源、农残检测等一系列科技服务，取得用户一致好评。目前，顺丰助力农产品上行服务网络，已覆盖全国 2800 多个县区级城市，共计服务 4000 多个生鲜品种，2022 年实现特色农产品运送 362 万吨，预计助力农户创收超千亿元。

（四）顺丰制订专属物流解决方案，助力阳澄湖大闸蟹产业发展

顺丰依托自身强大的供应链能力、专业冷链温控技术以及遍布全国的资源网络优势，定制化专属物流解决方案，帮助阳澄湖大闸蟹安全、快速、鲜活地走向全国各地的餐桌，助力阳澄湖蟹农、蟹商增收，实现社会效益与地方经济共赢。2022 年，顺丰部署了 13 架"大闸蟹"运输专机，并调动南京、无锡、杭州等周边城市的储备机场仓位资源，充分利用长三角经济圈运力资源，全面开展"航空/高铁+大闸蟹"的跨城专享急件服务，实现跨城最快 4 小时送达。

（五）深耕云南省旅游区域的快件寄递业务

2022 年 7 月，顺丰在昆明、大理、丽江、西双版纳、香格里拉、建水、弥勒、腾冲、楚雄、玉溪十大旅游城市，推出"十城万店"计划。顺丰通过投入顺丰城市驿站、代办点等末端资源，在满足游客寄递需求的同时，也为拉动地方旅游经济注入了新动力。顺丰不断延伸快递网络，为云南人民的乡村生活带来了便利，也极大地助力了"云品出滇"，带动了农村电商、高原特色产业的高质量发展。

三、治理

顺丰不断提升 ESG 管治水平，通过设立四级可持续发展管理架构，为可持续发展的目标和策略制定、定期评估以及相关风险的管理奠定稳固基础。2022 年，董事会战略委员会新增可持续发展监管职责，负责监督和管理公司可持续发展事宜，将 ESG 专业管理工作提升至公司治理层。

每一时刻都有无数客户的托付与期待，沿着顺丰的网络，抵达世界各个角落。每一份托付的完成，都倾注着顺丰为客户提供的智能贴心服务、为环境保护做出的不懈努力、为行业发展传递的责任意识。"前程有日月，勋绩在河源"。顺丰在奔赴实现"双碳目标"的征程中，将提供更加美好、更加绿色的服务体验，为客户提供科技驱动的绿色解决方案，助力推动高水平的供应链物流绿色发展体系建设，与上下游和合作伙伴携手共建"零碳未来"。

（节选自《中国物流行业 ESG 发展报告》）

数智赋能、创新"一箱到底"
联运模式助力"北粮南运"

为深入贯彻落实习近平总书记重要指示精神，采取有力措施减少粮食运输环节损失，中国物流股份有限公司（以下简称"中国物流股份"）勇于担当，深耕粮食物流场景，坚持服务创新。

一、基本情况

中国物流股份是中国物流集团有限公司所属的混合所有制企业，承担着民生物流、制造业物流、特种物流专业化运营的使命。

中国物流股份作为中国物流集团民生物流的专业化运营单位，深入践行国家粮食安全战略，积极开展粮食流通保障工作，依托"北粮南运""外粮内运"等粮食物流主场景，精心打造公铁联运、铁海联运、水水联运等多式联运路线，在国家粮食产地的重要物流枢纽节点，配套粮食仓储基地。目前，中国物流股份及其下属 7 家企业与中粮、中储粮、中化、中牧、华粮、北大荒、新希望六和、正大及其下属公司近 40 个主体，签约超过 55 项业务合作。

二、主要做法

（一）内部整合专业运营

中国物流股份的粮食业务一直分散在下属多个企业进行操作和运营，未建立统一的运营标准和管控模式。随着业务的不断发展和客户对服务要求的逐步提升，中国物流股份成立专业的全国粮食行业团队，对全国粮食物流业务进行管理和赋能，打通粮食运输通道、设计物流解决方案、打造粮食物流产品、提出行业管控标准。

目前，全国粮食行业团队根据全国各属地公司粮食物流业务现状，结合各地物流地域特点和客户需求，整合了物流路线、优化了物流模式、沉淀了经验模式，形成了中国物流股份旗下全国粮食物流的统一运营标准和管控模式，进一步保障了国家粮食安全和粮食流通。

（二）数智赋能，提升效率

中国物流股份大力发展数字化能力，全面驱动传统物流业务转型升级。

1. SO56 赋能流程精细化管理

SO56 供应链物流管理信息系统，包含订单管理、仓储管理、运配调度、财务结算、汇总分析等模块，实现粮食业务全流程数字传递和管控，提升各环节设施设备、运输工具的匹配度和衔接度，全面提高管理效能和精细化水平。

2. 推动自动化装备升级改造及应用

中国物流股份不仅大力推动自动化设备升级改造，还在多个国家粮食物流的枢纽节点，以及自建粮库、合作粮库等仓库和场站，推动自动化设备的应用，提升粮食储存的安全与效率。

3. 开创"一箱到底"公海铁联运模式

为解决原运输模式时间长、损耗大等问题，保障秋收粮供给，快速执行"北粮南运"任务，在集团公司党委和各级领导的正确指导和带领下，全国粮食行业团队接到任务后，联合中铁铁龙、融通粮产，首先向沈阳铁路局申请了敞顶箱的"下海令"，之后改装了混装船甲板固定锁，通过使用正面吊将敞顶箱吊装至甲板的方式，实现了业内首次在船甲板上直接装载铁路敞顶箱。在铁路敞顶箱船甲板运输的"一箱到底"公海铁联运模式下，铁路班列与海运班轮无缝衔接、一箱到底，全程不落地、不换装、零损耗，单列可节省运费十万余元，运输时间从 12 天节省至 7 天，不仅满足了客户一票直达的"门到门"运输需求，杜绝了糙米流入口粮市场的风险，也为客户降低了运输成本，开启了从东北地区至黄河下游的北粮南运新通道。

三、新模式推广应用

"一箱到底"公海铁联运模式改造简单、复制性强，极大程度上助力营口港每年 700 万吨粮食运输业务降本增效，进一步带动东北地区腹地经济发展。未来，中国物流股份将依托北粮南运新通道，持续为东北地区粮食企业提供"一箱到底"的物流服务，助力东北地区全面振兴，同时不断完善多式联运模式并推广至国内多个港口，实现"一条线路"向"一个网络"的跨越式发展。

（中国物流股份有限公司　唐天思　胡凯）

基于工业互联网的汽车供应链平台

一、应用企业概况

一汽物流有限公司（以下简称"一汽物流"）历经多年的发展，已成为国内汽车物流行业领先的综合解决方案提供者，为客户提供专业的产前、产中、产后一体化全价值链物流服务。

作为国内智能汽车物流技术的领航者，一汽物流拥有国内领先的智能物流实验室，汽车物流服务能力及技术实力均处于汽车物流行业领先水平。一汽物流始终坚持以建设质量效益型企业为目标，以"技术驱动物流，创新发展物流"为基本点，布局入厂、工厂、整车、备品、新业态五大物流业务板块，秉承以客户为中心、为客户创造价值的理念，做大物流事业、做优物流服务、做强物流品牌，致力把一汽物流打造成为"国内顶级 世界一流"的汽车物流综合解决方案提供者。

二、汽车物流业发展痛点

（一）缺乏合作机制

在合作物流企业物流服务能力不足的情况下，客户需要获取新的物流服务时，一般会在较为有名的或已有合作关系的少数物流服务商中选择物流服务。但这样的合作方式，一是未必能挑选到最适合自己的物流服务，且选择和建立物流服务的时间比较长，成本较高；二是在合作物流企业自身物流服务能力不足的同时，大量闲置社会物流服务资源难以进入物流服务价值链中；三是物流服务企业执行物流服务的过程不透明，客户对物流服务的过程难以管控，企业间业务信息交互不畅，客户的个性化需求难以充分满足。

（二）缺乏维系手段

协作型的物流服务价值链应该是动态开放的，必须在激烈的市场竞争环境下不断优化、不断完善，使其运转更加高效、成本更加低廉、收益更加丰厚，才能富有持久的生命力。目前的物流服务价值链难以维系的主要原因，一是缺乏合理的物流服务价值链协同组织方法，协同难以开展；二是缺乏合理的物流服务价值链协同策略，协同缺乏动力；三是物流服务价值链内各节点企业在制定目标时往往追求自身利益最大化，企业间缺乏信任。

三、汽车供应链平台的建设

基于工业互联网的汽车供应链平台（以下简称"平台"）主要由一汽物流投资建设，服务于各大主机厂及全国汽车销售 4S 店。平台的总体设计立足于汽车产业和物流服务业的需求，通过调研大量的汽车产业内的企业，包括不同类型的整车制造企业、配件中心、物流服务企业和汽车经销商、售后服务站等，结合企业当前最关注且急需解决的实际业务应用问题，考虑共性和个性的统一，研究相关关键技术，进行总体规划。物流服务产业链上的各个参与方都可以按照预定的权限和流程在平台上完成相关物流环节的工作，信息流无缝连接，既保持了相对独立又可以分工协作，表现为企业内的跨部门、跨区域协作和企业间的协作，衔接物流供应链上各个环节，业务上突破时间和空间的限制。平台的主要作用一是成为企业业务协同管理的主要平台，建立协同关系；二是成为协作企业的数据中心，处理业务协同数据；三是成为企业间业务协作的沟通桥梁，避免信息孤岛。

（一）平台适用场景

平台主要适用场景是入厂物流、仓储配送、整车物流等。入厂物流——通过产前流程调达，实现本地、异地循环取货；仓储配送——将直送供应商、CKD 供应商、集散中心线上化，通过入库、转换、指令、备货、出库实现器具、零部件产前物流闭环管控；整车物流——属于产后物流，又因商用车辆价值较高，因此在整车物流运输过程中，不仅要保证运输安全，而且要保持运输时效，一汽物流通过系统实现整车物流的运输配板、计划分配、提车出库、在途监控、车辆交付、到店确认。

（二）编制和完善管理制度

汽车供应链是物流行业内公认较为复杂的管理及配送体系，如何实现供应链中实物流程与信息流程的高度匹配是供应链高效运行的关键所在。

在信息技术方面，制定的管理文件主要包括《信息系统运维管理》《信息系统建设管理规定》《基础设施运维管理规定》。在物流技术方面，制定了管理文件《新技术项目管理程序》，主要说明了项目立项、实施及验收等各环节的流程与要求。技术管理方面，主要制定了《知识产权管理规定》《技术标准体系管理规定》《产学研合作管理规定》《行业交流及荣誉申报管理规定》。

管理制度的编制及完善，可以确保整个供应链的技术体系按章运转、有条不紊、高效协作，确保体系内各部门间目标一致、思想一致、标准统一，进而充分发挥技术体系的协同作用。

（三）战略指引

2019 年 1 月，一汽物流推出"15531"战略，重点关注公司前瞻性、共性、战略性的重大项目，建立以研发院为核心、八大分子公司技术部为支撑的供应链服务创新体系；建立了技术体系分工协作、同频共振的工作方法。

（四）需求导向

1. 入厂物流

入厂物流最为复杂。首先，零部件种类多，库存管理复杂，一辆汽车由上万个零部件组成，每个零部件都需要保有一定量的库存来保证生产，并且需要耗费大量的人力、物力进行盘点；其次，供应商的数量较多，供应商的物流能力及管理能力不统一，这就造成了各个零部件到货提前期及到货量不均匀，给库存预测造成了很大的困难，影响了整个供应链的整体效益；

最后，配送上线流程复杂，由于现在汽车生产厂一般都是按照订单混流生产，为了实现这种生产模式，就需要在配送上线过程中对部分零部件进行排序，将零部件转换为特定的上线包装。

一汽物流在上述问题中梳理核心业务流程，应用5G、AGV及外骨骼技术，智能穿梭立体库技术，L4无人驾驶技术，基于主机厂QCD（质量、成本和交货期）管理需求，以标准化、单元化、秩序化、透明化为目标，对物流过程中的实物流及信息流进行规划和升级。一汽-大众轿车二场智能物流配送中心首次融合智能穿梭立体库技术、AGV及外骨骼技术等，实现自动化、柔性化、数字化的高度集成，以数据为核心驱动生产，库房整体面积利用率提升15%。

在自动倒运场景下，一汽物流创新应用L4无人驾驶技术，率先搭建场内零部件物流的自动倒运场景，充分发挥与主机厂"一墙之隔"；具备无人转运实施的先决条件，投入3台无人配送车及6辆配套挂车，每日可实现828托的转运需求；单次转运器具数量由10个增加到16个，运输量增加60%；通过移动端下达调度指令，实现厂区间自动转运，有效解决无人驾驶车辆"集群调度""高精定位""车路协同"等技术难点。无人驾驶车辆可以在复杂混行环境下实现与交通管理的通信协同，标志着一汽物流在零部件物流领域从"数"到"智"的第一步。

2. 整车物流

整车物流是指汽车在制造厂完成组装下线后开始，直到送达用户手中为止的一系列仓储、运输、维护、检验、加工和其他增值服务的过程，是物流、信息流、资金流的统一。整车物流以整车作为物流服务对象，按照客户订单对交货期、交货地点、品质保证等要求进行快速响应和准时配送的服务。

一汽物流应用RFID溯源技术，实现商品车从下线到经销店交付的全流程跟踪溯源。该系统的成功实施开创了整车物流新时代，也是重组整车传统运输格局的重要体现。一汽物流通过自主研发AWCS中控平台，构建智慧物流大脑，在汽车物流领域实现跨品牌自动化设备的中央调控，并率先应用数字孪生技术构建多维度业务场景，结合数据中台、AIOT中台、算法中台，做到应线上尽线上、应数据尽数据、应智能尽智能，达成实时在线、及时分析、智能管控的目标。

3. 数据平台

根据我国汽车企业和物流企业信息化的发展现状，一汽物流建立以平台为核心的业务数据交换规则库，设计异构系统数据交换接口和面向动态配置的客户端数据交换体系，从而屏蔽企业各个业务系统间的异构性；基于平台建立产业价值链各业务系统互联互通、内外集成一体化的协作体系。

4. 物流平台跟踪技术

在运输过程中，承运车辆的位置状态是出发方（整车/零部件制造厂）、接收方（整车制造厂、经销商、服务商等）以及承运方（第三方物流企业）均十分关心的问题。通过GPS、GPRS、GIS技术在物流运输中的应用，能够达到物流运输过程中的可视化效果，从而提高物流过程的透明性，降低物流运输过程中的车辆空载率，提高运输效率。

基于GPS、GPRS、GIS技术的车辆调度与物流跟踪系统主要由配送车辆的车载终端、监控调度中心及通信网络3个部分组成。基本的工作流程是：利用GPS对物流车辆进行实时监控，车载终端接收GPS定位数据后，自动计算出自身所处的地理位置的坐标，每隔一段时间，车载终端通过GPRS将数据发送到监控调度中心；监控调度中心将接收的坐标数据及其他数据还原后与 GIS 的电子地图相匹配，并结合采购、销售、服务等物流系统的数据库，在电子地图上显示车辆在途状态信息（货物在途情况、交货时间、发货地点和交货地点等）。

（五）可视化监控和调度功能

（1）用户可通过订单号、承运单号、交货单号、线路编号等查询条件，获悉当前在途订单、在途承运单、在途车辆及车辆所载货物的关联关系和位置信息。

（2）用户可通过系统对显示图标、大小和区域进行控制，实现对在途车辆与货物的可视化定位监控。

（3）该系统可实现订单、承运单、承运商、承运车辆等物流信息的及时共享和整车装运业务流程的协同处理与管控。

（4）该系统通过对延期承运单的实时发布和帮运功能，实现运力资源的有效利用，提高物流配送速度。

四、汽车供应链平台的应用

（一）整车商品车溯源

目前，汽车物流行业内整车物流暂无全链条打通先例。为实现供应链上下游数据协同、打通信息壁垒，一汽物流开发整车 DSS 供应链协同系统，采用"RFID+可视监控"技术，实现整车从上游主机厂下线至下游经销商 4S 店的数据追溯与全程可视。该供应链协同系统覆盖一汽集团红旗、大众、奔腾、马自达四大主机厂品牌，在全国 38 个基地库、29 个分拨中心部署了 74 套 RFID 地感扫描一体机、208 套移动设备，并结合车载 5G 模块实现系统数据高速对接，全流程采集与管理商品车供应链数据。

（二）零部件物流管理

零部件物流管理系统服务于一汽物流零部件体系仓储物流、运输物流作业，对全业务流程做系统支撑，包括一汽物流异地调达业务、本地调达业务、进出口仓储包装业务。客户在系统中可以查询运输状态、零部件位置、零部件状态、取货过程、干线运输过程、仓储状态、仓储信息、储值高低状况和暴库风险提示等。系统上线后，整体优化人员 17%，并提升库区管理水平，出入库效率提升 13%，路线规划优化 19%。

（三）汽车物流全过程供应链服务协同智能数据中台

一汽物流的零部件入厂业务应用 OTM 运输系统，零部件厂内业务应用 INFOR 仓储系统，整车业务应用整车 V-LMS 系统及 TVS 整车在途可视化系统；在技术应用角度，应用了货物 RFID 技术、司机人脸识别技术、北斗定位技术、线路优化技术、装载优化技术、大数据分析与挖掘技术、云计算技术等。近两年致力打造一体化、智能化、可视化的供应链创新协同综合服务平台系统。

五、汽车供应链平台应用成果

该平台已经在一汽集团的多家制造基地和配件中心开展了初步的应用实施，并取得了显著的效果。

（一）提高了信息交互能力

该平台通过便于配置实施的数据集成技术将分散的物流企业、整车制造厂、配件中心等有关方联结在一起，实现平台与运营管理系统的集成，从而增强了企业之间的物流业务协同能力。一汽物流建立了企业内外部集成一体化的配件物流服务应用环境，为全国 560 余家零部件供应商提供循环取货、干线运输、仓储、排序备货等服务；与 136 家整车及零部件承运商建立战略合作；在全国共有长春、成都、佛山、青岛、天津 5 个基地库及分布在 20 多个省区市的分拨中心，为一汽集团覆盖全国 31 个省区市的 3723 家经销店提供成品车运输服务。一汽物流在运输过程中的货损率仅为 0.03%，显示了一汽物流高标准的质量管控能力，也获得一汽集团和主机厂的一致好评。同时，有 300 多家供应商使用一汽物流开发的零部件物流管理系统，实现了供应商系统库存管理和结算，通过系统平台的应用，将零部件储存周期从 12~28 天降低到 5~16 天，供应商送货准时率从 40% 提高到 80%，物流送货准时率从 75% 提升到 95%，红旗、一汽-大众、马自达、奔腾品牌全年公路到货准时率为 95%，大大提升了供应链整体效率。

（二）提高了物流监控能力

对于配件中心来说，在应用系统之前每天在途的配件金额高达几千万元，且这些配件在一周的运输时间内都是无法监控的，这给企业带来了很多管理和服务上的问题。通过采用数字孪生技术、5G 技术、AGV 技术、L4 级无人驾驶技术等，配件中心可实现对出入库车辆、在途货物的实时跟踪，提高了物流管理水平。

（三）增强了物流协同管理能力

一汽物流通过应用运输任务重组技术，降低了制造企业的物流费率和物流企业的空驶率；通过对货物装卸过程控制及效率管控，形成车辆装卸顺序表、装箱清单，使各配送中心仓库、二级代理商能根据车辆到达时间有效安排货物装卸作业，提高车辆装载率和装箱速度；通过物流服务系统与企业已有系统的集成，有效帮助制造企业与物流企业的协同管理；通过智能移动端的信息反馈，实现了索赔、破损件处理业务的协同管理，提升了现有业务处理的能力和效率，同时可以实现对破损件销毁现场真实性的实时鉴定。

（四）提高了制造企业的核心控制力

一汽物流通过物流企业评估技术，使制造企业可以对物流企业进行有理有据的管理和评估，增强了企业之间的信任。

基于工业互联网的汽车供应链平台的应用，实现了主机厂的准时制生产、物流服务商的准时制配送，从而降低了物流费用。

当前，全球产业链、供应链面临重构，汽车物流在畅通汽车供应链中拥有不可替代的作用。未来，汽车物流与汽车制造将深度融合、协同发展，通过汽车物流服务创造汽车产业供应链的新价值，积极提升汽车产业供应链的现代化水平。

（中国物流与采购联合会网络事业部）

危化品车辆智能安全管控平台

山东京博物流股份有限公司（以下简称"京博物流"）是一家以危化品多式联运物流为主业，集大宗商品全程物流、物流资源整合与服务等业务并举发展的现代化物流服务商。

一、危化品物流业数字化转型面临的问题

危化品物流业作为一个典型的离散型行业，涉及大量危险化学品的运输。根据国家安全监管政策的要求，危化品物流企业的数字化转型是大势所趋，是未来发展的必然。然而，现阶段我国危化品物流企业在数字化转型过程中还存在一些尚未解决的问题，这些问题阻碍了数字化转型的进程，制约了企业的进一步发展。

（一）行业缺乏有力监管手段

道路运输中危化品物流业存在着事故多、隐患多、违法多、投诉多"四多"问题，安全生产压力巨大，交通运输安全生产管理面临巨大的压力。危化品物流企业数字化转型后，虽然改变了传统的管理模式，但改变是渐进的，如果没有强有力的监管手段和管理力度，数字

化转型带来的"数字红利"很可能被企业内部管理问题所抵消。通过数字化转型手段加强道路运输安全监管，还面临着部分道路货运企业"两客一危"等重点车辆难以有效监控、货运车辆及驾驶员安全考核困难两方面问题。

（二）缺乏统一信息互通平台

危化品物流企业的业务流程复杂、涉及多个环节，如果各个环节间不能打通，就会在物流活动中形成严重的信息孤岛。同时，危化品物流业是一个非常离散的行业，危化品车辆运输的数据信息缺乏统一的标准和互联互通的平台，导致信息化程度较低、信息交流难度大、应急处置困难等问题，不同单位之间的信息传递和交流非常困难，这也增加了危化品物流企业数字化转型的难度。

（三）安全管理能力较弱

由于危化品道路运输的特殊性，运输车辆自身存在的客观安全缺陷以及从业人员主观过失，导致危化品车辆安全事故频发，被称为"移动的炸弹"。一方面，由于危化品车辆的数量庞大、运输路线多样，传统的监管手段已无法满足需求；另一方面，由于监管部门的人力、物力和财力等方面的限制，监管效果不够

理想。在数字化时代，企业需要通过数字化手段优化安全管理，将业务数据与安全管理挂钩，确保车辆运输过程中的风险得到及时预警和补救。

（四）数据分析能力不足

危化品物流企业管理的客户数量多、业务内容复杂、数据量大，存在大量的非结构化数据。这些都给危化品物流企业的数字化转型带来很大的困难。同时，企业缺乏对数据的分析能力，导致业务数据管理缺乏科学性和客观性；标准化程度不高导致数据应用价值未充分挖掘，缺乏高度前瞻性的统筹规划，产业服务薄弱、缺乏智慧体验，传统服务遇到痛点。

（五）"六预防"系统不再适用

国家对于危化品运输车辆要求安装"六预防"系统，但随着信息化系统的升级迭代，原有"六预防"系统未及时进行设备更新及系统升级，且无法及时为危化品运输企业提供设备维保、升级、管理等服务；"六预防"系统还存在过度依赖驾驶员自主管理现象，风险不可控；采集的海量数据需要运营团队进行数据分析及结果应用，才能真正发挥系统价值，而在企业实际运营过程中，缺少专业的运营团队开展此类工作。

二、车辆智能安全管控平台

京博物流坚持先试先行，将 450 辆危化品运输车辆接入"车辆智能安全管控平台"（以下简称"平台"）进行测试应用，实现了运输过程可视化、车辆安全智能化。

（一）平台功能介绍

平台运行包括车辆终端和中心平台两部分，在危化品运输车辆上安装主动安全智能终端服务器，连接 DMS 摄像头、ADAS 摄像头、前后防撞雷达、左右盲区预警摄像头、舱内和罐口监控摄像头等智能采集设备，通过 5 个 AI 识别算法、2 个自动控制算法、1 个融合 HMI 智慧屏，安全、导航、云服务三位一体，形成终端车辆主动安全采集数据，通过 5G 数据传输进入中心平台；中心平台使用云端服务器，汇集各终端车辆数据实现智能分析、联动监管，通过数据建模，做好数据清洗和数据应用，具备安行实录、高危司机预警、事故回溯、驾驶行为分析功能，拓展平台预警干预，实时监测驾驶行为。

平台通过大数据分析，引入疲劳驾驶预警系统，通过人脸建模技术，分析驾驶员面部表情，及时判断驾驶状态，有效预防疲劳驾驶；运用驾驶行为分析系统，及时预警提醒驾驶员抽烟、接打电话等异常行为；运用平台对接实时路况图，自动识别预警道路限速，自动预判车辆偏离车道、与前车距离内碰撞危险，以及急加速、急减速、违规行驶、违规停车等异常数据，提前预警和实时提醒驾驶员，同时通过 App 推送给车队管理，防止被罚款或者扣分，自动存储违规行为的轨迹数据与视频证据，为驾驶员考核提供直接证明数据。

一旦发生道路交通事故，将通过平台向公安、交通、应急管理等部门分发工作预案。平台指挥中心实时监控故障现场数据，根据具体情况，通过手机 App 向预案成员单位负责人下达应急救援指令，并实时更新现场救援信息，做好现场指导及信息汇总，最大限度降低事故损失。

（二）核心产品介绍

主动刹车系列产品：利用 77GHz 毫米波雷达和单目摄像头探测前方车辆、行人及非机动车，在车辆行驶中如果出现碰撞危险，报警器会发出警示，如果驾驶员未采取主动措施以降低车速的情况，AEB（自动紧急制动系统）会启动自动减速以降低车速，直至与前方目标保持安全距离。当减速不足以降低碰撞风险（比如前方障碍物为静止目标，或前方目标减速）且司机仍未采取任何避让措施时，AEB会启动紧急制动。

1. 前向碰撞预警FCW（车辆）

工作原理：当系统检测到与前方车辆有碰撞风险时，会通过声光报警提醒驾驶员。

显示屏状态：根据碰撞风险的等级，显示屏会使用绿色（低风险）、黄色（中风险）、红色（高风险）的车辆图标提醒驾驶员，同时屏幕下方显示预计碰撞时间TTC。

2. 前向碰撞预警FCW（行人）

工作原理：当系统检测到与前方行人（含自行车）有碰撞风险时，会通过声光报警提醒驾驶员。

显示屏状态：根据碰撞风险的等级，显示屏会使用绿色（低风险）、黄色（中风险）、红色（高风险）的行人图标提醒驾驶员，同时屏幕下方显示预计碰撞时间TTC。

3. 车道偏离预警LDW

工作原理：当车辆偏离当前车道且驾驶员未开启转向灯时，系统会发出声光报警。根据偏离方向，相应方向的车道线闪烁，并语音提示"车道偏离"。

4. 安全车距保持HMW

工作原理：当系统检测到与前方车辆车距过近时，会发出声光报警，并在达到阈值后启动CMS系统进行减速。

显示屏状态：根据碰撞风险的等级，显示屏会使用黄色（中风险）、红色（高风险）的车辆图标提醒驾驶员，同时屏幕下方显示预计碰撞时间TTC，车辆图标为黄色时会语音提示"请注意车距"，车辆图标为红色时会启动碰撞

缓解。

5. 自动紧急制动AEB

工作原理：当系统检测到与前方车辆有碰撞风险时，会通过声光报警提醒驾驶员，如驾驶员未采取规避措施，系统会根据风险等级启动自动紧急制动。

显示屏状态：根据碰撞风险的等级，显示屏会使用绿色（低风险）、黄色（中风险）、红色（高风险）的车辆图标提醒驾驶员，同时屏幕下方显示预计碰撞时间TTC。

（三）平台推进措施

为确保平台顺利推进，重点采取以下措施。

1. 事前培训

加强危化品运输车辆驾驶员的培训教育力度，依托道路交通安全"七进"宣传工作，定期走进危化品运输企业，开展交通安全宣传教育宣讲活动。采取专题讲座、专家授课方式，用身边的典型事故、真实案例做好警示教育，全面提升运输企业和驾驶员的安全防范意识能力。

2. 事中监控

平台由博兴县委、县政府积极推动，京博物流与所托瑞安联合研发，公安、交通、应急管理部门共同推广。平台可对智慧园区进行综合管控。

3. 事后救援

根据"博兴县危化品运输车辆交通事故应急处置程序"预案，事故发生后，事故单位应立即开展自救并向属地政府及有关部门报告，事故需要启动应急预案的，立即宣布启动应急预案并成立指挥部，由指挥部办公室向预案成员单位主要负责人下达应急救援指令。接到命令后，相关人员第一时间赶往事故现场开展救援工作。

（四）平台应用情况

目前，平台接入博兴县危化品运输车辆近1800辆，接入车辆占比达95%。平台实时预警各类异常行为300多起，事故发生起数比平台使用前下降48%。2023年以来，博兴县道路交通事故起数、死亡人数实现"双下降"，上半年车辆交通违法率同比下降62%。

三、政企协作，创新运营

博兴县政府将平台向营运车辆推广，重点是校车、客运车、大型货运车等车辆，由公安局牵头、博兴县政府支持，并配套出台《关于推广应用车辆智能安全管控平台的实施意见》。其中，公安局负责平台的整体推进；交通运输局负责推进"两客一危"企业安装智能安全管控设备；应急管理局负责推进班车安装智能安全管控设备；教育和体育局负责推进校车安装智能安全管控设备。

京博物流成立了危化品运输车辆管控指挥中心、安全监控中心等，作为平台运营支撑方，协助企业与政府综合管控"两客一危"、班车、校车等，实现全过程动态监测，输出安全管控策略与方案，提供应急救援服务，不断改善道路运输安全现状。

为减少企业投入、充分调动各相关方积极性，京博物流创新性地提出"科技+保险+服务"商业模式。该商业模式的优势在于可以充分利用各方资源，实现管理闭环。

（中国物流与采购联合会网络事业部）

中国移动甘肃公司"5G+AI"智慧仓储

中国移动通信集团甘肃有限公司（以下简称"中国移动甘肃公司"）是中国移动在甘肃设立的全资子公司。在甘肃省委、省政府和中国移动通信集团有限公司的正确领导下，多年来坚持党建统领全局，贯彻"客户为根、服务为本"的经营理念，深化转型发展，加快能力建设，企业综合实力不断增强，是甘肃省内规模大、发展快、服务优的通信运营商。

经过多年建设和发展，中国移动甘肃公司已建成了一个覆盖范围广、通信质量高、业务品种丰富、服务水平一流的4G、5G精品网络服务商，覆盖了甘肃省14个市、州，全省乡镇覆盖率达100%，行政村覆盖率达99%，自然村覆盖率达98%。为顺应万物互联时代发展，中国移动甘肃公司积极把握技术演进，大力推动移动物联网（NB-IoT）建设，大胆探索新领域、实践新模式，创造人与人连接、人与物连接、物与物连接的智慧时代新体验。

一、数字化转型中存在的突出问题

长期以来，中国移动甘肃公司在物资管理方面仅满足仓储物流管理的诉求，关注考核指标的达成，忽视了数据贯通和协同监控，导致与工程建设、资源管理脱节。

第一，日常出、入库及盘点操作对于人工的依赖性强，作业效率不高、工作量大、差错率高，传统扫码技术需配备扫码枪、打码机等硬件设备，同时需人工手持设备逐件、逐箱进行贴码、扫码，并产生大量的持续性成本投入。

第二，安全管理信息化程度低，主动预警能力差。库房周边环境较复杂，人员出入频繁，现有监控系统仅能依靠人工察看，库区内不间断自动安全预警不完善，烟感等消防设施对室外堆场告警存在缺失。

第三，物资去向难以掌握。出库后物资无法有效监控，无法实时跟踪掌握现场物资的实际使用及现场库存情况，施工单位仓库物资的库存量过大且存在积压现象，甚至存在不同运营商之间混用的情况，物资末端环节存在流失、调包、脱离管控情况及廉洁风险。

第四，物资管理职能分散，各部门均建立专业管理系统独立承担各自物资管理职能，但各专业系统之间缺少数据融通，形成信息孤岛，无法充分发挥数据价值。

二、数字化转型进程

如何在仓储管理业务起始环节进行全流程、全节点、全角度的信息巡检显得尤为重要。中国移动甘肃公司"智慧仓储管理系统"应运而生，通过人工智能技术对仓储管理业务进行全流程、全节点、全角度的跟踪管理、巡检预警。

（一）各系统间数据无法互联互通，物资流转信息脱节

解决方案。中国移动甘肃公司本着控制成本、精准衔接、精确服务、精致提升的设计理念，通过建设"智慧仓储管理系统"，将仓储管理过程中业务流程、管理痛点、利益需求与人工智能领域技术整合，基于手机 App，定制整合软硬件 AI 设备，深度学习融合、引入智能化图像识别技术、物体识别技术，对仓储海量的库存数据进行综合处理。

中国移动甘肃公司通过规范供应商产品标识（SN 码、箱码等），赋予每个设备唯一的身份证号码，做到"一物一码""一箱一码"，在供应链中使用同一套语言和逻辑。在物资流转过程中，参与供应链网络结构下的组织协作和分享，真正做到每一箱物资从生产、包装、订单、仓储、物流、配送、安装、交维、转资、维护、退网到逆向物流等全链条可视可管。同时，提高仓储企业出入库工作效率，节约人力成本、时间成本。

（二）智慧识别精度低

烟火识别需要大量的样本进行训练，样本收集是工作的难点之一。OCR 同样存在初期样本收集难的问题。同时，OCR 对文本的拍摄有一定的角度要求，但是实际使用过程中，规范用户的拍摄方式是该项工作的难点。

解决方案。在烟火识别过程中设计特殊的算法，通过对图片中没有发生变化的部分进行排除，有效实现误报的排错。同时，应当对需要识别的内容进行持续的样本采集工作，以持续提升系统对目标物的识别准确率。

（1）准备大量样本数据。基于设计好的分类准备图片，每个分类需要准备不少于 100 张的图片。

（2）图片内容与实际情况相符。训练图片和实际场景要识别的图片拍摄环境一致，每个分类的图片需要覆盖实际场景中的可能性，如拍照角度、光线明暗的变化，训练覆盖的场景越多，模型的泛化能力越强。

（3）其他方面的措施。对回收的误报信息持续进行人工智能模型训练，并根据具体使用场景调优人工智能算法模型。定期收集不同环境、不同季节的样本，持续训练人工智能模型。

三、数字化转型效果

（一）数字化转型对仓储物流领域的影响

本项目是中国移动甘肃公司顺应时代潮流，利用自身加快推进 5G 网络建设，在自有业务领域构建及探索"5G+AI"中迈出坚实、重要的第一步。未来几年，AI 人工智能将以完成具体任务的智能服务为主要趋势，数据化程度高的行业将率先启动 AI 落地。

（1）在自动化及遥感控制领域、提升智能

自动化控制设备的精确化场景应用。

（2）在仓储企业工业互联网（物联网）领域，可以支持仓储企业工业互联网对于设备控制、信息采集等应用需求，并且支持多业务场景、多服务质量、多用户及多行业的隔离和保护。5G边缘计算可以解决仓储企业在工业互联网异构网络融合、业务融合、数据融合、数据安全、隐私保护等方面的需求。

（3）在仓储企业智慧物流管理领域，存在诸多应用，如智慧仓储、智慧运输、智慧管理等，5G可以促进这些应用的智能化能力，提高智慧物流的智能化水平。

（4）在仓储企业智慧安防领域，可以实现终端产品智能化、一体化，并通过互联网传输报警信息。终端的人工智能服务具有即时响应、高可靠性、隐私保护性强，以及高效利用网络带宽等优势。

（二）效益对比分析

（1）本项目应用OCR识别技术，结合"5G+AI"人工智能分析技术，用手机替代当前的扫码设备，进行物资批量出入库和盘点，实现数智化仓储管理目标，工作效率大幅提升。

（2）本项目在智慧仓储管理系统内开发了"到货宝"和"质检精灵"模块，实现对物流系统的统一管理协调和集中指挥控制，同时构建和完善了仓储过程中的质量检测数字化系统，解决了传统质量检测过程中出现的问题及漏洞，提高了检测效率。

（3）异常状况自动判断、主动预警。本系统直接对摄像头采集的视频画面进行分析，并按照所设定的报警条件（①穿戴检测，②烟火检测），自动分析出当前监控位置的警情，自动发出报警。

（4）本项目在智慧仓储管理系统中建立设备资料学习查询模块，对产品外观、供应商、产品型号、功能使用场景等信息进行收集整理，形成产品信息资料数据库。

（5）本项目建立以设备唯一识别码（SN码）为维度的全生命周期管理体系，从物资采购至物资报废，记录该产品的全生命周期。

（6）中国移动甘肃公司平均每个仓库配备扫码枪及PDA设备各2台，按照PDA设备5000元/台、扫码枪设备300元/台计算，可节约设备换新148400元，节约打印条码30240元/年。

中国移动甘肃公司运用AI技术开展出入库物资智能化管理及在库物资智能化盘点，建立全量产品数据库，相较于传统人工出入库接收操作，可大幅提升物资识别精准度，提高劳动生产率。

（中国物流与采购联合会网络事业部）

数字化赋能酒类物流供应链"智慧"升级

近年来，社会经济恢复呈现波浪式发展、曲折式前进的特征。我国经济具有巨大的发展韧性和潜力，长期向好的基本面没有改变，物流业和供应链市场的规模不断扩大，但效率低下、成本高昂、信息不对称、安全风险等诸多挑战和问题也不断浮现。为了适应市场的变化和需求，推动数智化发展、提高综合服务水平、增强企业核心竞争力，是必经之路。

一、企业简介

四川安吉物流集团有限公司（以下简称"安吉集团"）是四川省宜宾五粮液集团有限公司全资子集团公司，成立于1981年，现已发展成以现代物流、供应链、汽车销售及后服务为核心的四川省内首家本土国家5A级综合物流企业、首批全国供应链创新与应用示范企业、全国商贸物流重点联系企业，现有员工近1600人，共有全资、控股公司12家。2023年，安吉集团实现销售收入280.08亿元，同比增长114%。

安吉集团坚守"关注客户需求，优化物流服务，成就品质生活"的发展使命，不断提升服务水平和客户体验感，先后获得"全国先进物流企业""中国物流杰出企业""中国危化品物流安全管理先进企业""智慧物流杰出企业"等百余项荣誉；积极推动企业数字化转型，现已建成安吉物流OTWB管理系统、供应链管理系统、安吉车辆监控管理系统等多个信息化平台；坚定绿色化发展方向，安吉物流园库区通过"中国绿色仓库"一级三星评定。

二、酒类物流供应链业务挑战

安吉集团作为酒类物流供应链领域的创新实践者，在深耕酒类物流供应链领域的40余年间，一直引领行业发展，数字化项目也较其他同类型行业的企业进程快速，同时也发现酒类运输领域存在着诸多业务挑战。首先，随着白酒消费市场的变化及消费群体习惯的改变，白酒行业由传统的区域总代理和多层次批发销售模式向多元化营销渠道转变，且销售分散。面对这一境况，整体仓库运营规划不够高效、实际运作成本较高、企业管理难度较大等问题日益凸显。其次，安吉集团主要运输产品为五粮液成品酒，属于高货值易碎商品，在配送环节可能发生假酒、破损等情况。这就对成品的包装、储存、运输、装卸等环节提出特殊的要求。最后，物流多个环节中的运输方式及其装备标准未能统一，上下游信息系统未能打通，这就使信息传递效率低，易造成信息延误和失真，不利于产品溯源、订单的及时处理和对客户投诉的快速响应。

三、解决方案

"十四五"时期，安吉集团明确数字化发展方向，以此赋能物流供应链管理"智慧"升级，不断提升物流全过程的可视化和信息化程度，提高物流管理的效率和精准度，减少人工干预和错误，降低物流成本和安全风险。同时，安吉集团通过数据分析和挖掘，发现潜在问题和风险，提高物流服务质量和客户满意度。

安吉集团坚定"智改数转"方向，打造"6+1+1"数字化体系，持续优化"从一粒种子到一瓶美酒，再到终端消费者"的酒类端到端全链路服务能力，有效提升物流供应链运营效率、效益。

目前，以"全过程"为核心特色的"6+1+1"数字化体系已经建立，其中"6"指的是生产物流、干线运输、配送中心、仓储管理、电商物流、供应链管理6个板块，它们是构成物流体系的基本要素。而"1+1"分别指数据分析与决策板块和安全生产管理板块。前者是借助大数据分析，为物流决策提供数据支持和科学指导；后者是为了确保物流过程的安全性与可靠性。

（1）生产物流。依托信息化平台，安吉集团可以实现发运物流指令的统一线上传递，由信息系统实时传递物流指令到物流调度平台，实现对发运物流指令的线上统一归集，并根据运力情况，实现线上智能调度、发运管理，保障发运物流指令及时、准确。安吉集团接收的发运物流指令具备可操作性，指令信息及时、准确、完整，可减少因指令偏差导致的协同效率低、运营成本增加等问题。

（2）干线运输。安吉集团借助物流信息化平台构建能够实现多业务模型运作和管理体系的运作模式架构，可实现仓储与物流溯源信息化、订单管理、运输及配送管理、自有车辆及外部承运商管理、物流费用统计与结算、数据分析与决策、物流绩效信息化管理、物流系统接口管理、物流异常信息化管理、客户关系与市场营销信息化管理等多种功能。

（3）配送中心。依托信息化平台，司机、调度、管理人员仅需使用浏览器、手机微信小程序便可对运单、运输任务、车辆信息、个人信息等信息化数据进行处理，无须下载其他应用。同时，安吉物流配送系统可以将司机、承运商、中转点及安吉物流运输系统进行有效整合连接，通过该系统可以实现对物流运输配送业务全过程的透明化管理，也可以有效监控并反映出整个运单运作过程中的信息流、物流、商品流等，实现对配送过程中运输工具状态、货物状态、流程节点作业状态的管理。

（4）电商物流。现阶段安吉集团使用电商WMS（仓储管理系统），已经实现了线上入库、出库作业、库位调拨、库存调拨、实时库存同步、虚拟仓管理、订单加解密等功能，有效地控制了仓内作业成本，并跟踪仓库业务的操作。

（5）供应链管理。其中，数据部分采用数据中台建设规范，打造基础数据共享、可进行数据分析的数据中台能力基础，实现数据、业务规范化；业务部分采用业务中台建设规范，实现业务整合共享并且统一规范及标准。仓单质押项目现已完成了物流系统与专业机构系统对接，实现了系统自动获取银行质押、解押指令信息。同时，安吉集团积极开展数字酒证项目，在白酒行业中，该项目首次采用区块链技术，将区块链技术与五粮液实物酒锚定的电子"提货凭证"结合，实现高端白酒安全保真，终端用户可在线上销售平台对五粮液数字酒证进行购买、赠送、提货、转让等。

（6）数据分析与决策。安吉集团基于 BI 决策分析平台，通过智能的数据分析和可视化能力，构建数据分析系统，实现了线下线上业务数据的有效聚合、多维度多层次的可视化展示及数据指标分析。同时，安吉集团通过搭建 BI 数据仓库，可有效减轻业务系统的数据库压力，并做好公司的主数据管理。

（7）安全生产管理。首先，安吉集团开展了自有车辆可视化平台优化升级工作，实现对车辆超速、驾驶员异常驾驶行为的可视化管理，实现车辆位置定位、移动视频功能。其次，安吉集团不断优化升级安全管理小程序，对安全检查、隐患上报、隐患整改、安全统计、安全培训等信息进行线上管理，在站场安全检查、消防防汛专项检查、车辆安全检查、车辆在途监控检查、消防安全专项检查等方面进行系统化管理。

四、解决方案实施收效

在"6+1+1"数字化体系不断推广实行的过程中，安吉集团运营效率持续提高，通过物流信息化系统，实现物流信息的实时监控、追踪和管理，减少人工干预，提高效率和准确性。

2023 年，安吉集团乌鲁木齐仓投入运营，"1 总仓+5 区域中心城+20 个城市前置仓"建设扎实推进，全国分仓配送当日达和次日达占比近 90%。安吉集团乌鲁木齐仓采用智能化设备，如自动化仓库设备、智能物流设备、自动化分拣系统等，提高物流作业效率，降低人力成本；优化仓储布局，切实提升仓储管控能力；通过大数据分析技术，实现物流作业的智能化决策。2023 年年初，安吉集团全力保障五粮液元旦活动，实现五粮液当天生产、当天发运、当天品鉴，服务范围覆盖全国 49 个城市。安吉集团提供多元服务类型，通过系统提供多项物流服务，包括不同的物流速度、价格、取货方式、配送方式等，让客户可以选择最适合自己的项目；通过系统提供物流信息分析，让客户可以了解物流的运输流程、配送节点等相关情况；通过系统提供客户反馈渠道，让客户可以及时反馈意见，从而及时解决问题，优化物流方案，提高效率、降低成本、提升客户满意度。

在加速企业数字化转型和物流设备智能化改造过程中，安吉集团营业收入和利润逐年稳健上升，特别是从"十四五"开局（2021 年）到 2023 年，营业收入从 100.83 亿元攀升至 280.08 亿元。

新时期，安吉集团将切实按照打造"五大标杆"总要求，锚定"世界眼光、一流标准、安吉特色"总目标，聚焦"做强物流、做优供应链、做大平台"战略方向，发力现代物流、供应链、汽车销售及后服务三大业务板块，力争"十四五"末期实现收入 600 亿元、利润 6 亿元，打造一流物流品牌，争做供应链管理专家，助力酒类物流供应链领域高质量发展。

（四川安吉物流集团有限公司党委书记、董事长 代翔潇）

第九部分

物流综合

2023 年中国物流企业 50 强名单

排名	企业名称	物流业务收入（万元）
1	中国远洋海运集团有限公司	57594190
2	厦门象屿股份有限公司	26907403
3	顺丰控股股份有限公司	26207974
4	北京京邦达贸易有限公司	13740200
5	中国外运股份有限公司	10881672
6	浙江菜鸟供应链管理有限公司	7397046
7	上海三快智送科技有限公司	7006390
8	圆通速递股份有限公司	5353931
9	中通快递股份有限公司	5307210
10	中铁物资集团有限公司	4871403
11	上海韵达货运有限公司	4743374
12	陕西省物流集团有限责任公司	4422013
13	建发物流集团有限公司	3925579
14	中国物资储运集团有限公司	3650133
15	申通快递有限公司	3365174
16	中集世联达物流科技（集团）股份有限公司	2934238
17	上汽安吉物流股份有限公司	2768908
18	全球国际货运代理（中国）有限公司	2421043
19	嘉里物流（中国）投资有限公司	2306053
20	极兔速递有限公司	2243050
21	河北省物流产业集团有限公司	1980586

排名	企业名称	物流业务收入（万元）
22	济宁港航发展集团有限公司	1782488
23	准时达国际供应链管理有限公司	1779500
24	华远国际陆港集团有限公司	1711168
25	日日顺供应链科技股份有限公司	1684695
26	浙商中拓集团股份有限公司	1521583
27	上海中谷物流股份有限公司	1420892
28	安得智联供应链科技有限公司	1416000
29	湖北交投物流集团有限公司	1405439
30	宁波港东南物流集团有限公司	1334743
31	四川安吉物流集团有限公司	1310937
32	全球捷运物流有限公司	1240479
33	中国长江航运集团有限公司	1222963
34	中创物流股份有限公司	1185845
35	中铁铁龙集装箱物流股份有限公司	1159006
36	物产中大物流投资集团有限公司	1132407
37	中铝物流集团有限公司	1128903
38	一汽物流有限公司	1090000
39	上海环世物流（集团）有限公司	1074001
40	湖南和立东升实业集团有限公司	997529
41	湖北港口集团有限公司	994052
42	日通国际物流（中国）有限公司	988631
43	云南能投物流有限责任公司	961022
44	上海安能聚创供应链管理有限公司	933493
45	安通控股股份有限公司	917642
46	广州发展能源物流集团有限公司	896556
47	运连网科技有限公司	863399
48	四川省港航投资集团有限责任公司	820445
49	广西现代物流集团有限公司	781459
50	百世物流科技（中国）有限公司	774000

（中国物流与采购联合会）

2023 年中国民营物流企业 50 强名单

排名	企业名称	物流业务收入（万元）
1	顺丰控股股份有限公司	26207974
2	北京京邦达贸易有限公司	13740200
3	浙江菜鸟供应链管理有限公司	7397046
4	上海三快智送科技有限公司	7006390
5	圆通速递股份有限公司	5353931
6	中通快递股份有限公司	5307210
7	上海韵达货运有限公司	4743374
8	申通快递有限公司	3365174
9	极兔速递有限公司	2243050
10	准时达国际供应链管理有限公司	1779500
11	上海中谷物流股份有限公司	1420892
12	安得智联供应链科技有限公司	1416000
13	全球捷运物流有限公司	1240479
14	中创物流股份有限公司	1185845
15	上海环世物流（集团）有限公司	1074001
16	湖南和立东升实业集团有限公司	997529
17	上海安能聚创供应链管理有限公司	933493
18	运连网科技有限公司	863399
19	百世物流科技（中国）有限公司	774000
20	深圳越海全球供应链股份有限公司	771656
21	深圳市跨越速运有限公司	762844

续　表

排名	企业名称	物流业务收入（万元）
22	中通供应链管理有限公司	735536
23	密尔克卫化工供应链服务股份有限公司	720158
24	深圳市华运国际物流有限公司	701858
25	九州通医药集团物流有限公司	693880
26	江苏飞力达国际物流股份有限公司	677246
27	林森物流集团有限公司	630372
28	湖南一力股份有限公司	620565
29	利丰供应链管理（中国）有限公司	600469
30	湖南星沙物流投资有限公司	555063
31	建华物流有限公司	535690
32	恒通物流股份有限公司	526944
33	浙江吉速物流有限公司	516823
34	哒哒智运（黑龙江）物联科技有限公司	492476
35	上海则一供应链管理有限公司	474434
36	保定市长城蚂蚁物流有限公司	456736
37	上海壹米滴答快运有限公司	435698
38	嘉友国际物流股份有限公司	434947
39	荣庆物流供应链有限公司	428069
40	北京大田智慧物流有限公司	419669
41	广东顺心快运有限公司	410424
42	北京长久物流股份有限公司	393676
43	四川通宇物流有限公司	389775
44	远孚物流集团有限公司	355268
45	九洲恒昌物流股份有限公司	315239
46	安徽灵通物流股份有限公司	303383
47	镇海石化物流有限责任公司	297845
48	驻马店市恒兴运输有限公司	290647
49	广东高捷航运物流有限公司	286772
50	深圳市东方嘉盛供应链股份有限公司	282720

（中国物流与采购联合会）

物流企业综合评估全国第三十五批、第三十六批 A 级物流企业名单

全国第三十五批 A 级物流企业名单（共 493 家）

5A 级物流企业（18 家）：

中外运物流华北有限公司

上海韵达货运有限公司

上海韵达运乾物流科技有限公司

重庆港股份有限公司

中国石油集团川庆钻探工程有限公司重庆运输总公司（4A 升 5A）

渝新欧（重庆）供应链管理有限公司

山西顺丰速运有限公司（4A 升 5A）

包头钢铁（集团）铁捷物流有限公司（4A 升 5A）

中通供应链管理有限公司（4A 升 5A）

安徽灵通物流股份有限公司（4A 升 5A）

瑞昌市华中国际木业有限公司（4A 升 5A）

郑州德邦物流有限公司（4A 升 5A）

湖北安捷物流有限公司（4A 升 5A）

郴州市义捷现代物流有限公司（4A 升 5A）

深圳市一代国际货运代理有限公司（4A 升 5A）

广东顺心快运有限公司

西部机场集团航空物流有限公司（4A 升 5A）

陕西铁路物流集团有限公司

4A 级物流企业（165 家）：

天津韵必达快递有限公司

瑞鸟供应链管理（上海）有限公司

上海嘉星物流有限公司

上海优通物流科技有限公司

上海海泰储运有限公司（3A 升 4A）

上海金溪物流有限公司（3A 升 4A）

上海轼方供应链管理有限公司

宗厚供应链管理（上海）有限公司

盛丰物流集团（上海）供应链管理有限公司

上海快行天下供应链管理有限公司

重庆美联国际仓储运输（集团）有限公司

天道仓储物流港（迁安）有限公司

太原万鑫物流有限公司（3A 升 4A）

黑龙江金韵速递有限公司

南通新环球物流有限公司

南通德坤物流有限公司

江苏江中亚邦医药有限责任公司

泗阳县交运港务有限公司（3A 升 4A）

江苏健安物流有限公司（3A 升 4A）

江苏鸿祥物流有限公司（3A 升 4A）

江苏久鼎供应链管理有限公司（3A 升 4A）

张家港海力码头有限公司

浙江世通物流有限公司（3A 升 4A）

鼎昊物流有限责任公司

温州市闽赢物流有限公司（3A 升 4A）

瑞安市建忠物流有限公司（3A 升 4A）

浙江欧华供应链有限公司

浙江泓达供应链管理有限公司

达升物流股份有限公司

宁波悦港物流供应链有限公司

宁波美航物流有限公司

合肥金韵装卸服务有限公司（3A 升 4A）

安徽国盛物流有限公司

安徽速通网络科技有限公司

马鞍山则一物流有限公司

淮北矿业集团供应链科技有限公司（3A 升 4A）

霍邱县东南货物运输有限公司

六安市顺流物流速递有限公司

宁德市旭日东升供应链管理有限公司

福州港马尾港务有限公司

宁德港务集团有限公司

石狮市华锦码头储运有限公司（3A 升 4A）

福建瑞丰快递有限公司

福建胖虎物流有限公司

福建龙岩卓信物流有限公司（3A 升 4A）

福建信运冷藏物流有限公司（3A 升 4A）

德兴市东东商贸有限公司（3A 升 4A）

江西省高安汽运集团富鹏汽运有限公司

丰城市鹏驰物流有限公司（3A 升 4A）

江西广寻现代物流有限公司（3A 升 4A）

山东极兔供应链有限公司

山东青州中外运储运有限公司

山东致胜供应链管理有限公司

莒县程泰物流有限公司

茌平县安泰运输有限公司

青岛家哇云网络科技有限公司

河南壹米滴答供应链管理有限公司

郑州韵必达速递有限公司（3A 升 4A）

河南华鼎供应链管理有限公司（3A 升 4A）

河南灵通物流有限公司

河南太行畅兴供应链管理有限公司（3A 升 4A）

河南汇海物流有限公司

郑州敏捷物流有限公司（3A 升 4A）

新乡市宇泽货运有限公司（3A 升 4A）

洛阳尤尼星运输有限公司

大河智运物流（河南）有限公司

湖北腾晟远成物流发展有限公司

武汉维安冷链物流有限公司

武汉市兴叶联合物流有限公司（3A 升 4A）

湖北三峡富烨绿电供应链有限公司

武汉市万程物流有限公司

湖北港顺天然气有限公司

黄冈市国通物流市场发展有限公司

黄石传化诚通公路港物流有限公司

荆州市承霖物流有限公司

荆州市天程货物运输有限公司（3A 升

4A）

湖北天圆地方物流园有限公司

武汉如意云仓供应链管理有限公司

武汉市捷锐物流有限公司（3A升4A）

武汉盛强隆大件运输有限公司

湖北凯赢运输有限公司

湖北龙鹏科技发展有限公司（3A升4A）

荆州市迅驰物流有限公司

荆州市成程运输有限公司

荆州市卓尔运输有限公司

宜昌江山贝尔公铁物流有限公司（3A升

4A）

湖北三峡物流集团有限公司

宜昌大树弯果蔬市场置业有限公司（3A

升4A）

湖北进川物流有限公司

湖北申通实业投资有限公司

荆州市快顺运输有限公司

长江新丝路国际物流（武汉）有限公司

武汉金春速递有限公司

武汉德信诚运输有限公司

武汉鲸仓供应链有限公司

湖北鸿景世纪物流有限公司

湖北迈睿达供应链股份有限公司（3A升

4A）

武汉源泉兄弟物流有限公司

武汉恒宏益冷链物流有限公司

武汉市际至达冷藏物流有限公司

武汉和泰通达物流有限公司

湖北正和宏泰供应链有限公司

武汉联华运贸物流有限公司（3A升4A）

湖北迅凯达物流有限公司

悦超物流（湖北）有限公司

武汉港航实业开发有限公司

岳阳安顺船务有限公司

湖南长盛科技开发有限公司（3A升4A）

湖南远洋国际货运代理有限公司

耒阳市湘粤通物流有限公司

衡阳市顺成物流有限公司

常德德山宜达物流园有限公司

凤凰县惠农电子商务有限公司

永州博成生态发展有限公司

湖南省华星物流有限责任公司

怀化安丽配送有限公司

广州顶通物流有限公司

广东省中土航运有限公司

深圳市大洋物流股份有限公司

广州市欧泰物流有限公司

广东前锦供应链管理有限公司

天津长景供应链管理有限公司

群邦科技物流（广东）有限公司

深圳市韵达速递有限公司

深圳市世华通物流有限公司

深圳市航港物流有限公司

广州市带车聘供应链科技有限公司

深圳市航球国际货运代理有限公司

广东小康物流有限公司

安能聚创供应链管理（深圳）有限公司

广东卓志跨境电商供应链服务有限公司

广西凯森供应链管理有限公司

广西慧想云物流有限公司

广西金桥实业集团有限公司

防城港北港物流有限公司

广西亨运韵达速递有限公司

广西苏宁物流有限公司（3A升4A）

广西高速物流股份有限公司

四川中油九洲北斗科技能源有限公司

贵州黔钢联物流有限公司（3A升4A）

贵州中通吉物流咨询服务有限公司

贵州丰茂物流有限公司

贵阳险峰物流有限公司（3A 升 4A）

贵州省鹏程物流有限公司（3A 升 4A）

陕西壹米时空供应链管理有限公司

中集凯通（陕西）物流发展有限公司

陕西德融物流有限公司

绥德县卡漠网络供应链管理有限公司

延川通远石化经销有限责任公司

黄陵天缘工贸有限公司

陕西银天物流有限公司

陕西象道物流有限公司

西安市新龙药业有限公司（3A 升 4A）

陕西狮佰硕供应链管理有限公司（3A 升
4A）

西安方欣食品有限公司（3A 升 4A）

陕西省物流集团煤炭运销有限公司

陕西东海实业有限公司（3A 升 4A）

汇源通供应链管理（西安）有限公司
（3A 升 4A）

西安新纪元供应链管理有限公司（3A 升
4A）

西安和硕物流科技有限公司

陕西亚投物联股份有限公司（3A 升 4A）

兰州国际港务区投资开发有限公司

赛马物联科技（宁夏）有限公司

宁夏德昌铁路物流有限公司

新疆新能电网建设服务有限公司

3A 级物流企业（247 家）：

北京嘉恒利供应链管理有限公司

天津中石化工物流有限公司

上海捷诺仓国际货运代理有限公司

上海澳鑫物流有限公司

上海意联供应链管理有限公司

上海强翔船务有限公司

重庆海牛运输有限公司

河北苏宁物流有限公司

毅都（沈阳）冷链物流发展有限公司

南京文韬物流有限公司

南京吉辂运输贸易有限公司

江苏环中物流有限公司

江苏经贸达丰国际物流有限公司

苏州瀛驰物流有限公司

苏州匠神天下物流供应链管理有限公司

常熟市红利货运有限公司

常熟志邦物流有限公司

昆山大汉物流有限公司

江苏英迈供应链管理有限公司

昆山联动物流有限公司

苏州望亭远方物流有限公司

苏州远方物流供应链管理有限公司

江苏富日物流有限公司

宝应苏中物流有限公司

常州骥千里物流有限公司

泗洪县万利物流有限公司

苏州综保物流有限公司

衢州市广志物流有限公司（2A 升 3A）

浙江车车多智慧物流有限公司

浙江华凯供应链管理有限公司

庆联道路运输（绍兴）有限公司

浙江讯速物流有限公司

台州明耀物流有限公司

台州市极兔供应链有限公司

温州黔通物流有限公司

浙江永易集装箱运输有限公司

瑞安市荣昱运输有限公司

温州星点物流有限公司

舱满满航运服务（义乌）有限公司

浙江湖州华凯国际货运代理有限公司

义乌市锐尔进出口有限公司

浙江宾虹物流有限公司

宁波同泽国际物流有限公司

宁波港泰国际物流有限公司

宁波竭诚国际物流有限公司

驰诺国际货运有限公司

宁波环美国际物流有限公司

宁波雅运坤洲国际物流有限公司

宁波全领国际货运代理有限公司

宁波瑞达国际货运代理有限公司

宁波亿胜国际物流有限公司

安徽合一冷链股份有限公司

马鞍山市丰乾物流有限责任公司

马鞍山市捷华物流有限公司

马鞍山市鑫海铁路设备工程有限责任公司

马鞍山市安达物流运输有限责任公司（2A 升 3A）

界首市黑豹物流有限公司

铜陵市文辉物流有限责任公司（2A 升 3A）

马鞍山世祥物流有限责任公司

宿州市厚德物流有限责任公司（2A 升 3A）

砀山县傲游物流服务有限公司（2A 升 3A）

蚌埠市中晟物流有限公司

霍邱县顺捷物流有限公司

福建省双一物流有限公司

福建省世运物流有限公司

福建泉州市邦臣物流有限公司（2A 升 3A）

福建闽昌物流有限公司（2A 升 3A）

福建利华物流有限责任公司

腾顺（福建）危险货物运输有限公司

三明市强运物流有限公司

建瓯市奔腾物流有限公司

南平市蚂蚁帮快递有限公司

南平市飞力士现代物流产业园有限公司

南平市众配物流有限公司

福建省建瓯市国标物流有限公司

厦门鑫侨益国际货运代理有限公司

厦门中泓基国际货运代理有限公司

九江振鑫船务有限公司

九江三志全直达供应链有限公司（2A 升 3A）

九江华飞轮航运有限公司（2A 升 3A）

上饶市东浦汽车运输有限公司

上饶市飞虎物流有限公司

江西安途物流有限公司

江西赣中航运有限公司

铅山县武夷山镇吉源物流有限公司

上饶市新鑫物流有限公司

江西衡隆物流有限公司

江西瑞康时代供应链管理有限公司

江西明德汽车运输有限公司

吉安三志物流有限公司（2A 升 3A）

江西跃陆科技有限公司

山东依航物流有限公司

山东兰华金亮物流管理有限公司

山东欧亚铁路物流有限公司

山东联强物流有限公司

临沂金星供应链管理有限公司

山东四方物流有限公司

临沂市利阳物流有限公司

青州亿鑫物流有限公司

莒县德通物流有限公司

青岛涅浦顿供应链科技有限公司

青岛全球运通国际物流有限公司

青岛华海集运国际物流有限公司

青岛开源国际物流有限公司

青岛天地通宇物流有限公司

路贸通国际物流服务有限公司

河南新起点运输有限公司

河南瑞之佳物流有限公司

国药控股河南医疗器械有限公司

河南骏达供应链管理有限公司

河南企发货运有限公司

河南联农科技有限公司

洛阳市德发汽车运输有限公司

河南省中交华翔供应链管理有限公司

焦作市鹏宇汽车运输有限公司

河南永红物流有限公司

漯河市丛赫商贸有限公司

河南领洋货物运输有限公司

河南正途供应链管理有限公司

武汉通成畅达物流有限公司

湖北天地汇物流发展有限公司

湖北同源实业投资有限公司

湖北联运供应链有限公司

武汉启航物流有限公司

武汉汉欧国际供应链管理有限公司

武汉鑫汉祁物流有限公司

武汉兴永兴物流有限公司

武汉市路路鑫物流有限公司

湖北鑫捷城物流有限公司

武汉北方鸿汉物流有限公司

湖北亿路顺物流有限公司

黄冈昌盛运输有限公司

荆州市昌盛运输有限公司

荆州市华飞运输有限公司

荆州三志物流有限公司

湖北安井食品有限公司

武汉天顺通达物流有限公司

武汉飞太物流有限公司

武汉永霖鑫物流有限公司

武汉赛扬物流有限公司

武汉沪雁物流有限公司

吉昌物流黄石有限公司

黄石城发智慧物流有限公司

湖北中运国际物流有限公司

武汉明昌瑞盛物流有限责任公司

湖北鑫源顺物流有限公司

荆州市永华汽车运输有限公司

荆州市永佳物流有限公司

武汉俊昌顺物流有限公司

湖北运旺大件物流有限公司

武汉市易行通货运服务有限公司

武汉新邦泰物流有限公司

湖北东侨供应链管理有限公司

武汉天星汇物流有限公司

湖北汉世通运输有限公司

武汉联创通达物流发展有限公司

武汉汇泽海运有限公司

湖北伍伍陆货运有限公司

武汉集邦达物流有限公司

襄阳中盛鼎力汽车零部件有限公司

黄石诺金村鸟供应链管理有限公司

赤壁市锦鸿运输物流有限公司（2A 升 3A）

湖北咸通九方物流有限公司

湖北康爵商贸有限公司

湖北诚讯运输有限公司

荆州市隆鑫物流服务有限公司

荆州市中宇运输有限公司

荆州市恒驰道路运输服务有限公司

荆州市嘉晟物流有限公司

人福医药宜昌有限公司

江汉油田鹏远工贸（潜江）有限责任公司

湖北中棉物流有限公司

湖北凯龙八达物流有限公司

湖北乐厚农业开发有限公司

宜昌安兴物流有限公司

宜昌市九阳物流有限公司

公安县伟易达运输有限公司

湖北三森木业股份有限公司

十堰市楚思远物流有限公司

武汉宇圣通物流有限公司

江汉油田顺安运输潜江有限公司

武汉佳庆物流有限公司

湖北统邦物流有限公司

荆州市宇通汽车运输有限公司

荆州市易阳物流有限公司

荆州市顺驰石油运输有限责任公司

江汉油田凯达实业潜江有限公司

宜昌渝东物流有限责任公司

宜昌达利货物运输有限公司

宜昌金海船舶运输有限公司

荆州市华鑫汽车运输有限公司

荆州市荆石物资运输有限公司

武汉乾运高科新材料有限公司

安能聚创供应链管理（武汉）有限公司

武汉吉路通物流有限公司

岳阳市友圆国际物流有限公司

湖南华瑞物流有限责任公司

耒阳市福源乡村物流有限公司

郴州安通物流有限公司

郴州深郴货运有限责任公司

湘西韵莱农业发展有限责任公司

湘西永佳物流有限公司

沅陵县增辉货运仓储有限责任公司

湖南蓝伯物流有限公司

怀化市洪江联合运输有限公司

深圳市利氏物流有限公司

广西泓鑫物流有限公司

广西南宁祺林汽车运输有限责任公司

南宁市万纬冷链物流有限公司

百色市吉英物流有限责任公司

钦州市诚信物流有限公司

钦州市景洋物流有限公司

广西自贸区鑫港物流有限公司

钦州市吉顺物流有限公司

广西桂皖物流有限公司

广西自贸区万苏供应链管理有限公司

盛丰物流（广西）有限公司

广西展超供应链管理有限公司

广西昊晟国际物流有限公司

四川德源中铁物流有限公司

四川圣灯宏达物流有限公司

四川川欧通国际贸易有限公司

中国物流贵州有限公司

贵州广奕医药物流集团销售有限公司

贵州东部陆港运营有限责任公司

贵州黔东南州陆港运营有限责任公司

昆明南亚国际陆港开发有限公司

安宁雄川物流有限公司

陕西省物流集团医药供应链有限公司

西安九纲物流有限公司

陕西放心运物流科技有限公司

陕西胜利物流有限公司

西安途胜工程物流有限公司

陕西运通供应链管理有限公司

陕西西北金属物流有限公司

陕西西北大明汽配物流有限公司

西安德鸿物流有限责任公司

陕西屹立通物流有限公司

西安近达精密仪器运输有限公司

陕西米禾电子商务有限责任公司

西安佳帮手商业管理有限公司

兰州市兰韵速递有限公司

兰州杰钧物流有限公司

宁夏四季青冷链物流有限公司（2A 升
3A）

宁夏惠润农产品配送有限公司

宁夏中韵供应链有限公司

宁夏宇枫运输有限公司

2A 级物流企业（57 家）：

山西蓝阳医药科技有限公司

衢州双顺物流有限公司

浙江仕佰达供应链管理有限公司

台州国畅运输有限公司

浙江盛通运输有限公司

浙江货郎邦供应链管理有限公司

宁波伟诚国际物流有限公司

福建省万隆港铁多式联运有限责任公司

三明市福源通物流有限公司

将乐县汉宇物流有限公司

邵武市永诚物流有限公司

九江众汇物流服务有限公司

九江市安顺达运输有限公司

九江陆通汽车运输有限公司

九江庐兴沥青有限公司

九江市九鼎物流有限公司

九江市海云固体废物运输有限公司

上饶市金福物流有限公司

瑞昌市大林物流运输有限公司

九江市锡通物流有限公司

九江市宏平物流有限公司

瑞昌市德信物流有限公司

九江联新物流设备租赁有限公司

江西鑫万来食品有限公司

修水县群顺危险化学品运输有限公司

九江龙耀物流运输有限公司

瑞昌正广通城际配送有限公司

江西领运来物流有限公司

邓州交通运输总公司

社旗远达物流有限公司

湖北润信农产品物流园股份有限公司

黄石德明工贸有限公司

宜昌玖晟物流有限公司

宜昌思雅物流有限责任公司

宜昌百维电子商务有限公司

广西蓝柳运输有限公司

广西钦州临海船务代理有限公司

广西河池市祥麟贸易有限公司

自贡市联通汽车运输服务有限公司

自贡北港物流有限公司

宜宾港保税物流中心运营管理有限责任公司

宝兴县习神物流有限公司

石棉县长运物流有限公司

贵州佳航冷链物流有限公司

贵州晴空畅达物流有限公司

贵州贵海冷链仓储服务有限公司

贵州乾途物流有限公司

福泉市鑫隆化工有限公司

福泉市货邦邦运输有限公司

贵州远恒物流有限责任公司

贵州黔南万顺货运有限责任公司

贵州南北物流有限责任公司

贵州黔匀和农产品冷链物流有限公司

贵州川恒物流有限公司

贵州东启明物流有限公司

贵阳跨航物流有限公司

联创万通（宁夏）信息技术服务有限公司

1A 级物流企业（6 家）：

新晃诚信物流咨询有限公司

贵州海内物流有限公司

贵阳道臣物流有限责任公司

贵阳荟湘物流有限公司

鑫宇运输有限责任公司

贵州周周顺物流有限公司

2022 年下半年通过复核的 A 级物流企业名单（共 510 家）

5A 级物流企业（24 家）：

天津狮桥国际物流有限公司

中国铁路上海局集团有限公司

河北好望角物流发展有限公司

辽宁港口股份有限公司

辽渔集团有限公司

长春市亚奇物流有限公司

长春欧亚集团股份有限公司

大庆油田物资公司

江苏金驹物流投资有限公司

中集世联达长江物流有限公司

厦门象屿速传供应链发展股份有限公司

山东港天物流有限公司

靖海集团有限公司

山东佳怡供应链管理有限公司

湖北安卅物流有限公司

东莞市南方物流集团有限公司

深圳越海全球供应链股份有限公司

深圳市原飞航物流有限公司

广东省港航集团有限公司

广州华新集团有限公司

四川安吉物流集团有限公司

成都传化公路港物流有限公司

云南能投物流有限责任公司

陕西煤业化工物资集团有限公司

4A 级物流企业（133 家）：

天津丰田物流有限公司

上海虹迪物流科技有限公司

上海康展物流有限公司

上海茂金物流有限公司

上海丹捷国际物流有限公司

上海顺城物流有限公司

上海际华物流有限公司

英脉急速物流（上海）有限公司

联达供应链科技有限公司

上海中超物流有限公司

上海平文物流有限公司

三羊马（重庆）物流股份有限公司

重庆川维物流有限公司

汇通图腾国际物流有限公司

内蒙古鄂尔多斯物流有限公司

大连宝信国际物流有限公司

营口新世纪集装箱码头有限公司

长春市鸿程物流有限公司

吉林省国华物流集团有限公司

长春丰泰物流有限公司

吉林省建达贸易有限公司

吉林省长久物流有限公司

磐石吉高陆港物流有限公司

长春市通顺达物流有限公司

吉林祥涛运输有限公司

吉林省长久联合物流有限公司

吉林省华航实业集团有限公司

长春照宝物流有限公司

长春一汽四环运达物流有限公司

江苏河海运输股份有限公司

苏州得尔达国际物流有限公司

昆山市海联仓储运输有限公司

江苏海晨物流股份有限公司

江苏中运物流集团有限公司

江苏燕进联运有限公司

太仓阳鸿石化有限公司

江苏大地物流有限责任公司

昆山综合保税区物流中心有限公司

连云港市交控物流集团有限公司

泰州益嘉物流有限公司

徐州市特种气体厂

江苏通泽国际货运代理有限公司

徐州市龙腾运输处

江苏兴骏物流有限公司

常熟市宏民物流中心有限公司

江苏冉光物流有限公司

南通市保安服务有限公司

绍兴信诚物流有限公司

杭州铁集货运股份有限公司

浙江泰易达物流科技有限公司

浙江顶顺物流有限公司

宁波港集装箱运输有限公司

得力集团有限公司

安徽国力物流有限公司

安徽南北快运有限责任公司

黄山斯普蓝帝物流有限公司

安徽城坤物流有限公司

铜陵金江海运贸有限责任公司

马鞍山宇环汽车运输有限公司

马鞍山江东汽运有限公司

安徽诺普水运有限公司

泉州晋江陆地港港务有限公司

福州京邦达供应链科技有限公司

福州新港国际集装箱码头有限公司

江西三志物流有限公司

江西安智物流股份有限公司

高安市豪顺物流有限公司

江西省高安汽运集团翔运汽运有限公司

江西保捷实业集团有限公司

江西国磊供应链集团有限公司

江西省高安汽运集团鸿弘汽运有限公司

江西四顺物流集团有限公司

江西中联智能物流有限公司

西王物流有限公司

沂水县天成物流有限公司

山东载信物流有限公司

青岛春明物流有限公司

青岛成龙国际仓储物流有限公司

深国际北明全程物流有限公司

河南中博物流有限公司

河南省阳光物流发展有限公司

河南汇普物流有限公司

河南京邦达供应链有限公司

郑州市四季安物流有限公司

一拖（洛阳）物流有限公司

湖北大通互联物流股份有限公司

湖北丰庆源粮油集团有限公司

当阳市长坂坡物流有限公司

襄阳襄管物流有限公司

黄冈市卫尔康医药有限公司

东风襄阳物流工贸有限公司

当阳市万里运输有限责任公司

荆门市腾飞达物流有限公司

武汉兴达汽车物流有限责任公司

湖北良品铺子食品工业有限公司

湖北信通通信有限公司

中外运物流湖南有限公司

湖南龙骧神驰运输集团有限责任公司

衡阳白沙洲物流园有限公司

特变电工湖南国际物流科技有限公司

湖南省铸万有实业有限公司

湖南中电物流有限公司

株洲市大丰物流有限公司

东莞市百安石化仓储有限公司

深圳佳利达供应链管理有限公司

深圳市凯依克物流有限公司

深圳神彩物流有限公司

深圳市易通安达国际物流有限公司

广东远翔物流实业有限公司

广州市博涛物流有限公司

天图控股集团股份有限公司

广州港物流有限公司

广州东风日梱物流有限公司

广州海福物流有限公司

弘胜集团有限公司

广东德邦物流有限公司

海南和宇运贸有限公司

四川华峰物流有限公司

四川安仕吉供应链管理有限公司

四川中移通信技术工程有限公司

宜宾安仕吉国际物流有限公司

四川新华文轩物流有限公司

成都创源国际货运代理有限公司

贵州省物资现代物流集团有限责任公司

贵州物联（集团）有限公司

云南新为物流有限公司

云南宏程物流集团有限公司

楚雄市兴龙物流有限责任公司

云南顶众物流有限责任公司

兰州新区商贸物流投资集团有限公司

兰州敦敦运输服务有限公司

中国邮政速递物流股份有限公司宁夏回族自治区分公司

新疆汇德物流有限公司

3A 级物流企业（294 家）：

北京中远劳捷斯物资有限公司

北京和众奥顺达物流有限公司

中通物流有限公司

北京快行线冷链物流有限公司

中铁特货汽车物流有限责任公司

北京华油国际物流工程服务有限公司

北京海翔国际运输代理有限公司

中国远洋天津物流有限公司

传云（天津）物联网技术有限公司

中远海运工程物流有限公司

上海化学工业区物流有限公司

上海百联配送实业有限公司

上海康芸物流发展有限公司

上海外高桥国际物流有限公司

上海中远海运工程物流有限公司

中联运通控股集团有限公司

上海全胜物流股份有限公司

上海外轮代理浦东有限公司

上海麒麟物流有限公司

上海菱华仓储服务有限公司

上海泓明国际货运有限公司

上海易浦物流有限公司

上海天隽国际货物运输代理有限公司

上海星亚国际货运有限公司

上海恒孚物流有限公司

上海宝腾物流有限公司

上海朝旭物流有限公司

上海双汇物流有限公司

露昱供应链管理（上海）有限公司

重庆保时达保税物流有限公司

中铝物流集团重庆有限公司

重庆新犇牛物流有限公司

重庆千诚实业发展有限公司

中国唐山外轮代理有限公司

石家庄金鼎贵运输有限公司

中国大连外轮代理有限公司

大连长兴岛港口有限公司

大连集益物流有限公司

大连中铁联合国际集装箱有限公司

华扬国际物流（大连）有限公司

大连国际集装箱服务有限公司

大连集发南岸国际物流有限公司

宇航国际物流（大连）有限公司

大连柏瑞德国际物流有限公司

辽宁苏宁物流有限公司

沈阳兴兴承辉物流有限公司

沈阳递家物流股份有限公司

吉林省亿鑫物流有限公司

吉林省恒远物流有限公司

长春国际陆港发展有限公司

江苏省沿江物流有限公司

中国连云港外轮代理有限公司

连云港中远海运物流有限公司

南京中远海运物流有限公司

镇江中远海运物流有限公司

常熟中远海运物流有限公司

江苏中大物流有限公司

苏州工业园区航港物流有限公司

日新（常熟）国际物流有限公司

南通双和食品有限公司

江苏通联现代农业发展有限公司

苏州隆力奇东源物流股份有限公司

苏州中远海运化工物流有限公司

泰州市过船港务有限公司

淮安华发危险品运输有限公司

昆山宏宇货运有限公司

江苏正德物流有限公司

昆山永发运输有限公司

江苏宝通物流发展有限公司

常熟市骏源运输有限公司

南京浦兴船务有限公司

常熟市曹家桥冷链物流有限公司

苏州市锦达国际货运代理有限公司

中国邮政速递物流股份有限公司扬州市分公司

徐州鑫旺顺达运输股份有限公司

宿迁市宿豫区机关危险品运输服务有限公司

宿迁市远征物流有限公司

宿迁市广运物流有限公司

宿迁市长发物流有限公司

江苏荣浩物流有限公司

常熟市速尔运输有限公司

好专线（江苏）供应链管理有限公司

扬州市龙升物流有限公司

扬州市兴发运输有限公司

扬州畅达物流有限公司

宿迁中博物流有限公司

江苏正盛仓储物流有限公司

徐州天行健运输有限公司

长兴天顺物流有限公司

平湖市亚太物流有限公司

浙江华佳业物流有限公司

浙江海悦国际货运代理有限公司

浙江华峰物流有限责任公司

永康市婷婷物流有限公司

桐乡市振东物流园区有限公司

浙江自贸区大恩物流有限公司

杭州中集物流有限公司

台州市成辉运输有限公司

新昌白云人家农副产品配送服务有限公司

长兴宝钛物流有限公司

温岭市天航物流有限公司

长兴传化公路港物流有限公司

宁波恒胜物流有限公司

宁波宏达货柜储运有限公司

宁波芦城国际物流有限公司

宁波市环北物流集团有限公司

浙江万信物流有限公司

浙江兴港国际货运代理有限公司

余姚市姚江物流有限公司

宁波市宇达物流有限公司

宁波市镇海新世纪运输有限公司

宁波中基国际物流有限公司

宁波海晖国际物流有限公司

宁波中陆联合物流有限公司

宁波宁电海运有限公司

宁波万联国际集装箱投资管理有限公司

宁海鼎盛物流有限公司

宁波中外运物流有限公司

宁波北仑东华集装箱服务有限公司

浙江易鑫国际货运代理有限公司

浙江镇石物流有限公司

宁波中威国际物流有限公司

宁波旭日嘉辉供应链管理有限公司

余姚市联海实业有限公司

宁波市广亚物流有限公司

云丰供应链管理（宁波）有限公司

宁波恒胜澜海控股集团股份有限公司

宁波港中旅华贸国际物流有限公司

安徽富源物流有限公司

安徽省弘泰航运有限公司

马鞍山市江海轮船有限公司

马鞍山市长江物流有限公司

马鞍山市宇环轮船有限公司

马鞍山市凯达船务有限公司

马鞍山市朝阳物流有限公司

马鞍山宏顺物流有限公司

马鞍山大洲船务有限公司

芜湖达成储运有限公司

马鞍山市金鞍物流有限责任公司

福建八方迅通物流有限公司

福建嘉丽物流有限公司

万全仓储（福州）有限公司

漳州市鸿发物流有限公司

福建金运国际物流有限公司

泉州陆达物流有限公司

福州中外运大裕保税仓储有限公司

福建江阴国际集装箱码头有限公司

福建龙岩天和盛物流有限公司

福建福祥物流有限公司

福州博通太平物流有限公司

福建川捷物流服务有限公司

中外运物流（福建）有限公司

泉州外轮代理有限公司

福建省羊程冷链物流有限公司

泉州福飞物流有限公司

泉州市鑫辉物流有限公司

石狮市宏达物流快运有限公司

三明盛辉物流有限公司

泉州传化公路港物流有限公司

泉州市安居物流有限责任公司

泉州宽网物流有限公司

福建旭丰物流有限公司

泉州市红星物流园管理有限公司

泉州进源运输有限公司

福建鸿溶物流有限公司

龙岩昊源物流有限公司

龙岩市昌龙物流有限公司

宁化宏运物流有限公司

福建永腾物流有限公司

福建跨境通电子商务有限公司

石狮市宽网盛运物流有限公司

福建省永春县美岭车队

福建捷鸿物流有限公司

三明市祥睿物流有限公司

建瓯市华迅物流有限公司

福建省建瓯市新顺发物流有限公司

福建栢合冷链仓储管理有限公司

厦门宏高货运有限公司

厦门港务物流保税有限公司

世邦集运（厦门）有限公司

厦门正旸物流有限公司

福建万翔现代物流有限公司

厦门国达海运有限公司

厦门邦云物流有限公司

江西大龙物流有限公司

景德镇市安捷物流有限公司

江西中瑞物流有限公司

江西万福实业集团股份有限公司

国营南昌肉类联合加工厂

江西金泽物流有限公司

萍乡市鑫联汽车运输有限公司

南昌华泓冷链物流有限公司

林安（九江）商贸物流发展有限公司

江西桐韵速递有限公司

江西智联汇和物流有限公司

信丰县双佳汽车运输服务有限公司

瑞金市红土地物流有限公司

青岛联合国际船舶代理有限公司

青岛华盛诺达供应链管理有限公司

青岛高阳国际物流有限公司

青岛敬明承运物流有限公司

烟台万方物流有限公司

烟台连峰商贸有限公司

中海石油（龙口）基地物流有限公司

烟台川大物流有限公司

烟台顺泰植保科技有限公司

开封市第二运输总公司

漯河大成物流有限公司

巩义市象道物流有限公司

河南豫储物流发展有限公司

河南双汇冷易通物流有限公司

五峰国通物流有限公司

襄阳新生合物流有限公司

武汉新宁物流有限公司

武汉花花牛供应链管理有限公司

武汉石化交通运输有限公司

国药控股恩施有限公司

十堰锦锐物流有限公司

驿动天下物流（湖北）有限公司

赤壁市磊鑫洪泰商贸有限公司

宜昌晟达物流有限公司

湖北佳捷物流有限责任公司

武汉盛联华物流有限公司

罗田县兴达物流运输有限公司

大冶市华达汇鑫物流有限公司

湖北火烧坪高山蔬菜集团物流有限公司

宜昌市金全顺物流有限责任公司

宜昌市新东方物流有限责任公司

宜昌快运通物流有限公司

宜昌市祥荣物流有限责任公司

湖北庄品健实业（集团）有限公司

湖北潜润物流有限公司

人福医药天门有限公司

湖北国通航运有限公司

湖北佳佳惠商贸有限公司

黄石西马物流有限公司

武汉荣横物流有限公司

武汉中远物流有限公司

武汉船发国际货运有限公司

武汉竹叶山中环商贸城有限公司

武汉华运达船务有限公司

岳阳运发物流有限公司

岳阳三友物流有限公司

祁阳县海洋物流运输有限公司

湖南永璟物流有限公司

长沙润民供应链管理有限公司

湖南迈达物流有限公司

广州捷世通物流股份有限公司

深圳市鑫宇货物运输有限公司

珠海港百安物流有限公司

深圳中远海运物流有限公司

深圳市乾泰恒物流有限公司

深圳联合国际船舶代理有限公司

深圳市中永物流有限公司

深圳前海致远数智价值链有限公司

深圳市安道隆物流有限公司

深圳市胜欧国际物流有限公司

深圳市力合物流有限公司

中国湛江外轮代理有限公司

广州智德物流有限公司

广东利通物流有限公司

益海嘉里（广州）物流供应链有限公司

广州广裕仓码有限公司

中国防城外轮代理有限公司

广西桂网物流有限责任公司

广西供应链服务集团桂林储运有限公司

钦州市锦程物流有限公司

广西中邮物流有限责任公司

四川峨眉山峨胜物流发展有限公司

四川耀德物流有限公司

四川天伦药业有限公司

四川淳邦化工物流有限公司

四川华逸物流有限责任公司

达州市彭氏物流有限公司

四川钰璞物流有限公司

绵阳市吉瑞物流有限公司

宜宾传化公路港物流有限公司

珙县豪发运输有限公司

成都平捷物流有限公司

成都市路遥物流有限公司

成都坤远物流有限公司

四川汇翔供应链管理有限公司

贵州易林物流有限公司

昆明中远海运物流有限公司

楚雄顺通交贸有限责任公司

云南营家优鲜供应链有限公司

云南金叶物流有限公司

云南鲜生活冷链物流有限公司

易门联合运通物流有限公司

云南众而沃实业有限责任公司

陕西康龙快运有限责任公司

陕西嘉信供应链管理有限公司

兰州全程德邦物流有限公司

宁夏中杰物流管理股份有限公司

2A 级物流企业（53 家）：

北京东方凯富国际货运代理有限公司

大连时利和物流有限公司

营口锦胜实业有限公司

哈尔滨鑫庆哈运输有限公司

哈尔滨悦路运输有限公司

无锡中远海运物流有限公司

中国南京外轮代理有限公司

中国江阴外轮代理有限公司

常熟外轮代理有限公司

泰州外轮代理有限公司

常州外轮代理有限公司

义乌市倍力货物运输有限公司

中国台州外轮代理有限公司

杭州长运三运运输有限公司

嘉兴市朝阳油品运输有限公司

杭州大恩供应链管理有限公司

宁波青峙化工码头有限公司

宁波兰羚钢铁实业有限公司

宁波东佳物流有限公司

安徽省水利物资股份有限公司

福建省赵家堡国通物流有限公司

福州汇林物流有限公司

邵武市邵华运输有限公司

邵武市新鸿运运输服务有限公司
南平市华顺物流有限公司
上饶市建鑫市政工程有限公司
瑞昌市翔云物流贸易有限公司
石城县易达物流有限公司
赣州市森达通物流有限公司
兴国县同一首歌物流有限公司
赣州鑫旺物流有限公司
信丰县四通物流有限公司
信丰广通物流有限公司
江西宏海速全物流有限公司
中国日照外轮代理有限公司
青岛远洋鸿池物流有限公司
青岛兴海物流有限公司
京山泰昌米业有限公司
钟祥市阳光船务有限公司
利川市兴鑫物流有限公司
湖北鼎元供应链管理有限公司
十堰市八匹马运输有限公司
成都诚信达物流有限公司
四川全泰堂药业有限公司
四川瓯锦物流有限公司
四川鑫锐投资有限公司
西昌美联欣程物流有限公司
凉山州川山运输有限公司
四川宇柏物流有限公司
贵州黔丰物流有限公司
云南永越物流有限公司
甘肃省物产集团河口物流园有限公司
甘肃省物产集团皋兰物流园有限公司

1A 级物流企业（6 家）：

中国丹东外轮代理有限公司
靖江外轮代理有限公司
江苏汇鸿冷链物流有限公司

宁波保税区金铭国际贸易有限公司
安徽中远海运物流有限公司
赣州长赢物流有限公司

放弃复核的企业 102 家：

深圳市亦禾供应链管理有限公司、上海则一货运有限公司、山西兴隆物流有限公司、长春东北亚物流有限公司、长春千锤纸业有限公司、江苏高兴达物流有限公司、江苏新誉能源物流有限公司、苏州依厂物流有限公司、江苏坤轮物流有限公司、南通市云顶实业总公司、江苏和盛农资连锁有限公司、浙江大恩物流有限公司、厦门华贸物流有限公司、厦门荣利达物流集团有限公司、厦门海沧国际货柜码头有限公司、北方兴业物流有限公司、兖矿东华物流有限公司、山东金钊源物流集团有限公司、山东盛泽物流有限公司、荣成广润水产食品有限公司、湖北众旺达物流有限公司、湖北襄阳西利达物流有限公司、武汉中力物流有限公司、武汉仟吉冷链物流仓储管理有限公司、深圳市凯通物流有限公司广州分公司、广州市洋航物流有限公司、广西中信国际物流有限公司、广西中外运久运物流有限公司、四川远成物流发展有限公司、四川世纪吉祥物流有限公司、贵州宁铁南昆物流有限责任公司、陕西西部物流有限公司、宁夏佳奇石化实业有限公司、宁夏万马大件运输有限公司、上海成协物流配送有限公司、上海宏通物流有限公司、上海鸿顺国际物流有限公司、上海中外运冷链运输有限公司、上海嘉勇物流有限公司、开鲁县有银食品贸易有限责任公司、通辽市蒙王兴源医药有限责任公司、内蒙古信远物流有限公司、长春市庆辉运输有限公司、白山市天天物流有限公司、江苏兴易达供应链管理股份有限公司、张家港保税区越港运输有限公司、扬州佳业物流有限公司、江苏省扬州市苏远联运集装箱有限公司、淮安市发达航运有限公司、无锡汇海永丰物流有限公司、南京淳飞物流有限公司、百成供应链管理江苏股份有限公司、扬州九洲汽车运输有限公司、浙江省台州市海门港埠总公司、浙江百诚物流有限公司、台州市朝阳油品运输有限公司、宁波海联物流有限公司、宁波远通物流有限公司、浙江胜速物流股份有限公司、石狮市顺裕物流有限公司、石狮市富星电子商务物流园开发有限公司、泉州四海物流有限公司、石狮嘉通物流有限公司、厦门国贸泰达保税物流有限公司、联冠物流（福建）股份有限公司、南城长顺物流有限公司、上海意洪物流有限公司江西分公司、潍坊雷沃重工物流有限公司、临沂临工物流有限公司、西峡县金马物流有限责任公司、宜昌通诚物流有限公司、湖北安鲜达物流科技有限公司、深圳市安鹏货运有限公司、深圳市博亿美国际物流有限公司、深圳市旭安物流有限公司、深圳市裕鸿达国际货运代理有限公司、深圳市金安物流有限公司、深圳市富顺鑫货运有限公司、柳州市国联物流中心有限责任公司、四川君安物流集团有限公司、四川盛世前程物流有限公司、峨眉山市天盛物流有限公司、峨眉山市领汇物流有限公司、泸州浩宇物流有限公司、成都升峰物流有限公司、成都兴雨润物流有限公司、上海松浦港务有限公司、宁波鲁甬佳物流有限公司、宁波新盟国际船务有限公司、厦门通一物流有限公司、上饶市心诚运输有限公司、青岛长久物流有限公司、黄冈安必达冷链物流有限公司、武汉日昱物流有限公司、武汉市盛博物流有限公司、武汉市双剑物流有限公司、深圳市格林通国际货运代理有限公司、广安锦诚物流有限责任公司、四川新柏航物流有限公司、宁夏四联创业物流有限公司、沈阳唯晟通医疗冷链运输有限公司、宁波保税区永裕贸易有限公司因物流业务调整、并购重组、经营模式改变、企业注销等，不再保留 A 级物流企业资质。

全国第三十六批 A 级物流企业名单（共 697 家）

5A 级物流企业（25 家）：

中铝物流集团有限公司

上海上嘉物流有限公司

上海壹米滴答快运有限公司

顺丰速运集团（上海）速运有限公司（4A 升 5A）

上海世权物流有限公司（4A 升 5A）

河北华辰聚联贸易有限公司（4A 升 5A）

河北省国和投资集团有限公司

天道仓储物流港（迁安）有限公司（4A 升 5A）

大连港集发物流有限责任公司

江苏海晨物流股份有限公司（4A 升 5A）

速恒物流股份有限公司（4A 升 5A）

湖北商贸物流集团有限公司

黄石市东楚投资集团有限公司

常德福泰运输股份有限公司

湖南惠农物流有限责任公司（4A 升 5A）

深圳市拓威百顺达国际货运代理有限公司（4A 升 5A）

深圳市长帆国际物流股份有限公司

广东彩丰物流有限公司（4A 升 5A）

侨益物流股份有限公司（4A 升 5A）

广州港物流有限公司（4A 升 5A）

成都达海金属加工配送有限公司

四川通宇物流有限公司（4A 升 5A）

道臣物流集团有限公司（4A 升 5A）

贵州丰茂东投物流有限公司（4A 升 5A）

云南云铝物流投资有限公司

4A 级物流企业（257 家）：

天津大田运输服务有限公司

北京华欣供应链管理有限公司

华行（深圳）出行服务有限公司

北京中汽阳光科贸有限公司

上海威微物流有限公司

上海多隆物流有限公司

上海延诚运输有限公司

上海健斌国际物流有限公司

上海极兔供应链有限公司

重庆能投物流有限公司

重庆九州通医药有限公司

重庆顺泰物流有限公司

重庆庆荣物流有限公司

重庆极兔供应链管理有限公司

重庆久久物流有限责任公司

重庆太平洋国际物流有限公司

重庆中远海运物流有限公司

招商局物流集团重庆有限公司

陆海新通道运营重庆有限公司

重庆安吉红岩物流有限公司

重庆瑞重快递有限公司

河北冰峰供应链管理有限公司

河北宜众物流有限公司

河北物产供应链有限公司

石家庄市庄韵速递有限公司（3A 升 4A）

沧州文华物流有限公司

华远陆港多式联运科技（山西）有限公司

山西极兔供应链有限公司

山西雄风达运输有限公司

辽宁北大荒物流集团有限公司

吉林省吉蓉物流有限公司（3A 升 4A）

黑龙江极兔供应链管理有限公司

领航数贸科技股份有限公司

哈尔滨三友运输有限公司（3A 升 4A）

哒哒智运（黑龙江）物联科技有限公司

江苏南钢鑫洋供应链有限公司

江苏凤凰新华书店集团有限公司

南京盛航海运股份有限公司

江苏昊鹏物流有限公司（3A 升 4A）

昆山市昆化储运装卸有限公司（3A 升 4A）

苏州泰泽供应链管理有限公司

南通利达国际货运代理有限公司

徐州旭辉物流供应链管理有限公司

连云港徐圩港口控股集团有限公司

中集苏航（常州）物流有限公司（3A 升 4A）

江苏运斯达供应链管理有限公司（3A 升 4A）

宿迁市港口发展有限公司（3A 升 4A）

泗洪县常洪物流有限公司（3A 升 4A）

荣庆物流（太仓）有限公司

太仓港正和兴港集装箱码头有限公司

江苏亨通国际物流有限公司（3A 升 4A）

张家港保税港区港务有限公司（3A 升 4A）

苏州新城投资发展有限公司（3A 升 4A）

苏州可通物流有限公司

衢州市广富物流有限公司

浙江英特物流有限公司（3A 升 4A）

中通云仓科技有限公司

浙江吉星物流有限公司（3A 升 4A）

浙江恒逸物流有限公司（3A 升 4A）

台州市永锦达包装有限公司（3A 升 4A）

温州中通吉瑞快递有限公司（3A 升 4A）

温州市瓯海公路物流集团有限公司（3A升4A）

浙江铁集供应链管理有限公司（3A升4A）

浙江盈和国际物流有限公司

浙江赤道供应链有限公司

浙江腾信国际物流有限公司

浙江泓运供应链管理有限公司（2A升4A）

中通云冷网络科技（浙江）有限公司

中煤矿山建设集团供应链有限公司

浙江定邦全球供应链有限公司（3A升4A）

宁波达迅国际货运代理有限公司（3A升4A）

宁波集扬物流集团有限公司

宁波中远海运新拓国际货运有限公司

宁波港东南海铁物流有限公司（3A升4A）

宁波国华国际货运代理有限公司（3A升4A）

浙江达源玖科技有限公司（3A升4A）

宁波中威国际物流有限公司（3A升4A）

合肥国际内陆港发展有限公司

安徽共生物流科技有限公司

安徽凌众供应链管理有限公司（3A升4A）

芜湖瑞源物流有限公司（3A升4A）

安徽仓鼠物流有限公司

黄山市鑫和晟物流有限公司

安徽贝业智慧供应链管理有限公司

霍邱县鼎金物流运输有限公司

福建可门港物流有限责任公司（3A升4A）

南平市顺丰速运有限公司

福建省四通物流有限公司（3A升4A）

福建盛丰物流有限公司

江西万福实业集团股份有限公司（3A升4A）

江西东能物流有限公司

上饶市中合农产品市场有限公司（3A升4A）

上饶市汇恒危货运输有限公司（3A升4A）

江西省纵宇物流有限公司（3A升4A）

景德镇汽车运输集团有限公司

江西太阳升汽车有限公司

江西桐韵速递有限公司（3A升4A）

江西极兔极致供应链管理有限公司

九江凯瑞生态农业开发有限公司（3A升4A）

江西省江天农博城发展有限公司（3A升4A）

吉安华通物流中心有限公司

龙南宏金达汽车运输有限公司（2A升4A）

赣州陆港铁路运营有限公司

济南恒韵装卸服务有限公司

淄博三志物流有限公司

庆云北方通达物流有限公司

潍坊胜大运输有限公司

潍坊中外运国际物流有限公司

山东晟航志业经贸有限公司

山东兴华万通供应链集团有限公司

山东国晨物流有限公司

山东高速鲁南物流发展有限公司

山东福路物流有限公司

潍坊京运物流有限公司

淄博正博物流有限公司

青岛城运控股集团有限公司

青岛万嘉集运物流有限公司（2A 升 4A）

青岛跨越物流有限公司（3A 升 4A）

河南中外运国际物流有限公司

河南蚁链物流有限公司

三全食品股份有限公司

郑州中原新丝路国际多式联运有限公司

洛阳壹立达物流有限公司（3A 升 4A）

洛阳畅通物流有限公司

华润洛阳医药有限公司（3A 升 4A）

中铝物流集团中州有限公司

河南胜利物流有限公司

河南牛车科技有限责任公司

南阳港务物流集团有限公司

武汉锦廷国际货运代理有限公司

湖北圆通速递有限公司

武汉卓昱捷物流有限公司

湖北勤达通国际货物运输代理有限公司

武汉忠民通达物流服务有限公司（3A 升 4A）

湖北佳运通物流有限公司（3A 升 4A）

武汉迅邦供应链管理有限公司（3A 升 4A）

武汉长江轮船有限公司

湖北九鸿物流有限责任公司（3A 升 4A）

武汉市东西湖国强运输有限公司

武汉璟阳供应链管理有限公司

湖北骆驼物流有限公司（3A 升 4A）

湖北和兴供应链有限公司

湖北易得物联科技服务有限公司

武汉市长松物流配送有限公司

武汉天珑号物流有限公司

武汉周商物流有限公司

武汉山绿供应链管理有限公司（3A 升 4A）

湖北嘉楚物流有限公司

湖北名羊农业科技发展有限公司（3A 升 4A）

国胜物流有限公司（3A 升 4A）

湖北汇宁物流股份有限公司（3A 升 4A）

宜都市顺捷物流有限公司（3A 升 4A）

宜昌粮食集团有限公司

麻城市鄂东郑氏物流有限公司

武穴市陆顺汽车运输有限公司

湖北交投商业投资有限公司

武汉佳恒华中快运有限公司（3A 升 4A）

武汉市跨越速运有限公司（3A 升 4A）

湖北中欧国际供应链有限公司

武汉楚迅飞物流有限公司

武汉联达鑫物流有限公司

武汉供销现代农业集团有限公司

武汉四海汇通供应链管理有限公司

湖北丰运物流有限公司（3A 升 4A）

武汉兴顺发物流有限公司

武汉汉欧国际供应链管理有限公司（3A 升 4A）

湖北军绿农业发展有限公司

武汉经开港口有限公司（2A 升 4A）

武汉乐九供应链管理有限公司

武汉金锣通食品销售有限公司（3A 升 4A）

武汉鑫三禾物流有限公司

武汉市正宇不凡物流发展有限公司

湖北双恒供应链有限公司

岳阳城陵矶新港有限公司（3A 升 4A）

湖南三志弘广供应链管理有限公司

湖南中交智运物流有限公司

衡阳华辰物流有限公司

湘中诚通物流有限公司（3A 升 4A）

衡阳市金利物流有限公司

华南诚通物流有限公司

广东安捷供应链管理股份有限公司（3A
升4A）

极兔国际物流有限公司

深圳市中盟网络快运有限公司

深圳市朗华供应链服务有限公司

深圳市丰力达供应链服务有限公司

深圳市德畅物流有限公司

南向国际跨境运输（深圳）有限公司

深圳市顺风物流有限公司

深圳市志诚通国际货运代理有限公司

深圳市快联运国际货运代理有限公司

深圳逸泰源国际物流有限公司

艾姆勒泛欧快运（深圳）有限责任公司

尚点（广东）物流科技有限公司

深圳市顺友跨境物流股份有限公司

广州极兔供应链有限公司

深圳极兔供应链有限公司

广东骏都供应链有限公司

广西华晨冷链数智物流有限公司（3A升
4A）

广西五洲金桥农产品有限公司（3A升
4A）

广西物产桂储物流有限公司（3A升4A）

广西泛航国际物流有限公司（3A升4A）

广西中邮物流有限责任公司（3A升4A）

广西德邦物流有限公司（3A升4A）

中外运物流广西有限公司

广西粮运物流集团有限公司（3A升4A）

广西交投物流集团有限公司

广西桂北中吉通快递有限公司

中铝物流集团东南亚国际陆港有限公司

广西威龙物流有限公司

广西八安国际物流有限公司

海南洋浦凯森物流有限公司

四川港投新通道物流产业投资集团有限

公司

四川陆海云港发展集团有限公司

成都优旺通物流有限公司（3A升4A）

四川航天天盛装备科技有限公司

四川省巴蜀物流集团有限公司

四川达竹物流有限责任公司（3A升4A）

遂宁天一投资集团有限公司

内江天辰物流有限公司

中国第二重型机械集团德阳万路运业有限
公司（3A升4A）

四川供销骐骥冷链物流有限公司

贵州遵铁物流开发投资有限公司

贵州铁投都拉物流有限公司

贵州鑫镪物流有限公司（3A升4A）

贵州乾途供应链管理股份有限公司

西南运通公路物流有限公司（3A升4A）

贵州极兔供应链管理有限公司

玉溪国粮粮食集团有限公司

云南极兔供应链有限公司

陕西空港国际商贸物流有限公司

陕西秦东物流有限公司

陕西钜基物流有限公司

陕西正广通供应链管理有限公司

中油北斗（陕西）科技能源有限公司

陕西金泽物流有限公司

榆林市昌泰物流有限责任公司（3A升
4A）

陕西盛瀚运输有限公司（3A升4A）

安康市九洲物流有限责任公司

安康市宝业仓储物流有限公司

安康启云智慧供应链产业有限公司

陕西东运物流有限公司（3A升4A）

铜川恒旭汽车运输服务有限公司

陕西圆通速递有限公司（3A升4A）

西安唐久便利连锁有限公司（3A升4A）

西安广源货运物流管理咨询服务有限公司
（3A 升 4A）

西安西骏新材料有限公司（3A 升 4A）

陕西华远医药集团医药物流有限公司（3A
升 4A）

西安凯申达物流有限公司

西安大宗智联供应链管理有限公司

陕西现代医药有限公司（3A 升 4A）

西安万德工贸有限责任公司（3A 升 4A）

兰州新区路港物流有限责任公司

宁夏西创运通供应链有限公司

新疆闽粤恒远物流有限公司

新疆丝路纵横物流有限公司

喀什远方国际物流港有限责任公司

新疆汇鼎物流有限公司

3A 级物流企业（303 家）：

中铁物总供应链科技集团有限公司

北京博骐物流管理有限公司

北京宏源超越物流有限公司

北京迅邦润泽物流有限公司

北京金诚顺达物流有限公司

天津天一顺通国际物流有限公司

上海博智供应链管理有限公司

云豹（上海）供应链科技有限公司

上海开於源国际物流有限公司

中同运（重庆）国际物流有限公司

重庆盟运船务有限公司

陆海新通道重庆供应链管理有限公司

重庆楚航国际物流有限公司

重庆全运物流有限公司

石家庄宝丰源商贸有限公司

保定市宏远顺达物流运输有限公司

飞象物流石家庄有限公司

河北新大舟供应链管理有限公司

山西汽运集团晋南公路物流有限公司

内蒙古北方宏利达物流有限责任公司

丰镇市万联易达物流科技有限公司

中垦（辽宁）物流有限公司

吉林力通物流有限公司

长春同泰企业管理服务有限责任公司

中外运物流供应链管理哈尔滨有限公司

黑龙江圆通速递有限公司

黑龙江中阔物流有限公司

中铁物建龙供应链科技有限公司

中铁物流集团黑龙江有限公司

黑龙江省富浩物流有限公司（2A 升 3A）

南京凯利汽车服务有限公司（2A 升 3A）

昆山京运通物流有限公司

常熟超捷物流有限公司

常熟市常生物资储运有限公司

常熟美亚国际货运代理有限公司

苏州嘉名物流有限公司

苏州鸿飞道路货运有限公司

江苏鲁昆物流有限公司

张家港中远海运金港化工物流有限公司

江苏鼎丰泰国际物流有限公司（2A 升
3A）

苏州新成物流集团有限公司

苏州晶茂物流有限公司

扬州宇恒物流有限公司

扬州啸通物流有限公司

江苏蚁梦供应链管理有限公司

徐州市真诚大件运输有限公司

常州外轮代理有限公司（2A 升 3A）

常州市天众供应链管理有限公司

江苏嘉坤运输有限公司

无锡奥创供应链管理有限公司

海安天宇物流有限公司

江苏洹海供应链管理有限公司

创峰物流（苏州）有限公司

苏州安平物流有限公司

斯沃德（江苏）供应链管理有限公司

浙江远荣供应链有限公司

杭州美全物流有限公司

浙江莱奥供应链有限公司

杭州嘉明物流有限公司

嘉兴外轮代理有限公司（2A 升 3A）

浙江信安达国际货运代理有限公司

台州恒投工贸有限公司

临海市华通公铁物流有限公司（2A 升 3A）

台州市黄岩辉龙运输有限公司

温州飞度国际货运有限公司

浙江乌铁物流有限公司

浙江港盈科技有限公司

东阳市路路通物流有限公司（2A 升 3A）

金华英特医药物流有限公司

浙江奕顺物流有限公司

浙江杰特供应链有限公司

明康汇农产品生鲜供应链有限公司

温州腾顺物流有限公司

瑞安市速顺运输服务部

瑞安市新傲运物流有限公司

宁波南华国际货运代理有限公司

宁波乔晟国际物流有限公司

宁波伟大联盟国际货运代理有限公司

宁波市安颐物流科技有限公司

宁波龙飞物流有限公司

宁波中远海运冷链供应链有限公司

浙江天时利蜻蜓供应链科技有限公司

宁波盛世供应链管理有限公司

浙江万聚物流有限公司

宁波龙威国际货运代理有限公司

安徽艾特物流有限公司

芜湖百世物流有限公司

芜湖拉勾物流有限公司

安徽小新熊科技有限公司

马鞍山市奥翔物流有限责任公司

安徽皖匹斯供应链管理有限公司

芜湖飞轩物流科技有限公司

安徽仁鑫物流科技有限公司

安徽环丰物流有限公司

安徽迎驾物流有限公司

霍邱县兆巨亿发商贸有限公司

宿州市通通通物流有限公司

安徽中云物联网科技有限公司

安庆物通天下物流有限公司

安徽际通物流有限公司

福建豪捷物流有限公司

福建蒲公英供应链管理有限公司

宁德市交投物流集团有限公司（2A 升 3A）

宁德市交投物流产业园管理有限公司（2A 升 3A）

泉州港口物流有限公司

泉州腾泓物流有限公司

晋江市畅燃物流有限公司

三明市将乐县三达物流有限公司

福建省速天捷汽车运输有限公司

福建三明兄弟公路港有限公司

福建长盛通达物流有限公司

永辉彩食鲜供应链管理有限公司

百通物流有限公司

福建甬福物流有限公司

福建开拓物流有限公司

厦门易达优送物流有限公司

厦门冠世联航国际物流有限公司

厦门嘉功物流有限公司

厦门大商物流有限公司

江西安邦国际物流有限公司

上饶市九狮物流有限公司（2A升3A）

樟树市三鼎物流运输有限公司

新干县新顺汽车物流有限公司

江西海顺智慧物流科技有限公司

泰和县萧原物流有限公司

鹰潭市同辉物流有限公司

鹰潭市桂家兄弟商贸有限公司

江西康龙实业有限公司

贵溪鼎创商务服务有限公司

江西翰鹏物流有限公司

吉安市捷惠达物流服务有限公司

都昌县溪鸟末端共配仓储有限公司

九江华祥物流贸易有限公司

上饶市驰骋仓储有限公司

宜春正广通供应链管理有限公司

瑞昌市翔云物流贸易有限公司（2A升3A）

江西天美益食品有限公司

中泰物流有限公司

潍坊市鲁韵快递有限公司

青州鑫富顺物流有限公司

山东顺和国际物流有限公司

临沂沃达物流有限公司

临沂市双箭货物托运部

临沂市信阳货物托运部

山东同华物流有限公司

青岛东方联物流有限公司

青岛星海恒泰国际物流有限公司

青岛环海运通国际物流有限公司

青岛东南船务代理有限公司

青岛速联世通国际物流有限公司

青岛乾亿运贸物流有限公司

招商局物流集团青岛有限公司

烟台虹波冷链物流有限公司

山东鸿程物流有限公司

山东朗越国际储运有限公司

河南港通国际货运代理有限公司

河南中远海运物流有限公司

郑州市跨越速运有限公司

国药集团河南省医疗器械有限公司

南阳三志供应链管理有限公司

方城县富达物流有限公司

洛阳弘兆运输有限公司

濮阳华晟铁路物流园有限责任公司

黄冈市载源运输有限责任公司

黄冈市黄州益民运输有限责任公司

黄冈市龙兴物流运输有限公司

武汉天安顺海运有限公司

黄冈市隽豪汽车联运有限公司

黄冈市辰信物流有限公司

湖北泓投物流有限公司

湖北牧运兴通物流有限公司

湖北长湖物流有限公司

湖北安星泰药业有限公司

湖北鄂钢长航港务有限公司

黄石市昌盛运输有限公司

湖北三汇肉联有限公司

湖北港口集团咸宁公路港有限公司

湖北龙帝良运运输有限公司

宜昌众港物流有限公司

宜都市枝城港铁路运输有限公司

宜昌路尊供应链管理有限公司

宜昌强大物流有限公司

湖北枝城港达物流有限公司

黄石三通物流有限公司

麻城一公里物流有限公司

宜昌国兴物流有限公司

宜昌环城运输有限公司

湖北圣龙物流有限公司

黄冈市鑫平物流有限公司	防城港市弘安物流有限公司
湖北龙飞供应链有限公司	广西防城港中外运东湾仓储物流有限公司
武汉赤湾东方物流有限公司	广西中外运北部湾物流有限公司
湖北五志联盟物流有限责任公司	广西宏达物流有限公司
宜昌航宇物流有限公司	广西汇佳国际物流有限公司
黄石莱拓物流有限公司	广西大汇投资有限公司
武汉万吨冷储物流有限公司	广西中货国际供应链有限公司
襄阳东信恒泰物流有限公司	广西五金矿产进出口集团有限公司
襄阳慧鑫物流有限公司	南宁薛航物流有限公司
襄阳丝路行物流有限公司	柳州市鸿运港澳轮船有限责任公司
武汉中港物流有限公司	广西糖网物流有限公司
全日（武汉）供应链管理有限公司	柳州市优速货运代理有限公司
武汉武钢港务外贸码头有限公司	广西梧州通达国际物流有限公司
武汉港亚国际供应链发展有限公司	岑溪市中通吉网络技术有限公司
麻城九州中药发展有限公司	广西同舟物流有限公司
荆州港盐卡集装箱有限公司	钦州市金鹏物流有限公司
武汉新港汉江集装箱股份有限公司	广西浅秋物流有限公司
武汉集配号供应链管理有限公司	钦州市鸿顺物流有限公司
株洲耀迪冷链配送有限公司	广西旭顺物流有限公司
湘潭旭诚物流有限公司	防城港市盛和汽车运输有限责任公司
衡阳市佳中物流有限公司	广西贵港北港国际集装箱码头有限公司
娄底市双腾物流有限公司	广西海纳物流有限公司
张家界绿航果业有限公司	海南罗牛山食品集团有限公司
辰溪申韵供应链有限公司	成都杰众物流有限公司
湖南诚则达运输服务有限责任公司	攀枝花市友肆物流有限公司
衡阳市东港物流有限公司	达州市浩腾货运服务有限公司
湖南梅尼超市股份有限公司	泸州远海联众供应链有限公司
深圳市货通万国供应链有限公司	凉山州弘顺物流有限公司
广东熊猫物流有限公司（2A 升 3A）	德昌汇源运输有限公司（2A 升 3A）
珠海绿兴冷链物流有限公司（2A 升 3A）	会东国腾物流有限公司
珠海强竞物流有限公司	荥经经河物流有限公司
广东恒升物流有限公司	四川路海国际联运有限公司
广州市宇联物流有限公司	贵阳路铁运输有限公司
深圳市合智国际物流有限公司	贵州振凯物流有限公司
广西启旺运输有限公司	贵阳富利源物流有限公司

遵义发元物流运输有限责任公司

凯里市万汇物流有限公司

贵州商储国际供应链有限公司

清镇农投盛农农业经营发展有限责任公司

贵州中泰物流科技有限公司

贵州瀑布冷链食品投资有限公司

贵州嘉配达物流有限公司（2A 升 3A）

贵州得泽快递有限公司

景东盛达物流有限公司（2A 升 3A）

云南海川运输有限责任公司

云南驰宏国际物流有限公司

文山天宇汽车经贸有限公司

拉萨尼弘元仓实业有限责任公司

西安国际陆港博正供应链管理有限公司

陕西华臻物流有限公司

延川众义达工贸有限责任公司

安康速通达物流有限公司

宝鸡市南门运输服务有限责任公司

陕西齐峰果业有限责任公司（2A 升 3A）

陕西瑞银申通快递有限公司

陕西申瑞运输服务有限公司

陕西怡亚通深度物流有限公司

西安新和平信物流有限公司

西安优恩美商贸有限公司

西安星禾农业科技有限公司

西安神州通物流有限公司

西咸新区谨立供应链有限公司

陕西偌明轩食品有限公司

陕西嘉禾农业集团有限公司

甘肃富鸿聚供应链管理有限公司

张掖市捷安物流有限责任公司（2A 升 3A）

中铝物流集团西北国际陆港有限公司

宁夏天豹物流产业有限公司

宁夏众力供应链管理有限公司

陆海新通道运营宁夏有限公司

宁夏东来能源运输有限公司

宁夏誉通快递服务有限公司

宁夏宝江危货运输有限公司

宁夏泰富能源仓储有限公司

宁夏祥安泰危货运输有限公司

青铜峡市捷安公铁物流有限责任公司

中卫市翌通达运输有限公司

中卫市祥缘物流有限公司

宁夏深远物流有限公司

宁夏安顺达运输有限公司

2A 级物流企业（94 家）：

重庆市荣昌区鹏基物流有限公司

永立家（重庆）供应链科技有限公司

重庆荣诚物流有限公司

智鹏（重庆）供应链有限公司

重庆市荣昌区龙腾汽车贸易有限公司

重庆远宏物流有限公司

唐山焜烨物流有限公司

辽宁裕盛实业有限公司

哈尔滨新丝路供应链科技有限公司

黑龙江帅帅供应链管理有限公司

哈尔滨智恩冷藏储运有限公司

黑龙江彦成物流有限公司

饶河县鲁滨运输有限公司

哈尔滨领速物流有限公司

哈尔滨市亿兴物流有限公司

黑龙江捷特云冷链物流有限责任公司

哈尔滨哈俄国际班列运营有限公司

哈尔滨裕程物流有限公司

哈尔滨北方瑞达仓储有限公司

衢州市恒邦物流有限公司

浙江乾泰物流有限公司

嘉兴市铭信物流有限公司（1A 升 2A）

临海市财通物流有限公司

台州盛福供应链有限公司

天恒国际物流（宁波）有限公司

宁波天凡物流有限公司

宁德市交投信达物流有限公司

宁德市宁港水陆联运有限公司

三明市聚牛物流有限公司

三明市正通物流有限公司

厦门市九通物流有限公司（1A 升 2A）

九江石钟大数据发展有限公司

江西永利物流有限责任公司

永丰县惠通物流有限公司

江西易卡优供应链有限公司

鹰潭市洲际物流有限公司

鹰潭市金安民爆有限公司

鹰潭市速捷速运服务有限公司

江西省天德物流有限公司

德兴市景天供应链有限公司

德兴市韵达快递有限公司

彭泽县长峰清石物流有限公司

彭泽县和韵物流服务有限公司

江西先行者冷链物流有限公司

江西启明快运物流有限公司

九江嘉航货物运输有限公司

赣州粤钰物流有限公司

龙南市辉阳物流有限公司

上饶市菜鸟物流服务有限公司

上饶市申东运输代理有限公司

青岛锦亿鹏鸿国际物流有限公司

郑州市新营物流有限公司

唐河县方氏商贸有限公司

唐河县杨氏商贸有限公司

唐河县韵唐供应链管理服务有限责任公司

唐河申通企业管理有限公司

南阳百通物流有限公司

鄂州市农瑞祥农村物流有限公司（1A 升 2A）

湖北鑫欣物流有限公司

宜昌太华国际物流有限公司

宜昌勋达物流有限公司

宜昌金凯通运输有限公司

湖北君勤建材有限公司

鄂州市大有物流有限公司

宜昌万鑫物流有限公司

赤壁市大远发物流有限公司

张家界康华实业股份有限公司

湖南青青园供应链有限公司

珠海大乘供应链物流服务有限公司（1A 升 2A）

广西农垦供应链管理有限公司

广西梧州市杰迅物流有限公司

广西恒德物流有限公司

广西融桂冷链食品有限公司

内江蓉欧投资开发有限公司

石棉县速丰物流有限责任公司

广元市骏升物流有限公司

广元市捷达物流有限责任公司

自贡市汇达物流有限公司

贵州缤纷供应链管理有限公司

网营物联（贵州）供应链有限公司

贵州智联达物流有限公司

开阳恒信劳务服务有限公司

贵州天成达供应链管理有限公司

毕节市金海货物运输有限公司

贵阳益利家兴物流有限公司

云南聚和经贸有限公司

云南云叶物流有限公司

云南交投集团现代物流有限公司

楚雄双优汽车服务有限公司

云南运捷科技有限责任公司

云南腾冲瑞兴国际物流有限公司

岚皋县秦巴惠物流有限公司

安康青创实业发展有限公司

青海建国物流有限公司

1A 级物流企业（18 家）：

绍兴市柯桥区中天力运输有限公司

安庆市安安物流发展有限公司

辰溪县辰通速递有限公司

辰溪县中通速递有限公司

广西贺州市恒业危货运输有限公司

贵州逸晟物流有限公司

贵州安通达物流贸易有限责任公司

贵州安沃达物流有限公司

贵州陆港通物流有限公司

贵州兴黔丰龙物流有限责任公司

石阡县中通快递业务有限公司

云南钢友物流有限公司

云南齐俊运输有限公司

红河伟劲达物流有限公司

香格里拉市云商汇网络科技有限公司

云南丰收农业发展有限公司

丽江永宏物流有限公司

青海迅达冷链物流股份有限公司

2023 年上半年通过复核的 A 级物流企业名单（共 950 家）

5A 级物流企业（67 家）：

中铁物资集团有限公司

中国物流股份有限公司

中铁特货物流股份有限公司

中国外运股份有限公司

上汽安吉物流股份有限公司

德邦物流股份有限公司

东方海外物流（中国）有限公司

上海天地汇供应链科技有限公司

圆通速递有限公司

中通快递股份有限公司

申通快递有限公司

唐山市佳源贸易发展有限公司

河北宝信物流有限公司

保定陆港投资有限公司

华远国际陆港集团有限公司

内蒙古安快物流发展有限责任公司

大连北方国际粮食物流股份有限公司

吉林石化物流有限责任公司

长春一汽国际物流有限公司

建华物流有限公司

张家港港务集团有限公司

江苏顺丰速运有限公司

中国供销集团南通供销产业发展有限公司

苏州天地华宇物流有限公司

徐州东方物流集团有限公司

华瑞物流股份有限公司

传化物流集团有限公司

振石集团浙江宇石国际物流有限公司

信风（宁波）海运物流有限公司

淮北矿业集团（滁州）华塑物流有限公司

盛辉物流集团有限公司

江西京九物流有限公司

山东盖世国际物流集团有限公司

正本物流集团有限公司

山东晟绮港储国际物流有限公司

临沂天源国际物流有限公司

济南零点物流港有限公司

济南维尔康实业集团有限公司

青岛铁路经营集团有限公司

中国外运华中有限公司

山东高速物流集团有限公司

青岛日日顺供应链有限公司

海程邦达供应链管理股份有限公司

恒通物流股份有限公司

河南能源集团国龙物流有限公司

中铁物资集团中南有限公司

武汉钢铁集团物流有限公司

湖南湘通物流有限公司

湖南湾田实业有限公司

湖南省衡缘物流有限公司

湖南省港务集团有限公司

中都（株洲）物流有限公司

湖南红光物流有限公司

顺丰速运有限公司

中外运物流有限公司

准时达国际供应链管理有限公司

深圳科捷物流有限公司

深圳市柏威国际科技物流有限公司

深圳市顺丰快运有限公司

优合集团有限公司

广东南方物流集团有限公司

欧浦智网股份有限公司

云南省物流投资集团有限公司

陕西商储物流有限公司

西安顺丰速运有限公司

商洛陆港实业（集团）有限公司

陕西医药控股集团派昂医药有限责任公司

4A 级物流企业（335 家）：

珠海市吉泰物流有限公司

北京科捷物流有限公司

捷达国际运输有限公司

世盟供应链管理股份有限公司

北京九六零物流有限公司

北京西南物流中心有限公司

北京顶通物流有限公司

中钢国际货运有限公司

北京兆驰供应链管理有限公司

上海北芳储运集团有限公司

上海畅联国际物流股份有限公司

上海金山石化物流股份有限公司

上海新金桥国际物流有限公司

上海海通国际汽车物流有限公司

上海现代物流投资发展有限公司

上海安吉通汇汽车物流有限公司

上海青旅国际货运有限公司

上海贝业新兄弟供应链管理有限公司

上海顺意丰速运有限公司

上海光明领鲜物流有限公司

上海象屿速传供应链有限公司

上海诺尔国际物流有限公司

上海纺织集团国际物流有限公司

上海钢联物流股份有限公司

上海亚申物流有限公司

上海新易泰物流有限公司

上海远征物流有限公司

宇培供应链管理集团有限公司

上海昕联路德物流有限公司

卡力互联科技（上海）有限公司

上海汇森智联速运有限公司

上海开尔唯国际物流有限公司

上海博翼物流有限公司

重庆中集物流有限公司

中国外运重庆有限公司

河北快运集团有限公司

秦皇岛动力设备物流有限责任公司

中国邮政速递物流股份有限公司河北省物

流分公司

河北之江物流有限公司

河北尚锋物流有限公司

承德天运物流有限公司

石家庄市栾城区润丰物流有限公司

保定天德物流有限公司

秦皇岛港通物流有限公司

中国邮政速递物流股份有限公司石家庄市物流分公司

国药乐仁堂唐山医药有限公司

曹妃甸港物流发展有限公司

晋城运盛物流有限公司

山西快成物流科技有限公司

山西大秦物流有限公司

山西汽运集团临汾汽车运输有限公司

国药控股山西有限公司

山西九州通医药有限公司

山西兴荣供应链有限公司

山西汽运集团晋龙捷泰运输贸易有限公司

山西汽运集团运城汽车运输有限公司

山西穗华物流园有限公司

临汾晋临运货运有限公司

山西老鸿运物流有限公司

内蒙古包钢钢联物流有限公司

大连集发环渤海集装箱运输有限公司

大连瑞桥金德物流集团有限公司

大连通达货运有限公司

辽宁路为物流有限公司

舟山市定海增展船务有限公司

锦州盛通物流有限公司

营口新兴达物流有限公司

长春市华阳储运有限公司

长春市大众物流装配有限责任公司

吉林大药房药业股份有限公司

双辽市同圆顺物流有限公司

哈尔滨动力设备物流有限责任公司

黑龙江省龙运（集团）股份有限公司

黑龙江九州通医药有限公司

亚欧大陆桥国际商运股份有限公司

张家港震宇物流仓储有限公司

江苏江阴港港口集团股份有限公司

江苏中博通信有限公司

镇江惠龙长江港务有限公司

江苏澳洋医药物流有限公司

吴江市邦达物流有限公司

南京医药南通健桥有限公司

淮安市翔和翎物流有限公司

扬州三笑物流有限公司

南通顺丰速递有限公司

江苏超达物流有限公司

淮安九州通医药有限公司

南通联通联运有限公司

江阴兴澄储运有限公司

南京福佑在线电子商务有限公司

中储南京智慧物流科技有限公司

江苏润华物流有限公司

常熟金狮物流有限公司

扬州恒基达鑫国际化工仓储有限公司

江苏志宏物流有限公司

江苏汇海物流有限公司

海邦（江苏）国际物流有限公司

张家港驰乐汽车配件有限公司

宿迁市昆仑物流有限公司

浙江巨化物流有限公司

浙江山鹰物流集团有限公司

台州市东北物流有限公司

浙江新颜物流有限公司

嘉兴顺丰运输有限公司

浙江海西供应链有限公司

浙江长兴田川物流有限公司

浙江中都物流有限公司

浙江运兴运输有限公司	马鞍山市联运货运有限责任公司
义乌市华晔国际货运代理有限公司	马鞍山长运物流港有限公司
浙江巴米智联科技股份有限公司	阜阳红楼国通快递股份有限公司
英赋嘉（浙江）供应链科技有限公司	安徽远宏物流有限公司
浙江凯鸿物流股份有限公司	安徽淮海现代物流有限责任公司
浙江方元物流有限公司	莆田港务集团有限公司
浙江硕程物流股份有限公司	泉州市闽运兴物流股份有限公司
浙江华迅国际物流有限公司	福建省嵘瀚物流股份有限公司
浙江圆通速递有限公司	福建鑫展旺物流有限公司
网赢如意仓供应链有限公司	福建省中通通信物流有限公司
浙江长昌海运有限公司	厦门市嘉晟对外贸易有限公司
湖州国际物流有限公司	厦门市海骏达物流有限公司
浙江德玛物流有限公司	厦门中远海运物流有限公司
浙江托你福物流有限公司	厦门达达股份有限公司
台州市大道物流中心有限公司	厦门信和达供应链有限公司
浙江鼎发供应链管理有限公司	厦门兆冠物流有限公司
慈溪市交通物流发展有限公司	厦门海润集装箱码头有限公司
简达物流集团股份有限公司	江西九州通药业有限公司
宁波鹏信国际货运代理有限公司	江西新华物流有限公司
中外运物流宁波有限公司	江西省鸿吉实业有限公司
安徽朝阳物流有限公司	江西万佶物流有限公司
马鞍山长运控股集团有限公司	江西安泰物流有限公司
安徽交运集团滁州汽运有限公司	南城县麻姑汽车运输有限公司
安徽飞腾国际物流股份有限公司	高安市隆景运输有限责任公司
安徽阜阳临沂商城投资发展有限公司	江西瑞州汽运集团豪瑞汽运有限公司
亳州市天运物流有限责任公司	江西瑞州汽运集团瑞通物流有限公司
安徽省徽商物流有限公司	江西瑞州汽运集团宏景汽运有限公司
铜陵市通达联运有限责任公司	江西祥和物流有限公司
安徽皖新供应链服务有限公司	峡江县鑫胜物流有限公司
中世国际物流有限公司	江西省江南物流有限公司
合肥智运物流有限公司	江西省万国物流有限公司
安徽斯坦威物流有限公司	江西瑞州汽运集团顺鑫汽运有限公司
安徽兄弟物流有限公司	江西如通实业有限公司
中外运物流华中有限公司	江西天安汽运有限公司
马鞍山市中大申众物流有限公司	江西瑞州汽运集团粤通汽运有限公司

江西瑞州汽运集团久鼎汽运有限公司

江西省精振实业有限公司

江西省高安汽运集团庞骏汽运有限公司

江西红土地物流集团有限公司

赣州市南康区洪鑫物流有限公司

山东华派克物流有限公司

荣成市鑫汇水产有限公司

青州中储物流有限公司

临沂鲁疆物流集团有限公司

山东雅利安供应链管理集团有限公司

临沂中北物流有限公司

山东长久智慧物流有限公司

交运集团有限公司

青岛物流分拨服务中心有限公司

青岛陆海国际物流有限公司

青岛中海金福实业有限公司

一汽物流（青岛）有限公司

安吉汽车物流（山东）有限公司

万里运业股份有限公司

河南腾达物流有限公司

河南省安阳安运交通运输有限公司

洛阳交通运输集团有限公司

漯河市泰威物流有限公司

河南豫德隆物流有限公司

中原大易科技有限公司

郑州飞腾货运有限公司

贰仟家物流有限公司

河南远航大运供应链管理有限公司

河南德运物流有限公司

河南柿槟仓储物流有限公司

河南飞腾供应链管理有限公司

焦作市宏达运输股份有限公司

武汉振宏集团控股有限公司

中国邮政速递物流股份有限公司湖北省分公司

湖北汉江粮油储备有限公司

湖北襄阳安达运输有限责任公司

湖北银丰仓储物流有限责任公司

湖北顺丰运输有限公司

湖北联海食品集团有限公司

武汉中铁伊通物流有限公司

湖北盛丰物流有限公司

武汉天虎物流有限责任公司

黄石新港港口股份有限公司

黄石市广运物流有限公司

黄石九州物流科技集团有限责任公司

湖北楚元石化物流有限公司

博源（湖北）实业集团股份有限公司

武汉阿凡达物流有限公司

沙洋凯达实业股份有限公司

湖北迪腾物流有限公司

武汉汉欧国际物流有限公司

荆门东盟投资有限公司

湖北通晟物流有限公司

荆门荆铁佳洲石油化工股份有限公司

湖北省十堰亨运集团物流有限公司

荆门市弘业物流有限公司

湖北西马国际物流有限公司

湖北厚载供应链管理有限公司

湖北丰源物流供应链管理有限公司

湖北盛投物流有限公司

赤壁市交投集团盛安物流有限公司

荆州市地方铁路有限公司

宜昌市宏泰运输有限公司

湖北汽车运输有限公司

武汉世通物流股份有限公司

圣泽捷通供应链有限公司

中外运物流湖北有限公司

三旺实业有限公司

浩通国际货运代理有限公司

岳阳城陵矶港务有限责任公司	广州中博实业物流有限公司
湖南中强物流管理有限公司	广东怀远物流实业有限公司
湖南星沙物流运输有限公司	广州顺丰速运有限公司
红星冷链（湖南）股份有限公司	广东华正道集团有限公司
湖南弘元新港实业发展有限公司	广州市盛辉物流有限公司
岳阳市铭业经贸有限公司	广州市万发物流有限公司
醴陵市龙兴贸易有限公司	广东原尚物流股份有限公司
湖南中庆物流有限公司	广州日昱物流有限公司
湖南神龙丰物流有限公司	广州南华物流有限公司
岳阳弘昱物流产业发展有限公司	中物国际供应链集团股份有限公司
广东何氏水产有限公司	广州佳仕达物流有限公司
广州奔力物流有限公司	广东省南方传媒发行物流有限公司
广东中外运化工国际物流有限公司	广州创智物流有限公司
顺丰速运（东莞）有限公司	广东冠森物流集团有限公司
广东鸿景物流集团有限公司	中山顺丰速运有限公司
华鹏飞股份有限公司	柳州桂中海迅物流股份有限公司
深圳市飞力士物流有限公司	广西南天物流集团有限公司
深圳市飞力士现代物流有限公司	广西北港西江港口有限公司
深圳市涵文国际货运代理有限公司	广西宁铁国际物流有限公司
爱派克斯国际物流（深圳）有限公司	海南鑫捷通物流有限公司
深圳市飞力士全球物流有限公司	四川东方物流集团有限公司
深圳德坤物流有限公司	攀枝花钢城集团汉风物流有限公司
东莞市飞力士物流有限公司	四川省旺平物流有限公司
深圳市凯通物流有限公司	成都富晟新悦物流有限公司
深圳市瑞源冷链服务有限公司	达州达运公路物流港有限公司
深圳市快运通物流有限公司	四川雅化实业集团运输有限公司
深圳市升蓝物流有限公司	四川联众供应链服务有限公司
深圳市志诚达物流有限公司	成都鲜生活冷链物流有限公司
深圳市友利亨通物流有限公司	成都全程德邦物流有限公司
深圳市帮全物流有限公司	四川东皓物流有限公司
深圳市盐港明珠货运实业有限公司	成都市汽车运输（集团）公司
深圳市南晨国际物流有限公司	盘江运通物流股份有限公司
深圳市联运通物流有限公司	贵州茅台酒厂（集团）物流有限责任公司
深圳市大运国际货运有限公司	大理沧龙物流有限公司
深圳市华夏龙供应链管理有限公司	云南大理中运汽车贸易有限公司

文山市茂盛经贸有限公司

云南速邦物流有限公司

陕西华阳物流有限公司

陕西秦龙物流有限公司

陕西易运国际物流有限公司

西安高科物流发展有限公司

陕西辉煌物流有限公司

陕西润海物流有限公司

陕西广通运输发展有限公司

陕西九州通医药有限公司

西安爱菊粮油工业集团有限公司

中铁物贸集团西安有限公司

西安中港智慧物流有限公司

金川集团物流有限公司

嘉峪关市金翼城乡电商快递物流集散中心有限责任公司

宁夏港通国际物流有限公司

宁夏元泰供应链管理有限公司

新疆大动脉物流有限公司

新疆众和现代物流有限责任公司

3A 级物流企业（458 家）：

北京嘉和嘉事医药物流有限公司

北京泛太物流有限公司

北京春溢通物流有限公司

北京锦伦国际物流有限公司

北京众奥物流有限公司

上海精裕捷星物流有限公司

上海吴泾冷藏有限公司

上海精准德邦物流有限公司

上海鑫益物流有限公司

赛宇国际物流（上海）有限公司

宏通太禾国际物流（上海）有限公司

上海优誉物流有限公司

上海昕润物流有限公司

上海亚储物流有限公司

上海春东国际物流有限公司

重庆鼎康物流有限公司

重庆恒聚物流股份有限公司

重庆伟仕通供应链管理有限公司

重庆联川物流有限公司

重庆飞鸿运输有限公司

重庆昶阅供应链管理集团有限公司

重庆市涪陵港务有限公司

中国邮政速递物流股份有限公司廊坊市物流分公司

石家庄腾飞物流有限公司

中铁物流集团邢台飞豹物流港有限公司

石家庄天滋地润物流有限公司

河北昌盟供应链管理有限公司

石家庄国龙物流股份有限公司

石家庄世听物流有限公司

石家庄诚通联众储运有限公司

山西汽运集团阳泉汽车运输有限公司

山西冠亚物流有限公司

大连京大国际货运代理有限公司

辽宁富德国际货运有限公司

大连鑫畅顺运输有限公司

世丰国际货运代理（大连）有限公司

大连山九国际物流有限公司

辽宁集铁国际物流有限公司

沈阳中深科技实业有限公司

鞍钢矿山汽车运输有限公司

门到门信息技术有限公司

辽宁三志物流有限公司

辽宁圆通速递有限公司

润邦达美物流股份有限公司

中国外运东北有限公司营口分公司

营口永祥物流有限公司

吉林省芭迪雅物流有限责任公司

吉林省蓝天物流有限公司

长春市鑫永昌物流有限公司

吉林省捷利物流有限公司

吉林省贯一横物流有限责任公司

吉林省华帝盛物流有限公司

长春市凤成物流有限公司

黑龙江龙运快运有限公司

黑龙江亨通运输有限公司

哈尔滨市鹏瑞货物运输有限公司

中铝物流集团黑龙江东轻有限公司

南京大件起重运输集团有限公司

昆山开发区危险货物运输有限公司

昆山市钧隆物流有限公司

江苏迅杰物流有限公司

常熟市常安特种守押保安服务有限公司

无锡中外运物流有限公司

无锡储运有限公司

常熟市福嘉丽仓储投资有限公司

昆山市豪顺物流有限公司

扬州市龙腾物流服务有限公司

扬州前进船务运贸有限公司

淮安市好运达运输有限公司

张家港普悦供应链有限公司

无锡市嘉晟物流有限公司

常熟市顺德物流有限公司

昆山山汉物流有限公司

江苏西点物流有限公司

昆山金峰货运有限公司

中化扬州石化码头仓储有限公司

徐州九洲物流有限公司

南京宁腾国际物流股份有限公司

江苏丰洋大件运输有限公司

中外运物流镇江有限公司

昆山恒亚物流有限公司

苏州祥吉供应链管理有限公司

扬州冶春食品生产配送股份有限公司

徐州象屿供应链管理有限公司

江苏广安物流有限公司

泰州统一超商有限公司

宿迁市盛驰物流有限公司

沭阳县四通危险品运输有限公司

泗洪超达物流有限公司

泗阳县鼎鑫货物运输有限公司

南京昌瑞物流集团有限公司

昆山三华货物运输有限公司

江苏顺成达物流有限公司

连云港市聚鑫源物流有限公司

宿迁明达物流有限公司

中国太仓船务代理有限公司

苏州富泰隆供应链管理有限公司

太仓新港物流管理中心有限公司

张家港保税物流园区龙亿国际物流有限公司

张家港保税区外商投资服务有限公司

苏州祥迎国际物流有限公司

苏州新丝路国际多式联运有限公司

浙江海盟国际货运代理有限公司

浙江国利国际货运代理有限公司

杭州永良物流有限公司

湖州一通物流有限公司

浙江路航物流有限公司

浙江鲁氏物流有限公司

华东医药供应链管理（杭州）有限公司

浙江吉纳物流有限公司

杭州和达物流有限公司

浙江浙中物流有限公司

绍兴市交通运输有限责任公司

浙江捷达物流有限公司

台州市黄岩驰鹏危险品运输有限公司

嘉兴镇石物流有限公司

浙江黄岩洲锽实业有限公司	宁波新世洋国际物流有限公司
温州华安物流有限公司	宁波和丰物流有限公司
台州兴旺水产有限公司	宁波大港货柜有限公司
浙江汇丰物流有限公司	宁波世邦国际货运代理有限公司
绍兴益盛航运有限公司	宁波皇兴供应链管理有限公司
绍兴市联诚物流有限公司	宁波卓远启瑞化工物流有限公司
绍兴市佳顺特种货物运输有限公司	宁波天航国际物流有限公司
温州市春城货运有限公司	宁波久顺国际物流有限公司
浙江天天发物流有限公司	宁波中翔物流有限公司
义乌市通邦国际货运代理有限公司	宁波亚集物流有限公司
杭州捷马物流有限公司	浙江东达物流有限公司
仙居永安物流有限公司	余姚市阿强快运有限公司
浙江鑫邦物流有限公司	宁波市韵必达电子商务有限公司
浙江童氏物流有限公司	宁波运派供应链管理有限公司
绍兴上虞兴达物流有限公司	宁波安和达菜篮子配送有限公司
嘉兴华清物流有限公司	宁波紫达物流有限公司
绍兴上虞远程物流有限公司	宁波新嘉国际供应链有限公司
台州市尊龙物流有限公司	宁波市东浦供应链管理有限公司
温州铁军供应链管理有限公司	宁波凯谊国际物流有限公司
衢州市中瑞物流有限公司	宁波领贤国际货运代理有限公司
海宁市鼎祥运输有限公司	宁波市海曙宇晟物流有限公司
绍兴市同欣物流有限公司	阜阳市鑫吉物流有限公司
绍兴中启国际货运代理有限公司	阜阳鑫淼物流有限公司
天台县台通快递有限公司	铜陵市北冰洋物流有限责任公司
台州传化洲锽公路港物流有限公司	马鞍山扬子江物流有限公司
浙江洪兴供应链管理有限公司	马鞍山市大顺水路运输有限责任公司
浙江海盟供应链管理有限公司	马鞍山市振华物流有限公司
台州市黄岩中通快递服务有限公司	阜阳市北方联物流有限公司
家哇云（湖州）供应链管理有限公司	阜阳市申通快递有限公司
宁波大港新世纪货柜有限公司	安徽广润物流有限公司
浙江旭日国际货运代理有限公司	芜湖兴汇物流有限公司
宁波金洋化工物流有限公司	马鞍山市明顺物流有限公司
宁波兴合货柜有限公司	安徽宏亚航运有限公司
宁波汉陆物流有限责任公司	阜阳汇通快递有限公司
浙江永升医药物流有限公司	安徽福佑现代物流有限公司

马鞍山市华东物流有限公司

黄山市立信商贸有限公司

福州大榕树物流有限公司

福建省福鼎市大顺物流有限公司

聚善堂（福建）医药集团有限公司

吉顺（福建）物流有限公司

南安市成发汽车运输有限公司

福建东迅储运有限公司

福建龙跃物流有限公司

福建省南安市顺丰运输有限公司

漳州新南丰商业连锁有限公司

漳州市陆通物流有限公司

三明市雄辉物流发展有限公司

石狮华运物流有限公司

中邮恒泰药业有限公司

福州盛辉物流有限公司

福建庆丰物流有限公司

福鼎市通联物流有限公司

莆田秀屿港口有限公司

福建八方港口发展有限公司

福建康达物流有限公司

福建泰达物流有限公司

三明市永达物流有限公司

南平市通达汽车运输有限公司

漳州锦集物流有限公司

福建丰利物流有限公司

福州万全货运有限公司

福州海盈港务有限公司

福建省祥通运输有限公司

海西物流股份有限公司

石狮市兴隆物流有限责任公司

漳浦县合发汽车运输有限公司

福建华驰物流有限公司

龙岩闽鸿运输有限公司

长汀县顺风物流有限公司

福建大田县汉德物流有限公司

三明市顺畅运输有限责任公司

福建三明群榕物流有限公司

福建省建瓯市红运物流运输有限公司

福建省顺昌县顺鑫物流有限公司

福建省八方展成物流有限公司

福建省实华石油运输有限公司

漳州市通达物流有限公司

龙岩市惠龙货运有限公司

三明建城物流有限公司

三明市燃气运输有限公司

三明市鑫宏捷物流有限公司

永安市众轩物流有限公司

厦门象屿太平综合物流有限公司

厦门捷递物流有限公司

厦门中集海投集装箱服务有限公司

正新（厦门）物流有限公司

厦门金龙汽车物流有限公司

厦门盛丰物流有限公司

厦门郎运物流集团有限公司

厦门万翔物流管理有限公司

厦门建源荣物流有限公司

厦门市鸿驰物流有限公司

厦门中外运物流有限公司

厦门海东辰集装箱服务有限公司

厦门金通行国际物流有限公司

弘联通（厦门）物流有限公司

厦门国际物流港有限责任公司

厦门元舜供应链有限公司

厦门畅隆物流有限公司

江西长兴物流有限公司

赣州市广渠物流有限公司

景德镇市驰骋物流有限公司

丰城市宏岗物流有限公司

江西京丰水铁联运有限公司

吉安新赣物流有限公司

吉安市精越物流有限公司

江西广联物流有限公司

华东诚通物流有限公司

赣州市南康区华中物流有限公司

赣州市南康区永丰利达物流有限公司

江西九星铁运物流有限公司

赣州安盛达货物装卸运输有限公司

江西送货郎物流有限公司

瑞金市凌宇冷藏物流有限公司

山东先锋物流有限公司

滨州市富明凯物流有限公司

华润青岛医药有限公司

即墨市新悦物流有限公司

青岛即东物流有限公司

青岛凯和航运有限公司

青岛平宇物流股份有限公司

青岛禹帆物流有限公司

颐中（青岛）物流有限公司

青岛诚通新能源供应链有限公司

青岛天恒国际物流有限公司

烟台交运集团莱阳运输有限公司

烟台顺丰速运有限公司

龙口港外轮代理有限公司

烟台宏润物流有限公司

国药控股烟台有限公司

山东省机场管理集团烟台国际机场空港物流有限公司

招远市金百物流有限公司

河南苏宁物流有限公司

海程邦达国际物流有限公司郑州分公司

河南大河速递有限公司

河南裕通运输有限公司

华润周口医药有限公司

漯河昌丰物流有限公司

华润三门峡医药有限公司

漯河市宜安货物运输有限公司

河南链享供应链管理有限公司

漯河市金勇运输有限公司

焦作市骏马物流有限公司

兴山县峡口港有限责任公司

湖北元大粮油科技有限公司

襄阳同顺物流有限公司

十堰市畅翔物流有限公司

十堰市远华物流有限公司

十堰黄海宏志工贸有限公司

黄石中豪国际货运代理有限公司

湖北腾驾安达物流有限公司

武汉市骅威运国际物流有限公司

武汉星鑫江海物流有限公司

黄石振华运输有限公司

大冶市东锦物流有限公司

宜都国鑫物流有限公司

湖北老巴王生态农业发展有限公司

宜昌金路物流有限公司

湖北大随通物流园有限公司

兴山鑫晟运输有限公司

湖北赤湾东方物流有限公司

宜昌九州通医药有限公司

宜昌海源物流有限公司

咸宁宏兴物流股份有限公司

湖北供销宜瑞丰农资大市场有限公司

宜昌市泰源运输有限公司

天门供销华西农商城有限公司

潜江传化公路港物流有限公司

襄阳市美标机电设备有限公司

襄阳竹叶山洪沟投资有限公司

湖北柳树沟汽车运输有限公司

鄂州国悦运业有限公司

湖北众联物流发展（鄂州）有限公司

鄂州广福物流股份有限公司

鄂州市粮油储备有限公司

黄石市诺信物流有限公司

湖北红日子农业科技有限公司

天门市其利物流有限公司

湖北中邦物流有限公司

湖北咸康药业有限公司

湖北祥顺物流有限公司

湖北扬程物流有限公司

黄石海一翔货运代理有限公司

武汉四方交通物流有限责任公司

武汉乐道物流有限公司

武汉金通捷物流有限公司

武汉友谊副食品商业有限责任公司

武汉龙林运贸有限责任公司

武汉川云工贸有限公司

武汉宏福达冷鲜配送有限公司

怀化市华商物流有限公司

宁乡县辰龙物流有限公司

湖南临港物流有限公司

湖南省璐辉物流有限公司

岳阳申阳航运有限公司

衡阳市西园农副产品批发大市场有限公司

株洲兴和物流有限公司

株洲通盛运输贸易有限公司

珠海公交信禾物流有限公司

佛山市运输有限公司

湛江锦程物流有限公司

佛山市华信长城物流运输有限公司

广东东红物流有限公司

深圳市友和运输有限公司

深圳市飞龙世纪物流有限公司

深圳市深国际康淮现代城市物流港有限公司

深圳市深国际现代城市物流港有限公司

深圳市友众物流有限公司

广州吉盛储运物流有限公司

广州朴道物流服务有限公司

广州市达福物流服务有限公司

韶关市东南盈通物流有限公司

广东互邦物流有限公司

广州唐玛特物流有限公司

广州泛非快递有限公司

广州智配物流有限公司

柳州五菱物流有限公司

中通服供应链股份有限公司广西分公司

柳州市桂通货运有限公司

广西中洲国际物流有限公司

广西凯轮物流有限公司

广西南宁安博物流有限公司

广西西江远驰物流有限公司

广西供应链服务集团贵港储运有限公司

钦州鑫和物流有限公司

广西圆通速递有限公司

广西中物耘供应链管理有限公司

南宁壮宁食品冷藏有限责任公司

广西景莱供应链有限公司

广西陆晨物流有限公司

四川诚至诚物流有限公司

泸州迎瑞物流有限公司

四川铁通公铁物流股份有限公司

泸州华储物流有限公司

西昌市鑫叶物流有限公司

四川沿森投资管理有限公司

四川汇维物流有限公司

四川省德盛物流有限公司

叙永县建强储运有限责任公司

四川省雅洲府物流有限公司

雅安市欣睿物流有限责任公司

雅安腾运物流有限公司

四川家福来实业集团有限公司

攀枝花鑫邦物流有限公司

四川宜宾港（集团）有限公司

达州市韵达快递服务有限公司

达州市海运运输有限公司

成都尚成物流有限公司

成都中坤物流有限公司

四川甘霖冷链物流有限公司

四川柒鑫物流有限公司

成都安川物流有限公司

四川洋业物流有限公司

四川岷江物流有限公司

贵州金叶物流运输有限公司

贵州七冶物流有限责任公司

贵阳晶鑫供应链管理有限公司

贵州华诚经贸有限责任公司

贵阳东方鑫盛钢材物流有限公司

贵州欣恒福物流有限公司

曲靖福牌实业有限公司

大理凤庄铁路货场有限公司

云南陆航物流服务有限公司

玉溪市鹏程运输有限公司

大理市泉源商贸有限责任公司

云南聚合物流有限公司

云南玉溪荣达物流有限公司

临沧市临翔区供销资产经营有限公司

咸阳兴源汽车运输有限公司

陕西红太阳仓储有限公司

陕西鲲鹏物流有限公司

中通服供应链管理有限公司陕西分公司

陕西安吉华秦物流有限责任公司

陕西航空工业物流有限公司

西安思创物流有限公司

西安海邦物流有限公司

洛南县花石浪物流中心有限责任公司

宝鸡市伟鑫安装运输有限责任公司

西安虹桥货运有限责任公司

西安瑞力实业有限公司

陕西秦邦速运物流有限公司

西安青春宜鼎实业有限公司

中铁联合国际集装箱有限公司西安分公司

西安众森实业有限公司

陕西汇捷物流有限公司

西安景润物流有限公司

陕西广通现代物流有限公司

陕西瀚达康医药有限公司

陕西海川医药物流有限公司

陕西凯雅医药有限公司

金隅智汇（陕西）供应链有限责任公司

西安芮雨供应链管理有限公司

甘肃陇运现代物流有限责任公司

甘肃黄羊河集团物流有限责任公司

兰州诚邦物流有限公司

甘肃东部运输实业集团平凉物流有限公司

成县顺通物流园有限公司

甘肃省物产集团兰州物流园有限公司

天水元通运输有限责任公司

宁夏天鹰电力物资有限公司

吴忠市茂鑫通冷藏运输有限公司

宁夏四季鲜果品蔬菜批发市场有限公司

宁夏明达供应链管理有限公司

新疆顺丰速运有限公司

中通服供应链管理有限公司新疆分公司

新疆五联欧亚国际物流有限责任公司

2A 级物流企业（84 家）：

上海缔华物流有限公司

重庆海珑运输有限公司

重庆卡沃物流有限公司

中铁物资重庆有限公司

大连瑞华景年物流有限公司

营口港蓬船务工程有限公司

营口市鲅鱼圈区国丰实业有限公司

营口市天程物流有限公司

安图县富丽达物流有限公司

大庆市神舟物流集团有限公司

哈尔滨新安达物流有限公司

无锡蜂鸟供应链管理有限公司

湖州大地物流有限公司

浙江华药物流有限公司

浙江天方物流有限公司

龙游宏发物流有限公司

海盐县吴氏汽车运输有限公司

缙云县鸿鑫物流有限公司

衢州市邦泰物流有限公司

衢州市联众物流有限公司

义乌市超能货运代理有限公司

浙江飞速国际货运代理有限公司

浙江万国邮供应链管理有限公司

临海市禾顺危险品运输服务有限公司

衢州市路丰物流有限公司

衢州市和顺物流有限公司

松阳正达运输有限公司

松阳县鸿峰运输有限公司

松阳县华宇运输有限公司

宁波港东南物流货柜有限公司

宁波大徐塑料工贸有限公司

宁波鼎升物流有限公司

莆田市达宇物流有限公司

顺恒（福建）冷链物流有限公司

龙岩市佳吉联运物流有限公司

福建闽中兄弟现代物流城有限公司

厦门中远海运冷链物流有限公司

上饶市百应汽车服务有限公司

江西省俊程配送服务有限公司

江西捷兴物流有限公司

永丰县永汇汽车物流有限公司

万安县兰辉物流有限公司

九江长东仓储物流有限公司

贵溪市天顺物流有限公司

上港物流（江西）有限公司

江西省凤凰物流运输有限公司

江西赛迈发科技有限公司

武宁建章农副产品冷藏有限公司

德安凌远运输有限公司

江西华海物流有限公司

德安县国弘物流有限公司

彭泽县顺顺运输有限公司

寻乌县创业兴物流有限公司

瑞金市赣通物流有限公司

赣州市信立农产品有限公司

江西省同益物流有限公司

中国烟台外轮代理有限公司

邓州市建国农副产品有限公司

湖北小龙虾产业控股集团康宏有限公司

赤壁华顺城乡物流配送有限公司

红安县三顺物流有限责任公司

武汉市长洋货物运输有限公司

鄂州市平远汽车运输有限公司

湖北弘通物流有限公司

鄂州市丰盈城乡物流配送有限公司

湖北省鄂州市年杰运输有限公司

鄂州市捷运物流股份有限公司

江门市骏安物流有限公司

四川路威特物流有限公司

甘孜州秦歌物流有限公司

宜宾喆安物流有限公司

自贡市蜀运物流有限责任公司

四川黑蚁供应链管理有限公司

自贡市通达物流有限责任公司

广安腾扩物流有限公司

四川安畅物流有限公司

宜宾凯越供应链管理有限公司

贵阳速送达物流有限公司

贵州顺和丰物流有限公司

汉中群峰工贸有限责任公司

陕西龙锦物流有限公司

陕西澄城弘方物流有限公司

兰州金宇物流有限公司

新疆维吾尔自治区棉麻公司乌鲁木齐棉麻站

1A 级物流企业（6 家）：

朗东国际物流（北京）有限公司

营口海博国际船舶代理有限公司

宁波丰盛食品有限公司

漳州毅刚石油运输有限公司

厦门裕龙储运有限公司

江西裕民药业有限公司

放弃复核的企业（176 家）：

中国外运长航集团有限公司、远成集团有限公司、上海佳吉快运有限公司、吴江经济技术开发区物流中心、山东物流集团有限公司、枣庄矿业（集团）有限责任公司物流中心、山东奔腾物流有限公司、珠海港物流发展有限公司、北京远成物流有限公司、世能达物流（天津）有限公司、上海龙邦供应链管理有限公司、我来运（上海）供应链管理有限公司、上海杰伦圆通快递有限公司、上海远欣物流有限公司、中都格罗唯视（重庆）物流有限公司、秦皇岛中远物流有限公司、唐山天明物流有限公司、河北新武安钢铁集团物流有限公司、廊坊市跃兴物流有限公司、沧州稳达供物流有限公司、山西盛唐物流配送有限责任公司、通辽

市金港物流集团有限公司、乌海市铁鑫煤化有限责任公司、长春市恒和物流服务有限公司、南通盈佳模具有限公司、临海市江南物流中心有限公司、浙江世锋物流有限公司、义乌市鸿瑞国际货运代理有限公司、杭州跨越速运有限公司、中外运合肥物流有限公司、楚记物流（福建）有限公司、漳州大正冷冻食品有限公司、厦门海投供应链运营有限公司、厦门港务海宇码头有限公司、山东盛德物流有限公司、青岛鹏程置业集团有限公司、山东海洋物产有限公司、河南中远物流有限公司、漯河市亨泽物流有限公司、荆州市浩然物流有限公司、远安县万美物流仓储有限责任公司、襄阳部营粮食储备库、老河口市大通物流有限公司、襄阳市大公物流有限公司、武汉捷利通达物流有限公司、武汉新世纪商汇金属材料市场股份有限公司、武汉商汇钢贸城有限公司、湖北众德九州实业有限公司、湖南中南物流有限公司、湖南福泰物流有限公司、东莞港国际集装箱码头有限公司、深圳市共速达物流股份有限公司、深圳新合程供应链股份有限公司、深圳合新国际物流有限公司、深圳市锐迅供应链管理有限公司、深圳市诚邮天下跨境物流有限公司、广东广信通信服务有限公司、中航路通实业有限公司、海南金盘物流有限公司、四川顺程物流有限公司、四川省巴蜀危险品运输有限公司、贵州穗黔物流股份有限公司、陕西国储物流股份有限公司、宁夏驰创贸易有限责任公司、北京二商健力食品科技有限公司、北京中远汽车物流有限公司、重庆风平集团股份有限公司、通辽市祥鑫物流股份有限公司、营口亿成物流有限公司、黑龙江省成运储运有限公司、苏州工业园区伟创国际物流有限公司、江苏鑫力国际物流有限公司、扬州远安物流有限公司、昆山凯达物流有限公司、江苏银树食品有限公

司、苏州金麦穗食品有限公司、淮安市安吉运输有限公司、江苏东尚物流有限公司、江苏百聚供应链管理有限公司、宝航物流股份有限公司、泰兴市太平洋化学危险货物运输有限公司、浙江鸿汇医药物流有限公司、乐清市四通物流有限公司、温州港口服务有限公司、嘉兴市伟盛国际货运代理有限公司、浙江天地物流有限公司、浙江泰和塑料有限公司、宁波上壹物流有限公司、宁波天时利国际货运代理有限公司、宁波新征程物流有限公司、黄山市来明物流有限公司、马鞍山市腾通汽车运输有限责任公司、蚌埠市双墩物流有限责任公司、漳州裕恒物流有限公司、福建新景程物流有限公司、福慧达股份有限公司、厦门市烟草物流有限公司、厦门东纶股份有限公司、赣州市南康区邦大华宇物流有限公司、日照中远海运物流有限公司、临沂九州通医药有限公司、山东炳丰物流有限公司、山东香驰物流有限公司、济南任氏物流有限公司、青岛众和通达物流有限公司、青岛真诚达物流股份有限公司、山东海洋爱通物流有限公司、青岛力天国际物流有限公司、青岛裕龙东雍国际物流有限公司、招远市鸿发物流服务有限公司、漯河广通运输有限公司、漯河金道物流有限公司、安阳万德主干线物流有限公司、焦作市交通运输（集团）有限公司、巴东县金字山运输有限公司、湖北富祥粮棉股份有限公司、老河口华茂物流有限公司、利川市五洲货运物流有限公司、襄阳新发地农副产品有限公司、湖北中徽物流有限公司、南漳县浩天商贸有限公司、武汉苏宁物流有限公司、武汉欣欣物流发展有限公司、武汉市先行物流有限公司、湖南畅达物流有限公司、岳阳花果畈物流园有限公司、湖南顺祥物流有限公司、衡阳盛泰物流有限公司、郴州联邦物流有限公司、汝城县诚信物流有限公司、长沙诚安物流有限公司、湖南康芝仁医药连锁有限公司、株洲中南顺畅物流实业有限公司、湖南神洲大地行物流有限公司、湖南东立农特物联网科技股份有限公司、惠州市德邦物流有限公司、东莞市顶鑫农副产品配送服务有限公司、揭阳市众泰物流有限公司、深圳市畅通物流有限公司、深圳市富仕林物流有限公司、成都君龙物流有限公司、成都惠康运业有限公司、成都上尚物流有限公司、遵义铁路联营联运实业有限公司、陕西恒仁物流有限公司、陕西金亿通商贸有限公司、宁夏伊品生物科技股份有限公司、银川新华百货东桥电器有限公司、银川宋涛物流有限公司、新疆诚通国际物流有限公司、新疆诚通西部物流有限公司、北京东光物流有限公司、重庆永南物流有限公司、重庆立盟运输服务有限公司、唐山锦兴物流有限公司、沧州新远程物流有限公司、沧州广元六通物流有限公司、营口永吉物流有限公司、昆山富士达物流有限公司、泰兴市海诚物流有限公司、泰兴市五合物流有限公司、浙江汇鑫海运有限公司、安吉陆顺物流有限公司、浙江嘉宝物流股份有限公司、绍兴远顺物流有限公司、松阳县鹏飞物流有限公司、浙江贵鼎物流有限公司、嘉兴乐运物流有限公司、宁波韵开贸易有限公司、福建浩嘉冷链物流股份有限公司、青岛顺安鑫物流有限公司、荆门东生晨光电力物资有限公司、郴州泰达物流有限公司、肇庆市致美物流有限公司、宁夏盐池县永生物流服务有限公司、宁夏金丝路供应链有限责任公司因物流业务调整、并购重组、经营模式改变、企业注销等，不再保留A级物流企业资质。

（中国物流与采购联合会物流企业评估工作办公室）

物流企业信用评价 A 级信用企业
第三十二批、第三十三批名单

第三十二批物流企业信用评价
A 级信用企业名单（共 47 家）

AAA 级信用企业（排名不分先后，33 家）：

湖北经纬国际货运有限公司

湖北丰源物流供应链管理有限公司

绍兴学友超市有限公司

江苏燕进联运有限公司

宁波市汽车运输集团有限公司

宁波达迅国际货运代理有限公司

黄石天海航运有限公司

深圳市车夫网物流科技有限公司

国胜物流有限公司

浙江速搜物流股份有限公司

中创物流股份有限公司

三羊马（重庆）物流股份有限公司

云南宏程物流集团有限公司

大冶有色物流有限公司

金川集团物流有限公司

安徽徽运物流有限公司

四川乐送物流股份有限公司

宁波外运国际货运代理有限公司

安徽朝阳物流有限公司

龙岩市交通运输有限公司

宁波悦港物流供应链有限公司

山东金蚁国际物流有限公司

山东万和通物流科技有限公司

福州港务集团有限公司

四川长虹民生物流股份有限公司

四川安吉物流集团有限公司

茌平县安泰运输有限公司

湖南海弘物流集团有限公司

河北快运集团有限公司

天佑冀铁物流有限公司

兰州敦敦运输服务有限公司

郑州铁路经济开发集团有限公司

中原大易科技有限公司

AA 级信用企业（排名不分先后，14 家）：

云南云叶物流有限公司

湖北畅通迅景物流有限公司

深圳市海昌华海运股份有限公司

杭州美全物流有限公司

大理州美登储运有限公司

重庆联川物流有限公司

贵州恒申物流有限公司

云南华叶物流有限公司

中船重工物资贸易集团广州有限公司

南京凯利汽车服务有限公司

海南罗牛山食品集团有限公司

浙江科运物联科技有限公司

大理市腾辉物流有限公司

成都市跨海物流有限公司

第三十三批物流企业信用评价
A级信用企业名单（共22家）

AAA级信用企业（排名不分先后，13家）：

青岛日日顺供应链有限公司

岳阳城陵矶口岸实业有限公司

湖北慧通达供应链管理有限责任公司

特变电工新疆能源有限公司

济南零点物流港有限公司

宁波富邦物流股份有限公司

中国邮政速递物流股份有限公司郑州市物流分公司

临沂天源国际物流有限公司

山东载信物流有限公司

武汉中商超市连锁有限公司

四川东方物流集团有限公司

中铁物资集团有限公司

河南省鸿泰物流有限公司

AA级信用企业（排名不分先后，9家）：

宁津县金业物流有限公司

德州远华物流有限公司

德州金茂源仓储有限公司

德州交投物流发展有限公司

德州恒诚仓储物流集团有限公司

上海国电海运有限公司

山东中再危废物流有限公司

山东物商集团有限公司

易门联合运通物流有限公司

（中国物流与采购联合会行业事务部）

2023 年国家物流枢纽建设名单

（共 30 个，排名不分先后）

所在地	国家物流枢纽名称
河北省	沧州港口型国家物流枢纽
	保定商贸服务型国家物流枢纽
山西省	临汾陆港型国家物流枢纽
内蒙古自治区	呼和浩特陆港型国家物流枢纽
	包头生产服务型国家物流枢纽
黑龙江省	哈尔滨生产服务型（陆港型）国家物流枢纽
	牡丹江商贸服务型国家物流枢纽
上海市	上海空港型国家物流枢纽
江苏省	无锡生产服务型国家物流枢纽
	徐州陆港型国家物流枢纽
浙江省	杭州空港型国家物流枢纽
安徽省	合肥生产服务型国家物流枢纽
福建省	福州港口型国家物流枢纽
江西省	鹰潭陆港型国家物流枢纽
山东省	潍坊陆港青岛空港型国家物流枢纽
青岛市	青岛空港型国家物流枢纽
湖北省	武汉—鄂州空港型国家物流枢纽
	襄阳生产服务型国家物流枢纽
湖南省	长沙生产服务型国家物流枢纽

续 表

所在地	国家物流枢纽名称
广东省	珠海生产服务型国家物流枢纽
	湛江港口型国家物流枢纽
深圳市	深圳生产服务型国家物流枢纽
海南省	洋浦港口型国家物流枢纽
重庆市	重庆商贸服务型国家物流枢纽
四川省	泸州港口型国家物流枢纽
贵州省	贵阳生产服务型国家物流枢纽
云南省	大理商贸服务型国家物流枢纽
陕西省	西安商贸服务型国家物流枢纽
新疆维吾尔自治区	哈密陆港型国家物流枢纽
	喀什—红其拉甫商贸服务型（陆上边境口岸型）国家物流枢纽

（国家发展改革委）

国家多式联运示范工程项目名单

序号	示范工程项目	牵头单位	联合单位
1	中欧班列集装箱多式联运信息集成应用示范工程	中铁集装箱运输有限责任公司	中国铁道科学研究院集团有限公司、北京交通大学
2	中国储运"陆港一体"大宗物资多式联运示范工程	中国物资储运集团有限公司	中储洛阳物流有限公司、中储河南保税物流有限公司、中储发展股份有限公司西安物流中心、青岛中储物流有限公司、中储发展股份有限公司天津新港分公司、中储南京物流有限公司、中储南京智慧物流科技有限公司
3	吉林省华航集团打造一汽物流供应链服务体系多式联运示范工程	吉林省华航实业集团有限公司	沈阳铁路局、中谷海运集团有限公司
4	黑龙江省牡丹江国际（国内）陆海联运通道集装箱多式联运示范工程	牡丹江对俄贸易工业园区华晟国运物流有限公司	—
5	安吉物流沿江沿海经济带商品车滚装多式联运示范工程	上汽安吉物流股份有限公司	安吉汽车物流（上海）有限公司、上海海通国际汽车物流有限公司、上海安盛汽车船务有限公司、上海安东商品轿车铁路运输有限公司、安吉汽车物流（湖北）有限公司

序号	示范工程项目	牵头单位	联合单位
6	南京区域性航运物流中心"连长江、通欧亚、对接沿海、辐射中西部"多式联运示范工程	南京港（集团）有限公司	中铁集装箱运输有限责任公司上海分公司、上汽安吉物流股份有限公司
7	苏南地区集装箱公铁水多式联运示范工程	苏州市港航投资发展集团有限公司	苏州新丝路国际多式联运有限公司、太仓港港务集团有限公司、中国铁路上海局集团有限公司上海货运中心、苏州市国际班列货运有限公司、江苏方正苏高新港有限公司、苏州金驼铃物流有限公司
8	依托长江黄金水道、立足皖江城市带马鞍山多式联运示范工程	马钢集团物流有限公司	马鞍山长运控股集团有限公司、上海铁路局、马鞍山港口（集团）有限责任公司、安徽省郑蒲港务有限公司
9	液化天然气（LNG）罐式集装箱网络化陆（江）海多式联运示范工程	龙口港集团有限公司	山东高速轨道交通集团有限公司、山东泰安交通运输集团有限公司、老虎燃气（上海）有限公司、准时达能源科技（上海）有限公司
10	服务自贸区战略构建中原"米"字型高铁物流网络铁公空多式联运示范工程	河南中原铁道物流有限公司	中铁联合国际集装箱有限公司郑州分公司、中铁快运股份有限公司郑州分公司、河南豫铁物流有限公司
11	武汉打造长江经济带粮食物流核心枢纽与供应链金融服务平台多式联运示范工程	武汉金融控股（集团）有限公司、长江航运货运有限公司、中铁武汉局集团有限公司	—
12	长江三峡枢纽"大分流、小转运"水铁公多式联运示范工程	宜昌市交通投资有限公司、中国铁路武汉局集团有限公司	—
13	武陵山片区四省联动共推"一带一路"、长江经济带战略集装箱公铁水联运示范工程	怀化市交通建设投资有限公司	怀化蓝色快运有限公司、中国铁路广州局集团有限公司、广州港物流有限公司、湖南惠农物流有限公司、怀化恒林物流服务有限公司、怀化市安丽物流责任有限公司、深圳市联力国际供应链管理有限公司

续　表

序号	示范工程项目	牵头单位	联合单位
14	顺丰铁联多式联运平台示范工程	顺丰多式联运有限公司、中国铁路物流联盟、中国铁路广州局集团有限公司	—
15	西部陆海新通道集装箱多式联运示范工程	陆海新通道运营有限公司、重庆铁路口岸物流开发有限责任公司	广西北港物流有限公司、甘肃省国际物流有限公司、遵义交旅投资（集团）有限公司
16	陆海联动、多点协同的集装箱多式联运智能骨干网建设示范工程	中铁联合国际集装箱有限公司、中铁国际多式联运有限公司	—
17	银川公铁物流港"通欧亚、对接沿海、辐射宁蒙陕甘毗邻（华北）地区"多式联运示范工程	宁夏新华物流股份有限公司	中国铁路兰州局集团有限公司、兰州捷时特物流有限公司、银川互通达公铁物流建设运营有限公司
18	"东部沿海—宁蒙地区（石嘴山）—中阿国家"集装箱公铁海多式联运示范工程	宁夏富海物流有限公司	兰州铁路局银川货运中心、曹妃甸港集团股份有限公司、天津良晨国际运输有限公司
19	新疆（奎屯）双向开放、多点支撑的"两主两拓展 X 型"物流大通道多式联运示范工程	新疆农资（集团）有限责任公司奎屯西库棉花储运分公司	新疆中亚金谷国际物流有限责任公司、奎屯新亚科工贸有限公司

（国家发展改革委　交通运输部）

《自贸试验区重点工作清单（2023—2025 年）》

上海自贸试验区重点工作清单（2023—2025 年）》

序号	重点工作
1	打造国际一流营商环境，深入推进"一网通办""一业一证"改革，建立健全行业综合监管制度。开展商事调解组织登记管理试点，探索由司法行政机关对商事调解组织进行统一登记，并加强监督管理。（上海自贸试验区）
2	打造跨国公司总部经济集聚区，实施"全球营运商"计划、"大企业开放创新中心"计划。（保税区片区、陆家嘴金融片区、金桥开发片区、张江高科技片区）
3	加强与上海国际金融中心建设联动，加快建设国际金融资产交易平台，推动国际国内资产管理机构集聚发展，根据机构全生命周期需求提供定制化政策服务。（陆家嘴金融片区、临港新片区）
4	以关键核心技术为突破口打造前沿产业集群，形成一批具有引领带动作用的标志性创新成果。（张江高科技片区、临港新片区）
5	加快建设世界级生物医药产业集群，实施"张江研发+上海制造"行动，在符合法律法规要求的前提下，深化生物医药研发用物品通关便利化试点。（张江高科技片区、临港新片区）
6	打造国际化数字经济高地，争取率先深化增值电信领域对外开放，全面构筑数据便捷流通基础设施，推动人工智能、大数据等数字技术产业化、规模化发展，加快建设数据交易所。（张江高科技片区、临港新片区）
7	建设国际油气交易和定价中心，拓展石油天然气交易金融、物流等配套服务，深入开展国际航行船舶保税液化天然气加注业务试点。（临港新片区）
8	建设全球国际航运枢纽，继续推进外贸集装箱沿海捎带业务试点，促进内外贸融合发展，建设东北亚空箱交换中心和洋山船供公共服务平台，加快航运指数期货上市。（临港新片区）

广东自贸试验区重点工作清单（2023—2025 年）

序号	重点工作
1	推进与港澳规则衔接、机制对接，深化与港澳在贸易、投资、金融、法律服务和职业资格互认等领域合作，促进内外贸法规制度衔接。（广东自贸试验区）
2	推进广州期货交易所、大湾区债券平台、南沙国际金融岛、深港国际金融城等建设，依托现有交易场所开展农产品交易，打造服务经济高质量发展和粤港澳大湾区的重要金融平台。（广东自贸试验区）
3	推进"大湾区组合港""湾区一港通"建设，打造以南沙港、蛇口港为枢纽的一体化通关物流信息平台，提升各港口间物流和通关时效，实现港口群互联互通、协同发展。（广东自贸试验区）
4	加快建设粤港澳大湾区国际分拨中心，建设跨境贸易全球供应链管理中心，推动货物自由集拼分拨，构建服务粤港澳、辐射国内外的海陆空铁立体化多式联运物流体系。（广东自贸试验区）
5	高水平建设南沙科学城，布局前沿交叉研究平台，加快推进一批世界一流研究型大学、科研机构和国家重大科技基础设施建设，深化科技领域"放管服"改革，办好大湾区科学论坛。（南沙新区片区）
6	打造南沙全球溯源中心，推动全球溯源中心落地运营，研究制定溯源标准体系、法律保护体系、数据规则体系，拓展"溯源+行业"应用领域。（南沙新区片区）
7	建设前海深港国际法务区，推动在前海设立粤港澳大湾区司法研究院，支持内地律师事务所与港澳律师事务所在前海开展合伙联营，开展中外律师事务所联营试点，集聚全链条、全生态法律服务机构。开展商事调解组织登记管理试点，探索由司法行政机关对商事调解组织进行统一登记，并加强监督管理。（前海蛇口片区）
8	高标准建设前海国际人才港，研究深化人才发展改革举措，破除体制机制障碍，构建全要素人才生态，助力打造全球一流科技创新人才集聚地。（前海蛇口片区）
9	支持建设具有深港现代服务业特色的综合保税区。探索深港规则对接和制度创新，推动区域功能向全球供应链管理服务型、贸易结算型、资源配置型转型。优化进口食品检验模式，支持建设电子元器件和集成电路国际交易中心，依托现有交易场所开展大豆现货交易，打造免税品集散中心。（前海蛇口片区）
10	加强与澳门社会民生合作，推动"澳门新街坊"项目建设，探索与澳门民生社会服务和社会保障体系的衔接。（横琴新区片区）

天津自贸试验区重点工作清单（2023—2025 年）

序号	重点工作
1	推动汽车多元化创新业态发展，完善汽车流通链条，创新二手车出口模式，建设北方二手车出口基地、全国性汽车租赁中心、汽车文化艺术中心和汽车国际集散中心。（天津自贸试验区）

序号	重点工作
2	开展商业保理集成创新，支持商业保理企业探索开展国际保理业务，推动商业保理创新发展基地建设。（天津自贸试验区）
3	建设国际创新医疗康养区，建设个体化医疗研究院，在符合法律法规要求的前提下，探索制定细胞治疗"风险分级、准入分类"政策。（天津自贸试验区）
4	创新保税燃料油气供应模式，扩大油气交易规模，完善港口服务体系，打造我国北方保税燃料油供应分拨基地和国际航运核心区。（天津自贸试验区）
5	打造北方动产融资及风险管理中心，拓展"可信仓单"交易规模，创新开展场外风险管理业务。（天津自贸试验区）
6	建设世界级的租赁产业集群，探索构建绿色租赁发展激励机制，探索知识产权融资服务创新，建立多层次的租赁资产交易服务体系。（天津港片区）
7	建设东疆数字货运主题园，推进货运人工智能科创中心、物流科技应用示范中心建设，探索以网络货运为主的新型就业劳动者权益保障新模式，推动数字货运产业模式、监管模式创新。（天津港片区）
8	积极探索推动汽车发动机、变速箱等产品保税再制造试点，优化环保、通关、质量安全等环节管理机制。（天津机场片区）
9	建设数据服务试验区，推进数据标准互认、数字治理和统计监测等制度创新，开发跨境贸易B2B出口服务平台。（滨海新区中心商务片区）
10	建设天津自贸试验区跨境投融资综合服务平台，推进跨境投融资改革创新，打造服务新经济的投融资平台体系。（滨海新区中心商务片区）

福建自贸试验区重点工作清单（2023—2025 年）

序号	重点工作
1	建设一流法律服务集聚区，设立两岸司法研究中心、两岸民商事规则研究中心等对台特色法务合作平台，打造涉台、涉外商事海事争端解决优选地。（福建自贸试验区）
2	建设两岸职业资格对接互认平台，设立福建省（平潭）台胞职业资格考证认证一体化服务中心，创新考证服务模式，打造对台职业资格一体化全链条服务体系。（平潭片区）
3	优化对台货运航线，建设平潭海峡健康产业园等平台，构建两岸货物贸易主通道。（平潭片区）
4	推动航空经济创新发展，培育飞机全生命周期产业链，打造全球重要航空维修"一站式"基地，集聚更多国际航线资源。（厦门片区）
5	完善"金砖+"贸易数字化体系，推动厦门片区建设贸易数字化示范区，探索设立贸易数字化公共服务平台，提升口岸监管数字化水平。（厦门片区）

续　表

序号	重点工作
6	搭建离岸贸易信息共享平台，支持银行业金融机构为离岸贸易企业提供合理授信额度，合理实施离岸贸易支持政策，促进离岸经济高质量发展。（厦门片区）
7	推动海洋经济发展示范区建设，推进海洋资源要素市场化配置，开展涉海金融服务模式创新，推动海洋新兴产业链延伸和产业配套能力提升，创新海洋环境治理与生态保护模式。（厦门片区、福州片区）
8	建设丝路电商生态圈，打造跨境电商全链路服务平台，加快共建"一带一路"国家海外仓布局联动，办好中国跨境电商交易会，支持市场主体内外贸一体化经营。（福州片区）
9	建设物联网产业基地，推动联东 U 谷物联网产业园等项目建设，鼓励实施工业互联网平台研究与试点应用、打造全国智能仪表等物联网产品重要供应基地。（福州片区）

辽宁自贸试验区重点工作清单（2023—2025 年）

序号	重点工作
1	深入实施国资国企改革，持续深化区域性国资国企综合改革试验，健全国有企业市场化经营机制，推动混合所有制企业深度转换经营机制，深化劳动人事分配三项制度改革，对国有企业实施差异化分类考核。（辽宁自贸试验区）
2	制定实施 RCEP 三年行动方案和 RCEP 综合示范区建设方案，建设大连 RCEP 国际商务区、沈阳 RCEP 经贸科技文化合作交流中心，打造 RCEP 地方合作示范区。（辽宁自贸试验区）
3	高质量发展氢能、生物医药等重点产业集群，推进"氢能生态圈"建设，推动制氢项目落地，加速科技成果转化应用，优化"双 D 港"产业孵化基地建设。（大连片区）
4	深化大宗商品贸易制度创新，推进北良港区大豆离岸现货交收库建设，推动原油、液化天然气、粮食、铁矿石等进出口、出入库监管创新，推动集装箱运力期货上市。（大连片区）
5	鼓励综合保税区内企业按照国家公布的维修产品目录，在综保区内开展"两头在外"的数控机床维修业务，推动以机床等为重点的高端装备维修业务发展，形成数控机床维修产业集群。（沈阳片区）
6	加快建设国际艺术品仓储中心以及数字化认证平台，依托现有交易场所开展展览展示交易，依法合规探索艺术品交易模式及管理创新。（沈阳片区）
7	科学稳妥推进生物降解材料及制品产业发展，建设生物降解产业技术研究院、公共检测服务平台、数字化产业科技服务平台等创新平台，组建生物降解材料及制品产业技术创新联盟，吸引上下游企业集聚发展。（营口片区）

浙江自贸试验区重点工作清单（2023—2025年）

序号	重点工作
1	推进贸易投资便利化，深化实施跨境贸易投资高水平开放试点，开展开放经济金融服务创新，深化国际贸易综合改革试点，推动跨境电商、市场采购贸易等外贸新业态新模式发展，提升内外贸一体化发展水平。（浙江自贸试验区）
2	打造大宗商品储运贸易基地，布局建设国家铁矿石、铜精矿储运基地。持续做大油气、铁矿石、粮油等大宗商品贸易规模。（浙江自贸试验区）
3	在知识产权领域开展先行先试，加快建设国家级知识产权服务出口基地，加强国际知识产权仲裁和调解力量建设，探索开展数据知识产权制度改革试点，率先构建与国际先进规则接轨的知识产权保护运用机制。（浙江自贸试验区）
4	推进汽车及零部件、新材料、数字安防、集成电路、数控机床等先进制造业集群发展，实施新一轮制造业"腾笼换鸟、凤凰涅槃"行动。（浙江自贸试验区）
5	建设世界一流石化产业集群，推动浙石化二期等重点项目建设，深化油气现货市场与相关期货市场的合作，依托现有交易场所开展油气交易，支持保税燃料油加注做优做强，创新办好世界油商大会。（舟山片区、宁波片区）
6	增强宁波舟山港服务保障能力，加快建设国际海事服务基地，推进相关集装箱码头建设，探索宁波梅山综合保税区国际集拼园区化管理新模式，推动中国—中东欧国家航运物流中心、金甬铁路双层高集装箱运输试验线建设，开展保税液化天然气加注业务试点，打造全国港口数字化治理标杆。（宁波片区、舟山片区）
7	建设数字经济高质量发展示范区，有序推进数字人民币研发试点，开展跨境数据流动便利化相关试点，依托现有交易场所开展数据交易，高质量举办全球数字贸易博览会。（杭州片区）
8	加快打造中欧班列枢纽节点，开辟中欧班列（义乌）出境新通道，探索班列经营模式创新，创新建设"义新欧"数字平台，推动在班列沿线主要节点城市布局海外仓。（金义片区）

河南自贸试验区重点工作清单（2023—2025年）

序号	重点工作
1	打造服务"一带一路"的现代综合交通枢纽，推动空陆网海"四条丝路"融合发展、集成创新，建设中欧班列集结中心、中欧班列集散分拨中心，推动扩大航权安排，强化多式联运标准研制和装备推广，推进联运组织模式创新。（河南自贸试验区、郑州片区）
2	支持郑州商品交易所创新发展，完善期货及衍生品交易规则，推动研发更多符合实体经济需求的期货期权品种，探索保税交割通关监管模式优化。（河南自贸试验区、郑州片区）
3	打造"网上丝绸之路"核心枢纽，做大做强跨境电商核心功能集聚区，完善跨境电商监管、质量追溯体系和退换货制度，深化与共建"一带一路"沿线国家跨境电商交流合作。（郑州片区）

续　表

序号	重点工作
4	加快新能源及智能网联汽车产业发展，加大政策支持力度，促进汽车及零部件产业国际化发展，布局智能网联、新能源电池、电机电控等配套项目，构建智能网联汽车技术创新和推广应用体系，打造集"研发+制造+贸易"的汽车产业链条。（郑州片区）
5	加快艺术品交易全链条服务体系建设，依托现有交易场所开展国际艺术品（不含文物）交易，畅通文化艺术国际交流合作渠道，办好开封国际艺术博览会。（开封片区）
6	加快构建医疗大健康产业体系，加快建设"健康乐谷"，推动抗心律失常药物研发，集聚高端医疗和研发机构，围绕医疗产业高质量发展开展集成创新。（开封片区）
7	打造国际智能制造合作示范区，推进数字化转型与安全创新研究院、周山双创智慧岛等建设，完善高水平工业互联网服务体系，探索5G机床联网、自动驾驶、安防机器人等新应用模式，建设先进农机装备研发生产基地。（洛阳片区）
8	推动生物疫苗产业高质量发展，加快推进动物疫苗与药品产业研究院、体外诊断试剂重点实验室等重点研发平台建设，推动兽用药品领域集成创新，完善生物制品研发和临床试验激励机制。（洛阳片区）

湖北自贸试验区重点工作清单（2023—2025年）

序号	重点工作
1	建设科创自贸，推动国家重大科技基础设施、共性技术平台等建设，推动激光、集成电路、新型显示等产业基地建设。实施高新技术企业培育计划，加快培育一批专精特新"小巨人"、隐形冠军企业。扩大高新技术和"专精特新"企业跨境融资便利化试点受益面。（湖北自贸试验区）
2	推动数字自贸建设，聚焦5G、区块链、北斗等数字经济前沿领域，推动数字经济产业集群发展。建设用好工业互联网标识解析国家顶级节点（武汉），实施"上云、用数、赋智"行动。支持培育数据要素市场。加快文化出口、知识产权服务出口基地建设。（湖北自贸试验区）
3	打造具有国际影响力的生物医药产业园区，推动仿制药研发公共平台和生产基地、生物材料和特殊物品公共服务平台建设。提升新药研发配套服务能力，提高抗病毒领域创新产品研发能力。增强口岸服务功能。（湖北自贸试验区）
4	加快绿色自贸建设，大力发展新能源汽车、汽车零部件及机电产品再制造等绿色产业，研究制定有关再制造产品质量安全监管措施，培育绿色流通主体，建设绿色供应链，推进岸电建设。推进绿色低碳金融产品和服务开发，探索"金融+科技+低碳"的绿色发展路径。（湖北自贸试验区）
5	支持东湖科学城建设，聚焦光电、芯片等产业领域，促进"卡脖子"技术攻关。推动构建全方位人才创新、科技服务体系，探索区内实验室和合作高校人才实行"直通车"机制。建设东湖科技保险创新示范区，培育科技保险服务体系。（武汉片区）

续　表

序号	重点工作
6	大力发展光电子信息产业，加快建设半导体三维集成制造创新中心、新型显示产业创新中心、国家存储器基地等项目，推动新一代信息通信与新能源、人工智能、大数据等新兴产业深度融合。促进集成电路全产业链发展。（武汉片区）
7	高质量建设新能源汽车产业集群和国家级智能网联先导区，加快建设新能源汽车专业试验测试基地等项目，推动智能网联汽车专用网络建设。支持构建新能源汽车关键零部件技术供给、供应链信用金融服务综合服务体系，发挥质量认证作用，促进相关认证结果国际采信。（襄阳片区）
8	建设食品加工产业中心，推进粮油大宗农产品加工、食药级碳酸钙原料等项目，建设跨境电商直播基地、安琪跨境电商平台，支持开展食品加工相关融资租赁业务。（宜昌片区）

重庆自贸试验区重点工作清单（2023—2025年）

序号	重点工作
1	深入推进川渝自贸试验区协同开放示范区建设，聚焦金融、科技、医疗、贸易和数字经济等领域联合开展重大制度创新。（重庆自贸试验区）
2	高质量推进西部陆海新通道建设，创新运输组织模式，提升物流服务效能，加快分拨集散中心建设，探索开行外贸出口定制化专列，探索构建以铁路运输单证、多式联运"一单制"为基础的陆上国际贸易规则体系，促进内外贸融合发展。（重庆自贸试验区）
3	助力共建西部金融中心，深化国际金融业务合作，创新人民币跨境使用。（重庆自贸试验区）
4	打造电子信息和新能源汽车等先进制造业集群，推动相关领域大科学装置、大科学中心在区内布局，推进高端仪器、智能终端产业集聚发展，建设国内领先的动力电池、氢燃料电池和汽车电子产业基地。（重庆自贸试验区）
5	围绕重庆自贸试验区与中新（重庆）战略性互联互通项目，探索重庆和新加坡之间国际贸易"单一窗口"、金融、电子身份与数字证书互认等方面的合作。（重庆自贸试验区）
6	依托全国一体化算力网络成渝国家枢纽节点，推动建设重庆数据中心集群。（重庆自贸试验区）
7	打造涉外商事纠纷解决优选地，依托两江新区（自贸试验区）法院建设"一站式"多元解纷中心，健全商事争端解决机制，优化域外法律查明服务，成立并运行好成渝金融法院。（两江片区）
8	推动中欧班列（成渝）高质量发展，建设中欧班列集结中心示范工程，推进运贸一体化建设，打造西部地区进口整车分拨中心。（西永片区）
9	加快长江经济带物流枢纽建设，高标准建设国家级多式联运示范项目，布局建设内陆无水港，加密沪渝直达快线、渝甬班列，探索江海直达联运，建设水运服务集聚区。（果园港片区）

四川自贸试验区重点工作清单（2023—2025 年）

序号	重点工作
1	加强制度改革创新，出台自贸试验区对接高标准推进制度型开放的意见。（四川自贸试验区）
2	建设川渝自贸试验区协同开放示范区，制定协同开放示范区深化改革创新三年行动方案，联合推出一批制度创新成果。（四川自贸试验区）
3	推动承接东部地区优势产业转移，实现产业集聚，着力打造配套协作的高端制造业、现代服务业和临港产业基地。（四川自贸试验区）
4	加快建设西部（成都）科学城，纵深推进天府实验室等建设，构筑人工智能、集成电路、新能源等产业生态，有序推进数字人民币研发试点。（成都天府新区片区）
5	建设西部国际航空枢纽，持续实施精品商务航线枢纽建设行动，大力引进培育龙头及"链主"企业，发展航空物流、航空维修等产业。（成都天府新区片区）
6	加快建设天府中央法务区，挂牌运行最高人民法院第五巡回法庭成都审判点、成都国际商事法庭等，持续推动高水平法律服务机构落地，推进法务岛、仲裁学院等项目建设。（成都天府新区片区）
7	建设西向国际贸易大通道重要支点，探索推行一体化标准化多式联运单证，建设多式联运信息平台，探索解决铁路运单物权凭证问题，推进"智慧陆港"应用场景建设。（成都青白江铁路港片区）
8	聚焦纺丝、织造以及纺织品生产，推进产业链上下游关键环节聚集发展，建设高端纺织产业生态链，提升内外贸一体化发展水平。（川南临港片区）

陕西自贸试验区重点工作清单（2023—2025 年）

序号	重点工作
1	扩大"一带一路"国际交流合作，推动"中国—俄罗斯中心"等重点项目建设，持续办好"丝博会""欧亚经济论坛"等会展平台，强化"一带一路"商事法律服务保障。（陕西自贸试验区）
2	建设西安国际航空枢纽，推动扩大航权安排，完善航空服务功能性平台，培育壮大航空枢纽保障、临空先进制造和临空高端服务等临空特色产业体系。（陕西自贸试验区）
3	加快建设西安科技创新示范区，推动国家重大科技基础设施、交叉前沿研究平台和新型研发机构建设，培育硬科技要素交易市场，加强科技创新国际合作。（中心片区）
4	建设大健康产业创新示范基地，探索组建川陕渝黔等多省干细胞科研临床机构联盟。（中心片区）
5	建设具有国际影响力的光伏产业集群，打造高端光伏产品产业体系，实施光伏产业倍增计划，推动国际研发和产能合作。（中心片区）
6	高质量建设中欧班列西安集结中心，加快集结中心支撑项目建设，提升班列集结能力、优化班列境外资源配置等服务效能，促进"班列+产业+贸易+物流"等融合发展。（西安国际港务区片区）
7	高标准建设以农业为特色的杨凌自贸片区，打造上合组织农业技术交流培训示范基地，建设种质资源引进中转基地。（杨凌示范区片区）

山东自贸试验区重点工作清单（2023—2025 年）

序号	重点工作
1	建设中日韩高标准地方经贸合作引领区，探索在贸易、投资、金融、人员往来、产业合作等领域进一步加大开放力度。（山东自贸试验区）
2	深化黄河流域自贸试验区联盟合作，在政务服务、互联互通、产业发展等领域加强合作，推进高频政务服务事项跨区域通办，建设沿黄达海大通道，培育跨区域产业集群。（山东自贸试验区）
3	推动服务型制造创新发展，探索完善支持服务型制造发展的政策体系，积极培育发展定制化服务、共享制造等新业态新模式，不断健全公共服务体系，打造一批服务型制造领先企业。（山东自贸试验区）
4	依托现有交易场所开展辐射东北亚的大宗商品交易，加快跨境电商等外贸新业态发展，探索完善新型易货贸易管理，出台支持新型离岸国际贸易发展办法，支持烟台片区建设区域性矿产品保税混配中心。（山东自贸试验区）
5	推动创新药、医疗器械、中医药、医美抗衰等重点产业开放发展，推进明湖国际细胞医学产业园建设，推动中医药"借澳出海"国际化发展，加快建设世界透明质酸谷。（济南片区）
6	高标准建设国家文化出口基地，打造对外文化贸易特色产业链，优化文化产品出口标准化流程，优化文化"出海"全链条服务，开展文化服务和文化产品创新试点。（济南片区）
7	建设东北亚国际航运枢纽，优化沿黄达海、东西双向的海铁联运物流网络布局，强化配套产业园区、航运物流信息平台、综合海事服务基地等建设，打造航运贸易金融融合创新基地。（青岛片区）
8	打造基因技术未来产业新高地，实施基因科技"三千"行动，建设千亩基因科技产业园，开展千种海洋生物基因测序，引进千名专业人才。（青岛片区）
9	打造海洋经济创新区，聚焦海洋种业、海工装备、蓝碳经济等领域，建设八角湾蓝色种业硅谷，实施深远海"百箱计划"，开展"蓝色海湾"增汇行动。（烟台片区）

江苏自贸试验区重点工作清单（2023—2025 年）

序号	重点工作
1	加快打造具有世界影响力的生物医药产业集群，探索开展生物医药全产业链开放创新发展试点，围绕高端化学药、现代中药、大分子生物药、基因检测、精准医疗等重点领域，着力强链补链。（江苏自贸试验区）
2	大力发展数字贸易，搭建"跨境数字贸易"公共服务平台，完善数字贸易监管与保障体系，推动数据跨境安全有序流动。开展数据知识产权地方试点工作，加快推进数据知识产权登记实践。（江苏自贸试验区）
3	加强长三角科创合作，加快建设国家级技术创新中心和科技创新共享平台，联合上海技术交易所开展长三角科技要素交易。（江苏自贸试验区）

续　表

序号	重点工作
4	强化制造业发展关键要素供给，深入实施产业基础能力提升行动和产业基础再造工程，提升内外贸一体化发展水平，建设生物医药、集成电路、工业母机、高端仪器、工业机器人等领域产业技术基础公共服务平台，完善科技创新与产业发展协同对接机制，创新建设月亮湾国际人才社区等高端人才集聚地，全方位培育适合国际人才创新发展、和谐宜居的区域环境，营造生态优良的产业公地。（江苏自贸试验区）
5	打造知识产权金融创新示范区，创新知识产权全链条金融服务体系，引导金融机构研究开发以知识产权为核心的金融服务产品，形成"全周期、全场景、全链条"的产品服务体系。（南京片区）
6	完善"审批、监管、执法"闭环管理，建设一体化信息化平台，打造"免证园区"，发布"审管执"全链条业务清单，开展行政执法监督信息化试点。（苏州片区）
7	打造高端石化产业先行区，依托现有交易场所开展石化大宗商品交易，建设油气储备基地，大力发展精细化工等高附加值产业，推动石化油气产品转口贸易、离岸贸易、国际船舶供应等行业发展。（连云港片区）
8	打造亚欧国际重要交通枢纽，高标准建设国际枢纽海港，推动铁路集装箱多式联运中心等建设，开展多式联运相关规则互认、运输组织、通关流程、金融服务等创新。（连云港片区）

广西自贸试验区重点工作清单（2023—2025 年）

序号	重点工作
1	深化与 RCEP 成员国经贸合作，高标准建设中国—东盟经贸中心，依托现有交易场所开展大宗商品交易，促进中国—东盟博览会升级发展，推动中国—东盟特色商品汇聚中心、海外仓、电商平台、快递物流枢纽等重点项目建设。（广西自贸试验区）
2	深化与东盟跨境金融合作，加快建设中国—东盟金融城，优化面向东盟的人民币跨境结算和跨境投融资服务。（南宁片区）
3	推动电子信息产业发展，积极承接东部地区高端电子信息产业梯度转移，推动一批重大项目落地，聚焦电子信息产业链工业设计、技术研发等环节引进布局一批科技平台。（南宁片区）
4	推动中马"两国双园"升级发展，推动中马"两国双园"联合合作理事会机制常态化运转。拓展深化跨境金融创新试点合作，打造国际陆海贸易大宗商品集散中心。加强跨境产业合作，培育壮大燕窝加工贸易、再生金属加工和热带水果产品贸易等跨境产业链，推动电子信息、生物医药、化工新材料、新能源材料及棕榈油、橡胶等特色产品加工贸易跨境产业合作。（钦州港片区）
5	联合共建西部陆海新通道，加快推进平陆运河等重点项目，持续提高钦州港通航水平，建立与越南海防港跨境"直通船"合作机制，打造北部湾国际集装箱转运中心，共建桂豫海铁联运物流大通道，推动桂豫产业合作。（钦州港片区）

续　表

序号	重点工作
6	推进边民互市贸易进口商品落地加工，建设中国一东盟中草药及农产品加工销售市场，建立东盟非标农产品标准化加工体系。（崇左片区）
7	深化跨境产业合作，完善口岸交通基础设施，建设凭祥跨境公铁联运物流港、凭祥智慧口岸和跨境产业合作试验园（跨境电商产业园），对接东盟国家园区、商会签订跨境合作协议。（崇左片区）

河北自贸试验区重点工作清单（2023—2025 年）

序号	重点工作
1	推动京津冀自贸试验区协同创新，进一步完善三地自贸试验区政务服务合作机制，深化海关监管协作，探索实施渤海湾海上交通一体化组织模式。（河北自贸试验区）
2	探索建立各片区司法协作新机制，完善多元化纠纷解决机制，打造全方位立体化执行协作机制，推动实现诉讼服务区域内通办。（河北自贸试验区）
3	打造数字商务发展示范区，依托现有交易场所开展数字交易，积极探索数据确权、数据跨境流动、数字贸易等领域规则制度体系。推进跨境电商综试区发展，探索跨境电商等外贸新业态的监管新模式。（雄安片区）
4	建设金融创新先行区，深化推广金融科技创新管理工具，科学制定绿色金融标准，推动中国标准与国际标准体系兼容，大力培育环境权益交易市场。（雄安片区）
5	建设生物医药及高端医疗器械产业开放创新引领区，鼓励国际合作研发，在符合法律法规要求的前提下，推动通关便利化，探索在医药合同研发（CRO）/医药合同定制研发生产（CDMO）研发服务、研究型医疗服务、细胞治疗等临床转化应用领域开展集成创新，建设九价 HPV 疫苗等拥有自主知识产权的重大创新疫苗、抗体类药物等医药产品生产基地。（正定片区、大兴机场片区）
6	研究制定促进航空货运发展的支持措施，积极推进拓展大兴国际机场和正定国际机场货运航线，用好第五航权等国际航权，增强国际航空枢纽中转能力，加快建设保税物流中心、优质航材贸易平台、医药冷链仓库等功能平台，引进一批高水平航空科技创新企业，推动高端临空产业集聚发展。（正定片区、大兴机场片区）
7	建设国家进口高端装备再制造产业示范园区，研究制定再制造产业发展方案与支持措施，明确再制造产品质量安全监管主体和监管措施，打造汽车关键零部件、重型工程机械、数控机床等再制造产业基地，创建再制造产业创新联盟和实训基地，引导企业开展再制造产品认定。（曹妃甸片区）
8	深化河北自贸试验区平台建设，绘制大宗商品贸易产业链图谱，推动大宗商品交易、仓储、物流、供应链、金融等全产业链改革创新，推动新型离岸国际贸易发展。（曹妃甸片区）

续　表

序号	重点工作
9	构建东北亚经济合作引领区，推动港航服务业产业升级，建设燃料油加注、船员保障、船舶维修等于一体的渤海湾海上服务保障基地，以港口型国家物流枢纽建设为依托，拓展面向东北亚的日韩国际集装箱航线等国际通道，深入推进东北亚陆海联运甩挂运输业务，打造东北亚跨境电子商务集散中心。（曹妃甸片区）

云南自贸试验区重点工作清单（2023—2025 年）

序号	重点工作
1	创新沿边跨境经济合作模式，深化昆明片区与中国老挝磨憨—磨丁经济合作区跨境产能合作，建设中缅跨境贸易便利化综合服务平台，打造中国—东盟（河口）跨境电商物流产业园。（云南自贸试验区）
2	建设连接南亚东南亚的国际开放通道，推进中老铁路王家营跨境物流产业聚集区建设。（云南自贸试验区）
3	推动沪滇科技产业协作，围绕先进制造、生命健康、高端生产性服务等重点产业，加强协同创新、园区建设、经营管理和人才交流等合作。（云南自贸试验区）
4	打造面向南亚东南亚的区域绿色能源合作中心，完善跨境电力注册、交易、结算等模式，建设跨境电力交易平台。（昆明片区）
5	建设面向南亚东南亚的国际贸易企业服务中心，加快建设国际贸易综合服务、贸易大数据等功能平台，打造国际贸易企业集聚区，促进贸易中介服务机构聚集，支持市场主体内外贸一体化经营。（昆明片区）
6	创新构建动植物种质资源引进中转隔离制度体系，推动种业全产业链创新发展。（德宏片区）
7	推动热带水果、坚果、农产品等商品边民互市落地加工，建设边民互市落地加工产业园，打造面向东盟的边民互市落地加工中心。（红河片区）

黑龙江自贸试验区重点工作清单（2023—2025 年）

序号	重点工作
1	推进实施自贸试验区优化营商环境行动计划、创新发展行动方案，制定实施自贸试验区产业平台招商指引，推动构建跨境电商、国际物流、跨境金融、文化旅游等领域特色产业链和重点产业平台。（黑龙江自贸试验区）
2	加快松北润恒物流园区等建设，依托黑河—布拉戈维申斯克公路桥，打造跨境大宗商品贸易物流组织中心，优化哈绥俄亚班列运营，提升中欧班列通关服务水平。（黑龙江自贸试验区）
3	依托现有交易场所开展大宗商品国际现货交易，加快建设东北亚区域性信息平台和市场交易结算中心。（黑龙江自贸试验区）

续 表

序号	重点工作
4	打造高端装备制造产业基地，出台产业联盟发展指导意见，加速推动航空航天产业军民两用技术成果转化和产业化。（哈尔滨片区）
5	出台生物医药专项支持政策，高质量建设中俄基因细胞治疗科技园，推动区内企业与高等院校合作开展生物制品产业化研究。（哈尔滨片区）
6	推进中俄跨境综合物流枢纽等项目实施，开通哈尔滨—黑河—叶卡捷琳堡国际邮路，推动中国邮政对俄电商陆运物联枢纽中心建设，推进边民互市贸易中药材落地加工产业，打造能源储备基地。（黑河片区）
7	推动中俄特色产业合作，创新贸易监管方式、服务功能和交易模式，建设进口仓储集散中心，促进中俄木材加工产业合作。（绥芬河片区）

北京自贸试验区重点工作清单（2023—2025 年）

序号	重点工作
1	推进建设数字贸易港，探索完善数据跨境流动、数据流通等规则制度体系。在严控交易场所数量前提下高标准建设北京国际大数据交易所，建设数字生态孵化平台，推动高级别自动驾驶示范区建设，打造全球数字经济标杆。（北京自贸试验区）
2	建设国际知识产权价值实现高地，实施知识产权强企培育工程，探索数字经济知识产权保护新制度新模式，创新知识产权转化决策和权益分配机制，支持市场主体内外贸一体化经营。（北京自贸试验区）
3	建设面向全球的国际商事争议解决中心，积极引进国际仲裁和调解优质资源，建立国际商事仲裁人才库，建设面向国内外的数字化争端解决平台。开展商事调解组织登记管理试点，探索由司法行政机关对商事调解组织进行统一登记，并加强监督管理。（北京自贸试验区）
4	建立国际人才全环节管理服务体系，建设外籍人才办事"单一窗口"，优化外籍人才执业、就医、居住等服务保障。（北京自贸试验区）
5	建设科技体制改革先行示范区，围绕技术转移转化、专业技术人员职称评定、职务科技成果管理等重点领域开展制度创新，提升国际化创新资源和创新要素配置能力。（科技创新片区）
6	打造科创金融改革创新高地，引导科创金融专业化发展，健全科创融资风险补偿和分担机制，完善科技创新全周期全链条金融服务体系，打造国际创业投资集聚区。（科技创新片区、国际商务服务片区）
7	推进对外文化贸易高质量发展，打造影视文化展示平台，探索开展文化产业数字版权交易，高质量建设张家湾设计小镇，探索文化艺术品展示交易新模式，加快建设国际艺术品贸易平台。（国际商务服务片区）

续　表

序号	重点工作
8	优化提升综合保税区功能，建设国际医疗健康科技成果研发转化平台、国际检验检测科技创新平台，创新发展科研设备、医疗设备、影视设备等租赁业务。（国际商务服务片区、高端产业片区）
9	大力发展绿色金融，推动北京绿色交易所升级发展，推进近零碳排放示范工程，推广综合智慧能源服务项目，打造国家绿色发展示范区。（国际商务服务片区）
10	打造国际生物经济创新策源地，推动生物医药全产业链改革创新，在符合法律法规要求的前提下，建立健全"一站式"生命健康通关便利服务体系和监管创新合议机制，前瞻布局细胞与基因治疗、高端医疗器械、"数字+医疗"等前沿技术领域，打造生物农业、生物材料等领域国际化创新生态。（高端产业片区、科技创新片区）

湖南自贸试验区重点工作清单（2023—2025 年）

序号	重点工作
1	建设中非经贸深度合作先行区，探索对非本币结算贸易模式，探索中非经贸供应链金融机制，建设湘粤非铁海联运大通道，优化湘沪非江海联运通道，构建湘非航空运输网络，办好中非经贸博览会。（湖南自贸试验区）
2	推动贸易创新发展，探索工程机械二手设备出口贸易监管新模式。（湖南自贸试验区）
3	打造具有国际竞争力的先进制造产业集群，建设世界级工程机械产业集群，打造全球高端装备制造运营中心、智能服务中心、维修中心，建设国家智能制造先行区，探索区域制造业智能化转型新模式，提升内外贸一体化发展水平。（长沙片区）
4	畅通国际贸易通道，加快提升长沙黄花机场国际服务功能，推动新开和加密国际货运航线，创新通关服务模式，延伸机场陆侧围网，提升货邮处理能力和通关效率。（长沙片区）
5	加快发展航运物流业，开展智慧航道提升工程，建设岳阳智慧商贸物流园、城陵矶新港港口物流园等项目，加快发展临港产业，打造长江中上游重要航运物流综合枢纽。（岳阳片区）
6	打造对接港澳的生产服务型物流枢纽中心，推动铁海联运、港澳直通车常态化运营，探索内陆港与粤港澳大湾区港口"港港联动"新模式。（郴州片区）
7	建设有色金属产业集聚地，推动创建国家级技术研发中心，依托现有交易场所开展稀有贵金属交易，办好中国（湖南）国际矿物宝石博览会。（郴州片区）

安徽自贸试验区重点工作清单（2023—2025年）

序号	重点工作
1	探索自贸试验区、自主创新示范区"双自联动"安徽模式，推进综合性国家科学中心建设，强化中科院合肥创新院等功能，深化职务科技成果权属、国有新型研发机构市场化等改革探索。（安徽自贸试验区）
2	培育具有国际竞争力的集成电路产业集群，加快建设集成电路测试产业基地等重点项目，在海关对跨关区查验模式创新的统一部署基础上，积极推进集成电路关键设备跨关区检查作业一体化试点。（安徽自贸试验区）
3	培育具有全球影响力的"量子中心"，建设量子信息科学国家实验室、量子计算工程研究中心、量子计算全球开发者平台，拓展量子保密技术应用场景。（安徽自贸试验区）
4	打造区域性产贸融合发展新平台，支持在海关特殊监管区域内开展保税展示，支持重点企业开展"两头在外"的保税维修业务，探索完善新型易货贸易管理，探索市场采购贸易通关一体化省内组货模式。（安徽自贸试验区）
5	打造中东部地区多式联运关键枢纽，协同推进国家多式联运示范工程、航空货运枢纽港等建设，探索优化江海联运、铁水联运、陆空联运等"一单制"业务流程，提升流通效率。（安徽自贸试验区）
6	培育新能源汽车和智能（网联）汽车"智行矩阵"，推动新能源汽车项目建设，加快新能源汽车和智能网联汽车产业研究院建设，完善动力电池循环利用体系，打造自动驾驶示范运行线。（合肥片区、芜湖片区）
7	打造长三角绿色低碳"中国环境谷"，集聚国家级环境科学研究平台，推进长三角G60科创走廊环境产业合作示范区建设，探索建立环境科技新技术应用场景对接发布机制。（合肥片区）
8	打造世界级硅基和生物基制造业中心，布局建设显示玻璃、聚乳酸等硅基、生物基产品工程技术研究中心、技术创新中心，推动建立硅基、生物基产业联盟。（蚌埠片区）

（商务部办公厅）

2023 年国家骨干冷链物流基地建设名单

（共 25 个，排名不分先后）

所在地	国家骨干冷链物流基地
天津	滨海新区东疆综合保税区国家骨干冷链物流基地
河北	秦皇岛国家骨干冷链物流基地
内蒙古	通辽国家骨干冷链物流基地
黑龙江	齐齐哈尔国家骨干冷链物流基地
江苏	南京国家骨干冷链物流基地
浙江	台州国家骨干冷链物流基地
安徽	宿州国家骨干冷链物流基地
	阜阳国家骨干冷链物流基地
江西	南昌国家骨干冷链物流基地
山东	烟台国家骨干冷链物流基地
	潍坊国家骨干冷链物流基地
河南	新乡国家骨干冷链物流基地
	漯河国家骨干冷链物流基地
湖北	襄阳国家骨干冷链物流基地
湖南	衡阳国家骨干冷链物流基地
	永州国家骨干冷链物流基地
广东	湛江国家骨干冷链物流基地
广西	防城港国家骨干冷链物流基地

续　表

所在地	国家骨干冷链物流基地
重庆	巴南国家骨干冷链物流基地
四川	绵阳国家骨干冷链物流基地
陕西	西安国家骨干冷链物流基地
甘肃	张掖国家骨干冷链物流基地
新疆	阿克苏国家骨干冷链物流基地
	喀什国家骨干冷链物流基地
兵团	阿拉尔国家骨干冷链物流基地

（国家发展改革委）

2023 年度第一批、第二批、第三批货代物流行业企业信用评价名单

2023 年度第一批货代物流行业企业信用评价名单

序号	企业名称	级别
1	中经得美国际快运代理有限公司	AAA
2	环发讯通（天津）国际货运代理有限公司	AAA
3	嘉里大通物流有限公司	AAA
4	万达杰诚国际物流（北京）有限公司	AAA
5	北京金驰国际货运代理有限公司	AAA
6	中成国际运输有限公司	AAA
7	上海国际展览运输有限公司	AAA
8	天津海荣国际货运有限公司	AAA
9	深圳市柏威国际科技物流有限公司	AAA
10	宁波经济技术开发区福洋货柜有限公司	AAA
11	上海青旅国际货运有限公司	AAA
12	天津滨海松昌国际物流（集团）有限公司	AAA
13	北方万邦物流有限公司	AAA
14	中工国际物流有限公司	AAA
15	中铁外服国际货运代理有限公司	AAA
16	上海宝霖国际危险品物流有限公司	AAA
17	天津伟轮船务代理有限公司	AAA
18	深圳市鹏城海物流有限公司	AAA
19	上海格林福德国际货物运输代理有限公司	AAA
20	华扬国际物流（大连）有限公司	AAA
21	信和国际物流（北京）有限公司	AA
22	利通物流有限公司	AAA

2023 年度第二批货代物流行业企业信用评价名单

序号	企业名称	级别
1	航天（北京）物流有限公司	AAA
2	深圳市宏铭达物流有限公司	AAA
3	通用技术集团国际物流有限公司	AAA
4	中集世联达物流管理有限公司	AAA
5	中设国际商务运输代理有限责任公司	AAA
6	江苏佳利达国际物流股份有限公司	AAA
7	中新国际运输服务有限公司	AAA

2023 年度第三批货代物流行业企业信用评价名单

序号	企业名称	级别
1	北京海翔国际运输代理有限公司	AAA
2	翘运国际货运有限公司	AAA
3	上海环世物流（集团）有限公司	AAA
4	中仓国际物流有限公司	AAA
5	中艺储运江苏有限责任公司	AAA
6	北京盛伦国际物流有限公司	AAA
7	山东新贸陆海国际货运代理有限公司	AAA
8	盛大德威国际货运代理（北京）有限公司	AAA
9	苏州工业园区报关有限公司	AAA
10	中远海运物流有限公司	AAA
11	北京中远海运集装箱运输有限公司	AAA
12	天津中海国际货运有限公司	AAA

（中国国际货运代理协会）

第五批网络货运平台 A 级企业名单

（共 6 家）

5A 级网络货运平台企业（1 家）：

陕西陆运帮网络科技有限公司（4A 升 5A）

4A 级网络货运平台企业（1 家）：

福建大道成物流科技有限公司

3A 级网络货运平台企业（3 家）：

新承运（平潭）物流科技有限公司

泉州市闽运兴物流股份有限公司

湖北快嘟物流信息技术有限公司

1A 级网络货运平台企业（1 家）：

广西联帮盛物流科技有限公司

（中国物流与采购联合会物流企业评估工作办公室）

第十四批、第十五批、第十六批星级冷链物流企业名单

第十四批星级冷链物流企业名单（共12家）

五星级冷链物流企业（1家）：

吉祥水（山东）医药物流有限公司 综合型

四星级冷链物流企业（8家）：

北京优鲜配冷链科技有限公司 综合型

江苏极地熊冷链有限公司 综合型

福建省顺翃农产品冷链物流有限公司 仓储型

厦门中远海运冷链物流有限公司（2星升4星）综合型

南昌深农冷链物流有限公司 仓储型

九江凯瑞生态农业开发有限公司（3星升4星）综合型

湖北三峡银岭冷链物流股份有限公司（3星升4星）综合型

广州保事达物流有限公司 综合型

三星级冷链物流企业（3家）：

山东统超物流有限公司 综合型

山东卡航之家现代物流管理有限公司 运输型

常德佳和冷链食品销售科技有限公司 仓储型

2022年上半年通过复核的星级冷链物流企业名单（共5家）

五星级冷链物流企业（1家）：

顺丰速运有限公司 综合型

四星级冷链物流企业（1家）：

厦门万翔物流管理有限公司 运输型

三星级冷链物流企业（3家）：

太原万鑫物流有限公司 综合型

沈阳鑫运物流有限公司 综合型

宜昌三峡物流园有限公司 仓储型

取消资质的企业 2 家：

大连天宝绿色食品股份有限公司、南宁震洋物流有限公司因冷链物流业务调整，不再保留星级冷链物流企业资质。

第十五批星级冷链物流企业名单（共 26 家）

五星级冷链物流企业（3 家）：

上海世权物流有限公司（4 星升 5 星）综合型

上海上嘉物流有限公司 综合型

成都运荔枝科技有限公司 综合型

四星级冷链物流企业（18 家）：

科园信海（北京）医疗用品贸易有限公司 综合型

余姚市联海实业有限公司 仓储型

安徽合一冷链股份有限公司 仓储型

芜湖旷云产业园管理有限公司 仓储型

砀山幕天冷链仓储物联服务有限公司 仓储型

肥西老母鸡食品有限公司 综合型

安徽甲壳虫供应链管理有限责任公司 综合型

安徽鑫鹏食品有限公司 综合型

亳州市中联物流园管理有限公司 仓储型

厦门万纬海投冷链物流有限公司 仓储型

山东荣安冷链物流有限公司 综合型

山东鲁畅供应链有限公司 综合型

漯河大成物流有限公司 运输型

河南众品供应链有限公司 综合型

漯河千驰运输有限公司 运输型

河南福和物流发展有限公司 仓储型

河南飞洁物流有限公司 综合型

顺丰医药供应链有限公司 运输型

三星级冷链物流企业（5 家）：

苏州点通冷藏物流有限公司 综合型

福建恒业供应链管理有限公司 综合型

新雅仕（泉州）冷藏物流有限公司 仓储型

创图（山东）供应链管理服务有限责任公司 运输型

四川港投新通道物流产业投资集团有限公司 综合型

2022 年下半年通过复核的星级冷链物流企业名单（共 7 家）

五星级冷链物流企业（2 家）：

宇培供应链管理集团有限公司 综合型

靖海集团有限公司 运输型

四星级冷链物流企业（4 家）：

福建信运冷藏物流有限公司 综合型

赤山集团有限公司 仓储型

山东大舜医药物流有限公司 综合型

济南瑞丰物流有限公司 综合型

三星级冷链物流企业（1 家）：

青岛冠宇生态农业有限公司 综合型

第十六批星级冷链物流企业名单（共 23 家）

五星级冷链物流企业（4 家）：

江西省供销冷链科技有限公司 仓储型

九江市新雪域置业有限公司（4 星升 5

星）仓储型

湖北三峡银岭冷链物流股份有限公司（4星升5星）综合型

深圳市盐田港冷链投资控股有限公司 仓储型

四星级冷链物流企业（13家）：

上海绝配柔性供应链服务有限公司 综合型

上海誉尚冷链物流有限公司 仓储型

云豹（上海）供应链科技有限公司 综合型

太原万鑫物流有限公司（3星升4星）综合型

内蒙古昕海铭悦运输有限公司 运输型

哈尔滨宝鼎物流有限公司 运输型

安徽福冰冷链服务有限公司 综合型

河南新开元供应链管理有限公司 仓储型

郑州锦和冷链仓储有限公司 仓储型

武汉恒宏益冷链物流有限公司 综合型

湖北鸿景世纪物流有限公司 综合型

增益冷链（武汉）有限公司 仓储型

武汉新港阳逻保税园区开发管理有限公司 仓储型

三星级冷链物流企业（6家）：

国药控股黑龙江有限公司 综合型

中外运冷链物流哈尔滨有限公司 仓储型

哈尔滨裕程物流有限公司 仓储型

江西天美益食品有限公司 综合型

河南大河四季冷链物流有限公司 运输型

郑州吉港物流有限公司 运输型

2023年上半年通过复核的星级冷链物流企业名单（共8家）

五星级冷链物流企业（3家）：

济南维尔康实业集团有限公司 仓储型

云通物流服务有限公司 综合型

红星冷链（湖南）股份有限公司 仓储型

四星级冷链物流企业（3家）：

国药控股湖南有限公司 综合型

广西南宁华晨物流有限公司 综合型

云南营家优鲜供应链有限公司 综合型

三星级冷链物流企业（2家）：

江苏汇鸿冷链物流有限公司 综合型

山东大鹏物流有限公司 综合型

取消资质的企业（5家）：

上海安鲜达物流科技有限公司、大连獐子岛中央冷藏物流有限公司、河南鲜易供应链有限公司、北京京粮物流有限公司、沈阳唯晟通医疗冷链运输有限公司因冷链物流业务调整，不再保留星级冷链物流企业资质。

（中国物流与采购联合会冷链物流专业委员会）

2023 年全国商贸物流重点联系企业

（共 334 家，排名不分先后）

地区及重点联系企业数量	重点联系企业名称
中央企业（6）	中国物流集团有限公司
	中国外运股份有限公司
	中国远洋海运集团有限公司
	中国五矿集团有限公司
	中铁国际多式联运有限公司
	华润万家有限公司
北京市（11）	北京首农大厨房供应链管理集团有限公司
	北京本来工坊科技有限公司
	中物华商集团股份有限公司
	北京华冠商业科技发展有限公司
	北京首航国力商贸有限公司
	蜀海（北京）供应链管理有限责任公司
	北京同城必应科技有限公司
	北京长久物流股份有限公司
	世盟供应链管理股份有限公司
	捷达国际运输有限公司
	北京嘉恒利供应链管理有限公司

续 表

地区及重点联系企业数量	重点联系企业名称
天津市（5）	天津蜂众商贸有限公司
	天津港首农食品进出口贸易有限公司
	沃尔玛（天津）配送中心有限公司
	中农批（天津）国际冻品交易市场有限公司
	泰达行（天津）冷链物流有限公司
河北省（5）	河北省物流产业集团有限公司
	信誉楼百货集团有限公司
	北国商城股份有限公司
	河北快运集团有限公司
	唐山百货大楼集团银河物流有限责任公司
山西省（4）	山西省太原唐久超市有限公司
	山西兴荣供应链有限公司
	太原优鲜多歌供应链有限公司
	山西咻咻供应链管理有限公司
内蒙古自治区（6）	包头市永盛成百货有限责任公司
	科右前旗金岛商贸有限责任公司
	呼伦贝尔市享自然农牧发展有限公司
	呼和浩特市新畅铁路储运有限责任公司
	内蒙古北方宏利达物流有限责任公司
	满洲里俄陆通供应链管理服务有限公司
辽宁省（3）	海城市大涛冷链运输有限公司
	益海嘉里（盘锦）物流有限公司
	新发地（盘锦）农产品有限公司
吉林省（4）	四平万邦农副产品批发市场有限公司
	长春欧亚超市连锁经营有限公司
	吉林大药房药业股份有限公司
	一汽物流有限公司
黑龙江省（8）	哈尔滨中央红集团股份有限公司
	比优特商贸有限公司
	哈尔滨新世纪家得乐商贸有限公司

续　表

地区及重点联系企业数量	重点联系企业名称
黑龙江省（8）	黑龙江农垦北大荒物流集团有限公司
	黑龙江宾西集团股份有限公司
	领航数贸科技股份有限公司
	哈欧国际物流股份有限公司
	黑龙江昊锐冷链物流有限公司
上海市（23）	中通快递股份有限公司
	圆通速递有限公司
	上海韵达货运有限公司
	德邦物流股份有限公司
	极兔速递有限公司
	上海环世物流（集团）有限公司
	上海安能聚创供应链管理有限公司
	达疆网络科技（上海）有限公司
	远孚物流集团有限公司
	万科物流发展有限公司
	上海天地汇供应链科技有限公司
	上海交运日红国际物流有限公司
	上海华振运输有限公司
	新杰物流集团股份有限公司
	路凯包装设备租赁（上海）有限公司
	上海格林福德国际货物运输代理有限公司
	上海景鸿国际物流股份有限公司
	上海一片天餐饮管理股份有限公司
	上海开尔唯国际物流有限公司
	锅圈食品（上海）股份有限公司
	上海品星互联网信息技术股份有限公司
	上海壹佰米网络科技有限公司
	震坤行工业超市（上海）有限公司

续 表

地区及重点联系企业数量	重点联系企业名称
江苏省（18）	江苏辉源供应链管理有限公司
	江苏省苏食肉品有限公司
	南京卫岗乳业有限公司
	江苏凤凰新华书店集团有限公司
	江苏苏宁物流有限公司
	南京远方物流集团有限公司
	江苏飞力达国际物流股份有限公司
	江苏佳利达国际物流股份有限公司
	江苏苏汽国际物流集团有限公司
	苏州优乐赛供应链管理有限公司
	江苏物润船联网络股份有限公司
	苏州天地华宇物流有限公司
	江苏家得福投资集团股份有限公司
	江苏康缘医药商业有限公司
	江苏天马网络科技集团有限公司
	江苏华晓医药物流有限公司
	江苏宏信超市连锁股份有限公司
	江苏美好超市有限公司
浙江省（16）	百世物流科技（中国）有限公司
	明康汇生态农业集团有限公司
	杭州大希地科技股份有限公司
	传化智联股份有限公司
	浙江泰普森控股集团有限公司
	华东医药股份有限公司
	鲜丰水果股份有限公司
	浙江新宇商业集团有限公司
	浙江菜鸟供应链管理有限公司
	物产中大物流投资集团有限公司
	杭州盒马网络科技有限公司
	浙北大厦集团有限公司
	振石集团浙江宇石国际物流有限公司
	浙江嘉信医药股份有限公司
	浙江万风商业集团有限公司
	浙江浙农茂阳农产品配送有限公司

续　表

地区及重点联系企业数量	重点联系企业名称
安徽省（7）	安徽百大合家福连锁超市股份有限公司
	安徽省徽商红府连锁超市有限责任公司
	合肥新宁供应链管理有限公司
	安徽壹度品牌运营股份有限公司
	安徽华源医药集团股份有限公司
	安徽共生物流科技有限公司
	安徽运通达物流科技有限公司
福建省（13）	福建好运联联信息科技有限公司
	永辉超市股份有限公司
	福州朴朴电子商务有限公司
	福建省中通通信物流有限公司
	永辉彩食鲜供应链管理有限公司
	盛辉物流集团有限公司
	盛丰物流集团有限公司
	青顺物流集团有限公司
	福建大道成物流科技有限公司
	福建恒冰物流有限公司
	福建丰大集团有限公司
	福建冠业投资发展有限公司
	华信（平潭）物流有限公司
江西省（14）	江西五洲医药营销有限公司
	江西仁翔药业有限公司
	江西四顺物流集团有限公司
	江西一尧医药有限公司
	江西万福实业集团股份有限公司
	九江凯瑞生态农业开发有限公司
	上饶市中合农产品市场有限公司
	赣州广浔物流科技有限公司
	江西国磊供应链集团有限公司
	上饶市新华龙物流有限公司
	景德镇市太阳升物流有限公司
	鹰潭市阿桂物流有限公司
	赣州万吉物流有限公司
	江西泗丰物流有限公司

续 表

地区及重点联系企业数量	重点联系企业名称
山东省（17）	山东飞跃达医药物流有限公司
	山东新华能源物资有限公司
	山东新顺捷供应链有限公司
	山东天艺供应链有限公司
	山东佳昊供应链有限公司
	山东永昌物流集团有限公司
	山东金都百货股份有限公司
	山东卡航之家现代物流管理有限公司
	家家悦集团股份有限公司
	威海市天福医药有限公司
	日照凌云工贸有限公司
	日照日百商业有限公司
	中铁十四局集团兖州国际陆港物流有限公司
	恒通物流股份有限公司
	山东爱客多商贸有限公司
	山东新星集团有限公司
	济宁九龙商贸集团有限公司
河南省（7）	河南大张实业有限公司
	河南华鼎供应链管理有限公司
	河南大河速递有限公司
	河南万邦国际农产品物流股份有限公司
	新乡市雨轩清真食品股份有限公司
	河南宇鑫物流集团有限公司
	洛阳壹立达物流有限公司
湖北省（14）	中百控股集团股份有限公司
	卓尔智联集团有限公司
	山绿农产品集团股份有限公司
	九州通医药集团物流有限公司
	湖北安捷物流有限公司
	湖北商贸物流集团有限公司
	武汉阳逻港口服务有限公司
	华沛农业发展集团有限公司
	湖北三峡银岭冷链物流股份有限公司

续　表

地区及重点联系企业数量	重点联系企业名称
湖北省（14）	宜昌三峡物流园有限公司
	湖北佰昌农业发展有限公司
	湖北寿康永乐商贸集团有限公司
	湖北联海食品集团有限公司
	湖北潜网生态小龙虾产业园集团有限公司
湖南省（11）	湖南和立东升实业集团有限公司
	湖南湾田实业有限公司
	湖南一力股份有限公司
	湖南金煌物流股份有限公司
	湖南星沙物流投资有限公司
	湖南惠农物流有限责任公司
	湖南省弘广物流集团有限公司
	云通物流服务有限公司
	湖南友阿商业投资有限责任公司
	湖南安迅物流运输有限公司
	湖南润航国际物流有限公司
广东省（10）	广州医药股份有限公司
	广州华新商贸有限公司
	美宜佳控股有限公司
	广州广汽商贸物流有限公司
	广州市广百物流有限公司
	宝供物流企业集团有限公司
	广州市嘉诚国际物流股份有限公司
	广州港物流有限公司
	广东安捷供应链管理股份有限公司
	广东柏亚供应链股份有限公司
广西壮族自治区（10）	广西优而敏电子商务有限公司
	广西现代物流集团有限公司
	广西供应链服务集团有限公司
	广西玉柴物流集团有限公司
	广西北港物流有限公司
	广西交投物流集团有限公司

续　表

地区及重点联系企业数量	重点联系企业名称
广西壮族自治区（10）	柳州桂中海迅物流股份有限公司
	广西宁铁国际物流有限公司
	广西玉驰智联科技有限公司
	南宁云鸥物流股份有限公司
海南省（3）	海南农垦商贸物流产业集团有限公司
	海南海汽投资控股有限公司
	海南港航物流有限公司
重庆市（6）	华南物资集团有限公司
	重庆智飞生物制品股份有限公司
	沙师弟（重庆）网络科技有限公司
	重庆庆荣物流有限公司
	重庆能投物流有限公司
	永辉物流有限公司
四川省（14）	四川新派餐饮管理有限公司
	四川港投川南港务运营（集团）有限公司
	四川陆海云港发展集团有限公司
	成都红旗连锁股份有限公司
	四川省交通运输集团有限责任公司
	四川港投新通道物流产业投资集团有限公司
	四川省粮油集团有限责任公司
	四川省长江集团有限公司
	四川省外贸集团有限责任公司
	四川旅侨商贸有限公司
	宜宾绿源食品有限公司
	四川安吉物流集团有限公司
	四川省物流产业股份有限公司
	四川川航物流有限公司

续　表

地区及重点联系企业数量	重点联系企业名称
贵州省（16）	贵州现代物流产业（集团）有限责任公司
	贵州茅台酒厂（集团）物流有限责任公司
	贵州电子商务云运营有限责任公司
	贵州满帮物流科技有限公司
	贵州金穗宏达物流有限公司
	贵州贵铁物流有限公司
	盘江运通物流股份有限公司
	贵州交通物流集团有限公司
	贵阳市物流有限公司
	贵州广奕医药物流集团销售有限公司
	贵州地利农产品物流园有限公司
	贵州首杨农产品有限公司
	贵阳农产品物流发展有限公司
	贵州西南云聚物流有限公司
	贵州丰茂东投物流有限公司
	贵州东部陆港运营有限责任公司
云南省（12）	云南红河实业有限公司
	云南瑞和锦程实业股份有限公司
	昆药集团医药商业有限公司
	云南能投物流有限责任公司
	健之佳医药连锁集团股份有限公司
	云南省医药有限公司
	云南云红药业有限公司
	云南建投物流有限公司
	云南洲际班列物流有限责任公司
	一心堂药业集团股份有限公司
	云南钢友工贸有限公司
	云南省物流投资集团有限公司
西藏自治区（2）	西藏京邦达物流科技有限公司
	西藏领峰智慧物流有限公司

续 表

地区及重点联系企业数量	重点联系企业名称
陕西省（8）	西安每一天便利超市连锁有限公司
	陕西嘉品云市电子商务有限公司
	陕西商储物流有限公司
	陕西黄马甲物流配送有限公司
	陕西祥云物流有限公司
	陕西新贸物流配送连锁有限责任公司
	陕西米禾供应链管理股份有限公司
	陕西辉煌物流有限公司
甘肃省（10）	兰州国际港务区投资开发有限公司
	甘肃陆港云链科技有限公司
	兰州高原蔬菜物流股份有限公司
	金川集团物流有限公司
	白银有色铁路运输物流有限责任公司
	甘肃前进牧业科技有限责任公司
	甘肃祁连牧歌实业有限公司
	甘肃天马物流股份有限公司
	兰州新区路港物流有限责任公司
	甘肃酒泉智慧物流园有限公司
青海省（2）	青海省物产集团有限公司
	青海省新绿洲药业集团有限公司
宁夏回族自治区（8）	宁夏宝众祥石化仓储有限公司
	宁夏宁东铁路有限公司
	宁夏西创运通供应链有限公司
	宁夏德昌铁路物流有限公司
	宁夏小任果业发展有限公司
	宁夏财海迈星物流有限公司
	宁夏四季鲜果品蔬菜批发市场有限公司
	宁夏新华百货现代物流有限公司

续　表

地区及重点联系企业数量	重点联系企业名称
新疆维吾尔自治区（6）	新疆商贸物流（集团）有限公司
	新疆海鸿实业投资有限公司
	新疆每日集团有限公司
	新疆天莱香牛食品有限责任公司
	新疆天顺供应链股份有限公司
	新疆中欧联合物流有限公司
新疆生产建设兵团（2）	新疆阿拉尔聚天红果业有限责任公司
	可克达拉市恒信物流集团有限公司
大连市（2）	大连五佳国际贸易有限公司
	大连通达货运有限公司
青岛市（4）	日日顺供应链科技股份有限公司
	福兴祥物流集团有限公司
	青岛富通万方供应链管理股份有限公司
	青岛盛客隆食品有限公司
宁波市（4）	宁波中基惠通集团股份有限公司
	宁波外运国际集装箱货运有限公司
	宁波达迅国际货运代理有限公司
	宁波发现国际物流有限公司
厦门市（8）	厦门国贸集团股份有限公司
	厦门象屿股份有限公司
	鹭燕医药股份有限公司
	厦门见福连锁管理有限公司
	厦门市东万晟贸易有限公司
	建发物流集团有限公司
	云仓配供应链管理（厦门）有限公司
	厦门海投供应链运营有限公司
深圳市（15）	深圳市怡亚通供应链股份有限公司
	优合集团有限公司
	深圳市朗华供应链服务有限公司
	天虹数科商业股份有限公司
	深圳市华富洋供应链有限公司

续　表

地区及重点联系企业数量	重点联系企业名称
深圳市（15）	深圳市顺丰同城物流有限公司
	深圳市华运国际物流有限公司
	深圳市东方嘉盛供应链股份有限公司
	深圳中电投资有限公司
	深圳市富泰通国际物流有限公司
	深圳泛亚生鲜供应链（集团）有限公司
	亦邦（深圳）国际物流有限公司
	深圳菲尼克斯货运代理有限公司
	深圳永利八达通物流科技有限公司
	深圳市兆航物流有限公司

（商务部流通业发展司）

2023 年度中国物流与采购联合会科学技术奖项目奖获奖名单

序号	奖种	等级	证书编号	项目名称	主要完成单位	主要完成人
1	科技发明奖	二等	CFLP-2023-01-02-01	绿色高效大型精密设备就位技术	北京德利得物流有限公司、上海德利得供应链管理有限公司	闫敏、恽绵、张强、王思聪
2	科技发明奖	二等	CFLP-2023-01-02-02	一种航材的自动化存储配送系统	昆船智能技术股份有限公司	李成友、李永衡、卢会超、蒋天生、虞有海、王化麟、林原
3	科技发明奖	三等	CFLP-2023-01-03-01	危险化学品储运安全检测技术研究	江苏警官学院、南京简智仪器设备有限公司	卜全民、赵小乔、蒋春平、栾朝霞、马加民、宋荣军、刘俊峰
1	科技进步奖	一等	CFLP-2023-02-01-01	面向医药流通的大规模机器人集群系统关键技术研究与应用示范	北京极智嘉科技股份有限公司、浙江大学、北京邮电大学、国药物流有限责任公司、南京医药股份有限公司、九州通医药集团医药物流有限公司	李洪波、张宇、翁迅、谭文哲、范宏强、张素梅、朱伟娜、刘玲玲、孙建、徐可、向荣

续　表

序号	奖种	等级	证书编号	项目名称	主要完成单位	主要完成人
2	科技进步奖	一等	CFLP-2023-02-01-02	面向现代物流枢纽（汉中）的5G碳中和智能物流系统关键技术研发及应用	北京京东乾石科技有限公司，北京京邦达贸易有限公司，北京京东振世信息技术有限公司，汉中物流发展（集团）有限责任公司	者文明、程岩、陈亚迷、张建强、王琳、吴双毅、郝国微、乔晓强、宋晓昕、孙宇、王士勇
3	科技进步奖	一等	CFLP-2023-02-01-03	大规模协同生产的网络空间安全关键技术研究及应用	西华大学，中国标准化研究院，重庆邮电大学，西南大学，重庆斯欧智能科技研究院有限公司，重庆三三电器股份有限公司	黄东、李显勇、唐飞、王淑敏、周雪莲、杜亚军、唐超、杨涌
4	科技进步奖	一等	CFLP-2023-02-01-04	城市应急资源配送、交通组织与人员转移避难安置决策分析技术	武汉理工大学，中国科学技术大学，赛飞特工程技术集团有限公司，北京冠群信息技术股份有限公司，西南交通大学，上海理工大学，中天亿信大数据（武汉）有限公司	吕伟、宋英华、宋卫国、李迪、汪京辉、秦俊峰、马剑、房志明、霍非舟、李福
5	科技进步奖	一等	CFLP-2023-02-01-05	公海联运一体化智能调度系统关键技术与应用	大连海事大学，大连俱进汽贸运输有限公司，特兰格睿物流（大连）有限公司，邀海科技有限公司，海南佳顺通物流有限公司，大连楼兰科技股份有限公司	张赫、孙家庆、计明军、谢新连、贾晓惠、刘畅、周铁英、刘洋、李瑞洋、孙情雯、苍柏
6	科技进步奖	一等	CFLP-2023-02-01-06	基于一体化、智能化和精细化发展的天津港发展战略集成设计与创新实践	天津大学，中国铁路设计集团有限公司，中交水运规划设计院有限公司	卢春房、杜彦良、何华、都武、刘伟华、秦宝来、旭、王伟、李波、李波洋、高明、万海霞

续 表

序号	奖种	等级	证书编号	项目名称	主要完成单位	主要完成人
7	科技进步奖	一等	CFLP-2023-02-01-07	常压液体危险货物运输罐车安全及高效运用研究	交通运输部公路科学研究所、东南大学、北京交通大学、交通运输部科学研究院	任春晓、刘宇航、晋杰、徐启敏、张学文、刘宏利、田园、张国胜、韦坤、董轩、周炜
8	科技进步奖	一等	CFLP-2023-02-01-08	供应链数字孪生智能决策平台建设与应用	北京京东远升科技有限公司	庄晓天、王鑫、惠雷、王忠平、高振羽、王宇航、刘祥、康鸿月、刘崴、王永超、刘博洋
9	科技进步奖	一等	CFLP-2023-02-01-09	城市物流基础设施（综合管廊）成套关键技术与应用	北京交通大学、北京京投城市管廊投资有限公司、亿雅捷交通系统（北京）有限公司	施先亮、宫大庆、尚小溥、张真继、刘世峰、张建海、刘忠良、海楠、曹慈、姚运梅、薛刚
10	科技进步奖	一等	CFLP-2023-02-01-10	新零售模式下同城物流智能动态调度运营系统关键技术及应用	重庆交通大学、大连海事大学、北京航空航天大学、大连理工大学	王勇、王征、马晓磊、刘永、许建新、史彦军、魏远略、茂增、罗思妤、苟梦圆、方艳
11	科技进步奖	一等	CFLP-2023-02-01-11	空地一体化物料智能转运装备关键技术研究及其产业化	北京科技大学、机科发展科技股份有限公司、山东大学、河北工业大学、河北衡水老白干酒业股份有限公司	张建华、谭君广、刘国良、王唱、公建宁、白光辉、郝雨飞、徐斌、田国会、赵宁、李满宏
12	科技进步奖	一等	CFLP-2023-02-01-12	集成化物流服务模式及关键智能决策技术	上海交通大学、安得智联科技股份有限公司、上海发网供应链管理有限公司	江志斌、耿娜、张大力、羌磊、夏俊、沈海辉、赵思翔、曾心妍、程敏锐、肖勇民、李斌

续　表

序号	奖种	等级	证书编号	项目名称	主要完成单位	主要完成人
13	科技进步奖	一等	CFLP-2023-02-01-13	面向系统韧性优化的生产物流智能管控关键技术及应用研究	武汉理工大学、香港理工大学工业及系统工程学系、中材宁信（南京）国际物流有限公司、格力电器（武汉）有限公司	吕雅琼、李一凡、李占祝、LeeKaMan、曹小华、刘余、郝庆龙、张子龙、邹明凯、于蒙、高雅琪
14	科技进步奖	一等	CFLP-2023-02-01-14	数智一体化的智能仓储系统	江苏苏美达五金工具有限公司、南京维拓科技股份有限公司、北京海悦翔咨询顾问有限公司	吴玉华、杨松贵、孙万成、王开国、杨柳、丁正清、梁义周
15	科技进步奖	一等	CFLP-2023-02-01-15	面向干扰环境的工程预制构件供应链韧性强化方法	北京交通大学、上海交通大学、上海建工建材科技集团股份有限公司	王朝静、刘伊生、胡昊、戴磊、张志鹏、翟怀远、双晴、周强、肖波
16	科技进步奖	一等	CFLP-2023-02-01-16	载货车驾驶室悬置系统关键技术开发与产业化	湖北汽车工业学院、襄阳群龙汽车部件股份有限公司、湖北宇路电子科技股份有限公司、湖北国端智能装备股份有限公司、湖北科威机电装备股份有限公司、湖北鸿亚力装备股份有限公司	尹长城、王光辉、石振东、岳斯坦、张建辉、方春玉、张红亮、张正升、朱丽云、路德强、王伟
17	科技进步奖	一等	CFLP-2023-02-01-17	通信工程物资全生命周期管理物流协作平台	中国移动通信集团云南有限公司、中国移动通信集团终端有限公司	陈磊、杜文劲、肖建明、李佳佳、葛婷、张楠、倚如、鲁国鹏、黄婷婷、李海霞、冯秋星
18	科技进步奖	一等	CFLP-2023-02-01-18	牌卡智能生产物流关键技术及装备研发	北京印刷学院、唐山元创自动化科技有限公司、深圳云码通科技有限公司、北京万邦联合科技股份有限公司	窦水海、李婷、杨东波、王兆华、蔡吉飞、白慧娟、涂部成、吕晓东、汪晨光、张阳、林兆江

续　表

序号	奖种	等级	证书编号	项目名称	主要完成单位	主要完成人
19	科技进步奖	一等	CFLP-2023-02-01-19	铁路及其联运能源化工装备关键技术研究及产品研制	中车长江车辆有限公司、浙江大学、北京特种工程设计研究院、浙大城市学院	刘凤伟、何远新、邱一男、黄政贤、王博、甘智华、刘丹艳、卢海、熊移艳、费锦华、徐卫国
20	科技进步奖	一等	CFLP-2023-02-01-20	基于标识解析的通信行业智慧供应链管理系统研究	中国移动通信集团安徽有限公司、中国移动通信集团车联网科技终端有限公司、江苏中天科技股份有限公司	刘源、郑维华、张禹、润生、马昌荣、金涛、滕辉、陈晶晶、高冕、薛功群、张薛圣叡
21	科技进步奖	一等	CFLP-2023-02-01-21	基于灵梭引擎可信运力分析因子的全域运力AI协同服务系统	北京中交兴路信息科技股份有限公司、北京中交兴路车联网科技有限公司	夏曙东、江天、孟晨、杨健、梁健、张乐华、法方帅、杨海朋、肖中南
22	科技进步奖	一等	CFLP-2023-02-01-22	基于AI、大数据及物联网的广东电信智慧仓储系统构建	中国电信股份有限公司广东分公司、中捷通信有限公司	汤艾军、彭毅、徐顺、徐俊、苏肖飞、程慧坤、李多、林云智、周素华、潘肖卿、黄志中
23	科技进步奖	一等	CFLP-2023-02-01-23	多方联合创新下的航运新基建一船视宝	中远海运科技股份有限公司	王新波、韩懿、王敏、魏永瑜、李翔、史兆彦、周扬、段俊利、王银毓、章、王绍函
24	科技进步奖	一等	CFLP-2023-02-01-24	基于大数据技术的智能化计量体系建设研究	国网天津市电力公司、北京交通大学、普华讯光（北京）科技有限公司	陈鑫、徐杰、卞文良、魏飞、曹国端、何海航、滕永兴、许迪、施先亮、何泽昊、李洁茹

续 表

序号	奖种	等级	证书编号	项目名称	主要完成单位	主要完成人
25	科技进步奖	一等	CFLP-2023-02-01-25	高速铁路快捷货物网络化运输组织优化研究项目	北京交通大学、中铁快运股份有限公司	朱晓宁、吴景海、王力、王德芳、柴楠、康柳江、付险峰、侯佳宜、商摯、孙明东
26	科技进步奖	一等	CFLP-2023-02-01-26	基于数智化通信产业生态体系构建及应用	中国移动通信集团江西有限公司、华为技术有限公司	程江、郑祝良、邹欣、黄欣、周乐平、朱莉、莉、许国尧、滕聪、李娟、赵珍
27	科技进步奖	一等	CFLP-2023-02-01-27	通信企业供应链智慧合规监管与风险防控体系关键技术研究	中国移动通信集团江苏有限公司、中通维易科技服务有限公司	沈建林、戚兆军、李天一、邹志强、方鹏、冯莉、孔新年、郭校年、李鹏友、倪圣健、龚雅婷
28	科技进步奖	一等	CFLP-2023-02-01-28	菜鸟供应链智能计划平台	浙江菜鸟供应链管理有限公司	毕江华、王子豪、沈伟峰、江小辉、丰雨露、方泽玲、马林、余永明、宋轶群、杨昭祥、王洋
29	科技进步奖	一等	CFLP-2023-02-01-29	厨电智能制造成品物流系统研究及应用	北自所（北京）科技发展股份有限公司、湖州德奥机械设备有限公司	王勇、田博、徐楠、徐汉均、任楠、孙海龙、赵剑道、向旺、王焱、张靖瑄、李永强
30	科技进步奖	一等	CFLP-2023-02-01-30	IT领域智慧绿色供应链管理机制及低碳高效生态运营建设研究	中移动信息技术有限公司、华信咨询设计研究院有限公司	陶涛、谢军、孙大伟、宫佩辰、宋文韬、罗劳、子清、赵略、由晓菲、徐征、周天成

续　表

序号	奖种	等级	证书编号	项目名称	主要完成单位	主要完成人
31	科技进步奖	一等	CFLP-2023-02-01-31	基于AI大数据的数智应用的通信行业供应链创新实践项目	中国移动通信集团湖北有限公司、上海博科资讯股份有限公司	陶华、何立刚、吉志刚、隋江雨、冯文仲、尹燕、方莉、梅勇、万俊涛、芳、刘昊
32	科技进步奖	一等	CFLP-2023-02-01-32	考虑差异渗透率的智能网联货运编队控制关键技术及应用	北京建筑大学、中国国际可持续交通创新和知识中心、北京交研智慧科技有限公司	焦朋朋、王天实、孙煦、王健宇、张晶晶、朱丽云、洪玮琪、刘侃、高承、赵鹏飞、臧金蕊
33	科技进步奖	一等	CFLP-2023-02-01-33	基于AI的能源行业智慧供应链协同平台建设与应用	国家能源集团物资有限公司、国能供应链管理集团有限公司	张朝阳、郭小林、王乐毕、苏成金、刘宁、孙云飞、杨艳丽、任大名、朱捷、李琳
34	科技进步奖	一等	CFLP-2023-02-01-34	面向新时期效率提升的供应链智能力的研究与应用	中国移动通信集团陕西有限公司、上海博科资讯股份有限公司	柴娅彤、申民、李丽洁、程建宁、陈俊春、薛烨、王颖花、李子婧、严晓春、王佳硕、高征
35	科技进步奖	一等	CFLP-2023-02-01-35	钢铁智慧物流园区及厂内物流智能化应用	哕哕智运（黑龙江）物联科技有限公司	姜振新、李洪双、吕韵谣、李梦溪、毛洪军、王文浩
36	科技进步奖	一等	CFLP-2023-02-01-36	基于数字孪生理念的物资全生命周期管理创新场景的应用与研究	中国移动通信集团四川有限公司、北京中物联盟网络科技有限公司、江苏飞力达国际物流股份有限公司	程波、曾键、肖建明、王林、赵磊、刘星、成宏、伟、李佳佳、庞俊鼍、李楠、王静

续 表

序号	奖种	等级	证书编号	项目名称	主要完成单位	主要完成人
37	科技进步奖	一等	CFLP-2023-02-01-37	大模型在通信行业采购供应链的应用与研究	中国移动通信集团广东有限公司，网思科技股份有限公司	苏炜、李志坚、杨燕波、吕舒然、刘丹、王欢、吴俊、郭征军、冯继威、李彦君
38	科技进步奖	一等	CFLP-2023-02-01-38	中远海运物流船舶代理数字化服务平台	中远海运物流供应有限公司，中远海运物流有限公司，中国外轮代理有限公司	韩骏、蒋恺、张燕松、高伟、刘强、刘海东、李鼎一、朱瑾、郑辛、王天君、周波
39	科技进步奖	一等	CFLP-2023-02-01-39	基于联盟链和云技术的深圳西部进口电子化换单平台	招商局国际科技有限公司，蛇口集装箱码头有限公司，赤湾集装箱码头有限公司，深圳赤湾集装箱装卸有限公司，深圳妈港仓码有限公司，深圳海星港口发展有限公司	汪沛、杨玉林、邱观欣、钱伟烈、谭新、方东、蓝敏、赵波、陈洪军、张迈、余俊超
40	科技进步奖	一等	CFLP-2023-02-01-40	基于数字基因的可持续拓展数智供应链生态体系研究	中国移动通信集团浙江有限公司，浙江中通信息信息有限公司	范永升、陈祖寿、孟瑜、张晨、王珊、李璇、章棋、林海、陈晓玲、陈欢
41	科技进步奖	一等	CFLP-2023-02-01-41	基于可追溯对象标识符技术的智能可信供应链信息协同平台	北京交通大学，北京航空航天大学，泸州老窖股份有限公司，上海中商网络股份有限公司，钟茂（上海）食品科技有限公司，杭州心芽信息科技有限公司，北京工商大学，嘉华学院	朱晓敏、潘显钟、郭炳晖、巩思茜、张润彤、徐前景、蒋心武、刘洋、阮翔、方秀娟、吕宠栋

续 表

序号	奖种	等级	证书编号	项目名称	主要完成单位	主要完成人
42	科技进步奖	一等	CFLP-2023-02-01-42	供应链全场景智能分析赋能高效精准采购研究与实践	中国移动通信集团浙江有限公司、中国移动通信集团供应链管理中心、上海博采科技资讯股份有限公司	范永升、刘治华、程耀文、柳晓莹、赵辰、宋赛、陈锦山、叶勇、黄玮、项洪波
43	科技进步奖	一等	CFLP-2023-02-01-43	曹妃甸数字港航平台	曹妃甸港物流发展有限公司、上海文景信息科技有限公司、中国科学院大学、交通运输部科学研究院	李进禄、吴俊峰、田歆、杨勇、李兴华、王娟、王肖文、周烨、何斐、同博超、汤毅
44	科技进步奖	一等	CFLP-2023-02-01-44	通过 AI 大模型技术的评标智能化研究和探索	中国移动通信集团山东有限公司、青鸾云（山东）大数据科技有限公司、中国移动通信集团设计院有限公司山东分公司	田晨、李玉振、宋晓威、傅立海、朱宏利
45	科技进步奖	一等	CFLP-2023-02-01-45	多层穿梭车智能密集存储系统	昆船智能技术股份有限公司、中国烟草总公司深圳市公司	方锦明、柳智磊、詹王铭、赵逍、邹海林、许华、孔茜、解瑞、王言任、黄永明、旷添绮
46	科技进步奖	一等	CFLP-2023-02-01-46	供应链全过程效益可视化研究及应用	中国联合网络通信有限公司山东省分公司、深圳市兆航物流有限公司	金志强、孙江涛、杜广泰、李林、尚万雷、乔文博、赵铁、颜爱华、盖群
47	科技进步奖	一等	CFLP-2023-02-01-47	大型枢纽港可再生能源设施布局与系统调度关键技术	大连理工大学、大连理工大学土木建筑设计研究院有限公司、辽宁省交通运输事务服务中心	彭云、王广夫、郭嫣嫣、王文渊、姜影、陶然、张弓、苟大荀、邴晓、张佳运、朱东昱

续 表

序号	奖种	等级	证书编号	项目名称	主要完成单位	主要完成人
48	科技进步奖	一等	CFLP-2023-02-01-48	基于元宇宙技术的远程评审管理研究	中国移动通信集团甘肃有限公司，中国科学院近代物理研究所 CUDA 研究中心，中通服咨询设计研究院有限公司，深圳市兆航物流有限公司	赵建民、张小文、李亚军、李丹波、高笑菲、张建国、杨静、于洋、朵建峰、王冠
49	科技进步奖	一等	CFLP-2023-02-01-49	面向智慧物流的供应链平台系统研发与应用	武汉科技大学，湖北普罗格科技股份有限公司，武汉理工大学，长江大学，武汉礼信陆港供应链管理有限公司，湖北汽车工业学院	王勇、邓旭东、芦倩、周志刚、刘清、陈沿伊、李诗珍、唐亚婷、刘志存、彭琨现、鄢曹政
50	科技进步奖	一等	CFLP-2023-02-01-50	离散企业智能制造数字化平台核心技术研发与应用	北京科技大学，北京中科凯思科技有限公司，北京炎凌嘉业机电设备有限公司，湖北汽车工业学院，北京同森科技有限公司，钢诺新材料股份有限公司	苏建涛、杨海峰、董绍华、阮景奎、吴秀丽、郭海峰、钮建伟、李苏剑、张连倬、潘丹、冯红喜
51	科技进步奖	一等	CFLP-2023-02-01-51	数智供应链贯通 5G 全生命周期管理研究与实践	中国移动通信集团河北有限公司	黄涛、王刚、曹雷雷、郝景毅、赵静宇、赵亚雄、王颖、孙湘君、古贺生
52	科技进步奖	一等	CFLP-2023-02-01-52	电网物资智能化仓储调配关键技术研究与应用	贵州财经大学，南方电网供应链集团有限公司，广州番禺电缆禹电有限责任公司贵阳供电局，贵州电网有限责任公司，贵州师范大学，珠海优特电力科技股份有限公司，宁波三星医疗电气股份有限公司	代洲、程桂仙、谢鹏、唐诚旋、邹科敏、边瑞恩、李约泽、王钧俊、唐武勤、段宁俊、邹连明

续　表

序号	奖种	等级	证书编号	项目名称	主要完成单位	主要完成人
53	科技进步奖	一等	CFLP-2023-02-01-53	面向高质量发展的铁路白货运输物流营销与运营模式创新研究	中国铁路昆明局集团有限公司昆明东站、北京交通大学、中国铁路昆明局集团有限公司货运部	陈沛、张晓东、陶溪、王沛、杨溪柳、许杰峰、熊风、秦勇、马竞、钱坤、马庆迎
54	科技进步奖	一等	CFLP-2023-02-01-54	基于数智化的绿色供应链体系探索	中国移动通信集团广西有限公司、中国移动通信集团河南有限公司、深圳市兆航物流有限公司	李剑、刘景胜、覃军、欧红月、梁翠芳、宋雅琴、阮婷璐、黄媛媛、曾春花、何晓英、陈嘉宁
55	科技进步奖	一等	CFLP-2023-02-01-55	乡村振兴背景下农产品电商物流供应链运作技术及应用	南昌职业大学、武汉理工大学、北京交通大学、宁波工程学院、宁波物流产业产学研创新联盟、华东交通大学、浙江万里学院	朱占峰、秦玉鸣、杨亮、潘成、朱耿、于龙、孙美娇、宋丽娟、张大林、王淑华、高科
56	科技进步奖	一等	CFLP-2023-02-01-56	基于物联网大数据的智能物流创新应用	浙江万里学院、北京交通大学国家经济安全研究院、宁波柯力传感科技股份有限公司	王艳玲、郑紫微、郑立乔、姚玉明、秦银山、胡文辉
57	科技进步奖	一等	CFLP-2023-02-01-57	基于工业互联网标识解析的供应链协同模式研究	中国移动通信集团湖南有限公司、长飞光纤光缆股份有限公司、汕头高新区奥星光通信设备有限公司	郑宏、聂磊、吴英杰、吴劳、蒋凉、李威、胡洁、肖燕、彭琼、胡剑炜、唐莉
58	科技进步奖	一等	CFLP-2023-02-01-58	轨道线车关键机电设备运维技术及应用	北京建筑大学、北京市地铁运营有限公司、北京印刷学院、北京晟博华腾科技有限公司、北京埃福瑞端科技有限公司	姚德臣、李熙、王金海、胡忠、硕、金涛涛、蒋艳枫、张骄、白堂博、李欣、郇世昶、李峤

续　表

序号	奖种	等级	证书编号	项目名称	主要完成单位	主要完成人
59	科技进步奖	一等	CFLP-2023-02-01-59	大型仓储物流管理系统的研发及应用	山东港口陆海国际物流集团有限公司	高晓光、王云华、陈安一、程琦、张英明、曾慧婷、任蕾超、程凡华、陶园园、刘玉
60	科技进步奖	一等	CFLP-2023-02-01-60	基于"数智链"的物资管理体系研究与应用	中国移动通信集团安徽有限公司、中国移动通信集团供应链管理中心、上海博науキ资讯股份有限公司	刘源、肖建明、张瑀、黄润生、武林、吴其琴、房磊、韩青、咸宏伟、李婷、杨婧媛
61	科技进步奖	一等	CFLP-2023-02-01-61	供应链整合下跨境电商公共海外仓运作理论与应用	浙江万里学院、宁波豪雅进出口集团有限公司、宁波海上丝绸之路学院、宁波市跨境电子商务研究院	王琦峰、蔡井泉、郁玉兵、李肖钢、徐侠民、方稚洪、费阳、孙庆彪、袁平、周廉东、周忠英
62	科技进步奖	一等	CFLP-2023-02-01-62	基于数字技术的供应链成熟度评估模型建构与应用	中国移动通信集团有限公司供应链管理中心、中国移动通信集团陕西有限公司	柳晓莹、吴江、刘治华、程建宁、申民、赵辰、李薇、安佳琪、陈俊春、王颖花、月球
63	科技进步奖	一等	CFLP-2023-02-01-63	"一带一路"视域下绿色港口群协同发展关键技术与实践	重庆交通大学、宁波大学	盛进路、杨忠振、鲍学欣、陈东旭、杨雪锋、张丹、吕修颐、唐颐、刘冬冬、郑婉媚、于敏
64	科技进步奖	一等	CFLP-2023-02-01-64	构建大湾区通信蓄电池绿色循环供应生态系统	中国移动通信集团广东有限公司、英德市新裕有色金属再生资源制品有限公司、深圳市理土新能源发展有限公司、深圳市兆航物流有限公司	苏炜、刘晓兵、张勇、陈海华、汪竹和、陈砚、廖智高、张维康、朱小燕、史向进、王萌

续表

序号	奖种	等级	证书编号	项目名称	主要完成单位	主要完成人
65	科技进步奖	一等	CFLP-2023-02-01-65	三峡过闸船舶通航应急组织技术与应用	武汉理工大学、长江三峡通航管理局、广东省内河港产业研究院有限公司、贵州交通职业技术学院、广西壮族自治区港航发展中心	刘清、王晓春、王磊、向子权、杨利、黄灵勇、赵尊荣、杨家其、轩慧慧、薛金林、李嵘
66	科技进步奖	一等	CFLP-2023-02-01-66	适应高质量发展的中欧班列运行数智化平台开发及应用	中国铁道科学研究院集团有限公司、中铁集装箱运输有限责任公司	宁健、李珊宇、刘冰、马玉坤、王瑶、杨文韬、田中雨、徐立运、尤巨龙、张义川、胡淦
67	科技进步奖	一等	CFLP-2023-02-01-67	交通运输物流减碳增效危化转化多目标优化	武汉理工大学、武汉商学院、北京国商物流有限公司、北京智人天下科技有限公司	刘星星、杨青、胡春华、郭雨蕙、陈秀贤、蔡雨婷、曹兰娟、卢旭、裴少荣、陈辉远、仲远见
68	科技进步奖	一等	CFLP-2023-02-01-68	光缆"一码到底"全生命周期管理新方法	中国移动通信集团海南有限公司、深圳市兆航物流有限公司	沈洪发、蔡绍保、仲颖、符琼尹、张继川、曾云、李再逢、赵品华、何财儒、何国安、李碧文
69	科技进步奖	二等	CFLP-2023-02-02-01	水稻节能定向储运技术研发与集成应用	天津科技大学、国家农产品保鲜工程技术研究中心、天津宝坻区粮食购销有限公司、宁夏金双禾粮油有限公司	刘霞、乔丽萍、郑家轩、曹志国、孙磊、孙少振、苏伟东、侯健飞、于伟洋
70	科技进步奖	二等	CFLP-2023-02-02-02	基于物联网的矿山煤炭物流运输系统安全控制关键技术	徐州工程学院、中国矿业大学、江苏安全技术职业学院、江苏建筑职业技术学院	代素梅、李允旺、王琳、赵武、贺磊、杨建华、赵菊蓉、乔淑云、高晶

续 表

序号	奖种	等级	证书编号	项目名称	主要完成单位	主要完成人
71	科技进步奖	二等	CFLP-2023-02-02-03	层级网络的物流运力优化理论与技术	北京航空航天大学	李红启、唐铁桥、王飞龙、卢越、袁後丽、赵亿滨、詹世芃
72	科技进步奖	二等	CFLP-2023-02-02-04	矿拉拉绿色智慧运输一体化解决方案	四川开物信息技术有限公司	魏飞、苏路、陈志刚、雷东川
73	科技进步奖	二等	CFLP-2023-02-02-05	基于可编排架构的制造企业全球物流智慧管理平台（iLMS）	中兴通讯股份有限公司、北京国交信通科技发展有限公司	刘剑锋、周建峰、朱林、吴永盛、韩秋思、孙腾达、周洁雯、陈坚、王丁平
74	科技进步奖	二等	CFLP-2023-02-02-06	野战大吨位集装箱叉车（吊运机）关键技术研究与应用	中国人民解放军32181部队、中联恒通机械有限公司	王勇、徐磊、张虎、王卫国、倪丽莎、王丹、谢子云、黄鑫、王文端
75	科技进步奖	二等	CFLP-2023-02-02-07	"一单制"下大宗物流数智一体化平台	山东京博物流股份有限公司、东南大学	吴加宝、张永、凌云飞、范晓涛、韩乐华、白玉强、王美玲、李冲冲、郭威
76	科技进步奖	二等	CFLP-2023-02-02-08	危险化学品物流安全风险评价及应急防控关键技术的开发与应用	青岛海关技术中心、深圳市检验检疫科学研究院	万敏、刘宝、李军、邢军、王会永、卢健、于晓、冯真真
77	科技进步奖	二等	CFLP-2023-02-02-09	电网物资供应数智化管理平台	国网江苏省电力有限公司物资分公司	沈祝园、张驰、王玮、姚曦娴、邱帅

续 表

序号	奖种	等级	证书编号	项目名称	主要完成单位	主要完成人
78	科技进步奖	二等	CFLP-2023-02-02-10	市场不确定环境下企业采购决策的优化理论、方法及应用	滨州学院、山东大学	徐新生、张江华、王磊、周江涛、刘伟波、王秀海、刘彬
79	科技进步奖	二等	CFLP-2023-02-02-11	阔大装备铁路运输安全态势感知与评估技术及应用	中南大学、中车青岛四方车辆研究所有限公司、中铁特货大件运输有限责任公司、中特物流有限公司、中国铁路乌鲁木齐局集团有限公司	周伟、梁习锋、田葆栓、王宏杰、高尊军、闫宏凯、方聪聪、手盛文、刘东润
80	科技进步奖	二等	CFLP-2023-02-02-12	AI 驱动邮政物流智能仓网规划体系构建	中邮信息科技（北京）有限公司、客速化事业部	胡晓菁、贾琦、冯媛、周琪、刘振伟、李月、陈永涛、赵俊杰、许晟华
81	科技进步奖	二等	CFLP-2023-02-02-13	物流行业道路交通运输温室气体 MRV 数字化管理系统：SCEMP	北京京东乾石科技有限公司、北京京邦达贸易有限公司、北京京东振世信息技术有限公司、北京京东东远升科技有限公司	王栋、乔晓强、吴嘉奕、李旭、田琳、刘柏彤、杨坚、丛庆、肖伟
82	科技进步奖	二等	CFLP-2023-02-02-14	重型气体机清洁排放技术及应用	潍柴动力股份有限公司、潍柴西港新能源动力有限公司、山东大学	徐士、潘永传、席时文、孙柯、韩雨、唐志刚、令辉、李竞、翟长辉
83	科技进步奖	二等	CFLP-2023-02-02-15	道路客货运输驾驶员安全行车保障关键技术研究与应用	交通运输部公路科学研究所	吴初娜、曾诚、孟兴凯、王雪然、刘畅、夏鸿文、罗文慧、刘梦雅、夏海英
84	科技进步奖	二等	CFLP-2023-02-02-16	智能仓储装备低碳高效运作技术与应用	清华大学深圳国际研究生院、深圳市鲸仓科技有限公司	杨朋、张孟文、陶沛冉、余洁、陈星炜、汪喾

续表

序号	奖种	等级	证书编号	项目名称	主要完成单位	主要完成人
85	科技进步奖	二等	CFLP-2023-02-02-17	物流派送中路径分析方法创新及应用	广西交科集团有限公司、深圳市城市规划设计研究院股份有限公司、桂林航天工业学院、中冶地理信息（广东）股份有限公司、广西回归线信息科技有限公司	魏金占、岳隽、陈小祥、刘阳、张震、覃福军、王艳、王骧月、杨钰娟
86	科技进步奖	二等	CFLP-2023-02-02-18	一体化供应链智能履约决策体系建设与应用	北京京东乾石科技有限公司	朱恒斌、韩松、杨重、魏豫、杨东爽、周奕霈、付小龙、任艳新、韩卓男
87	科技进步奖	二等	CFLP-2023-02-02-19	绿色低碳谷壳再生木关键技术研究及应用	佛山市顺德区锡山家居科技有限公司、华南农业大学、木材节约发展中心、中国木材保护工业协会	韩玉杰、郝笑龙、黄剑飞、柳新伟、欧荣贤、王清文、沈杨、周海洋、邓展荣
88	科技进步奖	二等	CFLP-2023-02-02-20	保障危险品道路运输本质安全的欧式轻量化不锈钢液罐车	芜湖中集瑞江汽车有限公司、大连中化物流有限公司、中国石化化工销售有限公司、镇海石化物流有限公司、营口市锅炉压力容器检验研究有限公司	汤正林、王士涛、李光红、王永彬、孙涌、毛春益、张海峰、宋新兴、刘智勍
89	科技进步奖	二等	CFLP-2023-02-02-21	基于AI的智能供应链管理研究与实践	中国移动通信集团陕西有限公司、中捷通信有限公司	申民、李丽洁、杨雄涛、陈俊春、高利杰、段出颖、刘燕、陈晖、罗集峰
90	科技进步奖	二等	CFLP-2023-02-02-22	基于数智驱动的全栈式城市物流配送体系关键技术研究及应用	重庆大学、西部科学城智能网联汽车创新中心（重庆）有限公司、招商局检测车辆技术研究有限公司、重庆市市政设计研究院有限公司	石欣、赵泉午、刘黄莹、张迪思、刘建樑、王璐、曾杰、孔德聪、谭颐

续 表

序号	奖种	等级	证书编号	项目名称	主要完成单位	主要完成人
91	科技进步奖	二等	CFLP-2023-02-02-23	智慧物流助力可持续交通发展	交通运输部公路科学研究所、德国国际合作机构（GIZ）	焦雯雯、Sebastianlbold、凌炫、黄月梅、束彬、陈泓宇
92	科技进步奖	二等	CFLP-2023-02-02-24	数智化广域下的产业链"韧性与精益"一体化研究与应用	中国移动通信集团江西有限公司、中兴通讯股份有限公司、深圳佳利达供应链管理有限公司	曾腊梅、周航、葛婷、孙浩、李辉、王安、孔德媛、肖家灼、丁原
93	科技进步奖	二等	CFLP-2023-02-02-25	重型牵引车用柴油机适用性技术及应用	潍柴动力股份有限公司	杨立云、钟跃兰、窦站成、董晓婷、王飞、郭灵燕、陈彦波、董辉、郑世魁
94	科技进步奖	二等	CFLP-2023-02-02-26	面向煤炭运输过程中运营管理关键技术研究、碳减排效果评估及示范应用	苏州吉旗物联科技有限公司、内蒙古智慧物流碳中和技术创新研究院、物资节能中心	赵晓丽、刘然、王琦、王鹏、崔丹丹、刘哲、王宝、赵洁玉、王宝（中科院）
95	科技进步奖	二等	CFLP-2023-02-02-27	一种自动化物流分拣装置	盐城工业职业技术学院	周荣虎、韦亚洲、金频生、赵磊
96	科技进步奖	二等	CFLP-2023-02-02-28	内河集装箱港口设施资源优化配置策略研究	重庆交通大学	刘名武、李红镐、刘浩、王玄霜、丰新颖、樊文平、杜怀铭
97	科技进步奖	二等	CFLP-2023-02-02-29	面向大型企业的可组装数字化采购平台（金蝶云·星瀚采购云）	金蝶软件（中国）有限公司	曾顺基、刘宜宏、黄福民、庾用健、柳东胜、李胜强、李家凤、吴昌武、唐云钊

续 表

序号	奖种	等级	证书编号	项目名称	主要完成单位	主要完成人
98	科技进步奖	二等	CFLP-2023-02-02-30	单元物料物流配送中心订单分拣自动化生产工艺及设备	云南财经大学、昆明腾威机电有限责任公司	冉文学、刘淼、徐帮辉、刘玲、冉钧木、宋天文、刘汝丽、王志文、陈聿琦
99	科技进步奖	二等	CFLP-2023-02-02-31	基于网格化作业管理的数智化管控平台	北京京东振世信息技术有限公司	张俊俊、朱颂华、曾美玲、郭永智、张硕、刘铎、徐倩芸、徐述根、王溢泽
100	科技进步奖	二等	CFLP-2023-02-02-32	多技术成果应用打造衔接3C工厂末端的智能仓储系统项目	安徽皖新供应链服务有限公司、徽商职业学院、合肥新宁购易供应链管理有限公司	郑亦燕、王兴伟、高良玉、刘明杰、汪志林、王凯
101	科技进步奖	二等	CFLP-2023-02-02-33	碳标签驱动的绿色供应链管理创新与实践研究	西南交通大学、成都海关技术中心、四川丝路陶宁陶科技有限公司	赵锐、徐畅、何易葵、熊欣、邓勇、俞阳、王粒同
102	科技进步奖	二等	CFLP-2023-02-02-34	基于多维时空网的AGV运行优化决策算法研究项目	北京交通大学、一汽物流有限公司	王力、李智昊、张越、朱晓宁、高跃峰、高金宝、吴杨、刘彤、谢征宇
103	科技进步奖	二等	CFLP-2023-02-02-35	基于智能网联的多功能无人移动配送服务系统	北京智行者科技股份有限公司、北京石油化工学院、君乐宝乳业集团有限公司、元气森林(北京)食品科技集团有限公司	刘超、刘阶萍、刘冬薇、张放、由锋、赵张德兆、侯彦爽、高飞胜岭

续　表

序号	奖种	等级	证书编号	项目名称	主要完成单位	主要完成人
104	科技进步奖	二等	CFLP-2023-02-02-36	电力物资供应链仓储网络调度与供需协同关键技术与应用	国网江苏省电力有限公司物资分公司、江苏电力信息技术有限公司、国网江苏省电力有限公司、云境商务智能研究院南京有限公司、中国科学院信息工程研究所	李金霞、卞华星、尤伟、胡天牧、曹杰、余建新、程力键、沈键、冯曙明
105	科技进步奖	二等	CFLP-2023-02-02-37	绿色物流搬运设备关键技术研究及应用	上海市特种设备监督检验技术研究院、华侨大学	龚文、林添良、陈其怀、任好玲、付胜杰、缪骋、叶月影、林元正、王志刚
106	科技进步奖	二等	CFLP-2023-02-02-38	供应链风险模拟—决策—追溯（SDT）智能平台	中兴通讯股份有限公司、中国移动通信集团江苏有限公司	张彬、李永康、刘芳、胡永俊、毛雪飞、刘妍、费非帆、韩雨豪、孟晓东
107	科技进步奖	二等	CFLP-2023-02-02-39	基于复杂系统理论的城市物流系统运行机制研究	北京工商大学	杨浩雄
108	科技进步奖	二等	CFLP-2023-02-02-40	面向金属材料仓储的智能化管控关键技术研发及产业化应用	河北物流集团金属材料有限公司、北京科技大学、河北物产供应链有限公司、北京科技大学设计研究院有限公司、湖南华菱涟源钢铁有限公司	彭功状、景晓斐、刘洋、吕长帅、张勇军、张学、郭德福、苏亮、王晓晨
109	科技进步奖	二等	CFLP-2023-02-02-41	民航大型数据中心绿色供应链发展技术研究及应用	中国民航信息网络股份有限公司	卢燕、沈楠、王峰、王一伦、马杨晨、王晓东、杨毅、冯汀、焦龙
110	科技进步奖	二等	CFLP-2023-02-02-42	以数字化供应链转型为目的的物资数据质量管理机制	中国海洋石油集团有限公司中海油物装采购中心	王侃、吴冬梅、张博文、周瑞瑞、刘含阳

续 表

序号	奖种	等级	证书编号	项目名称	主要完成单位	主要完成人
111	科技进步奖	二等	CFLP-2023-02-02-43	基于云质检中台能力的采购产品高质量管理体系及技术研究实践	中国移动通信集团广东有限公司、工业和信息化部电子第五研究所	苏炜、李志坚、刘晓兵、杨燕波、廖克汶、肖麟、罗必鹏、李倩、赖柱汕
112	科技进步奖	二等	CFLP-2023-02-02-44	基于远程控制及无人化作业特性的集装箱港口成套智能化物流装备研发及应用	河南科技学院、华北水利水电大学、洛阳理工学院、郑州大学、新科起重机械有限公司	聂福全、杨文莉、徐进、王丽君、闵志宇、闫晓东、杨文强、刘亚波、屈志朋
113	科技进步奖	二等	CFLP-2023-02-02-45	吉利共享云仓储平台研发和应用	杭州吉利汽车数字科技有限公司	章正柱、张超、张炜、叶辉、周国兵、刘兆亭、刘松、单竞、张进科
114	科技进步奖	二等	CFLP-2023-02-02-46	基于全向移动平台的复合导引潜伏式AGV系统	云南昆船智能装备有限公司	张献军、田华亭、安耘、韩德昱、时吕、杨进、聂稳、李兵、杨维国
115	科技进步奖	二等	CFLP-2023-02-02-47	长续航高安全低噪声三向堆垛选叉车关键技术研究及产业化示范	宁波如意股份有限公司、杭州电子科技大学	叶国云、傅敏、王班、张巍、叶青云、董源
116	科技进步奖	二等	CFLP-2023-02-02-48	铁路现代物流发展研究	兰州交通大学、中铁联集重庆分公司、中国铁路成都局集团公司重庆工电段	孟建军、李德仓、胥如迅、陈晓强、王海翔、雷斌、姚勇、齐金平、李国芳

续　表

序号	奖种	等级	证书编号	项目名称	主要完成单位	主要完成人
117	科技进步奖	二等	CFLP-2023-02-02-49	农产品寄递服务及环保包装技术标准研究	中国标准化研究院、中国农业科学院农业信息研究所	曾毅、曹俐莉、魏同洋、王巧慧、王琦、刘娜、侯非、靳崇振、刘琪
118	科技进步奖	二等	CFLP-2023-02-02-50	基于大数据分析的物资周转自动控制体系	中国移动通信集团湖南有限公司	彭爱华、甘泉、彭琼、吴芳、吴英杰
119	科技进步奖	二等	CFLP-2023-02-02-51	面向数字供应链的数据治理及智能分析关键技术研究与应用	物产中大数字科技有限公司、浙江大学	朱海洋、胡健、周俊、陈为、潘洁、应石磊、潘奇豪、谈旭炜、孙元园
120	科技进步奖	二等	CFLP-2023-02-02-52	基于物流企业双碳战略规划的物流业务碳足迹计算创新应用	中国外运股份有限公司、物资节能中心	李灏源、尤骞、赵洁玉、宋兆琪、刘哲、曾错、刘然、崔丹丹、陶涛
121	科技进步奖	二等	CFLP-2023-02-02-53	基于发动机状态管理的敏捷数据模型研究与应用	潍柴动力股份有限公司	谭磊、崔佩羽、任志军、周伟伟、王国强、张辉、鲁、白克勤、解宇、姚学庆
122	科技进步奖	二等	CFLP-2023-02-02-54	新时代"大思政课"融入物流管理人才培养体系的研究与实践	武汉理工大学、湖北盛世英才教育科技产业院、山东高速信联科技股份有限公司、广州工商学院、深圳中建院建筑科技有限公司	刘炫辰、王宇、陈世海、茹晓冬、潘艺琳、陈武雄、黄振、何颖、陈银格

续 表

序号	奖种	等级	证书编号	项目名称	主要完成单位	主要完成人
123	科技进步奖	二等	CFLP-2023-02-02-55	罐式危险品泄漏收纳行运行安全与低碳节能关键技术研究	东北大学、沈阳建筑大学	周淑文、张思奇、邱和平、李小彭、唐传茵、王凯、孙慧博、孟庆虎
124	科技进步奖	二等	CFLP-2023-02-02-56	航空物流信息交换与服务平台技术与系统研究	天信达信息技术有限公司	袁雷峰、张俊、王旭东、刘丹梅、陈悦、王天凯、朱锐
125	科技进步奖	二等	CFLP-2023-02-02-57	中外寄递供应链物流业务探讨及邮政发展建议	邮政科学研究规划院有限公司	张琛、刘志勇、把宁、陈语、陈利丽
126	科技进步奖	二等	CFLP-2023-02-02-58	基于改企数据共享共治的交通物流发展指数构建方法及应用研究	交通运输部科学研究院、北京长久物流股份有限公司、青岛市交通运输局、上海交通大学	杨勇、王肖文、王娟、闫超、李波、李天天、赵磊、姚明山、夏一平
127	科技进步奖	二等	CFLP-2023-02-02-59	复杂情况下电力物资供应链失衡困境与韧性提升路径研究	国网上海市电力公司物资公司	洪芳华、徐弘道、胡承鑫、费冬、朱利军、江辰、葛长宏、刘真君、范晓磊
128	科技进步奖	二等	CFLP-2023-02-02-60	绿色供应链下管业企业成本管理体系设计与应用	宿迁学院、江苏众信绿色管业科技有限公司	师红旗、孟宪虎、陈佳、梁智、豆芬芬、吕承超、陈祥、贺忠臣、梁子婧

续 表

序号	奖种	等级	证书编号	项目名称	主要完成单位	主要完成人
129	科技进步奖	二等	CFLP-2023-02-02-61	基于战略、能力和政策的绿色供应链管理研究与应用	中国移动通信集团江西有限公司、烽火通信科技股份有限公司	郭华平、滕聪、苏华丽、汤楠、王灿、叶志胜、吴世通
130	科技进步奖	二等	CFLP-2023-02-02-62	面向中小型制造企业的智慧物流园区技术方案与应用	徐州工程学院	闵红、宋效红、胡晶、李伟、姜琳琳
131	科技进步奖	二等	CFLP-2023-02-02-63	农产品供应链智能化管理云平台研发与应用	徐州工程学院	黄忠东、程红林、王朋、安媛、戴磊、孙天凯、王小磊、姜代红
132	科技进步奖	二等	CFLP-2023-02-02-64	基于"四防"相结合的园区安全管理新模式	中国电信股份有限公司山东分公司、中捷通信有限公司	魏荣军、宋志果、杜寅、邵新、袁岩、张岩、林云智、石羽、于英丰
133	科技进步奖	二等	CFLP-2023-02-02-65	市级供电企业绿色供应链韧性与安全建设实践	国网江苏省电力有限公司盐城供电分公司	仇爱军、赵志勇、姚庆、喻志程、卞振华、吴越、赵月、周泉、张力
134	科技进步奖	二等	CFLP-2023-02-02-66	基于海量多源数据的公路货运运行指数体系构建研究	交通运输部公路科学研究所	肖荣娜、蔡翠、赵南希、王馨梓、林杨、丁大川、晁玉光、王义旭、顾梦雨
135	科技进步奖	二等	CFLP-2023-02-02-67	商品车多式联运运输模式寻优算法	一汽物流有限公司、北京交通大学	田海霞、郭晓辉、位鹏、高金宝、高跃峰、吴杨
136	科技进步奖	二等	CFLP-2023-02-02-68	多式联运化肥集装运载装置	大连中集特种物流装备有限公司	李长英、于广辉、周立哲、孙明君、汪亮、宁臻、高兴、刘春良、李波

续 表

序号	奖种	等级	证书编号	项目名称	主要完成单位	主要完成人
137	科技进步奖	二等	CFLP-2023-02-02-69	基于云计算技术的医药物流智慧运营项目	九州通医药集团物流有限公司、湖北九州云仓科技发展有限公司	吴冕、李强、郑素娟、杜杰、马春芬
138	科技进步奖	二等	CFLP-2023-02-02-70	广州市"十四五"供应链体系建设规划	广州市城市规划勘测设计研究院、暨南大学	李箭飞、肖翊、陈海权、许云飞、安东琪、朱方洪、宝、戴颖宜、邓思语、赖舒琳
139	科技进步奖	二等	CFLP-2023-02-02-71	黑龙江省交通运输行业互联网+监管应用研究	北京中宇安路科技有限公司、黑龙江省交通运输信息和科学研究中心	孙玉光、冯雪松、葛迪、王志伟、丁剑伟、张正柏涛、王晖、周书艳
140	科技进步奖	二等	CFLP-2023-02-02-72	基于"互联网+"农产品全程冷链物流关键技术与应用	河海大学、南京师范大学、南通河海大学近海洋与近海工程研究院	黄莉、王伟、陈志松、王宇、张泰山、张晨宇、凤凰、李澜祥、尹熙琛
141	科技进步奖	二等	CFLP-2023-02-02-73	通信运营商供应链安全防御体系的风险识别与应对	中国移动通信集团江西有限公司	程江、许国先、涂莉、邹欣、滕聪、李娟
142	科技进步奖	二等	CFLP-2023-02-02-74	电工装备制造企业画像与信用评价技术应用研究	国网上海市电力公司物资公司	郑东润、牛凯、洪芳华、胡永焕、虞振凌、陈效俊、赵玉苹、方效巍、肖锋
143	科技进步奖	二等	CFLP-2023-02-02-75	吉利 KD 车间智慧物流项目	浙江吉速物流有限公司	董庆峰、于书田、刘敏、姜昊凡、何金生、胡恺华
144	科技进步奖	二等	CFLP-2023-02-02-76	数智化物流园区平台	中邮信息科技（北京）有限公司	石云、李传波、李丽、王朝晖、张鹏飞、陈波、索晓阳、张敖波、王少臣

续表

序号	奖种	等级	证书编号	项目名称	主要完成单位	主要完成人
145	科技进步奖	二等	CFLP-2023-02-02-77	基于动态优化的内陆集装箱堆场选址与车辆调度系统设计与应用	北京交通大学、天津兆运集运集团	魏文超、施先亮、范金魁、张瑞、岳彦辰、郑一杰、孟佳培、李贺鑫、张沛婷
146	科技进步奖	二等	CFLP-2023-02-02-78	黄金叶系列质量管控体系构建	河南中烟工业有限责任公司黄金叶生产制造中心	郭华诚、高等华、邵海民、鲍文华、李明伟、张月华、杨耀伟、胡宏帅、杨常勇
147	科技进步奖	二等	CFLP-2023-02-02-79	物流设备数字化管理平台研发及应用	四川省烟草公司、西华大学	胡晓峰、陈昌华、李茂波、张林、文冠杨、周莘、王川、梁巧
148	科技进步奖	二等	CFLP-2023-02-02-80	基于"5G+"融合体系的仓储物流智能化研究与应用	深圳市兆航物流有限公司、中国移动通信集团云南有限公司	杨加寿、苏晓治、崔毓舒、武智、曹燕、许维娟、夏雪、刘悠然、刘民
149	科技进步奖	二等	CFLP-2023-02-02-81	"司机之家"布局规划及建设研究	交通运输部公路科学研究所	蔡翠、裴爱晖、李涛、王俊波、吴自红、袁俊丽、冯晓、刘伟、周红波
150	科技进步奖	二等	CFLP-2023-02-02-82	邮政寄递网络智能规划体系构建	中邮信息科技（北京）有限公司、中国邮政集团有限公司寄递事业部	胡晓菁、冯媛、武建楠、张月媛、郭亚东、何奇超、张洋、李亚敏、古爱娇
151	科技进步奖	二等	CFLP-2023-02-02-83	基于人工智能和智慧供应链环境下的物资全生命周期管理与应用	中国移动通信集团云南有限公司	陈磊、黄会富、杨加寿、夏继强、李宝、董琪

续 表

序号	奖种	等级	证书编号	项目名称	主要完成单位	主要完成人
152	科技进步奖	二等	CFLP-2023-02-02-84	面向智慧物流运输的智能网联交通监控与检测系统设计与应用	武汉理工大学、武汉微创光电股份有限公司、江西省交通科学研究院有限公司、武汉中原电子集团有限公司	陈伟、周智、杜路遥、栾江、张东华、李远玥、李昌振、翁黎竹、黄双
153	科技进步奖	二等	CFLP-2023-02-02-85	兵团交通运输局支撑兵团向南发展多式联运及物流体系建设中长期规划	深圳市城市交通规划设计研究中心	叶亮、杨飞龙、李晓亭、吴军、林莉贤、孟凡隆、马晓磊、王宇鹏、王童
154	科技进步奖	二等	CFLP-2023-02-02-86	智能化载具的开发与应用	大连中集物流装备有限公司	倪建生、孙士国、鲁亮、王文博、李明、郑腾、宋兆春、高佑诚、丛秀凤
155	科技进步奖	二等	CFLP-2023-02-02-87	数智互联全程可控的绿色供应链平台	中国移动通信集团江苏有限公司、中国移动通信有限公司供应链管理中心	郝超飞、高洪伟、岳翰、范雨微、陆然、刘楠、李墼、王涛、朱剑黑
156	科技进步奖	二等	CFLP-2023-02-02-88	基于互联网的供应链物流生态系统研究	徐州工程学院	张中强、权泉、杨畅、宋效红、张晶、阮少伟、胡昌
157	科技进步奖	二等	CFLP-2023-02-02-89	军队装备保障大数据应用研究	中国人民解放军空军勤务学院航材四站系	崔崇立、朱臣、华树新、阎薪宇、赵磊、何定养、谢福哲、张迟
158	科技进步奖	二等	CFLP-2023-02-02-90	基于供应链协同的产业供应链管理及研究	中国移动通信集团江西有限公司、中国移动通信有限公司供应链管理中心	许国先、谢健、朱水仙、李理、胡永俊、金兆日、刘羊羽、毛雪飞、郭娅

续表

序号	奖种	等级	证书编号	项目名称	主要完成单位	主要完成人
159	科技进步奖	二等	CFLP-2023-02-02-91	沈阳市国家骨干冷链物流基地建设方案	北京物资学院、毅都（沈阳）冷链物流发展有限公司、沈阳副食集团	陆华、刘智、唐静怡、邵薇、李文博、郝扬凡、叶萌萌、张洁、王立彪
160	科技进步奖	二等	CFLP-2023-02-02-92	北京市通州区应急物流体系建设研究与应用	北京物资学院、北京富通大潮来农业科技发展有限公司	王成林、孙鹏飞、王子琦、周治成、王小亮、刘艳娇、邸旭亮、孙彦标
161	科技进步奖	二等	CFLP-2023-02-02-93	面向烟叶网格化管理新型农资物流模式研究与应用	西南科技大学、四川诚至诚烟草投资有限责任公司、绵阳职业技术学院	宋红文、尹健康、何余勇、余家欣、韩利红、未福成、陶林、杨汶锦、杨君
162	科技进步奖	二等	CFLP-2023-02-02-94	顾客导向的物流自助提货系统建设与应用	中海油广东销售有限公司、中海油销售深圳有限公司、中海油销售东莞储运有限公司	陈闯、谢鑫、周冰、杨豫红、刘博
163	科技进步奖	二等	CFLP-2023-02-02-95	基于智慧化物流体系下的物资全生命周期研究与应用	中国移动通信集团四川有限公司、四川中移通信技术工程有限公司	程波、曾键、赵磊、刘曼婷、肖云波、肖震、董家君、刘新、吴汉勇
164	科技进步奖	二等	CFLP-2023-02-02-96	通信领域绿色供应链端到端智慧管理机制研究	中国移动通信集团宁夏有限公司、华信咨询设计研究院有限公司	高亮、杨宁聪、刘海燕、刘娟、卜春霞、杨敬武、楼晓波、黄艳、王昕蕊
165	科技进步奖	二等	CFLP-2023-02-02-97	面向食品供应链的射频识别关键技术研究	浙江菜鸟供应链管理有限公司	许俊、徐明、任磊、柳夏、苏彬、梁建纲、陈宗、孙羽羿、李洪超

续 表

序号	奖种	等级	证书编号	项目名称	主要完成单位	主要完成成人
166	科技进步奖	二等	CFLP-2023-02-02-98	京东物流智能地图规划及决策平台	北京京东振世信息技术有限公司	孔繁硕、华雨臻、蒋树龙、李亮、姜盛乾、梁进明、崔世民、付艳丽、杨增奎
167	科技进步奖	二等	CFLP-2023-02-02-99	采购可视化在品类管理中的应用	中兴通讯股份有限公司	王勉、易维平、陈延超、吴芳、肖燕、胡晓、周平、谭陈文、伍斐菡
168	科技进步奖	二等	CFLP-2023-02-02-100	基于 SaaS 多租户模式的船舶代理理综合服务平台	山东港口陆海国际物流集团有限公司	王云华、徐龙孟、潘鑫、任蕾超、于晓红、郭嘉盛、杨世刚
169	科技进步奖	二等	CFLP-2023-02-02-101	基于数字化的冷链物流机器人研发与应用	广州番禺职业技术学院、清华大学深圳国际研究生院、深圳市中海物流技术有限公司、深圳市鑫海腾邦资讯科技有限公司、深圳市大数据研究院	孙颖荪、王吉生、高本河、何彦东、赖礼芳、邓婕、杨煜舟、刘世明、瑭杰
170	科技进步奖	二等	CFLP-2023-02-02-102	电信运营商家庭宽带设置直配一线装维人员智能配送策略	中国移动通信集团福建有限公司、北京思诺博信息技术有限公司	张文展、欧松、陈钧、张金林、林琳玲、张怪、吴磊、彭仁秋、林飞
171	科技进步奖	二等	CFLP-2023-02-02-103	基于视频检测的物流运输安全关键技术研究	淮阴工学院、江苏润邦智能车库股份有限公司、淮安市政设计研究院有限公司	周君、梁坤、孙莉、高焱、谢庆均

续　表

序号	奖种	等级	证书编号	项目名称	主要完成单位	主要完成人
172	科技进步奖	二等	CFLP-2023-02-02-104	基于区块链的绿色供应链模式研究	中国移动通信集团四川有限公司 长飞光纤光缆股份有限公司	田元元、罗文超、蒋培、钟夏威、杨涛、张娇、朱一华、周华兵、杨凡力
173	科技进步奖	二等	CFLP-2023-02-02-105	基于虚拟仿真技术的数字化仓储物流全生命周期三维可视化系统	昆明冶金高等专科学校、昆明理工大学、云南策蓝科技有限公司	段丽梅、杜斌、张兴、李依蓉、张静、唐克生、詹志华、王艺丹、李汝仙
174	科技进步奖	二等	CFLP-2023-02-02-106	基于"零碳"目标导向下的园区建设实践与探索	中国移动通信集团有限公司供应链管理中心、中国移动通信集团山东有限公司、中捷通信有限公司	柳晓莹、李爱敏、孟倩、刘祥涛、刘笑、林云智、石羽、刘鹏程、刘暄
175	科技进步奖	二等	CFLP-2023-02-02-107	市级供电企业基于无人机"云台+"的绿色数智仓库建设研究与实践	国网江苏省电力有限公司徐州供电分公司	柳惠波、董旭、蔺华、孙荣旗、王其全、狄夫岱、许航、赵庆凯、彭霞
176	科技进步奖	二等	CFLP-2023-02-02-108	基于数据驱动的网络分布式优化关键技术及在物流上应用研究	温州大学、武汉理工大学	高利新、严传魁、杜遥、林瑞跃、蔡风景、路一练、李志韬、钱乐曰、石
177	科技进步奖	二等	CFLP-2023-02-02-109	绿色物流视域下生活垃圾收运与腐熟制肥关键技术装备研发应用	徐州工程学院、徐州生物工程职业技术学院、江苏华旭环卫科技有限公司	乔淑云、郝昆、项玮、志平、姚晨、梁峥、王颖、高晶、赵菊蓉、丁
178	科技进步奖	二等	CFLP-2023-02-02-110	SN码可溯全生命周期管理信息系统集成项目	中国移动通信集团吉林有限公司、深圳市兆航物流有限公司	蓝康荣、杨育柏、罗琦、曲锐锋、张勇、牟余鑫、韦琦、路效琪、田炯

续　表

序号	奖种	等级	证书编号	项目名称	主要完成单位	主要完成人
179	科技进步奖	二等	CFLP-2023-02-02-111	社会信用信息采集、分类、共享标准研制与试点应用研究	中国标准化研究院、国家信息中心、安徽省质量和标准化研究院、山东省标准化研究院、重庆市质量和标准化研究院	周莉、赵燕、江涛、孟翠竹、袁星煜、静、孙良泉、孙莹、汪育明、江曹
180	科技进步奖	二等	CFLP-2023-02-02-112	大数据驱动的全流程闭环需求智能匹配系统	中国移动通信集团云南有限公司、中国移动通信集团终端有限公司	杨耕云、黄河、何君、咸宏伟、庞後喜、李霞、水仙、杨志超、李娇动
181	科技进步奖	二等	CFLP-2023-02-02-113	我国跨境电商知识产权保护意识提升策略研究	河南职业技术学院、武汉理工大学、广东金融学院、湖北商贸学院	晋东海、刘秋亚、赵书娴、曾志嫘、刘靖飞、许丽华、高浪、刘纯、孙喆
182	科技进步奖	二等	CFLP-2023-02-02-114	智慧冶金重载钢卷输送系统关键技术研究、成套装备研制及应用	机科发展科技股份有限公司	左斌、赵东洋、王磊、高梅香、窦富萍、温煜、郝利、徐健、赵鹏
183	科技进步奖	二等	CFLP-2023-02-02-115	市级供电企业绿色低碳物流创新与实践	国网江苏省电力有限公司泰州供电分公司	沈飞、常宏、倪华豪、张文梧、刘京华、李何爽、陈丹丹、姚鹏
184	科技进步奖	二等	CFLP-2023-02-02-116	经济内循环背景下通信企业供应链协同绩效的研究	中国移动通信集团江西有限公司、深圳市兆航物流有限公司	吴世通、贾旻、沈振文、曾开文、冯晨、王立、圭、黄璐、赵珍
185	科技进步奖	二等	CFLP-2023-02-02-117	果品贮藏保鲜技术研究与示范	淮阴工学院、河北农业大学、河北庚鸿农业科技有限公司、山东商业职业技术学院（国家农产品现代物流工程技术研究中心）	程丽林、聂小宝、高哲、王朝宇、刘燕维、郭凤军、张长峰、王晓莉、聂凌鸿

续表

序号	奖种	等级	证书编号	项目名称	主要完成单位	主要完成人
186	科技进步奖	二等	CFLP-2023-02-02-118	液氢罐车发展前景与检验工艺研究	河北省特种设备监督检验研究院邯郸分院	王全力、郭兴平、李乃文、甄浩、史继英
187	科技进步奖	二等	CFLP-2023-02-02-119	服装产线智能物流路径规划虚拟仿真平台设计与实践	河南工程学院	高詹、李家斌、靳小宇、田正军、张琚、沈要光、马双双
188	科技进步奖	二等	CFLP-2023-02-02-120	基于全程可视化的集成物流信息管理系统	上海电机学院、上海济怡信息科技有限公司、上海建桥学院有限责任公司	马洪伟、孔峰、徐群、张富、威建明、杨白玫、刘立佳、陈影影、梁海燕
189	科技进步奖	二等	CFLP-2023-02-02-121	高校物流管理专业人才创新能力和创新意识培养策略研究	河南职业技术学院、武汉理工大学、徐州工程学院、景德镇陶瓷大学、内蒙古农业大学	李桂贞、丁建芳、王文生、尚永强、王沛沛、胡碧昱、赵航、邬磊、黄燕
190	科技进步奖	二等	CFLP-2023-02-02-122	国际货运班列平台的集装箱智能管理系统	苏州凝眸物联科技有限公司、上海东方丝路多式联运有限公司、苏州市国际货运班列有限公司、启迪设计集团股份有限公司、上海箱云物流科技有限公司	陈建新、钱敏磊、郑竞恒、曹生华、周洋、张鹤、姚煜炜、李成、田玲
191	科技进步奖	二等	CFLP-2023-02-02-123	基于数字孪生技术构建仓储可视化管理的实施路径与解决方案	中国移动通信集团甘肃有限公司、中国科学院近代物理研究所CUDA研究中心、深圳市兆航物流有限公司	王冠、朵建峰、张小文、李亚军、赵建民、宋约、高笑菲、陈玉叶、咸宏伟
192	科技进步奖	二等	CFLP-2023-02-02-124	地市供电企业基于"五化"提升的专业仓储网络建设研究	国网江苏省电力有限公司南通供电分公司	殷俊、曹锦晖、朱晓俊、保甜、施俊杰、顾钟天、张珂铭、罗挺、吴舒迪

续表

序号	奖种	等级	证书编号	项目名称	主要完成单位	主要完成人
193	科技进步奖	二等	CFLP-2023-02-02-125	跨境电商企业提升创新意识和创新能力策略	郑州市技术市场协会、武汉理工大学、内蒙古自治区水利事业发展中心	李志平、巩子天胤、王欣、李赛勇、张健、单庆、韩冰、张悦、于淼
194	科技进步奖	二等	CFLP-2023-02-02-126	新能源城配物流车全自动换电技术	山东中盈数字能源科技有限公司、山东汉格威能源科技有限公司	吴得宗、李长征、孙良浩、孙晓燕、郑世豪、曹洪勇、宋豪、于海涛、徐磊
195	科技进步奖	二等	CFLP-2023-02-02-127	危险货物公水联运安全风险管控与应急信息服务关键技术研究	交通运输部公路科学研究所、河南省运输事业发展中心	范文姬、王俊波、袁会武、田诗慧、范敏、赵亿滨、杨雪峰、程丹、王凯
196	科技进步奖	二等	CFLP-2023-02-02-128	央企绿色低碳循环发展模式规划及应用	中国移动通信集团山东有限公司、深圳市兆航物流有限公司	韩佑臻、刘慈、李慧
197	科技进步奖	二等	CFLP-2023-02-02-129	第三方物流协同平台	德邻陆港供应链服务有限公司、辽宁省交通运输事务服务中心	马荣材、吴浩、宋扬、关鹏、金禹婷、袁会武、贾佃精、王高青、王凯
198	科技进步奖	二等	CFLP-2023-02-02-130	供应链"共仓共配"一体化配送项目	深圳市凯东源现代物流股份有限公司	刘远、卢稳、欧阳燕、屈振中、熊卿海、占生
199	科技进步奖	二等	CFLP-2023-02-02-131	服务型制造供应链创新与产学研协同实践	安庆师范大学、安徽省招标集团股份有限公司	梁培培、赵亚娟、许俊杰、程鹏、郁春松、王丽丽、王天祥、纪李昊慧

续 表

序号	奖种	等级	证书编号	项目名称	主要完成单位	主要完成人
200	科技进步奖	二等	CFLP-2023-02-02-132	基于"汉信码"的数智化全链物资管理研究	中国移动通信集团陕西有限公司、中国移动通信集团新疆有限公司、深圳市凯东源现代物流股份有限公司	杨雄涛、范璐、李波、王颖花、亢金前、翟俊、于丁、肖振东
201	科技进步奖	二等	CFLP-2023-02-02-133	可循环周转箱项目	山东佳怡供应链管理有限公司、山东达阵物流设备有限公司	贺小轩、杜天成、孔庆春、王敏、李朝国
202	科技进步奖	二等	CFLP-2023-02-02-134	基于现场可视化+AI算法和大数据分析的物流智能化管理平台	深圳市兆航物流有限公司、中国移动通信集团江苏有限公司	陈向茂、廖颖、田炯、郑毅、戚兆军、罗勇、邓小飞、李荣华、张瑞
203	科技进步奖	三等	CFLP-2023-02-03-01	新时代快递网络管理创新路径探索与实践	西安邮电大学	李鹏飞、毋建宏、高宇航
204	科技进步奖	三等	CFLP-2023-02-03-02	云物流及其大数据服务关键技术研究及产业化	合肥工业大学、合肥工业大学智能制造技术研究院、安徽九州通智能科技有限公司	胡小建、吴哲苹、彭乃亚、徐良成、冯敬生、康敏、束可艺
205	科技进步奖	三等	CFLP-2023-02-03-03	陆军装备维修器材部队保障体系构建理论与关键技术应用研究	中国人民解放军32181部队、陆军军事交通学院汽车士官学校	张连武、孙江生、李万颂、赵方庚、梁伟杰、连光耀、吕艳梅
206	科技进步奖	三等	CFLP-2023-02-03-04	《邮件快件铁路运输交接操作要求》交通部行业标准	邮政科学研究规划院有限公司	刘奇峰、把宁、闫英伟

续表

序号	奖种	等级	证书编号	项目名称	主要完成单位	主要完成人
207	科技进步奖	三等	CFLP-2023-02-03-05	视觉机械臂自动入箱拣选应用项目	北京京东乾石科技有限公司	陈俊虎、袁明鉴、王栋、单纪昌、刘伟峰、张囡、沈蕾
208	科技进步奖	三等	CFLP-2023-02-03-06	基于GIS的农村生活垃圾绿色收运体系优化研究	徐州工程学院	孙宇博、陆刚、李珂、卢松泉、岳浩、刘振、吴卫华
209	科技进步奖	三等	CFLP-2023-02-03-07	基于属性密码的物流安全规划系统	南京邮电大学、常州工学院、中通服咨询设计研究院有限公司	孙知信、赵学健、李晓芳、朱晨鸣、李新、孙哲、宫婧
210	科技进步奖	三等	CFLP-2023-02-03-08	出行即服务背景下多模式公交系统资源配置与服务整合优化	东北林业大学、大连中集特种物流装备有限公司、烟台市牟平区自然资源局	胡宝雨、李志刚、张莹、程国柱、贾俑通、宋清爽
211	科技进步奖	三等	CFLP-2023-02-03-09	消减长尾物资技术研究与业务应用	中海油能源物流有限公司、中海油能源发展股份有限公司采办共享中心	魏伟、田佳、李爱武、高鹏、邱天、曹斌、杨怡倩
212	科技进步奖	三等	CFLP-2023-02-03-10	通用航空应急救援空地协同关键技术研究与应用	北京科技大学天津学院、中国民航大学、陕西金昊通用航空有限责任公司	杨凯欣、孙辉、王蕊、冯海燕、荆涛、陈维兴、周颜经程
213	科技进步奖	三等	CFLP-2023-02-03-11	基于深度学习的交通物流车辆智能监控跟踪关键技术研究及应用	徐州工程学院、徐州博轩自动化科技有限公司	孙金萍、卓璐璐、李子龙、陈磊、历丹、崔平、侯立兵

 Base

续表

序号	奖种	等级	证书编号	项目名称	主要完成单位	主要完成人
214	科技进步奖	三等	CFLP-2023-02-03-12	基于机器视觉的人工智能物流分拣设备创新研究与应用	广东交通职业技术学院	李锋、陈丽、莫乐群、臻、香永辉、陈丹丹
215	科技进步奖	三等	CFLP-2023-02-03-13	40英尺可扩展、折叠汽车运输框架的研究	大连中集特种物流装备有限公司	张晓军、刘东海、刘先一、刘文浩、张健民、连军、白樵
216	科技进步奖	三等	CFLP-2023-02-03-14	从物流到终端的全要素智慧医药系统关键技术研究及应用	西南科技大学、四川绵阳科伦医药贸易有限公司、绵阳市中心医院	俞文心、何刚、贾小林、张杨松、车璐、马晓辉、胡海军
217	科技进步奖	三等	CFLP-2023-02-03-15	超大型双燃料发动机运输船用半组合式曲轴X92DF关键制造技术及应用	上海电机学院、上海船用曲轴有限公司、大连华锐船用曲轴有限公司	辛绍杰、马志鸿、郎雪刚、威仁荣、牛龙江、隋磊、周焕军
218	科技进步奖	三等	CFLP-2023-02-03-16	基于持续实验技术的一体化供应链增长平台	北京京东远升科技有限公司	庄晓天、陈以衡、伍斌杰、邓泓舒语、马雨佳、赵舒语、黄佳成
219	科技进步奖	三等	CFLP-2023-02-03-17	基于物联网技术的蓝莓酒智能仓储关键技术研究与应用	黄埔海关技术中心、深圳市优界科技有限公司	董莹、陈子凡、卢国强、郑少锋、徐正华、张巧苑、周衡刚
220	科技进步奖	三等	CFLP-2023-02-03-18	京东物流城市路网级智能配送项目	北京京东乾石科技有限公司、京东鲲鹏（江苏）科技有限公司	马洪萍、赵珍妮、蔡雅慧、陈红博、葛华鹏、井振宇、马浩群

668

续表

序号	奖种	等级	证书编号	项目名称	主要完成单位	主要完成人
221	科技进步奖	三等	CFLP-2023-02-03-19	工业互联网平台助力行业用户构建物流车联网智能管理平台	徐州工程学院、徐工汉云云技术股份有限公司	卑璐璐、孙金萍、谢娜、黄凯
222	科技进步奖	三等	CFLP-2023-02-03-20	RDC智能库存管控体系研究及应用	中国移动通信集团内蒙有限公司、深圳市兆航物流有限公司	刘伟、程紫薇、袁媛、伊里奇、张焰、景浩民、屠晓红
223	科技进步奖	三等	CFLP-2023-02-03-21	智能航运信息平台系统的关键技术研究与应用	大连理工大学、河海大学、河北工程大学	鲁渤、王伟、王辉坡、郑土源、孙雷、王焜、赵蒙
224	科技进步奖	三等	CFLP-2023-02-03-22	架空输电线路货运索道路径自动规划及结构智能设计关键技术	中国电力科学研究院有限公司、国网四川省电力公司、国网山东省电力公司建设公司	秦剑、刘晨、张飞凯、景文川、李刚、何勇军、李果
225	科技进步奖	三等	CFLP-2023-02-03-23	汽车产前零部件顺建模式仓配一体化最优匹配度算法研究	长春一汽国际物流有限公司	王欢、孙微微、王海晶、闫晓光、许耕瑞、苑京京、张威
226	科技进步奖	三等	CFLP-2023-02-03-24	水路货运通道建设与运管关键技术	上海海事大学、上海中远海运物流有限公司、上海悠悠信息技术有限公司	王学锋、金琪、孙虹、陈渊召、王俊杰、王寿生、林阿勇
227	科技进步奖	三等	CFLP-2023-02-03-25	多式联运可折叠集装化装备	大连中集特种物流装备有限公司	于广辉、刘春良、王俊、周立哲、衣运豪、刘晓楠、于美娜

续　表

序号	奖种	等级	证书编号	项目名称	主要完成单位	主要完成人
228	科技进步奖	三等	CFLP-2023-02-03-26	基于"五位一体"的智能化质量管理体系研究与应用	中国移动通信集团湖南有限公司、中通维易科技服务有限公司	吴芳、李威、胡洁、胡剑炜、游炼、鲁玉、彭文
229	科技进步奖	三等	CFLP-2023-02-03-27	搭建面向客户的供应链可视化项目与应用	中国移动通信集团陕西有限公司	王建伟、李丽洁、王南、李佳、童芳芳、田琛、王亮
230	科技进步奖	三等	CFLP-2023-02-03-28	元链动物流供应链服务平台	北京金谷智通绿链科技有限公司	李德裕、许焱、谢宗春
231	科技进步奖	三等	CFLP-2023-02-03-29	商用车高效驱动电机总成开发及应用	潍柴新能源动力科技有限公司、潍柴动力股份有限公司	王迎波、高文进、崔荣高、李园园、李娜、孙文博、任伟
232	科技进步奖	三等	CFLP-2023-02-03-30	大数据技术非国有资产招标采购中的应用研究	中国移动通信集团黑龙江有限公司、网思科技股份有限公司	于海滨、陈宇、袁海龙、单慧靓、于卓奇、刘维周、郑岩
233	科技进步奖	三等	CFLP-2023-02-03-31	异地供丝集中配送关键技术研究及应用	河南中烟工业有限责任公司	何文婕、杨光露、孙宛、宋伟民、颜炳岩、靳毅、妞萌萌
234	科技进步奖	三等	CFLP-2023-02-03-32	基于大数据技术的物流行业数字化转型智能决策研究与应用	中邮信息科技（北京）有限公司	胡晓菁、徐廷、冯媛、谢辉、金鹭汐、杨韶晟、张子嘉
235	科技进步奖	三等	CFLP-2023-02-03-33	激光自然导航智能AGV与复杂多机调度系统研发及应用	兰剑智能科技股份有限公司、山东洛杰斯特物流科技有限公司	沈长鹏、张小艺、吴耀华、张贻弓、刘鹏、徐光运、邹霞

续　表

序号	奖种	等级	证书编号	项目名称	主要完成单位	主要完成人
236	科技进步奖	三等	CFLP-2023-02-03-34	基于数字孪生技术的通信物资仓储可视化管理探索	中国移动通信集团内蒙古有限公司、深圳市兆航物流有限公司	刘伟、李佳佳、袁媛、程紫微、陈晋波、王斌、张焰
237	科技进步奖	三等	CFLP-2023-02-03-35	基于物联网生一心——物冷异构数据融合的危化品运输车驾驶人异常辨识技术	青岛科技大学、中国汽车科技（北京）有限公司、青岛华通图新信息科技有限公司	王晓原、王斌、韩俊彦、王宪伦、杨化林、杨正军、王文彦
238	科技进步奖	三等	CFLP-2023-02-03-36	基于智能调控拖车的海铁联运港运数字化作业系统研究与应用	山东港口陆海国际物流集团有限公司	王云华、巩如省、姜涛、高帅、王玮、高晓光、陈安一
239	科技进步奖	三等	CFLP-2023-02-03-37	基于大数据的智能化采购质量评估体系的研究与应用	中移动信息技术有限公司、华信咨询设计研究院有限公司	高洁、杜书杰、李冰、岳江昱、张晓微、朱水仙、周天成
240	科技进步奖	三等	CFLP-2023-02-03-38	鞍钢智慧物流冶金运输调度指挥系统的开发应用及其标准化	鞍山钢铁集团铁路运输分公司	胡宁良、侯海云、邹继波、文兵、刘彦栋、荀涛
241	科技进步奖	三等	CFLP-2023-02-03-39	钢桶生产轨道输送自动化物流控制技术研发与应用	广东石油化工学院、茂名华检实验科技有限公司、茂名市五金厂	荆晓远、王广宁、林水泉、阮文春、李辉林、朱国霖、马庆尧
242	科技进步奖	三等	CFLP-2023-02-03-40	大宗商品物流行业网络货运创新应用项目	山西建龙快成智慧物联科技有限公司	李大亮、杨安定、白鹏荣、闫永廷

续　表

序号	奖种	等级	证书编号	项目名称	主要完成单位	主要完成人
243	科技进步奖	三等	CFLP-2023-02-03-41	基于自迭代行为的智能分析模型在阳光采购平台中的应用	中国移动通信集团江西有限公司、中捷通信有限公司	王旭、刘溪、刘秀章、张云飞、赵辰、月球、柳晓莹
244	科技进步奖	三等	CFLP-2023-02-03-42	北京燃气集团燃气专用类物资 SCM 供应链系统应用创新	北京市燃气集团有限责任公司	李彦爽、齐晓琳、张明作、焦建瑛、王伟、李刚、尤莉薇
245	科技进步奖	三等	CFLP-2023-02-03-43	基于人工智能的环卫运输监控平台系统开发与应用	徐州工程学院、江苏信哲软件科技有限公司	陈丰照、朱立龙、张宇、朱晓光、朱瑶、荣慧宁、陈文文
246	科技进步奖	三等	CFLP-2023-02-03-44	滚齿机桁架智能机器人自动上下料系统关键技术创新及产业化	上海电机学院、浙江日创机电科技有限公司	徐旭、闵中华、张川、何婵、王三川、胥丽莉、万宇佳
247	科技进步奖	三等	CFLP-2023-02-03-45	招投标智能稽核系统研究与应用实践	公诚管理咨询有限公司、中国铁塔股份有限公司广东省分公司	冯靖圆、黄柏维、屈宏伟、李广峰、王紫昕
248	科技进步奖	三等	CFLP-2023-02-03-46	加氢站用 45MPa 储氢瓶式容器组	浙江蓝能氢能科技股份有限公司	陈凡、曹文红、章杰锋、杜正良、黄国明、石平、吴周佳
249	科技进步奖	三等	CFLP-2023-02-03-47	基于双碳战略的绿色采购管理实践项目	中国移动通信集团河北有限公司	黄涛、王刚、曹雷雷、孙湘君、张金硕、李娜、田丽楠

续 表

序号	奖种	等级	证书编号	项目名称	主要完成单位	主要完成人
250	科技进步奖	三等	CFLP-2023-02-03-48	面向区域产业需求的物流工程专业学位研究生专业实践培养体系构建研究	浙江万里学院	胡玲玉、赵娜、王琦峰、钟晓军、李书会
251	科技进步奖	三等	CFLP-2023-02-03-49	"丝绸之路经济带"铁路货运通道协调性动态优化研究	兰州交通大学、中国铁路兰州局集团有限公司	张春民、向万里、贾晓燕、江雨星、吕安心、张双霞、栗秋
252	科技进步奖	三等	CFLP-2023-02-03-50	重件交叉带分拣机	中邮科技股份有限公司	赵大伟、姚远、杨龙、董海龙、孔祥虎、黄余、朱元顺
253	科技进步奖	三等	CFLP-2023-02-03-51	吉利汽车湘潭基地LOC "货到人"推广项目	浙江吉速物流有限公司	董庆峰、于书田、刘敏、邓毅
254	科技进步奖	三等	CFLP-2023-02-03-52	网络货运运输与供应链管理解决方案	万和通物流集团有限公司	张立新、王波、孙庆金、崔维帅、梁伟
255	科技进步奖	三等	CFLP-2023-02-03-53	条烟防伪溯源隐形标识技术研究与应用	中国烟草总公司河南省公司、河南省烟草公司信阳市公司、河南省烟草公司周口市公司	张国华、王根林、张锦中、司明广、范虹宇、吴昊、刘臻
256	科技进步奖	三等	CFLP-2023-02-03-54	基于大数据的故障预测与健康管理的研究与应用	河南中烟工业有限责任公司黄金叶生产制造中心	李秀芳、李源源、廖伟、郑智毅、王德吉、李爱振

续　表

序号	奖种	等级	证书编号	项目名称	主要完成单位	主要完成人
257	科技进步奖	三等	CFLP-2023-02-03-55	高端多轴孔精加工装备技术研究及国产化应用	潍柴动力股份有限公司	李爽、朱耀文、谭东芳、宁志华、张习国、刘春晖、王文海
258	科技进步奖	三等	CFLP-2023-02-03-56	中国邮政寄递网核心节点2020—2022年度技术升级和流程优化方案	邮政科学研究规划院有限公司	徐道程、朱晓忠、李璐、聂尔杰、许晓蒙、仲岑泓、牛莹超
259	科技进步奖	三等	CFLP-2023-02-03-57	基于无人驾驶技术的无人配送系统	长春一汽国际物流有限公司	包峰、郑洪涛、李思露、程常浩、刘志国、王欢、王爽智
260	科技进步奖	三等	CFLP-2023-02-03-58	招标采购过程溯源监管技术研究与应用	四川亚创信息技术有限公司、金平县公共资源交易中心、红河州公共资源交易中心	胡雨、余付敏、王佩洪、李珍、邱涛、李天情、毛勇
261	科技进步奖	三等	CFLP-2023-02-03-59	全生命周期的供应商闭环管理体系构建与应用	中国移动通信集团有限公司供应链管理中心、中国移动通信集团陕西有限公司	谢健、程建宁、朱水仙、李理、金兆日、刘万羽、陈俊春
262	科技进步奖	三等	CFLP-2023-02-03-60	中国铁塔一码到底资产全生命周期数字化管理应用创新	中国铁塔股份有限公司	王云、张娜、潘保涛、苗陆达、刘文光、朱春雨、杨虹
263	科技进步奖	三等	CFLP-2023-02-03-61	智慧合规预警管理能力提升研究	中国移动通信集团上海有限公司、华信咨询设计研究院有限公司	张秉华、洪卫
264	科技进步奖	三等	CFLP-2023-02-03-62	基于3D视觉技术的高速单件分离器	中邮科技股份有限公司	朱晓建、朱文军、邓定迎、寇强、代伟

续 表

序号	奖种	等级	证书编号	项目名称	主要完成单位	主要完成人
265	科技进步奖	三等	CFLP-2023-02-03-63	构建采购专家全生命周期智能化管理体系	中国移动通信集团湖北有限公司、华信咨询设计研究院有限公司	隋江雨、张扬眉、梅海、曾芳、马瑞芳、杨宇飞
266	科技进步奖	三等	CFLP-2023-02-03-64	数智供应链产教融合服务平台开发与应用	宿迁学院、广州番禺职业技术学院、上海百蝶计算机信息有限公司、上海百蝶教育科技有限公司	窦志武、孙颖荪、李红巍、唐友亮、谭福河、刘庆伟、吴英晶
267	科技进步奖	三等	CFLP-2023-02-03-65	面向4R的废旧汽车回收管理研究与应用	郑州轻工业大学	周福礼
268	科技进步奖	三等	CFLP-2023-02-03-66	中国邮政生鲜农产品冷链温控设计仿真系统及其在包装规范上的应用	邮政科学研究规划院有限公司	杨立颖、杜兴丹、康丽、邱艺、董迪、顾晓高康、杰
269	科技进步奖	三等	CFLP-2023-02-03-67	基于区域特色的商贸流通领域供应链体系构建研究	兰州交通大学、甘肃九州通医药有限公司、甘肃爽口源生态科技股份有限公司	王久梗、李世鹏、胡永宁、程莹、李赵敏、大国
270	科技进步奖	三等	CFLP-2023-02-03-68	邮政普服网点智能远程服务应用研究及试点	邮政科学研究规划院有限公司	石仁爱、钱如徐、孙德旺、冯煜惠、卫、周立宏、瑶
271	科技进步奖	三等	CFLP-2023-02-03-69	基于数智化赋能的采购合规体系建设应用与研究	中国移动通信集团江西有限公司、公诚管理咨询有限公司	罗毅、杨项青、吴思斌、刘涵仪、金红萍

续　表

序号	奖种	等级	证书编号	项目名称	主要完成单位	主要完成人
272	科技进步奖	三等	CFLP-2023-02-03-70	中国邮政超大城市综合枢纽智能化处理系统应用	邮政科学研究规划院有限公司	韩松、牛登超、韩晴晴、史静雯、王贵军、刘梦娇、钟谆谆
273	科技进步奖	三等	CFLP-2023-02-03-71	智能可循环拉链邮袋的研究和应用	邮政科学研究规划院有限公司、中国邮政集团有限公司寄递事业部	英琪、把宁、魏茜茜、王春义、姜晓莎、高晓庆、岳宇
274	科技进步奖	三等	CFLP-2023-02-03-72	智能仓储及分拣系统	华晟（青岛）智能装备科技有限公司	王俊石、徐丰娟、周德强、娄兵兵、李欣、高星、张树房
275	科技进步奖	三等	CFLP-2023-02-03-73	基于协同学理论的自贸区港口产业链协同优化及对策研究	大连海事大学、大连市仓储与配送协会、中远海运物流供应链有限公司大连分公司	韩兵、耿新鹏、许懿、于深名、王汝翀、于波、王馨
276	科技进步奖	三等	CFLP-2023-02-03-74	危化品全程数字化物流监管及应急管理的研究与应用	山东港口陆海国际物流集团有限公司	赵有磊、王宏唱、王云华、陈安一、马德宽、杨天学、王一杰
277	科技进步奖	三等	CFLP-2023-02-03-75	数字经济时代采购与供应管理知识创新与应用研究	武汉理工大学	申文、陈建华、黄花叶、吴姝、祖巧红、王正国
278	科技进步奖	三等	CFLP-2023-02-03-76	日日顺中德能无人仓项目（海尔工厂塔工厂零部件及成品智能仓）	日日顺供应链科技股份有限公司	段红杰、乔显苓、严涛、侯恩庆、徐清华、孙振、汲国庆

续表

序号	奖种	等级	证书编号	项目名称	主要完成单位	主要完成人
279	科技进步奖	三等	CFLP-2023-02-03-77	物流数智化能力出海：极兔全球地址中台	极兔速递有限公司、上海捷晓信息技术有限公司	姜东晓、孙海林、林嘉华、刘玉龙、李彦池、夏伯承、李梓维
280	科技进步奖	三等	CFLP-2023-02-03-78	国有资本赋能农村物流金融发展机制及风控创新研究	宁波财经学院、浙江嘉影数字科技有限公司	禹久泓、郑长娟、冷昊、李卜、唐辉军、谢子远、章志平
281	科技进步奖	三等	CFLP-2023-02-03-79	打造智慧高效、阳光公正采购评审管理平台	中国移动通信集团湖北有限公司	冯文仲、尹燕、方莉、陈晓洁、刘丽丽、万俊涛
282	科技进步奖	三等	CFLP-2023-02-03-80	高阶智能辅助驾驶牵引车及其关键技术应用	安徽江淮汽车集团股份有限公司	邹兴辉、彭宏伟、朱伟伟、钟凌、倪丽、崔广亮、豆文正
283	科技进步奖	三等	CFLP-2023-02-03-81	非常规突发疫情下应急医疗物资供应链协调决策研究	武汉理工大学、湖北中医药大学	桂萍、杨阳、邱映贵、朱姝帆、李习平、谢科范、王倩倩
284	科技进步奖	三等	CFLP-2023-02-03-82	钢材绿色物流智能存储系统	普天物流技术有限公司	王艳操、陈琳、王浩、李燕海、李音、张瑞彬
285	科技进步奖	三等	CFLP-2023-02-03-83	基于人工智能的冷链物流智慧配载关键技术研究与应用	淮阴工学院	李翔、朱全银、金圣华、任珂、孙纪舟
286	科技进步奖	三等	CFLP-2023-02-03-84	基于物流轨迹可视化的邮政书报刊供应链系统研发与应用	中邮信息科技（北京）有限公司	王娜、蹇晓蔚、邓超、刘坤、冯俊、孙韬、辛凤

续 表

序号	奖种	等级	证书编号	项目名称	主要完成单位	主要完成人
287	科技进步奖	三等	CFLP-2023-02-03-85	陆军装备全寿命保障标准体系与零部件编码研究	中国人民解放军32181部队	李会杰、张西山、代冬升、宋秦松、王子林、秦智勇、赵慧赟
288	科技进步奖	三等	CFLP-2023-02-03-86	智慧水务"黄金眼"——基于高光谱成像技术的水质监测系统	广东交通职业技术学院	杨英、吴伟平、李浩然、陈殊、郑嘉彦、陈洁林
289	科技进步奖	三等	CFLP-2023-02-03-87	基于机器学习的生产及物流设备质量预测模型开发与应用	中兴通讯股份有限公司	张加民、黄睿、董四海、韩冰、崔巍、卜有照、王胜利
290	科技进步奖	三等	CFLP-2023-02-03-88	货易通智慧供应链服务平台	成都积微物联集团股份有限公司、成都达海金属加工配送有限公司、成都蓉通微链科技有限公司	胡伟、刘茂刚、王小强、牛勇策、陈水全、贾亮、张帆
291	科技进步奖	三等	CFLP-2023-02-03-89	开放生态式智慧网络货运平台开发及应用	宿迁学院、江苏快智物联科技有限公司、宿迁市昆仑物流有限公司	刘彬斌、窦志武、张坤、张小苏、吴英晶、曹玲玲、杨淼
292	科技进步奖	三等	CFLP-2023-02-03-90	整车数据治理与一单到底数据服务项目	一汽物流有限公司	位鹏、宋乔、白云龙、秦倩影
293	科技进步奖	三等	CFLP-2023-02-03-91	中国中铁智能验收系统	鲁班（北京）电子商务科技有限公司	袁明、梁双全、张连伟、罗练

续 表

序号	奖种	等级	证书编号	项目名称	主要完成单位	主要完成人
294	科技进步奖	三等	CFLP-2023-02-03-92	中国邮政西南综合枢纽规划设计—成都双流机场邮件处理中心工程	邮政科学研究规划院有限公司	李璐、李华、聂琨力、何阳、李婷、张金龙、钟谆谆
295	科技进步奖	三等	CFLP-2023-02-03-93	大数据环境下城市共同配送体系建设——连云港低碳路径研究	江苏财会职业学院	何雁、朱丽献、王晓乐、焦微家、滕罕、陈莉
296	科技进步奖	三等	CFLP-2023-02-03-94	物流设备管理信息系统建设研究	河北省烟草公司石家庄市公司	段筠、陈向辉、马杰、张慎、邢昊、范东梅、申昊男
297	科技进步奖	三等	CFLP-2023-02-03-95	基于大数据方法的电梯全生命周期数据挖掘分析与应用	上海市特种设备监督检验技术研究院	王晨、邱郡、陈梁胜、柴兴、蒋涛、刘小畅、冯双昌
298	科技进步奖	三等	CFLP-2023-02-03-96	"通道—枢纽—网络"集成优化研究——基于国家物流枢纽建设的实践	重庆交通大学	崔利刚、张子健、李顺勇、谌微微、方涌、周翔
299	科技进步奖	三等	CFLP-2023-02-03-97	智慧农业—温室灌溉企业物流管理中的采购与配送关键技术及推广	甘肃泽德电子技术有限公司、兰州工业化设备有限公司	张万军、张峰、张景轩、张国华、张景怡、张佳、张万良
300	科技进步奖	三等	CFLP-2023-02-03-98	基于多种智能化技术的物流供应链协同平台	苏州工业园区海关有限公司	金东、张勇、吴祥、王乾、汪灶盛、陆劳英、王丹

续　表

序号	奖种	等级	证书编号	项目名称	主要完成单位	主要完成人
301	科技进步奖	三等	CFLP-2023-02-03-99	传统汽车物流企业从"两化融合"到"两业融合"的转型升级模式研究	长春一汽国际物流有限公司	贾科、刘志国、杜建明、祁英、王欢、张男男、李思露
302	科技进步奖	三等	CFLP-2023-02-03-100	基于"云＋端"方式的数智化物流园的研究与应用	中国移动通信集团江西有限公司、嘉环科技股份有限公司	胡福松、咸宏伟、武智、李佳佳、李楠、崔毓舒
303	科技进步奖	三等	CFLP-2023-02-03-101	电子商务活动中信任评价和信誉管理关键技术及其应用研究	浙江万里学院、宁波财经学院	俞新武、屠盈盈、张少中、陈军敢、徐小玉
304	科技进步奖	三等	CFLP-2023-02-03-102	摆轮式智能分拣成套设备的研究	杭州乾锦输送设备有限公司	郭巧、张伟、陶伊芳、杜卫刚、徐赛栋、宁华庭、杨武炼
305	科技进步奖	三等	CFLP-2023-02-03-103	面向供应链安全的消费品缺陷风险评估技术及应用	中国标准化研究院、北京科技大学、中标能效科技（北京）有限公司	谢志利、王瑍、黄国忠、丁洁、郑杰昌、刘迎春、王长林
306	科技进步奖	三等	CFLP-2023-02-03-104	一体化智慧供应链管理系统	厦门锐特信息技术有限公司	许志涛、林勤、卢永富、黄魏明、俞朝武
307	科技进步奖	三等	CFLP-2023-02-03-105	双碳治理 SMART 模型助力供应链低碳可持续发展	中兴通讯股份有限公司	夏祥富、张敬鑫、徐志斌、朱胜群、刘彩娥
308	科技进步奖	三等	CFLP-2023-02-03-106	《物流学基础》线上线下混合式教学模式实践	浙江万里学院	刘利民、李秋正

续 表

序号	奖种	等级	证书编号	项目名称	主要完成单位	主要完成人
309	科技进步奖	三等	CFLP-2023-02-03-107	基于烟草闲置资源绿色物流服务模式构建与应用研究	西南科技大学、四川省烟草公司、四川省诚至诚烟草投资有限责任公司	张卫东、段钢、尹健康、杨鹏、徐欣宇、蒋骏、赵燕
310	科技进步奖	三等	CFLP-2023-02-03-108	基于工业互联网平台的智慧供应链应用实践	汕头高新区奥星光通信设备有限公司、长飞纤纤光缆股份有限公司	王齐红、高强、陈列、李鸩、梅蕊、徐亚军、胡成国
311	科技进步奖	三等	CFLP-2023-02-03-109	基于数字驱动的物流末端网格化平台建设	上海东普信息科技有限公司、上海韵达货运有限公司	杨国龙、戴依娜、孙佳斌、李斯、沈宇豪、王震东、黄海
312	科技进步奖	三等	CFLP-2023-02-03-110	基于智慧存储和柔性调度的卷烟配方仓储系统	昆船智能技术股份有限公司	钟艳妮、李永衡、周文红、颜韬、陈海军、彭云、李俊
313	科技进步奖	三等	CFLP-2023-02-03-111	筒仓全流程自动化关键技术研究与应用	龙口港集团有限公司、大连港口设计院有限公司、大连交通大学	张少强、程粤、韩业炜、王欣刚、刘文川、吕传龙、徐学南
314	科技进步奖	三等	CFLP-2023-02-03-112	新一代高性能高集成电动轻卡开发及关键技术研究产业化	安徽江淮汽车集团股份有限公司	李高水、周虎盟、王林、郭玉祥、何果、张飞贺、李丹丹
315	科技进步奖	三等	CFLP-2023-02-03-113	数字货运资产教融合创新与实践	上海海洋大学	梁贺君、李军涛
316	科技进步奖	三等	CFLP-2023-02-03-114	浪潮商机汇数字供应链一体化系统及应用	山东浪潮爱购云链信息科技有限公司	黄新亮、鹿春阳、郭淼、姚淼

续　表

序号	奖种	等级	证书编号	项目名称	主要完成单位	主要完成人
317	科技进步奖	三等	CFLP-2023-02-03-115	基于大数据网络货运智能调度技术与应用	河海大学、四川大学、南通河海大学海洋与近海工程研究院	王伟、郭钊侠、黄莉、王勇、郭丰、宋月、王芸清
318	科技进步奖	三等	CFLP-2023-02-03-116	云智一体化的多基地制造物流模式创新	中兴通讯股份有限公司、中国电信股份有限公司四川分公司	李红兵、何任辉、袁志刚、刘述旺、何春梅、统雷雷、姜田磊
319	科技进步奖	三等	CFLP-2023-02-03-117	基于大批量标准堆垛机的模块化研发与应用	昆船智能技术股份有限公司	刘红文、高晟、杨毅、邓志达、唐馨、姚富强、冯骞
320	科技进步奖	三等	CFLP-2023-02-03-118	快消品行业绿色物流评价与优化方案	北京交通大学、内蒙古昆明卷烟有限责任公司	杨叶飞、董秉坤、施先亮、李岳、兰洪杰、朱婧涵、许月蒙
321	科技进步奖	三等	CFLP-2023-02-03-119	快递网络运力全感知平台	上海中通吉网络技术有限公司	乐爱华、宋秉政、宋竞亮、周保江、黄国石、吉日嘎拉、祖凯
322	科技进步奖	三等	CFLP-2023-02-03-120	苹果套袋制造及生产企业采购与仓储、物流优化管理的关键技术	甘肃泽德电子技术有限公司、兰州工业化设备有限公司	张万军、张思妍、张景轩、张景妍、张景怡、张利民、张峰
323	科技进步奖	三等	CFLP-2023-02-03-121	伴烟入库智能分道的设计与应用	河南中烟工业有限责任公司	周政伟、兑幸福、刘季、李明、李明伟、王振楠、张胜利

续　表

序号	奖种	等级	证书编号	项目名称	主要完成单位	主要完成人
324	科技进步奖	三等	CFLP-2023-02-03-122	远海通在线关务服务平台项目	中远海运物流供应链有限公司、中远海运物流有限公司、远度云供应链科技有限公司	韩骏、蒋恺、张燕松、刘强、李鼎一、张瑾、李晨晨
325	科技进步奖	三等	CFLP-2023-02-03-123	中铁鲁班数据服务平台	鲁班（北京）电子商务科技有限公司	戴黎芸、王长龙、白猛、任明虎、孟辉、赵立洋
326	科技进步奖	三等	CFLP-2023-02-03-124	5G智能数字人客服在提升邮政物流服务质量中的创新应用	中邮信息科技（北京）有限公司	冯彬、肖康、王欣、李萍、赵松超、王学岩、李宁
327	科技进步奖	三等	CFLP-2023-02-03-125	基于供应链协同的通信运营企业物资全生命周期管理研究与实践	中国移动通信集团有限公司供应链管理中心、中国移动通信集团山东有限公司、中国移动通信集团山东设计院有限公司山东分公司	柳晓莹、傅立海、孙利剑、李玉振、高鑫新、张建强、杨合林
328	科技进步奖	三等	CFLP-2023-02-03-126	基于物联网的商品车港口运输监管技术研究与应用	广东农工商职业技术学院、广州海关技术中心、黄埔海关技术中心	陈龙凤、张震坤、黄军辉、廖中文、张海峰、陈尾英、肖熠琳
329	科技进步奖	三等	CFLP-2023-02-03-127	基于多烟仓的分拣线柔性优化方法	中国烟草总公司天津市公司物流中心、河南轻工职业学院、河南国之云电子科技有限公司	金从众、汪翠兰、王德吉、王玺然、孙浩、金波、周炀
330	科技进步奖	三等	CFLP-2023-02-03-128	高精度复合定位仓储机器人关键技术研发及应用	安徽宇锋智能科技有限公司	项卫锋、黄刘生、王池如、汪磊、钟传浩

续　表

序号	奖种	等级	证书编号	项目名称	主要完成单位	主要完成人
331	科技进步奖	三等	CFLP-2023-02-03-129	宁波城市物流配送企业发展模式与路径研究	浙江万里学院、宁波市交通发展研究中心	赵娜、林杨、王琦峰、王兵、吴桥、李肖钢、潘栋辉
332	科技进步奖	三等	CFLP-2023-02-03-130	应急物流组织管理体系构建及实施建议	上海市质量和标准化研究院	宋敏、于洋、庄智一、路欢欢、马娜
333	科技进步奖	三等	CFLP-2023-02-03-131	转环分拣机	中邮科技股份有限公司	周鹤、邓方针、代铁山、李慧斌、李辉、崔天瑞、孙朝卫
334	科技进步奖	三等	CFLP-2023-02-03-132	大流量柔性全品规件箱处理系统	中国烟草总公司深圳市公司、昆船智能技术股份有限公司	詹玉铭、吴雷、黄增达、周立坚、刘海萍、唐宇梅、高雄
335	科技进步奖	三等	CFLP-2023-02-03-133	江苏省物流运作行业节能减排效率影响因素研究	常州工学院	曹国、陈真、华婷、沈利香
336	科技进步奖	三等	CFLP-2023-02-03-134	密集式箱式贮丝智能物流系统的设计与应用	龙岩烟草工业有限责任公司	李晓刚、卢志敏、饶伟、江琳、张伟、廖和滨、郭天文
337	科技进步奖	三等	CFLP-2023-02-03-135	通信行业高质量全链物资数智化供应链管理系统	中国移动通信集团山东有限公司、江苏中博通信有限公司	韩佑臻、刘慈、李慧、尹本京、周强
338	科技进步奖	三等	CFLP-2023-02-03-136	综合物流园区智能化信息服务平台	临沂市义兰物流信息科技有限公司、荣庆物流供应链有限公司、临沂大学	郑露露、王永兰、郑林涛、隋京夏、刘祥香、郑全军、陈雷

续 表

序号	奖种	等级	证书编号	项目名称	主要完成单位	主要完成人
339	科技进步奖	三等	CFLP-2023-02-03-137	基于全周期信用评估模型在智慧采购中的研究与应用	中移（杭州）信息技术有限公司	曾跃忠、李昕忆、郎春华、许一骅、宋正军、范祥俭、窦佩路
340	科技进步奖	三等	CFLP-2023-02-03-138	火车集装罐卸车全密封智能泵橇的研发与应用	龙口滨港液体化工码头有限公司、青岛罗德通用机械设备有限公司	赵得强、郭峰、李京、刘相超、刘宗鹭、张昕民、刘鹏飞
341	科技进步奖	三等	CFLP-2023-02-03-139	煤炭精益供应链运营技术研究	徐州工程学院、内蒙古蒙泰不连沟煤业有限公司	卢松泉、梁智、贺文然、王泽民、何梅
342	科技进步奖	三等	CFLP-2023-02-03-140	《邮政 5G 技术应用指南》	邮政科学研究规划院有限公司	韩雪峰、孟硕、陈刚、庄子竣、范锐、王兴安、王金珊
343	科技进步奖	三等	CFLP-2023-02-03-141	基于高效数智化供货模式的产业链研究及应用	中国移动通信集团广西有限公司、深圳市兆航物流有限公司	李剑、覃兵、李泉、覃军、陈苟、李敏、欧翠娥
344	科技进步奖	三等	CFLP-2023-02-03-142	京东国际数智化供应链履约解决方案	北京京东振世信息技术有限公司	白鑫、王双金、邵艳菊、陈全峰、齐崇群、张豪蕴、张皓
345	科技进步奖	三等	CFLP-2023-02-03-143	连云港生鲜食品电商物流发展对策研究	江苏财会职业学院	王晓乐、焦微家、何雁、滕琴、王龄萱、王卓如
346	科技进步奖	三等	CFLP-2023-02-03-144	中国邮政大型航空邮件处理中心规划设计——广州航空邮件处理中心工程工艺设计	邮政科学研究规划院有限公司	李婷、朱晓忠、程巍、李强、王小飞、李璐、张金龙

685

续　表

序号	奖种	等级	证书编号	项目名称	主要完成单位	主要完成人
347	科技进步奖	三等	CFLP-2023-02-03-145	"我找车"数字物流平台	赛马物联科技（宁夏）有限公司	贾康辉、胡辛亮
348	科技进步奖	三等	CFLP-2023-02-03-146	新一代大宽体轻型载货汽车产业化运用	安徽江淮汽车集团股份有限公司	李正胜、熊燕、李甜甜、朱俊峰、牛营凯、陈瑶、张俊琦
349	科技进步奖	三等	CFLP-2023-02-03-147	邮政用系列循环包装产品研发	邮政科学研究规划院有限公司	沈翰林、康丽、孟硕、陈刚、高康、董迪
350	科技进步奖	三等	CFLP-2023-02-03-148	物流集装箱吊具吊装精准定位算法、定位系统及其成套技术装置开发与应用	淮阴工学院、京杭大运河国际物流淮安有限公司、淮安市现代物流学会	范钦满、张永成、董育伟、吴懿、吴亚超、庞进亮、孙新国
351	科技进步奖	三等	CFLP-2023-02-03-149	驼峰式伸缩胶带机	广东信源物流设备有限公司	高延迪、孙国栋、裴旸、欧树恒、胡辉、朱子敬、杨炽彬
352	科技进步奖	三等	CFLP-2023-02-03-150	采购物料主数据梳理技术创新	中粮集团有限公司、中粮信息科技有限公司、北京筑龙信息技术有限责任公司	赵玮、付幼华、侯方东、吴昊、姜飞虎、冯青、刘衍喜
353	科技进步奖	三等	CFLP-2023-02-03-151	有机废气催化氧化技术	江苏海企化工仓储股份有限公司	孙承莉、孙广宫、黄福光、奚吉林、李岩
354	科技进步奖	三等	CFLP-2023-02-03-152	自动码垛装车设备	广东信源物流设备有限公司	游波、谈正坤、黄炎平、黄康兴、梁伟才、周明、胡广飞

续 表

序号	奖种	等级	证书编号	项目名称	主要完成单位	主要完成人
355	科技进步奖	三等	CFLP-2023-02-03-153	高可靠长寿命多用途城市物流车关键技术及产业化应用	安徽江淮汽车集团股份有限公司	罗世成、姚学森、刘军、迟玉华、何敬梅、吕宏、康江波
356	科技进步奖	三等	CFLP-2023-02-03-154	基于 AI+3D 机械视觉的机器人拆码系统在医药 GSP 库中的应用	上海酷想智能科技有限公司、江西济鑫医药有限公司	穆建军、余宣、金桂根、黎建强、叶玮、赵丽宝、高彦国
357	科技进步奖	三等	CFLP-2023-02-03-155	智能快件箱的建设、运营和管理机制研究	南京邮电大学	曾铖、孙知信、丁旭、孙哲、刘者、张雨萱、张桂林
358	科技进步奖	三等	CFLP-2023-02-03-156	智能装车设备及系统	徽商职业学院、中科院合肥物质研究院	高理富、张玉荣、王大庆、王兴伟、郭伟斌、王凯、汪志林
359	科技进步奖	三等	CFLP-2023-02-03-157	采购文件数字化协同技术创新	中国海油集团有限公司工程与物装部、中海油物装采购中心	刘光成、赵怀岗、张彬、彭晓凤、朱琛、周瑞瑞、王尧峰
360	科技进步奖	三等	CFLP-2023-02-03-158	密集存储仓库四向穿梭机器人的研发及应用	牛眼智能物流设备有限公司	王向明、沈友才、赵忠喜、李磊
361	科技进步奖	三等	CFLP-2023-02-03-159	电动集疏运重卡作业调度与换电调度协同算法研发与应用	山东港口陆海国际物流集团有限公司	王云华、王鑫、陈安一、王宏唱、王超、高帅

687

续表

序号	奖种	等级	证书编号	项目名称	主要完成单位	主要完成人
362	科技进步奖	三等	CFLP-2023-02-03-160	智慧物流实训教学云平台关键技术研究与应用	广东交通职业技术学院、广州维脉电子科技有限公司	林晓辉、饶建炜、谭超健、林炫华、黄良、朱强、招国力
363	科技进步奖	三等	CFLP-2023-02-03-161	英诺森供应链智能数据	北京英诺森供应链科技有限公司、中海油能源物流有限公司	曹露华、田佳、李爱武、吴冬梅、高鹏、王侃、张博文
364	科技进步奖	三等	CFLP-2023-02-03-162	推动农业物流业"三链融合"发展的机制与路径	郑州轻工业大学	彭菁秀、张海侠、王玉杰、陶俊伊、夏迎迎、王玺光、轩利芳

（中国物流与采购联合会科技奖励办公室）

2023 年度中国物流与采购联合会科学技术奖人物奖获奖名单

获奖名单（排名不分先后）

序号	奖励类别	姓名	工作单位
1	科技创新人物	董庆峰	浙江吉利控股集团有限公司
2	科技创新人物	石云	中邮信息科技（北京）有限公司
3	科技创新人物	王秭	京东物流
4	科技创新人物	彭松	浙江菜鸟供应链管理有限公司
5	科技创新人物	张小艺	兰剑智能科技股份有限公司
6	科技创新人物	庄子骏	深圳众君垒土（深圳）信息科技有限公司
7	科技创新人物	魏飞	四川开物信息技术有限公司
8	科技创新人物	吴义生	南京工程学院
9	科技创新人物	董凡	申通快递有限公司
10	科技创新人物	王玮	山东港口陆海国际物流集团有限公司
1	科技杰出青年	李洪波	北京极智嘉科技股份有限公司
2	科技杰出青年	刘伟华	天津大学
3	科技杰出青年	王忠帅	京东物流
4	科技杰出青年	肖建华	南开大学
5	科技杰出青年	周丽	北京经济管理职业学院
6	科技杰出青年	黄安强	北京交通大学

续　表

序号	奖励类别	姓名	工作单位
7	科技杰出青年	吕雅琼	武汉理工大学
8	科技杰出青年	叶国云	宁波如意股份有限公司
9	科技杰出青年	鲁渤	大连理工大学
10	科技杰出青年	周晓雪	北京交通大学国家交通发展研究院
11	科技杰出青年	沈小燕	长安大学
12	科技杰出青年	张经天	北京邮电大学
13	科技杰出青年	刘昇	北京物资学院

（中国物流与采购联合会科技奖励办公室）

2023 年度"宝供物流奖"获奖名单

经中国物流发展专项基金宝供物流奖评审委员会评审，评审出了 2023 年度"宝供物流奖学金"及"宝供物流奖"获奖名单。

一、获"宝供物流奖学金"名单

序号	学校名称	申请人
1	中南林业科技大学	李雨熹、丑昭怡
2	安徽大学	郭顺安、李佩徽
3	北京交通大学	赵新元、王欢欢
4	山东交通学院	秦笑、徐鹤峰
5	武汉大学	杜玉文、蒋竞黎
6	北京物资学院	王晴、孙婉彤
7	西南财经大学	吴惟、祝贺
8	同济大学	凌文彬、李可扬
9	天津大学管理与经济	王钰杰、刘旭
10	大连海事大学	韩沛秀、曾宪扬
11	中南财经政法大学	周琮沛、孟繁超
12	武汉理工大学	王峥宇、刘建文
13	上海对外经贸大学	曹宗麟、张思悦
14	浙江大学	赵粲、姚丁一
15	东南大学	李书旗、尚优
16	北京邮电大学	胡睿婷、刁俊添

续　表

序号	学校名称	申请人
17	国防大学联合勤务学院	王鹏、李焕柱
18	华东交通大学	刘亚楠、刘志坚
19	广东财经大学	张鑫、罗颖琳
20	江西财经大学	钟乐天、汪华微
21	湖南工商大学	胡一声、陈美君
22	南开大学	史博洋、刘凤致
23	山东大学	王子实、张怡雯
24	东北财经大学	祁春蕾、曹畅
25	上海海事大学	潘佑炫、刘帆帆
26	华中科技大学	宋羿秋、蒙铭友
27	南京财经大学	袁宝欣、汤新灿
28	北京工商大学	江宇、田源
29	浙江工商大学	唐瑾裕、闫斌

二、获"宝供物流奖"名单

获奖等级	获奖项目	获奖者	工作单位
一等奖	《文景国家物流枢纽物贸综合服务平台》	吴俊峰、何斐、周烨、汤毅	上海文景信息科技有限公司
	《纵腾谷仓海外仓智慧全链路管理平台》	—	福建纵腾网络有限公司
	《基于数智化的绿色供应链体系探索》	—	中国移动通信集团广西有限公司
二等奖	《传统汽车物流企业从"两化融合"到"两业融合"转型升级模式研究与应用》	贾科	长春一汽国际物流有限公司
	《物流空间学》	姜旭	北京物资学院
	《中国现代物流治理二十年（2001—2020）》	刘仁军	中南财经政法大学
	《基于泛终端全渠道销售联盟运营的端到端最优交付体系》	李恬恬、王雨宁	中国移动通信集团终端有限公司
	京东物流数字孪生智能决策体系建设与应用》	庄晓天	北京京东振世信息技术有限公司

续 表

获奖等级	获奖项目	获奖者	工作单位
三等奖	《现代冷链物流产业链管理》	张喜才	北京物资学院商学院
	《第三方物流协同平台》	吴浩	德邻陆港供应链服务有限公司
	《基于互联网 SAAS 分布式部署的津西智运管理平台》	—	物泊科技有限公司
	《中国中铁智能验收系统（无人值守）研究项目》	—	鲁班（北京）电子商务科技有限公司
	《物流仓储资源公共服务平台》	张泽建	湖北物资流通技术研究所
	《基于大数据的高效精准汽车物流规划》	—	长春一汽国际物流有限公司
	《基于制造业物流的全链条数字化场景建设探索与实践》	—	重庆长安民生物流股份有限公司
	《基于多层感知器 MLP 的物流高架库系统深度学习优化模型研究》	廖文宇	广东中烟工业有限责任公司
	《数智食材流通信息化平台》	—	上海海鼎信息工程股份有限公司

（中国物流发展专项基金"宝供物流奖"办公室）

2023 年中国物流行业十件大事

1. 在第三届"一带一路"国际合作高峰论坛上，国家主席习近平宣布中国支持高质量共建"一带一路"八项行动，其中，构建"一带一路"立体互联互通网络位列第一项。

2. 国际标准化组织（ISO）正式批准设立创新物流技术委员会（ISO/TC 344），秘书处和国内技术对口单位均设在中国物流与采购联合会。

3. 中央经济工作会议在北京举行，指出提升产业链供应链韧性安全水平。商务部等 8 部门审核公布全国供应链创新与应用示范企业达 250 家、示范城市 33 个。

4. 重大物流基础设施推进建设，截至 2023 年年末，国家发展改革委发布的国家物流枢纽建设名单已达 125 个，国家骨干冷链物流基地 66 个。国家发展改革委、自然资源部评审认定的"示范物流园区"已达 100 家。

5. 在第一届绿色物流与供应链发展大会上，中国物流与采购联合会正式发布物流行业公共碳排计算器，标志着国际国内碳排放互认工作启动。

6. 铁路现代物流体系建设加速，中欧班列十年累计开行超过 7.7 万列，海铁联运高质量发展示范区在浙江成立，西部陆海新通道班列开行突破 9000 列，最高运行时速 250 公里的高铁货运动车组列车正式开行。

7. 跨境电商服务时效持续升级，"全球 5 日达"国际快线等跨境物流产品上线，海外仓、综试区等跨境物流基础设施加快布局，助力中小企业"出海"拓展国际市场。

8. 工业和信息化部等四部委启动智能网联汽车准入和上路通行试点，全国首批无人驾驶货运车辆路测牌照发放。交通运输部制定《自动驾驶汽车运输安全服务指南（试行）》。

9. 由中国贸促会主办的首届中国国际供应链促进博览会在北京开幕，这是全球首个以供应链为主题的国家级展会。

10. 受俄乌局势、巴以冲突及红海事件等影响，国际航运及物流市场价格波动加大，不确定性因素增加，产业链供应链韧性和安全经受考验。

（中国物流与采购联合会）

2023 年中国物流十大年度人物

（以姓氏笔画为序）

姓名	单位与职务
王锋	德邻陆港供应链服务有限公司党委书记、董事长
刘国田	山东港口烟台港集团有限公司党委书记、董事长
李延春	吉林省长久实业集团有限公司党委书记
周正雄	江苏盐城港控股集团有限公司党委书记、董事长
徐信荣	昆船智能技术股份有限公司党委书记、董事、总经理
高翔	中国外运股份有限公司副总经理、首席数字官
唐雄伟	物产中大物流投资集团有限公司党委书记、董事长
盖忠政	聊城盖氏邦晔物流有限公司副董事长
訾胤	海航货运有限公司董事长
魏巍	美团副总裁、美团配送总经理

（《中国物流与采购》杂志社）

2023 网络货运平台 TOP 10

排名	平台/App 名称	运营主体简称
1	路歌	维天运通
2	物泊 56 找货/找车	物泊科技
3	传化陆运通	传化陆鲸
4	G7 易流网络货运平台	G7 易流
5	司机宝	物易云通
6	快成物流/司机	快成科技
7	大易物流	大易科技
8	满易运司机/货主/加盟商	满易科技
9	德邻畅途平台	德邻陆港
10	卡一车物流云平台	卡一车

注：排名主要以各平台前三季度的 GTV、货量、营收、运力规模和中国物流与采购联合会 A 级物流企业评定等级为依据进行计算的综合得分为准。

（《中国物流与采购》杂志社）

2023 物流园区 TOP 10

排名	品牌名称
1	普洛斯
2	传化智联
3	宝湾
4	中储
5	顺丰丰泰
6	安博中国
7	和立东升
8	深国际
9	远洋物流
10	盖世物流

注：排名主要以企业物流园区面积、园区数量、覆盖城市、全年营收等数据为依据进行计算的综合得分为准。

（《中国物流与采购》杂志社）

2023 数智化服务商 TOP 10

排名	企业简称	综合分值
1	路歌	37
2	顺丰科技	34
3	海康机器人	28
4	G7 易流	22
5	海柔创新	21
6	极智嘉	21
7	科捷智能	18
8	凯乐士科技	16
9	普罗格	15
10	鱼快创领	14

注：排名主要以各企业专利数量、服务物流客户情况、全年营收预估数据为依据进行计算的综合得分为准。

（《中国物流与采购》杂志社）

2023 大件快运 TOP 10

排名	企业简称	综合分值
1	顺丰快运	62
2	聚盟共建	57
3	中通快运	30
4	安能物流	29
5	德邦快递	26
6	壹米滴答	22
7	百世快运	20
8	顺心捷达	18
9	永昌物流	14
10	河南宇鑫	9

注：排名主要以企业发布的货量、营收及利润情况等为依据进行计算的综合得分为准。

（《中国物流与采购》杂志社）

第四批农村物流服务品牌名单

序号	省份	品牌名称
1	河北	武安市"交邮下行、电商上行+共同配送"
2		晋州市"商超供销同网 城乡一小时送达"
3		饶阳县"电商平台+特色农业+农户直采"
4	辽宁	法库县"交邮携手同网 助力'鱼梁'通达"
5	吉林	辉南县"打造一站多能农村物流驿站"
6		镇赉县"客货同网+农村电商"
7	黑龙江	富裕县"城乡一体+客货同网+智慧农业"
8		同江市"农村物流+电子商务"
9	江苏	南京市溧水区"交邮快融合，助力城乡发展一体化"
10		常熟市"数字新商超+跨业全融通+城乡广供配"
11		东海县"福如东海、驿往情深"
12		金湖县"交邮快融合 创富'尧乡'家"
13		扬中市"交邮融合+共同配送"
14	浙江	安吉县"畅通城乡网络、助力共同富裕"
15		磐安县"城乡客货邮'BRT'畅通共同富裕农村物流网络"
16		新昌县"新畅达 畅通城乡共富路"
17	安徽	青阳县"交邮融合+快递共配"
18		舒城县"交商邮快跨界合作+共享邮路"
19		亳州市谯城区"交邮融合+农产品融合"
20		芜湖市繁昌区"交邮融合+客货同站+统仓共配"

续　表

序号	省份	品牌名称
21	福建	建宁县"农村客运+农村物流"
22	江西	资溪县"创新交邮共享，助力乡村振兴"
23		芦溪县"农村电商+快递共配+县城商贸"
24		永修县"客货邮融合+统仓共配+电商物流"
25	山东	宁阳县"智慧物流+交快融合"
26		济南市莱芜区"资源融合+客货并网"
27		临沂市兰山区"干支协同+城乡同网"
28		平邑县"商仓流"一体化发展
29	河南	郏县"乐万家·客货邮同网融合发展"
30		夏邑县"特色产业+电子商务+联盟配送"
31		鲁山县"县乡村物流综合体+双网快递融合+客货共配"
32		宝丰县"客货邮融合+快递进村"
33	湖北	宜城市"共同缔造+城乡共享"
34		十堰市郧阳区"四网融合、一体联动"
35	湖南	汨罗市"客货邮融合+电商物流+一村一品"
36	广东	大埔县"电商物流+农村客货同载"
37		翁源县"搭建三级物流体系、力助农品进城"
38	广西	灵川县"客货邮融合+电子商务"
39	四川	高县"红色速递"
40		丹棱县"金通+电商+邮快+"融合发展
41	重庆	巫溪县"农村物流统仓共配+客货兼容"
42	贵州	正安县"交邮融合+新零售+新能源"
43	云南	双柏县"交通+电商+邮政"
44		姚安县"农村客运+客货邮"
45	陕西	镇坪县"邮快合作+一点多能+快递进村"
46	甘肃	康县"交电邮网络共建，城乡统仓统配共享"
47		民乐县"交邮融合+电商物流"
48	青海	湟源县"电子商务+农村物流"
49	宁夏	青铜峡市"公交+邮政快递+电商服务"
50		泾源县"商贸流通+物流整合服务"

（交通运输部办公厅　邮政局办公室）

第四批农村物流服务品牌典型经验

1. 河北武安市"交邮下行、电商上行+共同配送"

武安市依托"四好农村路"建设和建制村100%通客车的运输网络资源，以城乡客运线路为网线，大力推进城乡客运、邮政快递、供销社、农村物流等既有运输网络融合发展，实现资源共享，积极培育"交邮下行、电商上行+共同配送"服务品牌。具体做法如下。

盘活资源，提高效率。采取"利用公交的线路，借助供销社和邮政的点，畅通物流的网"的方式，盘活各类场站资源。一方面有效提高公交利用率，另一方面可以有效促进农村物流的发展。

绿色配送，安全环保。武安市充分发挥建制村通客车率达100%的优势，利用现有城乡公交捎带偏远地域的快件，减少了快递车辆的运输次数，提升安全系数；运营车辆均为电动公交车，尾气零排放，改善生态环境。

畅通循环，振兴乡村。在市委、市政府和市交通运输局统筹协调下，武安市邮政公司与公共汽车公司全面合作，开通了10条客车捎货线路。建成活水乡综合服务站、白王庄村综合服务点，真正做到了一点多能、功能集约、便利高效的农村综合服务站点。

降本增效，惠及民生。武安市推动城乡客货邮融合发展，实现了城乡快递物流要素的双向互通，扩大物流、快递覆盖范围，依托城乡公交车辆代送散件、急件等，为城乡公交、快递、物流、电商企业降本增效。

武安市通过创建"交邮下行、电商上行+共同配送"服务品牌，提升了交通运输基础设施运用效率，促进了快递物流融合高效发展，全市建成村级网点518个，基本实现"村村有网点，网络全覆盖"；城乡客运实现了100%公交化运营，畅通了工业品、消费品入村，农产品进城的"双循环"，成本费用降低20%。

2. 河北晋州市"商超供销同网 城乡一小时送达"

晋州市加快构建配送实体网络，搭建电商平台，基于全域公交、电子商务，大力推进客货邮一体化，积极培育"商超供销同网 城乡一小时送达"服务模式，提高配送时效性，提升农村物流运作效率效益，为全面推进乡村振兴提供有力支撑。

健全体制机制，强化顶层设计。晋州市出台了公共交通发展规划、物流强市行动方案和促进城乡物流发展的政策文件，成立工作专班，强化市领导牵头负责机制，改善横向沟通协调、纵向指导督促的工作机制。通过政府购买服务方式，助力企业发展，推进城乡货运物流服务一体化建设。

完善基础设施，客网覆盖城乡。晋州把惠民公交支线列入路网建设首要依据，夯实通行基础，实现了全域公交、长途班线集约化经营，统筹规划城市公交、长途客运、城乡公交等客运服务设施和运营线路，更好满足人民群众对于城乡客运公共服务的需求。集约管理、规范运营的公交及客运线网满足了群众出行需求，也为客货邮融合发展奠定了基础。

夯实融合基础，创新发展模式。晋州市加快"四好农村路"建设、充电设施建设、物流节点建设和大型物流园区建设，统筹客运公交一体化服务网络，依托县、乡、村各级客运公交站点，布局铺设物流及运输网络，推动客货邮融合和农村电商发展。

整合既有资源，推进融合发展。晋州市充分发挥农业的资源优势，依托农村淘宝项目，探讨利用新零售渠道，加大特色农产品销售，提升品牌知名度，扩大特色产品的知名度和影响力，打造"互联网+品牌"，帮助晋州市优质产品走向品牌化。推动公交公司与邮政公司达成合作，错时货运，邮政快件"坐"着公交车下乡。鼓励公交带货和长途客运底舱运输，打通了从省会到县城、从县城到农村、从省会到农村、从农村到农村的快速物流运输网络。

晋州市通过不断推动农村物流建设，打造市域内一小时流通圈，以物流赋能跑出乡村振兴的加速度。"客运"+"货运"的融合有效填补了快递业的空白，实现了市域内城乡间货物1小时送达，从晋州市域内任意乡村4小时内至省会，为百姓生活提供了便利，为企业发展增加了助力，产生促进就业等社会效益，物流园、农村电商带动创业就业一万余人。

3. 河北饶阳县"电商平台+特色农业+农户直采"

饶阳县整合农村物流资源，通过农村物流网络节点多站合一、资源共享的方式探索"电商平台+特色农业+农户直采"服务模式，建立农产品供应链体系，打造优质农产品从田间直达餐桌的农村物流供应体系。具体做法如下。

建立供应链体系，推动实现农户直采。坚持"政府主导、市场化运作"原则，创新建设机制、产销联结创新运行机制、多方联动创新监管机制举措，搭建互联网生鲜小店"云菜场"，接入收发快递、外卖配送等业务，打造"一店多能"的社区一站式服务综合点。与全国多个地方政府和产地供货商建立合作，实现优质农产品从原产地直达餐桌。

推动农村电商发展，完善电商服务体系。饶阳县实施了三期电子商务进农村项目，总投入2850万元，覆盖197个行政村，配备专人、专用设备、专用场地的村级服务站点和7个镇区仓储站，190台运输车辆。通过创新电商产业发展模式，打造电商品牌，持续优化电商生态圈，形成规模化产业链条。

充分整合既有资源，推进多业融合发展。在品牌培育过程中，主要物流企业免费使用乡镇和村级物流节点，在197个行政村实施电商服务网点物流配送业务，让全县农民分享更多交货邮融合发展红利。

立足农业大县实际，稳步发展高质农业。饶阳县积极扩规模、提品质、延链条，构建了"农业科技联合体"发展模式，全县蔬菜播种面积43万亩，年产各类蔬菜240万吨，实现了"人均一亩菜、户均一个棚"目标，京津市场占有率15%，被誉为"中国蔬菜之乡"和"京南第一大菜园"。

加强信息化建设，提升农村物流信息水平。通过互联网连接农户、生产商、加工企业、批发商、零售商，形成现代的农产品供应链。推动各级交通、农业、商务、供销、邮政等部门将现有信息资源向农村物流企业开放，推动农村物流企业与电商、邮政快递等平台进行有效对接，实现县、镇、村三级农村物流信息资源的高效整合、合理配置。

饶阳县通过培育"电商平台+特色农业+农户直采"服务品牌，整合农村物流市场，改变了农户农产品销售的模式，农产品销售每年达到 13 万单，翻了 10 倍；农产品流通成本从每斤 0.63 元降低到 0.38 元，降低了 39%，每年为农户节省约 160 万元。

4. 辽宁法库县"交邮携手同网 助力'鱼梁'通达"

法库县充分挖掘乡村振兴政策优势，积极探索城乡客货运发展新方法、新路径，以"场站资源共享、运力资源共用、信息资源互通"为重点，通过城乡客运、邮政站点网络、运力资源共享共用，着力打造"交邮携手同网 助力'鱼梁'通达"服务品牌。具体做法如下。

夯实交邮融合发展基础。健全交邮融合发展机制，营造良好发展环境，法库县交通运输局和邮政公司共同推进交邮融合工作顺利进行。及时协调解决交邮融合发展中体制机制障碍，引导客运公司参与农村交邮综合服务，与邮政实现交邮运力共享、交邮场站共用、交邮驿站共建。

构建三级物流网络体系。法库县积极改造客运站，建设县级物流配送中心；统筹利用乡镇客运站、邮政网点等资源，打造多站合一、功能集约、服务高效、资源共享的乡镇农村物流中转站；鼓励农村邮政快递下沉，依托村级

超市、便利店等载体，打造村级物流综合服务点，开通快递进村、进社区、进企业"最后一公里"。

推动交邮融合项目落地。法库县邮政公司在法库县客运站建设分拣大厅，同步建设乡镇级货物安检站点和村级中邮驿站。法库县客运站广场按照设计布局进行改建，改装部分客运车辆，使其满足运输快递的需求，按计划排布线路。邮政公司负责分拣发往各行政村的快递包裹，客运公司承接乡镇邮件末端配送，将农村客运与行政村、邮政网点等城乡资源融合，形成合力共促物流发展，推动实现工业品和消费品入村、农产品进城"双循环"。

法库县交邮融合服务模式开展以来，推进了城乡客运、邮政快递、农村物流等既有网络、运力资源共用，推动交邮等信息共享对接，获得了广大群众的拥护，为企业创收 5500 万元，带动了 220 余人就业。农村客运发挥了天天有车跑、价格较便宜的优势，有效解决了乡村物流"小少散"带来的运输难、成本高、耗时长的问题，实现邮件到村、乘客到家。

5. 吉林辉南县"打造一站多能农村物流驿站"

吉林省辉南县以客运站为载体，积极拓展货运物流、电子商务等服务功能，并统筹利用村屯物流资源，积极打造一站多能农村物流驿站服务模式，探索农村物流经营新模式。具体做法如下。

健全农村物流工作机制。成立由分管副县长、交通运输局局长任双组长，发改、财政、商务、邮政等多个部门共同参与的农村物流发展工作领导小组，小组在交通运输局下设办公室，明确了领导小组成员部门分工，由交通运输局负责统筹推进农村物流发展。

推进客运站转型升级。积极拓展客运站物

流服务功能，完善物流设施设备，推动"客货邮同站"发展，将县级、乡镇客运站转型升级为集客运站服务、物流服务等多种功能于一体的服务平台，推进农村客运、邮政快递、农村物流等既有运输网络融合发展，实现运力、场站等资源共用共享。

打造农村物流驿站。深入乡镇、村屯调研，聚焦农村物流站点不健全、功能单一等问题，提出依托"村村通"优势，以小卖店、超市为载体设立农村物流驿站，规范统一标识、标志标牌，提供电子商务、定制客运、快递揽收等多种服务，畅通农产品出村、进城和农资、农村消费品下乡双向流通渠道。

辉南县推动农村客运站转型升级，依托末端物流网点，积极培育"打造一站多能农村物流驿站"服务品牌，推动实现县域内农村物流三级节点体系全覆盖；鼓励农村物流企业探索运营模式，不断提升农村物流服务品质，提高运营效率。截至 2022 年年底，辉南县建设建制村农村物流合作网点 143 个，覆盖率达到 100%。通过物流车辆、客运运力及社会运力的整合，减少乡镇周转成本及车辆运输成本，极大地提升了配送时效，降低物流配送成本 25% 以上，推动解决了当地 100 多人就业问题。

6. 吉林镇赉县"客货同网+农村电商"

吉林省镇赉县以促进经济发展、服务乡村振兴为目标，以改进和提升农村物流服务供给为主线，结合自身发展实际，积极培育"客货同网+农村电商"服务模式，不断完善农村物流网络节点体系，引领农村物流高质量发展。具体做法如下。

健全工作体制机制。由政府牵头组建物流工作领导小组，交通、邮政、自然资源、商务、农业等相关部门参与，领导小组负责制定方针政策，进行统筹安排，组织协调推进农村物流各项工作。

统筹部署农村物流发展各项工作。制定印发深入推进农村物流高质量发展工作实施方案，围绕构建基础设施网络、整合优化农村运输资源、创新运输服务模式、加强信息化建设等方面部署重点工作和主要任务，着力健全完善农村物流三级节点网络体系，提高农村物流网络覆盖率。

推动农村电商快速发展。深入建设完善农村电子商务配送及综合服务网络，探索建立促进农村电子商务发展体制机制，进一步打牢农产品上行基础，拓宽农特产品网络销售渠道，培育市场主体，构建农村现代市场，打造具有镇赉特色的电子商务新模式。

积极整合农村物流资源。根据邮政快递、电商等行业对配送线路、频次和时效的需求，合理规划运输网络，利用沿途取送、循环配送等模式，开展"定时、定点、定线"的物流服务，为农村地区邮政快递、电子商务、农资农产品销售、连锁商超等企业提供共同配送、集中配送服务，提高农村物流服务的直接通达和覆盖能力。拓展客运站物流服务功能，完善物流设施设备，推动"客货邮同站"发展。

镇赉县通过培育"客货同网+农村电商"服务模式，农村物流网络日益完善，畅通农产品出村进城和农资、农村消费品下乡双向流通渠道，满足农民群众"最初最后一公里"物流需求。通过服务模式创新，运输场站综合利用率提高 50%，单件配送成本降低 20% 左右，带动农民增收约 4 万元。

7. 黑龙江富裕县"城乡一体+客货同网+智慧农业"

富裕县以农村"客货邮"融合发展试点样板县为契机，在实现城乡交通一体化、公交车全覆盖的基础上，发挥企业主体功能，推动农村客货邮融合并举，推广一点多能、一网多用、功能集约、施惠于民的农村运输服务发展新模式，积极打造"城乡一体+客货同网+智慧农业"服务品牌。具体做法如下。

建立建强农村物流工作机制。成立县乡村三级物流体系工作推进领导小组。领导小组由县委常委任组长，交通局局长任副组长，供销、农业农村、财政、经合等多个部门共同参与。

构建县乡村全覆盖物流配送体系。依托黑龙江富裕交通运输有限公司城乡公交主体功能，发挥企业已开通的 10 个乡镇、90 个行政村、300 个自然屯城乡公交体系全覆盖和企业管理等优势，和县域多家快递公司合作，集中分拣、配送，将物品邮件运输至村屯，增强人民群众获得感。

积极推进客货邮融合发展新业态。富裕县鼓励交通运输企业与邮政快递企业合作，积极打造综合服务站，稳步推进农村客货邮业务融合发展，推动实现农村客货邮进村屯业务全覆盖。

打造电子商务三级服务网络。在县城建立电子商务运营服务中心，开展品牌推广运营、线上线下营销、创客人才培训、本地特色馆开设等；在乡村依托现有万村千乡等网点，购置电子商务及电子结算相关设备，构建起了"技术支持+培训孵化+产品对接+品牌建设+网络推广+其他增值服务"的全方位服务模式。

富裕县利用公交车城乡全覆盖的优势，实施农村客货邮业务送件至村屯，解决了富裕县农村百姓"最后一公里"难题，减少农民到乡镇"物流快递"取件或由乡镇"物流快递"送件而发生的费用，每件节省 1~3 元的中间环节费用支出。实现农村百姓足不出屯，邮件直送村屯百姓家，为助力巩固脱贫攻坚成果和实施乡村振兴战略贡献交通力量。

8. 黑龙江同江市"农村物流+电子商务"

同江市不断完善农村物流体系网络建设，以"电子商务进农村"项目为依托，探索"农村物流+电子商务"的发展模式，发挥农村物流的基础性作用，推动乡村产业、特色产业、电子商务融合发展，有力支撑农产品上行和工业品下行。具体做法如下。

加强资源整合。建设集仓储、分拣和配送功能于一体的电子商务物流配送中心，打造物流枢纽和指挥中心；充分利用乡镇邮政网点及农村综合服务站，承担物流上行、分拨配送、组织管理等功能；依托超市、便利店、农村供销合作社、村邮站、农产品购销代办站等，推行"配送+自提"模式。

强化龙头企业培育。以同江市洋名电子商务有限公司为主体，以同江市电商物流中心为载体，依托电子商务物流中心的资源优势，吸引上下游产业及相关物流快递企业集聚。

优化物流运输模式。推动京东物流、圆通快递、韵达快运等 13 家快递物流企业签订合作；规划乡镇物流配送线路 5 条，将货物配送至乡镇村级服务站，再由服务站配送到农户家中。

创新信息技术应用。利用物流智能信息平台，整合城乡快递管理系统、GPS 车辆实时定位系统等，实现包裹的接收、登记、投递、信息、反馈、跟踪查询及质量管理。对接电商企业、从业人员服务和考核信息，让农村群众实时查询货物物流信息。利用条码等技术对货物交易、受理、运输、仓储、配送等过程进行监控与追踪。

同江市通过"农村物流+电子商务"的农村物流发展模式，整合物流快递企业，共同打造县级物流仓储配送体系，降低了物流成本，快递优惠价格降至"4元起送";增加了就业岗位,县乡村服务站点为村民提供就业岗位58个,社区就业岗位10个;增加了农民收入,村级物流快递服务站通过收发件业务,月均可增收300~1000元。

9. 江苏南京市溧水区"交邮快融合,助力城乡发展一体化"

江苏南京市溧水区着力推进城乡物流服务一体化建设,强化消费品下乡进村、农产品出村进城的双向通道作用,以便民、利民、惠民为主线,以"交邮快"融合推进农村物流高质量发展,助力城乡发展一体化。具体做法如下。

健全农村物流发展体制机制。印发农村物流融合发展实施方案,完善农村物流融合发展顶层设计,建设农村物流基础设施网络,创新农村物流运作模式,引导提升农村物流信息化水平;组建以区主要领导为组长的"溧水区农村物流业融合发展领导小组",明确责任分工,细化农村物流发展推进计划。

加强农村物流顶层设计。印发"十四五"现代物流业和枢纽经济发展规划,规划形成"三园、五心、多点"的三级物流节点空间布局;编制省级农村物流达标县创建实施方案,提出明确的创建思路、创建目标和创建主要任务。

强化农村物流网络体系建设。按照"区级、镇(街)级、村级"节点体系构架,建设区级寄递物流公共配送中心、镇(街)级寄递物流公共配送中心以及村级寄递物流综合服务站,形成集约共享、安全高效、双向畅通的三级农村寄递物流体系。

创新农村物流运营服务模式。开通公交代运快件线路,利用城乡公交非高峰时段配送邮政、主要品牌快递,覆盖了6个街镇、途经20个行政村或"村改居"社区;综合利用区级邮政网点、村邮站站点资源,实现邮政、交通系统多站合一、资源共享;布局建设镇、村级电子商务服务点,为当地居民提供产品网上代销代购、日用百货线下体验、网订店取(送)、缴费支付、农村创业、本地生活等服务。

加强资金保障。支持新型农业经营主体建设产地冷链物流等举措,帮助企业稳定发展,实现奖补工作。区财政补助投资100万元,推动区、街镇、村社三级农村物流网络建设、农村物流业技术装备和水平发展。

溧水区经过推广交邮快融合发展,实现了农村物流场站资源共享和"客运+货运"两网合一,实现了全区所有行政村(社区)物流服务点100%覆盖,打通了农村物流快递服务的"最后一公里",极大地方便农民收发快递和邮件,拉动特色产业、农村电商等快速发展,带动农村地区产供销全链条岗位需求迅速增加,激发农村地区就业和创业良好氛围。镇级农村物流服务站提供就业岗位12个,村级农村物流服务提供就业岗位87个。

10. 江苏常熟市"数字新商超+跨业全融通+城乡广供配"

江苏常熟市打造整合农产品种植、农产品加工、农产品仓储、农产品运输、农产品销售于一体的跨业融通本地生态圈,形成了"数字新商超+跨业全融通+城乡广供配"农村物流发展模式。具体做法如下。

建立智慧商超服务体系。积极鼓励和支持农村物流相关企业进行数字化转型,推进政企合作,促进信息技术惠及万家。依托龙头企业立足线下销售,开发集购物、休闲等功能的综合性线上平台,开拓运营小程序等项目,客户在微信群或小程序下单后,通过信息化系统和智能分拣系统实现货物精准分拣,依托三级物流网点完成配送到户。

建立县乡村三级农村物流体系。依托龙头企业建立起"2＋30＋190"的县、镇、村三级冷链、常温物流中心和商超节点，升级智能仓储设施和新能源运输设备，完善实体物流网络，在设施层面实现了常熟全市全覆盖。

强化物流技术应用。发挥龙头企业优势，研发仓储管理系统、订购信息管理系统、视频监控信息系统等，研发农产品溯源系统平台，对全供应链流程实施精细管控；借助机器人及信息化系统升级改造，对物流中心进行智能化改造，将物流中心拣货模式由过去的"人找货"向"货找人"模式转变，提高拣选效率及准确率。

常熟市通过打造"数字新商超＋跨业全融通＋城乡广供配"农村物流发展模式，实现了农产品从田头到商超再到餐桌无缝对接的本地生态圈，帮助农户解决销售鲜活农产品2万多吨，辐射果蔬农田达5万亩，受益农户超过2万户，直接带动了本地农业增产和农民增收；依托三级农村物流网络，在车辆数目总体不变的情况下，单车日均配送里程增长21.2%，单车日均配送量增长26%，单车单位公里运输成本降低15%，促进了农村物流的降本增效。

11. 江苏东海县"福如东海、驿往情深"

江苏东海县通过场站融合、运力共享、模式创新，实现农村物流降本增效，有效提升城乡物流服务一体化水平，以"交邮共建"为抓手，全面推进城乡物流节点设施和服务网络的共建共享，通过"依托现有、盘活资产、择优租赁、优势培养"等手段，精心打造"福如东海，驿往情深"的农村物流品牌。具体做法如下。

大力推进"一点多能、多站合一"的农村物流经营新模式。东海县交通运输局出资将7个客运站升级改造为乡镇综合运输服务站，增设物流功能，引导快递企业有序入驻；租赁洪庄镇沿街房屋作为物流服务站免费供快递企业使用，从而实现17个乡镇物流站点全覆盖。依托人流较多、交通便利的超市、小卖店、党群服务中心等载体，合理布局建设村级物流服务点201个，全县行政村物流网点覆盖率100%，并由县交通运输局出资按照乡镇物流服务站标准完善硬件设施配套。

交邮合作，开行镇村公交带货线路。东海县交通运输局与县邮管局、县邮政分公司签订战略合作框架协议，推进镇村公交代运符合条件的邮快件、农产品等，交通运输部门提供客运站场地，设置物流服务功能，支撑农村物流各类物资的中转仓储、物流配送等。

以"交邮共建"为重点，加快推进多模式融合和创新。重点推进"交邮共建"，综合利用县交通运输局公交客运资源和邮政管理局网络资源推动交邮融合。从2019年9月起，以平明镇客运站作为试点，在镇村公交上统一设置快递专柜，从乡镇带运快递小件、农产品到7个偏远村供配点。依托国家电子商务示范基地东海水晶城，推动"农村物流＋水晶"融合。

通过创建农村物流品牌，东海县充分利用邮政、快递、供销和交通系统的农村客运站、公交车辆、公交线路等资源，实现客货同网，由各快递加盟商通过小货车配送，优化为镇村公交代运快件模式，每件折合成本降低约52%，效率提升超过20%。

12. 江苏金湖县"交邮快融合 创富'尧乡'家"

金湖县秉持"一站多能、多点合一、业态融合"的发展理念，把推进城乡物流一体化和快递进村作为保障和改善民生的重大工程，大力推进交邮社融合、站商融合、快递共配的发展模式，打造 100% 全覆盖的县、镇、村三级物流服务体系，做到县有"智慧中心"、镇有"便捷网点"、村有"贴心服务"。具体做法如下。

推动"农村物流+党建"融合发展，构建农村物流基础网络。依托村党群服务中心改建成为村级农村物流服务点，实现专线、专人、专账、专业化管理，持续提升服务质量和效率。同时县委组织部出台开展村（社区）党群服务中心"开门七件事"活动的通知，明确开展"让我帮您收快递"活动，为村民提供代收快递服务。

推动"农村物流+客运"融合发展，实现"快递到村一日达"。加强客运企业与邮政、韵达、中通等 7 家快递企业合作，将 2 个闲置客运站改造成为综合运输服务站，开通 10 条交邮融合货运专线，同时成立第三方共配公司，共享场站资源和设施，公交带邮快件直投，线路日均配送约 550 件，实现金湖县"快递到村一日达"。

推动"农村物流+互联网"融合发展，以科技赋能产业升级。打造集商办配套、快递分拨、大件集配、冷链仓储于一体的智慧物流园区，包含农产品仓储保鲜冷链物流设施。搭建金湖农村智慧物流系统平台，包含车辆管理、物流管理、运营管理和数据分析等功能，有效实现农村物流"一站式"管理。

推动"农村物流+电子商务"融合发展，培育农村产业新动力。金湖县电子商务公共服务中心打造"一网多用、双向流通、供销并举、综合经营"为特色的电商平台，基于县域商城"金湖严选"开展一系列直播活动，成为农产品产业链发展壮大的催化剂。

金湖县通过推动交邮社融合发展，真正打通了农村物流"最后一公里"的瓶颈，快递运输成本同比下降约 16%，配送效率同比提升约 20%，有效带动就业 3000 多人，实现了县域经济效益和社会效益"双丰收"。

13. 江苏扬中市"交邮融合+共同配送"

近年来，扬中市积极打造"交邮融合+共同配送"农村物流服务品牌，全力破解民生难题，积极助力乡村振兴，探索出一条以"交邮社"深度融合促经济社会转型发展的新路径。具体做法如下。

聚焦推进场站建设，着力形成全覆盖运营体系。构建"县乡村"三级物流网络，即县级物流中心、镇级物流站、村级物流点。县级层面，建立 1 个农村物流和电商运营中心；镇级层面，对既有客运站和物流站点进行改造，形成 6 个集客运、快递、邮政、电商等功能于一体的综合运输服务场站；村级层面，建设 42 个菜鸟驿站、162 家"邮乐购"加盟店、58 个公共快递自提点和 43 个快递智能柜。实现了所有乡镇和行政村货运物流、邮政、快递等农村物流服务全覆盖。

聚焦整合运力资源，积极提供更便捷物流服务。将客运运行网和物流配送网有机结合，开通 6 条城乡公交线路代运邮件快件，并对公交车辆设置邮件快件周转区，有效缓解了农村客运车辆空载的压力，提升城乡公交运营效益，降低快递企业平均配送成本 30% 以上，快件配送效率较以往提高 30% 以上，降本增效成果显著。

聚焦创新发展方式，有效夯实多路径配送机制。打造"快递+商超""物流+商超"服务模式，衔接"农村小市场"和"城市大市场"。由扬中江天客运公司牵头，联合邮政公司、"四通一达"等快递企业合资成立烁达城市配送有限公司，共用分拨场地、共享配送车辆，形成快递资源集聚效应和规模化运输配送，共网共线共配，实现"人在家中坐，快递到门口，不出村里头，产品就运走"。

扬中市通过发展"交邮融合+共同配送"农村物流模式，进一步畅通了农村地区农产品、农副产品和工业品的对外流通渠道，带动农村地区相关产业的发展，拉动经济增长，真正实现"消费品进村最后一公里、农产品进城最初一公里"。农村物流发展促进农村电子商务的发展，推动产生新的就业岗位和创业方向，增加群众创业就业机会。据统计，扬中市三级物流网络的建成，已直接带动从业人员 5 万余人，间接带动就业岗位约 7 万人，居民生活品质得以稳步提高。

14. 浙江安吉县"畅通城乡网络、助力共同富裕"

浙江省安吉县贯彻落实乡村振兴、共同富裕等重大决策部署，坚持把促进农村物流发展作为乡村能级提升和城乡协调发展的重要支撑内容，加快农村交通基础设施建设，持续完善农村物流体系，有效解决农村物流体系的末端服务能力不足、基础设施薄弱等问题，探索形成了"畅通城乡网络、助力共同富裕"服务模式。具体做法如下。

统筹谋划，强化政策支撑。制定出台农村物流发展专项规划、客货邮融合发展工作方案等政策文件，集聚交通、财政、邮政等 27 家单位力量，共同组建专班，形成多部门各司其职、协同推进的工作机制。连续 9 年将促进农村物流发展列入政府中心工作，并纳入政府绩效考核。2018 年至今，累计下发补助资金 780 万元，至 2025 年，计划对农村物流发展落实补助资金 1180 万元。

提质增量，推动资源融合。在 187 个行政村全覆盖的村级物流点基础上，全面集成寄递、政务、金融、缴费等功能，加大民生服务

供给，改造提升乡镇综合运输服务站，打造"一点多能"村级物流点。同时，全面升级分拣中心，实现快递分拣 1.2 万件/小时；投入 25.3 亿元启动数字物流港建设，提升物流共配效率和仓储能力。

创新服务，叠加多网优势。充分发挥城乡公交覆盖面广、班次密、费用低等优势，实行"公交客货一体化"配送，开通 13 条城乡客货公交一体化班线。针对特色产业，设置特色运输专线（"春茶专线"）；同时依托县内企业冷链运输闲置运力，打造 1 条共享冷链专线，并创新共同配送和夜间配送。以邮政公司为运营主体，整合"三通一达"等 6 个快递品牌，组建"两山"快递联盟，确保农村物流"最后一公里"畅通、高效、有序。

优化配置，实现数字支撑。利用安吉县综合交通智慧平台，并发"城乡公交物流系统"，将各个共富驿站所处行政村、客货邮一体化公交班线、邮政配送专线等数据整合，实现农村物流信息共享，做到全程可追溯。

安吉县通过"畅通城乡网络、助力共同富裕"发展模式，将农村快递投递频次提升了一倍，企业配送成本下降40%，精准投递率提升50%，年节约成本 1200 余万元，确保农产品当天寄出，实现长三角地区、北京、广东等主要地区和城市"次日达"，农产品进城效率和数量实现"双提升"。

15. 浙江磐安县"城乡客货邮'BRT'畅通共同富裕农村物流网络"

为破解农村物流"最后一公里"的难题，磐安县立足实际，积极探索农村物流服务新业态，打造"城乡客货邮'BRT'畅通共同富裕农村物流网络"服务品牌。具体做法如下。

多方合作，推进客货邮融合发展体系建设。创新采用"一次性投入+周期性扶持+市场

化活血"的资金保障政策,建设农村物流客货邮融合发展体系。县交通运输局成立客货邮融合发展工作专班,出台实施方案,制定衔接标准,落实支持政策,促进邮政、客运、快递、批发、电商等合作,组建"邮政+公交+民营快递"的客货邮融合发展联盟,建立客货邮融合物流服务联盟化、市场化、常态化的稳定畅通机制。

多层衔接,解决农村物流"最初和最后一公里"。采取"县城、乡镇、节点村、网点村"等多层衔接方式,建设县域物流共配中心1个,镇级"一站多能"综合服务站6个,村级"一点多能"物流服务网点50个,村级末端物流服务网点216个,布设5条客货邮融合专线,畅通城乡客流、物流、信息流,有效解决农村物流"最初和最后一公里"。

多业融合,促进乡村振兴和共同富裕发展。采取"客货邮+"的融合带动模式,围绕乡镇所在地和旅游民宿村、农业特色村、商业中心村布局建设"一站多能"综合服务站和"一点多能"村级物流服务网点。客货邮融合发挥出带动"新引擎"作用,促使旅游民宿村转型升级为O2O电商村,农业特色村转型升级为农特产电商村,商业中心村转型升级为综合服务村,推进了磐安药材、茶叶、香菇、香榧、高山茭白等农业特色产业发展。

数字引领,提高农村物流智能化服务水平。建设包括寄收便民、运力调配、运力共享、集约运输、多业共网、统计监管等应用场景的客货邮BRT系统,一码贯通实现全链条物流服务和监管。

磐安县通过发展"城乡客货邮'BRT'畅通共同富裕农村物流网络"农村物流模式,全县已建成"县城共配中心、镇物流联运站、村物流服务点"县乡村三级物流服务体系。通过

客货邮融合系统进行共配邮件110.28万件,助力农特产品出村销售3875余万元。邮政、公交、快递等运营成本明显下降,城乡快件到达时间由48小时缩短至12小时,单件寄递成本由5.0元降到1.5元。客货邮融合物流网络全县域覆盖,快件村村通率达到100%,有效解决了农村物流"最初和最后一公里"问题。

16. 浙江新昌县"新畅达 畅通城乡共富路"

新昌县围绕破解农村物流运力覆盖不足、城乡公交乘坐率低等难题,以资源共享、客货兼顾、运邮结合为原则,推进农村客运、货运、邮政快递共享站场运力资源、共建运输服务网络,打造"新畅达 畅通城乡共富路"农村物流服务品牌,推动新昌客货邮融合发展,实现"快递进村、山货入城、村民共富"。具体做法如下。

优化顶层设计,完善农村物流体系建设。成立客货邮融合发展工作领导小组,出台农村物流发展规划(2022—2025)等政策,统筹规划引导城乡公交和农村物流资源集约整合,形成"工业品下乡、农产品进城"双向流通体系;设立配套补助资金支持企业建设城乡集约化配送、公共冷链等项目。2022年,重点对县级共配中心自助化分拣项目、乡镇邮政分拨中心和村级末端网点进行补助达526万元。

优化网络节点,激发农村物流运营动能。打造"多站合一"综合运输服务站和"一点多能"农村物流服务点,让村民"足不出村"享受均等化服务。全县共建成县级共配中心2个,镇级客货邮综合运输服务站5个和村级物流服务点253个;围绕村镇产业布局,配置带有行李舱城乡公交20辆,开通客货邮融合特色班线。截至目前,已开通客货邮合作线路8条,特色农产品运输线路3条。

优化特色服务，畅通城乡经济双向循环。建设"新畅达"数字化"一屏掌握"应用场景，实现配送信息数字化、配送线路合理化、配送流程信息化，有效提高物流服务水平；面向旅游景区，因地制宜打造特色服务点，提供旅游包裹寄送存储、农特名优产品销售、民宿伴手礼等物流服务。

在"新畅达 畅通城乡共富路"模式下，有力推动了新昌县农产品上行和工业品下行，促进了降本增效。今年上半年，累计进村货物约97.5万件，出村件约12.8万件。其中，农产品约3万件、产值约258万元；每月城乡公交带货进村件约3万件，客运企业增收约1.5万元，邮政快递公司下降成本约5万元。

17. 安徽青阳县"交邮融合+快递共配"

青阳县以资源共享、客货兼顾、交邮结合、融合发展为原则，构建便民利民、经济高效的县乡村三级农村物流节点体系，打造"交邮融合+快递共配"服务品牌，为服务乡村振兴提供有力支撑。具体做法如下。

仓储资源融合，降低物流配送成本。整合青阳县汽车站闲置站房等资源，投资400余万元改造建成青阳县物流集散中心，入驻物流企业70余家、快递公司5家，货物日吞吐量2000余吨，坚持快递统仓共配、抱团发展理念，合理设置物流配送点，平均降低配送成本约30%，奠定了"客货同网"基础，保障物流快递的便捷畅通。

设施资源融合，完善农村物流体系。综合开发乡镇交通、邮政、供销、农村代销等资源，新建乡镇交通综合服务站3个、村级综合服务点147个，打造集快递驿站、公交客运、邮政服务、农特产品仓储等于一体的综合便民服务中心，农村物流服务点村级覆盖率100%，村便民服务中心日均处理邮件快件1100余件，

打通了农产品进城"最先一公里"和快递进村"最后一公里"。

运力资源融合，提升运力资源价值。创新"交邮融合+"方式，整合全县39条乡村公交线路和147个快递服务网点，改造公交车厢设立邮件快递专区7个，建成"客货同网"，开通6条客货邮合作线路，采取"客运带件"模式，每个班线月新增营收2000余元，有效解决农村公交与快递物流"运营难、效益差、巩固难"问题。

线上线下融合，优化平台功能配置。依托网络平台实现人、货、站、线、点与运力资源智能匹配、柔性配置，不断提升客货同网、资源共享的城乡客流、物流、商流、信息流等多流合一的服务水平，促进了群众出行、快递物流、农村电商、农业产业四个领域融合发展，激活了全县乡村振兴"一池春水"。

青阳县通过打造"交邮融合+快递共配"品牌，推动"城乡客运+农村物流+邮政快递"融合发展，增加了公交客运收入，巩固了脱贫攻坚成果，真正实现农村物流降本增效，为乡村振兴增添新动能、焕发新活力。在农村物流支撑下，全县农村电商利益联结机制带动项目8个，带动脱贫户172人，人均月增收1135元。

18. 安徽舒城县"交商邮快跨界合作+共享邮路"

舒城县通过交通运输、邮政、商务、供销等部门协同配合，多方联动，打造开放共享的农村物流配送网，形成了"交商邮快跨界合作+共享邮路"的服务模式，降低物流成本，畅通农产品上行通道，以实际行动助农惠农、服务乡村振兴。具体做法如下。

建立机制，明确部门分工。制定实施方案，建立协同机制，明确县交通局、邮政管理

局、商务局、供销社等部门分工，压实各方责任，形成"政府主导、部门联动、社会参与"的客货邮融合发展工作格局。

企业"抱团"，共享下村邮路。由多家快递企业联合成立舒城县舒州物流有限公司，会同邮政公司共建农村网点，共享网络、共享配送。同时，通过邮政"私车公助"方式，解决"最后一公里"问题。

客货共网，开拓"公交帮你带"业务。依托现有公交网络、运力、基础设施，充分发挥城乡公交通村达组的网络优势，开拓"公交帮你带"业务，把快递物品通过城乡公交投递进村，实现当天送达。

以商养运，降低网点成本。推动快递进村与电信进村、便利店进村及再生资源超市进村合作，建立村级综合服务网点，辐射周边村镇，实现资源共享、优势互补，末端网点叠加电信网络服务、日用品零售等业务，降低网点运营成本。

立足特色，实现助农惠农。积极推动电商平台、快递企业与农业合作社、农业企业合作，通过直播以及微商等带货方式，由快递企业通过"驻村设点""集中收寄""直配专线"及"供应链管理"模式进行揽收，2022年业务量达63.7352万件，带动就业60余人，帮助近40家贫困户实现年均增收8000元以上。

舒城县"交商邮快跨界合作+共享邮路"农村物流服务模式，大大促进了农产品上行和工业品下行，实现了降本增效和增收创收。通过邮政"私车公助"方式，下行派件由0.8元/件下降为0.5元/件，降低了物流成本；"公交帮你带"业务推动下村件配送成本降低0.2元/件，并实现当天送达；各村级网点日均收入约300元，降低网点运营成本。

19. 安徽亳州市谯城区"交邮融合+农产品融合"

亳州市谯城区积极探索"交邮融合+农产品融合"的农村物流运行模式，畅通货物城乡双向流通渠道，让广大农村地区、众多农民共享发展成果。具体做法如下。

强化政策引领，为创新发展"保驾护航"。建立政府统一领导，多部门共同参与的协调联动机制，把交邮融合作为保障和改善民生的重大工程，纳入年度政府为民办实事项目统筹推进。在站场设施建设改造、邮政和快递末端网点建设、车辆装备淘汰更新等方面给予政策支持和倾斜。

加快场站建设，完善三级物流体系建设。全区21个乡镇均规划建设集电商、物流、快递、公交停保、乘客集散、仓储、农产品展示等多功能于一体的综合运输服务站，构建"区为中心、镇为支点、村为末端"的三级农村物流网络体系，实现"一站多用，一站多能"。

发挥联动优势，促进共享资源同步发展。推动区域内交通、邮政、快递网络节点共建共享，完善农村物流共同配送服务规范和运营机制，实现统一仓储、分拣、运输、配送、揽件。通过订单农业、产销一体，共用分拨场地、乡村末端门店，利用公交等配送，实现"小件坐公交，大件走物流"，形成快递资源聚集效应和规模化运输配送。

"规范+服务"，创新打造特色品牌。以"暖心快送"为服务载体，围绕交邮融合节点规划布局、站场功能配置、运载工具、线路经营、收寄交付、仓储保管、中转分拨、时效要求、安全管理、信息查询、结算方式、纠纷处理及赔偿等方面发展要求，按需制定交邮融合改革发展服务规范，推出定制化服务产品，提高农村物流服务标准化、规范化水平。

通过打造"交邮融合+农产品融合"模式，

谯城区已开通市区到乡镇公交邮路 16 条、镇村邮路 4 条，公交公司年增加营业收入 100 余万元，快递企业年减少运输成本 60 余万元，促进物流降本增效，实现农村物流支撑乡村振兴，让广大农村地区、众多农民共享发展成果。

20. 安徽芜湖市繁昌区"交邮融合＋客货同站＋统仓共配"

繁昌区积极推广交邮融合，发展"交邮融合＋客货同站＋统仓共配"，依托三级物流共配服务中心，创新"三同"模式，打通农村物流"最后一公里"，构筑城乡物资双向便捷流通通道，为乡村振兴提供有力支撑。具体做法如下。

健全三级农村物流体系。将繁昌客运中心候车大厅及 2500 平方米闲置空地改造为数字繁昌智慧物流园，完善智慧物流园三级物流统仓共配中心和 5 个乡镇综合运输服务站、89 个村级综合运输服务点配套设施建设，实现共配中心与农村公交车零距离接驳，降低物流成本、提高派送时效。

推动交邮快融合。利用公交全覆盖的运输网络优势，创新推出"快递坐公交到农村"统仓共配模式，通过智能排线、标准化实施、在途监控等手段，在农村公交上设置邮件快件周转区，驾驶员"兼职"快递员，实现客货同网。

强化资金保障。在寄递物流共配中心建设、乡镇邮政局（网点）改造、邮政车辆更新、"快递进村"末端网点建设等方面给予资金补贴达 300 万元，有效促进农村寄递物流与电商协同发展。

芜湖市繁昌区"交邮融合＋客货同站＋统仓共配"农村物流发展模式逐渐成熟，"快递乘公交"实现到村成本 0.12 元，乡镇快递配送

成本从每件 0.9 元降至 0.6 元，对促进城乡融合发展，助力乡村振兴，建设宜居宜业和美乡村发挥了重要作用。同时，设施资源融合促进了服务乡村居民基础设施的完善和发展，盘活了闲置站场资源，站务员转岗为快递员和物流管理员，为员工提供了再就业渠道。

21. 福建建宁县"农村客运＋农村物流"

建宁县统筹客运、邮政、快递资源，探索交邮融合发展的可持续经营方式，打造"农村客运＋农村物流"模式，实现设施资源共建共享、运力资源互补互用，将物流快递服务延伸至村级，支撑农村地区产业转型，助力乡村振兴。具体做法如下。

健全工作机制。县交通运输局成立客货邮融合发展工作专班。优化人员配置，工作专班由交通局局长负责，副局长、运输中心主任、邮安中心负责人等相关人员组成，压实工作责任，确保工作有人管、有人抓。

强化资金保障。建立政府运营补贴机制，对客货邮合作线路中正式运营的新能源车辆按 2000 元/辆/月予以补助，稳定农村运输补贴资金渠道；完善运营考核机制，将通勤率、线路及站点运营情况、服务质量、满意度等指标量化考核、动态奖补，实现农村客货邮服务水平稳步提升。

补齐基础短板。投入 60 万元对乡镇综合运输服务站、邮政快递村级网点、村村通车辆等基础设施进行升级改造，实现统一标识、统一硬件设备、统一信息平台、统一服务标准。

创新运营模式。引导邮政快递、电商、供销等企业入驻乡镇运输服务站，实现"多站合一、一站多能"，构建互帮互助、互融共存的运营合作新模式，统筹解决农村群众出行、邮政快递进村"最后一公里"难题。

整合企业资源。由中通、圆通、申通、韵

达、极兔、丰网等寄递品牌整合成立建宁县菜鸟快递有限责任公司。以中国邮政建宁县分公司为主体，充分利用邮政的城乡网络资源优势，与菜鸟快递公司进行合作，整合双方的乡镇代办点与工作人员，实现乡（镇）到村的包裹邮件统一由邮政快递公司传递，全面推动"快递进村"，实现全县邮件100%建制村投递到位。

建宁县通过打造"农村客运+农村物流"运营模式，快递配送至村级末端网点由3天缩短至1.5天，寄递首重价格下降20%，惠及农户15000人扩展至22000人，全县日均派件量从12000件提高到19200件，全年为群众节省快递取件费160余万元。

22. 江西资溪县"创新交邮共享，助力乡村振兴"

资溪县按照"多站合一、资源共享、功能集约、便利高效"的思路，推进农村客运、货运、邮政快递融合发展，打造"创新交邮共享，助力乡村融合"服务品牌，通过政企合作模式，实现快递进村、山货进城，带动农民增收致富，助力乡村振兴。具体做法如下。

构建三级物流网络。有力推进"多站合一""一站多用"的县乡村三级物流体系。已建成1个县级物流集散中心，所有乡镇均建立客货邮综合服务站，并利用村委会、小卖部等场所，所有建制村均设立农村客货邮融合服务点。

降低到村快递成本。发挥城乡公交覆盖面广、费用低等优势，利用三级物流服务体系，小件快递公交送，大件快递专车送，实现"快递12小时进村"，到村快递成本降低40%以上，公交收入提升20%。

打通农产品"上行"通道。为解决小批量农产品销售、运输难问题，县政府与企业合作

开发"资溪生活"App，设置地方特色农产品电商交易平台，鼓励农户种植和上门采购模式，并提供运输、包装、销售、物流等一站式惠农服务，搭建全县优质农产品从农民到消费者的"网络桥梁"。

江西资溪县通过"创新交邮共享，助力乡村振兴"模式，依托资溪客货邮平台，通过整合公交、物流、快递、电商资源，节约了设备、能源、人力等各方面支出，利用公交做运输工具，可实现当日多频次往返运输，物流费用节约50%。

23. 江西芦溪县"农村电商+快递共配+县城商贸"

芦溪县按照"一点多能，一网多用，深度融合"的原则，积极探索农村物流发展新路径，形成了"农村电商+快递共配+县域商贸"的农村物流服务模式。具体做法如下。

加强顶层设计。出台县域物流配送体系建设发展规划和县域物流体系建设发展实施方案等相关政策，对县乡村三级物流体系的建设、资源整合联动、市场主体培养等方面进行统筹规划。

完善物流基础设施。建设集货源信息、运力资源、过程监控、线上交易、线下服务、物流管理系统等功能为一体县级物流园区，并引进中通、申通、韵达、圆通、极兔等多家快递企业入驻园区。建设预冷库、冷藏库、冷冻库、气调库等设施，为实现互联网+特色农产品出城提供基础条件。

推进农村电商数字化集配体系建设。建设县级物流数字化运营平台，集约OMS系统、WMS系统、TMS系统、进销存管理系统和线上商城等模块，实现人、货、仓、车、信息、网点等资源整合共享，打通多种信息系统各自孤立、数据不连、接口不通的瓶颈，实现数据

交换共享、信息互联互通的智慧化管理，促进城乡物流数字化转型升级。

打造客货邮融合发展样板。利用班线资源开展了客邮结合，将邮政现有邮路和乡镇公交客运专线相融合，开展下行乡镇的邮件运输，缩短了邮件在途时间，重点做好农村市场的服务平台打造，构建资源信息共享，共同推进快递进村。

芦溪县"农村电商+快递共配+县域商贸"新模式有效缩减农产品进城和消费品下乡耗时。通过快消品统仓共配的方式，增强县域商业辐射能力，配送覆盖面提升了36%，效率提升70%，成本降低20%，有力推动消费品下行和农产品上行，构建了城乡双向循环的良好发展态势，直接增加就业岗位120个，间接带动创业就业1300人。

24. 江西永修县"客货邮融合+统仓共配+电商物流"

永修县着力推进"客货邮融合+统仓共配+电商物流"农村物流发展模式，不断完善农村物流网络体系，整合各类货源，促进交通、邮政快递、电商等多产业与农村物流融合发展，拓宽了农特优产品进城、工业品下乡的渠道，助推乡村振兴战略实施。具体做法如下。

建立三级农村物流体系。充分利用县客运站既有场站资源，按照"多站合一、一点多能"的原则进行改造，与邮政、快递公司等实现场站共建共用。完善县乡村三级物流网络节点基础设施建设，在18个乡镇设置综合运输服务站，在145个行政村依托超市、便利店、农村供销合作社、农产品购销代办站等设置了村级物流服务点，并在36个偏远村村级服务点配备了面单机等自助邮寄设备，实现"县城有分拣、乡镇有网点、村村通快递"，打通农村物流"最先一公里"和"最后一公里"。

整合运力资源。发展客货同网，推行"快递坐公交"，由镇村公交运输企业作为配送主体，利用镇村公交运力资源，实现邮件由镇村车辆代运，将快递"低成本、高效率"运送至村级服务点。开通物流快递专用车，对部分农村物流服务需求较大的乡镇，采用"镇村公交+专用物流车"相结合的运输方式，配置5辆物流快递专用车，充分发挥对货源、车辆、配送线路的集中调配优势，降低物流成本，提高运输效率。

创新服务模式。推进农村客运与邮政、物流快递融合发展，投资2000多万元建设县农村物流集散中心，新建4000平方米农村物流仓配分拣中心，整合邮政、快递等物流资源，构建"集中分拣、统仓共配"的农村物流配送体系，日分拣邮件快递量约占全县邮件快递总量的80%。

永修县通过农村"客货邮融合+统仓共配+电商物流"融合发展，完善了农村物流配送服务体系，拓展农产品上行物流通道，带动农村物流降本增效，快递单件运送成本下降40%以上，每年节约快递物流成本200余万元。进一步激发了农民发展种植业和养殖业的积极性，带动了当地其他产业的发展。

25. 山东宁阳县"智慧物流+交快融合"

宁阳县通过推进交通运输与快递融合发展，打造以公交资源为载体、多家快递企业共同配送的"智慧物流+交快融合"农村物流服务品牌。具体做法如下。

构建完善场站网络。县城建成菜鸟智慧物流园区。利用交通执法中队部分房产，建设集客运服务、物流快递收发、仓储功能于一体的乡镇客货邮公共服务站。利用村级党群服务中心、村（社区）委会办公场地、供销网点、商超等，建设村级末端共配服务点。通过"市场主导、镇村兜底"的方式，加快实现行政村快件收发服务全覆盖。

实现运力集约共享。整合 4 家快递企业（圆通、申通、丰网、韵达）与阿里巴巴菜鸟乡村签约成立第三方共配企业，实现农村物流企业集团化、连锁化、网络化发展。开通 12 条客货邮融合线路，投入公交车 30 余辆，替代了快递配送原有运力，实现了乡镇分拨中心到建制村间的物品寄送。

打造数智平台。开展物流"新基建"，建设菜鸟智慧物流园区、城乡一体化共同配送中心、镇村末端共同配送网络、农货上行供应链优化工程、农村物流数智化建设等项目，目前申通、圆通、韵达、丰网、极兔等 10 余家快递物流企业入驻园区，形成县级共配物流园区。

宁阳县通过打造"智慧物流+交快融合"，畅通网货下乡、农货上行双通道，实现农村共配标准化和数字化。全年可达销售收入 1.8 亿元、税收 500 万元、解决就业 300 人。

26. 山东济南市莱芜区"资源融合+客货并网"

莱芜区整合利用平台、站点、运能、服务等资源，通过节点网络共享、末端线路共配、运力资源共用等方式，构建"一点多能、一网多用、多点合一、功能集约"的农村寄递物流体系新模式。具体做法如下。

组建商业化运营主体。充分发挥客运、快递、货运等企业优势，共同组建公司和专业运营团队，统一使用"快莱小铺"店标，统一规范建设和运营管理，打造乡村版"菜鸟驿站"。

构建农村三级物流体系。融合电商、云仓、快递等功能高标准建设鲁中快递电商生态园区，以及 12 个镇级服务中心、200 个中心村、N 个村级服务点，构建起"1+12+200+N"的区镇村三级农村物流体系，实现快递进村全覆盖。

建立农村物流配送体系。融合各方资源优势，构建起以"交快合作""客货并网"为主，以"小哥直投""邮快合作""中心村配送"等多种投递方式互补的农村快递配送体系。统筹解决了农民群众幸福出行、物流配送、邮政寄递三个"最后一公里"和农产品进城"最初一公里"问题。

济南市莱芜区"资源融合+客货并网"的快递进村新模式，推进了城乡快递服务均等化水平，实现了下行快件当日达、上行快件当日发。农村快递量同比增长 3 倍以上，寄递效率提高 70%，单票运输成本下降了 35%，区镇村三级网点收入增加了 15%。同时，打通了农产品上行新渠道，年销售优质农产品近 10 万斤，站点增收近 2 万元，当地村民年增收近 3 万元。实现了短途快件"朝发夕至"，畅通了农产品"早上在树上、中午在路上、晚上在桌上"的区内微循环。

27. 山东临沂市兰山区"干支协同+城乡同网"

近年来，兰山区深入落实临沂市乡村振兴"三步走"战略，以乡村振兴为统领，大力发展都市型现代农业，深挖人文、旅游特色，积极培育"干支协同+城乡同网"农村物流发展模式，助力农业增效、农民增收。具体做法如下。

构建"商仓流配"物流体系。兰山区针对地域特色产业，利用通达全国商贸物流体系和物流网络，聚焦"商、仓、流、配"环节，引导专业合作社、乡镇供销社及快递物流企业资源共享，打造"合作社+基地+农户"的现代运营模式，大力发展智慧物流、智能仓储、共享云仓，构建完善农村物流配送体系。

大力推进多业融合发展。兰山区按照"资源共享、多站合一、功能集约、便利高效"的原则，持续推进交通运输与邮政快递、电商、供销等深度融合发展，在网络设施、运力资源、电子商务、品牌服务等方面推进资源整合和共享共用，三级物流网络不断健全。

着力提升信息化水平。兰山区积极搭建城乡高效配送公共信息平台，完善配送车辆信息、交易、管理等服务功能，搭建面向中小物流企业的信息服务功能，促进配送需求和运力资源的高效匹配，形成以重点企业为主体的多层级信息化服务网络体系，促进城乡配送上下游企业和公共信息平台互联互通，推动跨区域、跨行业的仓配信息融合共享，满足城乡物流配送需求。

临沂市兰山区"干支协同+城乡同网"农村物流发展模式逐渐成熟，干线规模经济效益充分释放到末端物流网络，高时效、低成本辐射全国的农村物流服务已成为兰山区的"名片"，为改善农民生活水平、为经济长期平稳发展提供了有效保障。2022 年，兰山区日均发送货物 174 万件，占全市发货量的 45%，新增4000 个就业岗位，带动农民增收。

28. 山东平邑县"商仓流"一体化发展

平邑县多渠道整合县域物流快递资源、搭建物流信息交互平台、完善三级共配体系建设，按照以"商"配"仓"的思路，推进"商仓流"一体发展推进，着力构建现代物流体系。具体做法如下。

健全工作机制。平邑县成立由分管副县长为组长，发改、商务、交通运输等多个部门及14 个镇街共同参与的促进"商仓流"一体化推动物流业高质量发展领导小组，制定物流业的政策、战略和规划，统筹推进全县现代物流高质量发展。

健全三级节点体系。通过整合全县物流资源，已形成了"县级物流中心为核心、镇级物流节点为枢纽、村级物流网点为末端"的现代物流体系。目前，已建成 1 处县级农村物流分拨中心、13 个镇级快递物流配送中心、537 个村级快递物流服务网点。

推动信息化发展。搭建"平邑县电子商务进农村电商物流信息交互平台"，实现快递配送和农村农副产品供求信息的及时、准确和畅通，补齐城乡信息流不对称的短板。利用数字化供应链技术，实现高效周转、仓储发货一体化。

推动模式创新。平邑县依托县电商产业园，整合交通运输、邮政快递、电子商务资源，推动客货邮、快快合作、快邮合作等多种运输组织模式快速发展。

平邑县通过培育"商仓流"一体化发展农村物流服务品牌，有效整合了农村物流资源，推动农村电商快速发展，促进了多业态交汇、物流降本增效，通过优化调整线路，单件快递上行省内成本由 12 元降至 10 元，省外成本由15 元降至 12～13 元。同时，提高了农村居民收入水平，取得了较好的经济社会效益。

29. 河南郏县"乐万家·客货邮同网融合发展"

郏县打造"城乡客运+农村物流+邮政快递"的交通运输和邮政快递协同发展新模式，实现农村区域物流高质量发展，加快了城乡人流、物流的互动，惠农利农强农，助推乡村振兴战略加快实施。具体做法如下。

夯实融合基础。立足郏县特色产业发展需求，整合现有资源，统筹城乡客运服务网络，打造集客运公交、货运物流、邮政快递等功能于一体的服务体系，切实解决了农村物流的"最后一公里"问题，全面实现县至乡、县至村 24 小时达，保障配送时效。

创新发展模式。探索"城乡客运+农村物流+邮政快递"模式，开通客货邮合作线路 24 条、乡镇客货邮一体化中心 13 个、村级客货邮融合站点 284 个，覆盖所有乡镇、建制村，畅通了农村物流配送"最先最后一公里"，打开了农产品进城和工业品进村的双向流通渠道，实现产业联动发展，拉动农民就业，带动农民增收，进一步推动乡村振兴战略实施。

打造优质服务品牌。实施"城乡客运+农村物流+邮政快递""万村通提质工程"等惠民项目，搭建县乡村三级农村物流服务体系，提升下行配送服务的整体质量和效率，县至乡、县至村的派件时限缩短 1 天以上，农村物流成本整体下降 30%。

郏县通过建立"城乡客运+农村物流+邮政快递"三网融合模式，以客货邮融合发展促进城乡统筹，以"郏家通"信息融合服务平台助推电子商务，以"交旅融合"促进全域旅游，有序实现从"输血"到"造血"的转变，促进了多业态交汇，货运物流、邮政快递降本增效，实现了政府、企业与城乡居民共同受益的多方共赢局面。

30. 河南夏邑县"特色产业+电子商务+联盟配送"

夏邑县立足县域经济发展实际，打造了"特色产业+电子商务+联盟配送"的农村物流服务品牌，助力"农产品上行"和"快递下乡"，推动了农村流通高质量发展。具体做法如下。

建成三级农村物流网络体系。融合客运、物流、快递、商贸、电子商务等资源，完成了 12 个乡镇综合运输服务平台优化改造。因地制宜将农村现有电商村级服务站、超市、村邮站等村级服务场所改造提升为村级交邮融合服务站点，标准化设置 729 个村级快递物流综合服务站，实现"一点多能、一网多用、多站合一"。

组建物流快递共同配送联盟。成立了夏邑县快递物流协会，整合县域 9 家快递物流企业组建了县级物流快递共同配送联盟，整合共享既有运力资源，建立了城乡物流网格化配送体系。推动"集中分拣+共同配送+公交带货"的运输模式，以乡镇分拣中心为枢纽，各物流企业分区承包、分区经营，经营收入按照实际承包区域收发件费用所得进行计算，充分调动企业的积极性。

服务特色产业推动融合发展。服务全县电子商务产业发展，推进农村物流与多元产业融合发展，打造县乡村三级物流体系，培育农产品、工业品等年销售额超千万元的电商企业 10 家，重点对接国家级淘宝乡镇（村），开设 10 条"定时、定点、定线"的货运班线，包括干果货运专线、版画货运专线、西瓜货运专线等，利用沿途取送、循环配送等模式，为电商村、淘宝乡镇（村）提供定制服务。

打造地区交通运输综合信息平台。提升客货邮融合发展信息化服务水平和安全监管水平，初步实现县—村物流快递车辆轨迹及线路实时监控，融合了城乡公交信息化查询功能，使农户通过平台实现电商购物及自家农产品线上出售。

夏邑县"特色产业+电子商务+联盟配送"的发展模式，有效助力乡村产业链供应链畅通和高效率运行，县乡村配送效率提升了 70%，成本下降 20%，网点库存滞销率降低 15%。

31. 河南鲁山县"县乡村物流综合体+双网快递融合+客货共配"

鲁山县以服务"三农"为宗旨，坚持部门协同和资源整合，创新"交通+"融合发展新模式，持续深化城乡交通一体化高质量发展，全面助力乡村振兴。具体做法如下。

整合资源，打造"最顺畅"物流网络。交通、邮政部门联动，健全"县为主体、行业指导、部门协作、社会参与"的农村公路养护工作机制，探索"一点多能、一网多用、深度融合"的农村客货融合发展新模式，管理好、养护好、运营好三级农村物流网络体系，推动站场网络、运输配送、信息体系和经营主体融合发展，着力打造出管理集约化、网络规模化、服务社会化物流网络体系。

加强信息融合，突出服务亮点。建立县级综合交通运输监管平台，为全县城乡客车安装智能动态监控车载终端，加大智能调度等主流信息技术应用，提升城乡客运科学调度和行业监管水平。积极探索交通运输、邮政等部门之间的信息融合、数据共享，实现快递品牌运力资源、本土优质特产集散、城乡公交运行线路优势互补、共促共进，全面提升农村"客货邮"通达深度和覆盖范围。

瞄准特色产业，突出服务导向。依托特色产业、生态旅游资源，通过推广应用"多站合一+客货同网+物流配送模式"，有效整合生产、流通加工、销售等环节，打通农产品上行通道。

完善"客货邮"协同联合机制，全面推动"交通运输+"产业发展。打造城乡客运一体化模式。积极开展"万村通客车提质工程"，加强运输资源整合，强化运输方式衔接，切实提高城乡客运网络的覆盖范围和服务水平，形成以城区为中心，乡镇为节点，连接乡镇、辐射乡村的客运线路网。

鲁山县积极探索跨部门共建共管，跨行业联营合作发展的新机制，通过"交邮融合"降低了物流配送成本，提高了综合服务站点盈利

能力，促进农村物流可持续发展。同时，有效支撑了当地实体经济发展，成为乡村振兴助推器。

32. 河南宝丰县"客货邮融合+快递进村"

宝丰县以推动"客货邮"融合发展为抓手，以提升城乡交通运输一体化水平为导向，以客货邮融合与快递进村发展为契机，打造一点多能、一网多用、资源共享、深度融合的农村物流服务"一张网"，为乡村振兴赋能加力。具体做法如下。

坚持高位推动夯基础。成立了由县长任组长，交通、商务、供销、乡村振兴、发改、财政等部门及各乡镇负责人为成员的"客货邮"融合发展工作领导小组，出台了实施方案，按照政策扶持点、政府支持点、企业投入点的思路，形成政府支持、行业牵头、企业主导、部门和乡镇协同的工作机制，为"客货邮"融合发展和快递进村提供有力的组织保障。

实施"交邮"融合。交通与商务、邮政协作建设宝丰县客货邮融合发展中心，建设集农村客运、邮件快递中转配送、电商直播、农产品展销、仓储等多功能于一体的乡镇运输服务站暨客货邮一体化共配运输中心。交通部门和邮政企业分别调整优化部分农村客运线路和邮政物流配送线路，实现线路资源共享，一体发展。开通"交邮"融合线路6条，投入"交邮"融合客车62台，日发班次186班，运输服务基本覆盖13个乡镇296个行政村，日均运送邮件5000余件，每年可为邮政公司节约开支36万余元，客运企业增加收入28万余元，已累计运送邮件293万余件。

推进"快快"融合。借鉴"交邮"融合经验，交通部门与商务部门协调联动，引导快递企业"快快"融合，进驻县物流快递智能分拣共配中心，成立共配运输公司，投入8台小

型厢式货运班车，开行货运专线 4 条，实行集中分拣、同线共运、同村共配，快递进村服务覆盖 275 个行政村。

宝丰县依托"一县一仓配、一乡一中心、一村一站点"三级物流体系，打通了农产品进城、工业品下乡的双向流通渠道，为农村、农民带来了人气、财气，拉动特色产业蓬勃发展，推动农村产业转型。

33. 湖北宜城市"共同缔造+城乡共享"模式

宜城市构建"纵向到底、横向到边、共建共治共享"的农村物流体系，探索农村寄递物流"共同缔造"模式，为乡村振兴发展提供了有力的运输服务保障。具体做法如下。

整合资源，共建农村物流新网络。宜城市政府牵头，优化整合交通、邮政、供销、商务等相关资源，确定了"3+12+190"市—镇—村农村三级物流网络格局，形成了以城区为中心、乡镇为节点、向村组辐射的物流网络。在市区，建设集农副产品交易、仓储冷链物流、产品检验检测、金融及电子商务等功能于一体的市场中心，提升全市综合承载能力和寄递物流服务水平。在农村，突出"一点多能、共同缔造"，将乡镇综合服务站网点、运输车辆、信息平台进行统筹整合、提档升级，12 个镇级站点拓展综合服务能力；实行一村一策，推进190 个村级寄递物流综合服务网点全覆盖。

创新服务，实现产业+物流融合发展。宜城市整合交通、邮政、中农联车辆资源，采取客车捎带配送、邮递员投送、配送中心货车配送等多种方式配送，将物流服务延伸到村组农户。

强化保障，全面加大政策支撑力度。宜城市每年为农村寄递物流体系建设提供专项资金700 余万元。建立市、镇、村三级信息平台，

免费发布各种车源、货源信息，让车找货、货找车更加容易。

"纵向到底、横向到边、共建共治共享"的农村物流体系在农村物流降本增效、城乡电子商务+物流快递服务融合发展、促进社会就业等方面取得一定成效。据统计分析，宜城市农村快递单件收发可节约成本 1.2~2.5 元，单件收发缩短行程时间 1.5~3 小时，相关产业及物流累计创造就业岗位超过 2 万个，为农民增收提供有效路径。

34. 湖北十堰市郧阳区"四网融合、一体联动"

郧阳区农村寄递物流以县级共配中心为依托，乡镇寄递物流综合服务站为节点，农村邮政快递网点为末端的三级物流网络，实现节点网、配送网、信息网、产业网"四网融合、一体联动"，助力乡村振兴，服务经济发展。具体做法如下。

强化节点网络融合，县乡村一体布局。将原客运站改造成区快递物流共配中心，安装自动化分拣线；整合邮政、多家快递入驻共配中心，实行集中分拣。对现有农村乡镇客运站场或邮政网点进行升级改造，全区 20 个乡镇建立"电商+客运+快递"综合服务站，具备客运、物流、商贸、收发、装卸和中转功能。依托村委会、商超、邮政代办点等节点，打造集货物收发、信息交换于一体的末端站点。

强化配送网络融合，客货邮一体组织。集约高效利用物流运输资源，建立县城到乡镇运输网、乡镇进村配送网。对于进村货物，利用交通客货运输和农村邮路等资源，将物流、快递和邮政三类货物从区物流快递共配中心集中统一配送到乡镇物流服务站，利用通村邮政专车，将货物、快递从乡镇统一配送到村。对出村货物经同一线路上行到区共配中心中转。

强化信息网络融合，交邮商一体应用。对接邮政、快递和电子商务等 12 家信息平台及货运专线、客运班线、公交干线 3 个调度系统，实时对接货源、车源信息，完善收货、配载、运输和收货信息跟踪，通过网络扫码系统进行货物交接，及时上传到物流信息平台，确保适时跟踪物流信息，实现网络下单、线下配送、适时跟踪、及时送达。

强化产业网络融合，贸运配一体发展。按照农村物流服务产业布局的发展理念，强化通村物流与特色产业园、农业产业基地精准对接，定制化开展物流配送服务，经济效益、社会效益同步实现。

十堰市郧阳区已实现农村寄递物流服务覆盖率达 100%，年降低物流成本 120 万元以上，保障了农产品"上行"和工业品"下行"双向通道畅通无阻，有效服务农村经济社会发展。

35. 湖南汨罗市"客货邮融合+电商物流+一村一品"

汨罗市通过整合既有客运、货运、邮政、电商、农业农村等资源，探索"客货邮融合+电商物流+一村一品"服务模式，健全农村物流服务网络，提升农村物流服务水平，支撑乡村振兴战略实施。具体做法如下。

高位推进，做好顶层谋划设计。成立示范创建工作领导小组与客货邮协同产业振兴工作领导小组，将创建工作纳入全市深改重点事项和"三个一"攻坚任务，先后编制现代物流业发展规划、县乡村三级物流体系规划、客货邮融合发展示范县创建实施方案，统筹推进农村物流高质量发展。

高标建设，完善基础设施网络。完善三级物流节点体系建设，实现"一站多能"发展。改建城区客运枢纽站，拓展客运站物流快递服务功能，配备自动化分拣设备，推动"客货邮同站"发展；对乡镇客运站进行升级改造，增加农村物流和邮政快递+作业区；利用农村现有的村邮站、小超市、电商服务点、供销社等场地建设或改造成村级物流服务点，实现村级农村物流节点覆盖率 100%。同时，开发智能信息系统，实现客运、货运、邮政数据实时共享，减少运营成本。

高效融合，推动城乡一体发展。组建客货邮融合主体，物流公司、快递企业签订合作协议，以客运线路和车辆为载体，实现节点网络共享、末端线路共配、运力资源共用。通过客货邮主体和电商、农业农村资源整合，共享政策和设施，推动客货邮与农业农村融合发展。

高质运营，助力实现乡村振兴。创新配送模式，通过融合客货运力资源，精准匹配客运线路和农村物资运输需求，形成以公交带运为主、货运专送为辅、邮车应急为补的配送体系。拓展辐射范围，充分利用既有客运场站、村邮站、商超、电商网点来打造覆盖县、乡镇和建制村的交通运输服务站点体系，充分助力激发和释放农村消费产能。

客货邮服务运营以来，经城乡巴士和客货运专车，送达镇村服务站点快递量日均 3200件，邮政公司送货车辆日均少跑 320 余公里，社会快递企业配发乡镇费用由每单 0.67 元降至 0.6 元。2022 年，全市中农产品网络零售额 4.11 亿元，为广大群众送去优质服务，为参与主体创造运营效益，推动市域高质量发展。

36. 广东大埔县"电商物流+农村客货同载"

大埔县积极推进客货同网，打造"电商物流+农村客货同载"物流服务模式，补齐农村物流"最后一公里"短板，为推进农村物流高质量发展，助力乡村振兴战略实施提供支撑。

具体做法如下。

强化资源信息整合，完善物流服务网络。打造县镇村三级电商公共服务体系，搭建大埔县农村电商数据信息服务中心、大埔县物流配送中心等支撑平台，利用城乡公交、客运班车全覆盖优势，通过客车带货、小件快运等方式开通产销对接物流线路，推进城际配送、城市配送、农村配送的有效衔接，解决了农村群众收、发物流快件难的问题，而且实现了县内公交和"镇通村"农村客运最大效益化。

打造综合服务平台，提供多元化交邮合作。量身打造交邮融合系统平台，整合邮政快递公司的配送业务及大埔粤运的运载业务，实现货源和运力资源的集约整合、高效配置。目前，县内15个镇（场）245个行政村实现城乡公交、镇通村农村客运班线全覆盖。

大埔县通过打造"电商物流+农村客货同载"农村物流服务品牌，整合资源开展共同配送，实现建制村农村物流覆盖率100%，乡镇农村物流节点覆盖率100%，有效拓展了农产品销售渠道，畅通了农产品供应链，提升了大埔特色农产品品牌知名度，切实为农民创收增收，成为促进乡村产业振兴的有力推手。

37. 广东翁源县"搭建三级物流体系、力助农品进城"

翁源县加强农村邮政基础设施建设和服务网络共享，逐步形成开放惠民、集约共享、安全高效、双向畅通的县、乡、村三级农村寄递物流体系，有力提升农村寄递物流供给能力和服务质量，有效服务乡村振兴。具体做法如下。

完善基础设施。以"两中心一站点"为主要抓手，构建开放共享、智能快捷的县乡村三级物流体系。县中心明确"邮件处理+农村电商上下行仓配+邮快合作接转"功能定位，实现仓储统一管理、车辆统一调度、邮件统一处理、商品统一配送。县中心与2个镇级共配中心、156个村级便民服务站，构成了"县镇中心+村级站点"的三级物流配送体系，实现邮快合作全覆盖和快递"中心到站、站到点、点到户"的定向、收发的定时服务，有效解决农村"工业品下乡、农产品进城"双向流通问题，配送效率、服务满意度得到进一步提高。

有效整合资源。利用农村客运车辆代运邮件快件，通过"定时、定点、定线、定车"的"四定"农村物流货运班线、快递班车等模式，开展县城至行政村的双向货物运输服务。积极发挥快递行业协会组织整合能力，成立快递诚信品牌联盟，推动资源整合协调发展，合理配置货物、车辆、人员等资源，实现联盟企业城乡共同配送。

翁源县加强农村邮政基础设施建设和服务网络共享，有力支撑了当地产业发展。工业产品、农副产品、手工艺品等农村特色商品销售的网商或网店得到较快发展，电子商务物流成本逐年下降，农村流通现代化水平显著提高，形成"一网多用、城乡互动、双向流通、融合一体"的农村现代流通体系。

38. 广西灵川县"客货邮融合+电子商务"

灵川县积极推进农村客运、物流快递、电子商务融合发展，建设县乡村三级物流体系，构建"客货邮融合+电子商务"发展模式，促进城乡客运和农村物流可持续发展。具体做法如下。

强化政策支撑。成立由县政府领导任组长的农村客货邮融合发展工作领导小组，出台补助县域龙头企业、优先保障物流企业用地、补助村级客货邮综合服务点建设等8项优惠政策。其中，对持续运营1年以上的客货邮公交、客运车辆一次性补助1万元。

健全物流体系。以"一中心一站一点"为建设重点，织密农村物流网。建设县级农村客货邮融合发展仓配中心，打造快递包裹全自动分拣系统，实行统一配送、统一调度、利益共享、风险共担的"统仓共配"模式。升级5个乡镇级综合运输服务站，融合乡镇快递超市，实现分拣至村。推动电商、邮乐购等站点融合，建成128个村级客货邮融合服务点，实现"一站多能"。开通3条城区客货邮配送线路、21条乡村客货邮配送线路，实行"定时、定点、定线"服务。

推动信息共享。整合城乡客运、物流配送、邮政快递、电子商务等信息，开发客货邮信息服务平台，接入客运车辆运力、邮政快递等信息，打造县级综合运输信息服务平台，实现多网信息共享和客货运力的调配。

推进产业融合。发展"电商+直播"经济，培育本土电商品牌，探索"特色产业+电子商务+物流运输"一体化服务发展模式，打造农产品的"代销点"，打通"农产品进城、工业品下乡"的双向流通通道，促进农民增收。

灵川县"客货邮融合+电子商务"发展模式，实现乡镇、行政村物流服务覆盖率100%，通过整合农村客运、公交代运和货运专线运输等资源实施统仓共配，提高了末端配送效率，降低农村物流快递成本20%以上，打通物流快递"最后一公里"，为助力乡村振兴提供支撑。

39. 四川高县"红色速递"

高县依托"四好农村路"示范县、"金通工程"样板县为抓手，打造"红色速递"品牌，推动交邮融合发展，打通了农产品出村进城、消费品下乡进村的"最初一公里"和"最后一公里"，拓宽了发展惠民的幸福之路，推进乡村振兴高质量发展。具体做法如下。

加强组织领导，强化政策支持。实行优化行业准入，简化快递业务经营许可，放宽快递企业准入条件，在税收、金融、用地等方面给予政策优惠和支持。

依托"金通工程"，建设县乡村三级物流节点。以"金通工程"省级样板县为抓手，整合交通、邮政、快递行业运输车辆，推动镇级邮快件的统一运输。已建成县级快递物流仓配中心1个，乡镇运输服务站13个，村级一站式服务点195个，实现乡镇和建制村物流节点100%覆盖。

打造"红色速递"党建新名片，集聚快递物流行业发展新动能。整合党建力量，引导全县19家快递物流企业将党建工作相关内容列入公司章程，在村级试点建设红色驿站100个。

推动行业联盟，凝聚产业发展合力。组织全县15家快递物流企业成立"行业联盟"，引导6家快递企业组建高县城乡快递配送有限公司，打造快递物流仓配中心，形成了快递物流一条街，规范行业秩序、共享行业资源。

高县打造"红色速递"三级快递物流体系以来，县内快递物流企业综合运行成本平均降低14%，辐射带动4万农村群众。每天3000余单商品进入农户家中，2000余单农副产品进入全国各地市场，有效改善农村居民生活品质，促进农民增收。

40. 四川丹棱县"金通+电商+邮快+"融合发展

丹棱县以"四好农村路"建设为统揽，以乡村运输"金通工程"高质量发展为抓手，推动"交商邮"融合发展，加快客运网、邮快网、物流网、旅游网、商业网"五网"融合建设，深入推进城乡交通运输一体化发展。具体做法如下。

织密物流网络。建成县级物流仓储中转配

送中心，打造集客运、邮政、快递物流、电商、旅游服务、交通运输管理等多功能于一体的综合运输服务站，整合乡镇客运站、邮政所、快递分拨点等资源建设乡镇快递物流运营中心，建立村级"金通邮快驿站"，实现县乡村农村物流网络节点全覆盖。

共享运力资源。发展交邮合作运输线路6条，城乡公交带货线路1条，"金通"小黄车带货线路5条，每天"定时、定点、定线"将快件包裹运输到各村"金通邮快驿站"，实现快件包裹当日送达、邮件快件进村入户。

多元融合发展。打造融合发展模式，打通农副产品"产、供、运、销"链条，设置特色产业专窗，助力群众寄递特色农副产品。加强与农业、电子商务、供销、金融等部门对接，吸引大型快递物流企业进站，畅通农产品销售渠道，构筑便民兴业"快车道"。

丹棱县通过"金通+电商+邮快+"融合发展，2022年邮政业务营收超过7000万元，增速20.39%。通过村级"金通邮快驿站"寄递的特色农产品快件3万余件，投递快递包裹6万余件，乡村运输"金通工程"驾驶员人均增收1500元。农村物流模式创新，有力支撑丹棱县建设"城乡融合、共同富裕"先行示范区。

41. 重庆巫溪县"农村物流统仓共配+客货兼容"

巫溪县发挥渝巫、两巫、巫陕三条物流通道优势，推进"交邮""邮快""交快"合作模式，构筑县域内"工业品下乡、农产品进城"的双向城乡共同配送渠道。具体做法如下。

完善融合发展的农村物流节点。依托县城公交车充电站场，打造"巫溪县电商物流分拨中心"，日均分拨快递量约3.5万件，中转大宗物资80余吨；利用乡镇客运站优势闲置资产，对站场进行升级改造，引进社区团购平台，建立县级小商品交易中心，建成集客货运输、电商物流于一体的集配中心。

构建高效便捷的共同配送体系。以省道为主线打造4条城乡物流配送专线，依托农村客运班线和货运班车，整合配送车辆资源，构建共同配送体系，乡镇配送时长由原来的48小时缩短至12小时，快递下乡成本由1元/件下降至0.5元/件。

推进各方联动的合作共建模式。邮政公司统筹民营快递货源，在快递量少的乡镇，通过公交公司与邮政公司合作，由农村客运车辆将快递件送到指定的寄存点；交运公司建设了电商物流分拨中心、仓储集配中心，为6家社会快递企业及社区团购企业提供分拨场地和物流配送服务。

巫溪县通过构建三级物流体系，降低了人工成本、仓储成本，提高了配送时效，提升了服务品质，增强了消费者体验。为无业人员提供了工作岗位，为农民增收提供了新途径，巩固拓展了脱贫攻坚成果。

42. 贵州正安县"交邮融合+新零售+新能源"

正安县成立改革领导小组，高位推动"交邮融合+新能源+新零售"农村物流新模式，打造"一站多能、以站兴业"的"交邮融合+"综合服务体系，切实解决"农村物流进村难""农产品出村难""农村群众出行难"问题。具体做法如下。

构建县乡村三级物流服务体系。县人民政府将交通设施资产统筹使用于交邮融合，由企业投入改造建设县级、乡镇快递物流供配中心，建设交邮融合综合服务站，完善客运服务功能、物流快递等服务功能。村级节点建设充分利用村委、村校闲置资产，构建"一站多能、一点多用"的物流服务设施。

"客货同网"运输实现降本增效。正安县促成由"四通一达"快递、蔬菜协会等企业成立公司，与县客运站达成战略合作，统筹运作交邮融合各类资源。以村村通"客运率先"为切入点，投放适用于农村道路安全运行的新能源客运车辆，通过邮件快件捎带的方式，解决了"物流进村难、农副产品出村难""农村群众出行难"问题。

"交邮融合+冷链"实现新突破。建成3700立方米冷库、配置大型冷链物流配送车辆20辆，冷链物流配送网络辐射全县及周边区域，正安县"交邮融合+冷链"成为遵义市北部地区最大的冷链物流储藏配送中心。

正安县通过"交邮融合+"试点改革，助推黔货出山、工业品下乡，支撑县域经济发展，让人民群众充分享受改革成果，增强获得感。自改革以来，年均降低运输成本约80万元，累计带动就业人数500余人，实现农村3000余户户均增收1000元。

43. 云南双柏县"交通+电商+邮政"

双柏县按照"资源共享、一网多用、多站合一、一点多能"的发展思路，将城乡双向源头货源组织与道路运输有效衔接，推进新型农村物流发展体系，打造"交通+电商+邮政"农村物流服务品牌。具体做法如下。

网络节点设施共建共享。充分利用客运站、村邮站等资源，按照"多站合一、一点多能"的原则进行改造提升，建成"一中枢、四支点、多终端"的节点网络。依托县客运站改造乡村物流集散中心，吸引电商、快递、物流等企业入驻，实现全县物流资源统仓统配；改造乡镇客运站和物流站点，形成4个集客运、快递、邮政、电商等功能于一体的综合运输服

务站；建设8个集快递、商贸（电商）等功能于一体的村级公共服务站，基本满足农村地区群众的寄递物流需求。

运力资源互补互用。充分发挥"互联网+"物流的积极作用，统筹农产品上行和工业品下行货源，有效整合邮政、电子快递、农村客车等各种运输资源，推广农村客车随车代运邮件、小件快递等货物托运业务，发展适用于农村物流的厢式、冷藏保温等专业运输，建成覆盖县、乡、村三级的农村客运物流网络。

提升农村物流服务标准化水平。针对交邮融合运营线路实行"统一评估、统一签收"的规范化管理，在线路开通前组织安全评估，在运用过程中督促驾驶员严格落实签收制度，提升了物流服务规范化水平，镇村居民收件时限由过去4天缩短至2天，群众满意度达95%。

44. 云南姚安县"农村客运+客货邮"

姚安县按照"城乡统筹、以城带乡、城乡一体、客货并举、运邮结合"的思路，创建"农村客运+客货邮"服务品牌，实现农村各类物资购进"最后一公里"和售出"最初一公里"的有序集散和高效配送。具体做法如下。

整合资源，构建运输布局。以"客货并举、运邮结合"为原则，积极推进县、乡、村三级物流场站设施和信息系统建设，推广客运班车代运邮件的农村物流组织模式，完善农产品城际配送体系，努力推进"三个加快"，将地区产业发展与路网建设结合起来，统筹推进乡镇客货邮的融合和一体化发展，真正实现农产品"货畅其流"和"物流其值"。

政策扶持，强化保障措施。县人民政府推动交通运输企业与邮政、快递等企业签订合作协议，共同推进农村客货邮融合发展，将城乡交通基础设施、城乡客运、城乡物流等方面列入县级规划内容，明确相关建设项目、资金、

进度安排。制定有效财政补贴政策，保障农村公路建设、养护、管理和农村客货运输、农村邮政、城市公交等城乡交通运输服务的稳定运营。

交邮融合，健全物流体系。建设乡村物流聚散中心，依托农村客运运输网络，采取"以外带里""以面带点"的方式，经营县城至8个乡镇的货物托运业务，并在较大村委会设置了35个物流集散点，逐步建立了县城与各乡镇的有效互动平台。

姚安县依托"农村客运+客货邮"模式，实现建制村农村物流服务覆盖率达100%，运输站场综合利用率达67%，线下物资配送费用降低了30%，2022年公交公司增收10余万元。

45. 陕西镇坪县"邮快合作+一点多能+快递进村"

镇坪县按照"交通牵头、邮政主导、资源整合、渠道复用，打造县域物流体系新业态"的思路，构建县、乡、村三级寄递物流体系建设，积极推进"邮快合作+一点多能+快递进村"的村级物流服务模式，补齐农村物流"最后一公里"短板，助力农民创业增收、乡村振兴、县域发展。具体做法如下。

统筹整合资源，夯实物流基础。建成1个县级综合共配中心，全县7个镇、58个行政村通过业务合作与设施共享，打造"N站合一、一点多能"村级综合便民服务站，解决物流设施租用难题；开通通村客车代运邮件快件，帮助寄递企业解决进村服务动力不足等困难。

创新物流模式，构建物流生态。县级综合共配中心以邮政为依托，为生产商、批发商提供"线下仓储+线上平台+金融资金+物流配送"一体化供应链服务。同时，健全村级站点服务功能，通过创新城乡配送模式和构建客货邮合作路线，打造"邮快合作+一点多能+快递进村"的村级物流服务新模式，实现客货同网、资源共享。

镇坪县通过构建"客流、货流、资金流、信息流"四流合一的农村寄递物流新生态，打通了全县79户"五上企业"产品和1.6万户农产品上行通道，解决了5.9万人快递物流需求和0.57万户市场经营主体产品运输需求，提供就业岗位540个，人均就业收入3500元以上，有效带动群众增收致富。

46. 甘肃康县"交电邮网络共建，城乡统仓统配共享"

康县创新"物流+电商+同城配"协调发展模式，打通城乡内循环，为农特产品上行和工业品下行提供有力支撑，有效促进全县经济社会高质量发展。具体做法如下。

制定实施方案。创新"544321"农村物流统仓共配运营模式，即"5"整合邮政、快递、交通、商贸等资源，规划全县5条乡镇共配线路；"4"强化组织保障、凝聚电商邮政合力、强化多方协作、强化项目支撑等4个举措；"4"推进快快合作、邮快合作、中心村统配、三方社会配送4种快递进村模式；"321"奖补退坡机制，利用国家电子商务进农村示范县项目，从每单0.3元至0.1元逐年为快递进村补贴，从"输血"到"造血"，激发快递企业内生动力。

统仓共配谋发展。全县按照城乡统仓共配商业体系，建立快递、商贸供应县级统仓共配中心各一处，形成一套交、电、邮县乡村物流共配网络体系，打造"万贝到家"便民惠民服务品牌，共享陇南电商城乡配送平台，重组"快递+超市+配送"综合商超，构建快递流量赋能商超、万贝配送到家便民惠民城乡群众、电商平台网销联农富农的县乡村一体化发展格局。

目前，康县已建成县级统仓共配中心 2 个、电商快递乡镇服务站 21 个、村级寄递物流综合服务点 142 个，打造精品配送线路 5 条，为群众年节支增收 1200 余万元，快递企业降运营成本 300 余万元，基层服务网点从业人员月增收 1000 元以上，降低电商从业者运营成本 50%以上。

47. 甘肃民乐县"交邮融合+电商物流"

甘肃省民乐县不断健全工作机制、完善基础设施、整合资源力量、创新配送模式，积极培育"交邮融合+电商物流"服务品牌，构建覆盖县、镇、村、组的农村物流四级网络体系，打通了农产品进城、工业品下乡"最后一公里"，成为助力乡村振兴的重要引擎。具体做法如下。

完善基础设施，构建物流体系。民乐县统筹交通运输、仓储物流、邮政快递等资源优势，实施物流基础设施提升工程，建成县级综合物流产业园 1 个，镇级物流服务站 13 个，村级物流服务网点 172 所，自然村中心街道铺面或居民家庭四级网点 1122 个，全面构建起"一心十站百所千家"农村物流四级网络体系，实现"县级分拣、镇级分拨、村级配送、直投到组"物流配送城乡全覆盖。

创新配送方式，提升寄递效率。按照"大件走物流、小件走班车"的思路，推行"班车快递+电子商务+乡村物流网点+农特产品订制"的发展模式，以"班车快递"形式承接县城超市、物流网点、农村电商、农村土特产品的货物配送和小件快递等，实现了城乡物流网络"零距离快递，无缝隙衔接"。

实施科技赋能，提高物流信息化水平。创新"平台+电商+农产品"的物流服务模式，及时收集和获取农产品、工业品供需信息，为农产品上行和工业品下行提供物流信息，形成上下联动、广泛覆盖、及时准确的农村物流信息网络。

民乐县通过积极推动交邮融合，有力保障民生、支撑县域经济发展。截至 2022 年年底，已为物流企业降低仓储成本 46 万元、减少投递成本 177.48 万元，运输企业增加收益 102.4 万元，配送效率提高 60%，增加新业态就业人员 138 人。

48. 青海湟源县"电子商务+农村物流"

青海省湟源县深入贯彻落实习近平总书记关于"四好农村路"的重要指示精神，加快农村公路建设，推进农村物流快速发展，形成了"电子商务+农村物流"的新模式。具体做法如下。

加大扶持，用足政策。制定县乡村三级物流体系建设实施方案等政策文件。2021 年，省财政厅下达二级物流体系建设补助资金 223 万元，用于县物流仓储分拨配送中心建设运营和 2022—2024 年的边远乡村快递物流上下行补贴。2023 年 4—8 月，政府累计补贴物流企业 178.19 万元及宣传费用 5 万元，鼓励扶持物流企业做好做强。

电子商务与物流双赢。充分利用村级电商综合服务中心、零售小卖部等场所，按照有标志牌、有场所、有专人、有服务时间"四有"标准，通过邮快合作、驻村设点、快商合作等"抱团进村"方式，设置乡村快递站点 206 个，其中"三通一达"投送点 72 个，邮政投送点 134 个，全县各村快递每日收件量增长到 8500 余件，既提升了公司业绩，也取得了"双赢"。

小件快递入户，网购便捷便民。设置乡镇村快递投放点，方便群众熟悉网购业务及快递发送，主要以农副产品供销、商品配送、小件快捷运输为主的农村物流业务网络逐步实现。结合实际需求，适时开展"货运一站通"便捷叫车服务、小件采购、授权结算、货品专递等衍生服务项目，提升农村物流水平，满足农村群众物流需求。

快递联盟，解决运输难题。积极与邮政快递、电子商务、直播带货深度合作，发掘"合作社+邮政快递服务站""直播带货+邮政快递服务站"等新模式，为实现农产品公司发货快和快递服务快的"双向保障"，与县多家民营企业联合，对农副产品做输出工作。

湟源县"电子商务+农村物流"的新模式，推进了城乡快递发展，打通了农产品上行渠道，建设乡村快递站点 206 个。目前，全县各村快递每日收件量已增长到 8500 余件，运输成本费用降低 15%~30%，为农民群众增加收入约 1000 万元，取得了显著的经济效益和社会效益。

49. 宁夏青铜峡市"公交+邮政快递+电商服务"

青铜峡市通过建立"城乡公交+邮政快递+电商服务"融合发展模式，统筹解决了"工业品下乡"和"农产品进城"的"最后一公里"和"最初一公里"问题，促进了多业态交汇，降低了运营成本，实现了城乡居民共同受益。具体做法如下。

强化顶层设计，创新融合发展模式。研究制定农村寄递物流体系建设实施方案，建立部门间协同机制，创新"城乡公交+邮政快递+电商服务"融合发展模式，有效推动农村客货邮商融合发展。

优化资源整合，有效助力乡村振兴。统一建设多站合一、资源共享、合作共建的县乡村末端服务站点，采取"加盟"制建设，培育村级站点盈利能力，叠加商超、快递超市、农村电商、便民政务、普惠金融等功能，确保加盟站点能够"建得起、运营好、活下去"。

依托电商服务，发展优势特色农业。依托客货邮商站点，通过邮乐网、淘宝、天猫、京东、拼多多、邮乐小店 App 和线下邮政分销系统宣传销售本地农产品，开通上线了"客货邮商邮乐小店"，线上销售农产品 20 余种，有效缓解了当地农产品销售难的问题。

城乡公交改制，提高客运服务质量。收购原有私营农村客运车辆，新购置纯电动公交车 24 辆，实现公车公营。重新规划城乡公交线路，确保乡村公交全覆盖，实现城乡公交一体化。调整农村客运班次时刻和邮政配送频次时间，开通合作线路，利用农村客运车辆开展快递代运货物至各乡镇、村，实现邮件快件班车代运。

青铜峡市通过培育"公交+邮政快递+电商服务"品牌，建立了市、乡、村三级物流配送网络，推进以公交代运、快邮联运、快快合作等模式，实现了党报党刊、农村快递当日达。截至 2022 年年底，开通客货邮商融合线路 11 条，通过公交车日均下行邮件快递 3800 余件，上行农产品 500 件左右，满足了农村群众家门口取快递、坐公交的需求，全程时限缩短了近 20 小时，提升了群众的用邮体验，为实施乡村振兴战略提供更加坚实的保障。

50. 宁夏泾源县"商贸流通+物流整合服务"

泾源县大力实施交通强国战略，着力建设"四好农村路"，形成了"交通+产业+电商+物流+文旅"融合发展的新格局，谱写了公路通、百业兴、商贸活、百姓富的新篇章。具体做法如下。

一盘棋局抓统筹。建立完善县委、县政府统一领导、交通运输牵头、发改、商贸、邮政、文旅、农业等部门协同配合的工作机制，逐步改变了各自为战、一盘散沙的局面，形成了一根"指挥棒"指挥统筹协调推进的工作格局。

一张蓝图绘到底。制定发布了交通运输"十四五"发展规划和客货邮商综合发展的实施意见，科学规划，合理布局，统一建设，创出了"交通+产业+电商+物流+文旅一体化"综合发展的新路子。支持企业建设产地预冷集配、低温加工仓储配送、冷链物流集散中心等设施，推广社区"最后一百米"冷链配送服务模式。

一体推进促发展。坚持交通运输网、物流快递网、通信网、电商网"四网合一"，统筹推进，一体建设，协同发展。建成了"三纵三横"的交通大动脉，村村通公路、通客车，农村物流基础设施不断完善。推动了商贸流通、物流快递，电商服务等行业快速发展，形成了县有物流中转站、乡镇有客货邮商服务站、村村有电商服务点的良好发展格局。顺丰、圆通、申通、极兔等快递物流企业陆续进驻泾源，有效缓解了物流进村难、运输成本高、运营速度慢、服务群众不满意的问题，补齐了阻碍全县经济社会发展的短板。

泾源县通过培育"商贸流通+物流整合服务"品牌，实现了全域通达、安全便捷、快速高效的城乡客运一体化格局，将物流配送时限由 2~3 天缩短至 16~18 小时，为进一步巩固脱贫攻坚成果、有效衔接乡村振兴、更好推动全县经济社会高质量发展发挥了助推作用，谱写了公路通、百业兴、商贸活、百姓富的新篇章。

（交通运输部办公厅　邮政局办公室）

2023 年美国物流业[①]

2023 年美国商业物流成本达 2.4 万亿美元，同比下降 11.2%，与 GDP 的比率为 8.7%。2021—2023 年美国商业物流成本构成及增长变化情况如下表所示。

2021—2023 年美国商业物流成本构成及增长变化情况　　单位：十亿美元

商业物流成本构成项目	2023 年	2022 年	2021 年	2023/2022 年同比增长（%）	2023/2021 年同比增长（%）
运输成本					
整车运输	408.7	490	395.9	-16.6	3.2
零担物流	64.0	66.0	75.1	-3.0	-14.8
专线物流	459	463.6	373.0	-1.0	23.0
公路运输	931.7	1019.6	844	-8.6	10.4
包裹运输	215.7	216.7	207.5	-0.5	4.0
铁路运输	96.6	98.3	84.4	-1.7	14.5
航空运输（包括国内、进出口、货物和快递）	92.6	109.4	65.7	-15.4	40.9
水路运输（包括美国船运企业的国内外进出口）	83.7	233.5	234.1	-64.2	-64.3
管道运输	76.3	69.3	63.2	10.2	20.8

[①] 本文选自《第 35 次美国物流年报》，该报告由供应链管理专业协会（CSCMP）发布，由 A.T. 科尔尼公司及专业团队专家、众多业内专家参与编写。报告的中文版由美中供应链管理（北京）有限公司组织翻译，本文有删节。版板归 CSCMP 及相关著作人所有，如引用请注明出处。

续　表

商业物流成本 构成项目	2023 年	2022 年	2021 年	2023/2022 年 同比增长（％）	2023/2021 年 同比增长（％）
库存持有成本					
仓储成本	188.1	218.5	185.1	-13.9	1.6
财务成本（加权平均资 本成本×总业务库存）	302.1	313.0	164.5	-3.5	83.6
其他成本（折旧、损耗、 保险、搬运等）	210.1	227.8	149.8	-7.8	40.2
其他成本					
承运人运营成本	94.7	93.8	78.6	1.0	20.6
发货人管理成本	82.6	72.4	63.1	14.1	31.0
美国商业物流总成本	2374.10	2672.15	2139.87	-11.2	10.9

资料来源：科尔尼分析。

注：本表中的部分数据计算存在加权，且部分数据因四舍五入而存在差异。

一、美国物流业所处的宏观经济情况

2023 年，全球经济增长持续回落至 2.7%。

（一）通货膨胀继续阻碍经济增长

2023 年，美国通胀率为 4.1%，商业物流成本同比下降了 11.2%。较高的通胀率依然是阻碍美国经济发展的主要因素之一，美联储将采取一切必要措施阻止利率降低，直至通胀率回到 2% 左右。

（二）地缘政治影响

地缘政治不稳定。其中一个主要因素是军事冲突的爆发和加剧，对全球供应产生深远影响。其中，俄乌冲突加剧了全球粮食危机、苏伊士运河和红海航线中断导致航运业航程和运输成本的大幅增长、中东地区的纷争导致原油价格持续上涨，全球贸易的持续分裂也给供应链交易增加了摩擦和成本。为更好应对地缘政治对经济的影响，美国出台了《基础设施投资和就业法案》（IIJA）、《通胀削减法案》（IRA）和《芯片和科学法案》等措施，并已取得成效。2023 年美国从 14 个亚洲低成本国家和地区（LCCRs）的进口量比 2022 年下降了约 14%，墨西哥已超过中国成为美国最大的出口国。

（三）气候压力

气候变化是影响经济发展的不稳定因素之一，由于区域干旱导致水位不断创新低，巴拿马运河的通行量减少了三分之一，导致物流公司运输时效降低且成本增加。

（四）需求疲软与运力过剩

2023 年全球需求疲软，尽管 2023 年年底电子商务的推动显示出加强的迹象，但需求疲软与运力过剩的同时出现促成了持续低迷的货运费率，利润持续下降。

（五）失业率下降

2023 年，美国失业率继续下降，2023 年平均为 3.6%，远低于 2020 年疫情高峰期的 8.1%，美国就业领域改善向好。制造业等主要蓝领类别的平均小时工资增长速度快于商业和

732

专业服务等白领类别。

二、物流业各领域发展情况

（一）航空

国际航空运输协会（IATA）数据显示，2023年全球航空货运收入1347亿美元，全年运力充足，需求稳步增长，但受中东动荡、原油价格提升的影响，航空燃油成本不断增加。

1. 需求方面

自2023年4月以来，需求稳步增长，一方面，受"快时尚"电子商务的扩展，Shein（希音）、Temu（拼多多跨境电商平台）、淘宝、天猫和速卖通等业务需求拉动，第四季度中国至北美航线需求强劲；另一方面，红海航线中断，增加了东亚、中东和欧洲航线的空运需求。

2. 运力方面

2023年可用货运吨公里（ACTK）同比增长11.3%。一方面，随着客运航空从疫情低谷中强劲复苏，腹舱运力也随着持续增长；另一方面，马士基、CMA—CGM（达飞）和MSC（地中海航运公司）等海运承运商在疫情期间开始增加空运运力，发展端到端物流网络。

3. 联盟合作

承运商和托运商联盟（如SkyTeam Cargo）有助于扩展网络和资源共享，促进电子商务公司与航空公司谈判合作，以获取额外的运力，不再依赖货运代理。2023年第四季度，45%的新合同期限超过6个月，远高于2022年。长期协议使托运商免受季节性费率变化的影响，使他们能够根据可预测的价格增加运力。

4. 科技方面

空运公司通过日益强大的技术解决方案来建立运力。Freightos和Flexport等数字平台将托运商、货代公司和航空公司连接起来，以确保沟通和预订的通畅。先进的单元载具（ULD）可以满足跟踪位置、冲击、倾斜等条件，减少货物的损失和损坏。利用预测性维护传感器可以在故障发生前检测到组件故障，防止计划外停机并降低维护成本。

（二）包裹/最后一英里

2023年，美国包裹量下降。包裹量的下降直接导致了两大领头承运商的业绩下滑，联合包裹运输服务公司（UPS）和联邦快递（FedEx）在2023年的包裹量同比大幅下滑，UPS国内下降7.4%，国际下降8.3%。而亚马逊凭借其高效的运输效率和多渠道服务完成了超过十亿次的当日送达。

1. 电子商务成为包裹运输的重要驱动因素

电子商务已成为包裹市场的主要引擎，2023年美国电子商务销售额持续增长，最高时期达7.8%。"在线购买，店内取货"（BOPIS）模式也促进了电子商务的发展。2013—2023年美国电子商务销售额和电子商务销售额占零售的百分比如下图所示。

在电子商务销售喜人的情况下，需要格外关注退货成本。2023年电子商务退货比例增加至总线上销售额的17.6%，逆向物流和处理退货的成本上升，压低了托运商的利润空间。为了实现利润最大化，托运商需要采取改进措施以提升退货需求的管理，并优化退货流程以降低总成本。

2013—2023年美国电子商务销售额和电子商务销售额占零售的百分比

资料来源：美国普查局季度零售电子商务销售报告，科尔尼分析。

2. 承运商市场多样化

随着客户对配送时间的需求不断增加，速度优势变得越发重要。区域承运商不断扩大服务范围，提高服务质量。美国邮政服务（USPS）因其覆盖全国范围和相对较低的标准化费率而备受托运商的欢迎，特别是高货量托运商和标准化包裹尺寸的托运商。随着科技的不断进步，托运商采用自动化费率比较工具或平台，以确定满足客户需求的最佳价格和配送速度组合，压低承运商价格，倒逼承运商不断提高服务质量和效率、扩大服务区域、提供多样化服务组合，从而提高托运商利润。

（三）第三方物流（3PL）

第三方物流市场处于变革时期，部分第三方物流拓展其资产型供应商能力，部分大型第三方物流灵活运用其资产基础，向客户提供更加系统的网络服务。

1. 扩展运营内容，拓展资产供应商能力

部分第三方物流服务商逐步扩展运营内容，提升技术水平，以便向更大范围的潜在客户提供广泛的服务。其中，轻资产第三方物流服务商选择性地进入一些重资产领域，以扩大其影响力并获得更多的托运商支持，如代理商开始投资拖车车队，开发拖挂服务以扩大其可服务的市场。这不仅需要保证服务质量，还需要保持足够的流动资本，以满足其在高成本市场中的竞争力。

部分第三方物流服务商也在向第四方物流的能力上努力，但实现全面管理整个运输链的目标还未达到，如Echo公司，尽管大量投资物流能力，但仍未达到真正的第四方物流服务水平。仅有少数公司实现了第四方物流的能力，如Transplace公司，在提供全套服务和解决方案上达到了第四方物流的能力要求。达到这一要求不仅需要重型资产和大量资本，还需要开发和采用更先进的技术。人工智能、端到端可视化和先进自动化等新兴技术的大规模投资与应用将推动物流行业的良性竞争和发展。

2. 托运商拓展第三方物流能力

一些顶级托运商将其过度建设的网络商业化。这种转变是由其内部网络的过剩产能驱动的，促使托运商向外部客户提供物流服务。如

亚马逊，它不仅是一个托运商，也成为一个物流服务商，利用其广泛的网络和基础设施向其他企业提供运输服务；百事物流公司作为第三方物流服务商，也利用其庞大的车队和供应网络为外部客户提供服务。但托运商在激烈的市场竞争中面对回程货运，依然不具备竞争力，所以需要结合代理服务和技术，创造综合的运输解决方案，以充分利用其过度建设的运输网络回收投资成本。

（四）货运代理

2023 年，货运代理行业处境艰难，第四季度主要货运代理商的收益下降，这主要是由市场基础费率和相关利润下降造成的。特别是全球需求疲软、运力过剩、劳动力短缺和地缘政治不确定性加剧，使货运代理行业雪上加霜。

1. 稳定长期客户关系

长期稳定的客户带来的利润是目前货运代理行业的主要收入来源，也是货运代理行业应对激烈市场竞争的关键点。为了更好地稳定长期客户的关系，货运代理企业需要围绕费率、服务范围和技术能力等基本要素提出可行方案，努力向客户传达线路优化、海关清关程序和供应链可视性等服务的重要性，这不仅可以极大地增强自身的整体价值，还可以促进托运商之间形成更强信任、更紧密的关系。

2. 扩大规模

扩大规模后的货运代理企业可以提高效率、节约成本并增加市场覆盖面和可见性。能够提供多式联运服务，为托运商的各种需求提供一站式解决方案。目前扩大规模的方式主要有两种，一是货运代理企业与货运伙伴的战略性合作；二是通过整合的方式，如 Scan Global Logistics 和 Global Critical Logistics 收购 ENK Logistics 和 Time Frame Logistics 等小公司。

3. 培养灵活性和韧性

货运代理企业需要动态调整其服务，以避免地缘政治和气候变化带来的不确定性和由此带来的复杂性引起的物流中断。红海中断等事件要求货运代理在定价模型中考虑额外的安全、保险和货物护送成本。因此，能及时通知托运商潜在的延误，并制订应急计划，已被视为货运代理行业不可缺少的服务。

4. 加快数字化建设

加快数字化发展进程，是全行业的重要工作，货运代理行业也不例外。目前，航运公司越来越多地使用自动化系统来实时更新运输状态、管理库存和跟踪货物，并采用条码、GPS、电子数据交换（EDI）和射频识别（RFID）等技术来提高整体运营效率。尽管面临成本和复杂性的持久挑战，货运代理行业仍致力于利用数字技术简化运营并提升服务标准。

5. 可持续性发展理念与实践

货运代理行业积极响应可持续性发展和脱碳行动，采取效率提升措施，遵守最新法规以减少对环境的影响，并逐步认识到客户逐渐提升的环保需求。在运营设施方面，包括绿化墙体和屋顶、节能照明等；在减少废物方面，如堆肥和回收等。托运商还投资了更高效的暖通空调系统，包括能量回收和地热供暖。

（五）水运/港口

由于多个经济体的衰退，2023 年水运货运需求疲软。在美国经济复苏的推动下，年中集装箱需求略有回升，但全球全年需求数据依然乏力。对于水运行业而言，需求疲软因集装箱运力过剩而加剧，货运需求平稳与运力增加相结合，形成了行业内不良的供需循环。

1. 需求低迷

尽管美国表现出仍然强劲的宏观经济基本面，但持续的通货膨胀、高利率和紧张的劳动力市场会限制全球大部分地区的消费者和企业支出，延续海运服务需求疲软的趋势。

2. 运力过剩

航运公司利用疫情期间积累的创纪录利润扩展船队，许多新船于 2023 年上线，运力增加 8%。最大的运力增长来自大船型，超过 15000 个标准箱（TEU）的船舶交付占主导地位，2023 年船舶增长了 28%。航运公司尝试通过拆解船只和选择性停运来应对运力过剩的问题，从而维持盈利能力。

3. 地缘政治冲突影响

地缘政治冲突影响主要航运路线，最显著的是连接红海与地中海的苏伊士运河，该运河占全球航运量的 10% 以上，几乎占所有集装箱贸易的三分之一。航运公司试图避开这条水道，转而绕行南非好望角，但绕行路线通常会增加 10 天，有时甚至多达两到三周的运输时间，同时运费将上涨高达 10000 美元/FEU（40英尺等效单位）。

4. 气候影响

目前，全球超过 90% 的货物贸易通过海运运输。气候变化对海洋、海岸线和港口会产生多种影响，进而高度影响全球商业贸易。气候变化主要包括热带风暴、内陆洪水、干旱和海平面上升等。这些环境挑战导致运营成本增加、交货时间延长和供应链下游的中断，预估年均损失将超过 100 亿美元。巴拿马运河历史性的低水位导致过境量减少 33%，推动小宗商品如小麦和煤炭等散货运输成本上升（波罗的海干散货指数在 2023 年约增加了 3 倍），该影响甚至超过了红海的中断。

5. 可持续性措施

水运行业关注和投资绿色技术，通过引入节能船舶和清洁燃料等措施实现可持续发展。马士基在 2023 年 9 月推出了一艘绿色甲醇动力集装箱船，并已订购了 24 艘此类船舶。尽管绿色甲醇比传统燃料排放的二氧化碳更少，但现阶段其成本更高且供应少。根据欧盟绿色协议，航运公司必须为每吨排放的二氧化碳购买欧盟排放配额（EUA），并分阶段要求航运公司在 2024 年为其 ETS 覆盖范围内排放的 40% 分配配额。

（六）公路

公路运输行业仍在经历新冠疫情及其后果所带来的扭曲影响。疫情期间需求激增促使运输公司增加运力并提高运费，但随后消费者需求急剧下降，导致运输公司运力过剩、货运需求减少以及运费骤降。根据运输数据提供商 DAT Freight and Analytics 的数据，2023 年干线运输（即全封闭拖车）的现货运费在每英里 2.01～2.20 美元波动，而合同运费在每英里 2.48～2.73 美元波动，2023 年 6 月高峰时达到 3.28 美元。

1. 运力过剩

疫情后消费者需求的急剧下降导致承运商运力过剩。2023 年超过 1500 家货运代理商倒闭和 25000 家资产型承运商退出市场，甚至利润丰厚的零担（LTL）市场也受到了影响，Yellow 公司于 2023 年 8 月宣布破产。

2. 需求的区域性增长

尽管疫情后消费者需求急剧下降，但在个别领域需求有所提升。一方面是因为本土化生产持续推进，随着国内制造业的增长超过从亚洲的进口，对于支持这些业务的卡车运输服务的需求增加，特别是那些提供从墨西哥出发的跨境运输的承运商；另一方面是因为区域干旱减少了巴拿马运河的船只通行量，海运公司的部分集装箱运输量将从墨西哥湾转移到太平洋港口，有利于多式联运公司增加收益，也为服务于西海岸的承运商特别是那些还提供跨美国长途运输的公司提供了收益。

3. 承运商提高韧性

承运商利润率下降，主要在于运营成本很高，燃料、劳动力和保险等基本成本（保险成本每季度增加5%~10%）保持在高位。联邦汽车运输安全管理局（FMCSA）报告称，从2022年12月到2024年3月承运商减少了7.6%。公路运输（OTR）货运市场的周期性将继续为承运商创造一个具有挑战的运费环境。承运商需要通过与托运商和第三方物流合作以减少空驶里程，优化运力，提升韧性。

4. 托运商投资能力建设

2023年，托运商利用其对合同承运商的价格优势，选择将其相当大的一部分货运量分配给现货市场以最大限度地节省成本。但随着市场趋于平稳，托运商需要再次与具有可靠运输网络的承运商合作。为此，托运商要提高自身的组织能力，利用新一代技术工具来监控和管理其卡车运输。通过使用集成运输管理系统，托运商可以随时跟踪货物并监控客户服务，进一步提高运营可视化。此外，托运商通过使用先进的招标工具，可以在机会出现时迅速接触市场并确保有利的运费。随着人工智能（AI）在日常业务操作中的不断应用，可以帮助托运商提高效率并简化流程。

（七）铁路

2023年，铁路行业面临着诸多挑战，包括财务压力、劳动力短缺和安全问题。大型的铁路公司（在行业内称为Ⅰ类铁路）收入比上年下降2%，经营收入比上年下降11%，运营比率（运营比率计算方式为运营费用占收入的比例，目标是降低该比率）比上年高66%。

1. 运量

货车载运量增长了1.6%，主要来自机动车辆和汽车零部件领域的强劲需求。谷物和林木产品等其他领域的铁路运量比上年均有所下降。

2. 多式联运

多式联运是铁路公司增长的主要驱动力。但2023年多式联运量是三年来的最低水平，较上年下降了5.7%，部分原因是整车运输市场的疲软。随着可持续发展和近岸外包的推进，多式联运将会快速增长。目前，加拿大国家铁路公司和美国联合太平洋铁路公司组成"猎鹰跨境服务"（Falcon），BNSF（美国伯灵顿北方圣太菲铁路运输公司）、墨西哥集团和J.B. Hunt宣布新型多式联运服务。

3. 劳动力

劳动力短缺仍是一个重大问题，尽管该行业在解决这一问题上取得了一些进展，但依旧低于行业发展所需。2023年，员工数量平均增长率为5%，其中列车和机车操作员的增幅最大达7%。

4. 运营指标

Ⅰ类铁路的平均列车速度提高了2.3%，终端滞留时间减少了1.8%。但2023年2月，诺福克南方铁路公司在俄亥俄州东巴勒斯坦的脱轨和有毒物质泄漏事故发生后，现阶段铁路的运营重点逐步转向减少公众对铁路安全的担忧上来。

（八）仓储

2023年，仓储行业从疫情引发的极端条件中逐步回落。尽管仍高于疫情前的标准，但库存水平在连续数年快速增加后开始稳定下来。虽然入驻率和租金仍然相对较高，但仓储空间的需求有所下降。仓储劳动力市场不再像疫情高峰期那样竞争激烈，但仍然紧张，这促使许多雇主寻求新策略来解决人员短缺问题。

1. 库存有所回落，但仍然较高

2023 年库存水平保持相对稳定。美国库存销售比率保持稳定，制造商约为 1.4，零售商约为 1.3。一方面，因为持续高水平的生产导致库存无法降低，美国工业生产指数（US-IPI）从 2022 年 12 月的 101.5 上升到 2023 年 12 月的 102.7，但消费者的需求趋势与这些产出水平相匹配，对于已经饱和的库存水平没有助益，消费品制造商的库存仅从上年的峰值水平下降了 2%。虽然电子商务的增长帮助一部分库存的流通，但总体商品购买仍然疲软。另一方面，可支配收入水平的持续平稳，可支配收入从 2023 年第一季度到第四季度仅增长了 1%，抑制了消费者支出。美国一些顶级零售商通过销售打折产品、将产品运送到其他高需求地区等方式降低库存，2023 年第二季度，大型零售商沃尔玛、塔吉特、劳氏和家得宝的库存水平合计下降了 4%，这是自 2015 年以来这些零售商集体最大幅度的季度库存减少。

2. 空置率上升、价格居高不下

2023 年新增了总计 6.1 亿平方英尺的工业空间，连续第四年创下增长纪录，建筑交付中有 84% 是投机性的。建筑交付和市场需求之间存在明显差距。到 2023 年第四季度，工业房地产（涵盖制造、储存、配送和灵活空间）的空置率同比增加了 68%。按净吸纳量（即实际占用的仓库空间）计算，空间需求在 2023 年逐渐冷却，为 224.3 百万平方英尺，略低于疫情前 10 年的平均水平 224.8 百万平方英尺。这种供需差异导致美国工业空置率在 2023 年第四季度时达到了 5.2%，这是自 2020 年第三季度以来首次超过 5%。

空置率上升，工业房地产的平均租金却上涨。截至 2023 年年底，平均租金为每平方英尺 9.73 美元，同比上涨 10%。导致这一现象的主要原因有，一是合同期限，工业租赁合同通常为 3~5 年，这意味着在空置率较低时签订的旧合同反映较高的费率；二是历史背景，虽然 5.2% 的工业空置率为近年高值，但仍低于疫情前 10 年的平均 7%，表明市场相对紧张；三是设施升级，尽管整体空置率上升，新建工业空间配备了先进的功能（如自动化），使其即便在高价位上也具有吸引力；四是需求变化，电子商务零售商的需求减少被制造商新建的生产设施所抵消。

在 2023 年第四季度，全国共有超过 1.56 亿平方英尺的空间被挂牌转租，创下历史新高，是 2022 年第四季度的三倍。这一趋势反映了企业正转向升级、整合或关闭。

3. 劳动力与自动化技术

2023 年美国劳动力市场温和增长，工会通过大规模罢工行动赢得雇主的重大让步后，2023 年工资缓慢上升，截至 2023 年年底，平均时薪为 16.74 美元，同比增长 3.6%。尽管员工保留问题有所缓解，但仓库运营商发现自己正在与零工经济竞争，2023 年自选班次的仓库工人比例较 2021 年上升了 45%，这迫使运营商需投资劳动力管理解决方案，使工人能够更自主地安排自己的班次。

2023 年劳动力市场压力得到缓解。但在电子商务销售强劲增长（同比增长 7.2%）的推动下，零售商要求仓库运营商在合同中加入持续改进的条款。昂贵的劳动力市场与不断上升的交付压力，使仓库运营商不断地衡量是否需要应用自动化技术（如自动化仓库系统、自动引导车辆和机器人拣选系统）和数字化转型来减少人力成本和提高运营效率，但由于自动化技术工具的成本依然很高，所以仓储劳动力市场还会在一定时间内保持现状。

（九）可持续性

物流行业通过创新的商业模式、技术合作和政策进步展示了在提高可持续性方面的韧性，以实现减排目标。

1. 可持续性发展的三个"范围"

一般而言，范围一的排放来自企业自身的设施、车辆和直接运营，范围二的排放来自企业从外部实体购买的能源，范围三的排放涵盖了企业整个价值链，包括供应商和承运商。

当前，物流业可持续发展的进展不平衡。根据标普全球的数据，全球 79% 的企业尚未制定范围三排放的战略。在承诺实现气候目标的 42% 的公司中，只有一半（即总数的 21%）计划超越直接和间接排放（范围一和范围二），将供应商和更广泛价值链排放（范围三）纳入其可持续发展战略。可见范围三的排放通常比其他类别的排放更难识别和跟踪，因为第三方供应商缺乏透明度，导致大多数组织未采取必要措施减少这一类别的排放。

2. 提升可持续性认知，增加供应链合作

全行业要共同提高对可持续性的认知，加强供应链中的合作伙伴关系，建立共同的可持续发展目标。当前，有部分企业已开始采纳更绿色的排放政策。如 WattEV 在加利福尼亚州长滩港运营最大的公共充电站，提供卡车驱动的温室气体排放跟踪服务，以及充电基础设施、维护和修理服务；瑞典运输公司 Einride 提供卡车、充电基础设施和操作系统（Einride Saga）以优化运输路线，通用电气是受益于 Einride 的"卡车即服务"模式和先进数字技术以最小化温室气体排放的知名公司之一。尽管电动车辆在制造过程中和充电时仍会产生碳排放，但结合 Einride 这类公司的服务可以减少整体碳影响。

3. 脱碳实践

全球较大的公司之一亚马逊在其车队电气化方面取得了巨大进展，计划投产的 10 万辆新电动送货车中，已有 1.3 万辆上路。

（十）网络趋势

2023 年，物流行业正积极重构其分销网络和供应链，并将这些系统视为一个整体，重新设计以产生新的降本点和战略优势。亚马逊和 Wayfair 等大型零售商对网络进行大幅重塑，减少了全流程运营开支。网络重构不仅能够将开支减少 10% 甚至更多，还能带来运营灵活性和服务水平的提升。

1. 网络债务高企催化网络重构

过去 10 年，美国在核心分销网络方面的投资不足。企业常常在过时的系统中运营，背负着累积的网络债务，这些债务增加了成本和运营复杂性。随着公司业务增长和市场需求变化，网络债务开始发生，而当其运营路线发生改变时，企业必须负担昂贵的网络成本，以便服务已有的客户群体。而行业里的领先公司会根据自身的业务需求和战略优先级重新设计网络。

重构即重新校准整个服务交付模型，与获得竞争优势的总体战略保持一致。

首先，要平衡库存，释放营运资金。利用区域化或集中化的方法来建立仓库和分销点。区域化库存部署可以快速响应客户需求，而集中化存储可以减少容量需求和资本支出。

其次，要仔细审查供应商和采购代理的选址，甚至是到供应网络的二级、三级，如潜在的近岸外包，以评估对供应链弹性的影响。

2. 自建或外包分销网络

一些大型零售商寻求创建全方位的供应网络，甚至将其视为增长平台和利润中心，并将该供应网络服务出租给其他公司。而绝大多数公司没有足够的运营或财务规模来建立自己的完备物流网络，那么第三方物流就是最好的选择。小型托运商的选择可以多样化，要么与第三方物流合作，要么与大型托运商合作，通过租用其物流服务来实现资产货币化，这种模式惠及大小托运商。

（王国文　高珉）

日本物流成本管理

随着产业结构调整及高科技和高附加值产品的迅速发展，日本将物流成本有效控制在较小范围内。日本在发展物流现代化的同时，把降低物流成本作为企业参与市场竞争提高竞争力的重要资源。日本通过有效实施物流成本监控和管理，在物流成本控制上取得了良好绩效，形成了全面的物流管理体系和运作流程，物流成本整体呈下降趋势。

一、日本物流微观成本分析

（一）日本各行业物流成本占销售额比重

通过构建高效物流管理体制，日本在物流成本控制方面已经获得了良好效果，使物流成本占销售额比重下降。2023 年，日本全行业物流成本占销售额比重为 5%，比上年下降 0.31 个百分点。其中，制造业为 5.16%、非制造业为 4.7%、批发业为 4.13%、零售业为 5.32%。2023 年日本各行业物流成本占销售额比重如图 1 所示。

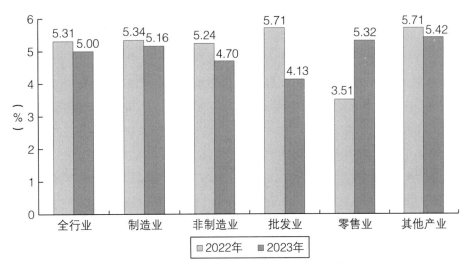

图 1　2023 年日本各行业物流成本占销售额比重

资料来源：《日本物流成本调查报告书（2023 年）》。

（二）日本物流成本占销售额比重变化

近年，由于日本经济不景气造成通货紧缩，使运费下降。货主企业通过共同运输及对物流节点集成，提高了物流效率、降低了物流成本。2003年，日本全行业物流成本占销售额的比重为5.01%，之后开始下降。2020年，受

新冠疫情影响，比重开始上升。至此，日本全行业物流成本占销售额比重略有起伏，但整体处于下降趋势，维持在5%以下。2023年为5%，为近4年历史最低值。2003—2023年日本全行业各物流成本占销售额比重变化如图2所示。

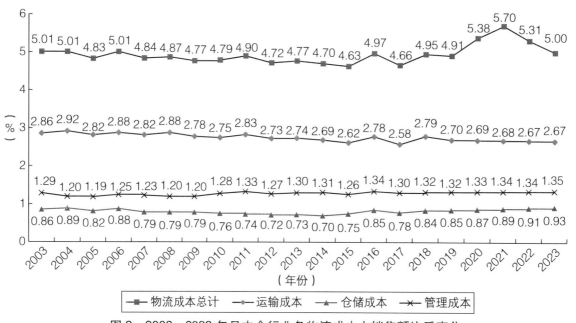

图2　2003—2023年日本全行业各物流成本占销售额比重变化

资料来源：《日本物流成本调查报告书（2023年）》。

（三）按物流功能划分的日本物流成本构成

按物流功能划分，2023年日本运输成本占物流总成本的比重为57.6%、仓储成本占物流总成本的比重为16.4%、管理成本占物流总成本的比重为26%。近年，日本运输成本占物流总成本的比重约为57%，整体平稳。2003—2023年日本全行业按物流功能分物流成本的变化如图3所示。

可以看出，日本智能交通系统（Intelligent Transport Systems，ITS）的不断完善，推进了日本合理化运输，实现了减轻环境负荷，提高了运输便利性，而且降低了运输成本。通过物流企业实现快速配送，运输成本已经不是日本

物流成本管理的重要环节，取而代之的是仓储成本。因此，物流中心、配送中心等物流节点有效利用，是日本降低物流成本的发展趋势，降低仓储成本成为日本降低物流费用的主要来源。日本把发展现代物流的目标设定在了加速资金周转、压缩库存、提高库存周转率等方面。降低仓储成本是日本发展现代物流、提高物流效率和增强企业竞争力的主要趋势。

（四）按支付形式划分的日本物流成本构成

按支付形式划分，2023年日本第三方物流占物流总成本的比重为75.2%、子公司物流占物流总成本的比重为11%、自营物流占物流总

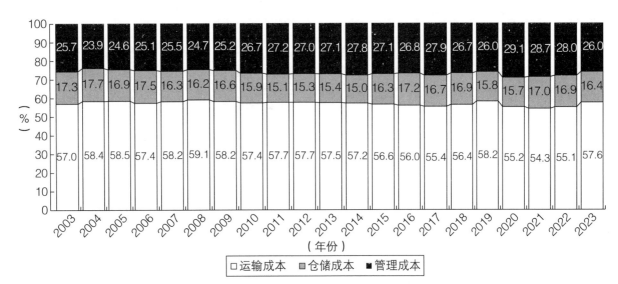

图3　2003—2023年日本全行业按物流功能分物流成本的变化

资料来源：《日本物流成本调查报告书（2023年）》。

成本的比重为13.8%。近年，制造企业为了降低成本，加快发展第三方物流，推动了日本物流产业发展。随着日本物流管理向专业化方向发展的趋势明显，专业化物流服务比率整体呈上升趋势。同时，自营物流比率不断下降。制造企业为了降低物流活动总成本，将企业物流业务从其核心业务中剥离开来，成立专业子公司或通过第三方物流企业来提供专门物流服务。由此，一大批物流子公司和专业物流公司应运而生，也进一步推动了日本物流产业发展。2003—2023年日本全行业按支付形式分物流成本的变化如图4所示。

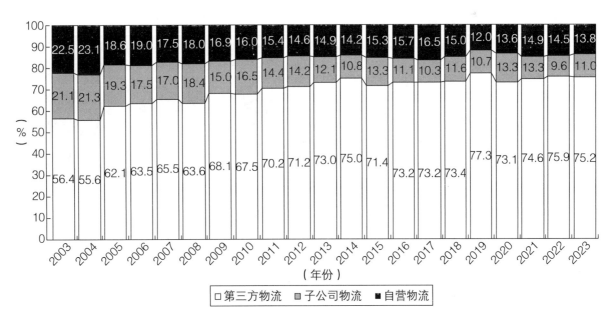

图4　2003—2023年日本全行业按支付形式分物流成本的变化

资料来源：《日本物流成本调查报告书（2023年）》。

（五）按物流范围划分的日本物流成本构成

按物流范围划分，2023 年日本销售物流成本占物流总成本的比重为 77.5%、生产物流成本占物流总成本的比重为 16.5%、采购物流成本占物流总成本的比重为 6%。采购物流成本和生产物流成本所占的比重一直较低，销售物流成本所占的比重一直很高，但近年略有下降。这是由于长期以来日本的生产制造业"重生产轻销售"，因而导致企业的物流成本偏高、利润减少。目前，日本企业已从"重生产轻销售"的阶段走出，进入综合商社代理供应商阶段，综合商社不但进行投资，还介入原材料的供应及产品的销售，从而降低了制造企业的生产与物流成本，实现共赢。

二、日本物流宏观成本分析

近年，日本重视从整体和系统的角度出发，合理控制物流成本。目前，日本围绕物流的品质管理，提出了 PPM（Parts Per Million）的理念，即将物流质量问题控制在百万分之一的目标范围内。这个目标说明日本非常重视通过加强物流服务的合理有效组织，来降低物流成本。日本宏观物流成本包括运输成本、仓储成本、加工成本、包装成本、信息处理成本等。但加工成本、包装成本、信息处理成本等与 GDP 的比率极小。

2022 年，日本物流成本为 48.5 兆日元，与 GDP 的比率为 8.9%。其中，运输成本与 GDP 的比率最大，2022 年为 5.9%，之后依次是仓储成本、管理成本，与 GDP 的比率分别为 2.7% 和 0.3%。从物流成本控制的总体趋向看，日本运输成本与 GDP 的比率变化不大，而管理成本占物流总成本比重又非常低。因此，降低仓储成本成为促使日本物流总成本与 GDP 的比率下降的重要方式。降低仓储成本、加快周转速度是日本现代物流实现良性发展的主要原因，也是提高物流效率和企业竞争力的主要原因。2003—2022 年日本物流成本总额的变化如图 5 所示，2003—2022 年日本全行业各物流成本与 GDP 的比率的变化如图 6 所示。

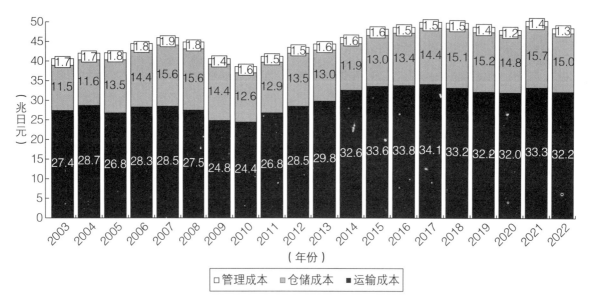

图 5　2003—2022 年日本物流成本总额的变化

资料来源：《日本物流成本调查报告书（2023 年）》。

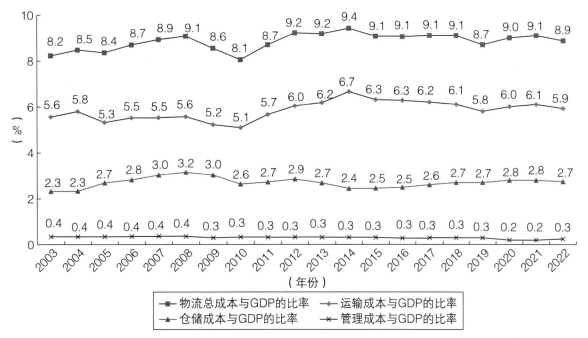

图6　2003—2022年日本全行业各物流成本与GDP的比率的变化

资料来源：《日本物流成本调查报告书（2023年）》。

三、日本物流成本管理启示

（一）制定标准

在1977年以前，日本一般企业物流成本核算以物流合理化为前提，同时，日本各企业都制定了自己独特的成本控制体系，缺乏统一明确的会计成本核算标准和整理方法，导致物流成本计算不完全，各企业所计算出的成本缺乏对比性，影响了物流合理化发展。为此，在1977年，日本运输省制定并颁布了适用于制造企业的《物流成本核算统一规范》和适用商业企业的《批发、零售业物流成本核算统一规范》，这些政策对于推进日本企业物流管理有着深远的影响。在日本企业和日本政府的共同努力下，日本全社会物流管理得到了飞跃发展。进入20世纪80年代中期，日本物流管理和成本管理日益成熟。但是，随着高附加价值的物流服务、JIT物流服务的需求不断增加，物流成本有所上升。因此，如何克服物流成本上升、提高物流效率是20世纪90年代日本物流面临的一个最大问题。1992年，通商产业省中小企业厅制定了《物流成本计算指南》。1997年，日本政府制定了一个具有重要影响力的《综合物流施策大纲》。自1997年开始，日本由经济产业省和国土交通省每四年共同制定一次《综合物流施策大纲》。《综合物流施策大纲》作为日本物流业的纲领性政策文件，成为引导日本物流业发展的指导性文件，促进了日本物流管理和物流成本的有效控制。

（二）采取各项具体措施

日本企业通过各种具体措施有效降低了物流成本。其中，减少库存、优化物流网络节点、提高装载率成为主要降低物流成本的方法。特别是减少仓储成本，成为日本降低物流费用的主要途径。另外，日本还通过加快发展第三方物流，降低日本企业物流成本。

（三）构建高效物流成本管理体系

日本之所以能够取得良好的管理绩效，与其高效物流成本管理体系有关。日本物流成本按照总物流成本、事业部物流成本、部门物流成本、营业网点物流成本、交易对象物流成本、功能物流成本、车辆物流成本、人员物流成本、场所物流成本、作业物流成本、销售物流成本、形态物流成本、固定物流成本、变动物流成本等类型划分。日本企业物流成本核算是以作业成本法为基础，借助物流费用和成本的两层分解，最终确立成本对象以及相应绩效。同时，日本企业在衡量物流成本过程中，按照物流范围计算成本（物流范围成本）、支付形态计算成本（支付形态成本）和物流活动或作业计算成本（物流功能成本）3 种成本核算体系来确立物流费用。其中，物流范围计算成本方法，以物流特性和经营运作范围进行成本分类，将物流费用划分为供应物流费、生产物流费、企业内物流费、退货物流费和废弃物流费；也可以分为不同产品物流费、不同销售地域物流费、不同顾客群体物流费。支付形态计算成本方法，按照财务会计中费用分类方法进行成本计算，可分为支付运费、仓库保管库等向企业外部支付的费用和人工费，也包括材料费等企业内部物流活动费用。物流活动或作业计算成本方法，按照物流运作流程的活动计算物流费用，把物流作业成本分为物资流通费、信息流通费、包装费、物流管理费、配送费、装卸费。以上成本类别方法，共同构成了日本完整的物流成本管理框架。

（四）确定物流成本核算方法

日本企业不但提出物流成本的核算方法，还明确了物流成本核算和管理的基准，并加以考核。每天、每周、每月现场管理人员就可以进行分析，采取相应的措施，决定企业的物流管理内容。在物流成本的计算上，物流成本核算按照人工费、配送费、保管费、信息处理费和其他费用 5 个大项进行划分。这些费用可以根据实际的账务和单据计算，有些则可以进行推算，原则上一个月计算一次，从而动态地把握企业物流的情况。首先，绘制企业的物流流程，了解企业的物流运行的基本情况；其次，按照上述 5 个大项分别核算物流成本；最后，计算出上述物流成本后，就可以根据企业管理的需要进行物流绩效诊断，发现和追查产生低效率的物流作业，并采取相应的措施加以改进。

由于政府和企业的共同努力，形成了有效的物流成本管理体系，日本物流成本整体呈下降趋势。一是从宏观上强化物流系统和物流成本管理，日本政府不断地制定一系列具有重要影响力的政策法规，为物流成本管理提供了保障；二是日本强调按照多种标准进行划分，从不同角度或侧面反映相应问题和物流组织架构，通过综合成本测算，全面核算物流成本；三是日本企业物流成本核算以作业成本法为基础，借助物流费用和成本的两层分解，确立成本对象以及相应的绩效，全面反映物流作业成本，优化物流活动。

（北京物资学院物流学院院长、教授　姜旭）